Utiliser une calculatrice TI en physique et chimie

• Saisir un nombre avec une puissance de 10

Exemple de saisie : Pour écrire **2,6 × 10⁻⁶**, on tape :

[2] [•] [6] [2nde] [EE ,] [(–)] [6]

Attention à ne pas confondre la touche signe moins (nombre négatif) [(–)] avec la touche de soustraction [–].

Exemple d'affichage : 2.6E-6

• Calculer avec les puissances de dix

Par exemple, le calcul $\frac{2{,}898 \times 10^{-3}}{5\,500 + 273}$ correspond à l'affichage ci-contre.

Le résultat affiché s'écrit $5{,}019920319 \times 10^{-7}$.

• Activer l'affichage en mode scientifique avec trois chiffres significatifs

Rappel : L'écriture scientifique (ou notation scientifique) d'un nombre décimal est l'écriture de ce nombre sous la forme $a \times 10^n$, le nombre a ne possédant qu'un chiffre non nul avant la virgule ($1 \leqslant a < 10$). Lorsque le nombre a possède deux décimales, on dit qu'il possède 3 chiffres significatifs.

Exemples : $3{,}00 \times 10^8$ et $2{,}52 \times 10^{-1}$ sont des écritures scientifiques comportant trois chiffres significatifs.

Pour activer l'écriture scientifique :

– Entrer dans les réglages par la touche [mode].

– Avec les flèches du clavier, sélectionner **Sci** (pour scientifique) puis **Float 2** (pour 2 décimales) et valider chaque étape par la touche [entrer].

– Pour sortir : [2nde] [quitter mode].

Exemple : L'affichage

```
0.214/340
      6.29E-4
```

correspond au calcul $\frac{0{,}214}{340} = 6{,}29 \times 10^{-4}$.

Le résultat est écrit avec trois chiffres significatifs.

• Calculer avec des angles en degré

Pour activer le mode degré :

– Entrer dans les réglages par la touche [mode].

– Avec les flèches, sélectionner le mode **Degre** et valider par la touche [entrer].

– Pour sortir : [2nde] [quitter mode].

Pour calculer un angle défini par son sinus : utiliser la séquence de touches [2nde] [Arcsin E sin].

Par exemple si on a $\sin i = 0{,}348$, alors le calcul de l'angle i correspond à l'affichage ci-contre.

Avec trois chiffres significatifs $i = 2{,}04 \times 10^{1}$ °, soit 20,4 °.

```
Arcsin(0.348)
        2.04E1
```

Utiliser une calculatrice CASIO en physique et chimie

• Saisir un nombre avec une puissance de 10

Exemple de saisie : Pour écrire **$2,6 \times 10^{-6}$**, on tape :

[2] [•] [6] [x10^x] [(–)] [6]

Attention à ne pas confondre la touche signe moins (nombre négatif) [(–)]

avec la touche de soustraction [–].

Exemple d'affichage : 2.6E-6

• Calculer avec les puissances de dix

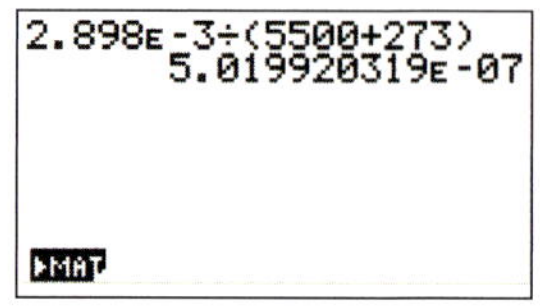

Par exemple, le calcul $\frac{2{,}898 \times 10^{-3}}{5\,500 + 273}$ correspond à l'affichage ci-contre.

Le résultat affiché s'écrit $5{,}019920319 \times 10^{-7}$.

• Activer l'affichage en mode scientifique avec trois chiffres significatifs

Rappel : L'écriture scientifique (ou notation scientifique) d'un nombre décimal est l'écriture de ce nombre sous la forme $a \times 10^n$, le nombre a ne possédant qu'un chiffre non nul avant la virgule ($1 \leqslant a < 10$). Lorsque le nombre a possède deux décimales, on dit qu'il possède 3 chiffres significatifs.

Exemples : $3{,}00 \times 10^8$ et $2{,}52 \times 10^{-1}$ sont des écritures scientifiques comportant trois chiffres significatifs.

Pour activer l'écriture scientifique :

– Entrer dans les réglages par les touches [SHIFT] [MENU] (SET UP).

– Avec les flèches du clavier, sélectionner **Display** puis **Sci** [touche [F2]]

(pour scientifique), puis [3] (pour 3 chiffres significatifs) et valider par la touche [EXE].

– Pour sortir : [SHIFT] [EXIT] (QUIT) ou [EXE].

Exemple : L'affichage « 0.214÷340 6.29E-04 » correspond au calcul $\frac{0{,}214}{340} = 6{,}29 \times 10^{-4}$.

Le résultat est écrit avec trois chiffres significatifs.

• Calculer aves des angles en degré

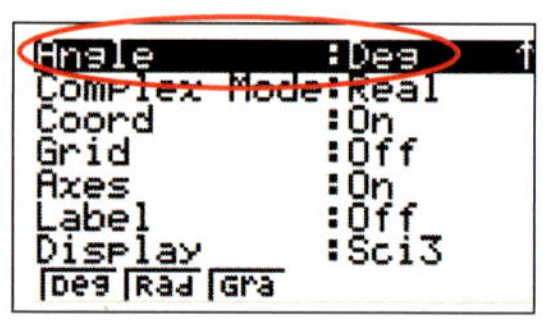

Pour activer le mode degré :

– Entrer dans les réglages par les touches [SHIFT] [MENU] (SET UP).

– Avec les flèches, sélectionner **Angle** puis **Deg** (touche [F1]) et valider par la touche [EXE].

Pour calculer un angle défini par son sinus : utiliser la séquence de touches [SHIFT] [sin] (ASN).

Par exemple si on a $\sin i = 0{,}348$, alors le calcul de l'angle i correspond à l'affichage ci-contre.

Avec trois chiffres significatifs $i = 2{,}04 \times 10^1$ °, soit 20,4 °.

sin⁻¹ 0.348 — 2.04E+01

Physique Chimie

2de

Sous la direction de

Thierry DULAURANS
Lycée Fernand-Daguin à Mérignac

André DURUPTHY
Lycée Paul-Cézanne à Aix-en-Provence

Michel BARDE
Lycée Marcel-Pagnol à Marseille

Nathalie BARDE
Lycée Saint-Charles à Marseille

Vincent BESNARD
Lycée Montesquieu à Bordeaux

Marc BIGORRE
Lycée des Graves à Gradignan

Éric DAINI
Lycée Paul-Cézanne à Aix-en-Provence

Maryline DAINI – D'INCAN
Lycée Maurice-Janetti
à Saint-Maximin-la-Sainte-Baume

Marie des Neiges DE FLAUGERGUES
Lycée du Grésivaudan à Meylan

Magali GIACINO
Lycée Paul-Cézanne à Aix-en-Provence

Nicolas LESCURE
Lycée Michel-Montaigne à Bordeaux

Bruno POUDENS
Lycée des Graves à Gradignan

Isabelle TARRIDE
Lycée Val de Durance à Pertuis

hachette
ÉDUCATION

Crédits photographiques

Couverture h : NASA ; m : M. Francotte/Presse Sports. **3** NASA/Novapix. **4** Lissac/BSIP. **5** M. Colonel/Getty Images. **12-13** NASA/Novapix. **15** R. Ressmeyer/Starlight/Corbis. **16** Terre : ESA/Ciel et espace ; Soleil : ESA/NASA/SOHO/Ciel et Espace ; Système solaire : ESA/Novapix ; Galaxie : NASA/JPL-Caltech/Novapix. **18** hm : ESA/Novapix ; hd : Caltech/D. Malin Images/Novapix ; b : J. Smith/Corbis. **20** hm : ESA/Novapix ; hd : NASA ; b : Photoshot Créative/Sunset. **21** NASA/JPL-Caltech/Novapix. **22** S. Doug/AGE Fotostock/Hoa Qui. **23** g : NASA/JPL-Caltech/Novapix ; d : Collection École Polytechnique/Lebée/Inventaire Général. **24** hg : Y. Arthus-Bertrand ; bg : NASA/Hubble Heritage Team/Novapix ; hd : F1 online/Photothèque Wallis ; bd : NASA. **25** bg : Riby/Colorise ; hd : NASA/JPL-Caltech/Novapix ; bd : R. Ressmeyer/Starlight/Corbis. **26** bd : P. Bourdis/Ciel et Espace. **27** NASA/ESA/Soho/Lasco/Novapix. **30** hd : A. Fujii/D. Malin Images/Novapix. **31** bg : F. Perri/Rea. **33** hd : A. Ayiomamitis/Novapix. **39** md : R. Gendler/Byu/Novapix. **40** hd : NASA/ESA/Soho/Lasco/Novapix ; bd : Poste allemande. **41** M. Grandmaison/Corbis. **42** h : L. Lavender/Novapix. **43** doc. 5 et doc. 6 : Rue des Archives. **47** m : J. Kerrick/Alamy. **48** b : K. Weatherly/Corbis. **54** d : M. Grandmaison/Corbis. **55** NASA, ESA and the Hubble SM4 ERO Team. **56** doc. 1 : Nimatallah/AKG-images ; doc. 2 : Rue des Archives/The Granger Collection NYC ; doc. 3 : Photothèque Hachette ; doc. 4 : Library of Congress/SPL/Cosmos ; doc. 5 : A. Lambert Photography/SPL/Cosmos. **59** NASA. **61** ESA/NASA/SOHO/Ciel et Espace. **63** h : Th. Foto/Bol/BSIP ; m : NASA ; b : Northwestern University/SPL/Cosmos. **64** h : Jan van Ijken/Hh-Rea ; b : NASA. **65** mg : JPL/ NASA ; bg : G. Cook/Visuals Unlimited/Corbis ; d : ESA/NASA/SOHO/Ciel et Espace. **66** hg : RF Company/Biosphoto ; bg : NASA/JPL/Cornell/Novapix. **67** g : D. Van ravenswaay/SPL/Cosmos ; d : Lick/Ciel et Espace. **68** bg : DR ; d : NASA, ESA and the Hubble SM4 ERO Team. **69** NASA. **70** Collection particulière. **72** hd : SPPS/Rue des Archives ; md : D. Schultz/Stone/Getty Images. **73** hd : NASA/Ciel et Espace ; md : M. A. Scheinder/ BSIP. **75** New Media Press Ltd. **77** C. D. Winters/Photo Researchers, Inc./BSIP. **79** L.-D. Bayle/MNHN. **80** g : M. A. Scheinder/BSIP ; d : Visuals Unlimited/Corbis. **81** g : M. A. Schneider/Visuals Unlimited/Corbis ; d : DR. **82** g : J. Sugar/Science Faction/Corbis ; d : NASA. **83** B. & S. Fletcher/Novapix. **86** g : Index/Leemage ; d : B. Enguerand/CDDS. **87** bd : Tunç Tezel. **88.** bg : E. Luider/Eyedea ; md : Tunç Tezel. **89** h : ESA-S. Corvaja ; m : W. Pacholka/Novapix ; b : Tunç Tezel. **90** hg : E. Luider/Eyedea. **91** NASA/Novapix. **92** ESA/Novapix. **93** hg : M. Leete/Photodisc/Getty Images ; hd : A. Tudorica/Novapix ; m : ESA/CNES/Arianespace-Service Optique/Novapix. **94** g : O. Zakarian/Novapix ; d : A. Fujii/D. Malin Images/Novapix. **95** bd : L. Lavender/Novapix. **96** g : Travel Library/Sunset ; d : B. & S. Fletcher/Novapix. **97** NASA/Novapix. **98** NASA/SPL/Cosmos. **99** h : The Royal Institution, London, UK/Bridgeman Art Library ; b : NASA/SA/Novapix. **101** hd : D. Florentz/Ciel et Espace. **103** h : Hergé Moulinsart 2010 ; m : Caltech/D. Malin Images/Novapix ; b : SPL/Cosmos. **104** hg : NASA/SPL/Cosmos. **106** ESA/Novapix. **107** bd : Christophel. **109** g : Lick/Ciel et Espace ; d : DR. **110** g : Selva/Leemage ; d : Roger-Viollet ; b : NASA/Novapix. **111**.g :Météo-France ; d : ESA/D. Ducros/Novapix. **112** h et b : NASA/Novapix. **113** PlanetObserver/Eyedea. **114** hg : JHUAPL/Novapix ; bg : Météo-France ; bm et bd : SPOT/Eyedea. **115** g : S. Hobbs/Novapix ; d : NASA/Ciel et Espace. **116** hg : NASA ; mg : USGS/NASA/Ciel et espace. **117** g : Mercator Océan ; d : Météo-France. **118** h : D. Ducros, 2009/ ESA ; b : L. Lefkowitz/Taxi/Getty Images. **119** bg : A. Le Floc'h/ESA ; bd : CNRS Photothèque/IPEV/C. Delhaye. 120 hd : P. Jenniskens/Seti/NASA ; mg : SPL/Cosmos. **121** Hergé Moulinsart 2010. **122** hd : M. Kerneïs ; md : Image broker/Sunset. **123** Emmanuel Deslouis (Texte), Loic Derrien (Illustrations)/Science & Vie Junior n°232 **124-125** Lissac/BSIP. **128** J. Watt/Minden. **130** hd : The Granger Coll NYC/ Rue des Archives. **131** hd : AKG-Images. **136** J. Santos/Age Fotostock. **137** d : Chassenet/BSIP. **139** bd : Blue Images Online/Masterfile. **140** hd : Collection particulière. **141** Garo/Phanie. **144** b : AKG-images. **152** C. Martin/Jacana. **153** g : J. Horner/Hoa-Qui/Gamma-Rapho ; d : L. Grive/Grandeur Nature/Hoa-Qui. **154** Garo/Phanie. **155** Hop.Foch/Phanie. **156** b : Bluesky/SPL/Phanie. **158** hg et hd : ED Reschke/BSIP. **160** m : ED Reschke/BSIP. **161** J. Smith/Custum Medical Stock Photo/SPL/Phanie. **163** F. Seguin/Presse Sports. **165** Apple. **166** hd : Kharbine Tapabor ; bd : Hop.Foch/Phanie. **167** Astier/BSIP ; hd : A. Benoist/BSIP. **169** h: J. Cavallini/BSIP. **170** h : ED Reschke/BSIP ; b : BSIP/SGO. **173** BSIP. **178**. hg : M. Maslo/SPL/Phanie ; mg : Astier/BSIP Vendome Card ; bd : J. Smith/Custum Medical Stock Photo/SPL/Phanie. **179**. g : ED Reschke/BSIP ; d : Zéphyr/SPL/Phanie. **180**. hg : Burger/Phanie ; bg : J. Cavallini/BSIP ; bd : Sovereign/ISM. **181** Burger/Phanie. **182** hg : Photo researchers/BSIP ; mg : Power and Syred/ SPL/ Cosmos. **183** hd : Belmonte/BSIP. **185** bd : Jarry-Tripelon/Top/Gamma-Rapho. **192** hg : J. Cooke/Osf/BSIP. **194** d : Burger/Phanie. **195** M. Hamblin/Osf/Biosphoto. **199** h : Harris/Sucré Salé/Photocuisine ; m : Ropi/Rea. **203** h : Bidagentur Waldhaeusl/Age Fotostock. **205** Blickwinkel/Age Fotostock. **207** g : Prod © DB Mirmax/DR. **208** g : Garcia/Sucré Salé/Photosuisine ; d : M. Hamblin/Osf/Biosphoto. **209** Raysto/DR ; bg : V. Moos/Corbis. **210** h : AKG-Images ; b : C. Thiriet/Biosphoto. **213** bg : May/BSIP ; bd : P. Jacques/Hemis.fr. **214** h : K. Wothe/Age Fotostock ; m : Monuments Historiques, 2001, J. Marx ; b : Lawton/Sucré Salé/Photocuisine. **215** h : C. D. Winters/Coll Photo Researchers/BSIP. 2**19** BPI/Icon Sport. **220** bg : M. Bolton/Gpl/Biosphoto ; hd : Flpa/Age Fotostock ; md : B. Reitz-Hofmann/Age Fotostock. **222** M. Hanson/Aurora Open/Corbis. **223** hg : C. Le Tourneur/Explorer/Hoa Qui/Gamma-Rapho ; bg : Voisin/Phanie. **224** hg : J.-P. Muller/AFP ; d : Raysto/DR. **225** g : Garo/Phanie ; d : Astier/BSIP/CHU Lille. **226** g : Burger/Phanie ; d : A. Benoist/BSIP ; b : Chagnon/BSIP. **229** Chassenet/BSIP. **230** Astier/BSIP/Vendôme Card. **232-233**. M. Colonel/Getty Images. **235** M. Hans. **236** h : Mantey/Presse Sports. **237** g : G. Maugain/Musée de l'Horlogerie, Morteau ; m et d : OMEGA. **238** h : Martin/Presse Sports. **241** h : Lahalle/Presse Sports ; m : Martin/Presse Sports ; b : H. Courtney/Sport The Library/Presse Sports. **242** Mons/Presse Sports. **243** hg : Martin/Presse Sports ; g : F.Mons/Presse Sports ; m : Papon/Presse Sports ; d : Prevost/Presse Sports. **244** h : P. Rondeau/Presse Sports ; m : M. Francotte/Presse Sports ; d : J. McBride/Corbis. **245** OMEGA. **246** g : Lahalle/Presse Sports ; d : Martin/Presse Sports ; b : M. Hans. **247** A. Mounic/Presse Sports. **249** h : Lahalle/Presse Sports. **250** Martin/Presse Sports. **251** g : Ayo/Presse Sports ; m : S. Boue/Presse Sports ; d : C. Martinez/Cordon Press/Presse Sports ; b : T. Gromik/Presse Sports. **252** m : I Love Images/Corbis ; bd : A. Mounic/Presse Sports ; bg : Martin/Presse Sports ; bm : Prevost/Presse Sports. **253** g : Jiro/Regards du Sport ; d : Alain/Presse Sports. **255** bd : Rondeau/Presse Sports. **256** hg : A. Mounic/Presse Sports ; bg : M. Hans ; hd : Jiro/Regards du Sport. **257** Anne Parayre. **258** bg : TIPS/Photononstop ; d : A. Mounic/Presse Sports. **259** Polka Dot Images/Jupiterimages/AFP. **262** h : B. Bennett/Getty Images/AFP. **264** h : Coll. Perrin/ Kharbine-Tapabor. **265** h : J. Soriano/ AFP. **267** h : J.-F. Raga/Corbis ; b : D. Star/Stone/Getty Images. **268** P. Forget/Sagaphoto.com. **269** bd : Bep/P. Lapoirie/Nice-Matin/Max PPP. **270** hg : M. Blondeau/Icon Sport ; mg : K. Dodge/ Corbis. **271** M. Fourmy/ Rea. **272** hg : XPB/Icon Sport ; d : Polka Dot Images/Jupiterimages/AFP. **273** P. Foresti/Rapsodia. **274** g : The Granger Collection NYC/Rue des Archives ; d : L. Bouvet/Rapsodia. **275** d : B. Fouillat/Icon Sport. **278** h : P. Plisson ; b : Liewig/Presse Sports. **282** b : C. Burrows/GPL/Biosphoto. **283** hg : I. Arndt/Jacana. **284** Prevost/Presse Sports. **285** Beyond/Corbis. **286** hg : Colorise/Pacificstock ; bd : P. Foresti/Rapsodia. **287** L. Pozzoli/Hoa Qui. **290** h : B.Frakes/Sport The Library/Presse Sports ; bg : S. Sarkis/Getty Images. **291** Y. Le Merlus/Sunset. **295** h : S. Hanquet/LookatSciences ; b : Papon/Presse Sports. **298** S. Neelman/Corbis. **299** hd : M. Aw/Lonely Planet/Photononstop ; mg : Martin/Presse Sports. **300** hg : S. Hanquet/LookatSciences ; bg : K. Fengier/Imagestate/GHFP/Eyedea ; d : Monteath/HED.House/Eyedea. **301** g : B. Bade/Presse Sports ; d : S. Brett/Sport The Library/Presse Sports. **302**. h : F. Seguin/Presse Sport ; b : L. Pozzoli/Hoa Qui. **303** g : Rondeau/Presse Sports ; d : J. Palle. **304**. h : E. Luider/Rapho ; b : P. Bessard/Rea. **305**. h : G. Di Raimondo/Sunset. **306** Luttiau/Presse Sports. **307** M. Kappeler/DDP/AFP.

Pour des raisons juridiques, les marques des médicaments photographiés dans cet ouvrage ont été effacées ou retournées lorsque leur indication n'était pas nécessaire pédagogiquement.

Nous remercions l'administration et le personnel de laboratoire du lycée des Graves à Gradignan et du lycée Paul-Cézanne à Aix-en-Provence de nous avoir accueillis pour la réalisation des photos d'expériences, ainsi que les sociétés Electrome JCL, Galilab, Jeulin et Sciencéthic pour leurs prêts de matériel.

Couverture : Pierre-Antoine Rambaud (Parbleu !)
Maquette intérieure : Frédéric Jély et Nicolas Piroux
Composition : Médiamax
Schémas : Patrick Hanequand, Jean-Luc Maniouloux et Corédoc
Recherche iconographique : Michèle Kerneïs et Katia Davidoff
Illustrations : Jean-Louis Goussé et Dorothée Thibaudet
Photographies non référencées : Alain Béguerie et Philippe Burlot
Relectures critiques : Brigitte Régnier, Laurent Le Floch, Sébastien Gomes, Paul Scaglia

Cet ouvrage est imprimé sur du papier composé de fibres naturelles, renouvelables, recyclables, et fabriqué à partir de bois issu de forêts gérées de façon durable conformément à l'article 206 de la loi n° 2010-788 du 12 juillet 2010.

www.hachette-education.com

ISBN : 978-2-01-135527-0

Sommaire

L'UNIVERS

Sommaire

LA SANTÉ

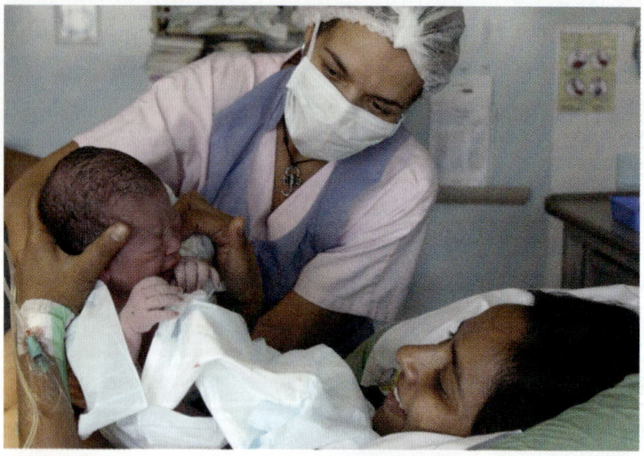

LA PRATIQUE DU SPORT

Le mot des auteurs

Cet ouvrage est conforme au programme de la classe de Seconde publié au Bulletin Officiel spécial n°4 du 29 avril 2010.

Ce programme est présenté à partir de trois thèmes.

L'ordre de présentation de ces thèmes étant libre, il nous est apparu que la progression la mieux adaptée à l'introduction de l'ensemble des notions au programme était la suivante : **Univers, Santé, Sport.**

Ce choix nous permet, comme le suggère la présentation du programme, de proposer, tout au long de l'année une **répartition équilibrée entre Physique et Chimie** dans chacun des thèmes. Il nous a d'autre part semblé tout indiqué de commencer par l'Univers, afin d'assurer une **continuité avec la fin du programme de la classe de Troisième** et de permettre ainsi aux élèves d'établir un lien entre les concepts vus au Collège et ceux abordés en Seconde

Dans la **continuité du socle commun du collège**, les élèves sont invités, tout au long du manuel, à développer des **compétences trans-disciplinaires** dans le cadre des activités, du cours et des exercices d'évaluation.

Les **connaissances du Collège** nécessaires à la compréhension des notions abordées sont rappelées en début de chaque thème.

Chaque chapitre est construit sur le même plan :
- un **document d'ouverture**, accompagné de questions, permet de préciser les objectifs du chapitre ;
- des **activités documentaires ou expérimentales** offrent aux élèves la possibilité de développer une **démarche scientifique** en leur proposant souvent de mettre en œuvre une **démarche d'investigation** ;
- le **cours**, construit principalement à partir des résultats des activités, présente de façon **claire** et **concise** les notions et résultats à retenir ;
- la rubrique **Retenir l'essentiel** regroupe toutes les compétences théoriques et expérimentales que l'élève doit maîtriser à l'issue du chapitre ;

L'Univers

Compétences développées par l'élève		Chapitre 1	Chapitre 2
Information : Rechercher, extraire et organiser l'information utile	Trouver les informations	A1 ; A2 ; 15	A2 ; 11 ; 18 ; 19
	Lire un graphique, un tableau ou un schéma		A3 ; 9 ; 15
Réalisation : Réaliser, calculer, appliquer des consignes	Faire un graphique, un tableau ou un schéma	9	A1 ; 2 ; 14 ; 16
	Effectuer un calcul	A1 ; A2 ; AI ; 3 ; 4 ; 5 ; 6 ; 8 ; 9 ; 11 ; 12 ; 13 ; 14 ; 16 ; 17 ; 18 ; 19 ; 20	AI ; 14 ; 16 ; 17
	Mettre en œuvre un protocole		A1
Raisonnement : Raisonner, argumenter, pratiquer une démarche scientifique	Formuler un problème, proposer une hypothèse		12
	Élaborer le protocole d'une expérience		2 ; 10
	Interpréter un résultat et faire preuve d'esprit critique	A2 ; 7	A1 ; A3 ; 3 ; 15
	Raisonner, argumenter	A1 ; 10 ; 13 ; 17 ; 19 ; 20	A3 ; 3 ; 5 ; 11 ; 13
Communication : Communiquer à l'aide de langages ou d'outils scientifiques	Rédiger (expression, vocabulaire, orthographe)	13 ; 19	A2 ; 1 ; 6 ; 19
	Expliquer une démarche		11
	S'exprimer clairement	15 ; 17	4 ; 8 ; 15
	Présenter (schéma, graphique, tableau, phrase...)		7 ; 14

A : activités ; **AI :** application immédiate des pages « Savoir analyser, rédiger et résoudre ».
Les numéros correspondent aux numéros des exercices.

– un **QCM** permet à l'élève de s'auto-évaluer et éventuellement de s'auto-corriger ;
– un ou deux exercices résolus permettent, grâce à leur conseil de rédaction, d'apprendre à **analyser, résoudre et rédiger** un exercice de physique ou de chimie ;
– trois à cinq pages d'**exercices** sont proposés, ils sont classés en deux rubriques : **pour commencer** et **pour s'entraîner**, les premiers sont de simples applications du cours alors que les seconds nécessitent une réflexion un peu plus approfondie et invitent les élèves à faire preuve d'initiative et d'imagination.

Chaque partie se termine par six ou sept pages consacrées aux **métiers** relatifs au thème et à des **exercices de synthèse** sur ce thème.

Des **fiches** présentant les techniques, méthodes et notions nécessaires à la pratique d'une vraie démarche scientifique, le **programme officiel**, l'ensemble des **compétences** exploitées dans les activités et les exercices (présentées ci-dessous), les réponses à certains exercices et un **index** complètent ce manuel.

« *La culture scientifique et technique acquise au collège doit permettre à l'élève d'avoir une première représentation globale et cohérente du monde dans lequel il vit... L'enseignement des sciences physiques et chimiques en seconde prolonge cette ambition en donnant à l'élève cette culture scientifique et citoyenne indispensable à une époque où l'activité scientifique et le développement technologique imprègnent notre vie quotidienne et les choix de société* »

Nous espérons, en écrivant ce manuel, avoir atteint, ces objectifs fixés par le programme officiel.

Nous remercions par avance les collègues qui voudront bien nous faire part de leurs suggestions, de leurs remarques et de leurs critiques.

Les auteurs

Chapitre 3	Chapitre 4	Chapitre 5	Chapitre 6	Chapitre 7	Chapitre 8
A3 ;11; 13; 15	**A1** ; **A2** ; 14 ; 15 ; 17 ; 19 ; 21 ; 22	**A1** ; **AI1** ; 3 ; 6 ; 7 ; 8 ; 9 ; 10 ; 11 ; 14 ; 17 ; 19	**A1** ; **A2** ; 8	**A2** ; 5 ; 10	**A1** ; **A2** ; 1 ; 3 ; 4 ; 5 ; 6
A3 ; 1 ; 2 ; 3 ; 4 ; 6 ; 8 ; 10 ; 16	**A2** ; 15 ; 16	**A1** ; 12 ; 14 ; 16	**A3** ; **AI** ; 11 ; 12	**A3** ; 9	2 ; 3 ; 5 ; 6 ; 7
A2 ; **AI** ; 3 ; 5 ; 9 ; 14	11 ; 15	**A2** ; 19	**A1** ; 16	**A2** ; **A3** ; **AI** ; 3 ; 7 ; 8 ; 18	4
A2 ; **AI** ; 3 ; 4 ; 9 ; 15 ; 16	**AI** ; 3 ; 6 ; 13 ; 17	**AI1**	**A1** ; 10 ; 11 ; 13 ; 14 ; 16 ; 18	**A2** ; **AI** ; 2 ; 3 ; 4 ; 5 ; 12 ; 14 ; 15 ; 18	
A1	**A3**	**A2**	**A1** ; **A3** ; 16	9	
A1 ; **A3**	**A1** ; **A2** ; 15 ; 18	**A1** ; **A2** ; **AI1** ; 9 ; 12 ; 13 ; 18	**A1** ; **A2** ; **A3** ; 17	17	1 ; 5
A2	**A3**	**A2**		**A1**	
6 ; 10 ; 13 ; 14 ; 15	**A2** ; 15	**A1** ; **A2** ; 7 ; 17	13 ; 15	**A1** ; 8	5 ; 6 ; 7
17	**A1** ; 9 ; 10 ; 12 ; 15 ; 19 ; 21 ; 22	**A1** ; **AI2** ; 4 ; 5 ; 10 ; 11 ; 12 ; 14 ; 15 ; 16	**A1** ; **AI** ; 2 ; 6 ; 7 ; 9 ; 13 ; 17	**A3** ; 6 ; 10 ; 15	1 ; 2 ; 5 ; 7
A2 ; **A3** ; 12	**AI** ; 17 ; 18 ; 20 ; 21 ; 22	**AI1** ; **AI2** ; 12 ; 17	**A2** ; **A3** ; 4 ; 5 ; 9 ; 14	1	**A1** ; **A2** ; 6
	10 ; 12 ; 13 ; 17 ; 19 ; 22	**A1** ; **AI2** ; 1 ; 2 ; 14 ; 17	**A1**	18	
2 ; 5 ; 7 ; 8	**A1** ; **A2** ; 17 ; 18 ; 20	**A1** ; **AI1** ; **AI2** ; 13 ; 14 ; 17	**A2** ; 1 ; 3 ; 4	11 ; 16	**A1** ; **A2** ; 4
A1 ; 3	**A3** ; 11 ; 15 ; 16	**A2** ; 16 ; 19	**A1** ; 7	**A2**	**A1** ; 4 ; 6

Compétences

La Santé

Compétences développées par l'élève		Chapitre 9	Chapitre 10	Chapitre 11
Information : Rechercher, extraire et organiser l'information utile	Trouver les informations	**A1** ; **A3** ; 7 ; 8 ; 10 ; 12 ; 13 ; 17	**A1** ; **AI1** ; **AI2** ; 8 ; 9 ; 10 ; 11 ; 12	**A3** ; 2 ; 6 ; 8 ; 12 ; 15
	Lire un graphique, un tableau ou un schéma	**A1** ; **A3** ; **AI** ; 1 ; 2 ; 3 ; 4 ; 5 ; 6 ; 7 ; 8 ; 9 ; 10 ; 11 ; 12 ; 13 ; 14 ; 16 ; 17 ; 18	**A1** ; 3 ; 11	**A1** ; **A2** ; **A3** ; **AI** ; 1 ; 3 ; 4 ; 5 ; 7 ; 9 ; 11 ; 13 ; 14 ; 16
Réalisation : Réaliser, calculer, appliquer des consignes	Faire un graphique, un tableau ou un schéma	**AI** ; 1 ; 2 ; 3 ; 4 ; 5 ; 9 ; 10 ; 11 ; 13 ; 15	**A3**	11
	Effectuer un calcul		**A1** ; **A2** ; **AI1** ; **AI2** ; 1 ; 2 ; 3 ; 4 5 ; 6 ; 7 ; 8 ; 9 ; 10 ; 11 ; 12	**A1** ; **A2** ; **AI** ; 2 ; 3 ; 5 ; 7 ; 8 ; 9 ; 10 ; 11 ; 13 ; 14 ; 15 ; 16
	Mettre en œuvre un protocole	**A2**	**A2** ; **A3**	**A2** ; **A4**
Raisonnement : Raisonner, argumenter, pratiquer une démarche scientifique	Formuler un problème, proposer une hypothèse	15	**A2** ; **A3**	**A4** ; 15
	Élaborer le protocole d'une expérience	**A2**	**A2** ; **A3**	**A4** ; 10
	Interpréter un résultat et faire preuve d'esprit critique	6 ; 17	11 ; 14	**A1** ; **A2** ; **A3** ; **A4** ; 4 ; 7 ; 9 ; 11 ; 13
	Raisonner, argumenter	**A1** ; **A2** ; **A3** ; 6 ; 10 ; 14 ; 15 ; 16 ; 17 ; 18	11 ; 14	**A4** ; 4 ; 5 ; 9 ; 14 ; 15
Communication : Communiquer à l'aide de langages ou d'outils scientifiques	Rédiger (expression, Vocabulaire, orthographe)	**A3** ; 6 ; 14 ; 15 ; 17	**A2** ; **A3** ; 8 ; 13 ; 14 ; 15	**A2** ; **A4** ; 1 ; 5 ; 11 ; 14
	Expliquer une démarche	**A1** ; **AI** ; 6 ; 10 ; 16	**A2** ; **A3** ; **AI1** ; **AI2**	**A4**
	S'exprimer clairement	**A3** ; 6 ; 14 ; 15 ; 17	13 ; 14 ; 15	**A4** ; 14
	Présenter (schéma, graphique, tableau, phrase...)	**A2** ; **AI** ; 1 ; 2 ; 3 ; 4 ; 5 ; 9 ; 10 ; 11 ; 14 ; 15 ; 17	**A3**	**A4**

La pratique du sport

Compétences développées par l'élève		Chapitre 16	Chapitre 17
Information : Rechercher, extraire et organiser l'information utile	Trouver les informations	**A3** ; **A4** ; 7 ; 15 ; 16 ; 17	**A1** ; 9 ; 17
	Lire un graphique, un tableau ou un schéma	5 ; 12 ; 14	**A3** ; 2 ; 3 ; 5 ; 11 ; 12 ; 16 ; 17
Réalisation : Réaliser, calculer, appliquer des consignes	Faire un graphique, un tableau ou un schéma	**A3**	**A1** ; **AI**
	Effectuer un calcul	**A3** ; **AI** ; 4 ; 6 ; 7 ; 8 ; 9 ; 11 ; 12 ; 13	7 ; 12 ; 15 ; 18
	Mettre en œuvre un protocole	**A4**	**A3**
Raisonnement : Raisonner, argumenter, pratiquer une démarche scientifique	Formuler un problème, proposer une hypothèse	**A1** ; 12 ; 17	**A1** ; **A2** ; 7 ; 14 ; 18
	Élaborer le protocole d'une expérience	**A2**	**A2**
	Interpréter un résultat et faire preuve d'esprit critique	**A2** ; **AI** ; 8 ; 10 ; 11 ; 13 ; 16	3 ; 5 ; 8 ; 13 ; 14 ; 16 ; 17
	Raisonner, argumenter	5 ; 8 ; 10 ; 13 ; 15	**AI** ; 3 ; 8 ; 9 ; 10 ; 13 ; 15 ; 16
Communication : Communiquer à l'aide de langages ou d'outils scientifiques	Rédiger (expression, vocabulaire, orthographe)	**A1** ; **A4**	**A2** ; 5 ; 7 ; 16 ; 17
	Expliquer une démarche		**A1** ; 15
	S'exprimer clairement	**A2**	1 ; 4 ; 6
	Présenter (schéma, graphique, tableau, phrase...)	14	9 ; 10 ; 11

Chapitre 12	Chapitre 13	Chapitre 14	Chapitre 15
A3 ; 16	A1 ; A2 ; 10 ; 12 ; 13 ; 15 ; 17 ; 20	A1 ; A3 ; A4 ; 9 ; 11 ; 17 ; 18	A1 ; A2 ; A5 ; A6 ; AI1 ; 1 ; 2 ; 10 ; 12 ; 13 ; 14 ; 16 ; 17
AI ; 1 ; 4 ; 9 ; 16	A1 ; 7 ; 19 ; 20	A1 ; A2 ; AI ; 3 ; 4 ; 6 ; 7 ; 8 ; 9 ; 10 ; 12 ; 13 ; 14 ; 16 ; 17 ; 18	A3 ; A5 ; A6 ; 8 ; 9 ; 10 ; 12
A4 ; 2 ; 3 ; 6 ; 10	A2 ; 7	13 ; 15	A4 ; AI1 ; 1 ; 9 ; 10 ; 12 ; 14 ; 15
AI ; A4 ; 1 ; 6 ; 9 ; 11 ; 12	A1 ; A2 ; A3 ; AI ; 3 ; 4 ; 5 ; 6 ; 8 ; 9 ; 10 ; 11 ; 12 ; 13 ; 14 ; 15 ; 16 ; 17 ; 18 ; 19 ; 20	A4 ; AI ; 6 ; 13 ; 14 ; 16	
A1	A2 ; A3	A3 ; A4	A2 ; A3 ; A4 ; A5
14	A1 ; A2 ; 15	A3 ; A4 ; 13 ; 14 ; 15	A1 ; A4 ; AI1 ; 4 ; 6 ; 8 ; 11
A1 ; A2 ; A4	A2 ; A3 ; 8 ; 9	A3 ; A4 ; 12 ; 13 ; 14	A1 ; A2 ; A4 ; A5 ; AI1 ; AI2 ; 3 ; 4 ; 5 ; 9 ; 10 ; 11 ; 12 ; 14
A2 ; 13 ; 14	A2 ; 10 ; 13 ; 14 ; 19	A3 ; A4 ; AI ; 7 ; 16 ; 17	A2 ; A3 ; A5 ; A6 ; 5 ; 9 ; 15
AI ; 7 ; 12	10 ; 12 ; 13 ; 16 ; 17 ; 19 ; 20	1 ; 2 ; 5 ; 6 ; 8 ; 11 ; 14 ; 17	A6 ; 2 ; 5 ; 8 ; 9 ; 10 ; 13 ; 16
A1 ; A3 ; 3 ; 5	A1 ; A2 ; A3 ; AI ; 13 ; 14 ; 17 ; 18	A3 ; A4 ; 5 ; 14 ; 15 ; 17 ; 18	A1 ; A2 ; A4 ; A5 ; A6 ; AI1 ; AI2 ; 1 ; 3 ; 4 ; 5 ; 6 ; 8 ; 10 ; 11 ; 12 ; 14 ; 15
A1	A2 ; A3 ; 13	A3 ; A4 ; 13 ; 14 ; 15	A2 ; A4 ; 4 ; 6 ; 8 ; 10 ; 17
8	A1 ; A2 ; 14 ; 18 ; 20	A3 ; A4 ; 13 ; 14 ; 15 ; 18	A1 ; A2 ; A4 ; A5 ; A6 ; AI1 ; AI2 ; 1 ; 3 ; 4 ; 5 ; 6 ; 8 ; 10 ; 11 ; 12 ; 14 ; 15
A1 ; 15	A2 ; 7	13 ; 14 ; 15 ; 18	A4 ; AI1 ; 1 ; 9 ; 10 ; 12 ; 14 ; 15

Chapitre 18	Chapitre 19	Chapitre 20
A1 ; A2 ; A3 8 ; 13 ; 15 ; 17	A1 ; A2 ; 5 ; 7 ; 8 ; 10 ; 12 ; 14	A3 ; A4 ; 16 ; 18
A2 ; 13	A3 ; 3 ; 4 ; 9 ;13 ; 14	
A1 ; A2 ; A3	A3 ; A4 ; AI ; 3 ; 8 ; 9 ; 10 ; 11 ; 12	A1 ; A3 ; 4
14	A4 ; AI ; 8 ; 11	A3 ; 2; 4 ; 5 ; 7 ; 10 ; 12 ; 13 ; 14 ; 15 ; 17 ; 18 ; 19
A1 ; A2 ; A3	A2 ; A4	A1 ; A2 ; A3 ; A4
A1 ; A2 ; A3 16		A2
A1 ; A2 ; A3 ; 11 ; 16	A4 ; 9 ; 10	A2
A3 ; 7 ; 10 ; 14 ; 16 ; 17	A4 ; 9 ; 10	A1 ; A2 ; A3 ; A4
A1 ; A2 ; A3 ; AI ; 1 ; 2 ; 3 ; 4 ; 5 ; 6 ; 7 ; 8 ; 9 ; 10 ; 12 ; 13 ; 14 ; 15 ; 17	A2 ; A3 ; A4 ; AI ; 1 ; 2 ; 4 ; 6 ; 7 ; 8 ; 9 ; 10 ; 11 ; 13 ; 14	A1 ; A2 ; 6 ; 8 ; 9 ; 10 ; 11 ; 12 ; 15 ; 16 ; 17 ; 18 ; 19
A1 ; A2 ; A3 ; 7 ; 11 ; 12 ; 17	AI ; 9 ; 10 ; 12 ; 13	A2 ; A3
A1 ; A2 ; A3 ; AI ; 3 ; 4 ; 5 ; 6 ; 8 ; 9 ; 10 ; 11 ; 12 ; 14 ; 16	5 ; 8 ; 9	A2
A1 ; A2 ; A3 ; 2 ; 3 ; 7 ; 11 ; 12 ; 16 ; 17	AI ; 9 ; 10 ; 12 ; 13	A1 ; A2 ; 1
A1 ; A2 ; A3 ; 2 ; 3 ; 7 ; 12 ; 16 ; 17	A3 ; A4 ; AI ; 3 ; 8 ; 10 ; 11 ; 12	A1 ; A2

À la découverte

La page d'ouverture

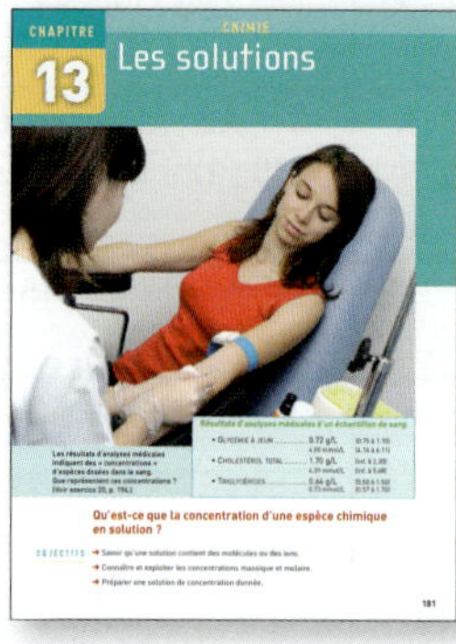

Elle présente la problématique du chapitre et ses objectifs.
Chaque couleur correspond à un thème : violet pour **L'Univers**, vert pour **La santé** et bleu pour **La pratique du sport**.

Les activités

Elles peuvent être documentaires ou expérimentales et mettre en œuvre des démarches d'investigation.

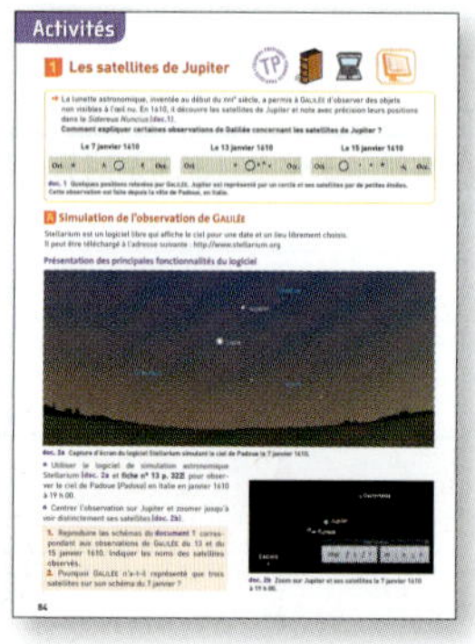

Le cours

Clair et concis, il est construit à partir des activités. Il propose des renvois à des exercices d'application.

Les pictogrammes du manuel

Activité expérimentale	Exercice en anglais
Activité documentaire	Exercice pluridisciplinaire
Démarches d'investigation	Ressource dans le manuel numérique enrichi
Histoire des sciences	Activité ou exercice nécessitant un outil informatique

@ Question nécessitant une recherche sur Internet

de votre manuel

Les pages Savoir

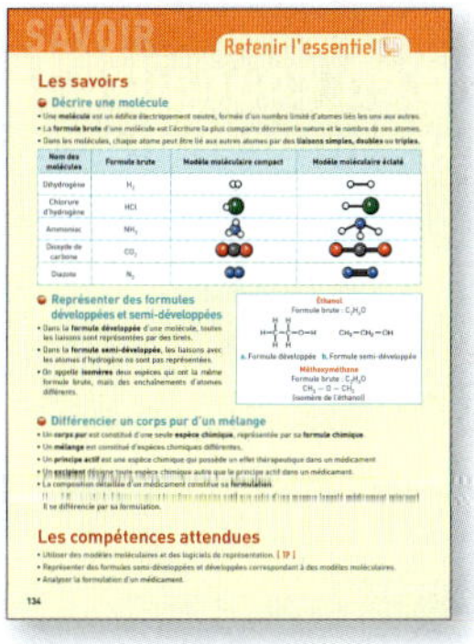

L'essentiel regroupe les compétences théoriques et expérimentales à maîtriser

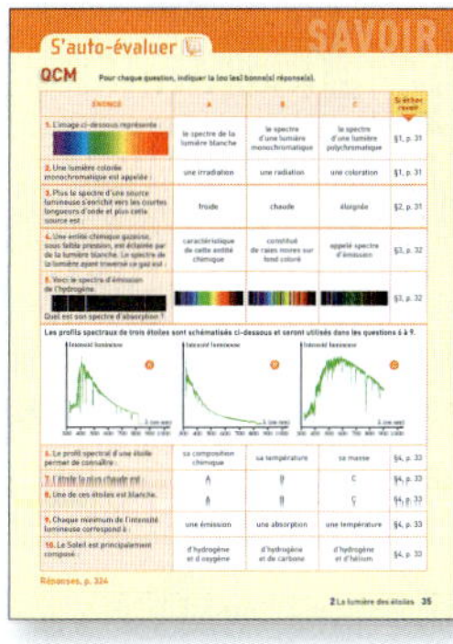

Un QCM pour s'auto-évaluer

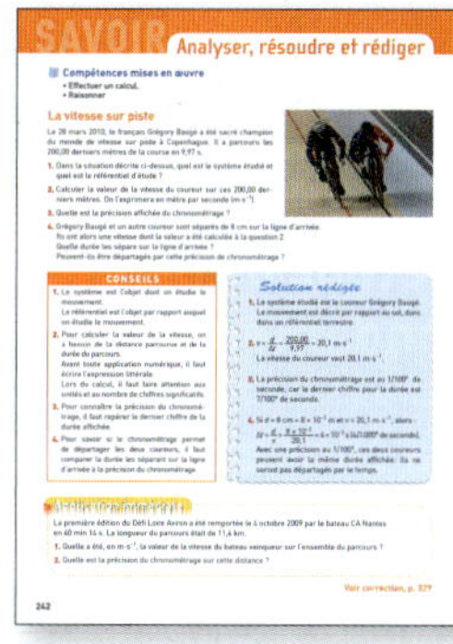

Des exercices résolus suivis d'un exercice du même type pour apprendre à analyser, résoudre et rédiger

Les exercices

Deux niveaux :
Pour commencer et Pour s'entraîner

Exercice en anglais

Exercice pluridisciplinaire

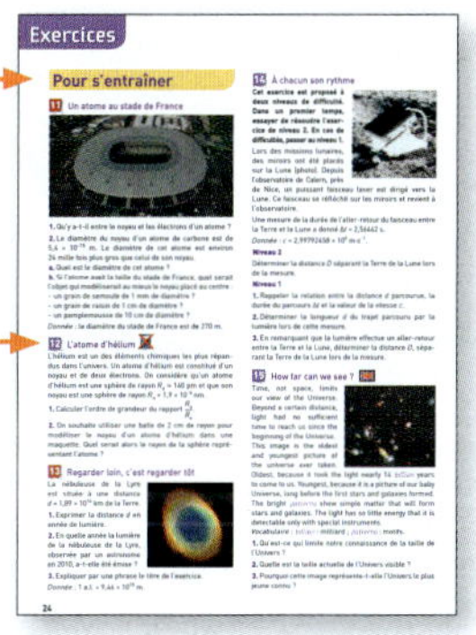

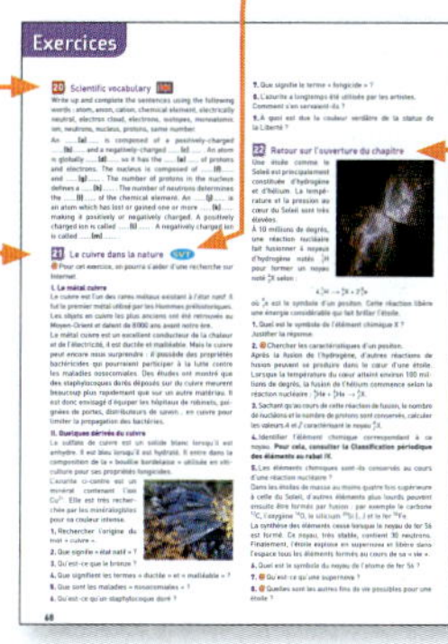

Exercice sans calculette

Exercice à niveau progressif

Les puces rouges indiquent les exercices corrigés en fin d'ouvrage

Le dernier exercice reprend le thème d'ouverture du chapitre

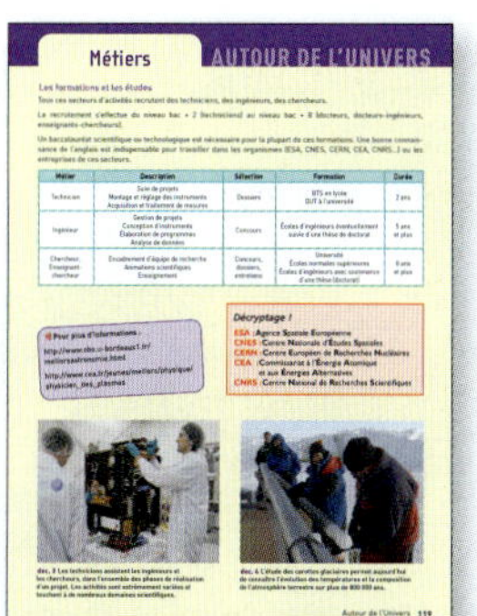

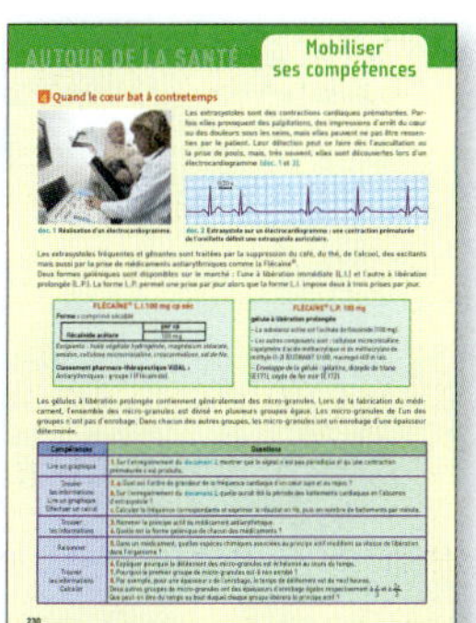

En fin de thème

Chaque partie se termine par six ou sept pages consacrées aux **métiers** relatifs au thème et à des **exercices de synthèse** sur ce thème.

L'Univers

L'Homme a, de tout temps, observé les astres afin de se situer dans l'Univers.

L'analyse de la lumière émise par les étoiles lui a permis d'en connaître la composition ainsi que celle de leur atmosphère et de la matière interstellaire.

L'étude du mouvement des objets célestes a mis en évidence l'une des interactions fondamentales de l'Univers : la gravitation universelle.

La connaissance de plus en plus précise du système solaire et de son évolution est due au développement de remarquables techniques d'observation.

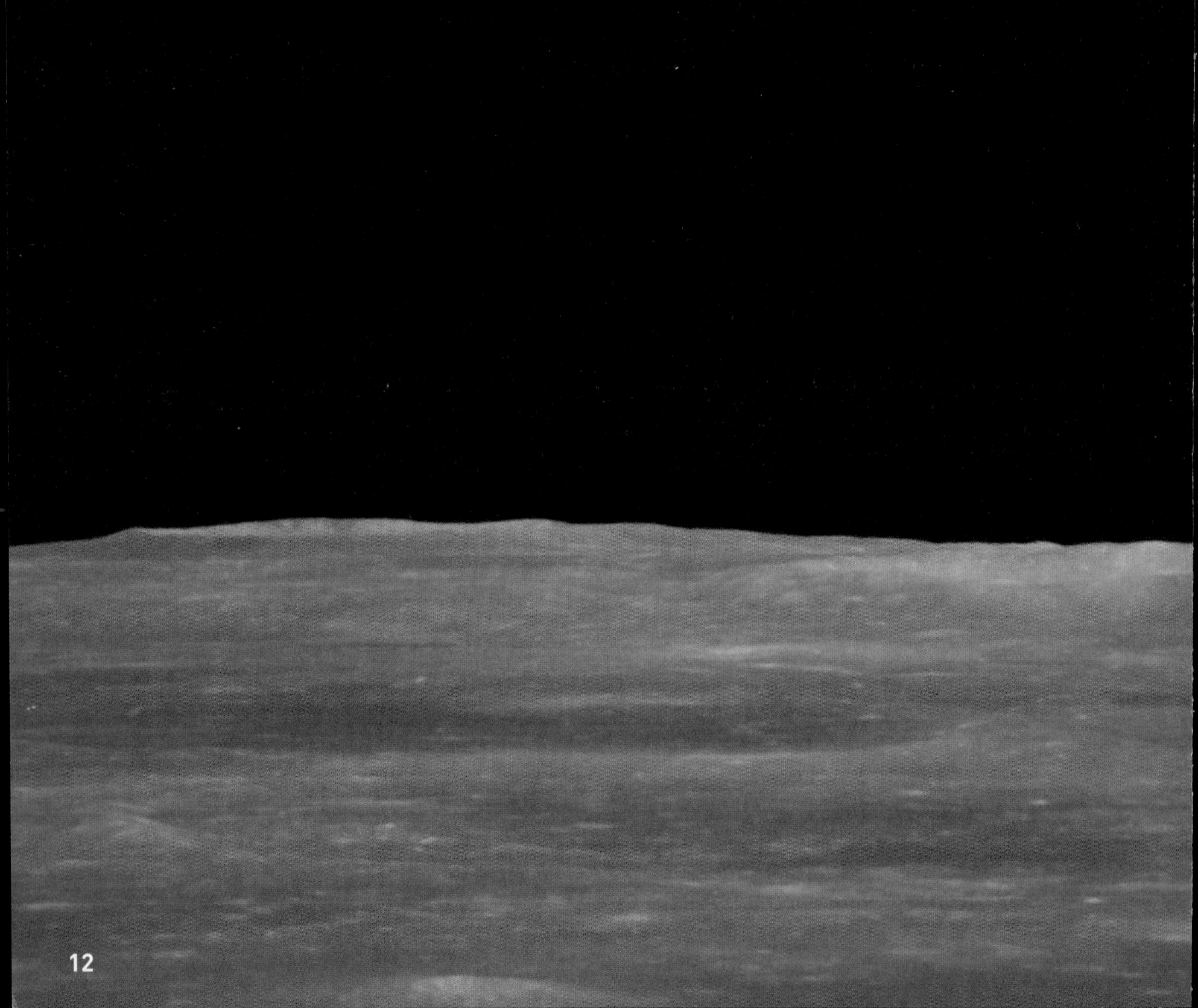

SOMMAIRE

Les notions vues au collège

L'atome : une espèce électriquement neutre

- Un **atome** est constitué d'un **noyau**, chargé positivement, entouré d'**électrons** chargés négativement **(doc. 1)**.
- Le rayon du noyau est beaucoup plus petit que celui de l'atome.
- Un atome est **électriquement neutre**.

Les ions : des espèces électriquement chargées

- En perdant un ou des électrons, un atome donne un **ion** chargé positivement (exemple : en perdant deux électrons, un atome de cuivre (Cu) donne un ion cuivre(II) Cu^{2+}).
- En gagnant un ou des électrons, un atome donne un **ion** chargé négativement (exemple : l'ion chlorure Cl^-).
- Des **tests** simples **(doc. 2)** permettent d'identifier les ions cuivre(II) Cu^{2+}, fer(II) Fe^{2+}, fer(III) Fe^{3+} et chlorure Cl^- (**voir fiche n° 1, p. 309**).

Propagation de la lumière

- **La lumière se propage rectilignement** dans un milieu transparent homogène **(doc. 3)**.
- **La vitesse de la lumière** dans l'air et dans le vide a pour valeur **300 000 km/s** environ.
- La **lumière blanche peut être décomposée** par un prisme ou par un réseau.
- Un objet peut **absorber une partie de la lumière** qu'il reçoit.

Vitesse et gravitation

- Une **vitesse** se calcule à partir de la distance parcourue et la durée du trajet : $v = \frac{d}{t}$.
- La **gravitation** est une **interaction attractive** entre deux objets.
- La gravitation régit les mouvements des astres.

Poids et masse

- Sur Terre, **le poids** d'un objet est l'attraction à distance exercée par la Terre sur cet objet.
- Le poids s'exerce selon la verticale du lieu, vers le bas.
- La valeur du poids d'un objet est égale au produit de la masse de cet objet par l'intensité de la pesanteur **(doc. 4)** :
$\boldsymbol{P = m \times g}$ avec P en newton (N), m en kilogramme (kg) et $g \approx 10$ N/kg (à la surface de la Terre).

L'écriture scientifique

- L'écriture scientifique (ou notation scientifique) d'un nombre décimal est l'écriture de ce nombre sous la forme $a \times 10^n$, le nombre a ne possédant qu'un chiffre non nul avant la virgule ($0 < a < 10$).

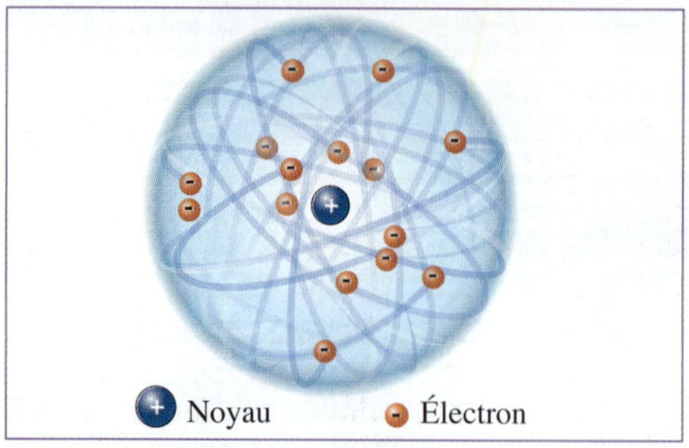

doc. 1 Atome, noyau, électrons.

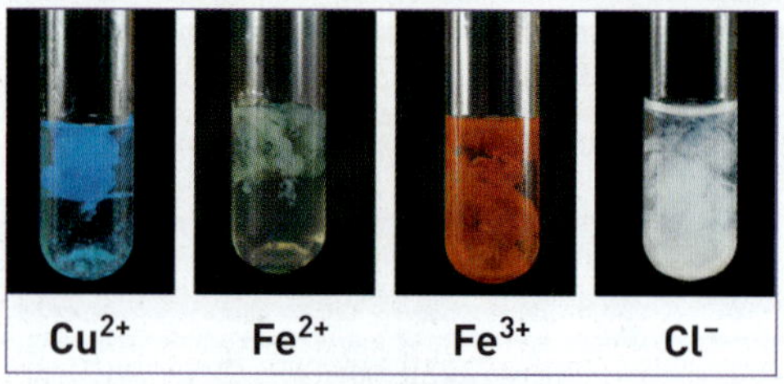

doc. 2 Précipités caractéristiques des ions Cu^{2+}, Fe^{2+} et Fe^{3+} avec les ions hydroxyde HO^- et des ions Cl^- avec les ions Ag^+.

doc. 3 Propagation rectiligne de la lumière.

doc. 4 La balance mesure la masse (en kg), le dynamomètre mesure la valeur du poids (en N).

CHAPITRE 1

PHYSIQUE

Description de l'Univers, du très petit au très grand

En utilisant un faisceau laser, on peut mesurer la distance entre la Terre et la Lune à quelques centimètres près.
Comment une si grande précision est-elle possible ? (Voir exercice 20, p. 25.)

Existe-t-il des points communs entre la structure d'un atome et celle d'une galaxie ?

OBJECTIFS

- → Décrire l'Univers, de l'échelle de l'atome à l'échelle des galaxies.
- → Utiliser la lumière pour mesurer des distances.

Activités

1 Description de l'Univers

→ La description de l'atome et celle de l'Univers utilisent des échelles de longueur très différentes.
Quelles sont ces échelles ?

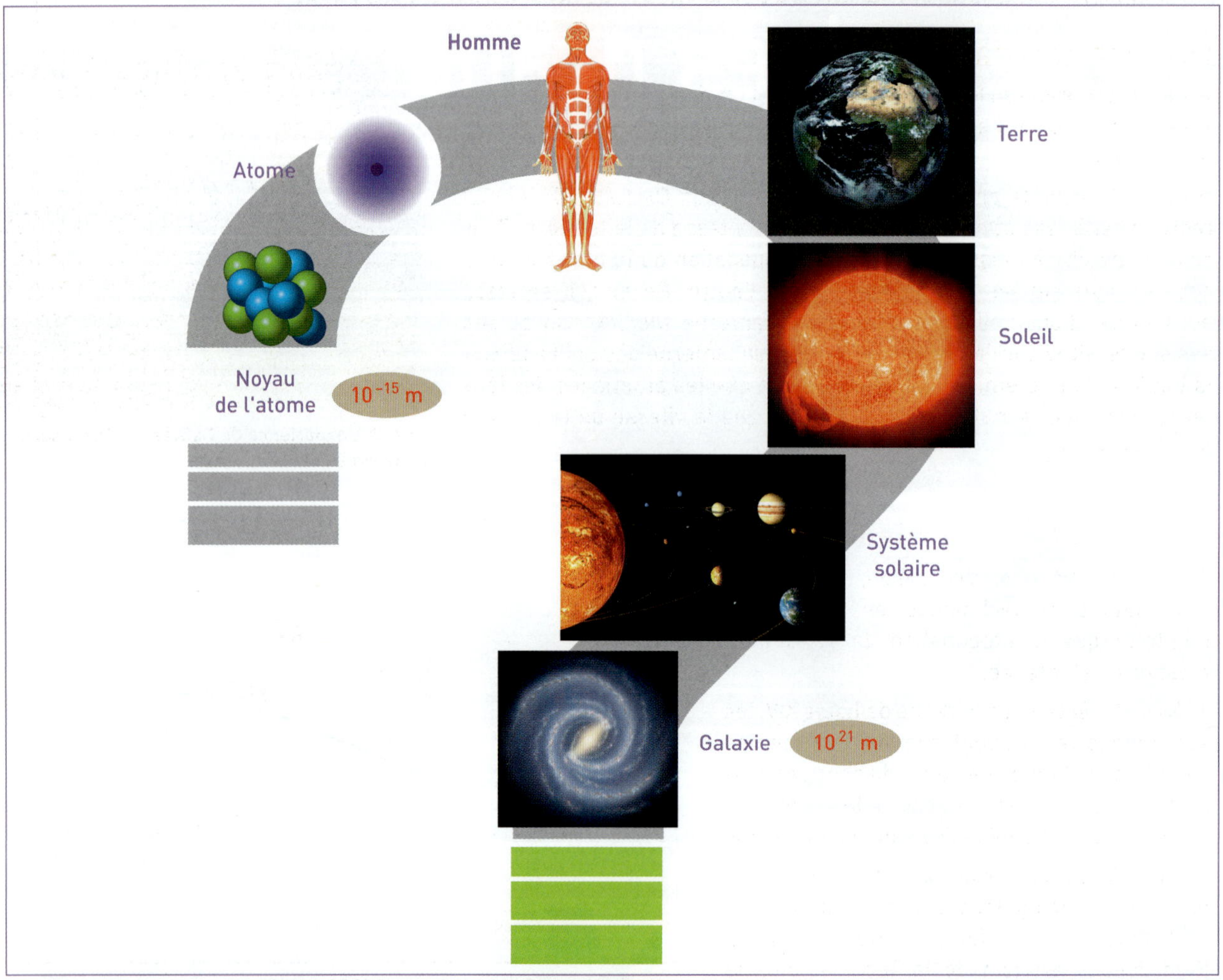

doc. 1 Du noyau de l'atome à la galaxie, les échelles de longueurs sont très différentes.

1. Quel est le nom de notre Galaxie ?

2. Observer le **document 1** ci-dessus. Proposer une suite aux pointillés verts.

3. Ce document indique seulement les dimensions de deux objets. Rechercher les dimensions manquantes. Exprimer leurs valeurs en mètre.

@ On pourra s'aider des données des sites « Powers of 10 » ou « Microcosm » du CERN.

4. Calculer le rapport de la dimension du système solaire sur celle du Soleil.
Le Soleil occupe-t-il une grande place dans le système solaire ?
La schématisation du système solaire du **document 1** est-elle à l'échelle ?

5. Si on représente le Soleil par un pamplemousse de 10 cm de diamètre, quel est alors le diamètre du système solaire ?

6. Pourquoi dit-on que le système solaire est lacunaire ?

@ Adresses Internet utiles pour ces recherches :
http://microcosm.web.cern.ch/microcosm/P10/french/welcome.html
http://www.powersof10.com

2 La mesure de la vitesse de la lumière

→ La vitesse de la lumière est tellement grande que durant des siècles les savants ont pensé que la lumière se propageait de façon instantanée. Dans ce cas, la vitesse de la lumière serait infinie.
Comment les savants ont-ils montré que la vitesse de la lumière n'est pas infinie ?

Les premiers pas

- Le savant arabe ALHAZEN (965-1039) est l'un des premiers à penser, sans pouvoir le vérifier, que la propagation de la lumière peut ne pas être instantanée.
- Au XVIIe siècle, le physicien et astronome italien GALILÉE (1564-1642) reprend cette idée et tente de déterminer la vitesse de la lumière. Pour cela, il cherche à mesurer la durée de propagation de la lumière entre deux collines situées à 1 800 m l'une de l'autre. De nuit, il se place au sommet d'une colline et allume une lanterne **(doc. 2)**. Un de ses assistants, situé sur l'autre colline, allume sa lanterne dès qu'il aperçoit la lumière de la première. GALILÉE constate que les allumages des lanternes semblent simultanés. Il en conclut que la vitesse de la lumière est très grande.

doc. 2 L'expérience de Galilée sur la mesure de la vitesse de la lumière.

Les preuves expérimentales

- Entre le XVe et le XVIIe siècle, les progrès scientifiques et techniques en astronomie montrent que la propagation de la lumière n'est pas instantanée.
- Au XVIIe siècle, sous le règne de Louis XIV, les astronomes remarquent que les éclipses des satellites de Jupiter ne se produisent pas toujours à l'heure prévue. Parfois elles sont « en avance », d'autres fois elles sont « en retard ».
- En 1676, l'astronome danois RÖMER (1644-1710) explique ces irrégularités par la variation de la distance entre la Terre et Jupiter **(doc. 3)**. Plus Jupiter est loin de la Terre et plus la lumière qui vient de Jupiter met du temps pour parvenir jusqu'à la Terre. RÖMER calcule que la lumière met environ 11 minutes pour parcourir le rayon de l'orbite terrestre. La preuve est apportée : **la lumière se propage avec une vitesse finie**.

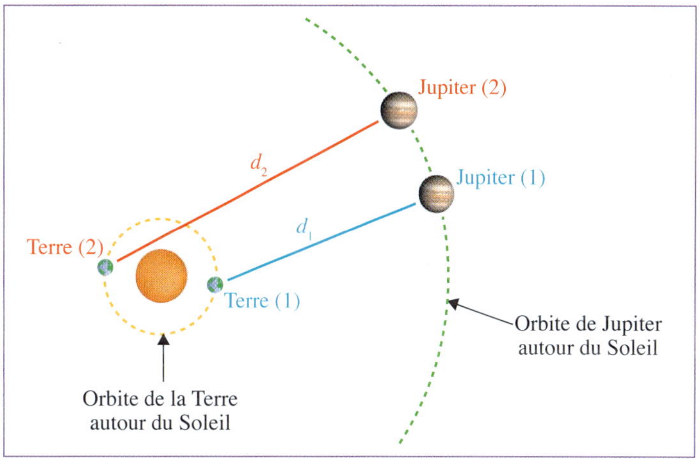

doc. 3 Deux positions de la Terre et de Jupiter.
La distance entre ces deux planètes dépend de leurs positions autour du Soleil (proportions non respectées).

- Durant les siècles suivants, les progrès portent sur l'amélioration de la précision de la mesure de cette vitesse. Au début du XIXe siècle, avec la même méthode, l'astronome français DELAMBRE (1749-1822) trouve 8 min 13 s pour la même distance. Au XXe siècle, la valeur de la vitesse de la lumière est fixée à 299 792 458 m·s^{-1}.

1. En utilisant la valeur actuelle de la vitesse de la lumière, déterminer la durée du trajet aller-retour de la lumière entre les deux collines lors de l'expérience de GALILÉE.
Expliquer pourquoi la mesure n'était pas possible à l'époque.
2. On sait aujourd'hui que la valeur du rayon de l'orbite de la Terre autour du Soleil est de 150 millions de kilomètres.
Déterminer la valeur de la vitesse de la lumière qu'aurait pu trouver RÖMER.
3. Déterminer de la même façon la valeur de la vitesse qu'aurait pu trouver DELAMBRE.
Commenter les résultats en comparant avec la valeur actuelle de cette vitesse.

1 L'Univers, du très petit au très grand

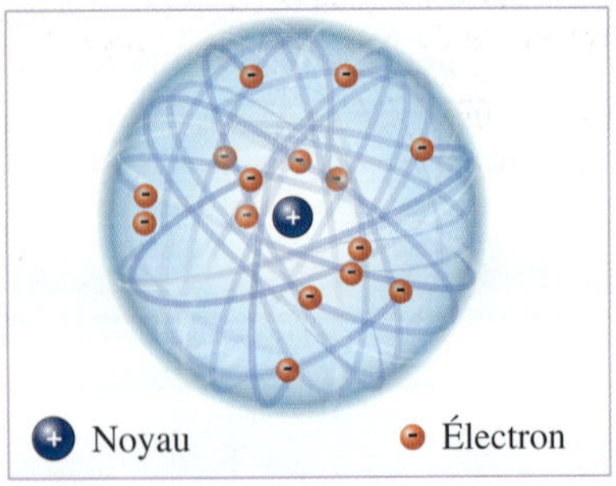

doc. 1 Une représentation de l'atome (proportions non respectées). Entre le noyau et les électrons, il n'y a que du vide.

doc. 2 Une représentation du système solaire (proportions non respectées). Entre le Soleil et les planètes, il y a essentiellement du vide.

doc. 3 La galaxie d'Andromède est la galaxie la plus proche de nous. Elle regroupe plusieurs centaines de milliards d'étoiles entre lesquelles il y a essentiellement du vide.

À l'échelle microscopique, la matière est constituée d'atomes. Un **atome** est constitué d'un **noyau** autour duquel les **électrons** sont en mouvement **(doc. 1)**. L'atome est environ 100 000 fois plus gros que son noyau. Entre les électrons et le noyau, il y a du vide : on dit que l'atome est **lacunaire.**

Le **système solaire** est constitué du Soleil et de huit planètes en mouvement autour du Soleil **(doc. 2 et 4)**. On y trouve aussi quelques objets de différentes tailles : poussières, astéroïdes, comètes...
Entre les planètes et le Soleil, il y a essentiellement du vide.

Une **galaxie** est un regroupement d'étoiles **(doc. 3)**. Notre Galaxie est la **Voie lactée**. Elle comporte plusieurs centaines de milliards d'étoiles. Autour de certaines de ces étoiles se trouvent des planètes, appelées exoplanètes, et des systèmes planétaires extrasolaires. Entre les étoiles d'une galaxie, comme entre les galaxies, il y a essentiellement du vide.

De l'atome aux galaxies, le remplissage de l'espace par la matière est essentiellement lacunaire.

Les dimensions dans l'Univers sont très différentes. Certaines de ces dimensions sont mesurées en utilisant la propagation de la lumière.

Pour commencer, exercices 1 à 3, p. 23

Planète	Distance au Soleil (en millions de km)
Mercure	57,9
Vénus	108,2
Terre	149,6
Mars	227,9
Jupiter	778,3
Saturne	1 427,0
Uranus	2 871,0
Neptune	4 497,1

doc. 4 Les planètes du système solaire.

2 La lumière pour mesurer des distances

2.1 Propagation rectiligne de la lumière

La lumière se propage dans tous les milieux transparents.

La lumière se propage en ligne droite dans un milieu homogène.

La propagation rectiligne de la lumière **(doc. 5)** permet de mesurer des distances ; pour cela il faut connaître la valeur de sa vitesse.

doc. 5 Faisceaux laser utilisés en concert.

2.2 Vitesse de la lumière

La valeur de la vitesse de la lumière dans le vide et dans l'air est* :

$$c \simeq 3{,}00 \times 10^{8}\ \text{m}\cdot\text{s}^{-1}.$$

* La valeur de la vitesse de la lumière dans le vide (ou célérité), notée c, a été fixée à 299 792 458 $\text{m}\cdot\text{s}^{-1}$.

La connaissance de la valeur de la vitesse de la lumière permet de mesurer des distances par la méthode de l'écho-laser (page 15).

La distance d parcourue par la lumière pendant la durée Δt est $d = c \times \Delta t$.

Les étoiles visibles dans le ciel sont très éloignées. Pour faciliter la comparaison des distances dans l'Univers, les astronomes utilisent une autre unité de longueur : l'**année de lumière**.

L'année de lumière (notée a.l.) est la distance parcourue par la lumière, dans le vide, en une année.

On peut calculer cette distance à partir de la vitesse de la lumière. En une année de 365,25 jours comportant chacun 24 heures, la lumière parcourt :

$$299\,792\,458 \times 365{,}25 \times 24 \times 60 \times 60 \simeq 9{,}46 \times 10^{15} \text{ m*}.$$

Rappel : La valeur de la vitesse est calculée à partir de la distance parcourue et de la durée du parcours : vitesse = $\frac{\text{distance}}{\text{durée}}$.

* 1 a.l. $\simeq 9{,}46 \times 10^{15}$ m

2.3 Voir loin, c'est voir dans le passé

L'étoile polaire **(doc. 6)** est située à $4{,}08 \times 10^{15}$ km de la Terre. Exprimée en a.l., cette distance est donc de $\frac{4{,}08 \times 10^{18}}{9{,}46 \times 10^{15}} = 431$ a.l.

La lumière venant de cette étoile a voyagé pendant 431 ans avant d'arriver sur la Terre. On la voit donc telle qu'elle était il y a 431 ans.

La galaxie d'Andromède **(doc. 3)** est située à environ 2 millions d'années de lumière. C'est la galaxie la plus proche de la Voie lactée. Lorsqu'on l'observe, on la voit telle qu'elle était il y a environ 2 millions d'années.

Plus les objets que nous observons sont éloignés, plus la lumière a mis de temps à nous parvenir. La lumière émise par les objets lointains témoigne du passé de l'Univers.

Pour commencer, exercices 4 à 8, p. 23

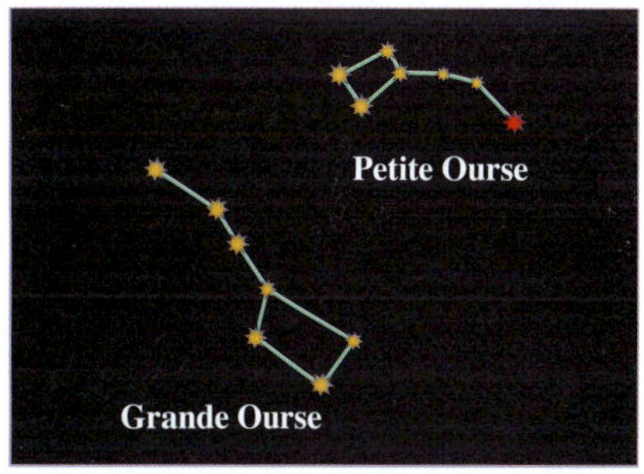

doc. 6 L'étoile polaire (en rouge) est une des étoiles de la constellation de la Petite Ourse.

3 Unité et ordres de grandeur

3.1 Unité adaptée

L'unité de longueur dans le système international est le mètre (m).

Les longueurs sont souvent exprimées avec des multiples et des sous-multiples du mètre* (**voir rabat I**). Voici deux exemples :
- la longueur d'une cellule : 5 µm = 5×10^{-6} m ;
- le rayon de la Terre : 6 380 km = $6\,380 \times 10^{3}$ m = $6{,}380 \times 10^{6}$ m.

*** Multiples et sous-multiples du mètre :**
femtomètre : 1 fm = 10^{-15} m
picomètre : 1 pm = 10^{-12} m
nanomètre : 1 nm = 10^{-9} m
micromètre : 1 µm = 10^{-6} m
millimètre : 1 mm = 10^{-3} m
mètre : 1 m
kilomètre : 1 km = 10^{3} m
mégamètre : 1 Mm = 10^{6} m
gigamètre : 1 Gm = 10^{9} m

3.2 Ordre de grandeur

Pour comparer des longueurs, il est plus aisé de les convertir en mètre et de manipuler les ordres de grandeur plutôt que les nombres.

L'ordre de grandeur d'un nombre représente la puissance de 10 la plus proche de ce nombre.

L'ordre de grandeur de la distance Terre-Lune est de 10^{8} m, car la distance Terre-Lune est de 384 000 km. L'ordre de grandeur d'une molécule d'eau est de 10^{-10} m, car sa taille est de 0,4 nm.

Pour commencer, exercices 9 et 10, p. 23

Retenir l'essentiel

Les savoirs

L'Univers, du très petit au très grand

a
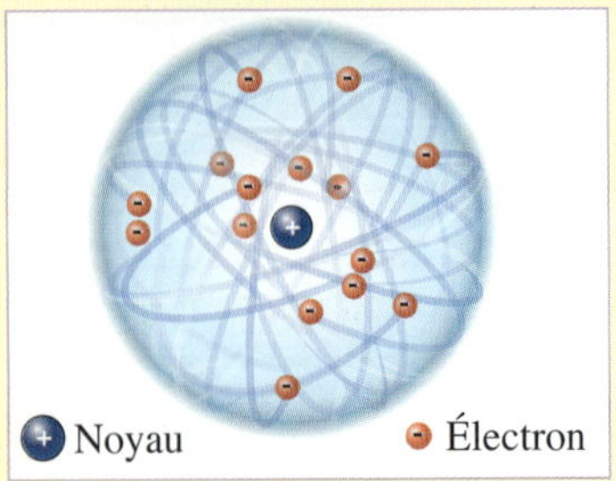

b

c

Entre le noyau et les électrons d'un atome, il n'y a que du vide **(a)**.
Entre le Soleil et les planètes **(b)**, entre les étoiles d'une galaxie comme entre les galaxies **(c)**, il y a essentiellement du vide.
De l'atome aux galaxies, le remplissage de l'espace par la matière est essentiellement **lacunaire**.

La lumière pour mesurer des distances

- La **lumière se propage en ligne droite** dans un milieu homogène.
- La **vitesse de la lumière** dans le vide et dans l'air est $c \simeq 3{,}00 \times 10^8\ \text{m·s}^{-1}$.
  La connaissance de la vitesse de la lumière permet de calculer la distance d (en m) parcourue par la lumière pendant la durée Δt (en s) : $d = c \times \Delta t$.
- L'**année de lumière** (a.l.) est la distance parcourue par la lumière, dans le vide, en une année. Cette unité est utilisée en astronomie pour exprimer les très grandes distances.
- Plus les objets que nous observons sont éloignés, plus la lumière a mis du temps à nous parvenir. La lumière des objets lointains témoigne du passé de l'Univers. Cela explique pourquoi « **voir loin, c'est voir dans le passé** ».

Unité et ordres de grandeur

- Dans le système international, l'unité de longueur est le **mètre** (m).
  On utilise souvent des multiples et des sous-multipes du mètre.
- L'**ordre de grandeur** d'un nombre est la puissance de 10 la plus proche de ce nombre.

Les compétences attendues

- Savoir que le remplissage de l'espace par la matière est essentiellement lacunaire, aussi bien au niveau de l'atome qu'à l'échelle cosmique.
- Connaître la valeur de la vitesse de la lumière dans le vide ou dans l'air.
- Connaître la définition de l'année de lumière et son intérêt.
- Savoir expliquer que « voir loin, c'est voir dans le passé ».
- Utiliser les puissances de 10 dans l'évaluation des ordres de grandeur.

S'auto-évaluer

QCM

Pour chaque question, indiquer la (ou les) bonne(s) réponse(s).

ÉNONCÉ	A	B	C	Si échec revoir
1. Entre le noyau et les électrons d'un atome, il y a :	des molécules	du vide	de l'air	§1, p. 18
2. Entre le Soleil et les planètes du système solaire, il y a :	surtout du vide	de l'air	des galaxies	§1, p. 18
3. Une galaxie : 	est un regroupement de planètes autour d'une étoile	est un regroupement d'étoiles dont certaines sont accompagnées de planètes	a une structure lacunaire	§1, p. 18
4. Dans le vide, la lumière :	se propage en ligne droite	ne se propage pas	se propage avec une vitesse constante	§2, p. 18
5. La valeur de la vitesse de la lumière dans le vide est de :	$3{,}00 \times 10^8$ km·h^{-1}	$3{,}00 \times 10^5$ km·s^{-1}	$3{,}00 \times 10^8$ m·s^{-1}	§2, p. 18
6. L'année de lumière est :	la durée du trajet de la lumière entre le Soleil et la Terre	la distance parcourue par la lumière dans le vide en un an	la distance séparant le Soleil de l'étoile polaire	§2, p. 19
7. La lumière met 8 min 20 s pour nous parvenir du Soleil. Quelle est la distance entre la Terre et le Soleil ?	600 000 m	150×10^6 km	$1{,}5 \times 10^{11}$ km	§2, p. 19
8. Regarder loin, c'est regarder tôt, car :	pour regarder loin, il faut se lever tôt le matin	la lumière qui vient des objets lointains a voyagé pendant longtemps	en observant des objets lointains on les voit tels qu'ils étaient il y a longtemps	§2, p. 19
9. La distance entre le Soleil et Vénus est de $108{,}2 \times 10^6$ km. Cette distance s'écrit aussi :	$1{,}082 \times 10^8$ m	$1{,}082 \times 10^{11}$ m	$108{,}2 \times 10^{10}$ m	§3, p. 19
10. Le rayon du Soleil est d'environ $6{,}96 \times 10^8$ m. L'ordre de grandeur de cette distance est :	10^8 m	10^9 m	7×10^8 m	§3, p. 19
11. Le diamètre d'un virus du sida est de 105 nm. L'ordre de grandeur de ce diamètre est :	10^{-9} m	10^{-7} m	10^{-11} m	§3, p. 19

Réponses, p. 324

Analyser, résoudre et rédiger

Compétences mises en œuvre

- Effectuer un calcul.
- Argumenter – Raisonner.

Calculer correctement

L'étoile la plus proche de la Terre est le Soleil. La lumière émise par le Soleil voyage pendant 501 secondes avant d'arriver sur Terre.
On se propose de trouver la distance entre la Terre et le Soleil sans calculatrice.
Donnée : vitesse de la lumière dans le vide $c = 2{,}99792458 \times 10^8$ m·s^{-1}.

1. a. Arrondir la valeur de la vitesse de la lumière avec un seul chiffre significatif.
b. Quelle est l'écriture scientifique de la durée pendant laquelle la lumière voyage du Soleil à la Terre ? Arrondir cette écriture à un chiffre significatif.

2. Sans calculatrice, évaluer, en mètre, la valeur de la distance entre la Terre et le Soleil.

3. Donner l'ordre de grandeur de cette distance.

CONSEILS

Comment utiliser l'écriture scientifique et les chiffres significatifs ?

1. a. La vitesse est donnée en écriture scientifique. Arrondir à un chiffre significatif consiste à chercher le chiffre le plus proche de 2,99792458. Ne pas oublier la puissance de 10 !
b. Pour écrire correctement un nombre en écriture scientifique, il ne faut garder qu'un seul chiffre non nul avant la virgule et bien compter le nombre de chiffres dont est déplacée la virgule pour ne pas se tromper dans la puissance de 10.

Comment calculer une distance ?

2. On utilise l'expression littérale de la relation entre la distance, la vitesse et la durée :

$$d = c \times \Delta t.$$

Pour faciliter le calcul, il faut regrouper les puissances de 10.

Comment déterminer un ordre de grandeur ?

3. L'ordre de grandeur d'une valeur numérique est la puissance de 10 la plus proche.

Solution rédigée

1. a. Avec un seul chiffre significatif 2,99792458 est arrondi à 3.
Arrondie avec un seul chiffre significatif, la vitesse de la lumière dans le vide s'écrit donc :

$$\mathbf{c = 3 \times 10^8\ m{\cdot}s^{-1}}.$$

b. En utilisant l'écriture scientifique, 501 s'écrit **$5{,}01 \times 10^2$**.
Avec un chiffre significatif, la durée de propagation de la lumière du Soleil jusqu'à la Terre s'écrit :

$$\mathbf{5 \times 10^2\ s}.$$

2. $d = c \times \Delta t$ avec $c = 3 \times 10^8$ m·s^{-1} et $\Delta t = 5 \times 10^2$ s.
Il vient : $d = 3 \times 10^8 \times 5 \times 10^2$

$$\mathbf{d = 15 \times 10^{10}\ m}.$$

En notation scientifique, cela s'écrit :

$$d = 1{,}5 \times 10^{11}\ \text{m}.$$

La distance entre la Terre et le Soleil est donc de **$1{,}5 \times 10^{11}$ m**.

3. L'ordre de grandeur de la distance Terre-Soleil est donc de **10^{11} m**.

Application immédiate

La plus petite distance entre la Terre et Mars est de $5{,}9 \times 10^{10}$ m.

1. Arrondir cette distance, puis, sans calculatrice, évaluer la durée du trajet de la lumière diffusée par Mars jusqu'à la Terre.

2. Donner l'ordre de grandeur de la durée du trajet.

Voir correction, p. 324

Pour commencer

L'Univers, du très petit au très grand

1 Du plus petit au plus grand

Classer, par ordre croissant de taille, les objets suivants : atome ; galaxie ; Homme ; Lune ; noyau d'atome ; Soleil ; système solaire ; Terre ; Univers.

2 Du noyau à la galaxie

1. Que trouve-t-on entre le noyau d'un atome et ses électrons ?

2. Que trouve-t-on essentiellement entre les étoiles d'une galaxie ?

3 À côté de nous

1. Quelle est l'étoile la plus proche de la Terre ?

2. Que trouve-t-on essentiellement entre les planètes du système solaire ?

La lumière pour mesurer des distances

4 Lumière et distance

La distance moyenne entre le Soleil et la Terre est d'environ 150×10^9 m.

1. Rappeler la valeur de la vitesse de la lumière dans le vide et dans l'air.

2. Quelle est la durée du trajet de la lumière solaire pour arriver sur la Terre ?

5 De la Lune à la Terre

La lumière diffusée par la Lune met 1,28 seconde pour arriver sur la Terre.

1. Rappeler la valeur de la vitesse de la lumière dans le vide et dans l'air.

2. Quelle est la distance entre la Terre et la Lune exprimée en mètre, puis en kilomètre ?

6 Calculer sans calculatrice

Choisir la bonne réponse parmi celles proposées.

1. La Lune est située à $3{,}9 \times 10^8$ m de la Terre. Le temps mis par la lumière pour aller de la Lune à la Terre est :
a. 0,13 s ; **b.** 1,3 s ; **c.** 13 s.

2. Le Soleil est situé à 150×10^9 m de la Terre. Le temps mis par la lumière pour aller du Soleil à la Terre est :
a. 5 s ; **b.** 50 s ; **c.** 500 s.
Donnée : $c = 3{,}00 \times 10^8$ m·s^{-1}.

7 Vitesse de la lumière

En 1849, Hippolyte FIZEAU (1819-1896) réalisa à Paris la première mesure de la vitesse de la lumière dans l'air. À l'aide d'un dispositif de son invention, il mesura la durée du trajet aller-retour de la lumière entre Montmartre et le Mont Valérien à Suresnes, distants de 8 633 m. Il trouva $5{,}51 \times 10^{-5}$ s.

1. Quelle est la distance parcourue par la lumière lors de l'aller-retour entre Montmartre et le Mont Valérien ?

2. Quelle est la valeur de la vitesse de la lumière obtenue par FIZEAU ?

8 Année de lumière

1. Rappeler la définition d'une année de lumière.

2. L'étoile Sirius est l'étoile la plus brillante du ciel nocturne. Elle est située à environ 8,6 a.l. de la Terre. Exprimer cette distance en kilomètre.
Donnée : 1 a.l. = $9{,}46 \times 10^{15}$ m.

Unité et ordres de grandeur

9 Unités adaptées

Reproduire et compléter le tableau suivant.

	Dimensions (en m)	Ordre de grandeur (en m)	Valeur avec une unité adaptée
Circonférence de la Terre	$4{,}0075 \times 10^7$		
Distance Marseille-Lille			969 km
Longueur d'une piste d'athlétisme			400 m
Épaisseur d'une pièce de 1 €	$2{,}33 \times 10^{-3}$		
Taille d'une cellule	$3{,}678 \times 10^{-6}$		

10 Des longueurs microscopiques

1. En utilisant l'écriture scientifique, exprimer en mètre les longueurs suivantes :
a. longueur d'un globule rouge : 12 μm ;
b. longueur d'une molécule d'ADN : 2 nm ;
c. diamètre d'une goutte d'eau : 0,20 mm ;
d. diamètre d'un virus : 90 nm ;
e. rayon de l'atome d'hydrogène : 53 pm.

2. Indiquer l'ordre de grandeur de chacune de ces longueurs.

Pour s'entraîner

11 Un atome au stade de France

1. Qu'y a-t-il entre le noyau et les électrons d'un atome ?

2. Le diamètre du noyau d'un atome de carbone est de $5,4 \times 10^{-15}$ m. Le diamètre de cet atome est environ 24 mille fois plus gros que celui de son noyau.

a. Quel est le diamètre de cet atome ?

b. Si l'atome avait la taille du stade de France, quel serait l'objet qui modéliserait au mieux le noyau placé au centre :
- un grain de semoule de 1 mm de diamètre ?
- un grain de raisin de 1 cm de diamètre ?
- un pamplemousse de 10 cm de diamètre ?

Donnée : le diamètre du stade de France est de 270 m.

12 L'atome d'hélium

L'hélium est un des éléments chimiques les plus répandus dans l'univers. Un atome d'hélium est constitué d'un noyau et de deux électrons. On considère qu'un atome d'hélium est une sphère de rayon $R_a \simeq 140$ pm et que son noyau est une sphère de rayon $R_n = 1,9 \times 10^{-6}$ nm.

1. Calculer l'ordre de grandeur du rapport $\frac{R_a}{R_n}$.

2. On souhaite utiliser une balle de 2 cm de rayon pour modéliser le noyau d'un atome d'hélium dans une maquette. Quel serait alors le rayon de la sphère représentant l'atome ?

13 Regarder loin, c'est regarder tôt

La nébuleuse de la Lyre est située à une distance $d = 1,89 \times 10^{16}$ km de la Terre.

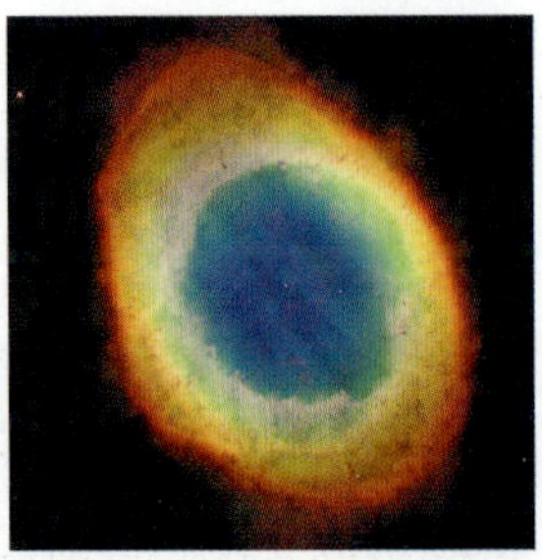

1. Exprimer la distance d en année de lumière.

2. En quelle année la lumière de la nébuleuse de la Lyre, observée par un astronome en 2010, a-t-elle été émise ?

3. Expliquer par une phrase le titre de l'exercice.

Donnée : 1 a.l. = $9,46 \times 10^{15}$ m.

14 À chacun son rythme

Cet exercice est proposé à deux niveaux de difficulté. Dans un premier temps, essayer de résoudre l'exercice de niveau 2. En cas de difficultés, passer au niveau 1.

Lors des missions lunaires, des miroirs ont été placés sur la Lune (photo). Depuis l'observatoire de Calern, près de Nice, un puissant faisceau laser est dirigé vers la Lune. Ce faisceau se réfléchit sur les miroirs et revient à l'observatoire.

Une mesure de la durée de l'aller-retour du faisceau entre la Terre et la Lune a donné $\Delta t = 2,56442$ s.

Donnée : $c = 2,99792458 \times 10^8$ m·s^{-1}.

Niveau 2

Déterminer la distance D séparant la Terre de la Lune lors de la mesure.

Niveau 1

1. Rappeler la relation entre la distance d parcourue, la durée du parcours Δt et la valeur de la vitesse c.

2. Déterminer la longueur d du trajet parcouru par la lumière lors de cette mesure.

3. En remarquant que la lumière effectue un aller-retour entre la Terre et la Lune, déterminer la distance D, séparant la Terre de la Lune lors de la mesure.

15 How far can we see ?

Time, not space, limits our view of the Universe. Beyond a certain distance, light had no sufficient time to reach us since the beginning of the Universe. This image is the oldest and youngest picture of the universe ever taken. Oldest, because it took the light nearly 14 *billion* years to come to us. Youngest, because it is a picture of our baby Universe, long before the first stars and galaxies formed. The bright *patterns* show simple matter that will form stars and galaxies. The light has so little energy that it is detectable only with special instruments.

Vocabulaire : billion : milliard ; *patterns* : motifs.

1. Qu'est-ce qui limite notre connaissance de la taille de l'Univers ?

2. Quelle est la taille actuelle de l'Univers visible ?

3. Pourquoi cette image représente-t-elle l'Univers le plus jeune connu ?

16 Rédiger correctement une solution

La solution de l'exercice suivant a été rédigée par un élève puis annotée par un professeur. Lire l'énoncé, les réponses de l'élève et les corrections suggérées, puis rédiger une solution détaillée.

Énoncé de l'exercice

L'étoile Proxima du Centaure est située à environ 4,2 a.l. de la Terre.

1. Quelle est la durée nécessaire à la lumière pour nous parvenir de cette étoile ?

2. Quelle est la distance entre cette étoile et la Terre ?

Données : 1 a.l. = $9{,}46 \times 10^{15}$ m ; $c = 3{,}00 \times 10^{8}$ m·s^{-1}.

Copie corrigée de l'élève

1. 4,2 ans.

Il faut répondre avec une phrase.

2. L'expression permettant de calculer la distance entre Proxima et la Terre est : $d = c \cdot \Delta t$.

Donc $d = 3{,}00 \times 10^{8} \times 4{,}2 = 1{,}3 \times 10^{9}$ m.

La distance entre la Terre et Proxima du Centaure est donc $1{,}3 \times 10^{9}$ m.

L'expression littérale est exacte, attention aux unités.

Il y a une autre solution utilisant l'année de lumière.

17 Explosion d'étoile

En l'an 1054, plusieurs astronomes ont observé une zone très brillante dans le ciel. On sait aujourd'hui qu'il s'agissait de l'explosion d'une étoile. Les restes de cette explosion forment aujourd'hui la nébuleuse du crabe que l'on peut observer au télescope et qui est située à environ 6 300 a.l. de la Terre.

1. À quelle époque l'explosion de l'étoile responsable de cette supernova s'est-elle produite ?

2. Si cette explosion se produisait aujourd'hui, quand serait-elle visible sur Terre ?

18 Chiffres significatifs

La pelouse du stade de France mesure 0,120 km de longueur et 75×10^{2} cm de largeur.

1. Avec combien de chiffres significatifs sont indiquées les valeurs numériques ci-dessus ?

2. Convertir ces longueurs en mètre en respectant le nombre de chiffres significatifs.

3. Ces longueurs sont-elles indiquées au mètre près ou au centimètre près ?

4. Quelle est l'aire de la pelouse ?

19 Des dimensions astronomiques

La galaxie à laquelle appartient le système solaire est la Voie lactée (illustration ci-contre). La galaxie la plus proche de la Voie lactée est Andromède. Ces deux galaxies sont séparées d'environ 2,6 millions d'années de lumière.

Donnée : 1 a.l. = $9{,}46 \times 10^{12}$ km.

1. La nébuleuse d'Orion se trouve à $1{,}70 \times 10^{16}$ km de la Terre.

a. À quelle distance, en années de lumière, la nébuleuse d'Orion se trouve-t-elle de la Terre ?

b. Fait-elle partie de la Voie lactée ?

c. À quelle époque se trouvait-on sur Terre quand a été émise la lumière qui nous parvient aujourd'hui de cette nébuleuse ?

2. Utiliser les puissances de dix pour répondre aux questions suivantes.

a. Donner, en km, l'ordre de grandeur de la taille T de la Voie lactée.

b. Donner, en km, l'ordre de grandeur de la distance D séparant Andromède de la Voie lactée.

c. Qu'y a-t-il essentiellement entre ces deux galaxies ?

20 Retour sur l'ouverture du chapitre

Une technique de mesure de la distance entre la Terre et la Lune consiste à utiliser la propagation de la lumière. Depuis la Terre, un faisceau laser est dirigé vers la Lune. Il se réfléchit sur des réflecteurs déposés lors de missions spatiales et revient sur Terre.

Une mesure a donné pour l'aller-retour de la lumière une durée Δt = 2,564454109 s avec une précision de 2 ns (ns signifie nanoseconde : 1 ns = 1×10^{-9} s).

Donnée : $c = 2{,}99792458 \times 10^{8}$ m·s^{-1}.

1. Faire un schéma montrant le trajet de la lumière lors de cette mesure.

2. a. Établir l'expression de la distance D entre la Terre et la Lune en fonction de c et de Δt.

b. Calculer la valeur de cette distance.

3. a. Que signifie l'expression du texte « avec une précision de 2 ns » ?

b. Quelle distance la lumière parcourt-elle en 2 ns ?

c. En déduire la précision avec laquelle est déterminée la distance entre la Terre et la Lune lors de la mesure.

Pour en savoir plus

La grande histoire de l'Univers : du Big Bang à la naissance de la vie…

Le cosmos possède une longue histoire d'environ 13,7 milliards d'années. L'Univers est né d'une soupe originelle où tout était très dense, très chaud et très lumineux. Au début tout n'était qu'énergie, puis c'est l'expansion. Alors naissent les particules, les étoiles, les galaxies la Terre, et enfin… la vie apparaît !

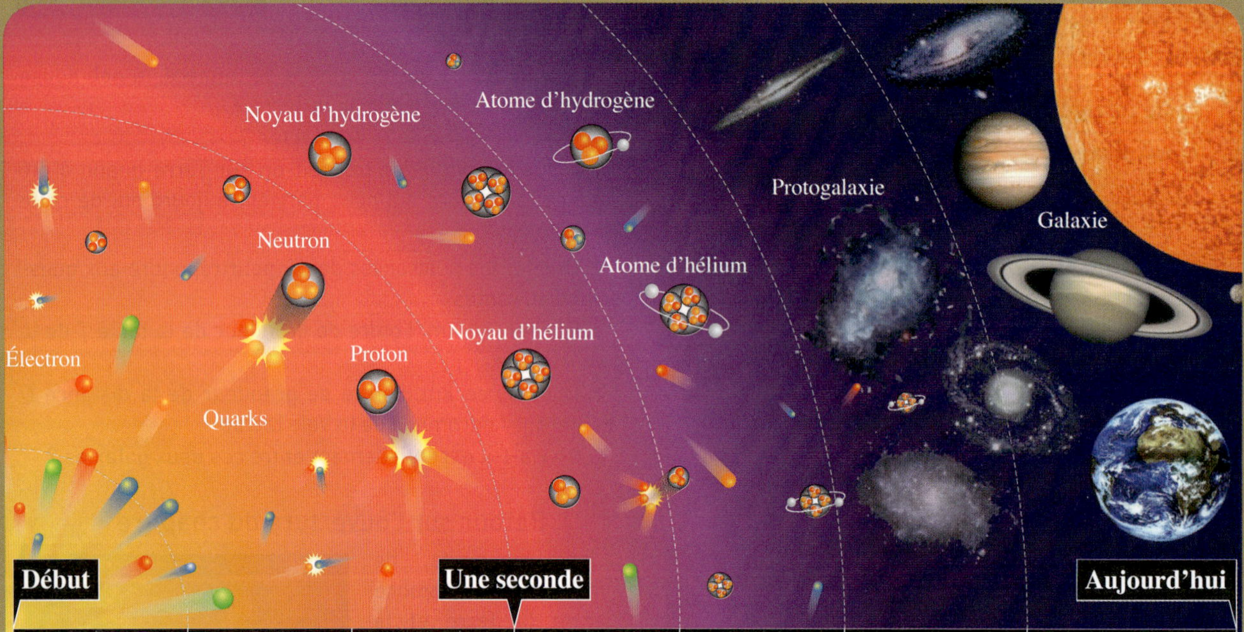

Temps 10^{-43} s	10^{-32} s	10^{-6} s	3 min	300 000 ans	1 milliard d'années	13,7 milliards d'années
Température	10^{27} °C	10^{13} °C	10^{8} °C	10 000 °C	– 200 °C	– 270 °C
1 Le cosmos traverse une expansion très rapide et passe en une infime fraction de seconde de la taille d'un atome à celle d'un pamplemousse.	**2** L'Univers ressemble à une soupe brulante d'électrons de quarks et d'autres particules.	**3** Le refroidissement rapide du cosmos permet aux quarks de se regrouper dans les protons et les neutrons.	**4** Encore trop chaud pour former des atomes, les électrons et les protons empêchent la lumière de briller.	**5** Les électrons, les protons et les neutrons forment des atomes, en majorité de l'hydrogène et de l'hélium. La lumière brille.	**6** La gravité permet aux gaz de se former. Ceux-ci vont se combiner pour devenir des nuages géants qui deviendront les futures galaxies.	**7** Toujours grâce à la gravité, les galaxies se regroupent. Les premières étoiles meurent rejetant dans l'espace des éléments plus lourds qui formeront de nouvelles étoiles et de nouvelles planètes.

Selon la théorie du Big Bang, l'Univers est en évolution permanente.
Il devient de plus en plus complexe.
C'est un peu comme un « potage à l'alphabet » de mon enfance.
Au début les lettres nagent librement dans l'espace.
Peu à peu, elles s'associent et commencent à faire des mots.
Avec les mots se forment des phrases, puis des paragraphes, des chapitres, un livre…
Les éléments se regroupent pour former des éléments plus complexes qui possèdent des propriétés physiques que n'avaient pas leurs composants individuellement.

D'après Hubert REEVES* (*Sciences et Avenir*, 1997)

* Hubert REEVES est un astrophysicien canadien connu pour ses ouvrages de vulgarisation scientifique.

CHAPITRE

2

PHYSIQUE

La lumière des étoiles

L'analyse de la lumière provenant du Soleil a permis de découvrir l'hélium. Quelles observations sont à la base de cette découverte ? (Voir exercice 19, p. 40.)

Quelles informations peut-on obtenir en analysant la lumière venant des étoiles ?

OBJECTIFS

- → Savoir qu'un corps chaud émet un rayonnement continu dont les propriétés dépendent de la température.
- → Repérer, par sa longueur d'onde dans un spectre d'émission ou d'absorption, une radiation caractéristique d'une entité chimique.
- → Utiliser un système dispersif pour visualiser des spectres d'émission et d'absorption et comparer ces spectres à celui de la lumière blanche.
- → Savoir que la longueur d'onde caractérise dans l'air et dans le vide une radiation monochromatique.
- → Interpréter le spectre de la lumière émise par une étoile : température de surface et entités chimiques présentes dans l'atmosphère de l'étoile.
- → Connaître la composition chimique du Soleil.

1 Décomposition de la lumière émise par un corps chaud

TRAVAUX PRATIQUES TP

→ La lumière émise par une lampe à incandescence transporte des informations sur cette lampe. Pour les obtenir, il faut décomposer la lumière à l'aide d'un prisme ou d'un réseau et faire apparaître son spectre.
Quelles informations peut-on obtenir de la lumière émise par une lampe à incandescence ?

A Comment décomposer la lumière ?

- Réaliser le montage permettant de décomposer la lumière émise par une lampe à incandescence **(doc. 1)**.
- Chercher l'orientation du prisme qui permet d'obtenir le spectre le plus lumineux. Déplacer l'écran si nécessaire.
- Observer le spectre obtenu sur l'écran.
- Observer la lumière émise à l'aide d'un spectroscope.

1. Représenter le spectre obtenu.
2. Comparer le spectre obtenu avec le prisme et celui obtenu avec le spectroscope.

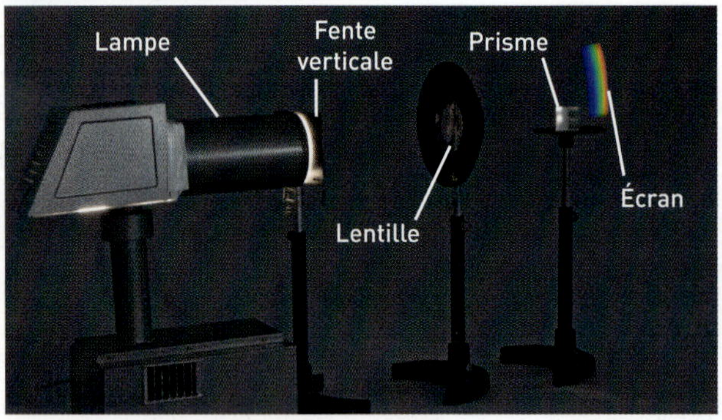

doc. 1 Montage pour décomposer la lumière.

B Spectre de la lumière émise par un corps chaud

La température du filament d'une lampe à incandescence augmente avec l'intensité du courant électrique qui le traverse.

- Réaliser le montage du **document 2**.
- Déplacer le curseur du rhéostat afin de modifier l'intensité du courant et donc la température du filament.
- Observer le spectre de la lumière produite pour diverses températures du filament.

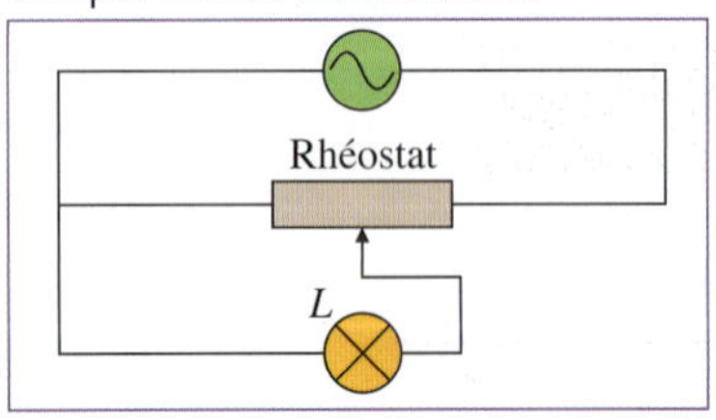

doc. 2 Montage permettant de faire varier la température d'une lampe.

Chaque nuance de couleur observée dans un spectre correspond à une **radiation** lumineuse. Cette radiation est caractérisée par sa **longueur d'onde (doc. 3)**, notée λ (*lambda*), généralement exprimée en nanomètre (nm).

Des spectroscopes électroniques affichent la courbe représentant l'intensité de la lumière analysée en fonction de la température de la source lumineuse. La courbe obtenue est un **profil spectral (doc. 4)**.

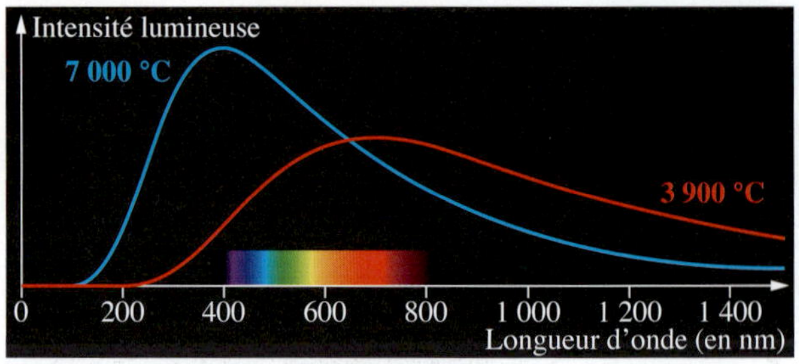

doc. 4 Schématisation du profil spectral d'un corps chaud pour deux températures. Par souci de simplification, l'intensité lumineuse est représentée sans unité.

3. Représenter les spectres obtenus pour trois températures différentes de la lampe.
4. Comment évolue le spectre de la lumière lorsque la température d'une source lumineuse augmente ?
5. Comment évolue la longueur d'onde de la radiation émise avec la plus grande intensité par un corps lorsque la température de ce corps augmente ?
6. Quelle information peut-on obtenir du spectre et du profil spectral de la lumière émise par un corps chaud ?

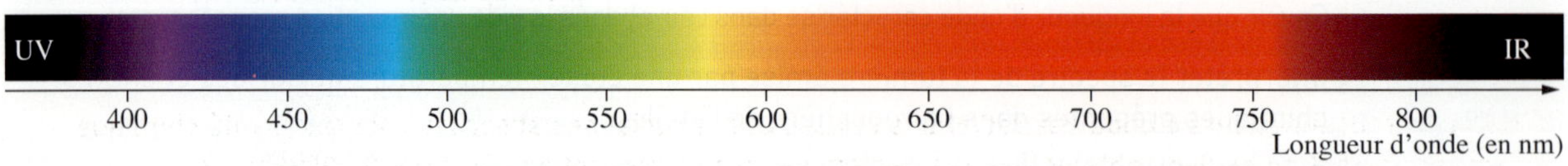

doc. 3 Les longueurs d'onde de la lumière visible sont comprises entre 400 nm et 800 nm dans le vide et dans l'air (1 nm = 10^{-9} m).

TP TRAVAUX PRATIQUES

2 Spectres d'émission et d'absorption d'une entité chimique

→ Une entité chimique (atome ou ion) peut émettre ou absorber de la lumière.
Quelles informations peut-on obtenir du spectre de la lumière émise ou absorbée par une entité chimique ?

A Lumière émise par une entité chimique

● Une lampe spectrale **(doc. 5)** contient un gaz sous faible pression. Elle émet de la lumière lorsque le gaz est soumis à des décharges électriques. Observer le spectre de la lumière émise par différentes lampes spectrales. Ces spectres sont appelés **spectres d'émission**.

doc. 5 Une lampe spectrale. ▶

1. Les spectres d'émission des diverses lampes sont-ils identiques ? En représenter deux ou trois.
2. Le spectre d'émission d'un corps chaud est un **spectre continu** **(doc. 3**, page précédente**)**, celui d'une lampe spectrale est un **spectre discontinu** **(doc. 7a** et **8a)**. Justifier ces deux expressions.

B Lumière absorbée par une entité chimique

● Lorsque la lumière blanche traverse un gaz sous faible pression **(doc. 6)**, des radiations lumineuses sont absorbées par ce gaz. Le spectre de la lumière transmise comporte donc un fond coloré (spectre de la lumière blanche incidente) sur lequel on trouve des raies noires (radiations absorbées par les entités chimiques du gaz). Ce type de spectre est appelé **spectre d'absorption**. Des spectres d'absorption et d'émission sont représentés sur les **documents 7** et **8**.

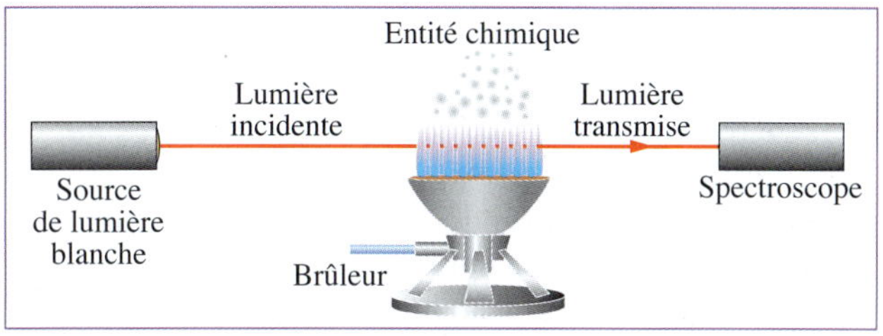

doc. 6 Montage expérimental utilisé pour observer le spectre d'absorption d'une entité chimique.

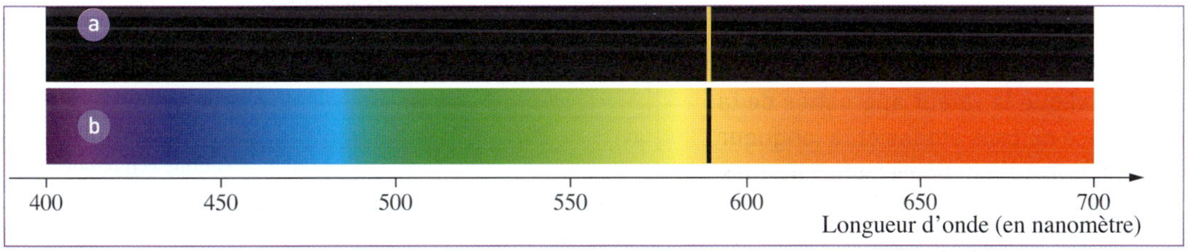

doc. 7 Spectres d'émission (a) et d'absorption (b) du sodium.

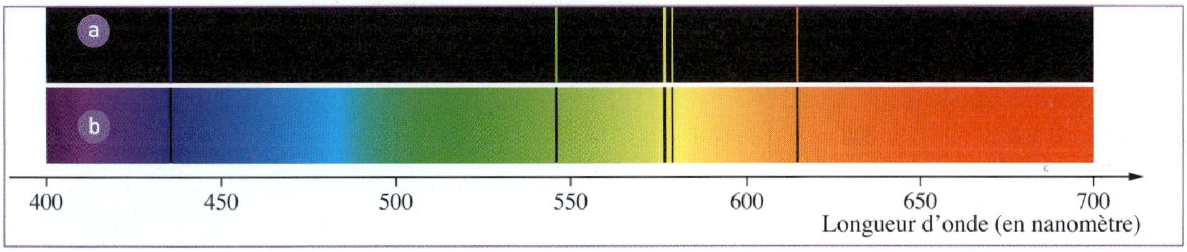

doc. 8 Spectres d'émission (a) et d'absorption (b) du mercure.

3. Comparer les longueurs d'onde des radiations émises et des radiations absorbées par une entité chimique.
4. Quelle information peut-on obtenir du spectre d'émission ou d'absorption d'une entité chimique ?

3 Interpréter le spectre de la lumière émise par une étoile

➜ La lumière émise par une étoile peut être analysée pour obtenir son spectre ou son profil spectral.
Quelles informations peut-on obtenir en analysant la lumière émise par cette étoile ?

Au milieu du XIXe siècle, Véga **(doc. 9)** est, après le Soleil, la première étoile dont on réalise le spectre d'émission photographique **(doc. 10a)**.

Aujourd'hui la photographie est abandonnée au profit de détecteurs électroniques. Le **document 10b** est le **profil spectral** de Véga. Cette courbe représente l'intensité lumineuse des radiations émises par Véga en fonction des longueurs d'onde de ces radiations.

1. Le spectre de la lumière émise par Véga présente des raies sombres ou noires qui correspondent à des radiations lumineuses absorbées par l'atmosphère de Véga **(doc. 10a)**. Comment ces radiations apparaissent-elles sur le profil spectral de la lumière émise par Véga **(doc. 10b)** ?
2. a. Comparer les raies noires les plus marquées du spectre de Véga **(doc. 10a)** ou les minima du profil spectral **(doc. 10b)** avec les raies des spectres du **document 11**.
b. En déduire le nom d'une des entités chimiques contenue dans l'atmosphère de Véga.
3. Comment varie globalement l'intensité lumineuse émise par Véga en fonction des longueurs d'onde des radiations émises ?
4. Observée au télescope, Véga apparaît bleutée. Interpréter ce résultat.

Le tableau ci-dessous indique la valeur approchée de la température θ à la surface de trois étoiles et la longueur d'onde λ_{max} de la radiation lumineuse la plus intense émise par chaque étoile.

Étoile	θ (en °C)	λ_{max} (en nm)
Véga	9 300	300
Soleil	5 700	480
Bételgeuse	3 300	800

5. Déterminer à partir de ce tableau comment évolue la longueur d'onde λ_{max} avec la température de surface des étoiles.
6. Quels renseignements peut-on obtenir de la lumière venant d'une étoile ?

doc. 9 L'étoile Véga.

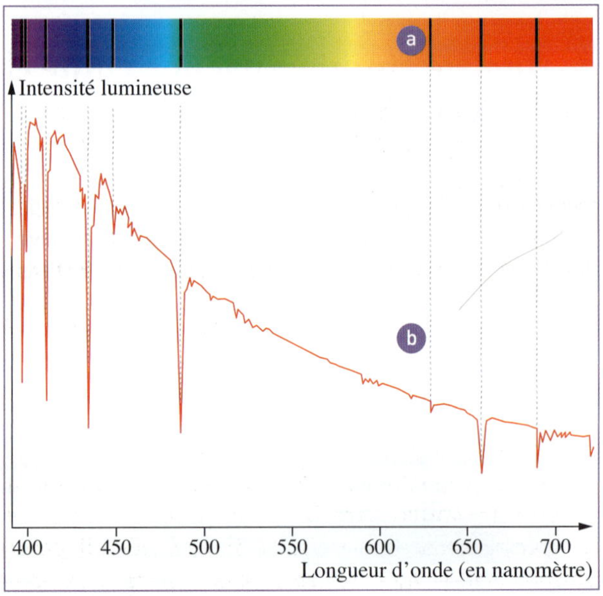

doc. 10 Spectres de la lumière émise par l'étoile Véga (a) et profil spectral correspondant (b).

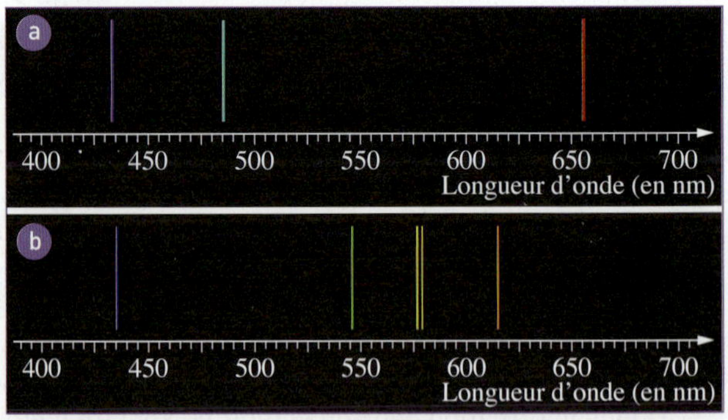

doc. 11 Spectres d'émission de l'hydrogène (a) et du mercure (b).

1 Lumière monochromatique et lumière polychromatique

Un prisme permet de décomposer la lumière et d'en observer le spectre **(doc. 1)**. Il est aussi possible d'obtenir un spectre en utilisant un réseau.

Le spectre de la lumière blanche émise par une lampe à incandescence est continu ; il s'étend du violet au rouge et comporte toutes les couleurs visibles par l'œil humain.

Le spectre de la lumière émise par un laser est constitué d'une seule raie colorée **(doc. 2)**.
Cette lumière est monochromatique ; elle est appelée radiation.

Une radiation est caractérisée par sa longueur d'onde λ (lambda), généralement exprimée en nanomètre (nm).
Une lumière monochromatique est composée d'une seule radiation.
Une lumière polychromatique est composée de plusieurs radiations.

Dans le vide ou dans l'air, les longueurs d'onde des radiations de la lumière blanche s'étendent de 400 nm à 800 nm environ **(doc. 3)**. L'œil humain est sensible à ces longueurs d'onde. Il ne voit ni les radiations ultraviolettes (UV), ni les radiations infrarouges (IR).

La lumière blanche est polychromatique, celle du laser est monochromatique.

doc. 1 Décomposition de la lumière par un prisme.

doc. 2 Spectre de la lumière rouge émise par un laser.

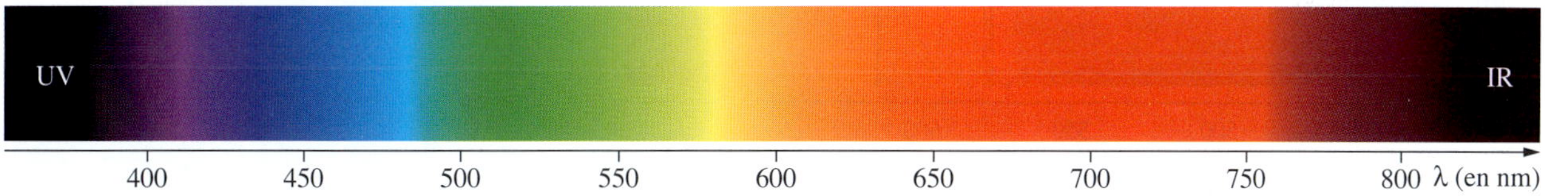

doc. 3 Longueurs d'onde dans le vide et dans l'air des radiations de la lumière visible.

Pour commencer, exercices 1 à 3, p. 37

2 Lumière émise et température d'une source

L'**activité 1** a montré qu'un corps chaud émet de la lumière dont le spectre est **continu**. Lorsque la température de ce corps augmente, le spectre de la lumière qu'il émet s'enrichit progressivement en vert, bleu et violet. Le corps passe du rouge au blanc **(doc. 4)**. Simultanément, la longueur d'onde de la radiation émise avec la plus grande intensité diminue **(doc. 5)**.

Le spectre de la lumière émise par un corps chaud dépend de sa température. Il s'enrichit vers le violet quand la température augmente.

Pour commencer, exercice 4, p. 37

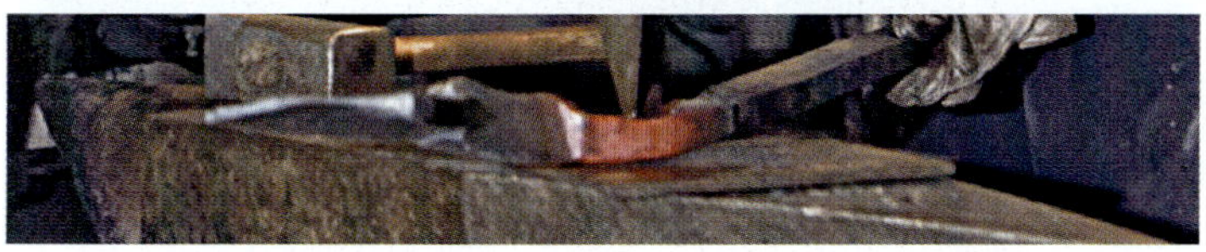

doc. 4 La température d'un objet chauffé à blanc est supérieure à la température du même objet chauffé au rouge.

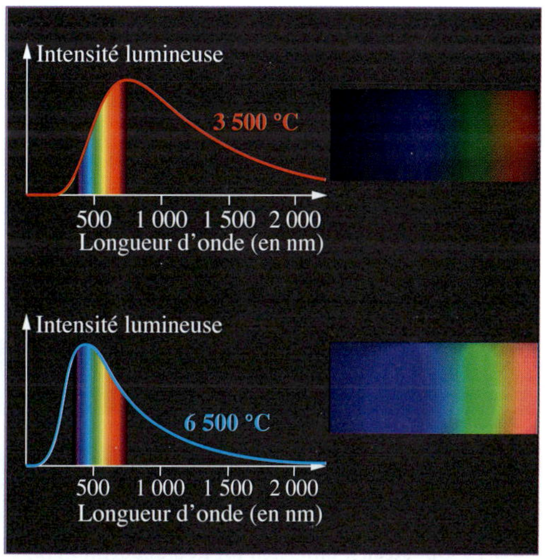

doc. 5 Profil spectral et spectre de la lumière émise par un corps de plus en plus chaud.

3 Spectres d'émission et d'absorption d'une entité chimique

L'**activité 2** a montré qu'un gaz excité sous faible pression émet de la lumière dont le spectre est constitué de raies colorées sur fond noir. Ainsi, le spectre de la lumière émise par une lampe contenant du mercure gazeux sous faible pression **(doc. 7)** est constitué de quelques raies lumineuses **(doc. 6)**. C'est un **spectre de raies** ; il n'est pas continu.

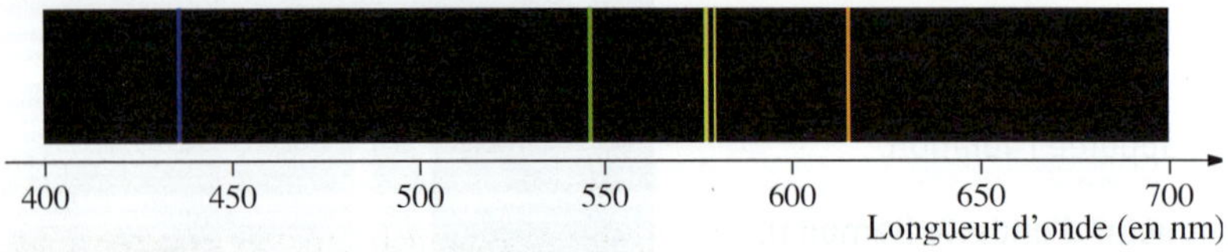

doc. 6 Spectre de raies d'émission du mercure.

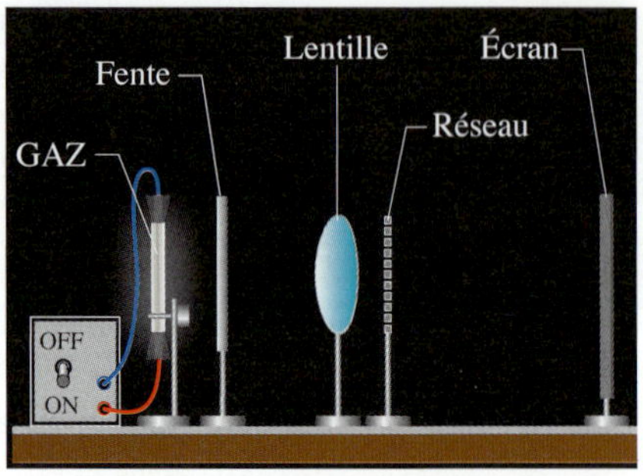

doc. 7 Montage permettant d'obtenir le spectre de raies d'émission du mercure gazeux.

Le **spectre d'émission** d'une entité chimique est constitué de quelques raies colorées sur fond noir.

Lorsqu'une lumière blanche traverse du mercure gazeux sous faible pression **(doc. 9)**, certaines radiations sont absorbées. On observe des raies noires dans le spectre **(doc. 8)**.

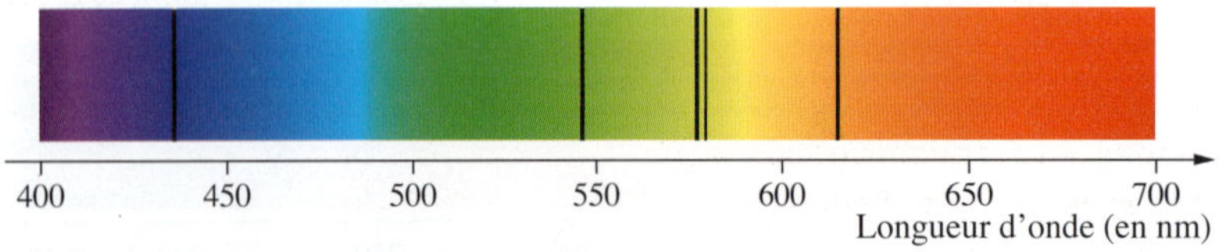

doc. 8 Spectre de raies d'absorption du mercure.

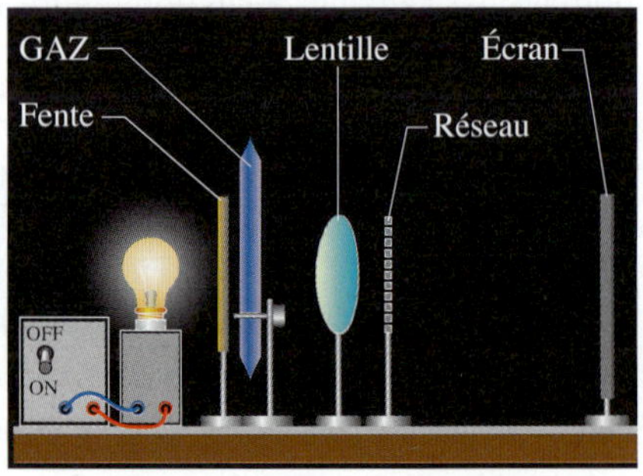

doc. 9 Montage permettant d'obtenir le spectre de raies d'absorption du mercure gazeux.

Le **spectre d'absorption** d'une entité chimique est constitué de raies sombres sur le fond coloré d'un spectre continu.

On observe que les raies sombres du spectre d'absorption du mercure **(doc. 8)** occupent la même position dans le spectre que les raies colorées de son spectre d'émission **(doc. 6)**. Cette correspondance s'observe pour toutes les entités chimiques **(doc. 10)**.

Une entité chimique ne peut absorber que les radiations qu'elle est capable d'émettre.
Les raies d'émission ou d'absorption permettent d'**identifier** une entité chimique présente dans un gaz.

Certaines raies ne sont pas visibles parce qu'elles se situent dans l'infrarouge (IR) ou dans l'ultraviolet (UV).

doc. 10 Spectres d'émission (a) et d'absorption (b) de l'hélium.

Pour commencer, exercices 5 à 7, p. 37 et 38

4 Que nous apprend la lumière venant des étoiles ?

Avant de nous parvenir, la lumière émise par la surface chaude d'une étoile traverse l'atmosphère qui l'entoure. On peut analyser cette lumière pour obtenir son spectre **(doc. 11a)** et son profil spectral **(doc. 11b)**.

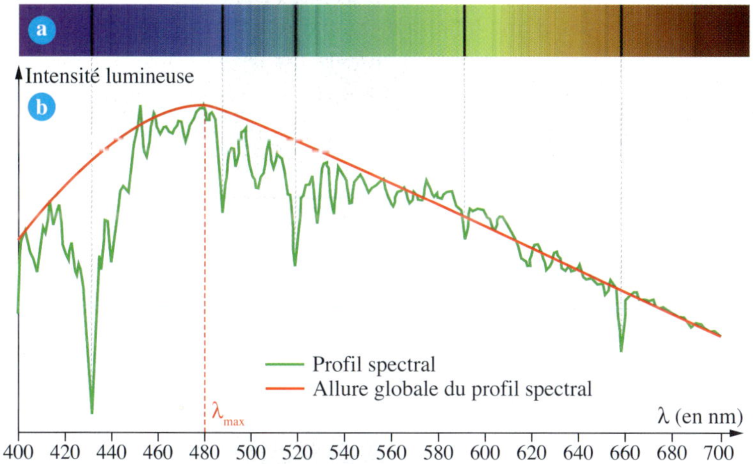

doc. 11 **a.** Spectre de la lumière émise par le Soleil.
b. Profil spectral correspondant (en vert) et allure globale de ce profil spectral (en rouge).

doc. 12 Certaines étoiles paraissent colorées.

Le **profil spectral** d'une étoile est la courbe qui représente l'intensité lumineuse des radiations émises par cette étoile en fonction des longueurs d'onde de ces radiations. Pour faciliter la lecture, l'intensité lumineuse est représentée ici sans unité.

Les entités chimiques présentes dans l'atmosphère de l'étoile absorbent certaines radiations lumineuses. Cela se traduit par des raies sombres dans le spectre de la lumière émise par l'étoile **(doc. 11a)** et donc par des minima d'intensité lumineuse dans le profil spectral **(doc. 11b)**. Les longueurs d'onde correspondantes permettent d'identifier ces entités chimiques.

La température de surface de l'étoile a une influence sur l'allure globale du profil spectral. La longueur d'onde du maximum d'intensité lumineuse est notée λ_{max} ; elle diminue quand la température de l'étoile augmente.

La couleur de l'étoile **(doc. 12)** est liée à l'allure globale du profil spectral et donc à sa température de surface. Une étoile bleue est plus chaude qu'une étoile rouge **(doc. 13)**.

Étoile	θ	Couleur
Bételgeuse	3 000 °C	rouge
Soleil	5 700 °C	jaune
Sirius	8 000 °C	blanche
Rigel	10 000 °C	bleue

doc. 13 La couleur d'une étoile dépend de sa température θ de surface.

L'analyse de la lumière provenant d'une étoile permet de connaître sa température de surface et la composition chimique de son atmosphère.

Le profil spectral de la lumière émise par le **Soleil (doc. 11b)** montre que λ_{max} = 480 nm. Cette valeur permet d'estimer que sa température de surface est de l'ordre de 5 700 °C. Les minima d'absorption montrent que son atmosphère contient de l'hydrogène et de l'hélium **(doc. 14)**.

Le Soleil est essentiellement composé d'hydrogène et d'hélium.

Pour commencer, exercices 8 et 9, p. 38

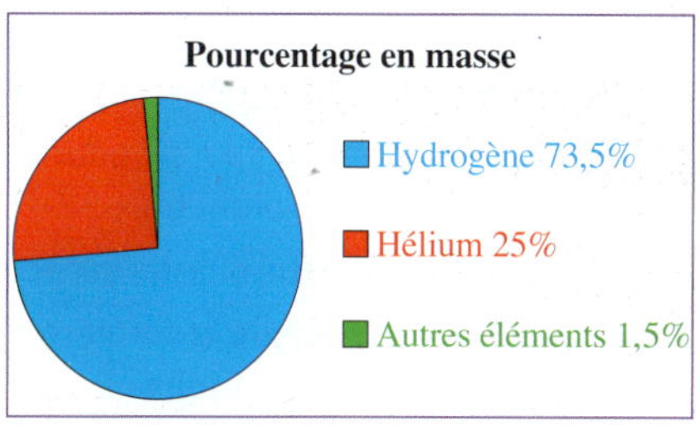

doc. 14 Composition chimique de l'atmosphère du Soleil.

Les savoirs

Lumière monochromatique et lumière polychromatique

• Un **spectre** est la décomposition par un prisme ou par un réseau de la lumière émise par une source lumineuse.

• La lumière blanche est **polychromatique**. Elle est constituée d'une infinité de **radiations monochromatiques** qui sont caractérisées par leur **longueur d'onde λ**, généralement exprimée en nanomètre.

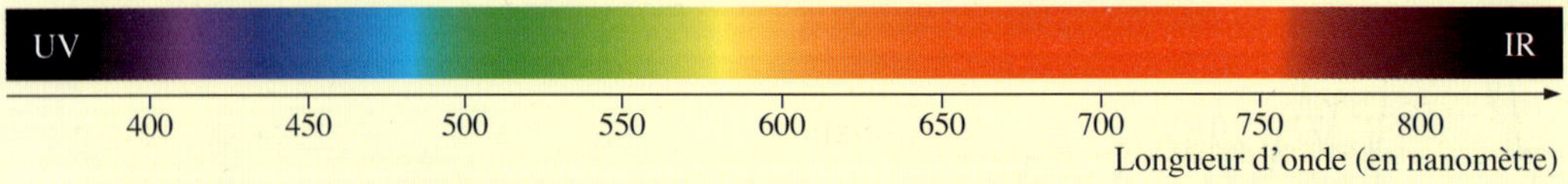

Lumière émise et température d'une source

Le spectre de la lumière émise par un corps chaud dépend de sa température. Il s'enrichit vers le violet quand la température du corps augmente.

Spectres d'émission et d'absorption d'une entité chimique

• Les raies colorées du **spectre d'émission (a)** d'une entité chimique ont les mêmes longueurs d'onde que les raies noires du **spectre d'absorption (b)** de cette entité.

• Les raies d'émission ou d'absorption d'une entité chimique permettent de l'identifier.

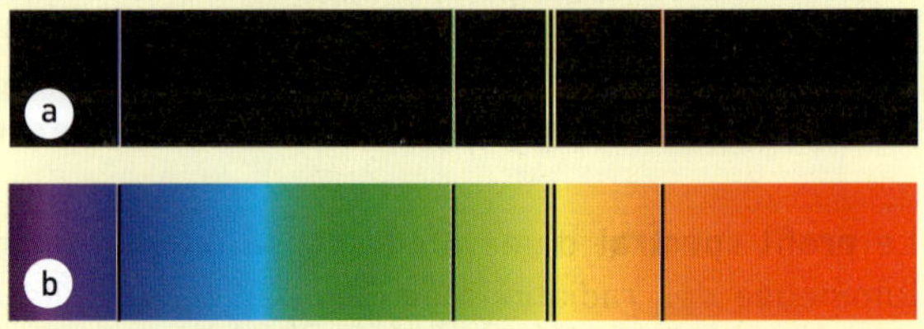

Que nous apprend la lumière venant des étoiles ?

• L'analyse de la lumière provenant d'une étoile donne des informations sur cette étoile :
– la couleur de l'étoile ou le maximum d'intensité lumineuse de son profil spectral permet d'évaluer sa température de surface ;
– les raies noires du spectre de la lumière émise par l'étoile ou les minima d'intensité lumineuse de son profil spectral permettent d'identifier les entités chimiques présentes dans son atmosphère.

• Le Soleil est essentiellement composé **d'hydrogène** et **d'hélium**.

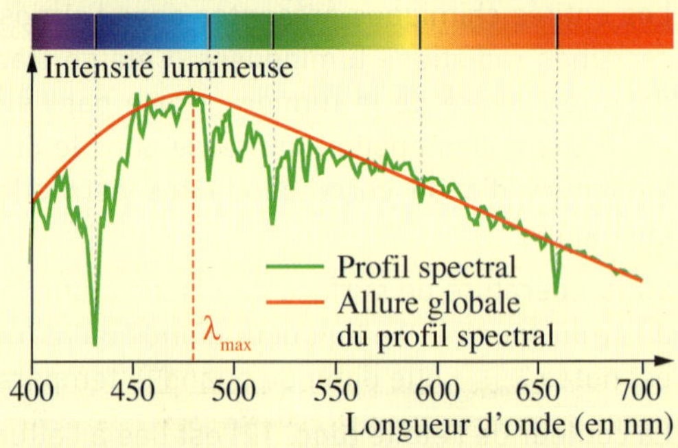

Les compétences attendues

• Savoir qu'un corps chaud émet un rayonnement continu dont les propriétés dépendent de la température.

• Repérer, par sa longueur d'onde dans un spectre d'émission ou d'absorption, une radiation caractéristique d'une entité chimique.

• Utiliser un système dispersif pour visualiser des spectres d'émission et d'absorption et comparer ces spectres à celui de la lumière blanche **[TP]**

• Savoir que la longueur d'onde caractérise dans l'air et dans le vide une radiation monochromatique.

• Interpréter le spectre de la lumière émise par une étoile : température de surface et entités chimiques présentes dans l'atmosphère de l'étoile.

• Connaître la composition chimique du Soleil.

S'auto-évaluer

QCM

Pour chaque question, indiquer la (ou les) bonne(s) réponse(s).

ÉNONCÉ	A	B	C	Si échec revoir
1. L'image ci-dessous représente : 	le spectre de la lumière blanche	le spectre d'une lumière monochromatique	le spectre d'une lumière polychromatique	§1, p. 31
2. Une lumière colorée monochromatique est appelée :	une irradiation	une radiation	une coloration	§1, p. 31
3. Plus le spectre d'une source lumineuse s'enrichit vers les courtes longueurs d'onde et plus cette source est :	froide	chaude	éloignée	§2, p. 31
4. Une entité chimique gazeuse, sous faible pression, est éclairée par de la lumière blanche. Le spectre de la lumière ayant traversé ce gaz est :	caractéristique de cette entité chimique	constitué de raies noires sur fond coloré	appelé spectre d'émission	§3, p. 32
5. Voici le spectre d'émission de l'hydrogène.  Quel est son spectre d'absorption ?			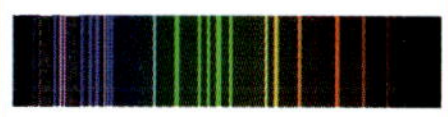	§3, p. 32

Les profils spectraux de trois étoiles sont schématisés ci-dessous et seront utilisés dans les questions 6 à 9.

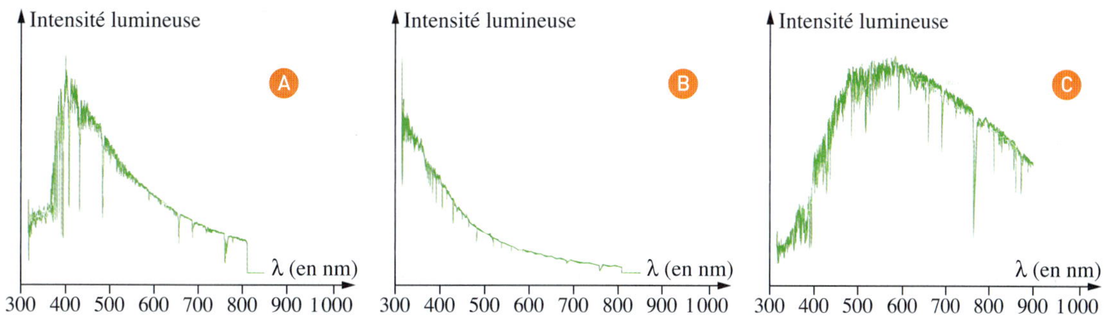

ÉNONCÉ	A	B	C	Si échec revoir
6. Le profil spectral d'une étoile permet de connaître :	sa composition chimique	sa température	sa masse	§4, p. 33
7. L'étoile la plus chaude est :	A	B	C	§4, p. 33
8. Une de ces étoiles est blanche. C'est l'étoile :	A	B	C	§4, p. 33
9. Chaque minimum de l'intensité lumineuse correspond à :	une émission	une absorption	une température	§4, p. 33
10. Le Soleil est principalement composé :	d'hydrogène et d'oxygène	d'hydrogène et de carbone	d'hydrogène et d'hélium	§4, p. 33

Réponses, p. 324

Analyser, résoudre et rédiger

Compétences mises en œuvre

- Savoir calculer.
- Lire un graphique.
- Trouver les informations.

Lumière d'étoile

La radiation lumineuse émise avec le maximum d'intensité lumineuse par une étoile a une longueur d'onde notée λ_{max}. La température θ de la surface de cette étoile est reliée à la longueur d'onde λ_{max} par la relation :

$$\theta = \frac{2{,}89 \times 10^6}{\lambda_{max}} - 273.$$

Dans cette relation, λ_{max} est exprimée en nanomètre et θ est exprimée en degré Celsius.

Données : quelques longueurs d'onde des raies caractéristiques des atomes d'hydrogène H et de sodium Na :
- H : 397 nm ; 410 nm ; 434 nm ; 486 nm ; 656 nm.
- Na : 589 nm.

Le profil spectral d'une étoile est représenté ci-contre.

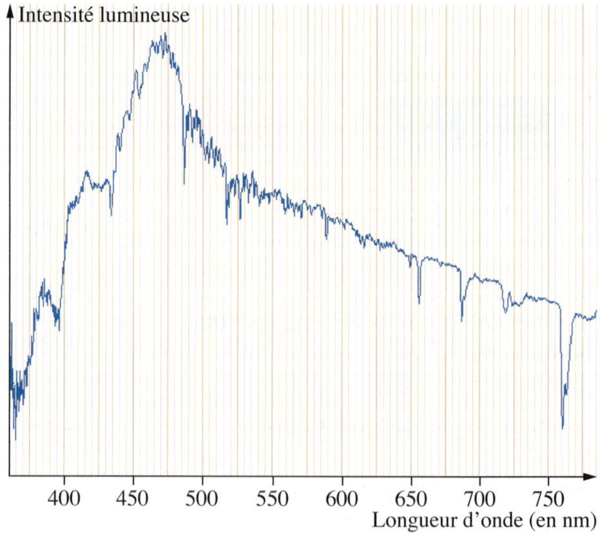

1. Évaluer la longueur d'onde λ_{max} de la radiation émise par cette étoile avec une intensité maximale.
À quoi est liée la valeur de λ_{max} ?

2. Donner une estimation de la température de surface de cette étoile.

3. Peut-on déceler la présence d'hydrogène ou de sodium dans l'atmosphère de cette étoile ?

CONSEILS

1. L'axe des abscisses donne les valeurs des longueurs d'onde du spectre.
On évalue l'abscisse pour laquelle l'intensité lumineuse est maximale.

2. La relation entre la longueur d'onde λ_{max} et la température θ de surface de l'étoile est donnée dans le texte. Il faut faire attention aux unités de chacune des grandeurs.

3. La courbe présente des minima correspondant aux radiations lumineuses absorbées par les entités chimiques. On compare les longueurs d'onde de ces minima à celles indiquées dans le texte pour H et Na.

Solution rédigée

1. Cette étoile émet un maximum d'intensité pour une longueur d'onde $\lambda_{max} \approx$ **470 nm**.
La longueur d'onde λ_{max} renseigne sur la **température de l'étoile**.

2. On a $\theta = \frac{2{,}89 \times 10^6}{470} - 273 \approx 5{,}88 \times 10^3$ °C.

La température de surface de cette étoile est d'environ **6 000 °C**.

3. On observe des minima approximativement pour des longueurs d'onde de 397 nm, 434 nm, 486 nm et 656 nm.
Cette étoile contient de l'**hydrogène**.
On observe de même un minimum correspondant au sodium (vers 589 nm).
Cette étoile semble aussi contenir du **sodium**.

Application immédiate

Le profil spectral d'une autre étoile montre que les radiations émises avec la plus grande intensité ont des longueurs d'onde proches de 350 nm.
Quelle est la température de surface de cette étoile ?

Voir correction, p. 324

Pour commencer

Lumière monochromatique et lumière polychromatique

1 Spectre et longueur d'onde

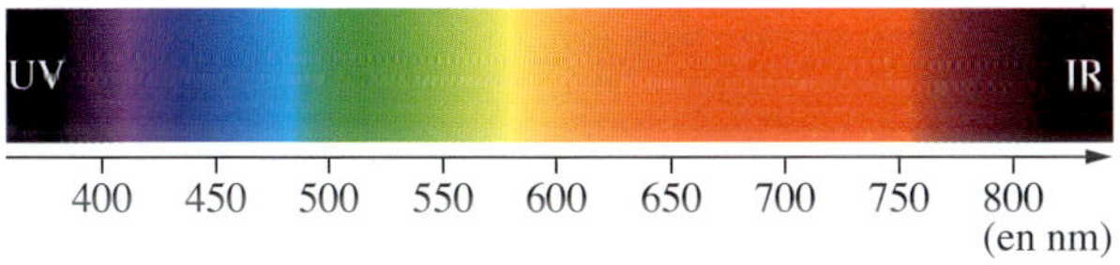

1. Comment qualifier la lumière dont le spectre est représenté ci-dessus ?

2. a. Que signifie nm ?

b. À quelle grandeur physique cette unité est-elle associée ?

2 Lumière blanche

On cherche à obtenir un spectre de la lumière émise par une lampe à incandescence en utilisant le matériel suivant.

1. Schématiser le montage qui permet de décomposer cette lumière.

2. Schématiser et décrire le spectre obtenu.

3 Associer couleur et longueur d'onde

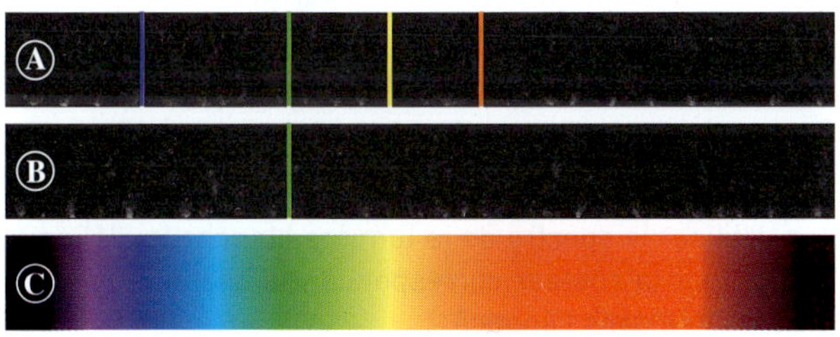

La longueur d'onde de la raie verte du spectre Ⓐ est $\lambda_V = 521$ nm.

1. Parmi les spectres ci-dessus, quel est celui de la lumière blanche ?

2. Quelles sont les longueurs d'onde des radiations visibles par l'œil humain ?

3. La longueur d'onde λ_J de la raie jaune est-elle 280 nm, 450 nm, 584 nm ou 948 nm ?

Lumière émise et température d'une source

4 Quand la température varie

Les spectres ci-après correspondent à la lumière émise par une lampe à incandescence dont le filament est porté successivement à trois températures différentes.

1. Comment évolue un spectre lorsque la température du filament diminue ?

2. Classer les spectres ci-dessus par ordre décroissant de température.

Spectres d'émission et d'absorption d'une entité chimique

5 Du spectre au montage

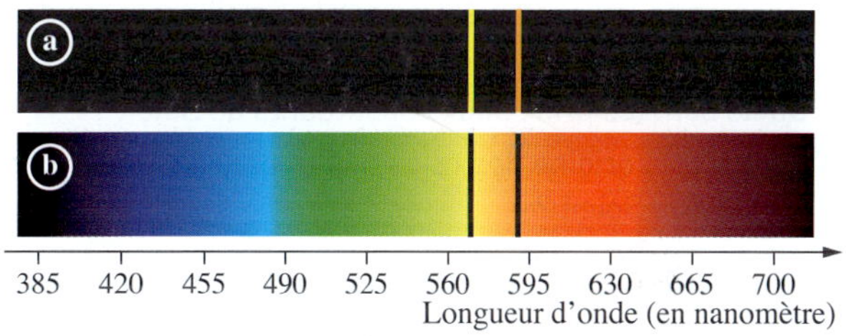

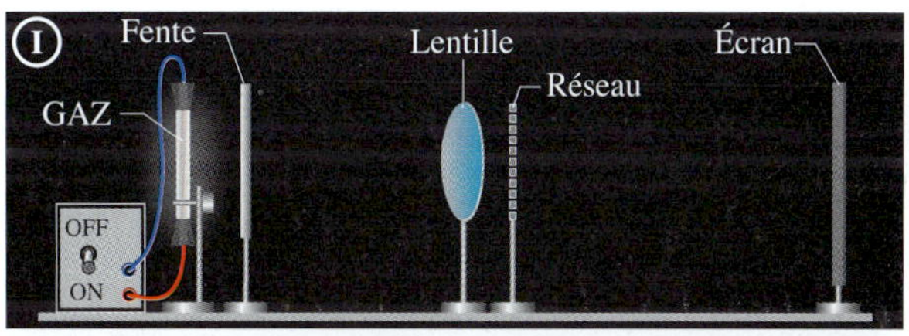

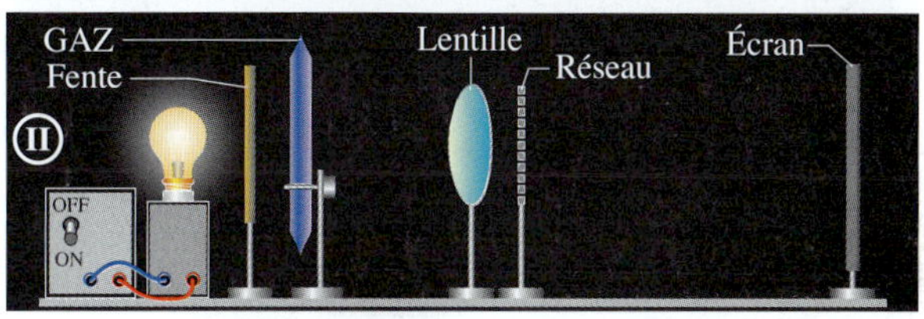

1. a. Quel est le rôle du réseau représenté sur les schémas des montages ci-dessus ?

b. Par quoi peut-on remplacer le réseau ?

2. Associer à chaque spectre le montage correspondant.

Exercices

6 Spectres

Qualifier les spectres du document ci-dessous en utilisant les termes suivants : *émission* ; *absorption* ; *continu* ; *raie*.

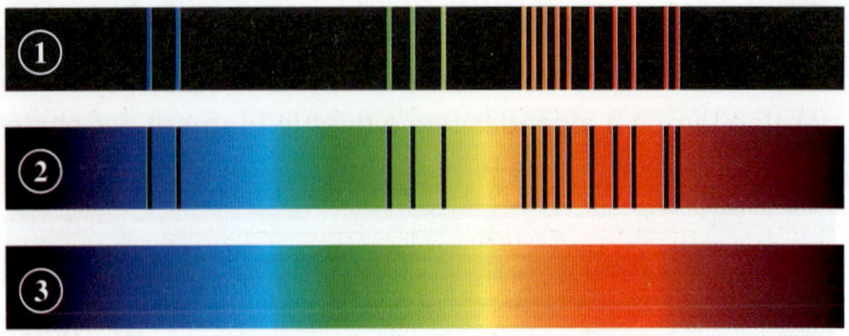

7 Spectre du lithium

Le document ci-dessous représente le spectre d'absorption de l'atome de lithium.

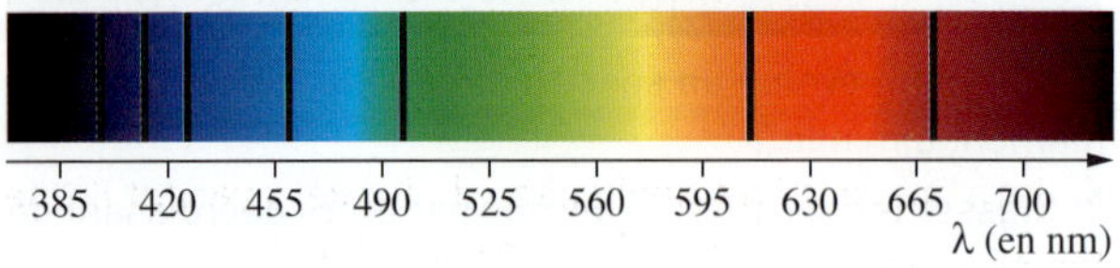

1. À quoi correspondent les raies noires du spectre ?

2. Représenter le spectre d'émission du lithium.

La lumière des étoiles

8 Lumière émise par le Soleil

Le spectre de la lumière émise par le Soleil présente des raies noires.

1. Quels sont les principaux constituants du Soleil ?

2. Quelle est l'origine des raies noires dans le spectre de la lumière du Soleil ?

9 Profil spectral d'une étoile

Le profil spectral d'une étoile est représenté ci-dessous.

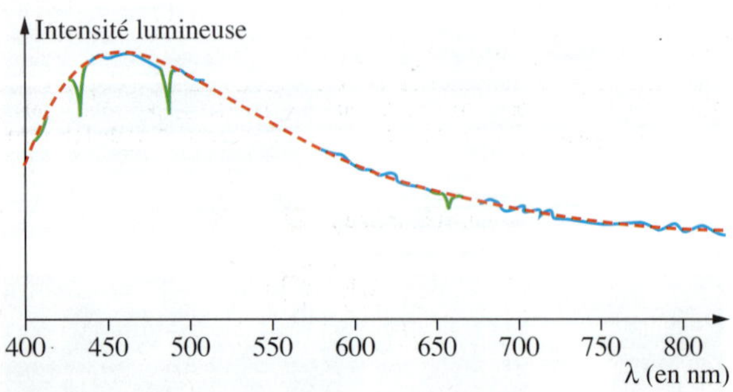

1. L'allure globale de ce profil spectral est représentée en pointillés. Elle passe par un maximum.

a. Évaluer la longueur d'onde associée à ce maximum.

b. Quel renseignement sur l'étoile nous apporte la valeur de cette longueur d'onde ?

2. À quoi sont dus les minima d'intensité lumineuse représentés en vert sur le profil spectral ?

Pour s'entraîner

10 À chacun son montage

Ces deux spectres sont représentés à la même échelle ; le spectre ① a été obtenu avec du cadmium.

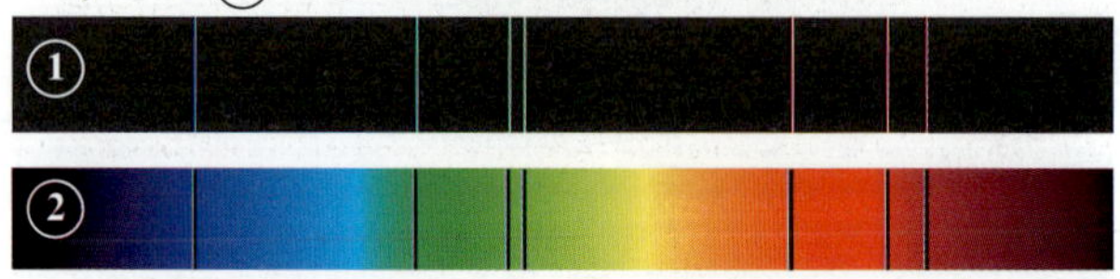

1. a. Qualifier chacun de ces spectres en utilisant les termes suivants : *continu* ; *raie* ; *émission* ; *absorption*.

b. Ces spectres correspondent-ils à la même entité chimique ? Justifier la réponse.

2. Représenter le montage permettant d'obtenir chaque spectre.

11 À chacun son rythme

Cet exercice est proposé à deux niveaux de difficulté. Dans un premier temps, essayer de résoudre l'exercice de niveau 2. En cas de difficultés, passer au niveau 1.

Ces trois spectres sont représentés à la même échelle.

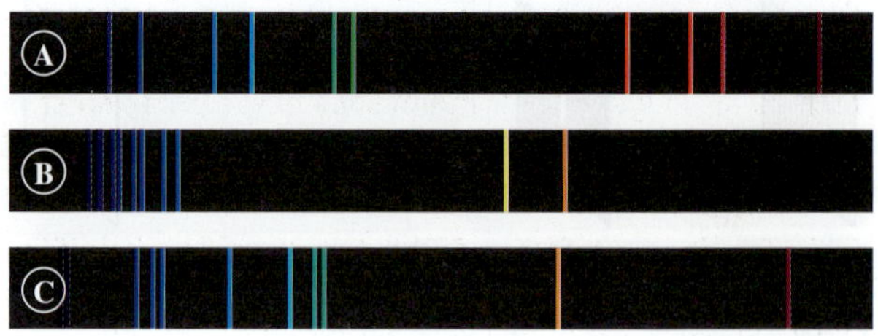

Le spectre de la lumière émise par l'hélium comporte de nombreuses raies dont trois ont pour longueur d'onde respective 501 nm, 587 nm et 668 nm.

Niveau 2

1. Identifier le spectre de l'hélium parmi ceux proposés.

2. L'hélium émet également une radiation de longueur d'onde proche de 300 nm.
Pourquoi cette radiation n'est-elle pas observée ?

Niveau 1

1. a. Utiliser le spectre de la lumière blanche (p. 31) pour déterminer la couleur correspondant à chaque longueur d'onde citée dans l'énoncé.

b. Pourquoi le spectre Ⓑ n'est-il pas celui de l'hélium ?

c. Identifier le spectre correspondant à l'hélium.

2. La lumière émise par l'hélium contient également une radiation de longueur d'onde proche de 300 nm.

a. Quelles sont les longueurs d'ondes visibles par un œil humain ?

b. L'œil humain est-il sensible à cette autre radiation émise par l'hélium ?

c. À quelle famille cette radiation appartient-elle ?

12 Mélange

Les spectres du strontium et du magnésium sont représentés ci-dessous.

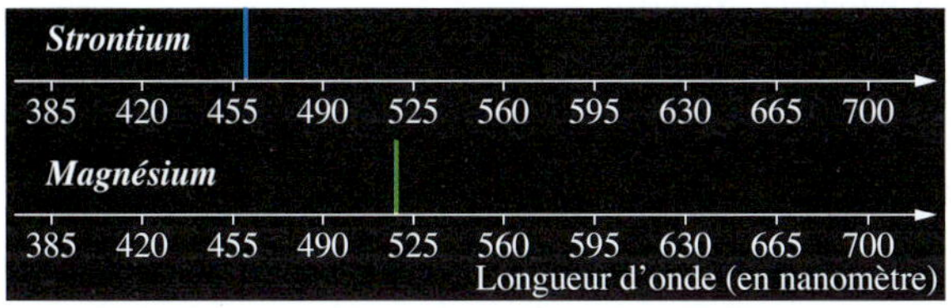

1. Comment peut-on qualifier les spectres représentés ?

2. Quelle serait l'allure du spectre d'absorption d'un mélange de strontium et de magnésium ?

13 Sources lumineuses et spectres

À l'aide d'un spectroscope, on observe les spectres de quatre lumières. Ces spectres et ces lumières sont décrits ci-dessous.

Description des spectres	Description des quatre lumières étudiées
I – spectre présentant toutes les couleurs du violet au rouge	A – lumière émise par une ampoule contenant du cadmium chauffé sous basse pression
II – spectre présentant toutes les couleurs du bleu au rouge	B – lumière transmise par une ampoule contenant du cadmium sous basse pression et éclairée en lumière blanche
III – spectre présentant sur fond noir : une raie violette, deux raies bleues et une raie rouge	C – lumière émise par une lampe à incandescence munie d'un variateur d'intensité et éclairant au maximum
IV – spectre s'étalant du rouge au violet mais avec des raies noires dans le violet, le bleu et le rouge	D – lumière émise par une lampe à incandescence munie d'un variateur d'intensité et éclairant faiblement

1. Attribuer chaque spectre à une des lumières décrites.

2. Décrire chaque spectre en utilisant les termes suivants : *continu* ; *raie* ; *émission* ; *absorption*.

14 Loi de Wien

En physique, un « corps noir » est un objet idéal émettant un rayonnement qui n'est fonction que de sa température. La loi de Wien relie la température θ de ce corps noir et la longueur d'onde λ_{max} pour laquelle le profil spectral de la lumière qu'il émet passe par un maximum. La température θ s'exprime en degré Celsius et la longueur d'onde λ_{max} en nanomètre.

Pour retrouver expérimentalement la loi de Wien, on augmente progressivement la température θ d'un morceau de métal. Pour chacune des températures, on mesure la longueur d'onde pour laquelle l'intensité lumineuse émise est maximale. On obtient les résultats suivants :

λ_{max} (en nm)	880	940	1 010	1 080	1 170
θ (en °C)	3 000	2 800	2 600	2 400	2 200

λ_{max} (en nm)	1 270	1 400	1 540	1 730	1 960
θ (en °C)	2 000	1 800	1 600	1 400	1 200

1. À l'aide d'un tableur, tracer θ en fonction de λ_{max}. Ces deux grandeurs sont-elles proportionnelles ?

2. Dans une nouvelle colonne du tableur, calculer $\frac{1}{\lambda_{max}}$.
Tracer le graphique représentant θ en fonction de $\frac{1}{\lambda_{max}}$.
Quelle est l'allure de la courbe obtenue ?

3. Établir l'équation de la courbe obtenue à l'aide du tableur. Montrer qu'elle correspond à la loi de Wien qui s'écrit : $\theta = \frac{2{,}89 \times 10^6}{\lambda_{max}} - 273$.

4. Cette loi peut être appliquée à la lumière venant d'une étoile. Que permet-elle alors de connaître ?

15 Un bouquet d'étoiles

Certaines étoiles paraissent colorées dans le ciel nocturne. Le document ci-dessous représente les spectres de trois étoiles notées A, B et C. L'étoile A est blanche, l'étoile B est bleue et l'étoile C est rouge.

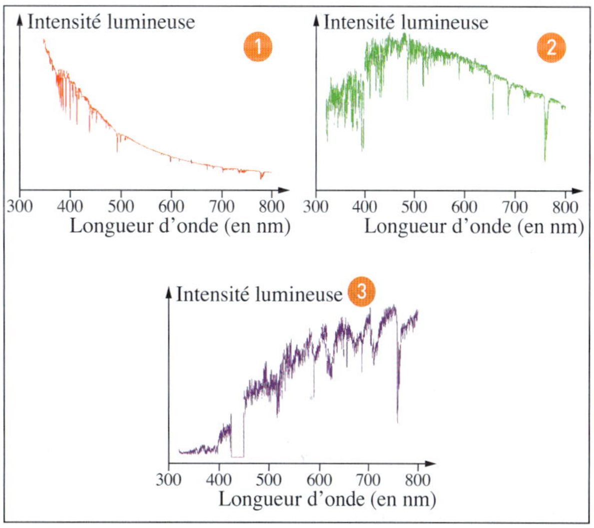

1. Classer ces étoiles par ordre de température croissante.

2. Comment évoluent les spectres de l'étoile la plus froide à la plus chaude ?

3. Associer les spectres à chacune des étoiles.

16 Le mercure

Le spectre de la lumière émise par une lampe à vapeurs de mercure contient six raies dont les longueurs d'onde sont : 405 nm ; 436 nm ; 546 nm ; 577 nm ; 579 nm ; 615 nm.

1. Sur le spectre, les distances séparant deux raies sont proportionnelles aux différences de longueurs d'onde de ces raies. En utilisant cette proportionnalité, représenter ce spectre en prenant pour origine la raie de longueur d'onde 405 nm. (*Échelle :* 1 cm pour 20 nm.)
Utiliser le spectre de la lumière visible donné dans le cours pour représenter les couleurs des raies.

2. Décrire une méthode qui permet de déterminer la présence de mercure dans l'atmosphère d'une étoile.

17 Oh, Be A Fine Girl, Kiss Me

Une étoile de température θ (en °C) émet une lumière dont le spectre présente un maximum d'intensité pour la longueur d'onde λ_{max} (en nm). Ces deux grandeurs sont liées par la relation :

$$\theta = \frac{2{,}89 \times 10^6}{\lambda_{max}} - 273.$$

Les astrophysiciens répartissent les étoiles en sept classes spectrales selon la température de leur surface.

Classe	Température de surface (en °C)	Couleur de l'étoile
O	$> 24\,700$	bleue
B	9 700 – 24 700	bleue – blanche
A	7 200 – 9 700	bleue – blanche
F	5 700 – 7 200	blanche
G	4 700 – 5 700	jaune
K	3 200 – 4 700	orange
M	$< 3\,200$	rouge

1. Donner un encadrement des λ_{max} des étoiles de chaque catégorie.

2. Parmi ces longueurs d'onde, quelles sont celles qui appartiennent à la lumière visible ?

3. Recopier et compléter le tableau suivant.

Étoile	Classe	λ_{max} (en nm)	Température de surface (en °C)
Véga		300	
Capella			$\approx 5\,400$
Proxima centauri		959	

18 Stars chemical composition

Stars have similar chemical compositions. Nevertheless, when a star begins to die its composition can change. The new atoms made by nuclear reaction deep within a star can reach the surface and change the star's apparent chemical composition, and as a result, its spectrum. The most famous examples are the carbon stars. Almost all are giants. They were originally called class "N" in the old Pickering system.

1. Est-ce que les étoiles ont des compositions chimiques voisines ?
Si oui, quelle est cette composition ?

2. Cette composition chimique peut-elle évoluer au cours du temps ?
Comment peut-on se rendre compte de cette évolution ?

3. Quelle(s) particularité(s) ont les étoiles de type N ?

19 Retour sur l'ouverture du chapitre

Au début du XIXe siècle, le physicien allemand Joseph VON FRAUNHOFER (1787-1826) invente le spectroscope et étudie en détail les nombreuses raies sombres observées dans le spectre de la lumière venant du Soleil.

En 1859, les Allemands Gustav KIRCHHOF et Robert BÜNSEN constatent que ces raies sombres correspondent exactement aux raies lumineuses émises par des flammes dans lesquelles sont projetées des entités chimiques connues. Cela montre que l'analyse spectrale permet de déterminer la composition chimique des astres ! Les savants de l'époque prouvent ainsi la présence dans le Soleil de sodium, de calcium, de potassium et de fer.

En 1868, le Français JANSSEN observe, dans la partie jaune du spectre solaire, une raie qui ne correspond à aucun atome ou ion connu. L'observation du spectre de la lumière solaire a donc mis en évidence une nouvelle entité chimique. Elle est baptisée « hélium » en référence au nom grec du Soleil : *helios*.

Ce n'est qu'en 1895 que la présence d'hélium est découverte sur Terre par le chimiste anglais William RAMSAY.

1. Comment l'hélium a-t-il été découvert ?

2. En respectant l'ordre chronologique, associer à chacune des personnes citées dans le texte une invention ou une observation scientifique.

3. Que représentent les diverses parties du timbre reproduit ci-dessous ?

Timbre allemand commémorant le 200e anniversaire de la naissance de FRAUNHOFER.

CHAPITRE

3

PHYSIQUE

Réfraction et dispersion dans l'atmosphère

Les couleurs de l'arc-en-ciel sont les mêmes que celles du spectre de la lumière blanche. Comment peut-on expliquer la formation de l'arc-en-ciel ? (Voir exercice 17, p. 54.)

Quels phénomènes se produisent quand la lumière traverse l'atmosphère terrestre ?

OBJECTIFS

- → Pratiquer une démarche expérimentale pour établir un modèle à partir d'une série de mesures et déterminer l'indice de réfraction d'un milieu.
- → Interpréter qualitativement la dispersion de la lumière blanche par un prisme.

1 La forme du Soleil couchant

➜ Le Soleil ou la Lune ont des contours qui semblent circulaires lorsqu'on les observe dans le ciel.Cependant, lorsqu'ils sont proches de l'horizon, ces astres peuvent paraître déformés. C'est le cas du Soleil couchant **(doc. 1)**.
Comment la forme du Soleil couchant s'explique-t-elle ?

doc. 1 Quand le Soleil est assez haut dans le ciel son contour est circulaire **(a)**.
Lorsqu'il s'approche de l'horizon, sa partie la plus basse semble se déformer **(b)** et **(c)**.

On dispose d'une balle de ping-pong retenue par un fil et de deux aquariums contenant de l'eau salée.
– L'eau salée de l'aquarium n° 1 n'est pas un mélange homogène, elle est très salée au fond et peu salée en surface, car elle n'a pas été agitée.
– L'eau salée de l'aquarium n° 2 est un mélange homogène car elle a été agitée.

Réaliser successivement les quatre expériences A, B, C et D suivantes :

- **Expérience A :** Descendre lentement la balle de ping-pong derrière l'aquarium n° 1 et filmer son mouvement à travers l'eau de l'aquarium **(doc. 2)**.
- **Expérience B :** Procéder de même avec l'aquarium n° 2.
- **Expérience C :** Éclairer l'aquarium n° 1 avec un faisceau laser. Changer la direction du laser par rapport à la paroi de l'aquarium. Observer le trajet de la lumière dans l'eau **(doc. 3)**.
- **Expérience D :** Procéder de même avec l'aquarium n° 2.

doc. 2 La balle simule le Soleil. Sa descente est filmée à travers l'eau salée de l'aquarium.

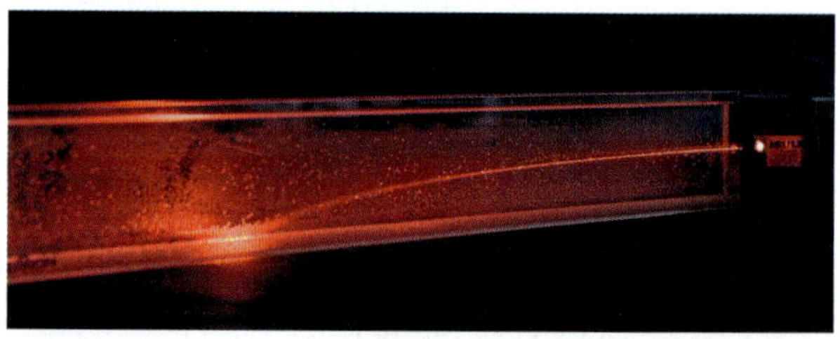

doc. 3 La lumière ne se propage pas en ligne droite dans l'eau de l'aquarium n° 1.

1. Qu'observe-t-on lors de l'expérience A ?
Représenter trois aspects différents de la balle lors de l'expérience A.
2. Le même phénomène est-il observé lors de l'expérience B ?
3. Déduire des observations précédentes la cause de l'aplatissement apparent de la balle lors de sa descente derrière l'aquarium n° 1.
4. Dessiner l'allure du faisceau laser dans l'aquarium lors des expériences C et D.
Que peut-on en conclure sur la propagation de la lumière ?
5. La lumière provenant de la balle traverse l'eau salée de l'aquarium avant de parvenir jusqu'à la caméra.
Que traverse la lumière du Soleil avant de parvenir à nos yeux ?
6. Comparer la forme de la balle observée en bas de chaque aquarium avec celle du Soleil couchant visible sur le **document 1**.
Quelle propriété de l'atmosphère terrestre l'aplatissement apparent du Soleil couchant met-il en évidence ?

2 Réfraction de la lumière

TP – TRAVAUX PRATIQUES

→ Lorsque la lumière passe de l'air dans l'eau, elle change de direction **(doc. 4)**. Dans l'eau, le rayon est dévié par rapport à sa trajectoire dans l'air. On dit qu'il est réfracté.
Existe-t-il une loi simple qui modélise ce changement de direction ?

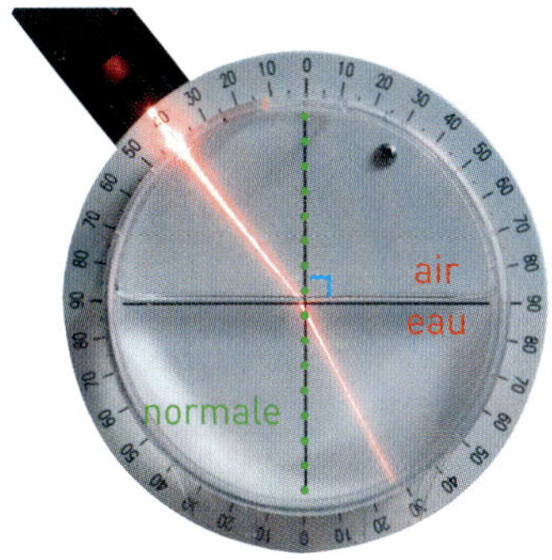

doc. 4 Réfraction de la lumière entre l'air et l'eau. ▶

A De Ptolémée à Descartes

Cette question a longtemps intrigué les Anciens qui n'ont pas trouvé la réponse ! Le savant grec Claudius PTOLÉMÉE **(doc. 5)** dressa, dès l'an 140 après J.-C., une liste d'angles de réfraction dans l'eau pour un grand nombre d'angles d'incidence dans l'air. Mais ce n'est qu'au XVIIe siècle que le Néerlandais Willebrord SNELL, puis le Français René DESCARTES **(doc. 6)** ont énoncé la loi reliant les deux angles :

« Si i_1 est l'angle dans l'air entre le rayon lumineux et la normale à la surface de séparation entre l'air et l'eau et si i_2 est l'angle dans l'eau entre le rayon lumineux et la normale, alors le sinus de i_1 est égal à une constante que multiplie le sinus de i_2. Ce qui se traduit par la relation : $\sin i_1 = k \times \sin i_2$. »

doc. 5 Claudius PTOLÉMÉE (IIe siècle après J.-C.).

1. Schématiser le **document 4**. Sur ce schéma, placer la surface de séparation entre l'air et l'eau, la normale, ainsi que les angles i_1 et i_2.
2. Proposer un protocole expérimental permettant de dresser, à l'instar de PTOLÉMÉE, un tableau de mesures des angles d'incidence et de réfraction à l'aide du matériel disponible. Après accord du professeur, réaliser les mesures et noter les résultats.
3. Reporter ces valeurs dans un tableur ou une calculatrice puis, à l'aide d'un traitement adapté, montrer qu'elles sont en accord avec la loi formulée par SNELL et DESCARTES.

doc. 6 René DESCARTES (1596-1650).

B Détermination d'un indice de réfraction

DÉMARCHE D'INVESTIGATION

● L'indice de réfraction n d'une substance transparente est une grandeur physique sans unité permettant de caractériser cette substance. Celui de l'air vaut n_{air} = 1,00 pour toutes les radiations visibles.

● La loi de Snell-Descartes peut aussi s'exprimer par la relation : $n_1 \times \sin i_1 = n_2 \times \sin i_2$.

Les constantes n_1 et n_2 sont les indices de réfraction des milieux traversés par la lumière.

Situation-problème :
Le verre et l'eau ont-ils le même indice de réfraction ?

4. Proposer un protocole permettant de répondre au problème ci-dessus.
5. Après accord du professeur, mettre en œuvre ce protocole. Faire les schématisations et les observations correspondantes.
6. Analyser les résultats des mesures et rédiger une conclusion.

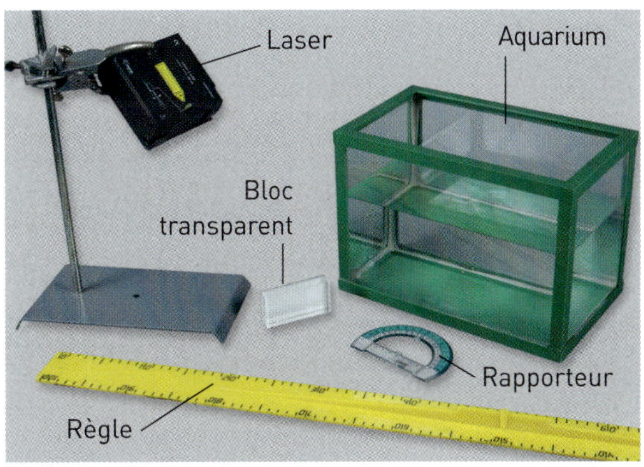

doc. 7 Exemple de matériel disponible.

3 Les mystères de l'arc-en-ciel

TP

→ La beauté d'un arc-en-ciel a, de tout temps, fasciné les hommes. **Comment expliquer ce phénomène naturel ?**

A Dispersion de la lumière

- Diriger un faisceau de lumière blanche vers un demi-cylindre de plexiglas ou de verre **(doc. 8)**.
- Régler le dispositif afin que le faisceau lumineux atteigne le centre du demi-cylindre en faisant un angle i_1 proche de 40° avec la normale.
- Placer un écran pour observer le faisceau réfracté dans l'air.

1. Le faisceau réfracté est-il blanc ?
2. Les radiations de la lumière blanche sont-elles déviées de la même façon ?
3. Sachant que l'indice de réfraction de l'air est de 1,00 pour toutes les radiations, que peut-on en conclure pour l'indice de réfraction du demi-cylindre ?

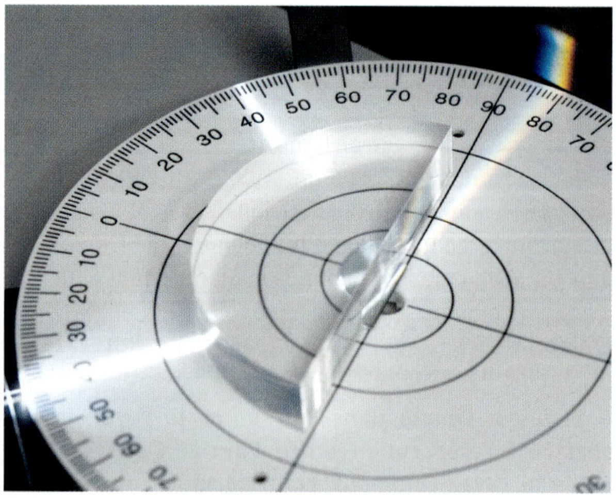

doc. 8 Passage de la lumière du plexiglas dans l'air.

B L'arc-en-ciel

DOC

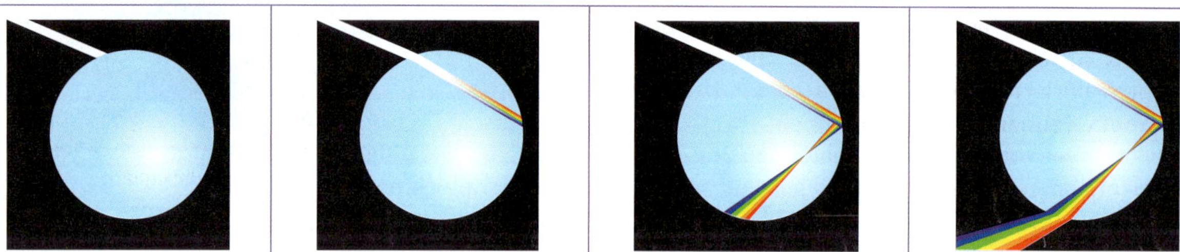

❶ Un faisceau de lumière blanche issue du Soleil arrive à la surface d'une goutte d'eau.

❷ En changeant de milieu, ce faisceau se réfracte. Ses différentes radiations se dispersent.

❸ Les radiations se réfléchissent sur le fond de la goutte d'eau.

❹ En sortant de la goutte, elles subissent une nouvelle réfraction qui accentue l'étalement des couleurs.

doc. 9 Schématisation des différentes étapes de la dispersion de la lumière blanche dans une goutte de pluie. La réflexion observée au fond de la goutte (étape 3) sera étudiée dans le chapitre 12.

Une multitude de gouttelettes participent à la formation d'un arc-en-ciel. Chacune d'elles disperse l'ensemble des radiations colorées de la lumière du Soleil **(doc. 9)**. L'œil de l'observateur ne reçoit qu'une partie du spectre produit par chaque goutte. Ainsi, la personne sur le schéma du **document 10** voit les radiations rouges du spectre (1) provenant des gouttes les plus hautes dans le ciel et les radiations violettes du spectre (2) provenant des gouttes les plus basses.

4. Dans quelles conditions peut-on observer un arc-en-ciel ?
5. Quelle couleur est vue « en haut » de l'arc-en-ciel ?

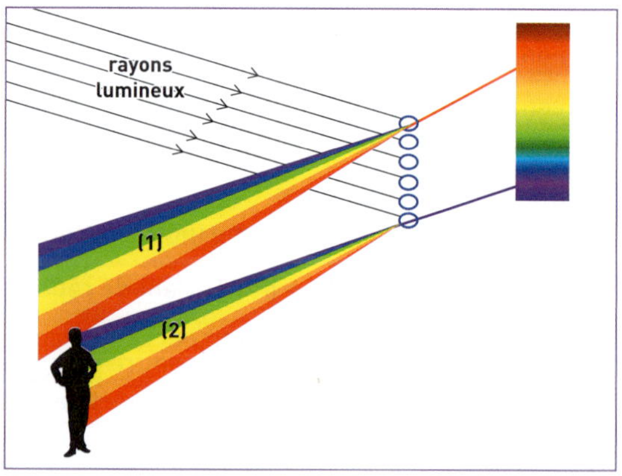

doc. 10 Les différentes radiations colorées observées lors d'un arc-en-ciel proviennent de gouttes différentes.

Lorsque la lumière solaire pénètre dans l'atmosphère, elle peut être réfractée et dispersée.

1 Réfraction de la lumière

1.1. Le phénomène de réfraction

a. Mise en évidence

La lumière se propage en ligne droite dans un milieu transparent et homogène. Les **activités 1 et 2** ont montré qu'elle peut être déviée lorsqu'elle change de milieu de propagation. Le **document 1** montre un faisceau lumineux monochromatique se propageant dans l'air. Au point I, appelé **point d'incidence**, ce faisceau pénètre dans l'eau en changeant de direction.

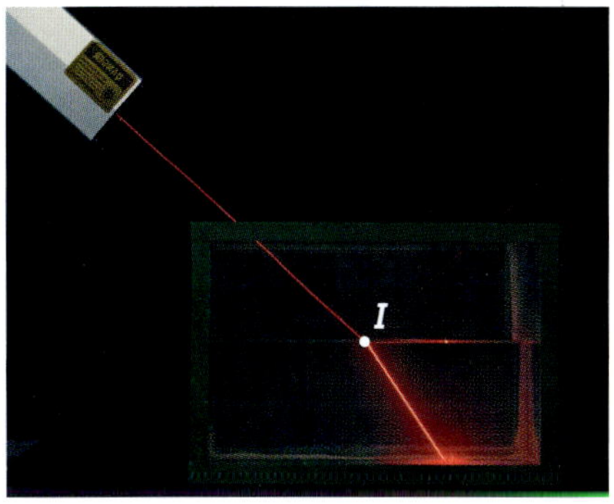

doc. 1 Réfraction d'un faisceau lumineux monochromatique passant de l'air dans l'eau.

La réfraction est le changement de direction de propagation d'un faisceau lumineux passant d'un milieu de propagation à un autre.

VOCABULAIRE
Un **rayon lumineux** modélise un faisceau lumineux très étroit.

b. Schématisation

Le trajet rectiligne suivi entre deux points par un étroit faisceau lumineux est modélisé par un segment appelé **rayon lumineux (doc. 2)**.

Le rayon SI se propageant dans le premier milieu est le **rayon incident** ;
le rayon IF se propageant dans le second milieu est le **rayon réfracté**.
La droite IN, perpendiculaire à la surface de séparation des deux milieux et passant par le point d'incidence I, est appelée **la normale**.
Le plan défini par le rayon incident et la normale est le **plan d'incidence**.
Le schéma du **document 2** est tracé dans le plan d'incidence.
L'**angle d'incidence** i_1 est l'angle entre le rayon incident et la normale.
L'**angle de réfraction** i_2 est l'angle entre le rayon réfracté et la normale.

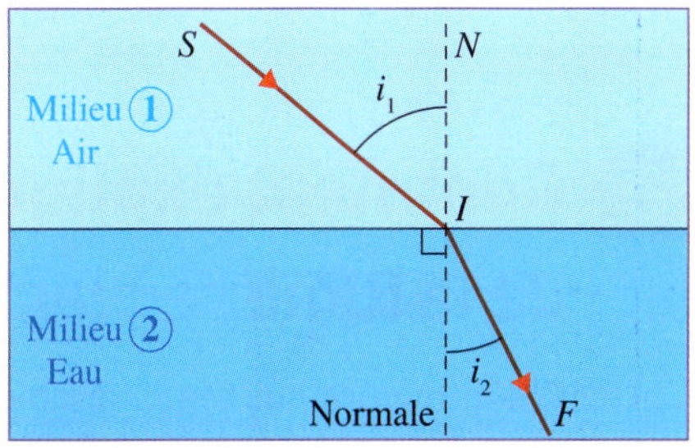

doc. 2 Schématisation de la réfraction d'un faisceau lumineux monochromatique passant de l'air dans l'eau.

1.2. Les lois de Snell-Descartes pour la réfraction

Au début du XVIIe siècle, le physicien néerlandais **Willebrord Snell** (1580-1626) et le philosophe et scientifique français **René Descartes** (1596-1650) ont établi des lois concernant la réfraction de la lumière.

- **Le rayon incident, le rayon réfracté et la normale sont contenus dans le plan d'incidence.**
- **Le rayon incident et le rayon réfracté sont situés de part et d'autre de la normale.**
- **Les angles d'incidence i_1 et de réfraction i_2 vérifient la relation :**

$$n_1 \times \sin i_1 = n_2 \times \sin i_2$$

n_1 est l'indice de réfraction du milieu 1 ;
n_2 est l'indice de réfraction du milieu 2.

L'indice de réfraction* d'un milieu dépend en général de la longueur d'onde de la radiation lumineuse qui le traverse. Le **document 3** regroupe quelques valeurs moyennes d'indices de réfraction.

Pour une longueur d'onde donnée, l'indice de réfraction n caractérise un milieu transparent.

* **L'indice de réfraction** n d'un milieu transparent est un nombre sans unité toujours **supérieur ou égal à 1**.

Milieu	Indice n
vide	1 (exactement)
air	1,00
eau	1,33
verre	1,50 à 1,80
diamant	2,43

doc. 3 Exemples d'indices de réfraction.

Le **document 4** représente les trois cas possibles pour un faisceau lumineux passant d'un milieu d'indice n_1 à un milieu d'indice n_2 :

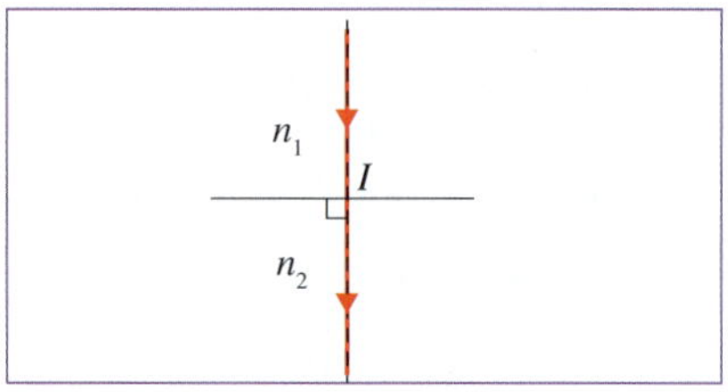

doc. 4a Si $i_1 = 0$, alors $i_2 = 0$.
Le faisceau lumineux n'est pas dévié lors du changement de milieu.

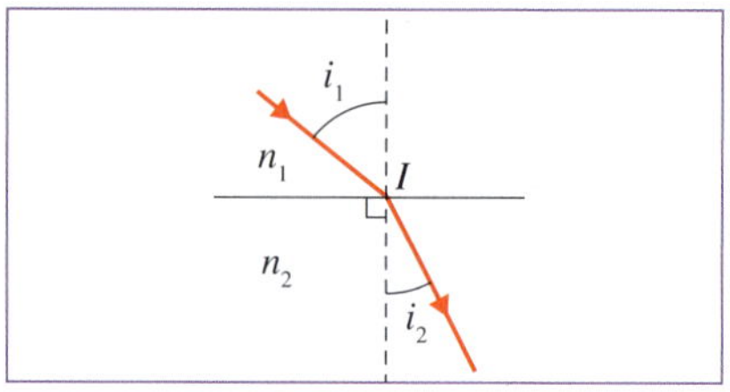

doc. 4b Si $n_2 > n_1$, alors $i_2 < i_1$.
Après réfraction, le faisceau se rapproche de la normale. C'est le cas d'un faisceau passant de l'air dans l'eau.

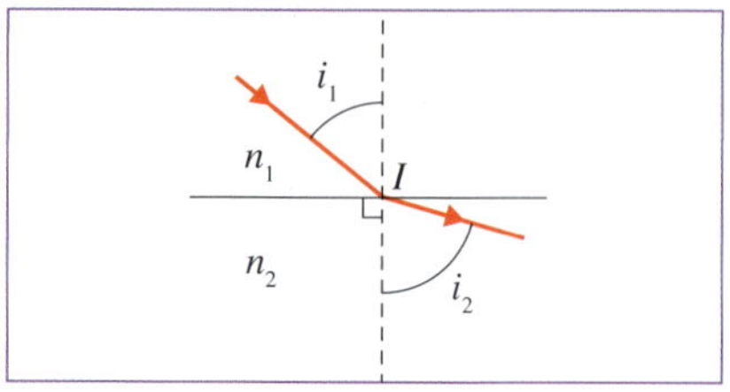

doc. 4c Si $n_2 < n_1$, alors $i_2 > i_1$.
Après réfraction, le faisceau s'écarte de la normale. C'est le cas d'un faisceau passant du plexiglas dans l'air.

L'**activité 2** a montré qu'en connaissant l'indice de réfraction n_1 du premier milieu de propagation et en mesurant les angles d'incidence i_1 et de réfraction i_2, il est possible de déterminer l'indice de réfraction n_2 du second milieu de propagation :

$$n_2 = n_1 \times \frac{\sin i_1}{\sin i_2}.$$

Pour commencer, exercices 1 à 4, p. 51

2 Comment expliquer la dispersion de la lumière blanche par un prisme ?

L'**activité 3** a montré que les différentes radiations d'une lumière polychromatique peuvent être réfractées de façons différentes ; elles sont alors **dispersées**.

La dispersion de la lumière est la séparation des différentes radiations de cette lumière lors d'une réfraction.

Lors de la dispersion de la lumière blanche par un prisme (**doc. 5** et **6**), les diverses radiations de la lumière blanche rencontrent la première face du prisme avec le même angle d'incidence. De plus, l'indice de réfraction de l'air est quasiment le même pour toutes ces radiations.

Ces diverses radiations étant dispersées lors de la réfraction, elles correspondent toutes à des angles de réfraction différents. D'après la loi de Snell-Descartes relative aux angles, on peut en déduire que l'indice de réfraction du verre constituant le prisme a une valeur différente pour chaque radiation, il dépend de la couleur de la lumière qui le traverse. On dit que le prisme est **dispersif**.

L'indice de réfraction d'un milieu dispersif dépend de la longueur d'onde de la radiation lumineuse qui le traverse.

Tous les milieux matériels transparents sont plus ou moins dispersifs. Seul le vide n'est pas dispersif ; son indice de réfraction est strictement égal à 1 et ne dépend pas de la longueur d'onde de la radiation lumineuse qui le traverse.

Pour commencer, exercices 5 et 6, p. 51

doc. 5 Dispersion de la lumière blanche par un prisme.

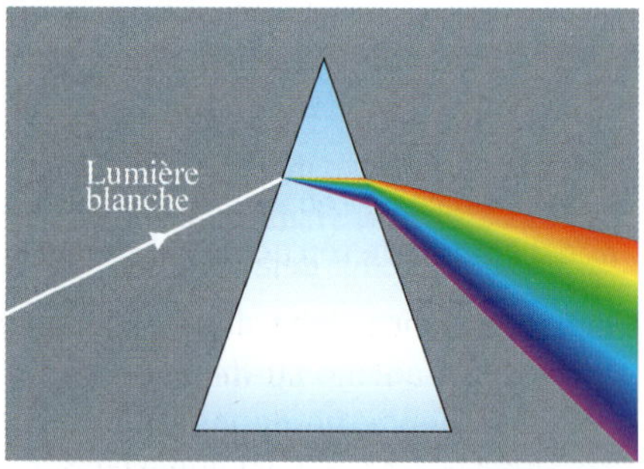

doc. 6 Schématisation de la dispersion de la lumière blanche par un prisme.
Les deux réfractions accentuent la dispersion.

3 Réfraction de la lumière dans l'atmosphère terrestre

3.1 L'arc-en-ciel

L'**activité 3** a montré que la formation de l'**arc-en-ciel** s'interprète par la dispersion de la lumière solaire dans les gouttes de pluies. Pour observer un arc-en-ciel, il faut avoir la pluie devant soi et le Soleil dans le dos.

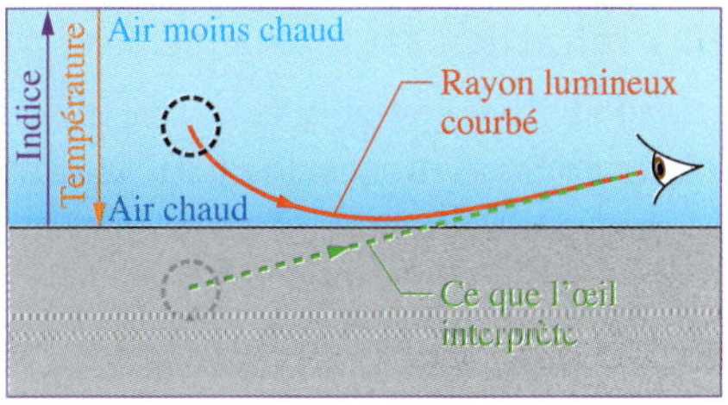

doc. 7 Schématisation du trajet de la lumière lors d'un mirage chaud.

3.2 Les mirages

L'**activité 1** a montré que dans un milieu non homogène la lumière ne se propage pas en ligne droite. Dans l'atmosphère, l'indice de réfraction de l'air dépend de la température : il augmente lorsque la température diminue. Cette variation d'indice provoque la courbure des rayons lumineux qui se propagent depuis un objet jusqu'à l'œil d'un observateur. C'est le phénomène de **mirage**.

Ainsi, quand l'air près du sol est plus chaud que celui situé en altitude, le trajet des rayons lumineux venant du ciel se courbe vers le haut **(doc. 7)**. Certains de ces rayons atteignent l'œil de l'observateur qui confond cette vision avec de l'eau **(doc. 8)**. On parle alors de mirage chaud ou de mirage inférieur.

doc. 8 Mirage sur une route chauffée en été.

3.3 La scintillation des étoiles

Les mouvements incessants de l'atmosphère terrestre font varier la densité et la température de l'air en un lieu donné. Cela en modifie légèrement l'indice de réfraction. La lumière venant d'une étoile doit traverser l'atmosphère terrestre avant de nous parvenir. Elle subit de nombreuses réfractions sur les différentes couches d'air. La direction de sa propagation est en permanence modifiée par le changement des indices de réfraction. Cela provoque la **scintillation** des étoiles.

3.4 La position des astres

L'**activité 1** a montré que la réfraction de la lumière dans l'atmosphère donne du Soleil une image aplatie lorsqu'il est proche de l'horizon. Une déformation du même type est parfois visible pour la Lune.

À cause de la réfraction, le Soleil, les étoiles ou la Lune peuvent aussi être visibles au-dessus de l'horizon alors qu'en réalité ils sont déjà couchés ou pas encore levés !

Ces phénomènes sont illustrés sur le **document 9**, le Soleil est perçu au-dessus de sa position réelle. Cela allonge la durée du jour. Ainsi, lors des équinoxes, la durée d'éclairement est supérieure à 12 h.

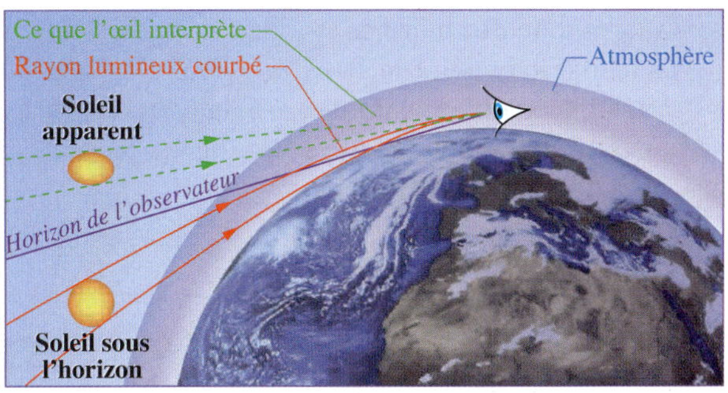

doc. 9 La réfraction remonte et déforme l'image du Soleil, de la Lune et des étoiles proches de l'horizon.

Pour commencer, exercices 7 et 8, p. 51 et 52

Retenir l'essentiel

Les savoirs

Réfraction de la lumière

- La **réfraction** est le changement de direction de propagation d'un faisceau lumineux passant d'un milieu de propagation à un autre.
- **Lois de Snell-Descartes pour la réfraction :**
  - Le rayon incident, le rayon réfracté et la normale sont contenus dans le plan d'incidence.
  - Le rayon incident et le rayon réfracté sont situés de part et d'autre de la normale.
  - Les angles d'incidence i_1 et de réfraction i_2 vérifient la relation :

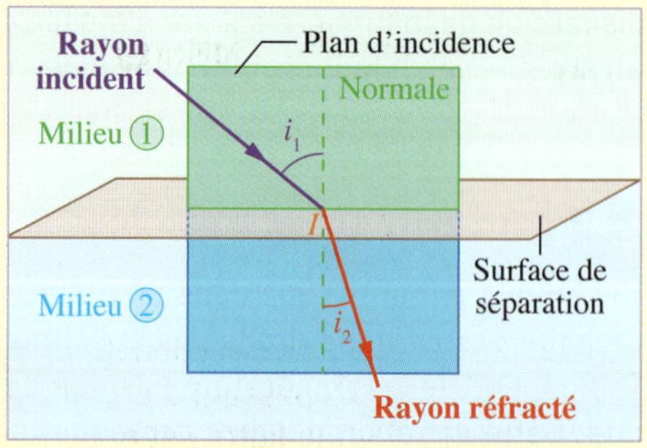

indice de réfraction du milieu 1 → n_1 ; indice de réfraction du milieu 2 → n_2

$$n_1 \times \sin i_1 = n_2 \times \sin i_2$$

angle d'incidence dans le milieu 1 → i_1 ; angle de réfraction dans le milieu 2 → i_2

- L'**indice de réfraction** n caractérise un milieu transparent. C'est un nombre sans unité toujours égal ou supérieur à 1.

Le prisme, un système dispersif

- La **dispersion** est la séparation des différentes radiations lumineuses lors de la réfraction d'un faisceau lumineux.
- Pour un même angle d'incidence, différentes radiations d'une lumière polychromatique ne sont pas réfractées de la même façon, car l'indice de réfraction d'un prisme dépend de la radiation qui le traverse.
- Le **prisme** est dispersif.

Applications dans l'atmosphère terrestre

- De nombreux phénomènes atmosphériques s'expliquent par la réfraction des rayons lumineux dans l'atmosphère terrestre :
  - la formation des mirages ;
  - la scintillation des étoiles ;
  - l'aplatissement apparent du Soleil ou de la Lune proches de l'horizon.
- La formation d'un arc-en-ciel s'explique par la dispersion de la lumière du Soleil dans les gouttes d'eau présentes dans l'atmosphère.

Les compétences attendues

- Pratiquer une démarche expérimentale pour établir un modèle à partir d'une série de mesures et déterminer l'indice de réfraction d'un milieu. [TP]
- Interpréter qualitativement la dispersion de la lumière blanche par un prisme.

S'auto-évaluer

QCM

Pour chaque question, indiquer la (ou les) bonne(s) réponse(s).

Les trois figures ci-dessous concernent les questions 3 à 9.

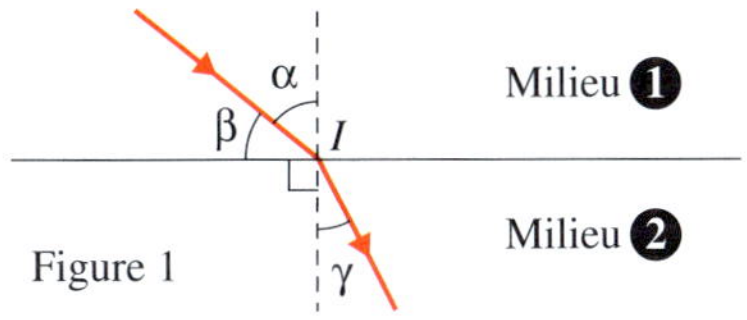

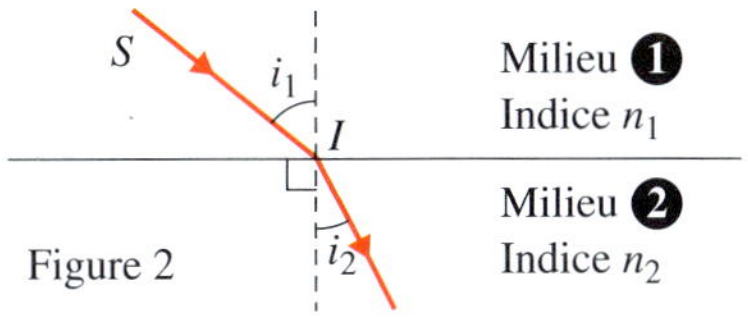

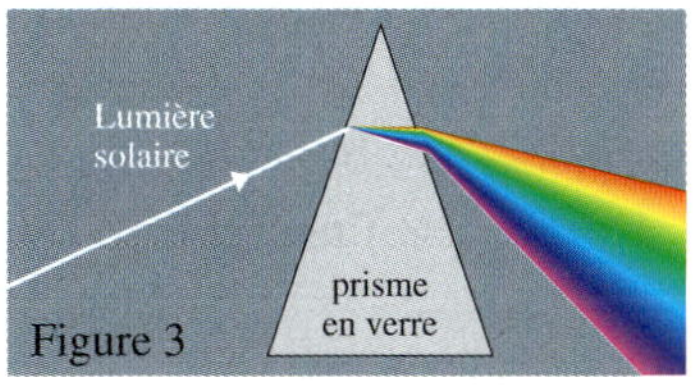

ÉNONCÉ	A	B	C	Si échec revoir
1. Le changement de direction d'un faisceau lumineux passant d'un milieu de propagation à un autre est appelé :	réflexion	spectre lumineux	réfraction	§1, p. 45
2. Pour deux milieux d'indices différents, une réfraction peut être schématisée par :	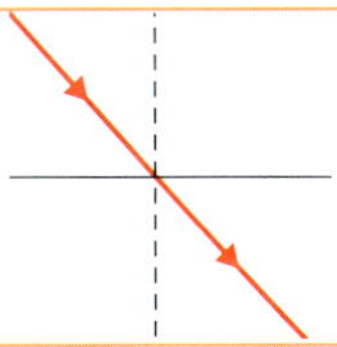	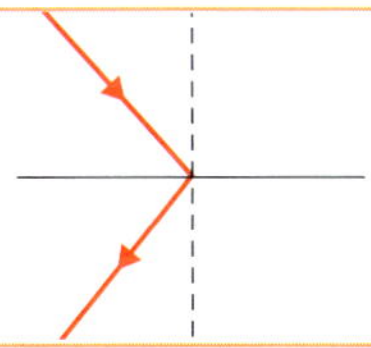	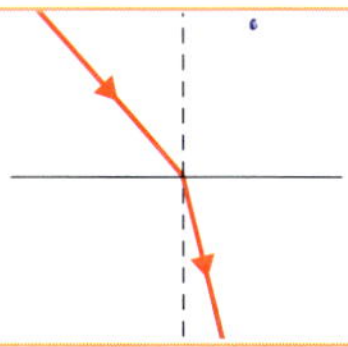	§1, p. 45
3. Sur la **figure 1**, l'angle d'incidence est l'angle :	α	β	γ	§1, p. 45
4. Sur la **figure 1**, *I* est appelé :	la normale	le point d'incidence	l'angle de réfraction	§1, p. 45
5. Sur la **figure 1**, la droite en pointillés est appelée :	la verticale	le faisceau incident	la normale	§1, p. 45
6. Avec les notations de la **figure 2**, la loi de Snell-Descartes relative aux angles peut s'écrire :	$\frac{n_1}{n_2} = \frac{\sin i_1}{\sin i_2}$	$\frac{n_1}{\sin i_2} = \frac{n_2}{\sin i_1}$	$\frac{n_1}{n_2} = \frac{\sin i_2}{\sin i_1}$	§1, p. 45
7. Avec les notations de la **figure 2**, si $i_1 = 42°$, $n_1 = 1{,}00$ et $i_2 = 30°$ alors :	$n_2 = 1{,}3$	$n_2 = 0{,}75$	$n_2 = 1{,}4$	§1, p. 46
8. L'expérience schématisée sur la **figure 3** montre que :	le prisme est dispersif	la lumière solaire est polychromatique	l'indice de réfraction de l'air est supérieur à 1,5	§2, p. 46
9. Un mirage :	est dû à la réfraction de la lumière dans l'air	ne se produit que quand il pleut	montre que la lumière solaire est polychromatique	§3, p. 47
10. Un arc-en-ciel est dû à :	la réfraction sur le sol de la lumière solaire	la dispersion de la lumière solaire dans les gouttes d'eau de pluie	la réflexion de la lumière solaire sur les gouttes d'eau de pluie	§3, p. 47

Réponses, p. 324

Analyser, résoudre et rédiger

Compétences mises en œuvre

- Effectuer un calcul.
- Faire un graphique, un tableau ou un schéma.

Dispersion de la lumière dans une goutte d'eau.

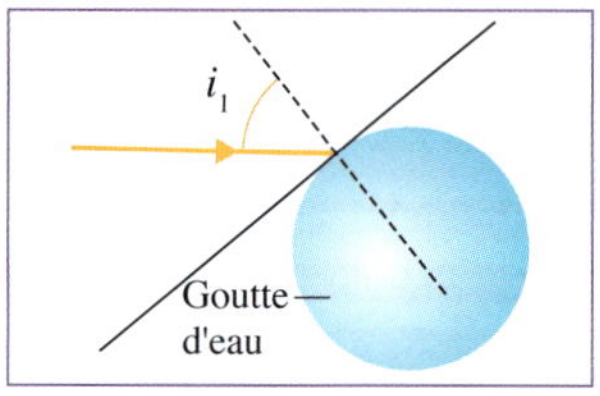

Un faisceau de lumière blanche atteint une goutte d'eau sous un angle d'incidence i_1 = 40,0°. L'indice de réfraction de l'eau a pour valeur n_R = 1,3289 pour une radiation lumineuse rouge et n_B = 1,3403 pour une radiation lumineuse bleue.
L'indice de réfraction de l'air est n_{air} = 1,0003 pour toutes les radiations.

1. Rappeler l'expression de la loi de Snell-Descartes relative à la réfraction pour la radiation rouge en respectant les notations du texte.

2. Calculer la valeur i_{2R} de l'angle de réfraction de la radiation rouge et celle i_{2B} de l'angle de réfraction de la radiation bleue.

3. Reproduire la figure, puis représenter, sans souci d'échelle, chaque faisceau lumineux après la réfraction.

4. Comment se nomme le phénomène observé ?

CONSEILS

1. La loi de Snell-Descartes relative aux angles est énoncée dans le cours. Sa formulation doit être appliquée aux notations de l'exercice. Pour cela il faut **connaître la signification** de chaque grandeur.

2. La **loi de Snell-Descartes** relative aux angles permet, dans un premier temps, d'établir l'**expression littérale** du sinus de l'angle i_{2R}.
La valeur de l'angle i_{2R} est ensuite déterminée à la **calculatrice** en utilisant la fonction réciproque du sinus. La calculatrice doit être en mode **degrés** (**voir rabats II et III**).
Exemple d'affichage :

```
Arcsin(1.0003*sin
(40)/1.3289)
          28.93676977
```

La réponse finale est donnée dans une phrase.

3. Les angles sont dessinés sans se préoccuper d'une échelle. Il faut tout de même respecter le classement des valeurs des angles pour placer correctement les deux faisceaux réfractés.

Solution rédigée

1. La loi de Snell-Descartes relative aux angles s'écrit d'une façon générale : $n_1 \times \sin i_1 = n_2 \times \sin i_2$.
Avec les notations de l'exercice elle devient :

$$n_{air} \cdot \sin i_1 = n_R \times \sin i_{2R}.$$

2. Le sinus de l'angle i_{2R} est : $\sin i_{2R} = \dfrac{n_{air} \times \sin i_1}{n_R}$.

Avec n_{air} = 1,0003, i_1 = 40,0° et n_R = 1,3289 ;

il vient : $\sin i_{2R} = \dfrac{1{,}0003 \times \sin 40{,}0}{1{,}3289}$.

La valeur de l'angle de réfraction est $\boldsymbol{i_{2R}}$ **= 28,9°**.

De même : $\sin i_{2B} = \dfrac{1{,}0003 \times \sin 40{,}0}{1{,}3403}$.

La valeur de l'angle de réfraction est $\boldsymbol{i_{2B}}$ **= 28,7°**.

3. L'angle i_{2B} est inférieur à l'angle i_{2R}.
Dans la goutte, les radiations bleues sont donc plus proches de la normale que les radiations rouges.

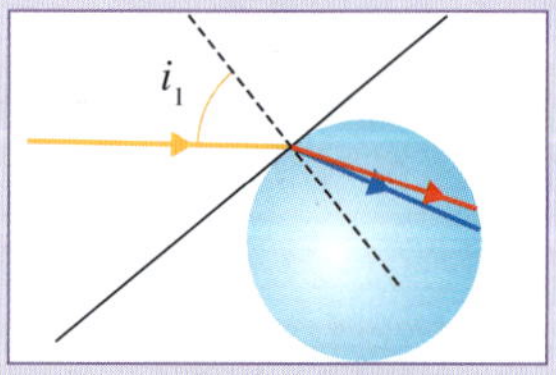

4. Ce phénomène se nomme la **dispersion**.

Application immédiate

1. L'indice de réfraction de l'eau pour une radiation verte est n_V = 1,3350. L'angle d'incidence i_1 est de 28,0°. Quelle est la valeur de l'angle de réfraction i_{2V} d'une radiation lumineuse verte ?

2. Représenter les faisceaux incident et réfracté sur un schéma similaire à celui de l'exercice précédent.

Voir correction, p. 324

Pour commencer

Réfraction de la lumière

1 Légender un schéma

Le schéma ci-contre représente le phénomène de réfraction d'un faisceau lumineux. Identifier :

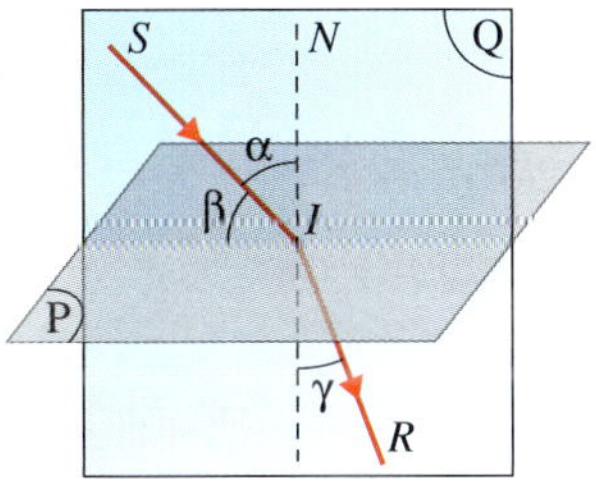

a. le point d'incidence ;

b. le rayon incident ;

c. le rayon réfracté ;

d. l'angle d'incidence ;

e. l'angle de réfraction ;

f. le plan d'incidence ;

g. la normale au point d'incidence ;

h. la surface séparant les deux milieux.

2 Connaître les lois de Snell-Descartes

1. Sur le schéma ci-dessous, identifier l'angle d'incidence et l'angle de réfraction :

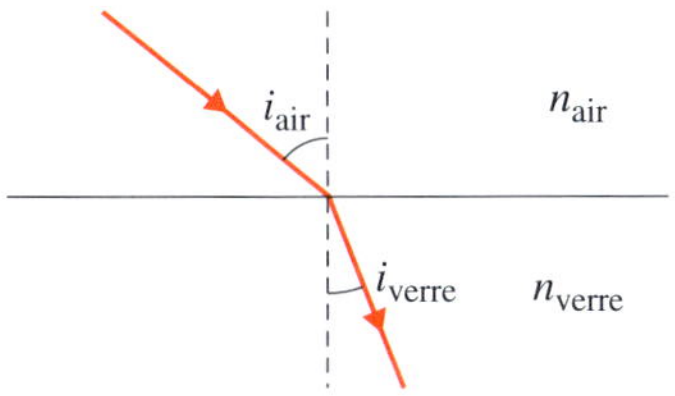

2. Énoncer les lois de Snell-Descartes relatives au phénomène de réfraction en respectant les notations du schéma.

3 Indice de réfraction

La réfraction d'un faisceau laser rouge passant de l'air dans l'eau est schématisée ci-dessous.

Données : indice de réfraction de l'air : $n_{air} = 1{,}00$; indice de réfraction de l'eau : $n_{eau} = 1{,}33$.

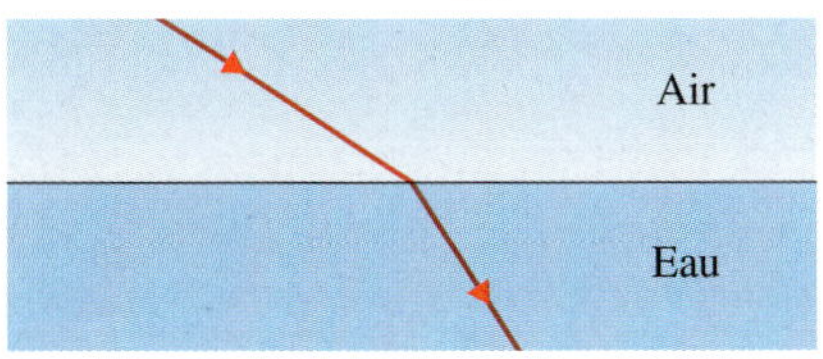

1. Reproduire et compléter le schéma en indiquant le point d'incidence I, en dessinant la normale et en repérant les angles d'incidence i_{air} et de réfraction i_{eau}.

2. Rappeler l'expression de la loi de Snell-Descartes relative aux angles en respectant les notations du texte : n_{air}, n_{eau}, i_{air} et i_{eau}.

3. Calculer la valeur de l'angle de réfraction d'un rayon lumineux d'incidence $i_{air} = 50{,}0°$.

4 De l'eau dans l'air

On dirige un pinceau de lumière monochromatique rouge vers un demi-disque contenant un liquide.

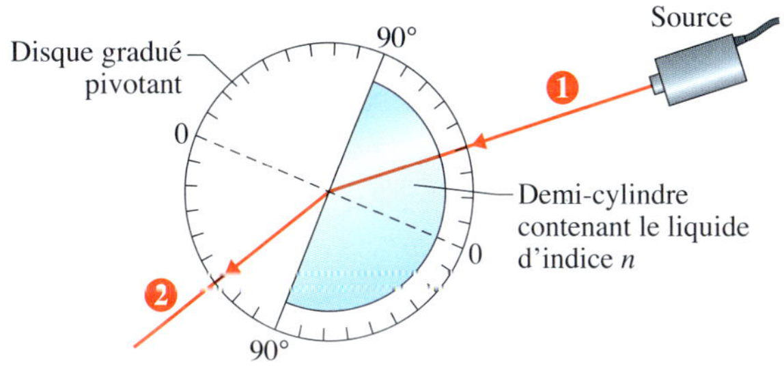

1. Quel est le rayon réfracté ?

2. Quelles sont les valeurs de l'angle d'incidence i_1 et de l'angle de réfraction i_2 ?

3. En utilisant l'une des lois de Snell-Descartes pour la réfraction, calculer l'indice de réfraction n du liquide. L'indice de réfraction de l'air est égal à 1,00.

Le prisme, système dispersif

5 Connaître les propriétés d'un prisme

On dirige un faisceau de lumière blanche vers un prisme.

1. Dessiner ce que l'on observe sur un écran placé derrière le prisme.

2. Quelle propriété du prisme est ainsi mise en évidence ?

3. De quelle grandeur dépend l'indice de réfraction d'un prisme ?

6 Prisme erroné

Dylan a représenté l'expérience de la décomposition de la lumière blanche par un prisme. Le professeur indique que le dessin est erroné.

1. Quelle est l'erreur commise par Dylan ?

2. Proposer une représentation correcte.

Applications dans l'atmosphère terrestre

7 L'arc-en-ciel

1. Quelle source de lumière naturelle permet, dans certaines conditions, d'obtenir un arc-en-ciel ?

2. Quel phénomène physique subit cette lumière au niveau des gouttes d'eau ?

3. Quelle propriété de l'eau est mise en évidence par la formation d'un arc-en-ciel ?

8 Les mirages

Lors d'un mirage, la lumière ne se propage pas en ligne droite, elle est déviée. Le schéma ci-dessous est une illustration de ce phénomène.

1. Pourquoi la lumière ne se propage pas en ligne droite lors d'un mirage ?

2. Que subit la lumière, notamment aux points A et B ?

Pour s'entraîner

9 À chacun son rythme

Cet exercice est proposé à deux niveaux de difficulté. Dans un premier temps, essayer de résoudre l'exercice de niveau 2. En cas de difficultés, passer au niveau 1.

Un faisceau laser se propage dans l'air (d'indice de réfraction n_{air} = 1,00) puis atteint la surface d'un liquide.

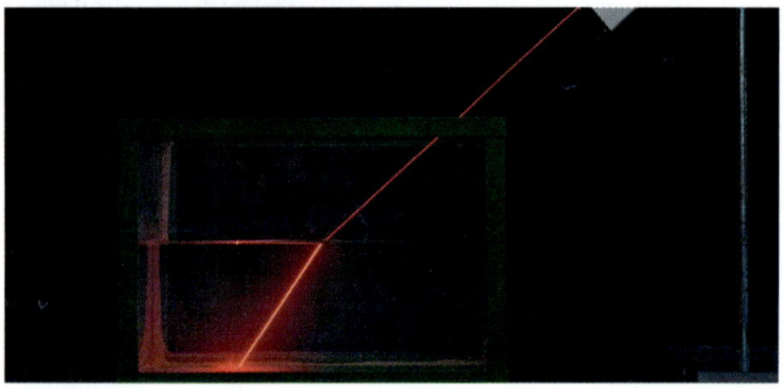

Niveau 2

1. Schématiser la situation correspondant à la photographie ci-dessus en respectant les valeurs des angles d'incidence et de réfraction.

2. Calculer l'indice de réfraction $n_{liquide}$ de ce liquide.

Niveau 1

1. a. Décalquer la photographie en faisant apparaître les rayons et la surface de séparation entre l'air et le liquide.

b. Repérer le point d'incidence I, dessiner la normale au point d'incidence, puis les angles d'incidence i_1 et de réfraction i_2.

2. a. Mesurer l'angle d'incidence i_1 et l'angle de réfraction i_2.

b. À partir de l'une des lois de Snell-Descartes pour la réfraction, écrire la relation entre i_1, i_2, n_{air} et $n_{liquide}$.

c. Exprimer $n_{liquide}$ en fonction de i_1, i_2 et n_{air}.

d. Calculer l'indice de réfraction de ce liquide.

10 Exploiter une expérience de dispersion

On réalise l'expérience schématisée ci-dessous en dirigeant un faisceau de lumière blanche provenant du Soleil vers un prisme en verre.

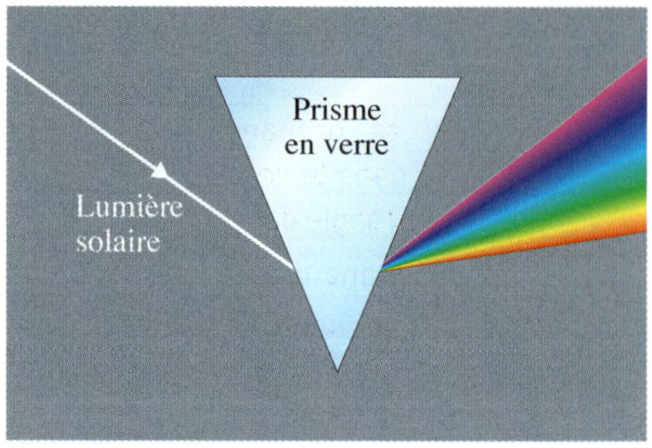

1. Quelle propriété doit avoir un prisme afin de décomposer une lumière ?

2. Utiliser le schéma pour justifier les réponses aux questions suivantes :

a. La lumière du Soleil est-elle monochromatique ou polychromatique ?

b. Quelles sont les radiations les plus déviées par le prisme ?

3. On remplace le faisceau de lumière solaire par un faisceau monochromatique rouge.

a. Cette lumière est-elle dispersée ?

b. Représenter ce que l'on observe.

11 About rainbows

Why are rainbows not seen at midday ?

The center of the rainbow's circle is always opposite the sun. At twelve o'clock the sun is always high in the sky so an observer can't see a rainbow at that time as it could only be seen on the ground, where there are no water *droplets*.

Why are rainbows so frequently seen during summer and so rarely during winter ?

To see a rainbow, one has to have rain and sunshine. In the winter, water droplets *freeze* into ice particles that do not produce a rainbow but *scatter* light in other very interesting *patterns*.

Do two people ever see the same rainbow ?

Since the rainbow is a special distribution of colors, depending on where the observer is, two observers do not, and cannot, see the same rainbow.

Vocabulaire : *droplets* : gouttelettes ; *to freeze* : geler ; *to scatter* : éparpiller ; *patterns* : figures.

1. Pourquoi observe-t-on rarement un arc-en-ciel vers midi ?

2. Pourquoi observe-t-on plus rarement un arc-en-ciel en hiver ?

3. Deux personnes voient-elles le même arc-en-ciel ?

12 Rédiger correctement une solution

La solution de l'exercice suivant a été rédigée par un élève, puis annotée par un professeur. Lire l'énoncé, les réponses de l'élève et les corrections suggérées, puis rédiger une solution détaillée.

Énoncé de l'exercice

Un faisceau lumineux se propage dans l'air d'indice n_{air} = 1,00, puis pénètre dans le verre d'une vitre. L'indice du verre est n_{verre} = 1,45 et l'angle dans le verre est i_{verre} = 31°.

1. Comment se nomme le phénomène observé ?

2. Calculer la valeur de l'angle d'incidence i_{air}.

Copie de l'élève corrigée

1. Dispersion. *Faire une phrase et revoir le vocabulaire.*

2. $\sin i_2 = \frac{n_1 \times \sin i_1}{n_2}$ *Respecter les notations du texte.*

$\sin i_{air} = \frac{1,45 \times \sin 31}{1,00}$

Donc i_{air} = 0,75°. *Confusion entre l'angle et le sinus.*

13 L'expérience cruciale de Newton

Vers 1666, après avoir décomposé la lumière blanche provenant du Soleil à l'aide d'un prisme, Newton arrive à ce qu'il appelle l'expérience cruciale. À l'aide d'une planche percée, il isole une seule radiation colorée du spectre produit par le premier prisme. Le faisceau correspondant est envoyé sur un second prisme dans une direction imposée par une seconde planche percée. Ce faisceau est dévié, mais n'est pas décomposé (Schéma 1). Sans toucher aux planches ni au second prisme, il modifie la position du premier prisme. Il peut ainsi envoyer sur le second prisme une autre radiation colorée. Il constate que le faisceau correspondant est dévié différemment du précédent, mais n'est toujours pas décomposé (Schéma 2).

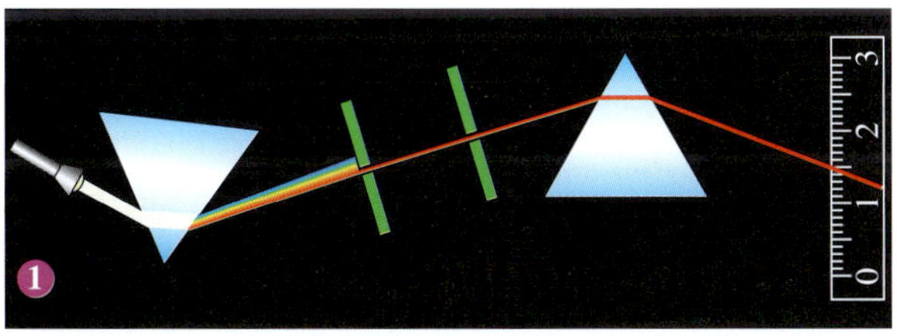

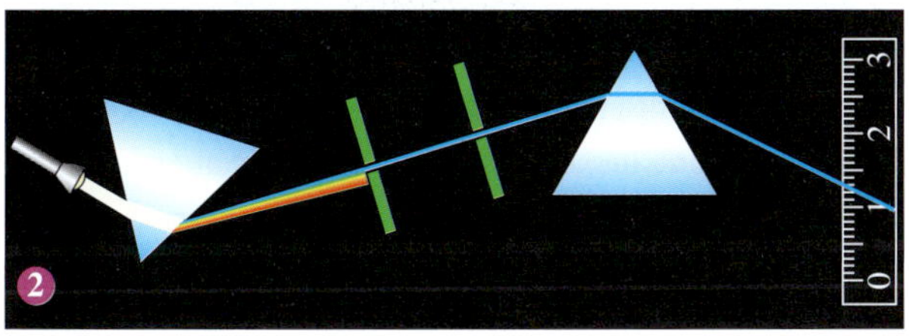

Cette fois Newton en est sûr, la lumière blanche du Soleil est un mélange de lumière de toutes les couleurs et le prisme dévie différemment ces diverses lumières.

1. Définir les termes « monochromatique » et « polychromatique ».

2. Les faisceaux envoyés successivement sur le second prisme sont-ils monochromatiques ou polychromatiques ?

3. Quel est le faisceau le plus dévié par le prisme ?

4. Quelles conclusions Newton a-t-il pu tirer de ces expériences ?

14 Construire et exploiter une représentation graphique

La détermination de l'indice de réfraction d'un liquide est une méthode permettant l'identification de ce liquide. Un faisceau de lumière monochromatique est dirigé vers un liquide comme indiqué sur le schéma ci-dessous.

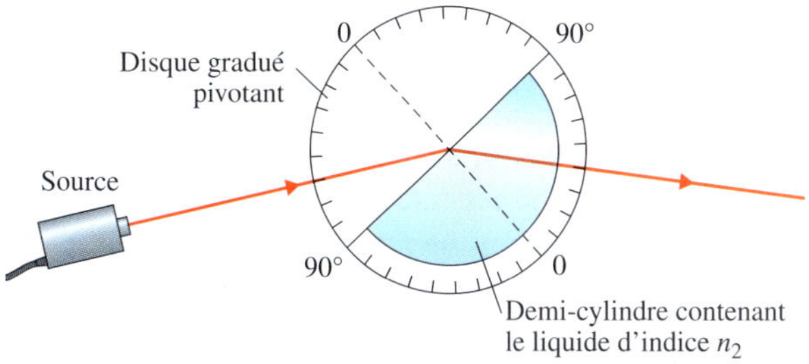

On note i_1 l'angle d'incidence dans l'air d'indice n_1 = 1,00 et on note i_2 l'angle de réfraction dans le liquide d'indice n_2.

Le tableau ci-dessous regroupe les mesures réalisées pour divers angles d'incidence ainsi que les sinus de ces angles.

	A	B	C	D	E	F	G	H
1	i_1 (en degré)	0	10	20	30	40	50	60
2	i_2 (en degré)	0	7	15	22	29	35	40
3	sin i_1	0	0,17	0,34	0,50	0,64	0,77	0,87
4	sin i_2	0	0,12	0,26	0,37	0,48	0,57	0,64
5								

Données : n_{eau} = 1,3 ; $n_{glycérol}$ = 1,5.

1. Mesurer les valeurs des angles i_1 et i_2 pour la situation schématisée ci-dessus.

2. a. Rappeler l'expression de la loi de Snell-Descartes relative aux angles lors d'une réfraction en respectant les notations du texte.

b. Construire la représentation graphique de sin i_1 en fonction de sin i_2.

c. Montrer que les valeurs expérimentales obtenues sont en accord avec la loi de Snell-Descartes.

3. Déterminer la valeur de l'indice de réfraction n_2 du liquide étudié.

4. Le liquide étudié est-il de l'eau ou du glycérol ?

15 Indice de réfraction de l'atmosphère

Le soir, lorsque le Soleil est vu à l'horizon, il est en réalité déjà couché. Ce phénomène est dû à la réfraction de la lumière sur les couches atmosphériques.

Le schéma ci-dessous modélise ce phénomène en considérant que l'atmosphère est une couche homogène de gaz d'épaisseur h située autour de la Terre de rayon R. Le point C correspond au centre de la Terre ; l'observateur est placé en O. Le point I est vu sur l'horizon par l'observateur, il correspond au point d'incidence de la lumière du Soleil lorsqu'elle rencontre l'atmosphère.

La déviation par l'atmosphère des rayons lumineux à l'horizon a pour valeur $d = 0{,}617°$.

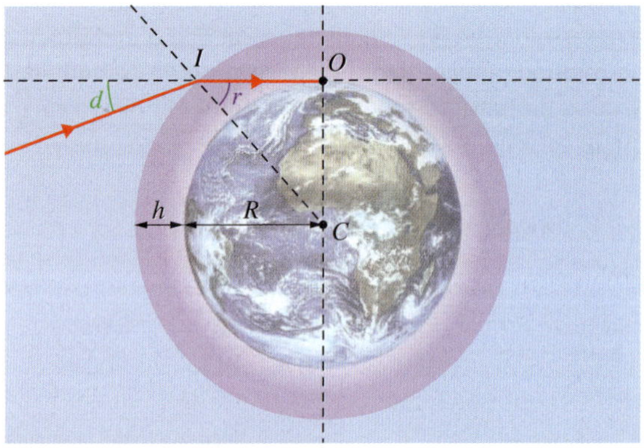

1. a. Le triangle OIC est rectangle en O. Exprimer le sinus de l'angle r en fonction de R et h.

b. Calculer la valeur de l'angle r.

2. a. Reproduire le schéma ci-dessus et placer l'angle d'incidence i au point I.

b. Montrer que $i = r + d$.

c. Calculer la valeur de i.

3. En appliquant l'une des lois de Snell-Descartes, calculer la valeur n de l'indice de réfraction de l'atmosphère en supposant qu'il est constant et que l'indice du vide vaut exactement 1.

4. Expliquer, sans calcul, pourquoi les marins pour se guider ne visent pas les étoiles proches de l'horizon, mais uniquement des étoiles assez hautes au-dessus de l'horizon.

Données :
rayon de la Terre : $R = 6{,}371 \times 10^3$ km ;
épaisseur de l'atmosphère : $h = 50$ km.

16 Principe du réfractomètre de Pulfrich

Un réfractomètre de Pulfrich sert à mesurer l'indice de réfraction d'un liquide afin de contrôler sa pureté ou sa composition chimique. Le principe est le suivant : sur un bloc de verre de section rectangulaire, d'indice N connu, on dépose une goutte de liquide dont on veut déterminer l'indice n.

Un faisceau lumineux monochromatique jaune pénètre dans le bloc de verre sur la face AB avec un angle d'incidence i_1 ; il se réfracte, puis se propage dans le verre et rencontre la surface de séparation entre le verre et le liquide. Ce faisceau peut alors se réfracter dans la goutte de liquide.

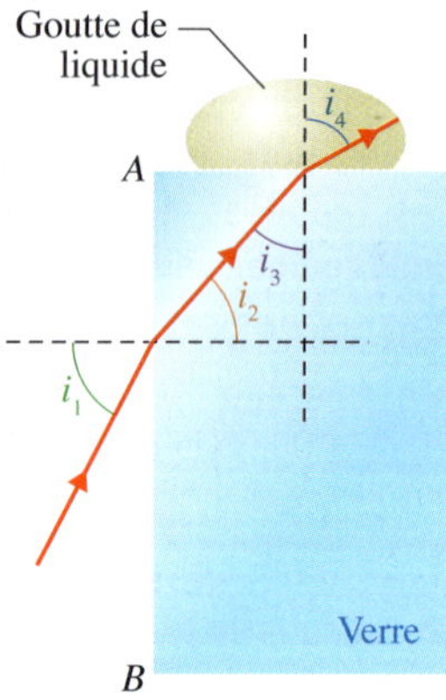

Lors d'une mesure on fait varier i_1 jusqu'à avoir $i_4 = 90{,}00°$; on peut ainsi déterminer l'indice n en mesurant i_1 avec une grande précision.

L'indice de réfraction de l'air est pris égal à 1,000.

1. Écrire les relations qui existent entre les angles :
a. i_1 et i_2 ; **b.** i_2 et i_3 ; **c.** i_3 et i_4.

2. On a déposé une goutte de glycérine sur le bloc de verre d'indice $N = 1{,}652$. On mesure $i_1 = 48{,}06°$.
Calculer l'indice de réfraction de la glycérine pour la radiation jaune utilisée.

17 Retour sur l'ouverture du chapitre

Sur un livre de physique, on a lu l'indication suivante :

> • Un écran de carton blanc est percé d'un trou de 5 cm de diamètre. Diriger un faisceau de lumière blanche vers le trou.
> • Placer un ballon de 250 mL rempli d'eau dans le faisceau lumineux qui a traversé l'écran.
> • Observer l'arc-en-ciel sur l'écran à l'avant du ballon.

1. Que simule le ballon ?

2. Que représente le faisceau de lumière blanche ?

3. Quelles sont les conditions atmosphériques permettant l'observation d'un arc-en-ciel ?

4. Quelles sont les sept couleurs symboliquement attribuées à l'arc-en-ciel ?

CHAPITRE 4

L'atome

Les nébuleuses (ci-contre la nébuleuse du Papillon dans la constellation du Scorpion), issues d'étoiles en fin de vie, jouent un rôle crucial dans l'enrichissement de l'Univers en éléments plus lourds que l'hydrogène. La plupart des atomes qui composent la Terre et ses habitants ont été produits à l'intérieur d'étoiles. Comment les étoiles fabriquent-elles les atomes ? (Voir exercice 22, p. 68.)

Quelle est la structure d'un atome ?

OBJECTIFS

→ Connaître la structure d'un atome et celle de son noyau.

→ Définir un ion monoatomique.

→ Définir un élément chimique.

Activités

1 L'atome, des philosophes grecs aux scientifiques du XXe siècle

→ Le modèle de l'atome a évolué au fil du temps.
Quelles ont été les grandes étapes de cette évolution ?

Antiquité

● Dès 400 ans av. J.-C., le philosophe grec DÉMOCRITE (460-370 av. J.-C.) **(doc. 1)** a l'intuition que la matière est constituée de petits « grains » indivisibles qu'il appelle **atomes** (du grec *a-tomos* littéralement *in-sécable)*. Il imagine les atomes éternels, pleins et immuables. Selon lui, ils ont une infinité de formes qui permettent d'expliquer, par leur assemblage, la diversité des matières qui nous entourent.

doc. 1 DÉMOCRITE.

● Le philosophe grec ARISTOTE (384-322 av. J.-C.) **(doc. 2)** conteste l'existence des atomes. Pour lui, la matière est constituée de quatre « éléments » : le feu, l'air, la terre et l'eau. Son prestige est tel que l'intuition de DÉMOCRITE est abandonnée.

doc. 2 ARISTOTE.

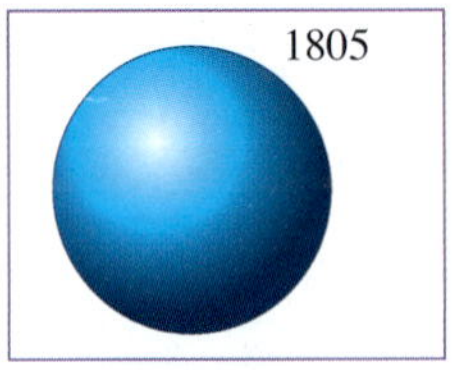

● En 1805, l'Anglais John DALTON (1766-1844) **(doc. 3)** reprend l'hypothèse atomique de DÉMOCRITE. Selon lui, l'atome est une **sphère pleine de matière**. Son modèle permet d'expliquer les réactions chimiques par assemblage ou séparation des atomes selon des proportions simples.

doc. 3 John DALTON.

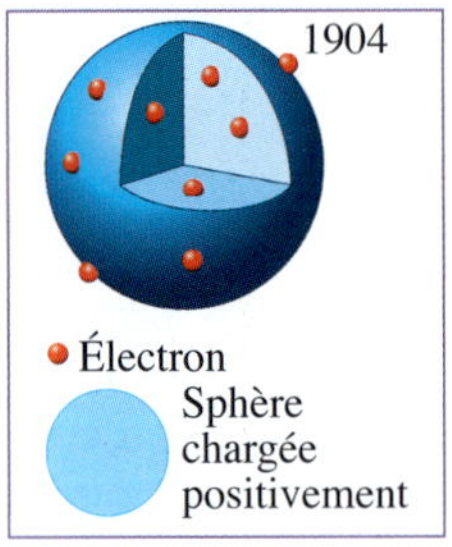

● En 1897, le physicien anglais John Joseph THOMSON (1856-1940) **(doc. 4)** découvre l'un des composants de l'atome : l'**électron**, particule chargée **négativement**. En 1904, il propose un modèle dans lequel l'atome est constitué d'une sphère **chargée positivement** parsemée d'électrons en mouvement. L'ensemble est électriquement neutre.

doc. 4 John Joseph THOMSON.

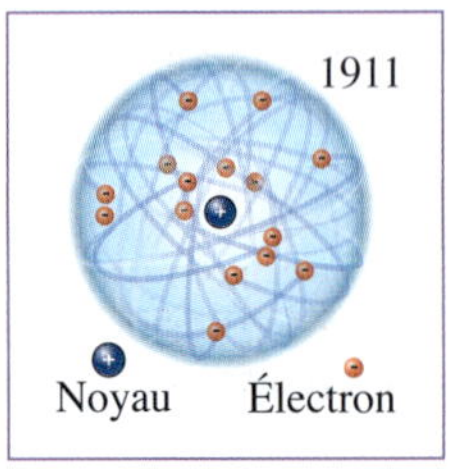

● En 1911, le physicien anglais Ernest RUTHERFORD (1871-1937) propose un modèle précisant la répartition des charges positives et négatives dans l'atome. L'atome est constitué d'un **noyau** chargé positivement autour duquel les électrons sont en mouvement **(doc. 5** et **activité 2)**.

● De nos jours, le modèle d'atome utilisé par les physiciens fait intervenir la **physique quantique**. Cette théorie établit que les électrons n'ont pas d'orbite définie, mais une « probabilité de présence » autour du noyau au sein d'un « nuage électronique ». Ce modèle n'autorise plus la schématisation de l'atome.

doc. 5 Ernest RUTHERFORD.

1. Que signifient les termes « insécable » et « immuable » ?
2. Quelle découverte montre que l'atome n'est pas insécable ?
3. Quelle différence existe-t-il entre le modèle de THOMSON et celui de RUTHERFORD ?
4. @ Rechercher les noms de quelques physiciens du XXe siècle ayant contribué au développement de la physique quantique.

2 L'expérience décisive de RUTHERFORD

→ L'expérience de RUTHERFORD a été décisive pour comprendre la structure de l'atome.
Quelle était cette expérience ?

A Contexte historique

À la fin du XIXe siècle, le physicien français Henri BECQUEREL découvre la radioactivité. Au même moment, Ernest RUTHERFORD étudie les rayonnements issus de matières radioactives. Il s'intéresse, en particulier, aux **particules α** qui sont des **noyaux d'hélium**.

B Description de l'expérience

L'idée est de déterminer la structure de l'atome en étudiant la trajectoire des particules α lorsqu'elles rencontrent une feuille métallique. Une feuille d'or de quelques micromètres d'épaisseur est placée dans une enceinte vide. Elle est bombardée par des particules α **(doc. 6)**.

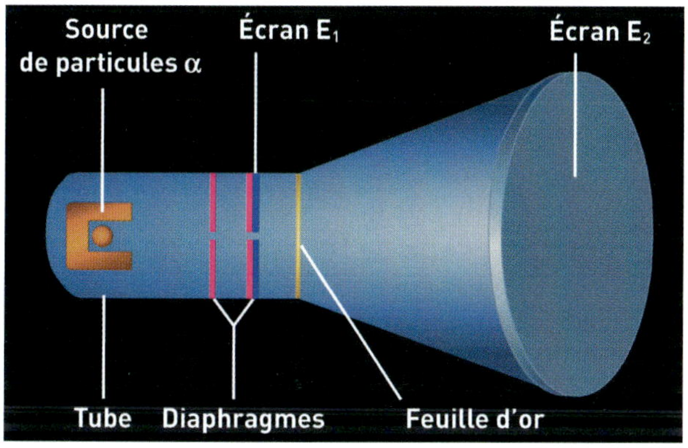

doc. 6 Schéma du dispositif expérimental.

Deux écrans fluorescents sont placés, l'un avant la feuille d'or (écran E_1) et l'autre après (écran E_2). Un point lumineux se forme sur les écrans chaque fois qu'ils sont percutés par une particule α.

On suppose, tout d'abord, comme DALTON et THOMSON, que les atomes sont des sphères pleines, rangées les unes contre les autres.

1. Que devrait-il se passer pour les particules α ?

C Observations

Une tache fluorescente très intense apparaît au centre de l'écran E_2. L'intensité lumineuse de cette tache est très légèrement inférieure à celle que l'on obtient en enlevant la feuille d'or.

2. Que peut-on déduire de ces observations ?

Par ailleurs, quelques points fluorescents apparaissent aussi autour de cette tache centrale.

3. Quelle information supplémentaire peut-on en déduire ?

Enfin, quelques rares taches fluorescentes sont visibles sur l'écran E_1 placé du côté de la source.

4. Comment interpréter l'existence de ces taches ?

D Conclusions de RUTHERFORD

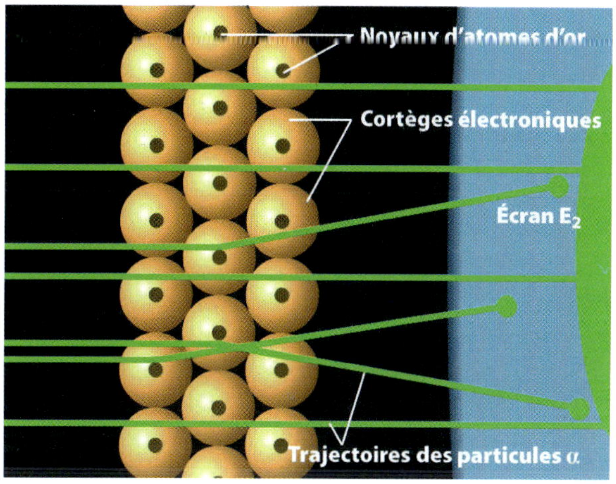

doc. 7 Représentation schématique de la trajectoire de quelques particules α à travers la feuille d'or.

RUTHERFORD propose alors le **modèle** d'atome suivant :
– l'atome est essentiellement constitué de **vide** ;
– l'atome est constitué d'un **noyau central chargé positivement** autour duquel des **électrons chargés négativement** sont en mouvement.

5. Quelle observation a amené RUTHERFORD à conclure que la matière est essentiellement constituée de vide ?
6. Comparer qualitativement la taille du noyau à celle de l'atome.
7. D'après le **document 7**, les particules α qui passent près d'un noyau sont-elles attirées ou repoussées par celui-ci ?
8. Sachant que les particules α sont chargées positivement, que peut-on en conclure sur la charge du noyau ?

3 Réactions chimiques avec l'élément cuivre

TRAVAUX PRATIQUES • TP

→ Les éléments chimiques se conservent au cours d'une réaction chimique.
Comment le mettre en évidence avec l'élément cuivre ?

• Observer les étiquettes des solutions d'acide nitrique et d'hydroxyde de sodium utilisées pour ce TP.

1. Qu'indiquent les pictogrammes présents sur les étiquettes (**voir rabats V et VI**) ?
2. Rechercher la signification des codes associés à chacune des solutions.
3. Quelles précautions faut-il prendre pour manipuler de telles solutions ?

L'état physique des espèces chimiques est précisé entre parenthèses :
(s) *: espèce solide ;* (aq) *: espèce en solution aqueuse ;*
(ℓ) *: espèce liquide ;* (g) *: espèce gazeuse.*

A Action de l'acide nitrique sur le métal cuivre Cu(s)

• Sous la hotte, placer un petit morceau de tournure de cuivre dans un tube à essais.

• Ajouter environ 2 mL d'une solution **concentrée** d'acide nitrique et observer **(doc. 8)**.

doc. 8 Action de l'acide nitrique sur le métal cuivre.

4. a. Faire le schéma de l'expérience et noter les observations.
b. À quel ion peut-on attribuer la couleur prise par la solution ?
c. Compléter le schéma de la réaction :

Métal cuivre Cu(s) —— Action de l'acide nitrique ——→ ....

B Action de la soude sur l'ion cuivre (II) Cu^{2+}(aq)

• Dans un tube à essais, verser environ 0,5 mL de la solution obtenue au A.

• À ce prélèvement, ajouter goutte à goutte une solution **concentrée** de soude (ou solution d'hydroxyde de sodium) et observer.

5. a. Faire le schéma de l'expérience et noter les observations.
b. Compléter le schéma de la réaction :

.... —— Action de la soude ——→ Hydroxyde de cuivre (II) $Cu(OH)_2$(s)

C Action de l'acide sulfurique sur l'hydroxyde de cuivre (II) $Cu(OH)_2$(s)

• Ajouter, dans le tube à essais précédent, environ 2 mL d'une solution **diluée** d'acide sulfurique et observer.

6. a. Faire le schéma de l'expérience et noter les observations.
b. Établir le schéma de la réaction réalisée.

D Action du métal fer sur l'ion cuivre (II) Cu^{2+}(aq)

DÉMARCHE D'INVESTIGATION

7. Proposer un protocole expérimental pour observer l'action du métal fer sur les ions cuivre (II) en s'aidant de schémas légendés.

• Mettre en œuvre ce protocole après en avoir discuté avec le professeur.

8. a. Noter les observations.
b. Établir le schéma de la réaction.

E Conclusion

9. Compléter le schéma ci-dessous regroupant les différentes réactions chimiques réalisées.

.... —— Action de l'acide nitrique ——→ ....
↑ .... (à gauche, de bas en haut) | .... (à droite, de haut en bas) ↓
.... ←—— .... —— ....

1 Quelle est la structure d'un atome ?

1.1 Constitution d'un atome

En 1911, Ernest RUTHERFORD (**activités 1** et **2**) propose le modèle d'atome suivant **(doc. 1)** :

Un atome est électriquement neutre. Il est constitué d'un noyau central chargé positivement et d'électrons chargés négativement, en mouvement autour du noyau.

VOCABULAIRE

Un modèle est une représentation simplifiée d'un système complexe.

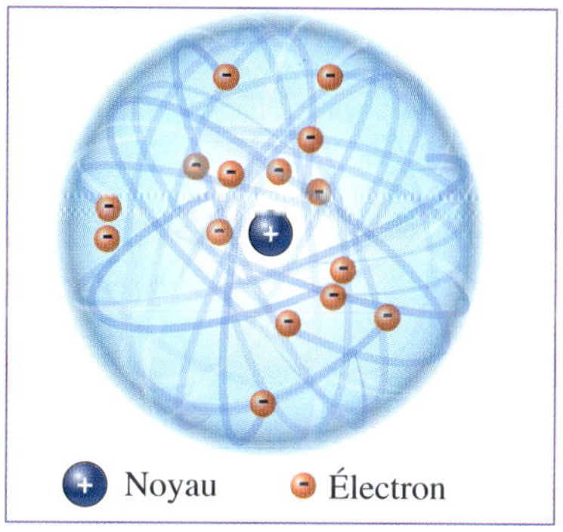

doc. 1 Représentation schématique du modèle d'atome de Rutherford.

1.2 Le noyau d'un atome

Le noyau d'un atome est constitué de protons et de neutrons, appelés nucléons (doc. 2).

Deux nombres entiers Z et A suffisent à caractériser un noyau :
- Z est le nombre de protons, Z est appelé numéro atomique ;
- A est le nombre de nucléons (protons + neutrons) ;
- $(A - Z)$ est le nombre de neutrons.

Pour commencer, exercices 1 et 2, p. 65

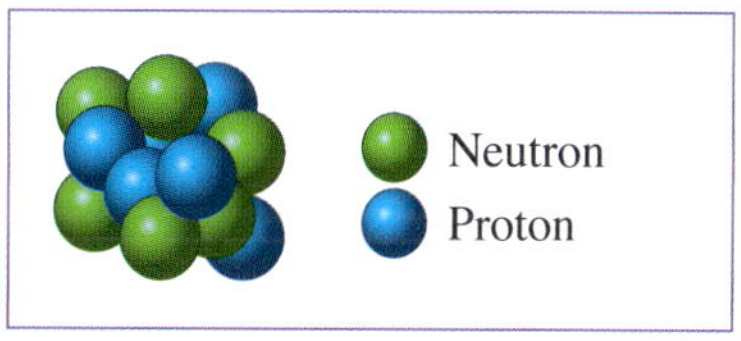

doc. 2 Représentation schématique du noyau d'un atome.

Les protons sont les porteurs de charge du noyau **(doc. 3)**. La charge d'un proton, notée **e**, est appelée **charge élémentaire**.

Elle s'exprime en **coulomb** (symbole **C**) et a pour valeur :

$$e = 1,60 \times 10^{-19} \text{ C.}$$

Les neutrons ne portent pas de charge électrique.
Ainsi, **la charge positive du noyau,** notée Q, est égale à la charge des Z protons qui le constituent :

$$Q = Z \times e.$$

Pour commencer, exercice 3, p. 65

Les masses du proton m_p et du neutron m_n sont voisines **(doc. 3)**. Il est ainsi possible de considérer que :

$$m_p \approx m_n = m_{nucléon} = 1,67 \times 10^{-27} \text{ kg.}$$

Particule	Charge (C)	Masse (kg)
Proton	$1,602 \times 10^{-19}$	$1,672\,6 \times 10^{-27}$
Neutron	0	$1,674\,9 \times 10^{-27}$
Électron	$-1,602 \times 10^{-19}$	$9,109\,3 \times 10^{-31}$

doc. 3 Charges et masses du proton, du neutron et de l'électron.

Dans l'Univers **(doc. 4)**, on a pu identifier environ 300 noyaux différents.

1.3 Les électrons

Les électrons constituent le cortège électronique de l'atome.
Un électron porte une charge électrique négative égale à – e, opposée à la charge du proton.

La charge du noyau est égale à $Z \times e$. La **neutralité électrique** d'un atome impose une charge globale des électrons $(-Z \times e)$ opposée à celle du noyau. Il y a donc Z électrons dans le cortège électronique d'un atome.

Un atome contient autant de protons que d'électrons.

La masse d'un électron est environ 2 000 fois plus petite que celle d'un nucléon **(doc. 3)**.

Pour commencer, exercices 4 et 5, p. 65

doc. 4 « Les piliers de la création », nuage de gaz et de poussières dans la nébuleuse de l'Aigle située à 7 000 années de lumière du Soleil.

1.4 Masse d'un atome

La masse d'un électron étant négligeable devant celle d'un nucléon, la masse d'un atome est très voisine de celle de son noyau.

La masse approchée m d'un atome est la somme de la masse des Z protons et de la masse des $(A - Z)$ neutrons qui le constituent **(doc. 5)** :

$$m = Z \times m_p + (A - Z) \times m_n.$$

Comme $m_p \approx m_n = m_{nucléon} = 1{,}67 \times 10^{-27}$ kg, la masse approchée m de l'atome peut être prise égale à :

$$m = A \times m_{nucléon}.$$

Pour commencer, exercice 6, p. 65

Atome	Z	A	Masse approchée (kg)
Hydrogène	1	1	$0{,}167 \times 10^{-26}$
Fluor	9	19	$3{,}17 \times 10^{-26}$
Fer	26	56	$9{,}35 \times 10^{-26}$

doc. 5 La masse approchée des atomes est de l'ordre de 10^{-26} kg.

1.5 Dimensions des atomes et des noyaux

Le diamètre d'un atome, assimilé à une sphère, est de l'ordre de $\mathbf{10^{-10}}$ **m***.

Le noyau d'un atome occupe une sphère dont le diamètre est de l'ordre de $\mathbf{10^{-15}}$ **m***.

Le noyau est environ 100 000 fois (10^5 fois) plus petit que l'atome*.

Comme l'a établi l'expérience de RUTHERFORD (**activité 2**), l'espace considérable entre les électrons et le noyau est **vide**.

Un atome est essentiellement constitué de vide : on dit qu'il a une structure lacunaire.

* Dimension d'un atome :
1×10^{-10} m = 10^5 fm.
Dimension d'un noyau :
1×10^{-15} m = 1 fm.

2 Comment se forment les ions ?

2.1 Définitions

Un ion monoatomique est formé lorsqu'un atome gagne, ou perd, un ou plusieurs électrons.
Un anion a une charge négative. Un cation a une charge positive.

Anions	Cations
Chlorure Cl^-	Sodium Na^+
Iodure I^-	Potassium K^+
Bromure Br^-	Hydrogène H^+
Fluorure F^-	Cuivre (II) Cu^{2+}
Sulfure S^{2-}	Fer (II) Fe^{2+}
Oxyde O^{2-}	Fer (III) Fe^{3+}
Nitrure N^{3-}	Aluminium Al^{3+}

doc. 6 Les anions et cations monoatomiques les plus courants.

2.2 Charge d'un ion

La charge d'un ion est indiquée en exposant et s'exprime en nombre de charges élémentaires **e** (**doc. 6** et **7**).

Par exemple, lorsqu'un atome de cuivre **perd** 2 électrons, il devient **un cation** cuivre (II) de formule Cu^{2+} et porte une charge égale à + 2 e.

De même, lorsqu'un atome de chlore **gagne** 1 électron, il devient **un anion** chlorure de formule Cl^- et porte une charge égale à – e (**doc. 6** et **7**).

Lors de la formation d'un ion, seul le cortège électronique est modifié. Le noyau reste inchangé : il garde le même nombre de protons et de neutrons.

Pour commencer, exercices 7 et 8, p. 65

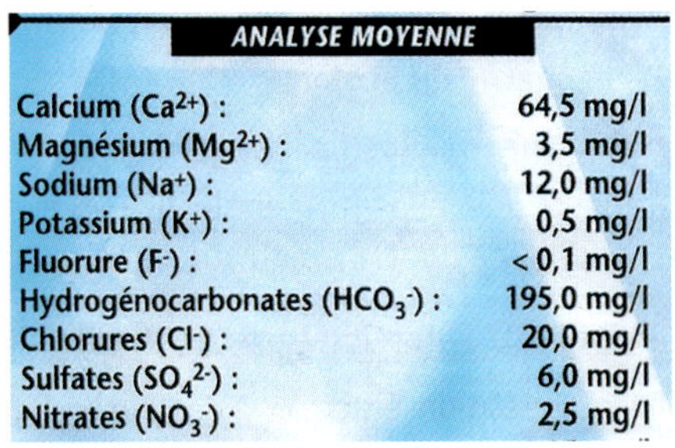

doc. 7 Les eaux minérales contiennent de nombreux ions.

3 Qu'est-ce qu'un élément chimique ?

3.1 Notation symbolique d'un atome

Un atome de symbole chimique X, dont le noyau comporte *A* nucléons et *Z* protons, est noté $^{A}_{Z}X$.

Ainsi, l'atome de cuivre noté $^{63}_{29}Cu$ a un noyau qui contient 63 nucléons, dont 29 protons et 63 – 29 = 34 neutrons **(doc. 8)**.

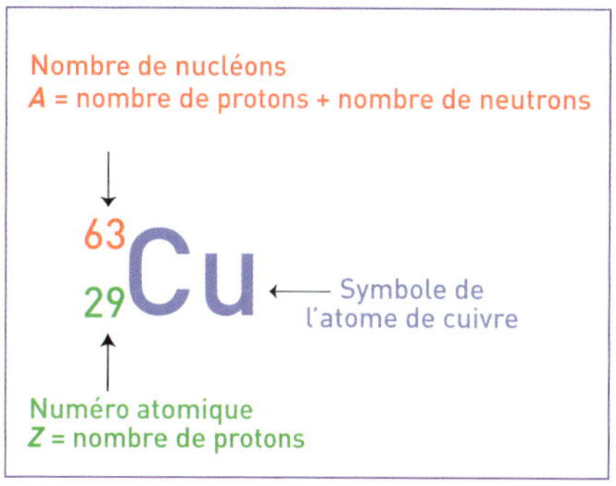

doc. 8 Notation symbolique d'un atome de cuivre.

3.2 Atomes et ions isotopes

Des atomes ou des ions isotopes ont le même numéro atomique *Z*, mais des nombres de nucléons *A* différents.
Ainsi, les isotopes ont le même nombre de protons, mais des nombres de neutrons différents.

Les deux atomes $^{63}_{29}Cu$ et $^{65}_{29}Cu$ sont isotopes, car ils ont un numéro atomique identique (Z = 29) et des nombres de nucléons A différents (A = 63 pour le premier et A = 65 pour le second).

Des atomes isotopes ont le **même nombre d'électrons** : c'est la raison pour laquelle ils ont des propriétés chimiques identiques.

Pour commencer, exercices 9 et 10, p. 65

Nom de l'élément	Symbole	Numéro atomique *Z*
Hydrogène	H	1
Carbone	C	6
Azote	N	7
Oxygène	O	8
Chlore	Cl	17
Cuivre	Cu	29

doc. 9 Symboles d'éléments usuels.

3.3 L'élément chimique

Le métal cuivre **Cu** et l'ion cuivre (II) $\mathbf{Cu^{2+}}$ diffèrent par leur nombre d'électrons : le nombre d'électrons ne caractérise pas un élément chimique.

Par ailleurs, les deux atomes isotopes $^{63}_{29}Cu$ et $^{65}_{29}Cu$ diffèrent par leur nombre de neutrons : le nombre de neutrons ne caractérise pas non plus un élément chimique.

En revanche, Cu^{2+}, $^{63}_{29}Cu$ et $^{65}_{29}Cu$ ont le même **numéro atomique Z = 29**.

Un élément chimique est caractérisé par son numéro atomique *Z*.

Chaque élément possède un nom et un symbole qui commencent par une lettre majuscule, le plus souvent la première lettre du nom français ou latin **(doc. 9** et **10)**.

Tous les atomes et les ions d'un même élément ont des noyaux contenant le même nombre de protons.

Les observations faites dans l'**activité 3** montrent que le métal cuivre **Cu**, l'ion cuivre (II) $\mathbf{Cu^{2+}}$ et l'hydroxyde de cuivre $\mathbf{Cu}(OH)_2$ contiennent tous l'élément cuivre **(doc. 11)**. Ceci est généralisable :

Au cours des réactions chimiques, les noyaux n'étant pas modifiés, les différents éléments sont conservés. Aucun élément ne peut apparaître ou disparaître dans une réaction chimique.

Pour commencer, exercice 11, p. 65

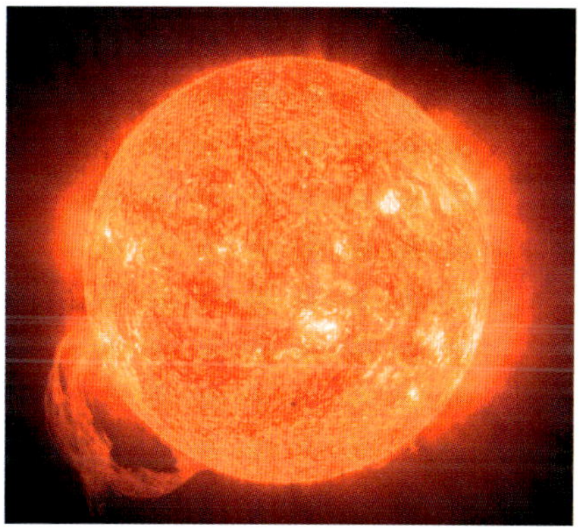

doc. 10 L'élément hélium He a été découvert en 1868 en analysant la lumière du Soleil : son nom dérive de *helios* qui signifie « Soleil » en grec.

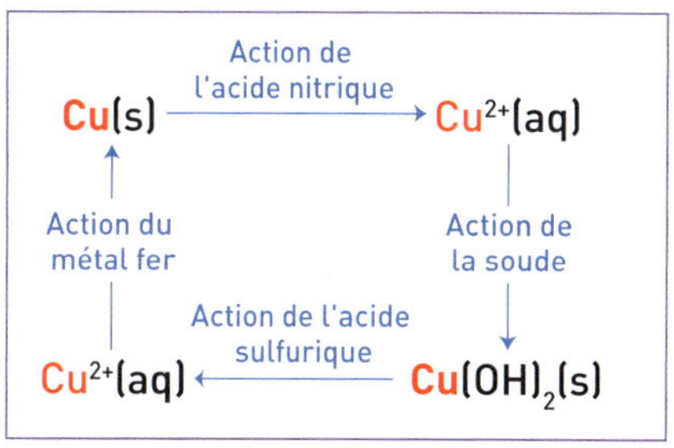

doc. 11 Diagramme des différentes réactions faisant intervenir l'élément cuivre.

Les savoirs

Connaître les constituants d'un atome

- Un atome est constitué d'un **noyau central chargé positivement** et **d'électrons chargés négativement** en mouvement autour du noyau.
- **Le noyau** est constitué de ***A* nucléons** dont ***Z* protons** et **(*A* – *Z*) neutrons**.
- Un **proton** a une charge électrique **e** et un **neutron** une charge **nulle**. La charge Q du noyau est $\boldsymbol{Q = Z \times e}$.
- **Le cortège électronique** d'un atome comprend ***Z* électrons** portant chacun une charge électrique **– e**.

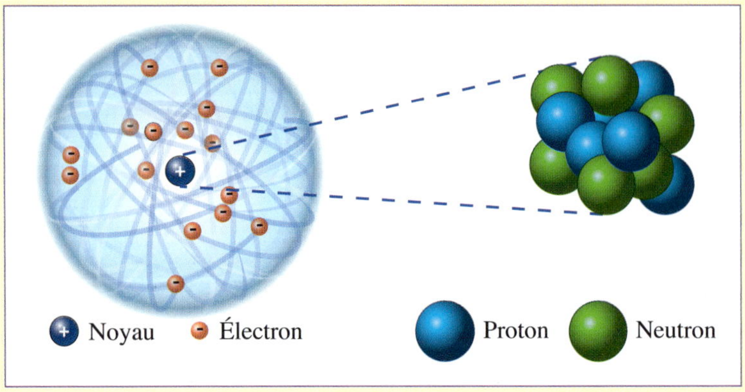

- Un atome de **symbole X** dont le noyau comporte ***A* nucléons** et ***Z* protons** est noté $^{A}_{Z}\mathrm{X}$.
- La masse d'un atome est concentrée dans son noyau. La masse approchée m d'un atome est $\boldsymbol{m = A \times m_{\text{nucléon}}}$.
- Un atome est essentiellement constitué **de vide** : il a une **structure lacunaire**.

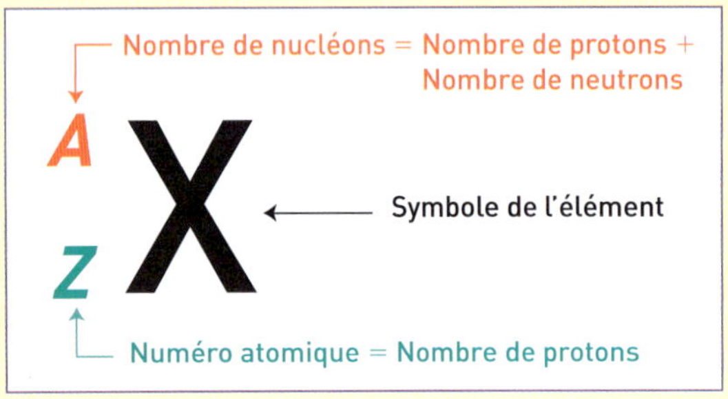

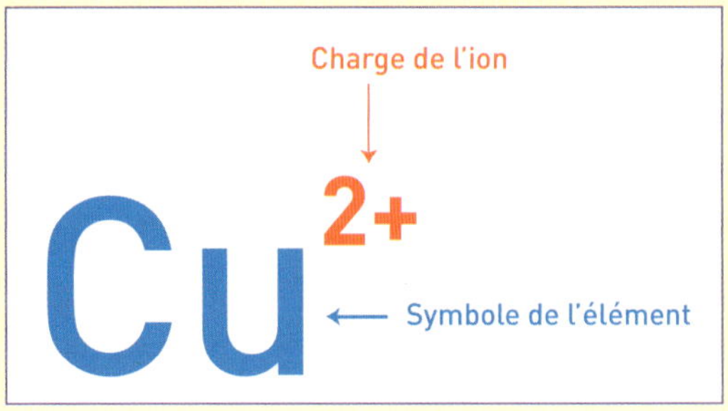

Définir un ion monoatomique

- Un **ion monoatomique** est formé lorsqu'un atome a **gagné** ou **perdu** un ou plusieurs électrons.
- Un **anion** est un ion qui a une **charge négative**. Un **cation** est un ion qui a une **charge positive**.

Définir un élément chimique

- Un **élément chimique** est caractérisé par son **numéro atomique *Z***. Tous les atomes et ions d'un même élément chimique ont des noyaux contenant le même nombre de protons.
- Des atomes ou des ions **isotopes** ont le même numéro atomique Z, mais des nombres de nucléons A différents.
- Au cours des réactions chimiques, les différents éléments se conservent.

Les compétences attendues

- Déterminer la constitution d'un atome ou d'un ion à partir de sa notation symbolique.
- Connaître et utiliser le symbole $^{A}_{Z}\mathrm{X}$.
- Calculer la masse approchée d'un atome à partir de la masse de ses constituants.
- Pratiquer une démarche expérimentale pour vérifier la conservation des éléments chimiques au cours d'une réaction chimique. **[TP]**

S'auto-évaluer

QCM

Pour chaque question, indiquer la (ou les) bonne(s) réponse(s).

ÉNONCÉ	A	B	C	Si échec revoir
1. Une météorite ferreuse contient des atomes de fer. Le noyau d'un atome de fer est caractérisé par les nombres $A = 56$ et $Z = 26$. Ce noyau contient : 	26 protons	26 nucléons	30 neutrons	§1, p. 59
2. Un proton porte une charge électrique :	égale à celle d'un neutron	égale à e	égale à celle d'un électron	§1, p. 59
3. Un atome possède :	autant d'électrons que de protons	plus de protons que de nucléons	plus d'électrons que de protons	§1, p. 59
4. La masse d'un atome est à peu près égale à :	la masse de ses protons	la masse de ses nucléons	la masse de son noyau	§1, p. 60
5. La dimension d'un atome est :	de l'ordre du millimètre	de l'ordre de celle du noyau	10^5 fois plus grande que celle du noyau	§1, p. 60
6. L'ion fer (III) Fe^{3+} :	est un cation	provient d'un atome qui a gagné 3 électrons	provient d'un atome qui a perdu 3 électrons	§2, p. 60
7. La couleur bleue, sur cette image de la nébuleuse de l'Aigle, est due à l'émission lumineuse des ions oxyde O^{2-}. L'ion oxyde O^{2-} : 	porte une charge égale à – 2 C	porte une charge égale à – 2e	provient d'un atome d'oxygène qui a gagné 2 électrons	§2, p. 60
8. Les atomes $^{16}_{8}O$, $^{18}_{8}O$ et l'ion $^{17}_{8}O^{2-}$:	appartiennent au même élément chimique	sont 3 isotopes de l'élément oxygène	ont le même nombre de protons	§3, p. 61
9. Le chlorure de cuivre (II) **(a)**, le sulfate de cuivre (II) **(b)** et le métal cuivre **(c)** : 	contiennent tous des atomes de cuivre	contiennent tous l'élément cuivre	contiennent tous des ions cuivre (II)	§3, p. 61
10. Lors d'une réaction chimique :	il y a conservation des éléments chimiques	il y a conservation des noyaux	il y a conservation des atomes	§3, p. 61

Réponses, p. 324

Analyser, résoudre et rédiger

Compétences mises en œuvre

- Déterminer la composition d'un atome.
- Effectuer un calcul.

Le sélénium

Le sélénium est un élément chimique dont le nom dérive de *Séléné*, déesse de la Lune.
Un atome de sélénium, de symbole Se, a un noyau de masse approchée $m = 1{,}32 \times 10^{-25}$ kg et possède $N = 45$ neutrons.

1. Déterminer la composition de cet atome.

2. En déduire sa représentation symbolique.

Donnée : $m_{\text{nucléon}} = 1{,}67 \times 10^{-27}$ kg.

Les cellules photovoltaïques CIS (Cuivre-Indium-Sélénium) ont un bon rendement énergétique pour la production d'électricité à partir de la lumière solaire.

CONSEILS

Que demande-t-on ?
On doit déterminer la composition d'un atome en exploitant la masse du noyau et le nombre de neutrons, puis en déduire sa représentation symbolique.

Quelles sont les données dont on dispose et comment les exploiter ?

1. On dispose de la masse approchée du noyau. On en déduit le nombre A de nucléons du noyau en utilisant la relation : $m = A \times m_{\text{nucléon}}$.
On dispose du nombre N de neutrons du noyau. Connaissant le nombre A de nucléons, on en déduit le nombre Z de protons du noyau : $Z = A - N$.

Comment déterminer le nombre d'électrons de l'atome ?
On utilise la neutralité électrique de l'atome.

Comment établir la notation symbolique de cet atome ?

2. On utilise le symbole de l'élément correspondant et on indique son numéro atomique Z et son nombre A de nucléons en utilisant la notation $^{A}_{Z}\text{X}$.

Solution rédigée

1. La masse approchée du noyau est proportionnelle au nombre de nucléons du noyau :

$$m = A \times m_{\text{nucléon}},$$

donc :

$$\mathbf{A} = \frac{m}{m_{\text{nucléon}}} = \frac{1{,}32 \times 10^{-25}}{1{,}67 \times 10^{-27}} = \mathbf{79{,}0}.$$

A étant un entier, $\mathbf{A = 79}$.
Le noyau contient $N = 45$ neutrons.
Le nombre Z de protons est égal à :

$$\mathbf{Z} = A - N = 79 - 45 = \mathbf{34}.$$

Un atome étant électriquement neutre, son nombre d'électrons est égal au nombre de protons de son noyau, soit **34 électrons**.

2. La représentation symbolique de l'atome est $^{79}_{34}\textbf{Se}$.

Application immédiate

Le tellure est un élément chimique dont le nom dérive du latin *tellus* (Terre).
Les éléments tellure et sélénium sont toujours liés dans les minerais, comme le sont la Terre et la Lune dans l'espace.
Un atome de tellure, de symbole Te, a un noyau de masse approchée $m = 2{,}12 \times 10^{-25}$ kg et possède 52 protons.

1. Déterminer la composition de cet atome.

2. Donner sa représentation symbolique.

Donnée : $m_{\text{nucléon}} = 1{,}67 \times 10^{-27}$ kg.

Le couple Terre-Lune vu par la sonde Galileo en 1990 à une distance de 6 millions de kilomètres.

Voir correction, p. 325

Données communes à tous les exercices :
– charge élémentaire : e = + 1,60 × 10^{-19} C ;
– masse d'un nucléon : $m_{nucléon}$ = 1,67 × 10^{-27} kg.

Pour commencer

Quelle est la structure d'un atome ?

1 Déterminer la composition d'un noyau (I)

Le centre de la Terre est constitué de fer à l'état solide. Le noyau d'un atome de fer est caractérisé par les nombres A = 56 et Z = 26.

1. Déterminer le nombre de protons du noyau.

2. En déduire le nombre de neutrons du noyau.

2 Déterminer un numéro atomique

Io est un satellite de Jupiter dont les volcans libèrent du soufre et du dioxyde de soufre.
Le noyau d'un atome de soufre contient 32 nucléons et 16 neutrons.

1. Déterminer la valeur de A.

2. En déduire la valeur du numéro atomique Z.

3 Déterminer la composition d'un noyau (II)

Le noyau d'un atome a une charge Q = 2,08 × 10^{-18} C et contient 14 neutrons.

1. Calculer le nombre de protons de son noyau.

2. En déduire le nombre de nucléons du noyau.

4 Déterminer la composition d'un atome (I)

Les sidérites sont des météorites métalliques constitués essentiellement de fer et de nickel.
Le noyau d'un atome de nickel contient 59 nucléons et 28 protons.

1. Déterminer le nombre d'électrons de l'atome de nickel.

2. Quel est le nombre de neutrons de son noyau ?

5 Déterminer la composition d'un atome (II)

Le noyau d'un atome de cobalt comporte 32 neutrons et 27 protons.

1. Déterminer le nombre d'électrons de l'atome de cobalt.

2. Quel est le nombre de nucléons de son noyau ?

6 Calculer un nombre de nucléons

La masse approchée d'un atome d'or est m = 3,29 × 10^{-25} kg.
Calculer le nombre de nucléons de son noyau.

Comment se forment les ions ?

7 Déterminer la formule d'un ion

Un ion X possède 10 électrons et 12 protons.

1. S'agit-il d'un anion ou d'un cation ?

2. La formule de cet ion est-elle X^{2-} ou X^{2+} ?

8 Déterminer la charge d'un ion

Un ion possède 16 protons et 18 électrons.

1. S'agit-il d'un anion ou d'un cation ?

2. Exprimer la charge de cet ion en nombre de charges élémentaires.

Qu'est-ce qu'un élément chimique ?

9 Comparer deux atomes

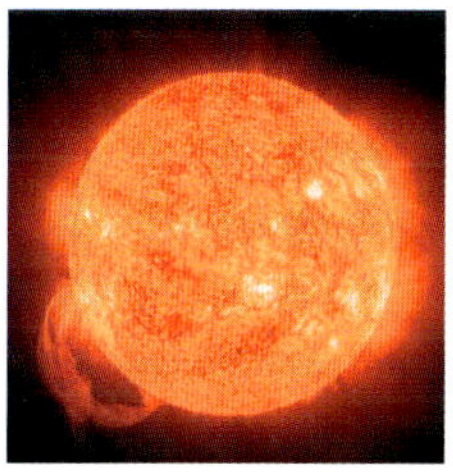

Le Soleil est essentiellement composé des éléments hydrogène H et hélium He. On considère deux atomes d'hélium de symbole ${}^{3}_{2}He$ et ${}^{4}_{2}He$.

1. Ces atomes sont-ils isotopes ?

2. Établir la composition de chacun des atomes.

10 Identifier des noyaux isotopes

Soit les noyaux caractérisés par les couples de valeur (Z, A) suivants :

(7, 14) ; (14, 28) ; (27, 59) ; (13, 27) ; (14, 29) ; (7, 15).

1. Un élément chimique est-il caractérisé par la valeur de Z ou par celle de A ?

2. En déduire le nombre d'éléments chimiques représentés.

3. Identifier les isotopes.

11 Chercher la composition d'un atome ou d'un ion

Recopier et compléter le tableau ci-dessous.

Symbole	Nom de l'élément chimique	Nombre de protons	Nombre de neutrons	Nombre d'électrons
${}^{7}_{3}Li^{+}$				
${}^{12}_{6}C$				
${}^{16}_{8}O^{2-}$				
${}^{35}_{17}Cl$				

Exercices

Pour s'entraîner

12 À chacun son rythme

Cet exercice est proposé à deux niveaux de difficulté. Dans un premier temps, essayer de résoudre l'exercice de niveau 2. En cas de difficultés, passer au niveau 1.

L'ion sulfure, de formule S^{2-} (présent dans la blende ci-contre), est caractérisé par les nombres de protons, neutrons et électrons, respectivement (16, 16, 18).

Niveau 2

1. Établir la notation symbolique de l'ion sulfure.

2. Deux espèces chimiques X et Y sont caractérisées respectivement par les nombres (16, 18, 16) et (14, 16, 14). L'une de ces deux espèces est-elle isotope de l'ion sulfure S^{2-} ?

Niveau 1

1. a. Calculer le nombre de nucléons du noyau de l'ion sulfure.

b. Établir la notation symbolique de l'ion sulfure.

2. Deux espèces chimiques X et Y sont caractérisées respectivement par les nombres (16, 18, 16) et (14, 16, 14).

a. Comparer le nombre de protons de l'ion sulfure avec le nombre de protons de chacune des espèces X et Y.

b. L'une de ces deux espèces est-elle isotope de l'ion sulfure S^{2-} ?

13 Pourquoi la surface de Mars est-elle rouge ?

La couleur rouge de la surface de Mars ci-dessus est, entre autres, due à la présence d'oxyde de fer dont on cherche la composition ionique.

1. L'ion fer de cet oxyde est issu d'un atome de fer de symbole $^{56}_{26}Fe$ qui a perdu trois électrons.
Quelle est la formule de cet ion ?

2. L'ion oxyde est issu d'un atome d'oxygène de symbole $^{16}_{8}O$ qui a gagné deux électrons.
Quelle est la formule de cet ion ?

3. L'oxyde de fer (III) présent à la surface de la planète Mars peut s'écrire (... Fe^{3+}, ... O^{2-}).
Sachant que l'oxyde de fer (III) est électriquement neutre, compléter les pointillés.

14 Analyser l'étiquette d'une eau minérale

1. Faire l'inventaire (noms et formules) des cations et des anions **monoatomiques** présents sur l'étiquette de l'eau minérale ci-dessous.

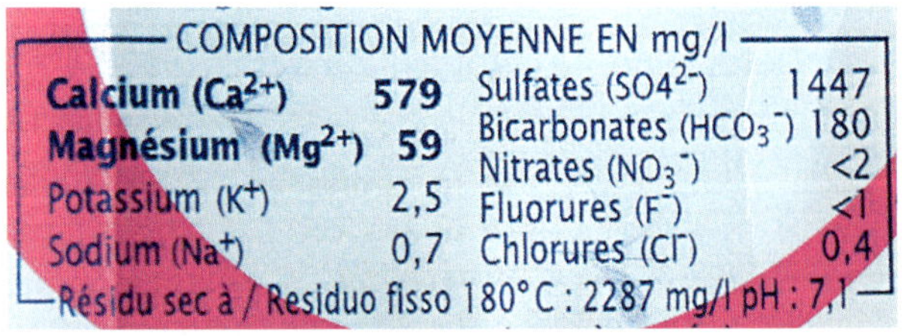

2. L'ion calcium possède 18 électrons.
Combien d'électrons possède l'atome de calcium dont il est issu ?
En déduire le numéro atomique de l'élément calcium.

3. L'ion fluorure possède 10 électrons. Combien d'électrons possède l'atome de fluor dont il est issu ?
En déduire le numéro atomique de l'élément fluor.

15 Composition chimique du Soleil, de la Terre et du corps humain

Le tableau ci-dessous indique les abondances moyennes en masse, exprimées en pourcentage, des éléments chimiques présents dans le Soleil, la Terre et le corps humain.

Soleil		Terre		Corps humain	
H	73	Fe	35	O	60
He	25	O	30	C	24
O	0,8	Si	15	H	10
C	0,3	Mg	13	N	3
Ne	0,1	Ni	2	Autres	3
N	0,1	Autres	5		
Autres	0,7				

1. Quels sont les deux éléments chimiques les plus abondants dans le Soleil ?

2. Quel est l'élément le plus abondant sur Terre ? Dans quelle partie de la Terre le trouve-t-on principalement ?

3. Pourquoi l'oxygène est-il l'élément le plus abondant dans le corps humain ?

4. La composition chimique du corps humain se rapproche-t-elle davantage de celle de la Terre ou de celle du Soleil ?

5. Avec l'aide d'un tableur, établir un diagramme circulaire des éléments chimiques présents sur Terre.

16 Établir une notation symbolique

Recopier et compléter le tableau ci-dessous.

Nombre de protons	Nombre de neutrons	Nombre d'électrons	Symbole de l'élément chimique	Notation symbolique
4	5	4	Be	
25	30	23	Mn	
17	18	18	Cl	

17 Rédiger correctement une solution SVT

La solution de l'exercice suivant a été rédigée par un élève puis annotée par un professeur. Lire l'énoncé, les réponses de l'élève et les corrections suggérées puis rédiger une solution détaillée.

Énoncé de l'exercice

L'iridium est un élément chimique de symbole Ir et de numéro atomique 77. Il est quasiment absent de la surface de la Terre, mais très abondant dans les météorites métalliques. Or, les géologues ont détecté de l'iridium à la limite des couches géologiques du Crétacé et du Tertiaire.

Vue artistique de l'impact.

Cette découverte vient étayer la théorie selon laquelle un impact météoritique serait à l'origine de l'extinction des dinosaures à la fin du Crétacé. Un atome d'iridium possède 192 nucléons. Il peut donner des ions Ir^{4+}.

1. Déterminer la composition d'un atome d'iridium.

2. L'ion iridium Ir^{4+} est-il un anion ou un cation ?

3. Calculer la masse approchée m d'un atome d'iridium.

4. @ Rechercher le lieu et la date probable de l'impact météoritique.

Copie corrigée de l'élève

1. Protons : 77 ; neutrons : 115.

À justifier. Composition incomplète.

2. C'est un cation. *À justifier.*

3. Masse approchée :

$$m = 192 \times 1{,}67 \times 10^{-27} = 3{,}21 \times 10^{-25}.$$

Expression littérale ? Unité ?

4. Impact de Chicxulub. 65 millions d'années.

Il faut faire des phrases et être plus précis !

Citer les sources.

18 Proposer un énoncé à partir de son corrigé

Un professeur de Seconde a donné à ses élèves un exercice de chimie dont la solution est fournie ci-après. Après avoir lu l'intégralité de la solution, construire l'énoncé correspondant. Les questions posées devront avoir exactement pour réponses celles données ci-après. Fournir toutes les données numériques nécessaires.

Solution de l'énoncé à proposer

1. Le symbole d'un atome de magnésium montre que son noyau est composé de $A = 25$ nucléons et de $Z = 12$ protons. Le nombre de neutrons est :

$$N = A - Z = 25 - 12 = 13.$$

2. Ce nombre est égal à 12, car l'atome est électriquement neutre.

3. Ces deux atomes sont isotopes. Ils diffèrent par leur nombre de neutrons : 13 pour le premier, 12 pour le second.

19 L'hélium 3, une des ressources de la Lune

L'hélium 3, de symbole ${}^{3}_{2}He$, est un des isotopes stables de l'hélium.

Sur Terre, l'hélium 3 est très rare ; sa masse est estimée à 0,5 tonne. Les missions Apollo ont montré que la Lune en possède d'importantes réserves estimées à environ 100 000 tonnes.

L'hélium 3 pourrait servir de combustible dans les futures centrales à fusion contrôlée.

La réaction de fusion entre l'hélium 3 et le deutérium ${}^{2}_{1}H$ s'écrit :

$${}^{3}_{2}He + {}^{2}_{1}H \longrightarrow {}^{1}_{1}H + {}^{A}_{Z}X$$

où ${}^{A}_{Z}X$ est un noyau à déterminer.

Cette réaction a l'avantage de former des noyaux non radioactifs et de libérer une énergie considérable.

Mais la température d'une telle fusion est dix fois supérieure à celle qui est nécessaire à la fusion deutérium-tritium expérimentée dans le programme ITER.

1. a. Sachant qu'au cours de cette réaction de fusion le nombre de nucléons et le nombre de protons sont conservés, déterminer les valeurs A et Z du noyau ${}^{A}_{Z}X$.

b. Identifier l'élément X.

2. Comment qualifie-t-on les noyaux ${}^{3}_{2}He$ et ${}^{A}_{Z}X$?

3. Donner la composition de ces noyaux.

4. @ Après une recherche sur Internet, décrire en quelques lignes en quoi consiste le programme ITER.

Exercices

20 Scientific vocabulary

Write up and complete the sentences using the following words : atom, anion, cation, chemical element, electrically neutral, electron cloud, electrons, isotopes, monoatomic ion, neutrons, nucleus, protons, same number.

An ...... **(a)** ...... is composed of a positively-charged ...... **(b)** ...... and a negatively-charged ...... **(c)** .... An atom is globally ...... **(d)** ...... so it has the ...... **(e)** ...... of protons and electrons. The nucleus is composed of ...... **(f)** ...... and ...... **(g)** .... The number of protons in the nucleus defines a ...... **(h)** .... The number of neutrons determines the ...... **(i)** ...... of the chemical element. An ...... **(j)** ...... is an atom which has lost or gained one or more ...... **(k)** ...... making it positively or negatively charged. A positively charged ion is called ...... **(l)** .... A negatively charged ion is called ...... **(m)** ....

21 Le cuivre dans la nature SVT

@ Pour cet exercice, on pourra s'aider d'une recherche sur Internet.

I. Le métal cuivre

Le cuivre est l'un des rares métaux existant à *l'état natif*. Il fut le premier métal utilisé par les Hommes préhistoriques. Les objets en cuivre les plus anciens ont été retrouvés au Moyen-Orient et datent de 8000 ans avant notre ère.

Le métal cuivre est un excellent conducteur de la chaleur et de l'électricité, il est ductile et malléable. Mais le cuivre peut encore nous surprendre : il possède des propriétés bactéricides qui pourraient participer à la lutte contre les maladies nosocomiales. Des études ont montré que des staphylocoques dorés déposés sur du cuivre meurent beaucoup plus rapidement que sur un autre matériau. Il est donc envisagé d'équiper les hôpitaux de robinets, poignées de portes, distributeurs de savon... en cuivre pour limiter la propagation des bactéries.

II. Quelques dérivés du cuivre

Le sulfate de cuivre est un solide blanc lorsqu'il est anhydre. Il est bleu lorsqu'il est hydraté. Il entre dans la composition de la « bouillie bordelaise » utilisée en viticulture pour ses propriétés fongicides.

L'azurite ci-contre est un minéral contenant l'ion Cu^{2+}. Elle est très recherchée par les minéralogistes pour sa couleur intense.

1. Rechercher l'origine du mot « cuivre ».

2. Que signifie « état natif » ?

3. Qu'est-ce que le bronze ?

4. Que signifient les termes « ductile » et « malléable » ?

5. Que sont les maladies « nosocomiales » ?

6. Qu'est-ce qu'un staphylocoque doré ?

7. Que signifie le terme « fongicide » ?

8. L'azurite a longtemps été utilisée par les artistes. Comment s'en servaient-ils ?

9. À quoi est due la couleur verdâtre de la statue de la Liberté ?

22 Retour sur l'ouverture du chapitre

Une étoile comme le Soleil est principalement constituée d'hydrogène et d'hélium. La température et la pression au cœur du Soleil sont très élevées.

À 10 millions de degrés, une réaction nucléaire fait fusionner 4 noyaux d'hydrogène notés ${}^{1}_{1}H$ pour former un noyau noté ${}^{4}_{2}X$ selon :

$$4\,{}^{1}_{1}H \longrightarrow {}^{4}_{2}X + 2\,{}^{0}_{1}e$$

où ${}^{0}_{1}e$ est le symbole d'un positon. Cette réaction libère une énergie considérable qui fait briller l'étoile.

1. Quel est le symbole de l'élément chimique X ? Justifier la réponse.

2. @ Chercher les caractéristiques d'un positon.

Après la fusion de l'hydrogène, d'autres réactions de fusion peuvent se produire dans le cœur d'une étoile. Lorsque la température du cœur atteint environ 100 millions de degrés, la fusion de l'hélium commence selon la réaction nucléaire : ${}^{4}_{2}He + {}^{4}_{2}He \longrightarrow {}^{A}_{Z}X$.

3. Sachant qu'au cours de cette réaction de fusion, le nombre de nucléons et le nombre de protons sont conservés, calculer les valeurs A et Z caractérisant le noyau ${}^{A}_{Z}X$.

4. Identifier l'élément chimique correspondant à ce noyau. **Pour cela, consulter la Classification périodique des éléments au rabat IV.**

5. Les éléments chimiques sont-ils conservés au cours d'une réaction nucléaire ?

Dans les étoiles de masse au moins quatre fois supérieure à celle du Soleil, d'autres éléments plus lourds peuvent ensuite être formés par fusion : par exemple le carbone ${}^{12}C$, l'oxygène ${}^{16}O$, le silicium ${}^{28}Si$ (...) et le fer ${}^{56}Fe$.

La synthèse des éléments cesse lorsque le noyau de fer 56 est formé. Ce noyau, très stable, contient 30 neutrons. Finalement, l'étoile explose en supernova et libère dans l'espace tous les éléments formés au cours de sa « vie ».

6. Quel est le symbole du noyau de l'atome de fer 56 ?

7. @ Qu'est-ce qu'une supernova ?

8. @ Quelles sont les autres fins de vie possibles pour une étoile ?

CHAPITRE

5

CHIMIE

Classification périodique des éléments

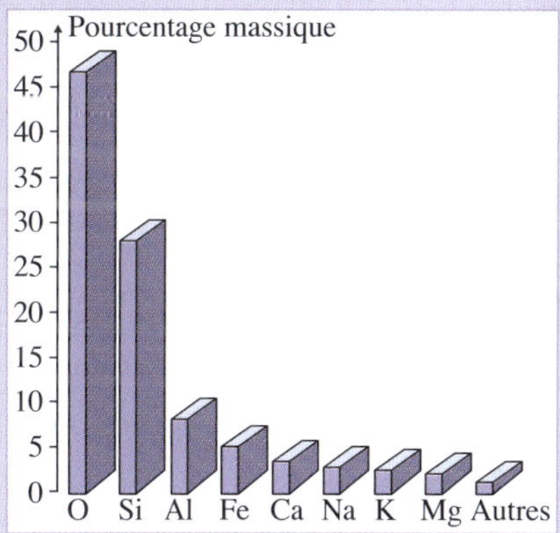

La Terre est constituée d'une centaine d'éléments chimiques en proportions très différentes. L'oxygène, le silicium, l'aluminium, le fer, le calcium... sont présents en quantités importantes. Comment ont-ils été découverts ? Peut-on prévoir leurs propriétés chimiques ? (Voir exercice 19, p. 82.)

Comment classer les éléments chimiques présents sur Terre et dans l'Univers ?

OBJECTIFS

- Établir la formule électronique d'un atome ou d'un ion.
- Connaître et appliquer les règles du duet et de l'octet pour retrouver la charge des ions.
- Connaître la structure de la Classification périodique.
- Utiliser la Classification périodique pour retrouver la charge des ions.

1 La Classification périodique des éléments

DOC

→ La Classification périodique est un outil essentiel pour étudier les propriétés chimiques des éléments. **Comment est-elle construite ? Qu'est-ce qui la distingue du tableau établi par Mendeleev ?**

A La Classification actuelle

Disponible sur Internet, la Classification actuelle figure sur le **rabat IV** de votre livre.

1. En consultant cette dernière, observer les indications données pour chaque élément et en déduire selon quel critère les éléments sont classés.

B La Classification de Mendeleev

De nombreuses classifications ont précédé le tableau actuel. L'histoire retient surtout celle du chimiste russe Mendeleev **(doc. 1)**.

ОПЫТЪ СИСТЕМЫ ЭЛЕМЕНТОВЪ.

ОСНОВАННОЙ НА ИХЪ АТОМНОМЪ ВѢСѢ И ХИМИЧЕСКОМЪ СХОДСТВѢ.

			Ti=50	Zr=90	?=180.
			V=51	Nb=94	Ta=182.
			Cr=52	Mo=96	W=186.
			Mn=55	Rh=104,4	Pt=197,4.
			Fe=56	Rn=104,4	Ir=198.
			Ni=Co=59	Pl=106,6	Os=199.
H=1			Cu=63,4	Ag=108	Hg=200.
	Be=9,4	Mg=24	Zn=65,2	Cd=112	
	B=11	Al=27,4	?=68	Ur=116	Au=197?
	C=12	Si=28	?=70	Sn=118	
	N=14	P=31	As=75	Sb=122	Bi=210?
	O=16	S=32	Se=79,4	Te=128?	
	F=19	Cl=35,5	Br=80	I=127	
Li=7	Na=23	K=39	Rb=85,4	Cs=133	Tl=204.
		Ca=40	Sr=87,6	Ba=137	Pb=207.
		?=45	Ce=92		
		?Er=56	La=94		
		?Yt=60	Di=95		
		?In=75,6	Th=118?		

Д. Менделѣевъ

doc. 1 Classification établie en 1869 par Mendeleev.

2. a. En s'intéressant aux éléments de la deuxième colonne de ce document et en consultant la Classification (**rabat IV**), indiquer le critère de classement que semble avoir retenu Mendeleev.
b. Ce dernier a-t-il toujours suivi ce critère ? Sinon proposer une éventuelle justification.
3. Rechercher, dans le **document 1**, les éléments des trois premières lignes de la Classification actuelle. Que constate-t-on ?
4. a. Quels éléments de ces trois premières lignes ne retrouve-t-on pas dans le **document 1** ?
b. Où se situent-ils dans la Classification actuelle ?
c. @ Rechercher l'année et le(s) auteur(s) de la découverte de ces éléments. Proposer une explication à leur absence dans le tableau de Mendeleev.

5. @ Compléter l'analyse de la Classification de Mendeleev en recherchant :
– comment Mendeleev a procédé pour l'établir ;
– deux prévisions qu'il avait alors faites.

C La formation d'ions

Les formules de quelques minéraux terrestres et des ions qui les constituent sont données ci-dessous :

Minerai	Formule	Cation(s)	Anion(s)
Sylvinite	NaCl,KCl	Na^+, K^+	Cl^-
Sellaite	MgF_2	Mg^{2+}	F^-
Fluorite	CaF_2	Ca^{2+}	F^-
Corindon	Al_2O_3	Al^{3+}	O^{2-}
Spodumène	$LiAlSi_2O_6$	Li^+, Al^{3+}	$Si_2O_6^{4-}$
Béryl	$Be_3Al_2Si_6O_{18}$	Be^{2+}, Al^{3+}	$Si_6O_{18}^{12-}$

6. Recopier le tableau ci-dessous, extrait des trois premières lignes de la Classification actuelle.

H							He
Li	Be	B	C	N	O	F	Ne
Na	Mg	Al	Si	P	S	Cl	Ar

7. Pour les éléments en **bleu**, recopier et compléter ce tableau en indiquant le nombre d'électrons de chaque atome, la formule de l'ion monoatomique correspondant et son nombre d'électrons.
8. Comparer le nombre d'électrons de chaque ion avec celui du gaz noble (He, Ne, Ar) de numéro atomique le plus proche. Que peut-on en conclure ?
9. Rechercher la place des éléments potassium et calcium dans la Classification ; compléter le tableau ci-dessus. En déduire la formule des ions monoatomiques que forment leurs atomes. Le vérifier en étudiant la composition de minéraux proposés ci-dessus.

D La périodicité de la Classification

10. Pour chacune des séries [Li, Na, K], [Be, Mg, Ca] et [He, Ne, Ar], calculer la différence entre les numéros atomiques des deux premiers éléments puis des deux derniers. Justifier alors le terme de Classification « périodique ».

2 L'identification d'ions

TRAVAUX PRATIQUES TP

➜ De nombreux éléments sont présents sur Terre à l'état d'ions monoatomiques.
Comment mettre en évidence ces ions dans des solutions ou des minéraux ?

A Tests d'identifications de quelques ions

Des anions et des cations peuvent réagir entre eux pour donner des solides, **électriquement neutres**, appelés « précipités ». Leur formation peut être utilisée pour identifier des ions.

1. Pour chacun des tests effectués, noter les observations dans un tableau et indiquer la formule des précipités obtenus.

Identification de cations par formation d'hydroxydes métalliques $M(OH)_n$

- Prévoir quatre tubes à essai T_1, T_2, T_3 et T_4.
- Introduire environ 1 mL, d'une solution de :
  - sulfate de cuivre (II) (Cu^{2+}(aq) + SO_4^{2-}(aq)), dans T_1 ;
  - sulfate de fer (II) (Fe^{2+}(aq) + SO_4^{2-}(aq)), dans T_2 ;
  - nitrate de fer (III) (Fe^{3+}(aq) + 3 NO_3^-(aq)), dans T_3 ;
  - chlorure de d'aluminium (Al^{3+}(aq) + 3 Cl^-(aq)), dans T_4.
- En observant les évolutions dans chacun des tubes, ajouter avec précaution une ou deux gouttes d'une solution d'hydroxyde de sodium (Na^+(aq) + HO^-(aq)) puis, en agitant, un excès de cette solution.

Identification de l'ion calcium Ca^{2+} par formation d'oxalate de calcium

- Dans un tube à essai, introduire environ 1 mL d'une solution de chlorure de calcium (Ca^{2+}(aq) + 2 Cl^-(aq)).
- En observant l'évolution du contenu du tube, ajouter quelques gouttes d'une solution d'oxalate de sodium (2 Na^+(aq) + $C_2O_4^{2-}$(aq)).

Identification d'ions halogénures par formations d'halogénures d'argent

- Prévoir trois tubes à essai T_1, T_2 et T_3.
- Introduire environ 2 mL, d'une solution de :
  - chlorure de potassium (K^+(aq) + Cl^-(aq)), dans T_1 ;
  - bromure de potassium (K^+(aq) + Br^-(aq)), dans T_2 ;
  - iodure de potassium (K^+(aq) + I^-(aq)), dans T_3.
- En observant les évolutions dans chacun des tubes, ajouter quelques gouttes d'une solution de nitrate d'argent (Ag^+(aq) + NO_3^-(aq)).
- Observer ensuite l'évolution du contenu de ces tubes lorsqu'ils sont exposés à une lumière vive.

B Recherche d'ions dans diverses solutions

DÉMARCHE D'INVESTIGATION

Mise en évidence de la présence de quelques ions dans des eaux minérales

doc. 2 Eaux minérales pouvant être étudiées.

Certaines eaux minérales **(doc. 2)** ont des teneurs élevées en certains ions identifiés ci-dessus.

2. Vérifier leur présence à l'aide de tests appropriés.
3. En cas d'échec dans la mise en évidence de certains de ces ions, proposer une explication.

Analyse de quelques solutions minérales

De l'eau de mer ou des solides minéraux naturels **(doc. 3)** contenant certains ions étudiés ci-dessus sont disponibles.

4. Proposer un protocole expérimental permettant d'identifier certains de ces ions. Après discussion avec le professeur, mettre en œuvre ce protocole en consignant toutes les manipulations réalisées ainsi que leurs résultats et en interprétant ces derniers.
5. Confronter les résultats obtenus avec la composition réelle des substances étudiées.

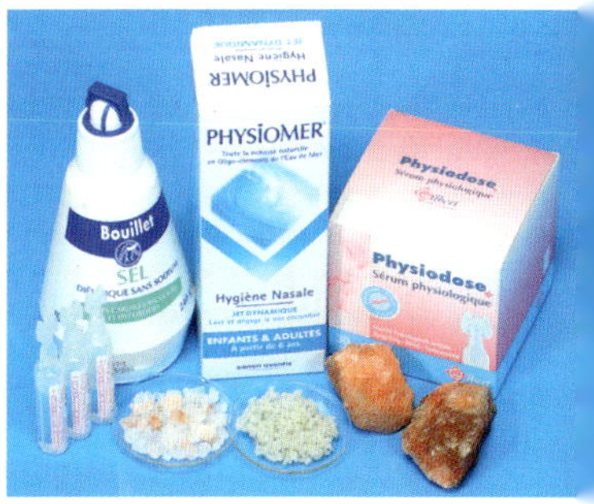

doc. 3 Minéraux et solutions ioniques pouvant être étudiés.

1 Comment se répartissent les électrons d'un atome ou d'un ion ?

1.1 Couches électroniques

Les électrons d'un atome ou d'un ion se répartissent en **couches électroniques.** La première couche électronique est notée *K*, la seconde couche est notée *L*, la troisième *M*...
Chacune de ces couches ne peut contenir qu'un **nombre limité d'électrons** : **2 électrons** au maximum pour la couche *K*, **8 électrons** pour *L* et **18 électrons** pour la couche *M*.

Une couche électronique est **saturée** lorsqu'elle contient son nombre maximal d'électrons **(doc. 1)**.

doc. 1 La découverte de la limite du nombre d'électrons dans une couche électronique est due au physicien autrichien W. PAULI, prix Nobel de physique en 1945.

1.2 Formule électronique

La **formule électronique** d'un atome ou d'un ion décrit la répartition de ses électrons sur les différentes couches électroniques.

Les électrons se placent d'abord sur la couche *K*. Lorsque celle-ci est saturée, les électrons restants occupent la couche *L* puis, si nécessaire, la couche *M*.

La répartition électronique ainsi obtenue correspond à l'état le plus stable de l'atome ou de l'ion considéré, dit **état fondamental**.

La **couche externe** est la dernière couche électronique occupée.

Les électrons occupant la couche *K* sont les plus proches du noyau et les plus liés au noyau. Les électrons de la couche externe sont les plus éloignés du noyau et les moins liés au noyau.

Pour donner **la formule électronique d'un atome ou d'un ion**, on écrit la lettre représentant chacune des couches électroniques occupées en indiquant son nombre d'électrons en exposant ; les couches électroniques non occupées ne sont pas écrites **(doc. 3)**.

Pour commencer, exercices 1 et 2, p. 80

doc. 2 Les colonnes de Bryce Canyon (USA), constituées essentiellement de calcaire et d'argile, contiennent les éléments carbone, oxygène, aluminium, silicium.

2 Quelles sont les structures électroniques les plus stables ?

2.1 Les gaz nobles

Dans l'Univers, les atomes des éléments restent rarement isolés et forment des molécules, des cristaux ioniques...

À l'état naturel, seuls les éléments tels que l'hélium, le néon, l'argon... existent à l'état atomique : ils sont appelés **gaz nobles**, parce qu'ils sont gazeux dans les conditions ordinaires de température et de pression et qu'ils ne réagissent avec quasiment aucune autre espèce **(doc. 4, p. 73)**.

Atome	*Z*	Électrons	Formule électronique
C	6	6	K^2L^4
O	8	8	K^2L^6
Al	13	13	$K^2L^8M^3$
Si	14	14	$K^2L^8M^4$

doc. 3 Formules électroniques des atomes de carbone C, oxygène O, aluminium Al et silicium Si.

L'inertie chimique des gaz nobles est due à leur structure électronique externe, en duet (deux électrons) pour l'hélium et en octet (huit électrons) pour le néon, l'argon, le krypton...
Les structures électroniques en **duet** et en **octet** sont particulièrement stables.

2.2 Règles du duet et de l'octet

La structure électronique des gaz nobles explique leur stabilité **(doc. 4)** ; cette stabilité est recherchée par les autres atomes **(doc. 5)**.

Au cours des transformations chimiques, les atomes ont tendance à acquérir une structure électronique analogue à celle d'un gaz noble.
Les atomes de numéro atomique voisin de 2 cherchent à obtenir la structure électronique en duet de l'hélium.
Les autres atomes cherchent à obtenir une structure électronique externe en octet.

doc. 4 Gaz noble, l'argon constitue 0,9 % en volume de l'atmosphère terrestre, mais il n'a été découvert par W. RAMSAY et W. RAYLEIGH qu'en 1894 à cause de son absence de réactivité.

2.3 Charges des ions monoatomiques

Comme cela a été vu dans l'**activité 1**, de nombreux éléments existent sur Terre à l'état d'ions monoatomiques ayant le même nombre d'électrons que les gaz nobles. Ainsi, le corindon **(doc. 6)**, une variété naturelle d'alumine Al_2O_3, est constitué d'ions Al^{3+} et oxyde O^{2-}.

Un ion aluminium Al^{3+}, de numéro atomique $Z = 13$, possède trois électrons de moins qu'un atome d'aluminium, soit 13 – 3 = 10 électrons.
Un ion oxyde O^{2-}, de numéro atomique $Z = 8$, possède deux électrons de plus qu'un atome d'oxygène, soit 8 + 2 = 10 électrons.

Ces deux ions ont donc une formule électronique dans leur état fondamental analogue à celle du néon : $K^2 L^8$.
Ils possèdent ainsi un octet d'électrons externes **(doc. 7)**.

Ce résultat est général :

En **perdant *x* électrons** pour acquérir une structure électronique externe en duet ou en octet, un atome A donne un cation A^{x+}.
En **gagnant *y* électrons** pour acquérir une structure électronique externe en duet ou en octet, un atome A donne un anion A^{y-}.

Pour commencer, exercices 3, 4 et 5, p. 80

Atome	*Z*	Formule électronique
Hélium He	2	K^2
Néon Ne	10	K^2L^8
Argon Ar	18	$K^2L^8M^8$

doc. 5 Formules électroniques des atomes de quelques gaz nobles dans leur état fondamental.

doc. 6 Le corindon est essentiellement constitué d'ions aluminium Al^{3+} et oxyde O^{2-}.

3 Quelle est la structure de la Classification périodique ?

3.1 La Classification

Comme cela a été constaté dans l'**activité 1 (doc. 8**, p. 74) :

Dans la Classification périodique, les éléments sont **rangés par numéro atomique *Z* croissant**.

Élément	*Z*	Formule électronique
O	8	K^2L^6
O^{2-}	8	K^2L^8
Ne	10	K^2L^8
Al	13	$K^2L^8M^3$
Al^{3+}	13	K^2L^8

doc. 7 Les ions monoatomiques formés par les atomes d'aluminium et d'oxygène possèdent un octet d'électrons externes.

Colonne / Période	1	2	3	4	5	6	7	8	9	10	11	12	13	14	15	16	17	18
1re	${}_{1}$H																	${}_{2}$He
2^{e}	${}_{3}$Li	${}_{4}$Be											${}_{5}$B	${}_{6}$C	${}_{7}$N	${}_{8}$O	${}_{9}$F	${}_{10}$Ne
3^{e}	${}_{11}$Na	${}_{12}$Mg											${}_{13}$Al	${}_{14}$Si	${}_{15}$P	${}_{16}$S	${}_{17}$Cl	${}_{18}$Ar
4^{e}	${}_{19}$K	${}_{20}$Ca	${}_{21}$Sc	${}_{22}$Ti	${}_{23}$V	${}_{24}$Cr	${}_{25}$Mn	${}_{26}$Fe	${}_{27}$Co	${}_{28}$Ni	${}_{29}$Cu	${}_{30}$Zn	${}_{31}$Ga	${}_{32}$Ge	${}_{33}$As	${}_{34}$Se	${}_{35}$Br	${}_{36}$Kr
5^{e}	${}_{37}$Rb	${}_{38}$Sr	${}_{39}$Y	${}_{40}$Zr	${}_{41}$Nb	${}_{42}$Mo	${}_{43}$Tc	${}_{44}$Ru	${}_{45}$Rh	${}_{46}$Pd	${}_{47}$Ag	${}_{48}$Cd	${}_{49}$In	${}_{50}$Sn	${}_{51}$Sb	${}_{52}$Te	${}_{53}$I	${}_{54}$Xe
6^{e}	${}_{55}$Cs	${}_{56}$Ba	${}_{57}$La	${}_{72}$Hf	${}_{73}$Ta	${}_{74}$W	${}_{75}$Re	${}_{76}$Os	${}_{77}$Ir	${}_{78}$Pt	${}_{79}$Au	${}_{80}$Hg	${}_{81}$Tl	${}_{82}$Pb	${}_{83}$Bi	${}_{84}$Po	${}_{85}$At	${}_{86}$Rn
7^{e}	${}_{87}$Fr	${}_{88}$Ra	${}_{89}$Ac															

- Gaz nobles (aucune tendance à capter ni à perdre des électrons)
- Métaux
- Non-métaux
- Éléments « charnière »

doc. 8 Classification périodique des éléments.

L'**activité 1** a montré que la place d'un élément est liée au nombre d'électrons de l'atome correspondant. On établit la formule électronique des atomes des éléments des trois premières lignes de la Classification périodique **(doc. 9)**.

Colonne 1	Colonne 2	Colonne 13	Colonne 14	Colonne 15	Colonne 16	Colonne 17	Colonne 18
H : $Z = 1$ K^1							**He** : $Z = 2$ K^2
Li : $Z = 3$ $K^2 L^1$	**Be** : $Z = 4$ $K^2 L^2$	**B** : $Z = 5$ $K^2 L^3$	**C** : $Z = 6$ $K^2 L^4$	**N** : $Z = 7$ $K^2 L^5$	**O** : $Z = 8$ $K^2 L^6$	**F** : $Z = 9$ $K^2 L^7$	**Ne** : $Z = 10$ $K^2 L^8$
Na : $Z = 11$ $K^2 L^8 M^1$	**Mg** : $Z = 12$ $K^2 L^8 M^2$	**Al** : $Z = 13$ $K^2 L^8 M^3$	**Si** : $Z = 14$ $K^2 L^8 M^4$	**P** : $Z = 15$ $K^2 L^8 M^5$	**S** : $Z = 16$ $K^2 L^8 M^6$	**Cl** : $Z = 17$ $K^2 L^8 M^7$	**Ar** : $Z = 18$ $K^2 L^8 M^8$

doc. 9 Formule électronique dans leur état fondamental des atomes des éléments des trois premières périodes.

On constate que :

– la première ligne ne comporte que deux éléments : les atomes de ces éléments ont pour couche électronique externe la couche K ;

– la deuxième ligne comporte huit éléments : les atomes de ces éléments ont pour couche électronique externe la couche L ;

– la troisième ligne comporte huit éléments : les atomes de ces éléments ont pour couche électronique externe la couche M ;

– chaque ligne de la Classification se termine par un gaz noble ;

– les atomes des éléments d'une même colonne ont le même nombre d'électrons externes.

Les résultats ci-dessus sont généraux :

Une nouvelle ligne du tableau, appelée « **période** », est utilisée chaque fois que la formule électronique des atomes fait intervenir une nouvelle couche.
Les éléments chimiques dont les atomes ont **le même nombre d'électrons sur leur couche externe** sont disposés dans **une même colonne** : ils constituent une **famille chimique**.

Pour commencer, exercices 6 et 7, p. 80

Les atomes isotopes ont des noyaux comportant le même nombre de protons, mais des nombres de neutrons différents : ils correspondent au même élément chimique. Ils sont situés dans la même case de la Classification : cette propriété est à l'origine du terme « isotope », du grec *isos*, même, et *topos*, place. Ainsi le deutérium ${}^{2}_{1}$H et le tritium ${}^{3}_{1}$H sont des isotopes de l'hydrogène ${}^{1}_{1}$H.

3.2 Quelques familles chimiques

La famille des **gaz nobles** est constituée par les éléments de la dernière colonne, la dix-huitième de la Classification : hélium, néon, argon...
À l'exception de l'hélium, tous les atomes de cette famille possèdent une répartition électronique externe en **octet** qui leur confère une stabilité remarquable et une grande inertie chimique.

La famille des **alcalins** est constituée par les éléments de la première colonne de la Classification (à l'exception de l'hydrogène) : lithium, sodium, potassium...
Tous les atomes M de cette famille possèdent un seul électron externe. Les alcalins sont souvent présents dans la nature à l'état de cations M^+. Les corps simples correspondants sont des métaux **(doc. 10)**.

La famille des **halogènes** est constituée par les éléments de la dix-septième colonne de la Classification : fluor, chlore, brome, iode...
Tous les atomes X de cette famille possèdent sept électrons externes. Les halogènes se rencontrent fréquemment dans la nature à l'état d'anions halogénures X^-.
Les corps simples correspondants ont pour formule F_2, Cl_2, Br_2 et I_2.

Plus généralement :

Les éléments d'une même famille chimique possèdent des propriétés chimiques voisines.

Pour commencer, exercices 8 et 9, p. 80

doc. 10 Les métaux lithium, sodium et potassium appartiennent à la famille des alcalins. Ce sont des métaux mous.

VOCABULAIRE

Un corps simple est une espèce chimique constituée d'un seul élément chimique. Le dichlore Cl_2 et l'ozone O_3 sont des corps simples.

4 Comment retrouver la charge des ions monoatomiques ?

Pour obtenir un octet ou un duet électronique externe, les atomes peuvent perdre ou gagner des électrons.

Le nombre d'électrons de la couche externe d'un atome dans son état fondamental se déduit du numéro de la colonne de la Classification à laquelle il appartient. Ainsi :
- un atome de magnésium, colonne 2, possède 2 électrons externes ;
- un atome d'oxygène, colonne 16, possède 6 électrons externes.

La charge des ions monoatomiques des éléments se déduit donc de leur place dans la Classification **(doc. 11 et 12)**.

Les atomes des colonnes 1, 2 ou 13 de la Classification ont 1, 2 ou 3 électron(s) externe(s). Ils peuvent le(s) perdre pour donner des cations de formule M^+, M^{2+} ou M^{3+}.
Les atomes des colonnes 15, 16 ou 17 de la Classification périodique ont 5, 6 ou 7 électrons externes. Ils peuvent gagner 3, 2 ou 1 électron(s) pour donner des anions X^{3-}, X^{2-} ou X^-.

Pour commencer, exercices 10 et 11, p. 81

Colonne 1 :
$Na : K^2 L^8 M^1 \longrightarrow Na^+ : K^2 L^8$
Colonne 2 :
$Mg : K^2 L^8 M^2 \longrightarrow Mg^{2+} : K^2 L^8$
Colonne 13 :
$Al : K^2 L^8 M^3 \longrightarrow Al^{3+} : K^2 L^8$
$Na^+, Mg^{2+}, Al^{3+} : K^2 L^8$

doc. 11 Formation des cations à partir d'atomes des colonnes 1, 2 ou 13.

Colonne 15 :
$N : K^2 L^5 \longrightarrow N^{3-} : K^2 L^8$
Colonne 16 :
$O : K^2 L^6 \longrightarrow O^{2-} : K^2 L^8$
Colonne 17 :
$F : K^2 L^7 \longrightarrow F^- : K^2 L^8$
$N^{3-}, O^{2-}, F^- : K^2 L^8$

doc. 12 Formation des anions à partir d'atomes des colonnes 15, 16 ou 17.

Les savoirs

Savoir établir la formule électronique d'un atome ou d'un ion

- Les électrons d'un atome ou d'un ion sont disposés en couches.
- Les électrons occupent d'abord la couche *K*, ils remplissent ensuite la couche *L* puis, si nécessaire, la couche *M*.
- La couche *K* contient au maximum 2 électrons, la couche *L*, 8 électrons et la couche *M*, 18 électrons.
- La dernière couche occupée est la **couche externe** ; elle contient les électrons les moins liés au noyau.

$K^2L^8M^3$ est la **formule électronique** d'un atome d'aluminium (Z = 13) dans son état fondamental.

Connaître et appliquer les règles du duet et de l'octet

Au cours des transformations chimiques, les atomes de numéro atomique voisin de 2, cherchent à obtenir la structure électronique en **duet** de l'hélium. Les autres atomes cherchent à obtenir la structure électronique externe en **octet** des gaz nobles autres que l'hélium. Pour cela, ils peuvent **perdre** ou **gagner** des électrons :

$$\text{Al} : K^2L^8M^3 \xrightarrow{-3\,e^-} \text{Al}^{3+} : \boldsymbol{K^2L^8} : \text{O}^{2-} \xleftarrow{+2\,e^-} \text{O} : K^2L^6$$

Connaître la structure de la Classification périodique

- Dans la Classification, les éléments sont classés par **numéro atomique Z croissant**.
- Une nouvelle **ligne** du tableau, appelée **« période »**, est utilisée chaque fois que la formule électronique des atomes fait intervenir une nouvelle couche.
- Les éléments dont les **atomes** ont le **même nombre d'électrons sur leur couche externe** sont disposés dans une même colonne : ils constituent une **famille chimique.**
  La famille des **alcalins** (Li, Na, K...) est située à la 1re colonne, la famille des **halogènes** (F, Cl, Br, I) à la 17e colonne et la famille des **gaz nobles** (He, Ne, Ar...) à la 18e colonne.

Utiliser la Classification périodique pour retrouver la charge des ions

Le nombre d'électrons perdus ou gagnés par un atome pour obtenir **un duet ou un octet d'électrons externes** dépend de la **place de son élément** dans la **Classification** :

Colonne	1	2	Colonnes 3 à 12	13	14	15	16	17	18
Nombre d'électrons externes des atomes	1	2		3	4	5	6	7	8 (He : 2)
Variation du nombre d'électrons lors du passage de l'atome à l'ion	– 1	– 2		– 3		+ 3	+ 2	+ 1	
Formule des ions monoatomiques	M^+	M^{2+}		M^{3+}		X^{3-}	X^{2-}	X^-	
Exemple	Na^+	Mg^{2+}		Al^{3+}		N^{3-}	O^{2-}	Cl^-	

Les compétences attendues

- Dénombrer les électrons de la couche externe.
- Appliquer les règles du duet et de l'octet pour rendre compte de la charge des ions monoatomiques.
- Retrouver la charge des ions monoatomiques en utilisant la Classification périodique.
- Mettre en œuvre un protocole pour identifier des ions. [TP]

S'auto-évaluer

QCM

Pour chaque question, indiquer la (ou les) bonne(s) réponse(s).

ÉNONCÉ	A	B	C	Si échec revoir
1. La couche électronique L comporte au maximum :	2 électrons	8 électrons	18 électrons	§1, p. 72
2. Un atome de carbone, que l'on trouve, par exemple, dans les cristaux  de diamant, possède 6 électrons : sa formule électronique dans son état fondamental est :	$K^2 M^4$	$K^1 L^5$	$K^2 L^4$	§1, p. 72
3. Pour obtenir la structure électronique d'un gaz noble, un atome M de formule électronique $K^2 L^2$ peut :	perdre 2 électrons	gagner 2 électrons	devenir un cation M^{2+}	§2, p. 72
4. Pour obtenir la structure électronique d'un gaz noble, un atome M de formule électronique $K^2 L^8 M^7$ peut :	devenir 1 cation M^+	devenir 1 anion M^-	gagner 1 électron	§2, p. 72
5. Dans la Classification actuelle, les éléments sont rangés par :	numéro atomique croissant	masse atomique croissante	nombre de protons de leur noyau croissant	§3, p. 73
6. Les atomes de formule électronique $K^2 L^5$ et $K^2 L^8 M^5$ appartiennent à la même :	période de la Classification	colonne de la Classification	ligne de la Classification	§3, p. 73
7. Les atomes de formule électronique $K^2 L^5$ et $K^2 L^8$ appartiennent à la même :	période de la Classification	colonne de la Classification	ligne de la Classification	§3, p. 73
8. Les atomes des éléments d'une même famille chimique ont tous :	le même nombre d'électrons	le même nombre d'électrons externes	des propriétés chimiques voisines	§3, p. 73
9. Les gaz nobles :	possèdent tous 1 octet d'électrons	appartiennent à la 18e colonne de la Classification	sont quasi inertes chimiquement	§3, p. 73
10. Tous les atomes de la 1re colonne de la Classification :	donnent des ions de formule M^+	donnent des ions de formule M^-	sont inertes chimiquement	§4, p. 75
11. Un atome qui donne un ion M^{3+} :	peut appartenir à la 13e colonne de la Classification	peut appartenir à la 15e colonne de la Classification	est un gaz noble	§4, p. 75

Réponses, p. 324

Analyser, résoudre et rédiger

Compétences mises en œuvre

- Utiliser la Classification pour retrouver la charge d'ions monoatomiques.
- Localiser une famille chimique dans la Classification.
- Utiliser les propriétés des éléments d'une famille chimique.

Le diiode réagit avec l'aluminium pour former de l'iodure d'aluminium.

Les composés ioniques

L'élément aluminium Al appartient à la 13e colonne de la Classification. Les éléments chlore et iode appartiennent tous deux à la famille des halogènes.

1. Déterminer la formule d'un composé constitué uniquement d'ions aluminium et d'ions chlorure.

2. En déduire la formule d'un composé constitué uniquement d'ions aluminium et d'ions iodure.

CONSEILS

Que demande-t-on ?
On doit déterminer la formule d'un édifice constitué d'ions. Il faut donc déterminer la formule de ces ions.

Quelles sont les données dont on dispose et comment les utiliser ?
– On dispose du numéro de la colonne où se situe l'aluminium et on sait situer la famille des halogènes.
– On peut en déduire le nombre d'électrons externes d'un atome d'aluminium et celui d'un atome de chlore.

Comment déterminer la formule des ions aluminium et des ions chlorure ?

1. Connaissant le nombre d'électrons externes des atomes, on détermine le nombre d'électrons qu'ils doivent perdre ou gagner pour s'entourer d'un octet d'électrons.

Comment déterminer la formule d'un composé formé d'ions aluminium et chlorure ?
On recherche une association électriquement neutre de type Al_nCl_p : $(+3) \times n + (-1) \times p = 0$ et on essaie $n = 1$.

Comment déterminer la formule du composé constitué d'ions aluminium et d'ions iodure ?

2. On utilise la similitude des propriétés des éléments appartenant à une même famille chimique, celle des halogènes pour le chlore et l'iode.

Solution rédigée

1. L'aluminium appartient à la colonne 13 : un atome d'aluminium possède donc 3 électrons externes. Il doit perdre 3 électrons pour s'entourer d'un octet électronique et donner l'ion Al^{3+}.
Le chlore est un halogène : il appartient à la colonne 17. Un atome de chlore possède donc 7 électrons externes. Il doit gagner 1 électron pour s'entourer d'un octet électronique et donner l'ion Cl^-.
Un composé constitué d'ions est électriquement neutre. La charge +3e d'un ion aluminium est compensée par la charge −3 e de 3 ions chlorure ; la formule d'un édifice constitué d'ions Al^{3+} et Cl^- s'en déduit :

$AlCl_3$.

2. L'iode appartient à la même famille que le chlore. Il conduit donc à des ions et des composés de formules similaires ; soit, avec l'aluminium :

AlI_3.

Application immédiate n° 1

Les éléments sodium Na et potassium K appartiennent à la famille des alcalins.
L'élément oxygène O appartient à la 16e colonne de la Classification.

1. Déterminer la formule d'un composé constitué uniquement d'ions sodium et d'ions oxygène.

2. En déduire la formule d'un composé constitué uniquement d'ions potassium et d'ions oxygène.

Voir correction, p. 325

Analyser, résoudre et rédiger

Compétences mises en œuvre

- Identifier la couche externe des électrons d'un atome et dénombrer ses électrons.
- Appliquer la règle de l'octet pour trouver la charge d'un ion monoatomique.

Déterminer la charge d'un ion

L'élément magnésium Mg a pour numéro atomique $Z = 12$.

1. Donner la formule électronique d'un atome de magnésium dans son état fondamental.

2. Quel est le nombre d'électrons externes de cet atome ?

3. À quelle période et à quelle colonne de la Classification appartient l'élément magnésium ?

4. Déterminer la charge et la formule électronique (dans son état fondamental) de l'ion monoatomique que donne cet atome.

La sellaite est un minéral rare qui contient le cation cherché et des ions fluorure.

CONSEILS

1. On utilise le numéro atomique de l'élément pour déterminer le nombre d'électrons de l'atome.

2. Les électrons externes appartiennent à la dernière couche occupée : la couche *M*.

3. Pour situer l'élément magnésium :
– la couche électronique externe permet de déterminer la période ;
– le nombre d'électrons externes permet de déterminer la colonne.

4. On utilise la règle de l'octet, ou la place de l'élément dans la Classification, pour déterminer combien d'électrons l'atome doit gagner ou perdre.

Solution rédigée

1. Un atome de magnésium est électriquement neutre et possède 12 électrons. Sa formule électronique dans son état fondamental s'en déduit :

$$K^2 L^8 M^2.$$

2. La couche *M* est la dernière couche occupée : l'atome de magnésium possède 2 électrons externes.

3. L'élément magnésium appartient :
– à la 3e période, car sa couche électronique externe est la couche *M* ;
– à la 2e colonne, car cette couche externe est occupée par 2 électrons.

4. Afin d'obtenir un octet d'électrons, l'atome considéré perd 2 électrons pour donner le cation Mg^{2+} porteur de 2 charges élémentaires.
La formule électronique de cet ion s'écrit :

$$K^2 L^8.$$

Application immédiate n° 2

L'élément phosphore P a pour numéro atomique $Z = 15$.

1. Donner la formule électronique d'un atome de phosphore dans son état fondamental.

2. Quel est le nombre d'électrons externes de cet atome ?

3. À quelle période et à quelle colonne de la Classification appartient l'élément phosphore ?

4. Déterminer la charge et la formule électronique (dans son état fondamental) de l'ion monoatomique que donne cet atome.

Voir correction, p. 325

Pour commencer

Comment se répartissent les électrons ?

1 Établir la formule électronique d'atomes

On donne le numéro atomique des atomes suivants :
a. carbone C ($Z = 6$) ; **b.** néon Ne ($Z = 10$) ;
c. chlore Cl ($Z = 17$).

1. Quel est leur nombre d'électrons ?

2. Établir leur formule électronique dans leur état fondamental.

3. Déterminer leur nombre d'électrons externes.

2 Établir la formule électronique d'ions

On donne le numéro atomique des ions suivants :
a. lithium Li^+ ($Z = 3$) ; **b.** fluorure F^- ($Z = 9$) ;
c. sulfure S^{2-} ($Z = 16$).

1. Quel est leur nombre d'électrons ?

2. Établir la formule électronique de ces ions dans leur état fondamental.

3. Déterminer leur nombre d'électrons externes.

Quelles sont les structures électroniques les plus stables ?

3 Vérifier la stabilité des atomes et des ions

On donne les formules électroniques de quelques atomes et ions dans leur état fondamental :
He : K^2 ; Li : $K^2 L^1$; Be^+ : $K^2 L^1$; Be^{2+} : K^2 ;
N : $K^2 L^5$; N^{2-} : $K^2 L^7$; N^{3-} : $K^2 L^8$; Ne : $K^2 L^8$.
Identifier les structures électroniques les plus stables.

4 Déterminer la charge d'un anion

Un cristal de fluorine contient des ions fluorure.

1. Déterminer, dans leur état fondamental, la formule électronique des atomes de :
a. fluor F ($Z = 9$) ;
b. soufre S ($Z = 16$) ;
c. argon Ar ($Z = 18$).

2. En déduire leur nombre d'électrons externes et les ions stables qu'ils peuvent donner.

5 Déterminer la charge d'un cation

1. Déterminer, dans leur état fondamental, la formule électronique des atomes de :
a. béryllium Be ($Z = 4$) ;
b. néon Ne ($Z = 10$) ;
c. sodium Na ($Z = 11$).

2. En déduire leur nombre d'électrons externes et les ions stables qu'ils peuvent donner.

Quelle est la structure de la Classification ?

6 Classer des éléments

On donne ci-dessous la formule électronique de certains atomes dans leur état fondamental :
a. K^1 ; **b.** $K^2 L^3$; **c.** $K^2 L^5$; **d.** $K^2 L^6$; **e.** $K^2 L^8 M^1$;
f. $K^2 L^8 M^2$; **g.** $K^2 L^8 M^5$; **h.** $K^2 L^8 M^6$.
Quels sont ceux qui appartiennent :
a. à la même période ?
b. à la même colonne ?

7 Étudier un élément et ses proches voisins

Un atome dans son état fondamental a pour formule électronique $K^2 L^3$.
À l'état naturel, cet élément se trouve dans le borax.

1. À quelle période appartient-il ?

2. Donner la formule électronique d'un atome de l'élément situé juste avant lui dans cette période.

3. À quelle colonne appartient-il ?

4. Donner la formule électronique d'un atome de l'élément situé dans la même colonne juste en dessous de lui.

8 Reconnaître des familles chimiques

On donne ci-dessous la formule électronique de certains atomes dans leur état fondamental :
a. K^1 ; **b.** $K^2 L^1$; **c.** $K^2 L^7$; **d.** $K^2 L^8$; **e.** $K^2 L^8 M^1$;
f. $K^2 L^8 M^2$; **g.** $K^2 L^8 M^7$; **h.** $K^2 L^8 M^8$.

1. Parmi les éléments correspondant à ces atomes, quels sont ceux qui appartiennent à une même famille ?

2. Quels sont ceux qui appartiennent à la famille des gaz nobles ? Où se situe-t-elle dans la Classification ?

9 Exploiter les propriétés d'une famille

Le brome et l'iode appartiennent à la même famille située à la 17e colonne de la Classification.

1. Comment s'appelle cette famille ?

2. Quel est le nombre d'électrons externes des atomes de cette famille ?

3. Le brome forme avec le phosphore un composé de formule PBr_3. Quelle est la formule du composé que l'iode forme avec le phosphore ?

Comment utiliser la Classification ?

10 Déterminer la charge de l'ion séléniure

L'élément sélénium Se appartient à la 16e colonne de la Classification.

À très faible dose, il joue un rôle bénéfique dans le fonctionnement du système immunitaire humain, mais il devient très rapidement toxique à des doses plus importantes. L'apport naturel en sélénium dépend de sa teneur dans les sols et varie selon les zones géographiques.

1. Déterminer le nombre d'électrons externes d'un atome de sélénium dans son état fondamental.

2. Donner la formule de l'ion monoatomique stable qu'il peut former.

11 Déterminer la charge de l'ion baryum

1. Quel est le nombre d'électrons externes d'un atome de baryum Ba, élément que l'on peut trouver dans un cristal de withérite, sachant qu'il appartient à la 2e colonne ?

2. Quel ion monoatomique stable peut-il former ? Donner sa formule.

Pour s'entraîner

12 À chacun son rythme

Cet exercice est proposé à deux niveaux de difficulté. Dans un premier temps, essayer de résoudre l'exercice de niveau 2. En cas de difficultés, passer au niveau 1.

Un ion X^{3+} possède 8 électrons sur sa couche externe L dans son état fondamental.

Niveau 2

1. Déterminer le numéro atomique de l'élément correspondant.

2. Rechercher le nom et le symbole de cet élément dans la Classification.

Niveau 1

1. a. Quelles couches électroniques comportent cet ion ?

b. Écrire sa formule électronique.

c. En déduire la formule électronique de l'atome X correspondant dans son état fondamental.

d. Déterminer le numéro atomique de l'élément correspondant.

2. Rechercher le nom et le symbole de cet élément dans la Classification.

13 Proposer un énoncé à partir de son corrigé

Un professeur de Seconde a donné à ses élèves un exercice dont la solution est fournie ci-après. Après avoir lu l'intégralité de la solution, construire l'énoncé correspondant.

Solution de l'énoncé à proposer

1. La formule électronique de l'atome proposé est $K^2 L^8 M^1$.

2. Pouvant accueillir 18 électrons, cette couche n'est pas saturée.

3. a. L'ion obtenu porte une charge +e. Sa formule électronique est alors $K^2 L^8$.

b. Cette couche, qui peut accueillir au maximum 8 électrons, est donc saturée.

14 La Classification selon Mendeleev

En 1869, Mendeleev présente sa Classification :

« I. Les éléments disposés d'après la grandeur de leur poids atomique présentent une périodicité des propriétés.
II. Les éléments qui se ressemblent par leurs fonctions chimiques présentent des poids atomiques [...] croissant uniformément (K, Rb, Cs). [...]
V. La grandeur poids atomique détermine le caractère de l'élément.
VI. Il faut attendre la découverte de plusieurs corps simples encore inconnus, ressemblant, par exemple, à Al et Si et ayant un poids atomique entre 65 et 75. »

Lire le texte et répondre aux questions suivantes :

1. Le mot « poids » est-il bien adapté ? Par quel terme peut-on le remplacer ?

2. Quel est le critère actuel de classement ?

3. a. Rechercher la position des éléments potassium K, rubidium Rb et césium Cs dans la Classification.

b. Pourquoi « se ressemblent-ils » ?

c. Quels ions monoatomiques stables donnent-ils ?

4. Mendeleev prédit l'existence d'un élément situé en dessous de l'aluminium, l'*ekaaluminium*. Il prévoit aussi la densité, une température de fusion peu élevée pour ce métal ainsi que la formule de l'oxyde et du chlorure correspondants.

a. Rechercher la position de l'aluminium et de l'ekaaluminium dans la Classification.

b. @ Quel est le nom actuel de l'ekaaluminium ?
@ Rechercher l'auteur et l'année de la découverte de cet élément ainsi que l'origine de son nom actuel.

c. Déterminer la charge des ions stables que peuvent donner les atomes de ces deux éléments.

d. Les oxydes de ces deux éléments sont des solides ioniques constitués d'un de ces ions et de l'ion oxyde O^{2-}. Établir la formule de ces oxydes.

15 L'élément silicium

Les laves émises lors des éruptions volcaniques ont des compositions variées. La viscosité d'une lave dépend de sa teneur en silice, dont l'un des constituants est le silicium. Si la teneur en silice de la lave est importante, elle est très visqueuse, sinon la lave est fluide.

Le silicium a pour numéro atomique $Z = 14$.

1. Établir la formule électronique d'un atome de silicium dans son état fondamental.

2. En déduire la période et la colonne de la Classification auxquelles cet élément appartient.

16 Tableau périodique

Les trois premières périodes de la Classification sont représentées dans le tableau simplifié ci-dessous (les numéros des colonnes de la Classification y sont rappelés) :

1	2	13	14	15	16	17	18
H							He
	Be	B	C		O	F	
Na	Mg	Al	Si	P			

1. Pourquoi la 1re ligne de la Classification ne comporte-t-elle que deux éléments ?

2. Compléter la 2e période, sachant que :
- le lithium, de symbole Li, donne le cation Li^+ ;
- l'azote, de symbole N, appartient à la même famille que le phosphore P ;
- les atomes de néon ont une structure électronique externe en octet.

3. Dans la 3e période, le soufre, de symbole S, a des propriétés chimiques analogues à l'oxygène O ; le chlore, de symbole Cl, donne facilement l'anion Cl^- et l'argon, de symbole Ar, est un gaz noble.
Compléter la 3e ligne du tableau.

17 Report of the law of octaves

In 1866, John A. R. NEWLANDS claimed the discovery of a law according to which the elements analogous in their properties exhibit *peculiar* relationships, similar to those subsisting in music between a note and its octave. Starting from the atomic weights on CANNIZZARRO's system, he arranged the known elements in order of succession. This arrangement of the fifty-six elements was said to form the *compass* of eight octaves, and NEWLANDS found that chlorine, bromine, iodine, and fluorine were thus *brought* into the same line, or occupied corresponding places in his *scale*. Nitrogen and phosphorus, oxygen and sulphur... were also considered as forming true octaves (*are separated by six elements*).

1. NEWLANDS has arranged the elements according to their atomic weight. What are the current criteria for Classification ?

2. How many chemical elements were discovered in 1866?

3. Find the position of the elements chlorine, bromine, iodine and fluorine in the Classification. Why do they belong to the same group ?

4. Argon is the first noble gas that has been discovered in 1894. The noble gases are not yet discovered in 1866. Find the position of the elements oxygen, sulphur, nitrogen and phosphorus and explain why oxygen and sulphur, then nitrogen and phosphorus, are forming an octave.

Vocabulaire : *peculiar* : particulière ; *compass* : étendue ; *brought* : placé ; *scale* : ordre.

18 Proposer un énoncé et son corrigé

1. Proposer un exercice dont l'énoncé doit porter sur deux des éléments suivants : magnésium, chlore ou brome. Cet énoncé doit nécessairement contenir les termes suivants :
« position », « Classification », « ions »,
« formule », « solide ionique ».

2. Rédiger son corrigé.

3. Proposer à un(e) camarade de tester l'énoncé et comparer les corrigés.

19 Retour sur l'ouverture du chapitre

L'abondance en masse des principaux éléments chimiques constituant la Terre est donnée ci-dessous.

1. Rechercher :
a. la place de ces éléments dans la Classification ;
b. @ les noms de ces éléments ainsi que l'origine de ces noms ;
c. @ la date et l'auteur de leur découverte.

2. Un diagramme circulaire est un disque partagé en secteurs dont les angles au centre sont proportionnels aux valeurs étudiées. Représenter les pourcentages massiques de ces différents éléments par un diagramme circulaire à l'aide d'un tableur.

3. @ Sous quelle forme trouve-t-on principalement les éléments oxygène, silicium et aluminium sur Terre ?

Élément	O	Si	Al	Fe	Ca	Na	K	Mg	autres
Teneur (en %)	46,6	27,7	8,1	5,0	3,6	2,8	2,6	2,1	1,5

CHAPITRE

6

PHYSIQUE

La relativité du mouvement

Cette photographie du ciel a été prise de nuit avec un grand temps de pose.
À quoi correspondent les traces lumineuses observées ? (Voir exercice 18, p. 96.)

Comment expliquer les mouvements des astres observés depuis la Terre ?

OBJECTIFS

- ➜ Savoir décrire un mouvement.
- ➜ Comprendre que la nature du mouvement observé dépend du référentiel choisi.

Activités

1 Les satellites de Jupiter

➜ La lunette astronomique, inventée au début du XVIIe siècle, a permis à GALILÉE d'observer des objets non visibles à l'œil nu. En 1610, il découvre les satellites de Jupiter et note avec précision leurs positions dans le *Sidereus Nuncius* **(doc.1)**.

Comment expliquer certaines observations de Galilée concernant les satellites de Jupiter ?

Le 7 janvier 1610 — **Le 13 janvier 1610** — **Le 15 janvier 1610**

doc. 1 Quelques positions relevées par GALILÉE. Jupiter est représenté par un cercle et ses satellites par de petites étoiles. Cette observation est faite depuis la ville de Padoue, en Italie.

A Simulation de l'observation de GALILÉE

Stellarium est un logiciel libre qui affiche le ciel pour une date et un lieu librement choisis.
Il peut être téléchargé à l'adresse suivante : http://www.stellarium.org

Présentation des principales fonctionnalités du logiciel

doc. 2a Capture d'écran du logiciel Stellarium simulant le ciel de Padoue le 7 janvier 1610.

- Utiliser le logiciel de simulation astronomique Stellarium **(doc. 2a** et **fiche n° 13 p. 322)** pour observer le ciel de Padoue (*Padova*) en Italie en janvier 1610 à 19 h 00.
- Centrer l'observation sur Jupiter et zoomer jusqu'à voir distinctement ses satellites **(doc. 2b)**.

1. Reproduire les schémas du **document 1** correspondant aux observations de GALILÉE du 13 et du 15 janvier 1610. Indiquer les noms des satellites observés.

2. Pourquoi GALILÉE n'a-t-il représenté que trois satellites sur son schéma du 7 janvier ?

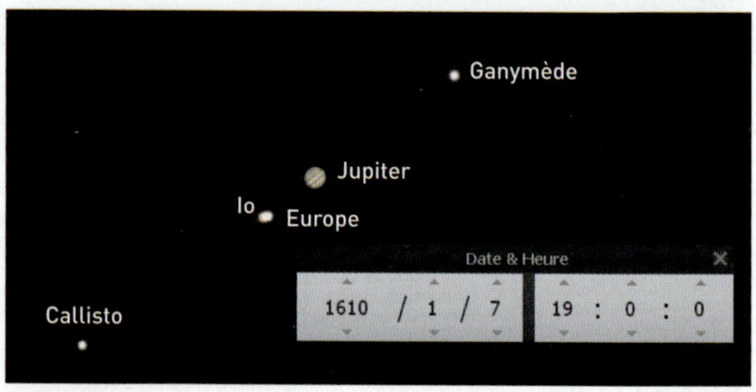

doc. 2b Zoom sur Jupiter et ses satellites le 7 janvier 1610 à 19 h 00.

B Interprétation à l'aide d'une maquette

Pour comprendre ces observations, on peut construire une maquette sur laquelle les satellites tournent autour de Jupiter.

Satellite de Jupiter	Période de révolution (en jours)	Rayon de l'orbite (10^5 km)
Io	1,77	4,2
Europe	3,55	6,7
Ganymède	7,15	10,7
Callisto	16,69	18,8

doc. 3 Périodes de révolution et rayons de l'orbite des satellites de Jupiter observés par GALILÉE.

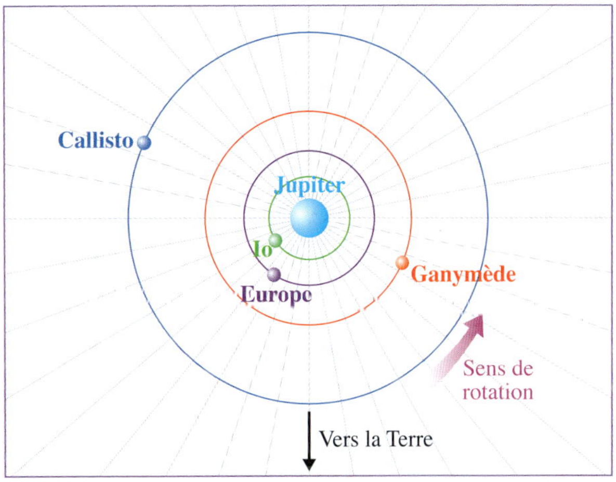

doc. 4 Exemple de maquette représentant la disposition des satellites autour de Jupiter le 7 janvier 1610 vers 19 h.

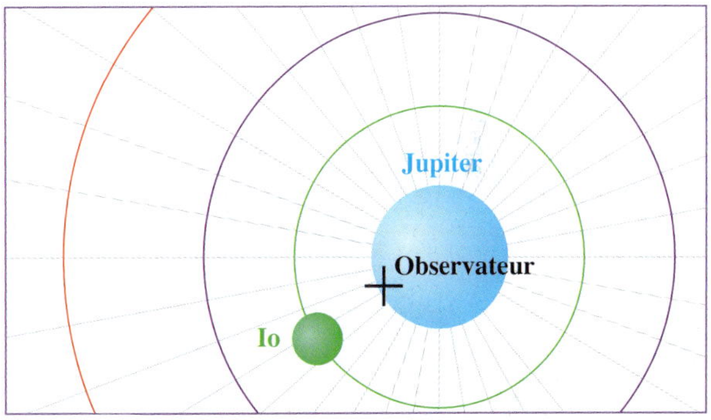

doc. 5 Position de l'observateur à utiliser pour la question 6.

Construction de la maquette

- Au centre d'une feuille cartonnée de format A4, tracer un cercle d'environ 1 cm de rayon représentant Jupiter.
- Depuis le centre de ce cercle, tracer des rayons tous les dix degrés sur l'ensemble de la feuille cartonnée.
Choisir l'un des rayons comme direction d'observation. Écrire « Vers la Terre » à côté de ce rayon. L'utilisateur de la maquette devra se placer dans le prolongement de ce rayon.
- Sur un premier transparent, dessiner un cercle de 9,4 cm de rayon. Repérer son centre. Ce premier cercle représente l'orbite de Callisto. La dimension imposée permet de fixer l'échelle pour la représentation des autres orbites.
Placer un point sur ce cercle pour repérer la position de Callisto.
- Pour les trois autres satellites, reproduire ce protocole sur trois transparents en respectant l'échelle pour le rayon de leur orbite **(doc. 3)**. Sur chaque cercle, placer un point repérant la position du satellite.
- Percer les centres des quatre transparents, ainsi que celui de la feuille cartonnée. Superposer les quatre transparents sur la feuille cartonnée et relier leurs centres par une attache parisienne.

Utilisation de la maquette

Faire pivoter séparément les quatre transparents en tenant la feuille cartonnée fixe. Vus de dessus, les satellites tournent dans le sens inverse des aiguilles d'une montre **(doc. 4)**.

3. Utiliser la maquette **(doc. 4)** pour retrouver l'observation des **documents 1 et 2** pour la date du 7 janvier 1610. Expliquer pourquoi GALILÉE n'a représenté que trois satellites à cette date.
4. En utilisant le **document 3**, déterminer de combien de degrés se déplace chaque satellite sur son orbite en un jour.
5. En partant des positions des satellites le 7 janvier 1610 à 19 h 00 **(doc. 4)**, prévoir les positions des satellites le 8 janvier à la même heure. Faire un schéma en s'inspirant du **document 1**.
Vérifier le résultat avec le logiciel Stellarium.
6. GALILÉE a réalisé ses observations depuis la Terre. Représenter ce qu'aurait vu un observateur situé sur Jupiter en regardant en direction de Io le 7 janvier 1610 vers 19 h **(doc. 5)**.
7. En confrontant les observations depuis la Terre et depuis Jupiter à un même moment, expliquer pourquoi il faut toujours préciser la position de l'observateur lors de la description d'un mouvement.

2 Les mouvements des astres

➜ Durant plusieurs millénaires, l'organisation de l'Univers était expliquée par les idées du Grec ARISTOTE (environ 300 av. J.-C.) : la Terre était le centre, le Soleil, la Lune et les planètes tournaient autour d'elle. L'Italien GALILÉE (1564-1642) a remis en cause cette théorie. **Comment a-t-il décrit le mouvement des planètes ?**

Le texte ci-dessous est un extrait adapté de la pièce *La vie de Galilée*, écrite par Bertolt Brecht en 1938 **(doc. 7)**.
La scène se déroule vers l'an 1600, dans le cabinet de travail de Galilée, à Padoue, près de Venise, en Italie.
Andréa est un adolescent ; c'est le fils de la gouvernante de Galilée.

ANDRÉA. Qu'est-ce que c'est ?
GALILÉE. Un astrolabe ; l'objet montre comment, d'après les anciens, les astres se déplacent autour de la Terre.
[...] ANDRÉA. Au milieu, il y a une petite pierre.
GALILÉE. C'est la Terre.
ANDRÉA. Tout autour, toujours l'un par-dessus l'autre, des anneaux. [...] Sur les anneaux sont fixées des boules...
GALILÉE. Les astres.
[...] ANDRÉA. La boule tout en bas, c'est la Lune, c'est écrit. Et au-dessus il y a le Soleil.
GALILÉE. Et maintenant, fais tourner le Soleil.
ANDRÉA, *met en mouvement les sphères.* C'est beau. Mais nous sommes si à l'étroit.
GALILÉE. Oui, j'ai ressenti ça aussi quand j'ai vu l'objet pour la première fois. [...] Durant deux mille ans l'humanité a cru que le Soleil et tous les corps célestes tournaient autour d'elle. [...] On avait toujours dit que les astres étaient fixés sur une voûte [...] pour qu'ils ne puissent pas tomber. Maintenant nous avons pris courage et nous les laissons en suspens dans l'espace, sans soutien [...]. Et la Terre roule joyeusement autour du Soleil.
[...] ANDRÉA. Mais je le vois, que le Soleil, le soir, s'arrête ailleurs que le matin. Avec ça, il ne peut pas être immobile ! Jamais de la vie.
GALILÉE. Tu vois ! Qu'est-ce que tu vois ? [...] *Il pose une petite table au milieu de la scène.* Ceci est le Soleil [...]. Assieds-toi. *Andréa s'assied sur une des chaises. Galilée est debout derrière lui.* Où est le Soleil, à droite ou à gauche ?
ANDRÉA. À gauche.
GALILÉE. Et comment ira-t-il à droite ?
ANDRÉA. Si vous le transportez à droite, naturellement.
GALILÉE. Seulement de cette manière ? *Il le soulève avec la chaise et accomplit avec lui une demi-rotation.* Où est maintenant le Soleil ?
ANDRÉA. À droite.
GALILÉE. Et il a bougé ?
ANDRÉA. Ça non.
GALILÉE. Qu'est-ce qui a bougé ?
ANDRÉA. Moi.
GALILÉE, *hurle.* Faux ! Idiot ! La chaise !
ANDRÉA. Mais moi avec elle !
GALILÉE. Évidemment. La chaise c'est la Terre. Tu es assis dessus.

D'après B. Brecht, *La vie de Galilée*, acte I scène 1, © L'Arche, 1990.

doc. 6 Un astrolabe sphérique (ou sphère armillaire).

doc. 7 Au XVIIe siècle, en utilisant une lunette, GALILÉE (interprété ici par J. Weber) a permis de mieux comprendre les mouvements des astres, en remplaçant la Terre par le Soleil au centre du système solaire.

1. Quel est l'astre situé au centre de l'astrolabe **(document 6)** décrit par GALILÉE et Andréa ?
2. Pourquoi cet astre était-il placé au centre des astrolabes sphériques de l'époque ?
3. Quelle hypothèse sur le mouvement des astres GALILÉE remet-il en cause ?
4. Quel argument de bon sens Andréa lui oppose-t-il ?
5. Quel objet GALILÉE choisit-il comme référence pour étudier le mouvement dans son expérience ?
Quel astre représente cet objet ?
6. Quelle propriété générale sur la notion de mouvement GALILÉE met-il en évidence par cette expérience ?

3 La rétrogradation de Mars

TP TRAVAUX PRATIQUES

→ L'étymologie du mot « planète » signifie « astre errant ». Les planètes ont été désignées ainsi, car, en observant le ciel chaque jour à la même heure, elles semblent se déplacer par rapport aux étoiles.
Comment peut-on expliquer le mouvement des planètes dans le ciel ?

A Observer le phénomène

Un logiciel de simulation astronomique comme Stellarium (**doc. 8** et **fiche n° 13 p. 322**) permet d'observer la position de la planète Mars depuis la Terre.

- Lancer le logiciel et le paramétrer **(doc. 8)** afin qu'il indique les lignes et les noms des constellations.
- Observer le ciel de Paris en direction de l'Est le 1er novembre 2009 à 02 h 00 **(doc. 8)** en arrêtant l'écoulement du temps.
- Rechercher la planète Mars, puis centrer l'observation sur l'une des étoiles de la constellation du Cancer. Repérer la position de Mars par rapport à cette constellation.
- Observer, jour après jour, toujours à la même heure, le déplacement de Mars par rapport à la constellation du Cancer. Poursuivre l'observation jusqu'en avril 2010.

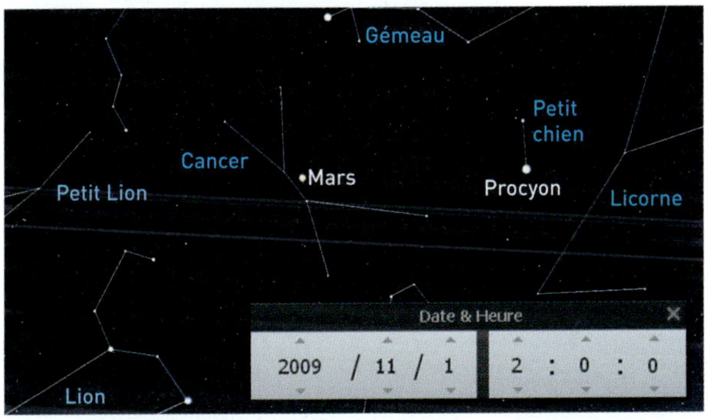

doc. 8 Le logiciel Stellarium permet de simuler l'observation du ciel. Depuis Paris, le 1er novembre 2009 à 02 h 00, la planète Mars est visible devant la constellation du Cancer.

1. Que se passe-t-il aux alentours du 20 décembre 2009, puis aux alentours du 10 mars 2010 ?
2. Pourquoi parle-t-on de mouvement de rétrogradation ?
3. Les rétrogradations de Mars se produisent environ tous les deux ans.
À l'aide du logiciel, chercher les dates de début et de fin de la prochaine rétrogradation de Mars.
4. En étudiant le mouvement de Mars observé depuis la Terre et le mouvement de Mars par rapport au Soleil, justifier l'expression « le mouvement est relatif ».

B Comprendre le phénomène

Le **document 9** représente vingt positions simultanées de la Terre (T_1, T_2...) et de Mars (M_1, M_2...) autour du Soleil (S).

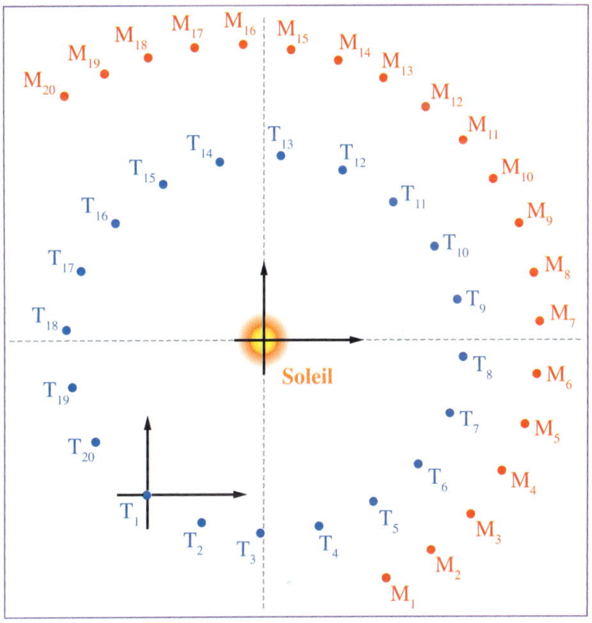

doc. 9 Positions simultanées de la Terre (T) et de Mars (M) autour du Soleil. Sur ce schéma, le Soleil est considéré fixe. Les axes représentés sont dirigés vers des étoiles lointaines considérées fixes par rapport au Soleil.

5. Utiliser le **document 9** numérisé et la fonction calque d'un logiciel de dessin (ou une feuille de papier-calque) pour retrouver le mouvement de Mars observé depuis la Terre. Expliquer la démarche suivie.
6. Expliquer le terme de « rétrogradation » utilisé pour ce type de mouvement **(doc. 10)**.

doc. 10 Un exemple de rétrogradation de Mars observé depuis la Terre.

Le système solaire est constitué de nombreux astres, dont une étoile, le Soleil, et huit planètes.
Comment décrire le mouvement des astres du système solaire ?

1 Que faut-il définir avant d'étudier un mouvement ?

Avant d'étudier un mouvement, il faut préciser l'objet dont on étudie le mouvement et la position de l'observateur.

1.1 Définition du système

L'**activité 1** a permis d'étudier le déplacement des satellites de Jupiter par rapport à Jupiter, puis par rapport à la Terre **(doc. 1)**.
Ces satellites constituent alors les systèmes étudiés.
Lors d'une étude de mouvement, il faut toujours indiquer l'objet dont on étudie le mouvement.

L'objet, ou le point de l'objet, dont on étudie le mouvement est le système étudié.

Le mouvement d'un système est généralement complexe. En classe de Seconde, on se limite à l'étude d'un seul de ses points. Par exemple, lors de l'étude du mouvement d'une planète, on étudie seulement le mouvement du centre de cette planète **(doc. 2)**.

1.2 Définition du référentiel

L'objet de référence par rapport auquel on étudie le mouvement est appelé un référentiel.

– Un repère associé au référentiel permet de connaître les coordonnées du système étudié.
– Une horloge associée au référentiel permet de connaître les dates des positions occupées par le système en mouvement.

Pour commencer, exercices 1 et 2, p. 93

doc. 1 Jupiter et ses quatre principaux satellites décrits par Galilée en 1610. Image obtenue avec le logiciel Stellarium.

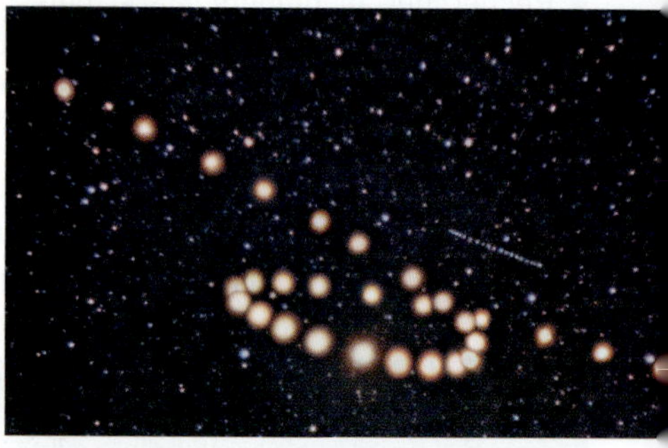

doc. 2 Positions successives de Mars observées depuis la Terre. À cette distance, la planète Mars peut être assimilée à un point.

doc. 3a Un **référentiel terrestre** est constitué d'un objet fixe par rapport à la Terre. Cet objet permet de définir les axes du repère associé au référentiel. Ce référentiel est utilisé pour l'étude des mouvements à la surface de la Terre.

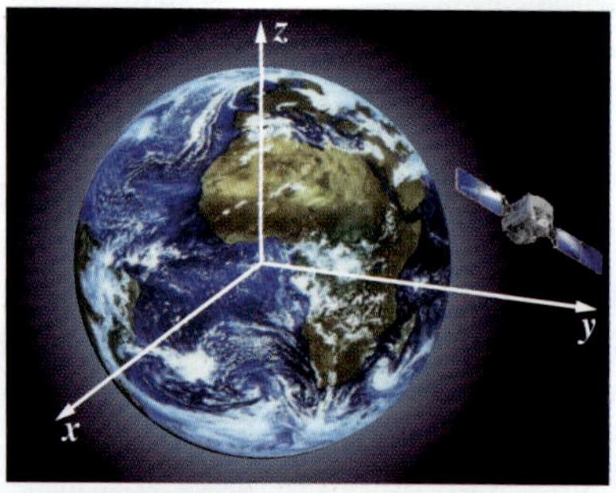

doc. 3b Le **référentiel géocentrique** est constitué du centre de la Terre et de trois étoiles lointaines considérées fixes. Les directions de ces étoiles définissent le repère associé au référentiel. Ce référentiel est utilisé pour étudier le mouvement des satellites de la Terre.

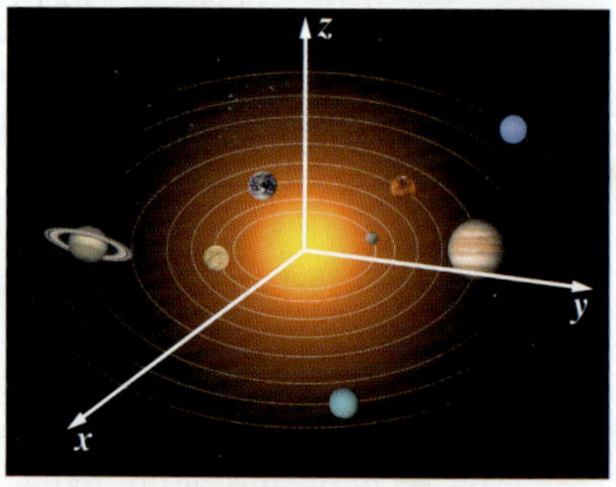

doc. 3c Le **référentiel héliocentrique** est constitué du centre du Soleil et de trois étoiles lointaines considérées fixes. Les directions de ces étoiles définissent le repère associé au référentiel. Ce référentiel est utilisé pour étudier le mouvement des planètes du système solaire.

2 Comment décrire un mouvement ?

Dans un référentiel donné, l'étude du mouvement d'un système consiste à déterminer sa trajectoire et l'évolution de la valeur de sa vitesse.

2.1 La trajectoire d'un point

Observée depuis la Terre, la trace laissée dans le ciel de Kourou par la fusée Ariane montre la trajectoire de la fusée (doc. 4).

Dans un référentiel donné, la **trajectoire** d'un point est l'ensemble des positions successives occupées par ce point au cours de son mouvement.

Dans un référentiel terrestre, la trajectoire d'une étoile filante est une portion de droite (doc. 5). Dans le référentiel géocentrique, la trajectoire de la Lune est quasiment circulaire. Dans le référentiel héliocentrique, la trajectoire d'une comète est curviligne et les trajectoires de la plupart des planètes sont quasiment circulaires (doc. 6).

Dans un référentiel donné, le mouvement d'un point est :
- **rectiligne** lorsque la trajectoire de ce point est une portion de droite ;
- **curviligne** lorsque la trajectoire de ce point est une portion de courbe.

2.2 La vitesse

Dans un référentiel donné, la valeur de la vitesse d'un point est le rapport de la distance d parcourue par la durée Δt du parcours :

$$v = \frac{d}{\Delta t}$$

avec d en mètre (m), Δt en seconde (s) et v en mètre par seconde ($m \cdot s^{-1}$).

La valeur de la vitesse peut aussi s'exprimer en kilomètre par heure ($km \cdot h^{-1}$).

Dans un référentiel donné, le mouvement d'un point est :
- **décéléré** (ou **ralenti**) lorsque la valeur de la vitesse de ce point diminue ;
- **accéléré** lorsque la valeur de la vitesse de ce point augmente ;
- **uniforme** lorsque la valeur de la vitesse de ce point est constante.

Pour commencer, exercices 3 à 5, p. 93

3 La relativité du mouvement

L'**activité 3** a montré que la planète Mars a un mouvement circulaire uniforme dans le référentiel héliocentrique et un mouvement curviligne dans le référentiel géocentrique (doc. 7).

Le mouvement d'un point du système étudié dépend du référentiel utilisé pour décrire ce mouvement. On dit que **le mouvement est relatif**.

Pour commencer, exercices 6 et 7, p. 93

doc. 4 La trace observée correspond au rejet d'eau par les moteurs de la fusée Ariane.

doc. 5 Vues depuis la Terre, les étoiles filantes ont des trajectoires rectilignes.

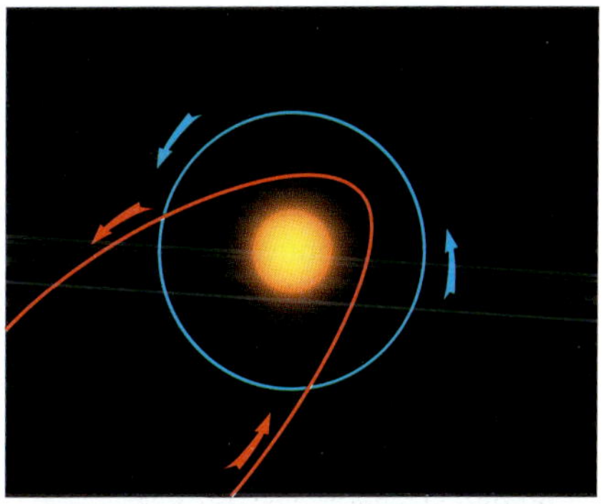

doc. 6 Trajectoires d'une comète (en rouge) et de la Terre (en bleu) dans le référentiel héliocentrique.

doc. 7 Rétrogradation d'une planète observée dans le référentiel géocentrique.

Les savoirs

Que faut-il définir avant d'étudier un mouvement ?

• Le système étudié

On appelle **système** l'objet ou le point dont on étudie le mouvement.

• Le référentiel

Le mouvement d'un système s'étudie par rapport à un objet de référence que l'on nomme **référentiel**.

Exemples de référentiels

Un référentiel terrestre

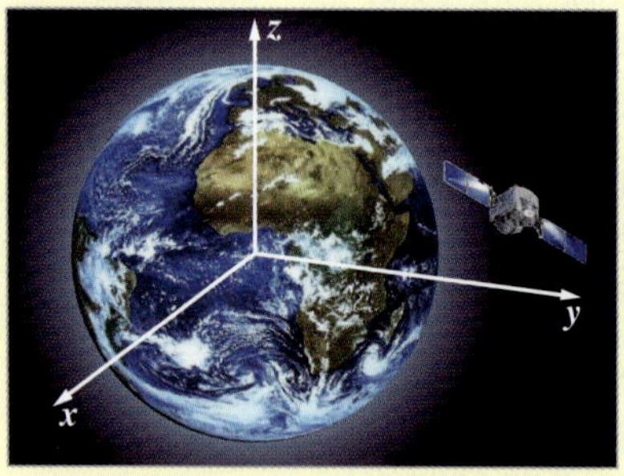

Le référentiel géocentrique

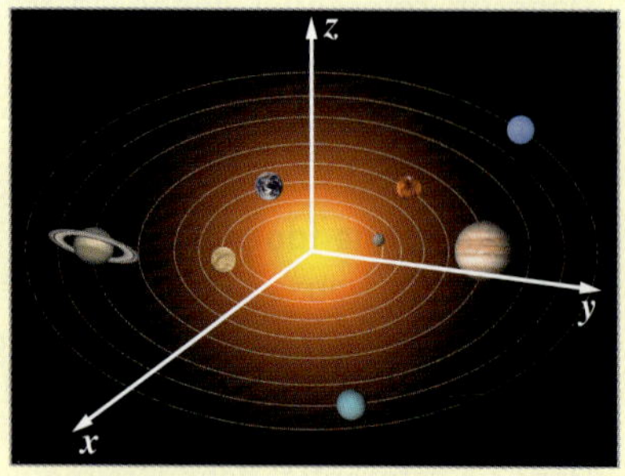

Le référentiel héliocentrique

Comment décrire un mouvement ?

• Trajectoire

Dans un référentiel donné, la trajectoire d'un point du système étudié est l'ensemble des positions successivement occupées par ce point au cours de son mouvement.

• Vitesse

Dans un référentiel donné, la valeur de la vitesse d'un point du système étudié est définie par le rapport de la distance parcourue d par la durée Δt du parcours : $v = \frac{d}{\Delta t}$

avec d en mètre (m), Δt en seconde (s) et v en mètre par seconde ($m \cdot s^{-1}$).

• Description d'un mouvement

Dans un référentiel donné, les caractéristiques du mouvement d'un point du système étudié dépendent de la forme de sa trajectoire et de l'évolution de sa vitesse.

Trajectoire / Valeur de la vitesse	Portion de droite	Portion de courbe
Augmente	Rectiligne accéléré	Curviligne accéléré
Diminue	Rectiligne décéléré	Curviligne décéléré
Reste constante	Rectiligne uniforme	Curviligne uniforme

La relativité du mouvement

Les caractéristiques du mouvement d'un point du système étudié dépendent du référentiel choisi.

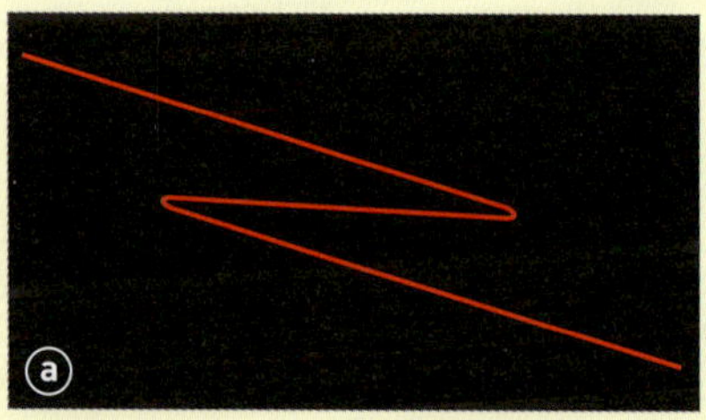

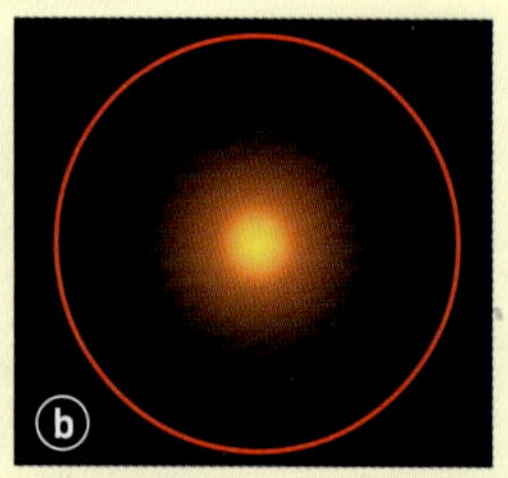

Trajectoire d'une planète dans le référentiel géocentrique (**a**) et dans le référentiel héliocentrique (**b**).

Les compétences attendues

• Comprendre que la nature du mouvement observé dépend du référentiel choisi.

S'auto-évaluer

QCM

Pour chaque question, indiquer la (ou les) bonne(s) réponse(s).

ÉNONCÉ	A	B	C	Si échec revoir
1. Dans le référentiel héliocentrique, les planètes du système solaire sont :	en mouvement	fixes	fixes pour certaines et en mouvement pour d'autres	§1, p. 88
2. Dans le référentiel héliocentrique, la Terre :	tourne autour du Soleil	est fixe par rapport au Soleil	tourne autour de la Lune	§1, p. 88
3. Un enfant qui court sur un terrain de sport est :	en mouvement par rapport au Soleil	immobile par rapport au Soleil	en mouvement par rapport à la Terre	§1, p. 88
4. Dans un référentiel donné, la valeur de la vitesse d'un point mobile peut être calculée par la relation :	$v = \dfrac{d}{\Delta t}$	$v = \dfrac{\Delta t}{d}$	$v = d \times \Delta t$	§2, p. 89
5. L'Homme a posé pour la première fois un pied sur la Lune le 20 juillet 1969. Le trajet d'environ $3{,}7 \times 10^8$ m entre la Terre et la Lune a duré 4,3 jours. Quelle a été la valeur de la vitesse du vaisseau lors de ce trajet ? 	$1{,}0 \times 10^3\ \text{m} \cdot \text{s}^{-1}$	$3{,}6 \times 10^3\ \text{m} \cdot \text{s}^{-1}$	$1{,}0 \times 10^5\ \text{m} \cdot \text{s}^{-1}$	§2, p. 89
6. En 2007, la comète Holmes a eu une vitesse de l'ordre de $25\,000\ \text{m} \cdot \text{s}^{-1}$. Quelle distance a-t-elle parcourue en 2,0 minutes ?	$3{,}0 \times 10^3$ km	$3{,}0 \times 10^6$ m	$2{,}1 \times 10^2$ m	§2, p. 89
7. Dans le référentiel héliocentrique, la trajectoire de Mars est :	une portion de droite	uniforme	une portion de cercle	§2, p. 89
8. Un système a un mouvement rectiligne uniforme si :	sa trajectoire est une droite et la valeur de sa vitesse est constante	sa trajectoire est une droite et la valeur de sa vitesse est variable	sa trajectoire est un cercle et la valeur de sa vitesse est constante	§2, p. 89
9. Les trajectoires de la Terre dans les référentiels géocentrique et héliocentrique sont :	différentes	identiques	identiques le jour et différentes la nuit	§3, p. 89
10. La trajectoire du centre de la Lune :	est circulaire	est rectiligne	dépend du référentiel	§3, p. 89
11. La trajectoire décrite par le centre d'une planète :	est indépendante du référentiel	dépend du référentiel	est toujours circulaire	§3, p. 89

Réponses, p. 324

Analyser, résoudre et rédiger

Compétences mises en œuvre

- Lire un schéma.
- Rédiger.

Le décollage d'une fusée

Le document ci-contre représente, à intervalles de temps égaux, les positions successives de la coiffe d'une fusée lors de son décollage observé depuis la Terre.

1. a. Quel est le système étudié ?
b. Dans quel référentiel le mouvement est-il étudié ?

2. Décrire la trajectoire d'un point du système pendant la durée de l'observation.

3. Comment évolue la valeur de la vitesse du système au cours du temps ? Justifier la réponse.

4. Caractériser le mouvement du système.

CONSEILS

1. Le système étudié est l'objet auquel on s'intéresse. Son mouvement est étudié par rapport à un objet de référence.

2. On relie l'ensemble des différentes positions occupées par le système et on reconstitue ainsi sa trajectoire.

3. Pour décrire l'évolution de la vitesse, on observe l'évolution de la distance parcourue par un point du système pendant des durées égales.

4. Caractériser le mouvement d'un point du système étudié, c'est indiquer la forme de la trajectoire, ainsi que l'évolution de la vitesse de ce point.

Solution rédigée

1. a. Le système étudié est la coiffe de la fusée.
b. Son mouvement est étudié dans un référentiel terrestre.

2. Lorsqu'on relie toutes les positions occupées successivement par un point de la fusée au cours de son mouvement, on obtient sa trajectoire. C'est une portion de droite.

3. Lors du décollage, les distances parcourues pendant des durées égales sont de plus en plus grandes, donc la valeur de la vitesse de la fusée augmente.

4. La trajectoire est une portion de droite et la valeur de la vitesse augmente, donc le mouvement est rectiligne accéléré.

Application immédiate

Le document ci-contre représente, à intervalles de temps égaux, les positions successives d'une comète observée dans le référentiel héliocentrique.

1. Indiquer le système étudié.

2. En justifiant la réponse, caractériser le mouvement du système.

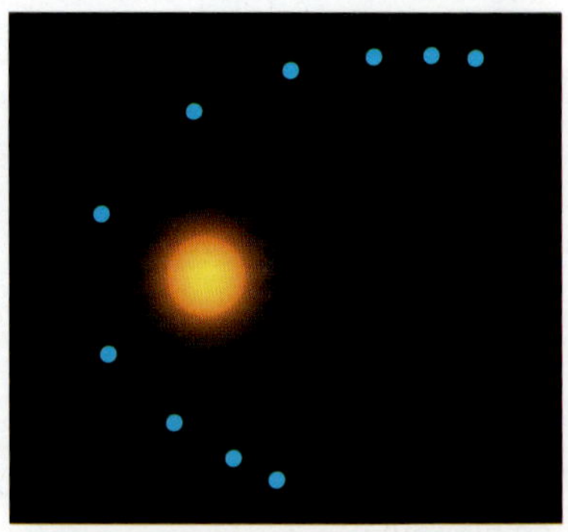

Voir correction, p. 325

Pour commencer

Que faut-il définir avant d'étudier un mouvement ?

1 Système étudié

1. Qu'appelle-t-on système lors de l'étude d'un mouvement ?

2. Donner des exemples de systèmes que l'on pourrait étudier dans le texte suivant : « Alors que Pauline écoute de la musique en courant, la Terre tourne autour du Soleil .»

2 Différents mouvements

Dans quel référentiel, parmi les suivants, la trajectoire des objets cités est-elle la plus simple à étudier ?

Objets	Référentiels
a. Ariane lors de son décollage de la base de Kourou **b.** Planète Saturne en mouvement autour du Soleil **c.** Phobos, satellite de la planète Mars	**1.** Référentiel terrestre **2.** Référentiel « marsocentrique » **3.** Référentiel héliocentrique **4.** Référentiel géocentrique

Comment décrire un mouvement ?

3 Quelques définitions

1. Définir la trajectoire d'un point du système dans un référentiel donné.

2. Comment calculer la valeur de la vitesse d'un point du système étudié ?

4 Mouvements de la Terre

1. La rotation de la Terre autour de l'axe reliant ses pôles se fait avec une vitesse dont la valeur est constante.
Décrire le mouvement d'un point d'un observatoire à la surface de la Terre dans :
a. un référentiel terrestre ;
b. le référentiel géocentrique.

2. La valeur de la vitesse du centre de la Terre est constante dans le référentiel héliocentrique. Décrire le mouvement du centre de la Terre dans ce référentiel.

5 Mouvement de la Lune

1. Dans quel référentiel le centre de la Lune a-t-il une trajectoire quasiment circulaire ?

2. On suppose que la valeur de la vitesse de la Lune est constante dans ce référentiel.
Décrire le mouvement du centre de la Lune dans ce référentiel.

La relativité du mouvement

6 Mouvements et référentiels

1. La trajectoire d'un point du système étudié dépend-elle du référentiel d'étude ?

2. Donner un exemple pour justifier la réponse.

7 Trajectoires sur la planète Terre

Joris se repose, sa tête est bien calée contre le coussin de son fauteuil.

1. Schématiser la trajectoire du nez de Joris :
a. dans un référentiel terrestre ;
b. dans le référentiel géocentrique.

2. Le nez de Joris a-t-il la même vitesse dans le référentiel terrestre et dans le référentiel géocentrique ?

3. Pourquoi dit-on que « le mouvement est relatif » ?

Pour s'entraîner

8 Satellite Astra

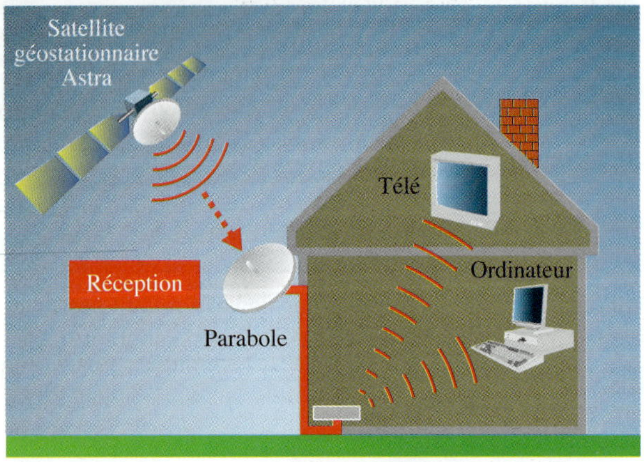

Astra 1H est un satellite géostationnaire de télécommunication. Une antenne parabolique dirigée vers ce satellite capte les signaux qu'il émet. Cela permet de recevoir de nombreuses chaînes de télévision.

1. a. Rechercher la définition du terme géostationnaire.

b. En déduire le mouvement du satellite dans un référentiel terrestre.

2. Décrire son mouvement dans le référentiel géocentrique.

3. Comparer sa période de révolution à la période de rotation de la Terre sur elle-même.

9 Mouvement de la Lune

Marion observe la Lune depuis la fenêtre de sa chambre.

1. Quel est le système associé à l'observation de Marion ?

2. Définir le référentiel géocentrique.

3. Décrire la trajectoire du centre de la Lune dans le référentiel géocentrique.

4. Peut-on décrire aussi aisément la trajectoire du centre de la Lune dans un référentiel terrestre ?

10 À chacun son rythme

Cet exercice est proposé à deux niveaux de difficulté. Dans un premier temps, essayer de résoudre l'exercice de niveau 2. En cas de difficultés, passer au niveau 1.

Dans le référentiel héliocentrique, le centre de la Terre a un mouvement circulaire de rayon $R = 150 \times 10^6$ km.

Niveau 2

Quelle est la valeur de la vitesse du centre de la Terre dans le référentiel héliocentrique ? L'exprimer en $km \cdot h^{-1}$.

Niveau 1

1. Quelle durée faut-il à la Terre pour effectuer un tour autour du Soleil dans le référentiel héliocentrique ?

2. Quelle est la distance parcourue par le centre de la Terre pendant cette durée ?

3. À partir de la distance d parcourue par un point pendant une durée Δt, on peut calculer la valeur de sa vitesse v. Rappeler la relation qui lie ces trois paramètres.

4. Quelle est la valeur de la vitesse du centre de la Terre dans le référentiel héliocentrique ? L'exprimer en kilomètre par heure.

11 Comète McNaught

La comète McNaught est passée à proximité de la Terre en 2009.

Le schéma ci-dessous représente les positions successives de la comète par rapport au Soleil enregistrées tous les dix jours à partir du 1er août 2009.

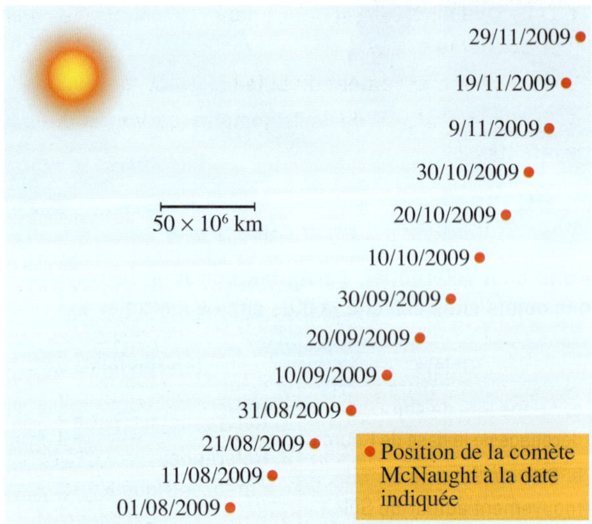

1. Quel est le système étudié ?

2. Décrire sa trajectoire dans le référentiel héliocentrique.

3. a. Quelle est, dans le référentiel héliocentrique, la distance parcourue par la comète entre le 20 septembre 2009 et le 10 octobre 2009 ?

b. En déduire la valeur de la vitesse de la comète entre ces deux dates. L'exprimer en kilomètre par heure. La comparer avec la valeur de la vitesse de révolution de la Terre autour du Soleil qui est de l'ordre de $10^5\ km \cdot h^{-1}$.

4. La trajectoire de cette comète serait-elle la même dans le référentiel géocentrique ? Justifier la réponse.

12 Trajectoires de Vénus et du Soleil

Vénus et la Terre tournent autour du Soleil avec un mouvement circulaire uniforme dans le référentiel héliocentrique.

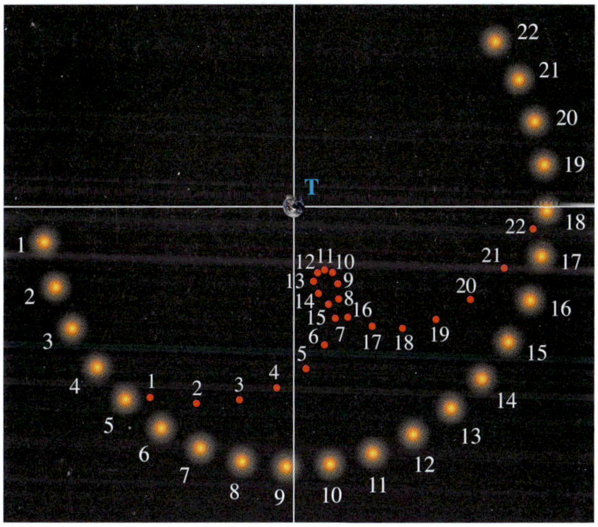

Le schéma ci-dessus représente, aux mêmes dates, les positions successives de la Terre (en bleu), du Soleil (en jaune) et de Vénus (en rouge).

1. Quel est le référentiel utilisé pour représenter les positions des trois astres ?

2. Décrire le mouvement du Soleil dans ce référentiel.

3. Expliquer l'allure de la trajectoire de Vénus dans ce référentiel.

13 Immobile ou en mouvement ?

1. Un objet est immobile à la surface de la Terre, au niveau de l'équateur. Calculer la valeur de sa vitesse dans le référentiel géocentrique. L'exprimer en kilomètre par heure.

2. Sur l'illustration ci-dessus, quel personnage a raison ? Justifier en précisant le référentiel choisi par chacun des personnages.

Données : rayon terrestre : R_T = 6 378 km ; période de rotation de la Terre autour de l'axe des pôles : T = 86 164 s.

14 Rédiger correctement une solution

La solution de l'exercice suivant a été rédigée par un élève, puis annotée par un professeur. Lire l'énoncé, les réponses de l'élève et les corrections suggérées, puis rédiger une solution détaillée.

Dans le référentiel géocentrique, la Lune a une trajectoire circulaire et une vitesse dont la valeur est constante.

Données : distance entre les centres de la Terre et de la Lune : $D = 3{,}84 \times 10^5$ km ; période de révolution de la Lune autour de la Terre : T = 27,3 jours.

1. Quel est le mouvement du centre de la Lune par rapport à la Terre ?

2. Quelle est la distance parcourue par le centre de la Lune lors d'une révolution autour de la Terre ?

3. Calculer la valeur de sa vitesse, en mètre par seconde, dans le référentiel géocentrique.

Copie de l'élève corrigée

1. La Lune a un mouvement circulaire dans le référentiel géocentrique.

La description du mouvement est incomplète.

2. La distance d parcourue par la Lune est égale à 2πR avec R le rayon de la trajectoire.

$d = 2\pi R = 2\pi \times 3{,}84 \times 10^5 = 2{,}41 \times 10^6$ km.

Attention à la formulation de la réponse.

3. $v = \dfrac{d}{\Delta t} = \dfrac{2{,}41 \times 10^6}{27{,}3 \times 24 \times 3\,600} = 1{,}02$ m·s^{-1}.

Il y a une erreur d'unité dans le calcul.

15 Des éclipses

Les quatre photos ci-dessous ont été prises à deux secondes d'intervalle les unes des autres, lors du début d'une éclipse totale de Soleil.

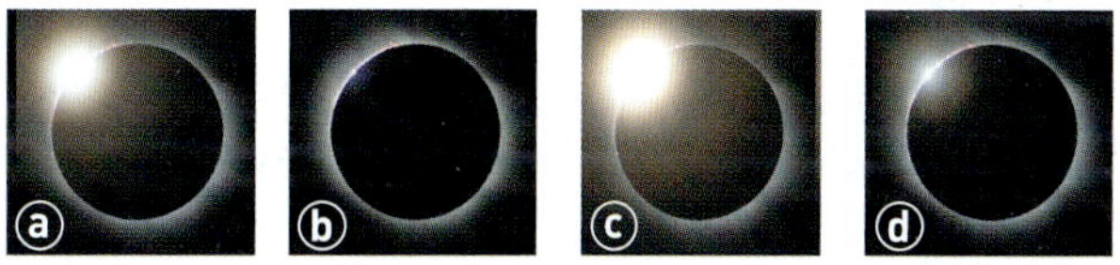

1. Replacer ces photos dans l'ordre chronologique.

2. Dans les cultures anciennes, le phénomène d'éclipse du Soleil est associé à des causes surnaturelles menaçant d'éteindre le Soleil. Un savant du VIe siècle av. J.-C., Thalès de Milet, avait prédit une éclipse. Il avait compris la nature du phénomène : « l'éclipse de Soleil se produit quand la Lune vient se placer à l'aplomb sous lui ». Comment la Terre, la Lune et le Soleil doivent-ils être placés pour pouvoir observer une éclipse de Soleil ?

3. D'autres éclipses sont appelées « éclipses de Lune ». Comment la Terre, la Lune et le Soleil doivent-ils être placés pour pouvoir observer une éclipse de Lune ?

Exercices

16 Trajectoire du Soleil par rapport à la Terre

Dans le référentiel héliocentrique, la Terre tourne autour du Soleil dans un plan appelé plan de l'écliptique. Pour représenter les positions successives occupées, tous les 30 jours, par la Terre dans le référentiel héliocentrique :

- positionner le point S représentant le Soleil au centre d'une feuille de papier ;
- tracer deux axes perpendiculaires (Sx) et (Sy) représentant deux directions fixes ;
- tracer un cercle de centre S et de rayon 10 cm représentant la trajectoire de la Terre dans le plan de l'écliptique ;
- graduer le cercle tous les trente degrés pour représenter la position de la Terre tous les mois environ et numéroter ces positions de T_1 à T_{12}.

Pour représenter les positions du Soleil dans le référentiel géocentrique :

- au centre d'une feuille de papier calque, placer un point T représentant le centre de la Terre et tracer deux directions perpendiculaires (Tx) et (Ty) ;
- faire coïncider le point T avec la première position de la Terre sur le plan de l'écliptique. Les axes (Tx) et (Ty) étant respectivement parallèles à (Sx) et (Sy), repérer sur le calque la position du Soleil notée S_1. Procéder de même pour toutes les positions de la Terre en gardant les axes (Tx) et (Ty) parallèles aux axes (Sx) et (Sy).

1. La feuille de papier-calque correspond-t-elle au référentiel terrestre ou géocentrique ? Justifier la réponse.

2. Quelle est la durée séparant deux positions consécutives du centre du Soleil repérées sur la feuille de papier-calque ?

3. Caractériser le mouvement du centre du Soleil dans ce référentiel.

4. La distance entre les centres de la Terre et du Soleil est de 150×10^6 km. Quelle est la valeur de la vitesse du centre du Soleil dans le référentiel géocentrique ?

17 Following the Sun

Purpose : to demonstrate the Sun's apparent movement.

Materials : tree

Procedure :

① Stand with your back near the tree.

② Walk eight paces away from the tree.

③ Turn and slowly walk counterclockwise halfway around the tree.

④ As you walk, watch the tree trunk while also observing objects in the background.

Results : the tree appears to move slowly against a background of stationary (unmoving) objects.

In this experiment, you represent the Earth, the tree represents the Sun, and the objects beyond the tree represent the remote stars. The path you walked represents Earth's orbit. The apparent movement of the tree is the consequence of your movement around it. This is also true for the apparent annual movement of the Sun, which is the result of Earth revolving around the Sun. As Earth revolves around the Sun, the zodiac constellation that appears behind the Sun changes throughout the year.

1. Associer à chaque astre sa modélisation dans l'expérience.

A. Le Soleil.	**1.** L'arbre.
B. La Terre.	**2.** Les objets au loin.
C. Les étoiles éloignées.	**3.** Le personnage.

2. Pourquoi voit-on le Soleil se déplacer devant les étoiles éloignées ?

3. Que montre cette expérience ?

18 Retour sur l'ouverture du chapitre

Cette photographie du ciel a été prise de nuit avec un temps de pose très long.

1. À quoi correspondent les traces lumineuses ?

2. Dans quel référentiel le mouvement des étoiles est-il observé ?

3. Quel est le temps de pose de la photographie ? Utiliser la première page du chapitre pour une meilleure précision.

CHAPITRE

7

PHYSIQUE

La gravitation universelle

L'astronaute se déplace assez facilement sur la Lune malgré son encombrante combinaison. Pourquoi est-il si peu gêné par son équipement ? (Voir exercice 19, p. 110.)

Pourquoi les planètes du système solaire restent-elles en orbite autour du Soleil ?

OBJECTIFS

- → Calculer la valeur de la force d'attraction gravitationnelle qui s'exerce entre deux corps.
- → Savoir que la pesanteur terrestre résulte de l'attraction terrestre.
- → Comparer les valeurs du poids d'un même corps sur la Terre et sur la Lune.
- → Savoir qu'une force s'exerçant sur un corps modifie la valeur de sa vitesse et/ou la direction de son mouvement.
- → Connaître et utiliser le principe d'inertie.

1 Effet d'une action sur le mouvement

TP TRAVAUX PRATIQUES

➔ La Lune est soumise à l'action attractive de la Terre, appelée attraction terrestre. Son mouvement autour de la Terre est circulaire uniforme **(doc. 1)**.
Que se passerait-il si cette action disparaissait ?

A De la situation au modèle

doc. 1 La Lune tourne autour de la Terre avec un mouvement circulaire uniforme.

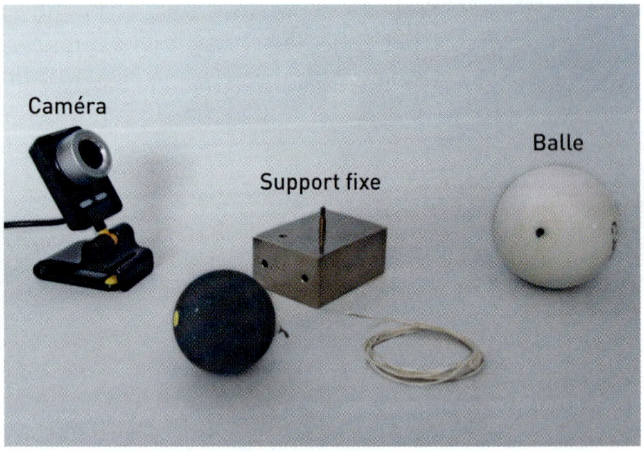

doc. 2 Exemple de matériel disponible.

1. Quel est le référentiel utilisé pour décrire le mouvement de la Lune ?

La Terre exerce une action sur la Lune.

2. Quel est le nom de l'action exercée par la Terre sur la Lune ? Cette action est-elle attractive ou répulsive ? Est-elle de contact ou à distance ?

Pour simuler le mouvement de la Lune autour de la Terre, on utilise un objet mobile pouvant tourner autour d'un point fixe en restant dans un plan horizontal. Un fil relie le point fixe et l'objet mobile.

3. Que modélise l'objet mobile ? Que modélise le point fixe ?
4. Que modélise l'action exercée par le fil sur l'objet mobile ? Cette action est-elle de contact ou à distance ?
5. Dans quel référentiel le mouvement de l'objet mobile sera-t-il étudié lors de cette simulation ?

B Validité du modèle

Vérifier la validité du modèle. Pour cela :

- Construire le dispositif en utilisant le matériel disponible **(doc. 2)**.
- Filmer le mouvement en orientant convenablement la caméra.
- À l'aide d'un logiciel de pointage vidéo, repérer les positions consécutives de l'objet mobile (**voir fiche n° 14, p. 323**).

6. Quelle est la trajectoire de l'objet ?
7. Comment évolue la valeur de la vitesse de l'objet ?
8. Le modèle utilisé permet-il de simuler le mouvement de la Lune autour de la Terre ? Pourquoi ?

C Utilisation du modèle

DÉMARCHE D'INVESTIGATION

Situation-problème :
Que se passerait-il si l'action attractive de la Terre sur la Lune disparaissait ?

9. Émettre une hypothèse pour répondre à cette situation-problème.
10. Proposer un protocole permettant de vérifier cette hypothèse.
11. Après accord du professeur, mettre en œuvre ce protocole. Analyser les résultats obtenus et vérifier la validité de l'hypothèse initiale.
12. Rédiger une conclusion répondant à la situation-problème.

2 Attraction universelle

➜ Le Soleil exerce une action attractive sur toutes les planètes. La Terre exerce une action attractive sur la Lune : c'est la gravitation. La Terre exerce également une action attractive sur tous les objets situés à son voisinage : c'est le poids. **Ces actions attractives ont-elles même origine ?**

A La loi d'attraction universelle

En 1687, Isaac NEWTON a écrit un texte que l'on peut traduire ainsi :
« L'action qui retient la Lune dans son orbite est dirigée vers la Terre. Sa valeur est inversement proportionnelle au carré de la distance entre le centre de la Lune et celui de la Terre. [...] Elle est proportionnelle à la quantité de matière (la masse) que chaque corps contient. »

Ce texte peut se généraliser par l'énoncé suivant :

La valeur de l'**action attractive** $F_{A/B}$ qu'exerce un corps A, de masse m_A et de centre C_A, sur un corps B, de masse m_B et de centre C_B **(doc. 4)**, est donnée par l'expression littérale :

$$F_{A/B} = G\,\frac{m_A \times m_B}{d^2}$$

avec les masses m_A et m_B en kg et la distance d entre C_A et C_B en m.
G est la **constante universelle de gravitation** ; sa valeur est :

$$G = 6{,}67 \times 10^{-11}\ \text{N}\cdot\text{m}^2\cdot\text{kg}^{-2}.$$

1. Montrer que le texte de NEWTON est en accord avec l'expression littérale de $F_{A/B}$.

doc. 3 NEWTON aurait imaginé la loi d'attraction universelle en voyant tomber une pomme.

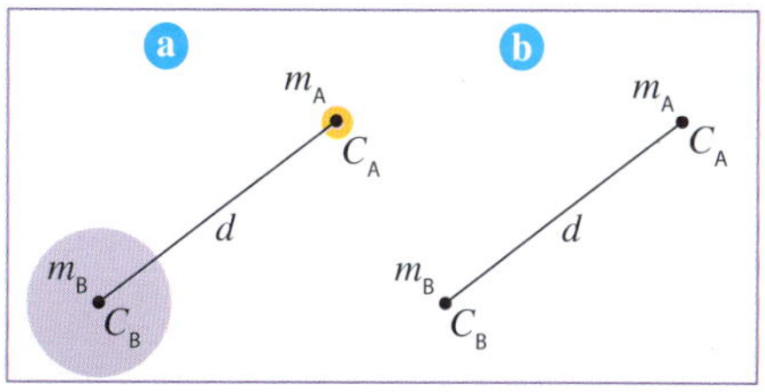

doc. 4 Pour calculer la valeur de l'action attractive exercée par un corps sur un autre (**a**), on considère que la masse de chaque corps est concentrée en son centre (**b**).

B Attraction universelle et poids des objets

- Recopier les données du tableau ci-dessous dans un tableur.

	Mercure	Vénus	Terre	Lune	Mars	Jupiter	Saturne	Uranus	Neptune	Soleil
Diamètre (km)	4 878	12 104	12 756	3 476	6 794	142 984	120 536	51 118	49 922	1 392 530
Distance moyenne au Soleil (× 10^6 km)	57,9	108,2	149,6	149,6	227,9	778,3	1 427,0	2 871,0	4 497,1	
Masse (× 10^{24} kg)	0,33	4,87	5,98	0,0735	0,642	1 899	568	86,8	102	$1{,}98 \times 10^6$

- Sur une 5e ligne, entrer la formule permettant de calculer la valeur de l'action attractive exercée par le Soleil sur chacune des planètes.
- Sur une 6e ligne, entrer la formule permettant de calculer la valeur de l'action attractive exercée par chaque astre sur un objet de masse m = 50 kg, placé à sa surface.

2. Le Soleil exerce-t-il une action attractive de même valeur sur tous les corps du système solaire ?

Rappel de 3e : La valeur du poids P d'un objet de masse m situé à la surface de la Terre est : $P = m \times g$, avec $g = 9{,}8\ \text{N}\cdot\text{kg}^{-1}$.

3. Calculer la valeur du poids d'un objet de masse m = 50 kg se trouvant sur Terre et la comparer avec la valeur de l'action attractive qu'exerce la Terre sur l'objet.

4. En déduire la valeur du poids de cet objet à la surface de la Lune.

doc. 5 Les planètes du système solaire subissent une attraction exercée par le Soleil.

3 L'assistance gravitationnelle

→ L'assistance gravitationnelle, appelée aussi fronde gravitationnelle, permet de guider et d'accélérer les sondes spatiales afin qu'elles atteignent leurs cibles **(doc. 6)**.
Comment cette technique fonctionne-t-elle ?

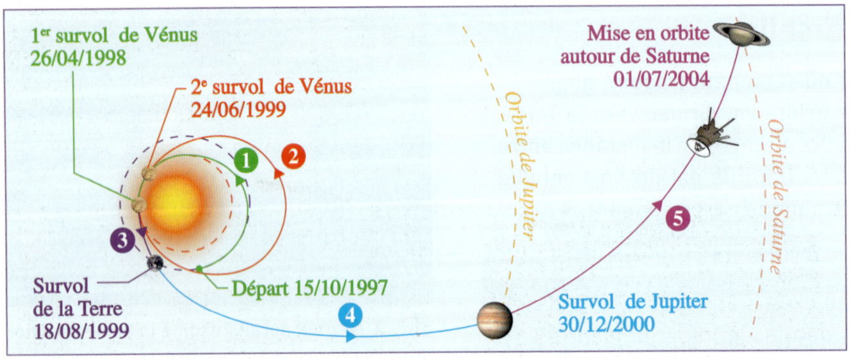

doc. 6 Le périple de la sonde Cassini-Huygens. Cette sonde a été lancée en 1997. Pour atteindre Saturne, elle a utilisé quatre fois l'assistance gravitationnelle : à deux reprises près de Vénus, puis une fois près de la Terre et enfin près de Jupiter.

Lorsqu'une sonde spatiale passe près d'une planète, elle subit l'attraction gravitationnelle de celle-ci. Dans le référentiel héliocentrique, la trajectoire **(doc. 7)** et la vitesse **(doc. 8)** de cette sonde sont modifiées.

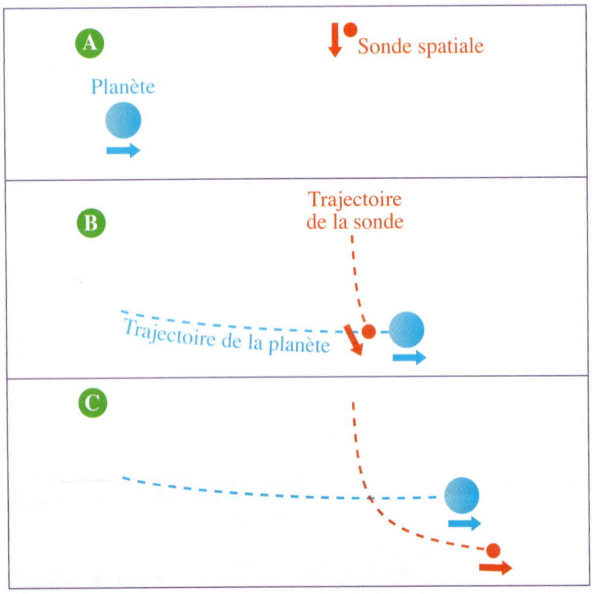

doc. 7 Assistance gravitationnelle avec trois positions consécutives de la planète et de la sonde spatiale.

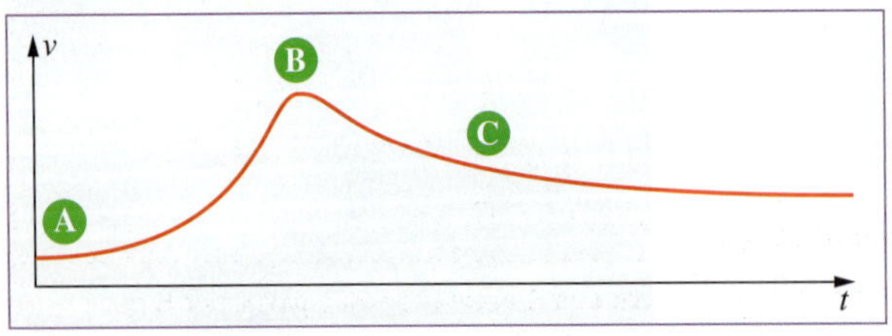

doc. 8 Évolution de la valeur de la vitesse d'une sonde lors d'une assistance gravitationnelle.

Info-maths

L'action d'un corps sur un autre peut être modélisée par une **force**. Sur un schéma, une force est représentée par un **segment fléché**, appelé **vecteur**, noté $\vec{F}$.
Ce segment fléché fournit trois informations :
- la **direction** de la force, qui est la droite support du segment fléché (ici, la direction de la force est la droite passant par les centres des objets) ;
- le **sens** de la force, qui est donné par l'orientation de la flèche (ici, la force est orientée de l'astre attiré vers l'astre attracteur) ;
- la **valeur** de la force, qui est proportionnelle à la longueur du segment fléché et s'exprime en newton (N).

Le **point d'application** de la force est le point où l'on considère que s'exerce la force. Il est placé au point de départ de la flèche (ici, le point d'application de la force est le centre de l'astre attiré).

1. Reproduire les trois situations du **document 7** en représentant la planète par un point P et la sonde par un point S. Sur ces trois schémas, représenter la force modélisant l'attraction gravitationnelle qu'exerce la planète sur la sonde dans chaque situation.
2. À l'aide du graphique du **document 8**, indiquer la position dans laquelle la sonde a une vitesse maximale.
3. En commentant le graphique du **document 8**, montrer que l'effet de fronde gravitationnelle a permis d'augmenter la valeur de la vitesse de la sonde.
4. Quels sont les effets d'une assistance gravitationnelle sur le mouvement d'une sonde spatiale ?

1 Qu'est-ce que la gravitation universelle ?

La cohésion du système solaire, et plus généralement celle de l'Univers, est due aux actions mutuelles qu'exercent ses constituants les uns sur les autres. On dit qu'ils sont en interaction.

La gravitation universelle est une des interactions de l'Univers. Elle est attractive et s'exerce à distance.

Chaque planète du système solaire **(doc. 1)** est attirée par le Soleil et par toutes les autres planètes. L'**activité 2** a montré que la valeur de ces interactions dépend de la masse des astres et de la distance qui les sépare. La gravitation universelle peut avoir des effets très différents **(doc. 2** à **4)**.

doc. 1 L'organisation du système solaire est régie par la gravitation universelle.

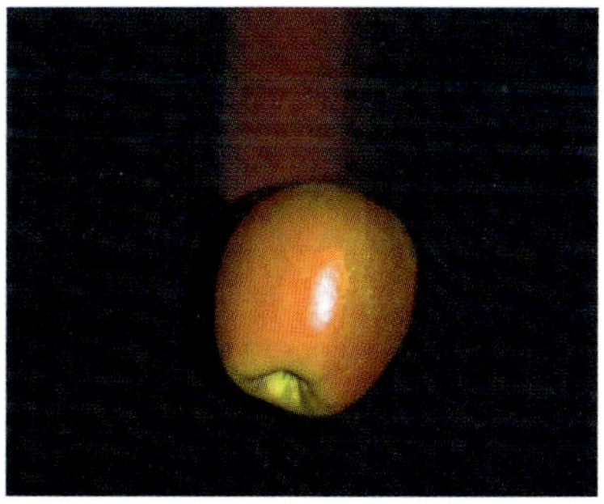

doc. 2 Dans un référentiel terrestre, une pomme initialement immobile tombe verticalement.

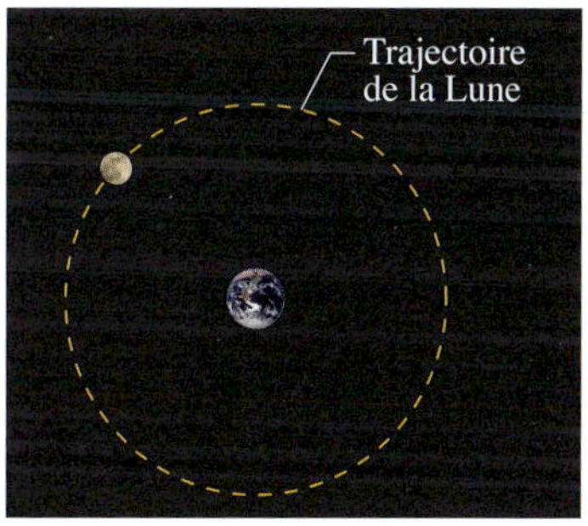

doc. 3 Dans le référentiel géocentrique, la Lune a une trajectoire quasiment circulaire.

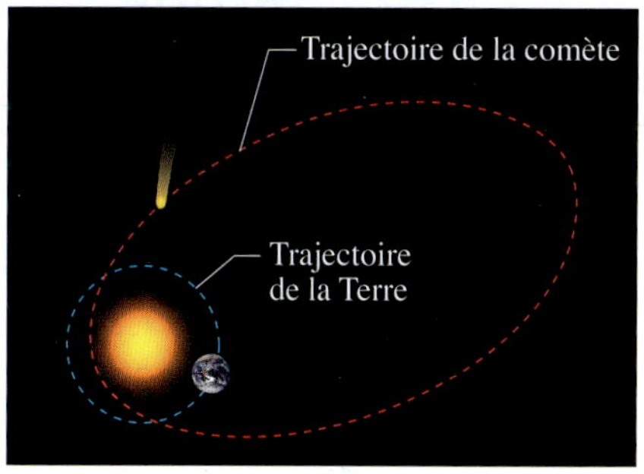

doc. 4 Dans le référentiel héliocentrique, les trajectoires des comètes sont des ellipses, celle de la Terre est quasiment circulaire.

2 L'interaction gravitationnelle entre deux corps

2.1 Force d'attraction gravitationnelle

Isaac Newton a montré que deux corps, A et B, exercent l'un sur l'autre des actions d'attraction gravitationnelle.

- **Deux corps A et B, dont les masses m_A et m_B sont régulièrement réparties autour de leurs centres C_A et C_B distants de d, exercent des actions attractives l'un sur l'autre.**
- **L'action attractive exercée par le corps A sur le corps B est modélisée par une force notée $\vec{F}_{A/B}$ dont les caractéristiques sont :**
  - **une direction : la droite passant par C_A et C_B ;**
  - **un sens : de B vers A ;**
  - **une valeur : $F_{A/B} = G\dfrac{m_A \times m_B}{d^2}$.**
- **Le point d'application de la force $\vec{F}_{A/B}$ est le centre C_B du corps B.**

La constante G est appelée **constante universelle de gravitation** :

$$G = 6{,}67 \times 10^{-11}\ N \cdot m^2 \cdot kg^{-2}.$$

Les masses m_A et m_B sont exprimées en kilogramme (kg), la distance d en mètre (m) et la valeur $F_{A/B}$ en newton (N).

- Sur un schéma, chaque corps est représenté par son centre appelé « centre de gravité » **(doc. 5)**.

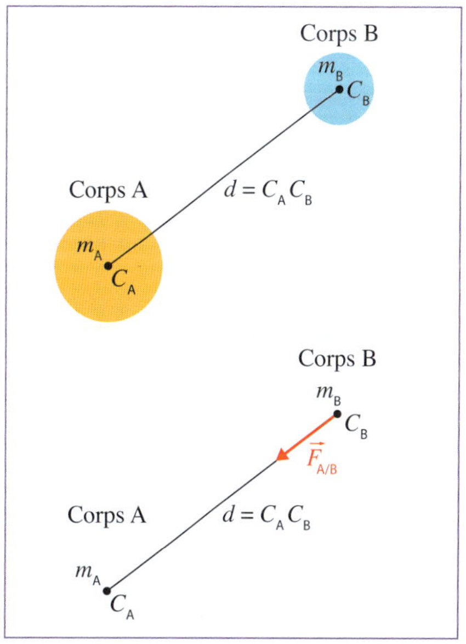

doc. 5 L'action exercée par A sur B est modélisée par une force $\vec{F}_{A/B}$ dont le point d'application est le centre C_B du corps B.

2.2 Interaction gravitationnelle

De la même manière, l'action exercée par le corps B sur le corps A est modélisée par une force notée $\vec{F}_{B/A}$ qui s'applique au centre C_A du corps A. Les corps A et B sont **en interaction (doc. 6)**.

Les deux forces $\vec{F}_{A/B}$ et $\vec{F}_{B/A}$ ont : – la même direction ;
– des sens opposés ;
– la même valeur ;
– des points d'application différents.

Pour commencer, exercices 1, 2 et 3, p. 107

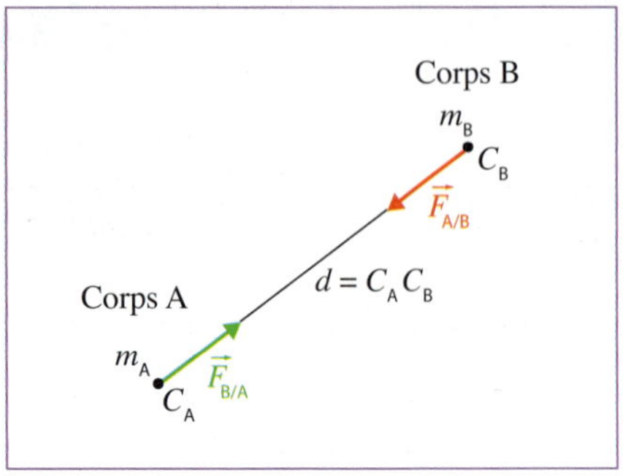

doc. 6 Interaction gravitationnelle entre deux corps A et B.

3 La pesanteur

3.1 Le poids sur la Terre

• Tout corps, de centre C et de masse m, placé au voisinage de la Terre subit son attraction.

Le centre de la Terre est noté T, sa masse m_T et son rayon R_T. L'attraction exercée par la Terre sur ce corps est modélisée par la force $\vec{F}_{Terre/corps}$ **(doc. 7)** dont les caractéristiques sont les suivantes :
– une direction : la droite (CT) ;
– un sens : de C vers T ;
– une valeur : $F_{Terre/corps} = G\,\dfrac{m_T \times m}{R_T^{\,2}}$ (car $CT \simeq R_T$).

Cette force est orientée vers le centre de la Terre. Elle est donc **verticale** et **vers le bas**.
Avec $m_T = 6{,}0 \times 10^{24}$ kg et $R_T = 6{,}38 \times 10^3$ km, on obtient :

$$F_{Terre/corps} = 6{,}67 \times 10^{-11} \times \frac{6{,}0 \times 10^{24} \times m}{(6{,}38 \times 10^6)^2} = 9{,}8 \times m.$$

On retrouve l'expression du **poids** d'un corps de masse m au voisinage de la Terre (vue au collège) :

$$P = m \times g$$

avec $g = 9{,}8\ N{\cdot}kg^{-1}$; g est l'**intensité de la pesanteur** terrestre.

• Le **centre de gravité** du corps est le point d'application de la force exercée par la Terre sur ce corps.

Le poids $\vec{P}$ d'un corps de masse m au voisinage de la Terre :
– est assimilé à la force d'attraction exercée par la Terre sur ce corps :

$$\vec{P} = \vec{F}_{Terre/corps}\ ;$$

– a une valeur $P = m \times g$, avec $g = 9{,}8\ N{\cdot}kg^{-1}$.

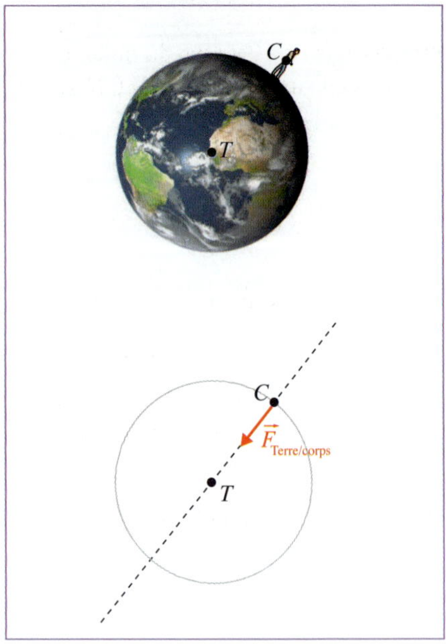

doc. 7 La force de gravitation exercée par la Terre sur un corps est dirigée vers le centre de la Terre. Le corps étant proche de la surface de la Terre, on a $CT = R_T$.

• L'unité de la masse m d'un corps est le kilogramme.
• L'unité de la valeur P du poids est le newton.
• Le poids et la masse sont des grandeurs proportionnelles :
$P = m \times g$.

3.2 Le poids sur la Lune

L'**activité 2** a montré que l'intensité de la pesanteur varie d'un astre à l'autre. Par analogie avec ce qui précède, la valeur P_L du poids d'un corps de masse m à la surface de la Lune est :

$$P_L = F_{Lune/corps} = G\,\frac{m_L \times m}{R_L^{\,2}}.$$

Avec $m_L = 7{,}4 \times 10^{22}$ kg et $R_L = 1{,}74 \times 10^3$ km, on obtient :

$$F_{\text{Lune/corps}} = 6{,}67 \times 10^{-11} \times \frac{7{,}4 \times 10^{22} \times m}{(1{,}74 \times 10^6)^2} = 1{,}6 \times m.$$

Le poids $\vec{P_L}$ d'un corps de masse m au voisinage de la Lune :
– est assimilé à la force d'attraction exercée par la Lune sur ce corps :

$$\vec{P_L} = \vec{F}_{\text{Lune/corps}} ;$$

– a une valeur $P_L = m \times g_L$, avec $g_L = 1{,}6$ N·kg^{-1}.

• Pour comparer les valeurs du poids d'un corps sur la Terre et sur la Lune, il suffit de calculer le rapport des intensités de pesanteur :

$$\frac{g}{g_L} = \frac{9{,}8}{1{,}6} \simeq 6.$$

La valeur du poids d'un corps sur la Lune est environ 6 fois plus faible que celle du même corps sur Terre.

Par exemple, les valeurs du poids d'un corps de masse égale à 100 kg est de 980 N sur la Terre et de 160 N sur la Lune **(doc. 8)**.

Pour commencer, exercices 4 et 5, p. 107

doc. 8 Le dessinateur Hergé l'avait illustré en 1954 et les astronautes l'ont vérifié en 1969 : le poids d'un objet sur la Lune est six fois plus faible que sur la Terre.

4 Effet d'une force sur le mouvement d'un corps

4.1 L'énoncé du principe d'inertie

GALILÉE puis NEWTON ont formulé le **principe d'inertie** :

Un corps est immobile ou en mouvement rectiligne uniforme si et seulement si les forces qui s'exercent sur lui se compensent (ou s'il n'est soumis à aucune force).

Ce principe s'applique dans le référentiel héliocentrique pour des mouvements comme ceux des planètes, des comètes et des sondes spatiales.

4.2 Applications du principe d'inertie

Des sondes spatiales comme Voyager ont été lancées depuis la Terre pour étudier les planètes du système solaire **(doc. 9)**. Ces sondes sont maintenant aux confins du système solaire. Très éloignées du Soleil et des planètes, elles ne subissent pratiquement plus de force d'attraction de leur part.

D'après le principe d'inertie, si une sonde n'est soumise à aucune force, son mouvement est rectiligne uniforme dans le référentiel héliocentrique.

Une force n'est pas nécessaire pour entretenir un mouvement.

doc. 9 Les sondes Voyager I et II ont permis de mieux connaître des planètes du système solaire.

Dans le référentiel géocentrique, le mouvement de la Lune n'est pas rectiligne uniforme, car la Lune est soumise à des forces d'attraction gravitationnelles qui ne se compensent pas **(doc. 10)**. Ces forces sont principalement exercées par le Soleil et par la Terre.

Une force modifie le mouvement d'un corps. L'**activité 3** a montré que la trajectoire et la vitesse de la sonde Cassini-Huygens ont été modifiées par l'attraction de Vénus lorsque la sonde s'en est approchée.

Soumis à une force, ou à plusieurs forces qui ne se compensent pas, un corps ne peut pas avoir un mouvement rectiligne uniforme ni rester immobile.

Pour commencer, exercice 6, p. 107

doc. 10 La Lune a un mouvement quasiment circulaire autour de la Terre.

Les savoirs

La gravitation universelle

La Lune tourne autour de la Terre, la Terre tourne autour du Soleil et, plus généralement, toutes les planètes du système solaire tournent autour du Soleil. Ces mouvements sont régis par la gravitation universelle.

La **gravitation universelle** est une interaction attractive qui existe entre tous les corps de l'Univers.

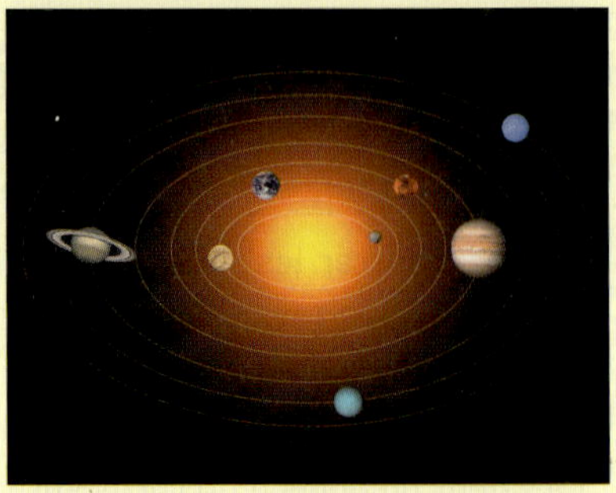

L'interaction gravitationnelle entre deux corps

- Deux corps A et B, dont les masses m_A et m_B sont régulièrement réparties autour de leurs centres C_A et C_B distants de d, exercent l'un sur l'autre des **actions attractives**.
- L'action attractive exercée par le corps A sur le corps B est modélisée par une **force** notée $\vec{F}_{A/B}$ dont les caractéristiques sont :
  – une direction : la droite passant par C_A et C_B ;
  – un sens : de B vers A ;
  – une valeur : $F_{A/B} = G\dfrac{m_A \times m_B}{d^2}$.

  G est la **constante universelle de gravitation** : $G = 6{,}67 \times 10^{-11}\ N{\cdot}m^2{\cdot}kg^{-2}$.
  La valeur $F_{A/B}$ est exprimée en newton (N), m_A et m_B sont en kilogramme (kg) et d est en mètre (m).

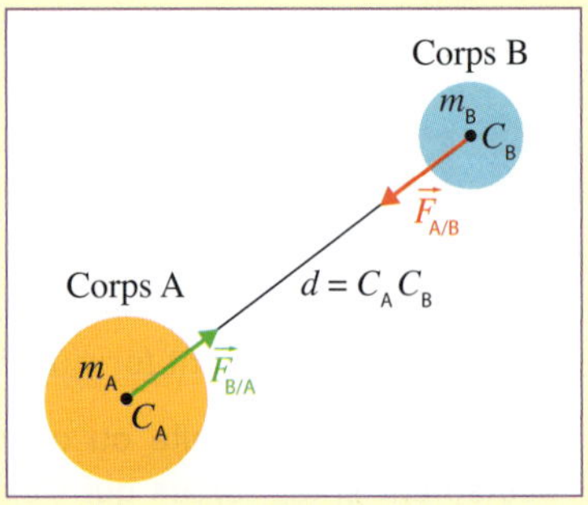

- Le point d'application de la force $\vec{F}_{A/B}$ est le centre de gravité C_B du corps B.
- Réciproquement, le corps B exerce sur le corps A une force de sens opposé, mais de même valeur.

La pesanteur

- Le poids d'un corps à la surface de la Terre résulte de la force d'attraction exercée par la Terre sur ce corps : $P = m \times g$, avec P exprimé en newton (N), m exprimée en kilogramme (kg) et $g = 9{,}8\ N{\cdot}kg^{-1}$.
- Le poids d'un corps sur la Lune est environ six fois plus faible que sur la Terre, car $g_L = 1{,}6\ N{\cdot}kg^{-1}$.

Effet d'une force sur le mouvement d'un corps

- Un corps est immobile ou en mouvement rectiligne uniforme si et seulement si les forces qui s'exercent sur lui se compensent (ou s'il n'est soumis à aucune force). C'est le **principe d'inertie**.
- Une force modifie la trajectoire et/ou la valeur de la vitesse d'un corps.

Les compétences attendues

- Calculer la force d'attraction gravitationnelle qui s'exerce entre deux corps sphériques dont les masses sont régulièrement réparties autour de leurs centres.
- Savoir que la pesanteur terrestre résulte de l'attraction terrestre.
- Comparer le poids d'un même corps sur la Terre et sur la Lune.
- Savoir qu'une force s'exerçant sur un corps modifie la valeur de sa vitesse et/ou la direction de son mouvement.

S'auto-évaluer

QCM

Utiliser les schémas ci-contre pour répondre aux questions.
Données :
$G = 6,67 \times 10^{-11}$ N·m²·kg⁻² ;
$g = 9,8$ N·kg⁻¹ ;
$m_T = 5,98 \times 10^{24}$ kg ;
$m_L = 7,35 \times 10^{22}$ kg ;
$d = 380 \times 10^3$ km.

Schéma 1

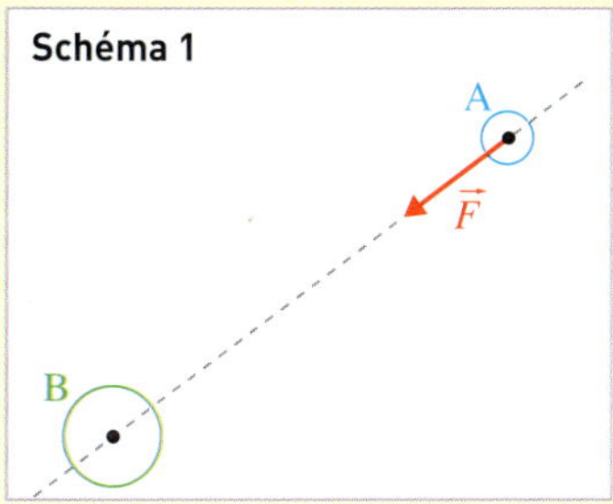

Schéma 2

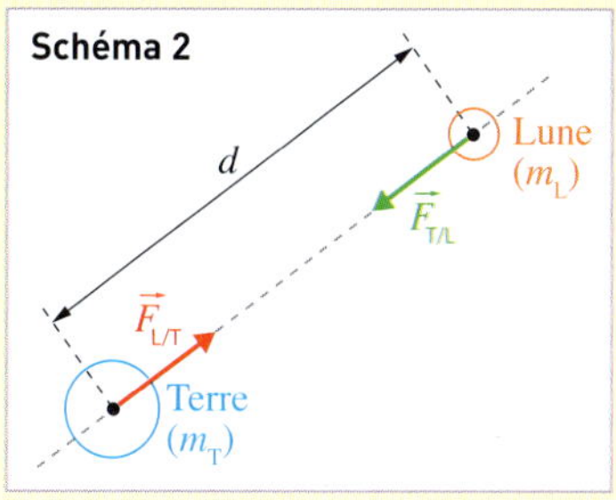

ÉNONCÉ	A	B	C	Si échec revoir
1. La gravitation universelle s'exerce :	à distance	seulement entre la Terre et la Lune	entre tous les astres de l'Univers	§1, p. 101
2. La gravitation universelle qui s'exerce entre deux astres :	est indépendante de la masse de ces astres	est toujours répulsive	est toujours attractive	§1, p. 101
3. La force $\vec{F}$ représentée sur le schéma 1 modélise :	l'attraction exercée par le corps A sur le corps B	l'attraction exercée par le corps B sur le corps A	le poids du corps A	§2, p. 101
4. La Terre exerce sur moi une force d'attraction.	Je n'exerce pas de force d'attraction sur la Terre.	J'exerce une force d'attraction de même valeur sur la Terre.	J'exerce une force d'attraction de valeur beaucoup plus faible sur la Terre.	§2, p. 101
5. Quel schéma représente l'interaction gravitationnelle entre un corps A de centre C_A et un corps B de centre C_B ?	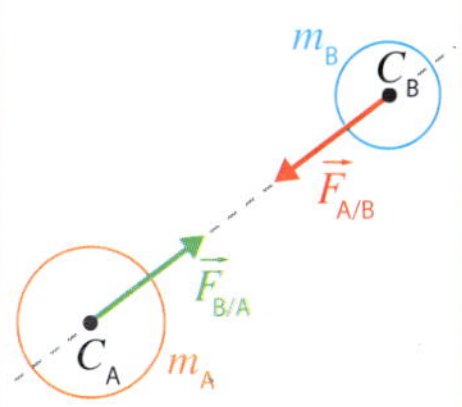	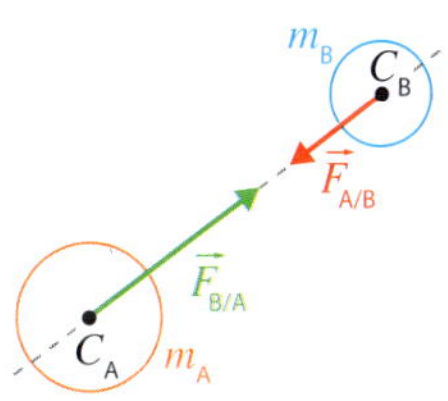	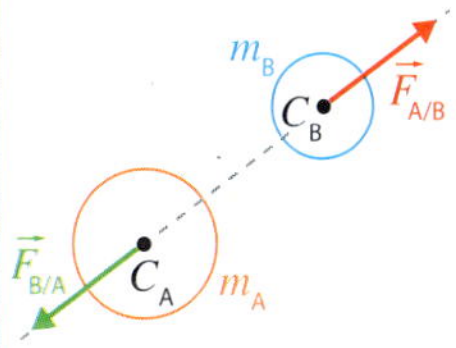	§2, p. 101
6. Quelle est l'expression qui correspond à la valeur des forces représentées sur le schéma 2 :	$F = G\dfrac{m_T \times m_L}{d^2}$	$F = G\dfrac{m_T \times m_L}{d}$	$F = G\dfrac{m_T + m_L}{d^2}$	§2, p. 101
7. La force $\vec{F}_{L/T}$ représentée sur le schéma 2 a pour valeur :	$F_{L/T} = 2,03 \times 10^{20}$ N	$F_{L/T} = 2,03 \times 10^{26}$ N	$F_{L/T} = 7,70 \times 10^{28}$ N	§2, p. 101
8. Quel est le poids sur Terre d'un objet de masse 60 kg ?	Environ 60 N.	Environ 590 N.	Environ $5,9 \times 10^5$ N.	§3, p. 102
9. La valeur du poids d'un objet sur la Lune est :	égale à la valeur du poids de cet objet sur la Terre	environ 6 fois plus grande que la valeur du poids de cet objet sur la Terre	environ 6 fois moins grande que la valeur du poids de cet objet sur la Terre	§3, p. 102
10. Un objet qui n'est soumis à aucune force peut avoir :	un mouvement rectiligne accéléré	un mouvement rectiligne uniforme	un mouvement circulaire uniforme	§4, p. 103

Réponses, p. 324

Analyser, résoudre et rédiger

Compétences mises en œuvre

- Effectuer un calcul.
- Faire un schéma.

Un satellite autour de la Terre

Le satellite ENVISAT est dédié à l'observation de la Terre (atmosphère, continents, océans). Il a une masse $m_S = 8{,}2 \times 10^3$ kg et il tourne autour de la Terre sur une orbite circulaire de rayon R = 7 168 km.

1. Donner l'expression de la valeur de la force d'attraction gravitationnelle exercée par la Terre sur ce satellite.

2. Calculer la valeur de cette force.

3. Représenter cette force sur un schéma faisant apparaître la Terre et le satellite (échelle : 1 cm pour 2×10^4 N).

Données : masse de la Terre : $m_T = 5{,}98 \times 10^{24}$ kg ; $G = 6{,}67 \times 10^{-11}$ N·m²·kg⁻².

CONSEILS

1. L'expression de la valeur de la force d'attraction gravitationnelle exercée par un corps sur un autre est à connaître. Il faut l'adapter aux notations de l'exercice.
La distance entre le centre de la Terre et le satellite est égale au rayon de la trajectoire.

2. Les distances doivent être exprimées en mètre. Si l'on utilise convenablement la touche « puissance de 10 » de la calculatrice, les parenthèses sont inutiles. Ne pas oublier le carré au dénominateur.
Exemple d'affichage du calcul :

```
6.67E-11*5.98E24
*8.2E3/7.168E6²
```

3. Comme la force s'exerce sur le satellite, son point d'application est sur le satellite. Elle est dirigée vers la Terre. Il faut tenir compte de l'échelle pour la représenter correctement.

Solution rédigée

1. D'après le cours, l'expression de la force d'attraction gravitationnelle est :

$$F_{A/B} = G\frac{m_A \times m_B}{d^2}.$$

Ici, on a donc :

$$\mathbf{F_{T/S} = G\frac{m_T \times m_S}{R^2}}.$$

2. On exprime la distance R en mètre :
R = 7 168 km = $7{,}168 \times 10^6$ m.
On peut alors calculer la valeur de la force :

$$F_{T/S} = 6{,}67 \times 10^{-11} \times \frac{5{,}98 \times 10^{24} \times 8{,}2 \times 10^3}{(7{,}168 \times 10^6)^2}$$

$\mathbf{F_{T/S} = 6{,}4 \times 10^4}$ **N.**

3.

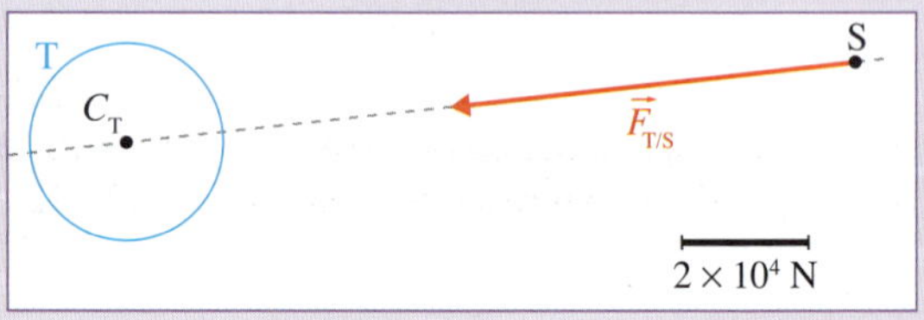

Application immédiate

Dans le référentiel héliocentrique, la trajectoire d'Uranus est quasiment circulaire autour du Soleil.

Données : masse du Soleil : $m_S = 2{,}0 \times 10^{30}$ kg ; masse d'Uranus : $m_U = 8{,}7 \times 10^{25}$ kg ; distance entre les centres du Soleil et d'Uranus : $D_{SU} = 2{,}9 \times 10^{12}$ m ; $G = 6{,}67 \times 10^{-11}$ N·m²·kg⁻².

1. Rappeler l'expression de la valeur de la force $F_{S/U}$ exercée par le Soleil sur Uranus.

2. Calculer la valeur $F_{S/U}$ de cette force.

3. Représenter cette force sur un schéma faisant apparaître le Soleil et Uranus (échelle : 2 cm pour 10^{21} N).

Voir correction, p. 326

Pour commencer

L'interaction gravitationnelle entre deux corps

1 Un moteur dans le système solaire ?

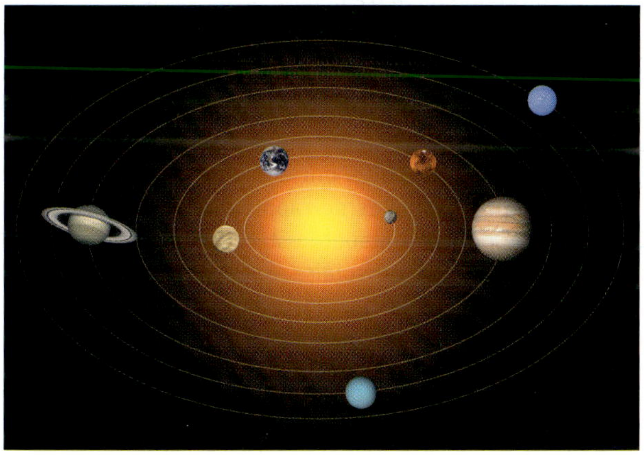

Les planètes du système solaire tournent autour du Soleil sur des trajectoires quasi-circulaires.

1. Indiquer la direction, le sens et le point d'application de la force d'attraction gravitationnelle exercée par le Soleil sur une planète.

2. Quelle est l'expression de la valeur de cette force ?

2 Sous l'influence du Soleil

1. Donner l'expression littérale de la valeur de la force d'attraction gravitationnelle exercée par le Soleil sur la Terre.

2. Calculer la valeur de cette force.

Données : $G = 6{,}67 \times 10^{-11}$ N·m^2·kg^{-2} ; masse du Soleil : $m_S = 2{,}0 \times 10^{30}$ kg ; masse de la Terre : $m_T = 5{,}98 \times 10^{24}$ kg ; distance Terre-Soleil (entre les centres) : $d_{TS} = 1{,}50 \times 10^{11}$ m.

3 Un satellite en orbite

Un satellite artificiel de masse $1{,}80 \times 10^3$ kg tourne autour de la Terre, sur une orbite circulaire, à 250 km d'altitude.

1. Donner l'expression de la valeur de la force d'attraction gravitationnelle exercée par la Terre sur le satellite. Calculer sa valeur.

2. Représenter cette force sur un schéma faisant apparaître la Terre et le satellite en utilisant l'échelle suivante : 1 cm pour 10^4 N.

3. Le satellite exerce une force sur la Terre. La comparer à celle exercée par la Terre sur le satellite.

Données : $G = 6{,}67 \times 10^{-11}$ N·m^2·kg^{-2} ; masse de la Terre : $m_T = 5{,}98 \times 10^{24}$ kg ; rayon terrestre : $R_T = 6\,378$ km.

La pesanteur

4 On a marché sur la Lune

Le 21 juillet 1969, Neil Armstrong et Buzz Aldrin ont marché sur la Lune. Les deux astronautes ont ramassé 21,7 kg de roches lunaires.

Données : $g_L = 1{,}6$ N·kg^{-1} ; $g = 9{,}8$ N·kg^{-1}.

1. Quel était le poids des roches sur la Lune ?

2. Quelle était la masse de ces roches une fois rapportées sur la Terre ?

3. Quel était le poids de ces roches une fois rapportées sur la Terre ?

5 Détecter l'invisible

Un trou noir résulte de l'effondrement du cœur d'une étoile massive. C'est une « boule » de matière très petite qui renferme une masse extraordinairement grande et dont la lumière ne peut s'échapper. Ainsi, un trou noir est invisible. Il peut être détecté par l'influence qu'il exerce sur des étoiles et d'autres objets qui lui sont proches.

1. On considère un trou noir d'une masse égale à 10 fois celle du Soleil et ayant la forme d'une sphère de 3 km de diamètre. Calculer la valeur de la force d'attraction gravitationnelle exercée sur un objet de masse m = 1 kg placé à la « surface » d'un tel trou noir.

2. Calculer la valeur de la force d'attraction gravitationnelle exercée sur le même objet placé à la surface du Soleil, puis à la surface de la Terre et comparer les trois valeurs.

Données : $G = 6{,}67 \times 10^{-11}$ N·m^2·kg^{-2} ; masse du Soleil : $m_S = 2{,}0 \times 10^{30}$ kg ; rayon solaire : $R_S = 7{,}0 \times 10^5$ km ; intensité de la pesanteur sur Terre : $g = 9{,}8$ N·kg^{-1}.

Effet d'une force sur le mouvement d'un corps

6 Death Star

Dans le film *Star Wars*, l'Étoile de la Mort est une station spatiale de combat.

1. Loin de l'influence gravitationnelle de toute étoile ou planète, quels mouvements l'Étoile de la Mort peut-elle avoir :

a. pas de mouvement ?

b. un mouvement circulaire uniforme ?

c. un mouvement rectiligne uniforme ?

d. un mouvement rectiligne ralenti ?

Justifier la réponse.

2. Quel(s) mouvement(s) peut-elle avoir si elle est sous l'influence d'une autre étoile proche ?

Exercices

Pour s'entraîner

7 Éclipse de Soleil

Lors de la nouvelle lune, la Lune est entre la Terre et le Soleil.

1. Schématiser la situation, sans souci d'échelle.

2. Exprimer puis calculer la valeur de la force d'interaction gravitationnelle exercée par la Terre sur la Lune.

3. Exprimer puis calculer la valeur de celle exercée par le Soleil sur la Lune dans cette situation.

Données : $G = 6{,}67 \times 10^{-11}$ N·m²·kg⁻² ; masse du Soleil : $m_S = 2{,}0 \times 10^{30}$ kg ; masse de la Terre : $m_T = 5{,}98 \times 10^{24}$ kg ; masse de la Lune : $m_L = 7{,}4 \times 10^{22}$ kg ; distance Terre-Soleil : $d_{TS} = 1{,}50 \times 10^{11}$ m ; distance Terre-Lune : $d_{TL} = 3{,}84 \times 10^{8}$ m.

8 La tête en bas ?

John s'entraîne sur le terrain de sport de son lycée, à Londres. Au même moment, Salomé est en cours de maths, en Afrique du Sud.

1. a. Calculer la valeur de la force d'attraction gravitationnelle exercée par la Terre sur John.

b. Quel est le nom usuel de cette force ?

c. Représenter cette force sur un schéma en notant *J* le centre de gravité de John et *T* celui de la Terre.

2. Représenter la force exercée par la Terre sur Salomé en notant *S* son centre de gravité.

3. La force exercée par la Terre sur un objet dépend-t-elle de l'hémisphère dans lequel il se trouve ?

Données : $G = 6{,}67 \times 10^{-11}$ N·m²·kg⁻² ; masse de Salomé : $m_S = 55$ kg ; masse de John : $m_J = 55$ kg ; masse de la Terre : $m_T = 5{,}98 \times 10^{24}$ kg ; rayon de la Terre : $R_T = 6{,}38 \times 10^{6}$ m.

9 Fronde gravitationnelle

Le schéma ci-dessous représente, dans le référentiel héliocentrique, douze positions successives d'une planète P et d'une sonde S lors d'un effet de fronde gravitationnelle. Lorsque la planète est en P_1, la sonde est en S_1, etc.
Deux positions consécutives sont toujours séparées par le même intervalle de temps.

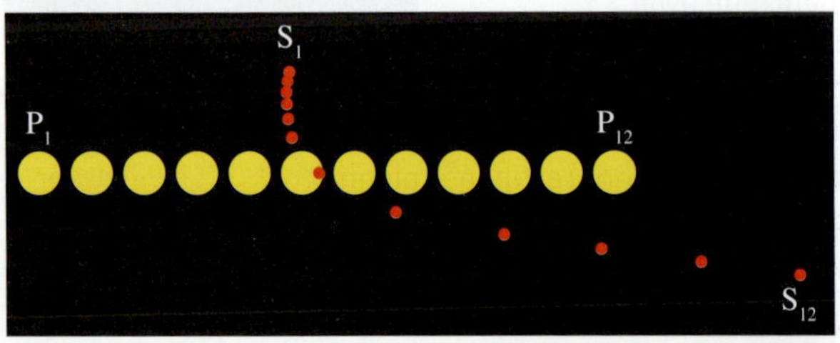

1. Décalquer le schéma en repérant les positions respectives de la planète P et de la sonde S.
Dans quel référentiel les positions sont-elles repérées ?

2. Représenter, sans souci d'échelle, la force exercée par la planète sur la sonde pour les positions S_1, S_9 et S_{12}.

3. Que peut-on dire entre S_1 et S_{12} :

a. de la valeur de la vitesse de la sonde ?

b. de la direction de la trajectoire de la sonde ?

4. Quel est l'intérêt du phénomène de fronde gravitationnelle ?

10 Planète extrasolaire

En 2006, des astronomes ont découvert une exoplanète dont les caractéristiques se rapprochent de celles de la Terre. Cette nouvelle planète est située à 25 000 années de lumière du système solaire. Sa masse est 5 fois plus grande que la masse terrestre. Elle se trouve à 3 fois la distance Terre-Soleil de son étoile, dont la masse est 5 fois plus petite que celle du Soleil. Sa période de révolution est de 10 ans.

1. Quelles données numériques de ce texte n'interviennent pas dans le calcul de la valeur de la force d'attraction gravitationnelle qu'exerce l'étoile sur la planète ?

2. Quelles sont les expressions littérales des valeurs :

a. de la force d'attraction du Soleil sur la Terre ?

b. de la force d'attraction de l'étoile sur la planète ?

3. Quelle est la force dont la valeur est la plus grande ?

11 L'homme de Mars

Le dialogue suivant est extrait d'une nouvelle de Guy de Maupassant, *L'homme de Mars*, écrite en 1887.

« – [...] des canaux de 100 km de largeur ! Il a fallu de rudes ouvriers pour les creuser.
– Oh, Monsieur, que dites-vous là ? Vous ignorez donc que ce travail est infiniment plus aisé sur Mars que sur la Terre, puisque la densité de ses matériaux constitutifs ne dépasse pas le 69ᵉ des nôtres ! L'intensité de la pesanteur y atteint à peine le 37ᵉ de la nôtre. Un kilogramme d'eau n'y pèse que 370 g ! »

1. Donner l'expression de l'intensité g_M de la pesanteur sur le sol de Mars. Calculer sa valeur.

2. Comparer la valeur obtenue à l'affirmation du texte la concernant. Conclure.

3. Critiquer la phrase : « Un kilogramme d'eau n'y pèse que 370 g ! »

4. Réécrire correctement cette phrase.

Données : $G = 6{,}67 \times 10^{-11}$ N·m²·kg⁻² ; intensité de la pesanteur sur le sol terrestre : $g = 9{,}81$ N·kg⁻¹.

Planète	Diamètre en km	Masse en kg
Terre	$1{,}276 \times 10^4$	$5{,}98 \times 10^{24}$
Mars	$0{,}679 \times 10^4$	$6{,}42 \times 10^{23}$

12 La pesanteur… de tête

L'intensité de la pesanteur g à la surface d'un astre s'exprime par :

$$g = G\frac{m}{R^2}$$

où m est la masse de l'astre et R son rayon.

Évaluer l'ordre de grandeur de l'intensité de la pesanteur à la surface de Saturne.

Données : $G = 6{,}67 \times 10^{-11}$ N·m^2·kg^{-2} ; rayon de Saturne : $R_S = 6{,}0 \times 10^4$ km ; masse de Saturne : $m_S = 5{,}68 \times 10^{26}$ kg.

Aide au calcul : les valeurs 6,67 et 5,68 seront arrondies à 6.

13 Rédiger correctement une solution

La solution de l'exercice suivant a été rédigée par un élève, puis annotée par un professeur. Lire l'énoncé, les réponses de l'élève et les corrections suggérées, puis rédiger une solution détaillée.

Énoncé de l'exercice

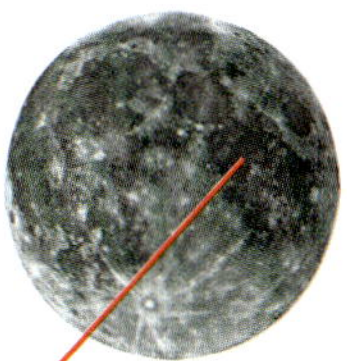

La fusée Saturn V, de masse m_{Sa} = 3 000 t, transportant le module lunaire et son équipage de trois hommes, a été lancée le 16 juillet 1969 de la base de Cap Canaveral, en Floride.

Après la mise en orbite lunaire à la distance h = 110 km de la Lune, le module lunaire de masse m_m = 15 t s'est détaché et dirigé vers la Lune, où il s'est posé en douceur sur la « mer de la Tranquillité ».

Exprimer, puis calculer la valeur de la force exercée par la Lune sur le module lorsqu'il s'est détaché de la fusée.

Données : $G = 6{,}67 \times 10^{-11}$ N·m^2·kg^{-2} ; rayon de la Terre : R_T = 6 380 km ; rayon de la Lune : R_L = 1 740 km ; masse de la Lune : $m_L = 7{,}4 \times 10^{22}$ kg.

Copie de l'élève corrigée

$$F_{L/M} = G\frac{m_A \times m_B}{d^2}$$

Respecter les notations du texte.

$$F_{T/S} = 6{,}67 \times 10^{-11} \times \frac{15 \times 7{,}4 \times 10^{22}}{(110 \times 10^3)^2}$$

Attention aux unités et au dénominateur : d est la distance entre le centre de la Lune et la fusée.

$$F_{L/M} = 2{,}2 \times 10^4$$

Préciser l'unité !

14 La naissance des galaxies et des étoiles

C'est grâce à l'attraction gravitationnelle que d'immenses nuages de poussières et de gaz créés lors du Big Bang se sont contractés, jusqu'à former des galaxies, des étoiles et des systèmes planétaires comme le système solaire.

C'est aussi sous l'effet de leur propre attraction gravitationnelle que les étoiles se contractent suffisamment pour déclencher en leur cœur des réactions nucléaires.

1. Pourquoi l'attraction gravitationnelle conduit-elle à la concentration des gaz et des poussières, ainsi qu'à la contraction des étoiles ?

2. Calculer la valeur de la force d'attraction gravitationnelle qui s'exerce entre deux poussières d'un dixième de gramme distantes de 5 mm.

3. À quelle distance du Soleil cette même poussière serait-elle soumise à une force de même valeur ?

4. Comparer cette distance à celle séparant Neptune du Soleil à l'aide des données de l'activité 2.

Données : $G = 6{,}67 \times 10^{-11}$ N·m^2·kg^{-2} ; masse du Soleil : $m_S = 2{,}0 \times 10^{30}$ kg.

15 À chacun son rythme

Cet exercice est proposé à deux niveaux de difficulté. Dans un premier temps, essayer de résoudre l'exercice de niveau 2. En cas de difficultés, passer au niveau 1.

Dans la série *Cosmos 1999*, la Terre entrepose ses déchets nucléaires sur la Lune, où elle a installé une base lunaire nommée Alpha. Survient alors une explosion nucléaire qui expulse la Lune de son orbite et même du système solaire.

Loin de toute interaction, elle erre alors dans l'espace à vitesse constante et affronte toutes sortes d'aventures au fil des épisodes.

Données : rayon de l'orbite de la Lune autour de la Terre : $R = 384 \times 10^3$ km ; durée du mois lunaire : 27,3 jours.

Niveau 2

1. Quelle est la vitesse de la Lune dans le référentiel géocentrique avant l'explosion ?

2. Justifier le mouvement de la Lune après l'explosion.

Niveau 1

1. a. À quoi correspond un mois lunaire ?

b. Quelle est la distance L parcourue par la Lune en un mois lunaire ?

c. Calculer la vitesse de la Lune dans le référentiel géocentrique avant l'explosion.

2. a. Rappeler le principe d'inertie.

b. Justifier le mouvement de la Lune après l'explosion.

16 Les comètes

« Elles viennent traînant leur queue immense de lumière vers l'astre rayonnant ; elles viennent, accélérant si fort leur course éperdue qu'elles ne peuvent joindre celui qui les appelle ; après l'avoir seulement frôlé, elles sont rejetées à travers l'espace par la vitesse même de leur chute.

Mais si, au cours de leur voyage prodigieux, elles sont passées près d'une puissante planète, si elles ont senti, déviées de leur route, son influence irrésistible, elles reviennent alors à ce maître nouveau qui les tient désormais captives. Leur parabole illimitée se transforme en une courbe fermée et c'est ainsi que nous pouvons calculer le retour des comètes périodiques. »

Extrait de *L'Homme de Mars*, de Guy de Maupassant

1. Qu'est ce qu'une comète ? Donner un exemple.

2. Que représente « l'astre rayonnant » ?

3. Expliquer la phrase : « elles sont rejetées à travers l'espace par la vitesse même de leur chute ».

4. Quel phénomène permet à une planète massive de « tenir captive » une comète ?

5. Que représente une « courbe fermée » pour l'auteur ?

17 Gravitational force

Every object in the universe which has a mass exerts a gravitational force on every other mass. The size of the pull depends on the masses of the objects. You exert a gravitational force on the people around you, but that force isn't very strong, since people aren't very massive. When you look at really large masses, like the Earth and Moon, the gravitational pull becomes very impressive. The gravitational force between the Earth and the molecules of gas in the atmosphere is strong enough to hold the atmosphere close to our surface.

1. L'attraction gravitationnelle s'exerce-t-elle uniquement entre des objets de masses très importantes comme les planètes ?

2. Pourquoi ne ressent-on pas l'attraction gravitationnelle que notre voisin exerce sur nous ?

3. Pourquoi les gaz de l'atmosphère terrestre restent-ils proches de la surface de la Terre ?

18 De la Terre à la Lune

Dans le roman de Jules Verne *De la Terre à la Lune*, les trois héros, Barbicane, Michel et Nicholl, ont pris place à l'intérieur d'un projectile, Colombiad, qu'un canon a propulsé en direction de la Lune.

« La trajectoire du projectile se traçait entre la Terre et la Lune. À mesure qu'il s'éloignait de la Terre, l'attraction terrestre diminuait en raison inverse du carré des distances, mais aussi l'attraction lunaire augmentait dans la même proportion. Il devrait donc arriver un point où ces deux attractions se neutralisant, le boulet ne pèserait plus. Si les masses de la Terre et de la Lune eussent été égales, ce point se fût rencontré à une distance égale des deux astres. Mais en tenant compte de la différence des masses, il était facile de calculer que ce point serait situé aux quarante-sept cinquante-deuxièmes du voyage. »

1. Schématiser, sans souci d'échelle, la situation du projectile au point où les deux attractions se neutralisent.

2. Vérifier que, pour le point situé à égale distance de la Terre et de la Lune, les deux attractions ne se neutralisent pas.

19 Retour sur l'ouverture du chapitre

Les astronautes américains, malgré leur lourd équipement, se déplaçaient assez aisément sur la surface de la Lune.

Données : masse de l'astronaute et de son équipement : m = 130 kg ; G = 6,67 × 10^{-11} N·m^2·kg^{-2} ; masse de la Terre : m_T = 5,98 × 10^{24} kg ; masse de la Lune : m_L = 7,35 × 10^{22} kg ; rayon de la Terre : R_T = 6 380 km ; diamètre de la Lune : R_L = 1 740 km.

1. a. Quelle est la valeur du poids de l'astronaute et de son équipement sur Terre ?

b. Même question sur la Lune.

2. Comparer ces deux valeurs.

3. Pourquoi les astronautes pouvaient-ils se déplacer facilement sur la Lune ?

CHAPITRE

8

PHYSIQUE

Observation de la Terre et des planètes

Les satellites Météosat fournissent des images de la même surface de la Terre. Quels renseignements peut-on obtenir de ces images ? (Voir exercice n° 7, p. 117.)

Des milliers de sondes et de satellites ont été envoyés dans notre système solaire. Quelles informations nous fournissent-ils ?

OBJECTIF → Analyser des documents scientifiques portant sur l'observation du système solaire.

1 Exploration du système solaire

→ L'exploration du système solaire constitue l'un des événements scientifique et technique majeurs de la seconde partie du XXe siècle.
Quelles sont les grandes étapes de cette exploration ?
Quelles principales informations ont été recueillies ?

Le système solaire est composé du Soleil et des objets célestes gravitant autour de lui :
- les huit planètes (Mercure, Vénus, la Terre, Mars, Jupiter, Saturne, Uranus et Neptune) et leurs satellites de grande taille.
La Lune est le satellite unique de la Terre.
Io, Europe, Ganymède et Callisto sont les principaux satellites de Jupiter.
Titan et Triton sont respectivement des satellites de Saturne et de Neptune.
- les planètes naines, les petits satellites, les astéroïdes et les comètes...

Envoyée dans le système solaire, une sonde spatiale va à la rencontre des corps célestes afin de les observer. Pour cela, elle devra parcourir des centaines de millions de kilomètres.
Un astre peut être étudié de différentes façons :
- en le survolant rapidement ;
- en restant en orbite autour de lui **(doc. 1)** ;
- en se posant à sa surface **(doc. 2)** ;
- en ramenant des échantillons sur Terre...

doc. 1 La sonde européenne Mars Express est en orbite autour de Mars depuis 2005. Ses instruments ont permis de découvrir des traces de méthane dans l'atmosphère de cette planète.

doc. 2 Le robot Spirit s'est posé sur Mars en 2004. Les informations recueillies ont permis de mieux connaître cette planète.

Réaliser une présentation des grandes étapes de l'exploration du système solaire de 1958 à nos jours. Pour cela :
1. @ Rechercher sur Internet les principaux événements de l'exploration spatiale en constituant une webographie détaillée sur le modèle du **document 3**.
2. Réaliser une présentation à l'aide d'un outil numérique (traitement de texte, logiciel de présentation, tableur, logiciel de cartes heuristiques...).
Pour chaque mission répertoriée, indiquer la date, le type de la mission, le nom de la sonde, l'astre exploré et les principales informations recueillies.
Ces informations pourront apparaître sous la forme de liens hypertextes, de commentaires ou de notes de bas de page, pour ne pas surcharger la présentation générale.

	A	B	C	D	E	F
1	Nom du moteur de recherche	Mots clés utilisés	Organisme	Date de mise à jour du fichier	Adresse URL	Commentaires
2	Ixquick	Planètes Exploration Sonde	CNES	Pas indiquée	http://smsc.cnes.fr/Fr/systeme_solaire.htm	Article complet pour débuter

doc. 3 Modèle de webographie.

2 La Terre sous surveillance

DOC DOCUMENTS

→ Des satellites observent la Terre avec une grande précision.
Quel est leur mouvement ?
Dans quels domaines utilise-t-on les informations qu'ils transmettent ?

● **Les satellites Spot**

Ils évoluent autour de la Terre, à une altitude de 820 km, sur des orbites circulaires **(doc. 4)**. Leur période de révolution est de 101,4 min. Pendant ce temps, la Terre a tourné autour de l'axe des pôles. Ces satellites ne repassent pas au-dessus du même point de la surface de la Terre à chaque tour. Ce sont des satellites **défilants** : il faut attendre 26 jours pour qu'un satellite repasse au-dessus d'un même lieu à la même heure locale. Cette durée est le cycle orbital du satellite.

● **Les satellites Météosat**

Ils évoluent autour de la Terre, dans le plan de l'équateur, à une altitude proche de 36 000 km. Leur période de révolution est égale à la période de rotation de la Terre. Ces satellites sont immobiles dans un référentiel terrestre. Ce sont des satellites **géostationnaires**.

● **Les instruments d'observation embarqués dans les satellites fournissent des données utilisées dans différents domaines.**

Les applications des mesures réalisées sont variées.

– **La cartographie** : la résolution des instruments d'observation embarqués dans les satellites a été améliorée depuis Spot 1 lancé en 1986 jusqu'à Spot 5 mis en orbite en 2002. Elle est passée de 10 m à 2,5 m. Cela a permis d'établir des cartes de plus en plus précises **(doc. 5 et 6)**

– **La prévention des risques et la gestion des crises** : les satellites Spot constituent un outil de veille et d'aide à la décision dans la prévention et la gestion de situations de crise : surveillance par exemple des incendies de forêt, des éruptions volcaniques ou bien évaluation des dégâts lors de catastrophes naturelles ou industrielles...

– **La surveillance de l'environnement** : la pollution, l'érosion des sols, la déforestation... sont autant de dangers qui menacent notre planète ; par comparaison d'images des satellites Spot au cours des mois, on suit l'évolution de ces phénomènes. Les données fournies par les satellites Météosat sont notamment utilisées pour établir les prévisions météo.

1. Citer trois applications des images des satellites Spot.
2. a. Quelle est la taille minimale des objets observables par Spot 5 ?
b. Quelle est la taille minimale des objets observables par la première génération des satellites Spot ?
c. Citer une application pratique des progrès dans ce domaine.
3. @ Rechercher des images satellitales de l'éruption du volcan islandais Eyjafjöll en 2010. Quelles informations fournissent-elles ?
4. @ Dans quel(s) domaine(s) de longueurs d'onde les satellites Météosat observent-ils la Terre ?

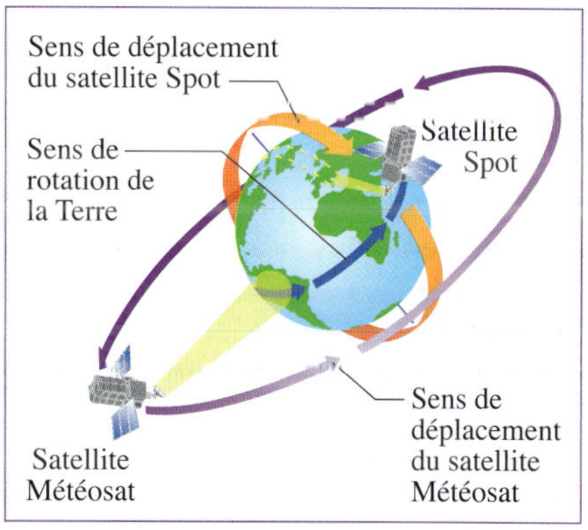

doc. 4 Orbite des satellites Spot et Météosat et zones de la Terre observées.

doc. 5 Image de la ville de Boulogne-sur-Mer prise avec une faible résolution.

doc. 6 Image de la ville de Boulogne-sur-Mer prise avec une haute résolution.

Retenir l'essentiel

Les savoirs

Les sondes et les satellites

- Les **sondes spatiales** permettent d'étudier le système solaire (les planètes et leurs satellites, les comètes, les astéroïdes...).
- Un **satellite artificiel** est une sonde spatiale qui est en orbite autour d'une planète, en général la Terre.
  On peut classer ces satellites en deux familles :
  – Les satellites géostationnaires restent toujours à la verticale d'un même point de la surface de la Terre.
  Ils sont fixes dans un référentiel terrestre.
  – Les satellites défilants se déplacent par rapport à la surface de la Terre.
  Ils sont en mouvement dans un référentiel terrestre.

Sonde explorant le système solaire.

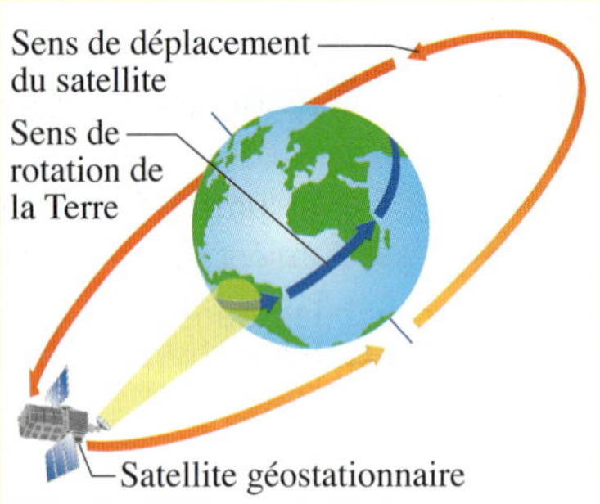

La plupart des satellites de télécommunication sont géostationnaires.

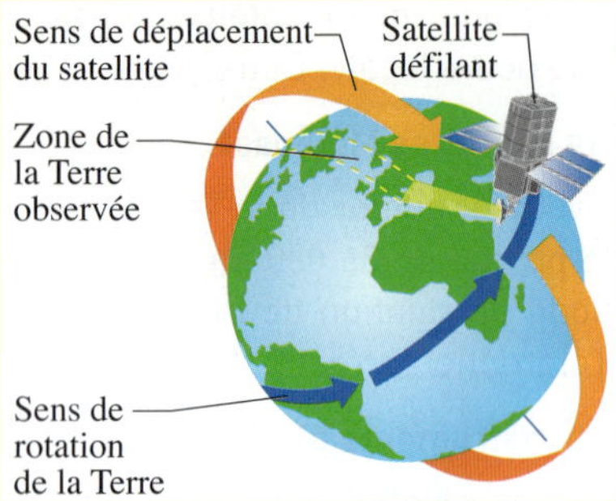

Les satellites d'observation Spot sont des satellites défilants.

Les informations obtenues

L'utilisation de satellites et de sondes permet de recueillir de nombreuses informations.
Les images obtenues ont de nombreuses applications :

- météorologie et climatologie : température, niveau de la mer, courants marins, salinité...
- cartographie ;
- connaissance de la planète : mesure des variations de l'intensité de la pesanteur, composition de l'atmosphère, étude de la composition chimique de la surface...
- suivi de phénomènes comme les inondations, l'érosion ou la déforestation.

Les satellites Météosat permettent d'observer le déplacement des masses nuageuses.

Le satellite Spot 4 a permis de suivre les inondations causées par la tempête Xynthia en février 2010 sur les côtes vendéennes.
a. Avant la tempête. **b.** Après la tempête.

Les compétences attendues

- Analyser des documents scientifiques portant sur l'observation du système solaire.

1 Les anneaux de Saturne

Le texte ci-dessous résume une interview du chercheur Sébastien Charnoz. Il fait le point sur les dernières découvertes concernant les anneaux de Saturne.

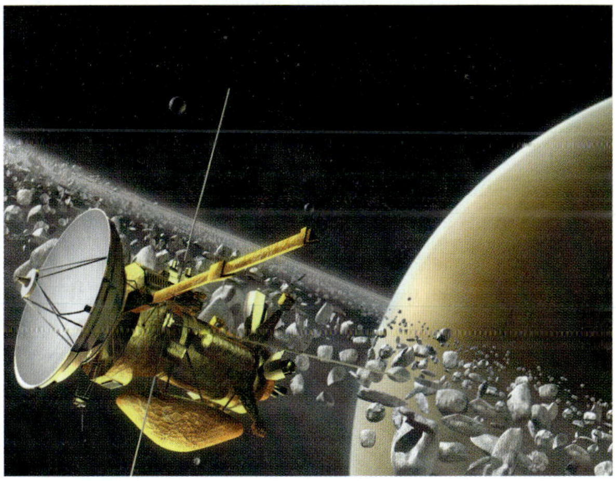

« C'est l'une des régions les plus complexes du système solaire : ce disque très mince et très étendu qui encercle la grosse planète est tiraillé par <u>des forces antagonistes</u>. Avec les satellites proches, cet ensemble forme un véritable « écosystème » qui évolue au gré des interactions. Un vrai casse-tête ! » avoue-t-il.

« En effet, la mission Cassini a révélé que ce disque qui nous paraît semblable à un DVD est en réalité formé d'une multitude de fragments glacés dont la taille varie de 1 centimètre à 10 mètres : de grosses boules de neige, très peu polluées. »

Il poursuit : *« à peine quelques particules légèrement carbonées, avec, peut-être, des atomes de fer. Nous n'avons trouvé quasiment aucune trace de silicates, alors qu'ils sont abondants partout ailleurs dans le système solaire. »*

Ce constat pose un véritable problème pour accréditer la thèse d'un matériau provenant d'une collision entre une météorite et Saturne. Les météorites étant riches en silicates, un impact aurait dû produire d'abondantes poussières silicatées...

1. Utiliser le logiciel Stellarium (**voir fiche n° 13, p. 322**) ou effectuer une recherche documentaire pour donner les noms de quatre des plus gros satellites proches de Saturne.

2. Quels astres exercent des forces sur les anneaux ? Pourquoi parle-t-on de forces antagonistes ?

3. @ En quelle année la sonde Cassini a-t-elle été lancée ?
Quand est-elle arrivée à proximité de Saturne ?

4. Quels éléments chimiques trouve-t-on dans les anneaux de Saturne ?

5. Quelle hypothèse sur la formation des anneaux est remise en cause par le chercheur ?

2 Atmosphère terrestre et télescope spatial

L'atmosphère terrestre est transparente à la lumière solaire, de l'ultraviolet au proche infrarouge. Elle est opaque pour certaines radiations infrarouges. Les courbes ci-dessous représentent les pourcentages (%) de lumière absorbée par l'ensemble de l'atmosphère et par divers gaz en fonction de la longueur d'onde (λ) exprimée en nanomètre.

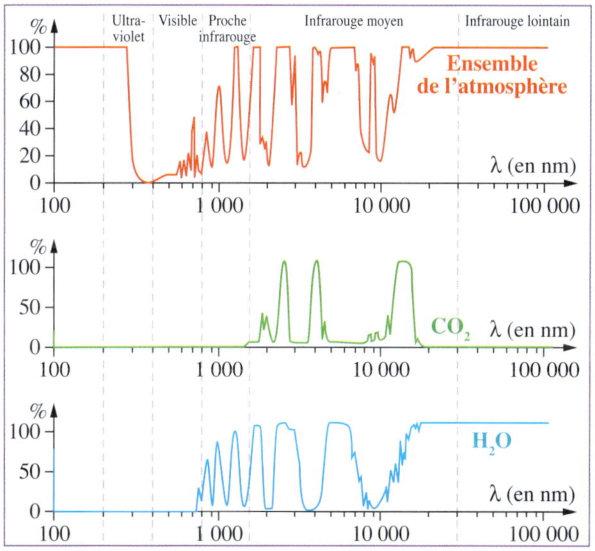

1. a. Indiquer dans quels domaines de longueurs d'onde le dioxyde de carbone CO_2 laisse passer le mieux les différentes radiations et les domaines dans lesquels il absorbe le plus.

b. Faire de même pour l'eau H_2O.

c. Doit-on tenir compte des raies d'absorption de ces deux composés lors de la réalisation d'un spectre d'étoile dans le domaine du visible depuis un observatoire terrestre ? Pourquoi ?

2. Doit-on tenir compte de CO_2 et H_2O si le spectre est réalisé dans l'infrarouge ?

3. Pourquoi certaines observations ont-elles été améliorées par l'utilisation du télescope spatial Hubble en orbite autour de la Terre depuis 1990 ?

Exercices

3 Waste Satellite

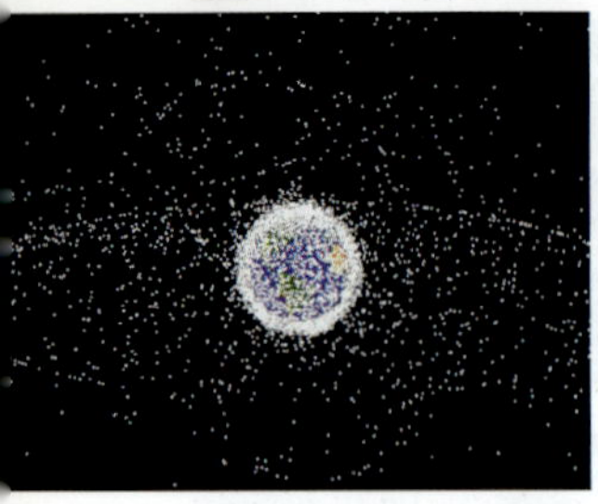

Did you know there are over ten thousand artificial objects orbiting the Earth ? Over 2,500 are satellites, operative and inoperative. The other objects are orbital debris : parts that have disintegrated or exploded, and even objects that "escape" from spacecraft during operations. You can note the two primary debris fields, the ring of objects in geosynchronous orbit (GEO), and the cloud of objects in low earth orbit (LEO).

1. Combien d'objets en orbite autour de la Terre ont été répertoriés ? D'où proviennent ces objets ?

2. Que représente l'image de cet exercice ?

3. Quels sont les deux endroits où les débris sont les plus concentrés ?

4 Exploration de Jupiter

L'exploration rapprochée de Jupiter a commencé grâce aux sondes Pioneer 10 et Pioneer 11 qui ont pris des images à 42 000 km de son atmosphère, en 1973 puis 1974. En 1979, les sondes Voyager 1 et 2 ont survolé Jupiter à 1 mois d'intervalle et ont complété ces premières observations.

Lancée en 1990, la sonde Ulysses, destinée à explorer le Soleil, est passée près de Jupiter en 1992. Elle a fourni des informations sur le champ magnétique de cette planète complétées par d'autres passages en 2003 et 2004. Les observations de la sonde Cassini-Huygens lancée en 1997 et qui est également passée à proximité de Jupiter en 2000-2001 ont aussi contribué à cette étude.

Galileo, lancé en 1989, est le premier satellite artificiel placé en orbite autour de cette planète géante afin d'en étudier l'atmosphère, les satellites naturels et la magnétosphère. En 1995, une sonde détachée de Galileo a été propulsée dans l'atmosphère de Jupiter. Elle a effectué des mesures de température, de pression et a analysé sa composition chimique pendant près d'une heure, avant d'être écrasée par la pression et détruite par la chaleur.

1. Que sont Pioneer et Voyager ?

2. @ Rechercher quel est le rayon de Jupiter et le comparer à celui de la Terre. Pourquoi Jupiter est-elle qualifiée de « planète géante » ?

3. @ Rechercher les noms des quatre principaux satellites de Jupiter. Quand ont-ils été découverts ? Par qui ?

4. Sur un axe gradué en années, établir une frise chronologique de l'exploration de Jupiter.

5 Le niveau des océans

Le niveau moyen des océans est surveillé depuis très longtemps. Les premières mesures étaient réalisées manuellement dans les ports. Des enregistreurs automatiques ont ensuite été utilisés. Depuis 1992, les satellites Topex-Poseidon puis Jason ont été mis en orbite pour mesurer le niveau de l'ensemble des océans.

Le satellite Jason 2, lancé en 2008, évolue à 1 335 km d'altitude. Il effectue un tour de la Terre en 112 minutes. Il peut mesurer le niveau moyen des océans avec une précision de 2 cm, la hauteur des vagues et la vitesse des vents.

Le document ci-dessous représente les variations du niveau moyen des océans entre janvier 1993 et mars 2005.

Niveau moyen des océans (janvier 1993 – mars 2005)

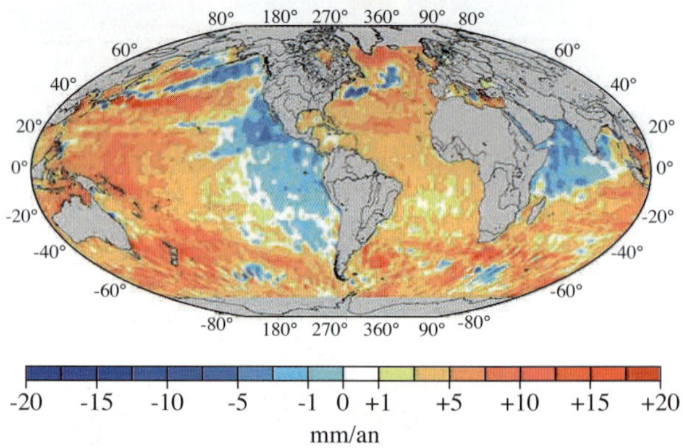

1. Quelle est l'évolution globale du niveau de l'océan visible sur ce document ?

2. @ Rechercher sur Internet deux causes principales de cette évolution.

3. Quels avantages présentent les mesures du niveau de l'océan réalisées par satellite par rapport aux mesures réalisées dans les ports ?

6 Mercator Océan

La prévision océanique est l'activité principale de Mercator Océan qui cherche à répondre à la question « Quel océan fera-t-il demain ? ». Pour cela, les scientifiques exploitent des données issues de satellites ou de bouées réparties à travers tous les océans du monde.

La description de l'état des océans est utilisée dans des domaines d'activités comme la sécurité maritime, l'environnement, l'étude du climat et des phénomènes météorologiques extraordinaires. Par exemple, El Niño est une anomalie climatique qui a lieu dans l'océan Pacifique, en fin d'année. Ses répercussions climatiques et économiques sont planétaires. Le phénomène est complexe mais en observant l'état des océans et de l'atmosphère les mois précédents, les scientifiques sont maintenant capables de prévoir si le phénomène aura lieu.

Pendant les mois précédant le phénomène, on observe une anomalie positive de température, dans l'océan Paci-

fique, principalement dans la zone équatoriale. De grandes étendues de surface océanique relativement chaudes interagissent avec l'atmosphère, en provoquant El Niño.
Les cartes d'anomalies de température ci-dessous représentent l'écart entre la température mesurée, en un lieu et à une date donnés, et la température moyenne de ce lieu, à la même époque, calculée sur plusieurs années. Les différentes couleurs correspondent à des écarts exprimés en degré.

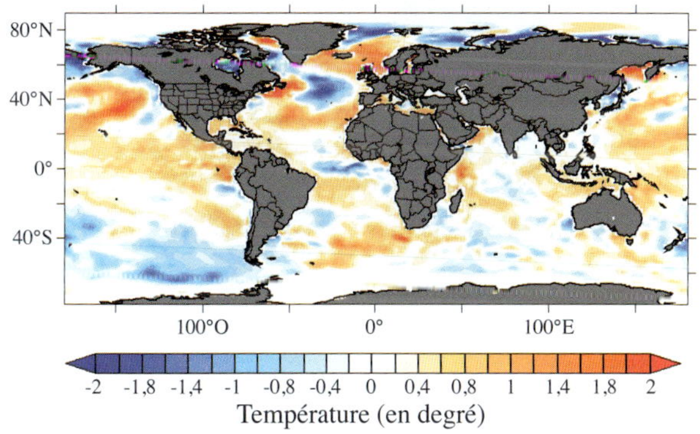

doc. 1 Carte d'anomalie de température en juillet 2009.

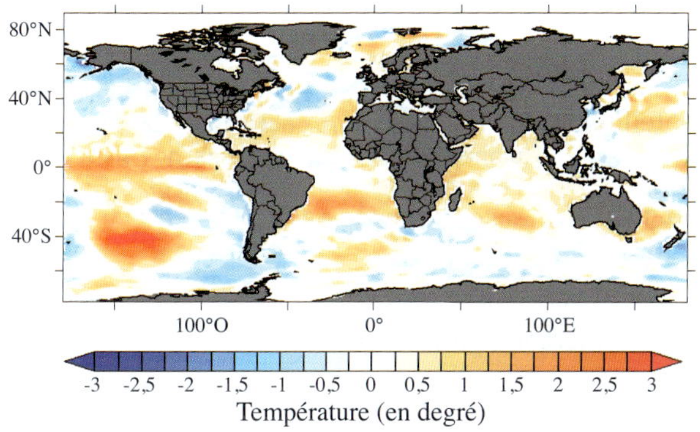

doc. 2 Carte d'anomalie de température en décembre 2009.

1. Pourquoi pouvait-on penser en juillet 2009 qu'un phénomène El Niño était en formation ?

2. La carte du **document 2** confirme-t-elle un phénomène El Niño en 2009 ? Expliquer.

3. @ Réaliser une recherche documentaire des conséquences climatiques et écologiques du phénomène El Niño.

7 Retour sur l'ouverture du chapitre

Le satellite Météosat 9 (MET9) est géostationnaire. Il transmet des images d'une même surface du globe terrestre. Chaque image correspond à une observation dans un domaine de longueurs d'onde, elle est transmise dans un canal conformément au tableau ci-après.

Canal	Longueur d'onde
VIS006	environ 600 nm
IR108	environ 10 800 nm
WV062	environ 6 200 nm

• Le canal VIS006 permet de mesurer la quantité de lumière visible diffusée par les nuages ou la surface de la Terre. Sur ces images, les nuages apparaissent en blanc.
• Le canal IR108 permet de mesurer le rayonnement infrarouge émis par le sol ou les nuages. Ce rayonnement dépend de la température. Sur ces images, les objets chauds apparaissent en noir et les objets froids en blanc. Les nuages élevés apparaissent plus blancs que les nuages bas, car ils sont plus froids.
• Le canal WV062 permet d'évaluer la quantité de vapeur d'eau dans l'atmosphère, car les molécules d'eau absorbent les radiations ayant des longueurs d'onde voisines de 6 200 nm.
Les images ci-dessous ont été prises au même moment par Météosat 9.

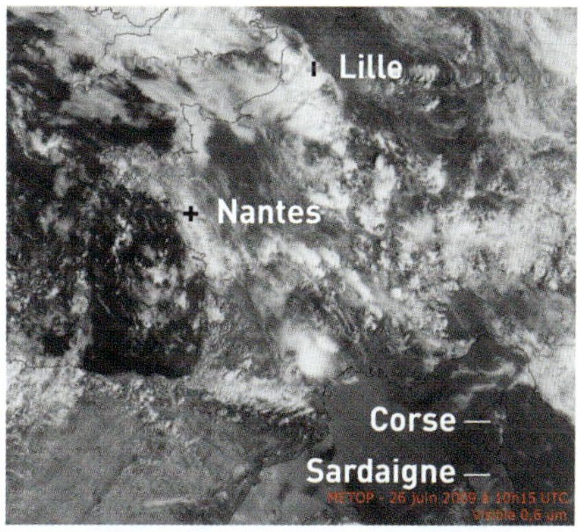

◄ VIS006

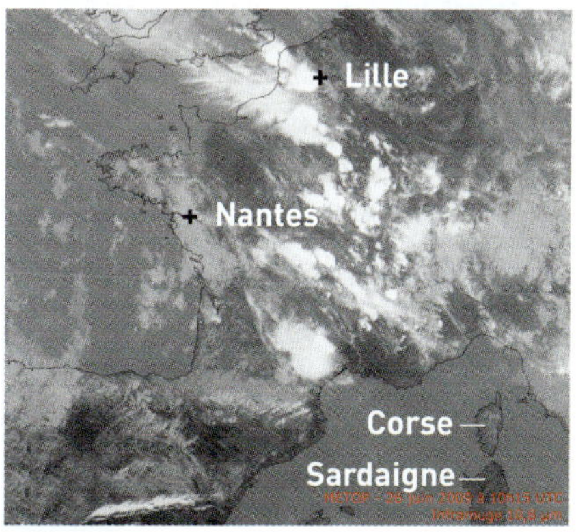

◄ IR108

1. a. Dans quel domaine du spectre lumineux se trouve chaque canal ?
b. Justifier le nom de chaque canal.

2. a. Quelle image faut-il exploiter pour connaître la température de la surface de la Terre ?
b. Au moment de la prise de vue, faisait-il plus chaud en Corse ou en Sardaigne ?

3. Au moment de la prise de vue, les nuages au-dessus de Nantes étaient-ils plus hauts ou moins hauts que ceux au-dessus de Lille ?

4. Montrer que la longueur d'onde utilisée pour le canal WV062 est en accord avec l'une des courbes de l'exercice 2.

Métiers

L'étude de l'Univers fait appel à de nombreuses disciplines scientifiques : physique, chimie, mathématiques, informatique, biologie, géologie... Elle nécessite des moyens d'observation modernes et performants et des méthodes d'analyse très pointues : observatoires au sol, missions spatiales, laboratoires d'analyses...

Il existe ainsi de très nombreux « métiers de l'Univers » avec des niveaux de qualification et d'études variés. Tous permettent d'assouvir la même passion de façons différentes et complémentaires.

doc. 1 Le télescope Herschel a été lancé le 14 mai 2009. À l'aide de celui-ci les chercheurs espèrent percer de nouveaux secrets sur la naissance des systèmes planétaires et des étoiles ainsi que sur l'évolution des galaxies sur des périodes s'étendant jusqu'à dix milliards d'années.

Les secteurs d'activité

– L'**astronomie** est la science de l'observation des astres, cherchant à expliquer leur origine, leur évolution, leurs propriétés physiques et chimiques.

Ainsi l'**astronomie solaire** étudie la structure du Soleil et ses évolutions.

L'**astronomie planétaire** (ou planétologie) s'intéresse aux planètes, aux lunes, aux comètes, aux astéroïdes et aux exoplanètes.

L'**astronomie stellaire** étudie la formation et la vie des étoiles.

L'**astronomie galactique** s'intéresse principalement à notre Galaxie, la Voie lactée.

– L'**exploration spatiale** repose sur l'élaboration de lasers, de satellites d'observation, de télescopes, de lanceurs (fusées), d'engins spatiaux...

– Les **sciences de la Terre** comme la **sismologie**, la **volcanologie**, la **géologie**, l'**hydrologie**, la **glaciologie**, l'**aéronomie** ou encore la **météorologie** s'intéressent à notre planète.

– La **physique nucléaire** s'intéresse à la structure des noyaux atomiques et contribue à l'étude de l'origine des astres.

– La **chimie des matériaux** permet d'élaborer les composants électroniques, les matériaux composites résistant aux conditions extrêmes de température et de pression...

– L'**électronique** permet la construction de puissants calculateurs et l'**informatique** élabore les logiciels nécessaires à l'exploitation des données, au guidage des vaisseaux spatiaux...

doc. 2 Les télescopes sont très souvent commandés par ordinateur. Les astronomes programment les observations, puis récupèrent les données obtenues. Ils doivent maîtriser des connaissances variées pour exploiter ces données.

Les formations et les études

Tous ces secteurs d'activités recrutent des techniciens, des ingénieurs, des chercheurs.

Le recrutement s'effectue du niveau bac + 2 (techniciens) au niveau bac + 8 (docteurs, docteurs-ingénieurs, enseignants-chercheurs).

Un baccalauréat scientifique ou technologique est nécessaire pour la plupart de ces formations. Une bonne connaissance de l'anglais est indispensable pour travailler dans les organismes (ESA, CNES, CERN, CEA, CNRS...) ou les entreprises de ces secteurs.

Métier	Description	Sélection	Formation	Durée
Technicien	Suivi de projets Montage et réglage des instruments Acquisition et traitement de mesures	Dossiers	BTS en lycée DUT à l'université	2 ans
Ingénieur	Gestion de projets Conception d'instruments Élaboration de programmes Analyse de données	Concours	Écoles d'ingénieurs éventuellement suivie d'une thèse de doctorat	5 ans et plus
Chercheur, Enseignant-chercheur	Encadrement d'équipe de recherche Animations scientifiques Enseignement	Concours, dossiers, entretiens	Université Écoles normales supérieures Écoles d'ingénieurs avec soutenance d'une thèse (doctorat)	8 ans et plus

@ Pour plus d'informations :

http://www.obs.u-bordeaux1.fr/metiersastronomie.html

http://www.cea.fr/jeunes/metiers/physique/physicien_des_plasmas

Décryptage !

ESA : **A**gence **S**patiale **E**uropéenne
CNES : **C**entre **N**ationale d'**É**tudes **S**patiales
CERN : **C**entre **E**uropéen de **R**echerches **N**ucléaires
CEA : **C**ommissariat à l'**É**nergie **A**tomique et aux **É**nergies **A**lternatives
CNRS : **C**entre **N**ational de **R**echerches **S**cientifiques

doc. 3 Les techniciens assistent les ingénieurs et les chercheurs, dans l'ensemble des phases de réalisation d'un projet. Les activités sont extrêmement variées et touchent à de nombreux domaines scientifiques.

doc. 4 L'étude des carottes glaciaires permet aujourd'hui de connaître l'évolution des températures et la composition de l'atmosphère terrestre sur plus de 800 000 ans.

1 La cosmochimie : la chimie de l'espace

A. Les météorites

Les météorites sont des petits corps célestes qui atteignent le sol après avoir été fortement freinées par l'atmosphère **(doc. 1)**.

Les météorites sont classées en trois catégories :
– les *pierreuses* (92 %) constituées de différents silicates ;
– les *ferreuses* (7 %) constituées d'un alliage fer/nickel ;
– les *ferro-pierreuses* (1 %) qui sont des mélanges des précédentes.
Le tableau ci-dessous donne les abondances naturelles sur Terre, exprimées en pourcentage massique, des isotopes de l'élément nickel (Z(Ni) = 28).

Isotopes	^{58}Ni	^{60}Ni	^{61}Ni	^{62}Ni	^{64}Ni
Pourcentage massique	68,08	26,22	1,14	3,63	0,93

doc. 1 Découverte d'une météorite dans le Sahara.

Compétences	Questions
Formuler une hypothèse	**1.** Pourquoi les météorites sont-elles le plus souvent découvertes dans les déserts ?
Trouver les informations	**2.** @ Quels sont les deux principaux éléments chimiques des silicates ?
Trouver une information	**3.** Qu'appelle-t-on atomes « isotopes » ?
Lire un tableau	**4.** Quels sont les trois isotopes du nickel les plus abondants ?
Expliquer une démarche	**5.** Quelle est la composition de l'atome de nickel le plus abondant ?

doc. 2 Une roche lunaire.

B. Les roches lunaires et la composition du Soleil

La Lune est le seul satellite naturel de la Terre, en orbite a une distance moyenne de 3,8 × 10^5 km du centre de la Terre. Les masses respectives de la Terre et de la Lune sont 6,0 × 10^{24} kg et 7,3 × 10^{22} kg. Au cours des missions Apollo, les astronautes américains ont rapporté 382 kg de roches lunaires **(doc. 2)**.
Pour mieux comprendre le fonctionnement interne du Soleil, les astrophyciens ont besoin de connaître précisément les pourcentages massiques des isotopes $^{6}_{3}Li$ et $^{7}_{3}Li$ du lithium, présents sous forme d'ions, dans l'atmosphère du Soleil.
Le vent solaire contient des particules chargées (protons, électrons, ions...) issues de « l'atmosphère » du Soleil. Il entraine les ions lithium Li^+ à travers le système solaire et, quand il balaie la surface de la Lune, les ions lithium s'incrustent à la surface des roches lunaires sur une épaisseur d'environ 30 nm.
Les cosmochimistes ont élaboré un protocole permettant de récupérer les ions lithium incrustés à la surface de quelques échantillons de roches lunaires rapportés par les missions Apollo, puis de séparer les isotopes $^{6}_{3}Li^+$ et $^{7}_{3}Li^+$.

Compétences	Questions
Calculer et interpréter un résultat	**6.** Un élève qui a calculé la valeur de la force gravitationnelle qui s'exerce entre la Terre et la Lune a trouvé 2,0 × 10^{26} N. Il a commis une erreur. Laquelle ?
Expliquer une démarche	**7.** Quelle serait la trajectoire de la Lune si elle échappait brusquement à l'attraction gravitationnelle de la Terre ?
Trouver les informations, expliquer une démarche	**8.** Écrire la structure électronique du lithium. **9.** À quelle colonne de la Classification périodique appartient l'élément lithium ? **10.** Quel ion forme un atome de lithium ?
Expliquer une démarche, calculer	**11.** La masse d'un nucléon est $m_{nucléon}$ = 1,67 × 10^{-27} kg. Calculer la masse approchée de chacun des ions lithium $^{6}_{3}Li^+$ et $^{7}_{3}Li^+$.
Proposer une hypothèse	**12.** Quelle caractéristique, différente pour chacun des ions $_{3}{}^{6}Li^+$ et $_{3}{}^{7}Li^+$, ont pu utiliser les cosmochimistes pour séparer les deux isotopes ?

Mobiliser ses compétences

2 L'étoile mystérieuse

Le dessinateur Hergé a publié *L'Étoile Mystérieuse* en 1942.
Dans cet album, un astéroïde menace de s'écraser sur la Terre.
Les scientifiques aidés de Tintin tentent de recueillir des informations sur sa constitution.

Compétences	Questions
Communiquer	**1.** Expliquer le titre de cet extrait de bande dessinée.
Rechercher l'information utile Trouver les informations	**2.** L'observation de Tintin est-elle correcte ? Pour cela, rechercher la Grande Ourse grâce au logiciel Stellarium ou sur une carte du ciel..
Raisonner - Rédiger	**3.** @ Dans une autre vignette de la bande dessinée, le professeur Hyppolyte Calys explique à Tintin qu'il a utilisé un spectroscope pour analyser la lumière venant de l'astéroïde. C'est à partir de cette analyse qu'il a découvert un nouveau métal inconnu jusqu'ici. **a.** Quel document Hyppolyte Calys puis Tintin tiennent-ils à la main ? **b.** Qu'a observé Hyppolyte Calys sur ce document pour affirmer que l'astéroïde contient un nouveau métal ?
Rechercher l'information	**4.** Le calystène existe-t-il ? On pourra utiliser la Classification périodique (**voir rabat IV**).
Rechercher l'information	**5.** @ Quel élément chimique a été découvert par cette méthode, en 1868, en analysant la lumière venant du Soleil ?
Rechercher l'information Savoir lire un graphique Trouver les informations	**6.** Les noms de certains élèments chimiques font référence à des personnages historiques, notamment des scientifiques. **a.** Quel est le nom de l'élément chimique de numéro atomique $Z = 96$? **b.** @ En l'honneur de quels scientifiques porte-t-il ce nom ? **c.** @ Quels éléments chimiques ont été découverts par ces scientifiques ? Quels sont leurs numéros atomiques ?

Mobiliser ses compétences

3 Mers et océans

Les mers et océans recouvrent près de 71 % de la surface de la Terre, soit 361 millions de km^2.
L'eau de mer est constituée de 96,5 % d'eau pure et 3,5 % de substances dissoutes : des sels minéraux (chlorure de sodium NaCl, chlorure de magnésium $MgCl_2$, sulfate de calcium $CaSO_4$...), des gaz (dioxygène O_2, diazote N_2, dioxyde de carbone CO_2) et d'autres espèces chimiques.

Les pourcentages massiques des principaux éléments chimiques présents dans l'eau de mer sont donnés dans le tableau ci-dessous :

doc. 1 L'eau de mer est une source de matières premières pour l'industrie.

Élément	O	H	Cl	Na	Mg	S	Ca	K
Pourcentage	85,84	10,82	1,94	1,08	0,13	0,09	0,04	0,04

Le chlorure de sodium et le chlorure de magnésium sont les deux principaux sels extraits de l'eau de mer. Leur exploitation industrielle conduit, entre autres, à la production du dichlore Cl_2, de l'hydroxyde de sodium NaOH et des métaux sodium et magnésium.

Le sodium est utilisé, par exemple, dans les lampes de nombreux éclairages extérieurs (tunnels, routes, monuments...) car elles sont économiques. Le spectre de la lumière émise par ces lampes, comporte, entre autres, deux raies très proches et très intenses de longueurs d'onde voisines de 589 nm.

Le magnésium est utilisé dans l'industrie aéronautique et l'industrie automobile sous forme d'alliages avec l'aluminium **(doc. 2)**.

doc. 2 Du magnésium est utilisé dans les alliages des structures métalliques de cet U.L.M.

Compétences	Questions
Faire un graphique	**1.** À l'aide d'un tableur, représenter par un diagramme circulaire les pourcentages massiques des différents éléments présents dans l'eau de mer.
Trouver les informations Interpréter un résultat	**2. a.** Dans quelles espèces chimiques présentes dans l'eau de mer trouve-t-on ces éléments ? **b.** Pourquoi les pourcentages massiques en élément oxygène et hydrogène sont-ils si importants ?
Trouver les informations Expliquer une démarche	**3. a.** Rechercher la place des éléments sodium, magnésium et chlore dans la Classification périodique (**voir rabat IV**). **b.** En déduire leur numéro atomique, puis leur formule électronique. **c.** Après avoir rappelé la règle de l'octet, indiquer, en justifiant la réponse, la formule des ions que donne chacun de ces trois éléments. **d.** Justifier alors les formules du chlorure de sodium et du chlorure de magnésium.
Élaborer un protocole	**4.** Comment mettre en évidence la présence des ions chlorure dans l'eau de mer ?
Élaborer un protocole Interpréter un résultat Trouver les informations	**5. a.** Comment obtenir le spectre d'une lampe à vapeur de sodium ? **b.** La lumière émise par les lampes à vapeur de sodium est-elle monochromatique ? **c.** Les raies spectrales appartiennent-elles au domaine visible ? **d.** À quelle couleur du spectre de la lumière blanche correspondent les radiations de longueurs d'onde voisines de 589 nm ?
Trouver les informations Argumenter	**6. a.** Qu'appelle-t-on un alliage ? **b.** @ Rechercher pour quelles raisons le métal magnésium est utilisé dans l'aéronautique.

4 Histoire des sciences en bande dessinée

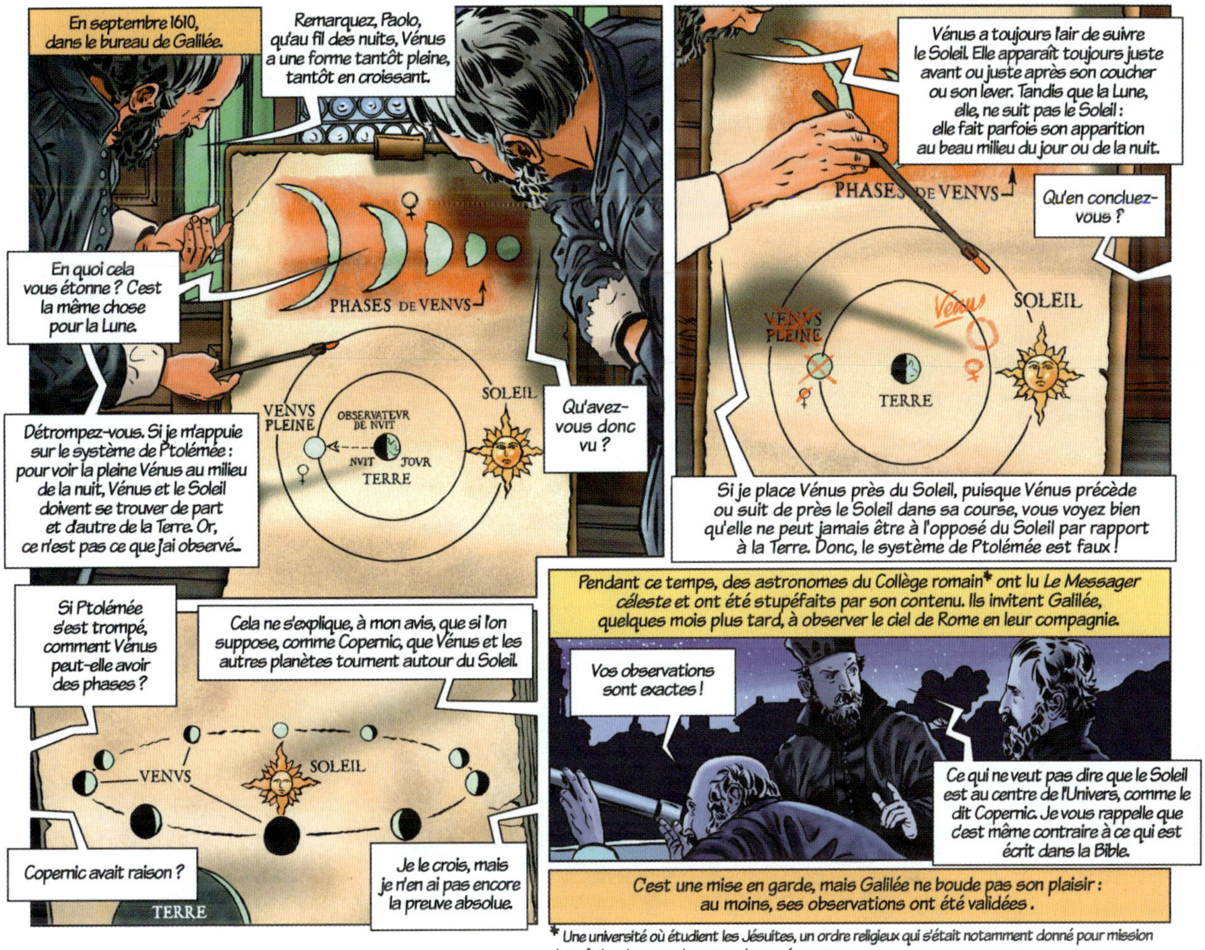

* Une université où étudient les Jésuites, un ordre religieux qui s'était notamment donné pour mission de maîtriser les connaissances de son époque.

Science & Vie Junior n° 232, janvier 2009.

Compétences	Questions
Rédiger	1. Proposer un titre à cet extrait de bande dessinée et en faire un court résumé.
Trouver les informations Rédiger	2. a. @ Qui étaient GALILÉE, PTOLÉMÉE et COPERNIC ? À quelles époques ont-ils vécu ? b. Quel était le modèle du système solaire défendu par chacun de ces savants ? 3. Quelle raison non scientifique, évoquée dans la bande dessinée, s'oppose au modèle de COPERNIC ? 4. Quels arguments développe GALILÉE en faveur d'un système « héliocentrique » ?
Raisonner puis argumenter	5. En observant le schéma des phases de Vénus, proposer un autre argument permettant de réfuter le système de PTOLÉMÉE. 6. Pourquoi peut-on dire que le mouvement de Vénus est relatif ?
Proposer une hypothèse	7. Pourquoi les périodes de révolution de la Terre et de Vénus autour du Soleil ne peuvent-elles pas être les mêmes ?

La santé

Une culture scientifique est indispensable pour procéder à des choix raisonnés en matière de santé.

La physique et la chimie interviennent dans de nombreux domaines du diagnostic médical et des médicaments : la radiographie et l'échographie utilisent des ondes ; des espèces chimiques sont identifiées et dénombrées lors d'analyses chimiques ; les médicaments font intervenir de nombreuses molécules.

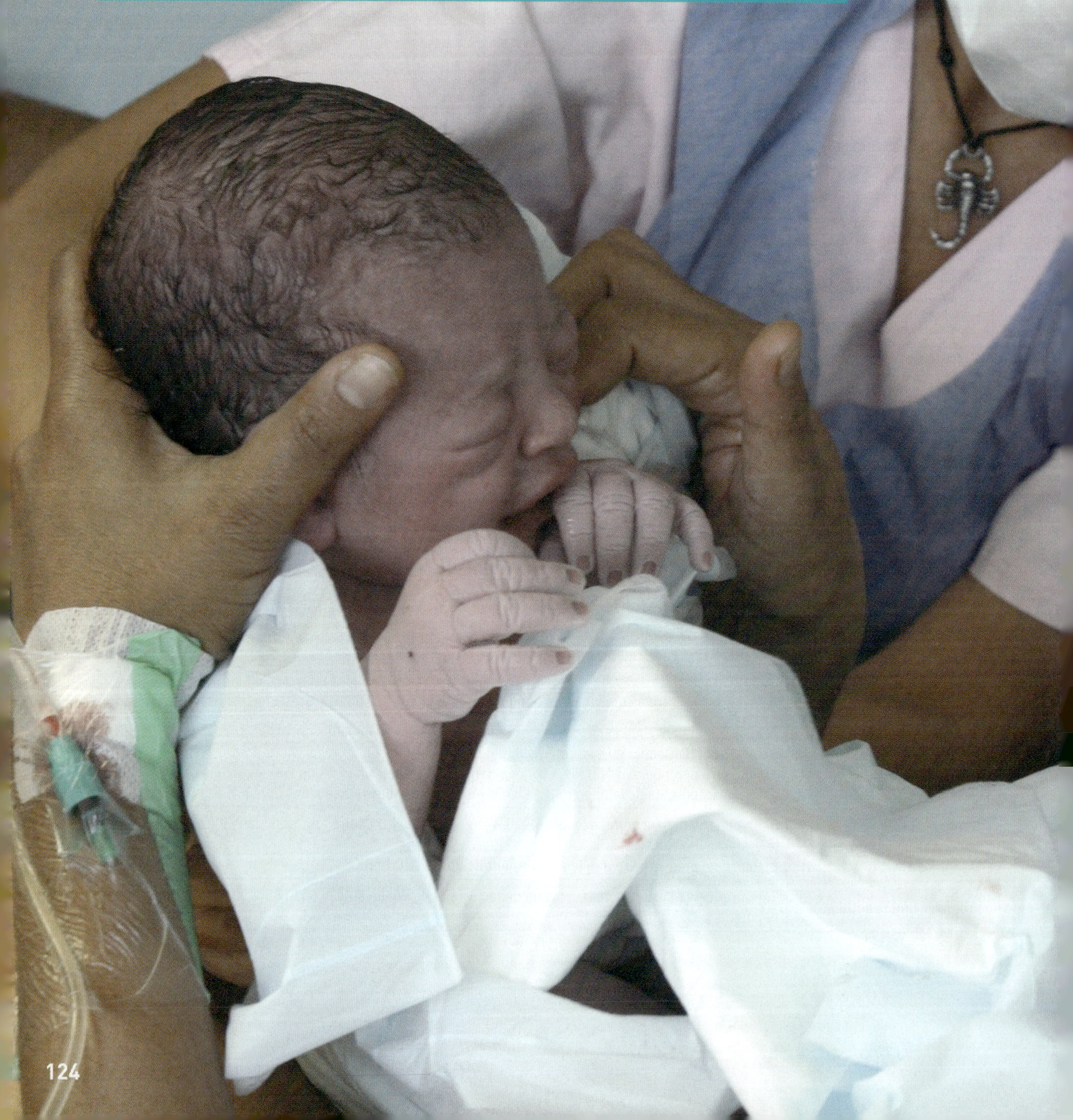

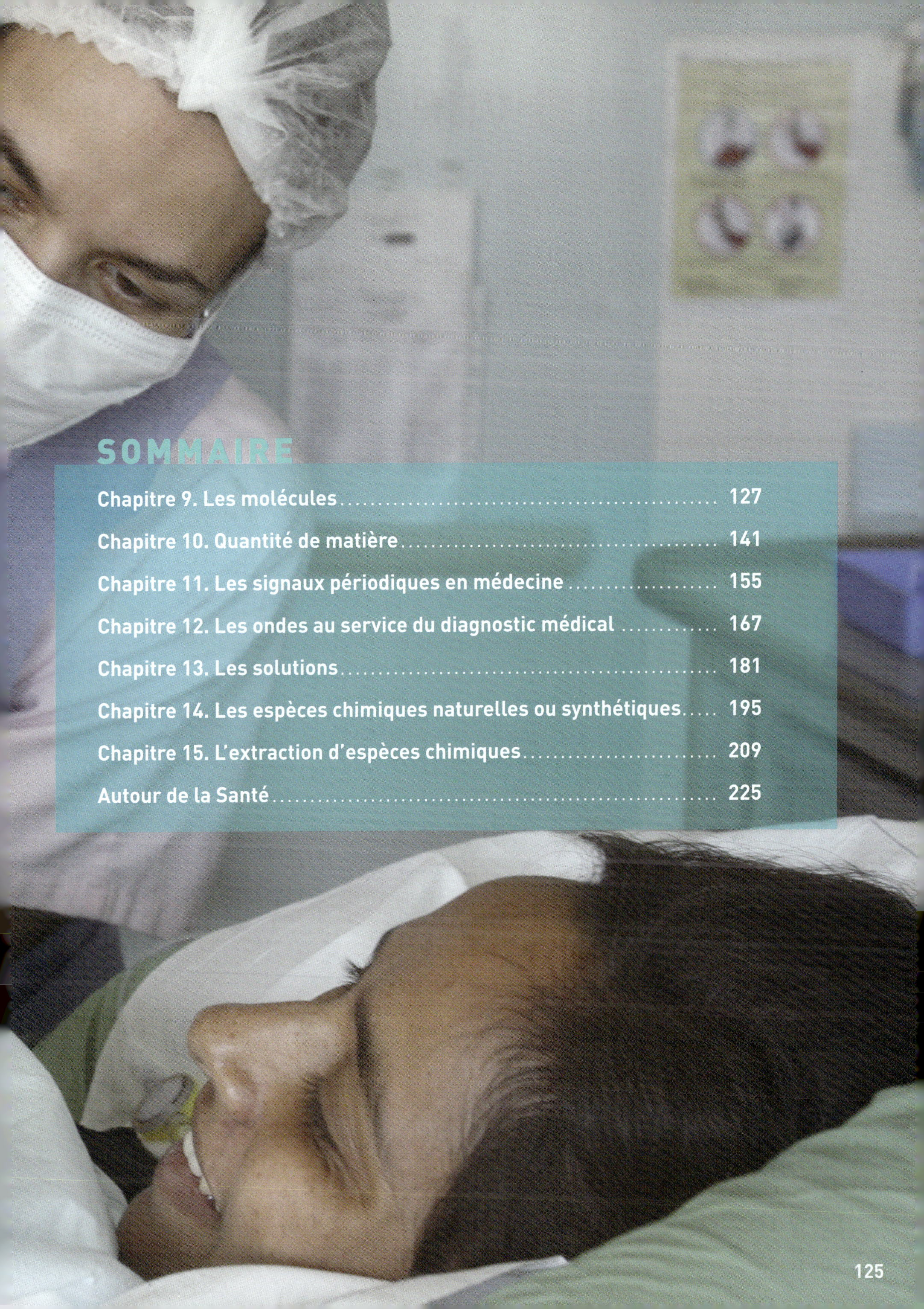

SOMMAIRE

Les notions vues au collège

Mélanges, corps purs, solutions...

- Un **corps pur** est constitué d'une seule espèce chimique, alors qu'un **mélange** en contient plusieurs.
- Un mélange est **hétérogène** si on peut en distinguer les constituants à l'œil nu, il est **homogène** dans le cas contraire.
- La **décantation** **(doc. 1a)** et la **filtration** **(doc. 1b)** permettent de séparer les constituants d'un mélange hétérogène alors qu'une **distillation** permet de séparer les constituants d'un mélange homogène.
- La **dissolution** d'un **soluté**, dans un liquide nommé **solvant**, donne un mélange homogène appelé **solution** ; si le solvant est l'eau, on obtient une **solution aqueuse**.
- Une solution peut être **acide**, **basique** ou **neutre,** suivant que son **pH** est inférieur, supérieur ou égal à **7**.

doc. 1 Décantation (a) et filtration (b).

Atomes, molécules

- Les **molécules** sont constituées d'**atomes** ; les atomes sont représentés par des **symboles** et les molécules par des **formules** indiquant la nature et le nombre d'atomes présents.
- Les molécules peuvent être visualisées par des **modèles moléculaires** dans lesquelles les atomes sont représentés par des sphères de couleurs conventionnelles **(doc. 2)**.
- Dans un **corps pur** constitué de molécules, toutes les **molécules** sont **identiques**.

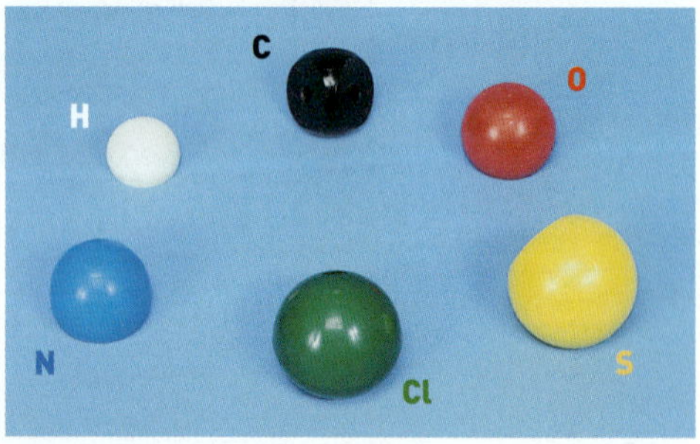

doc. 2 Représentation conventionnelle des atomes.

Tension périodique, période et fréquence

- Une **tension périodique** est caractérisée par un motif qui se répète au cours du temps.
- La **période** T est la durée du plus petit motif qui se répète **(doc. 3)**.
- La **fréquence** d'une tension périodique est le nombre de périodes par seconde ou encore $f = \frac{1}{T}$ avec T en **seconde (s)** et f en **hertz (Hz)**.
- Durant une période, la tension varie entre une **valeur maximale** U_{max} et **valeur minimale** U_{min}.
- Un **oscilloscope** ou un système d'acquisition permet de visualiser l'évolution d'une tension au cours du temps.

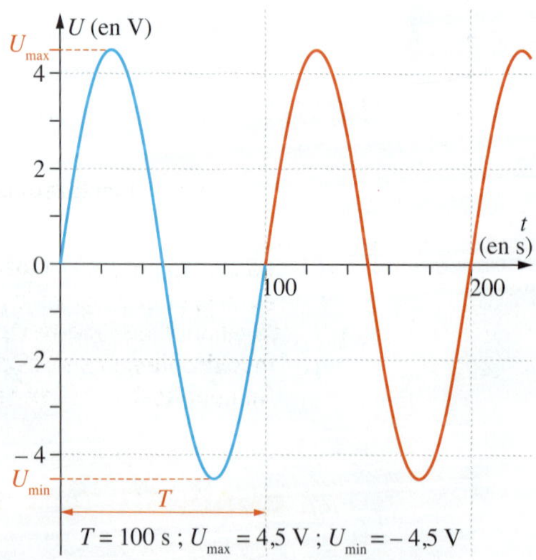

doc. 3 Tension périodique.

Propagation de la lumière

- La **lumière se propage rectilignement** dans un milieu transparent homogène.
- La **vitesse de la lumière** dans l'air et dans le vide est de **300 000 km/s** environ.

CHAPITRE

9

CHIMIE

Les molécules

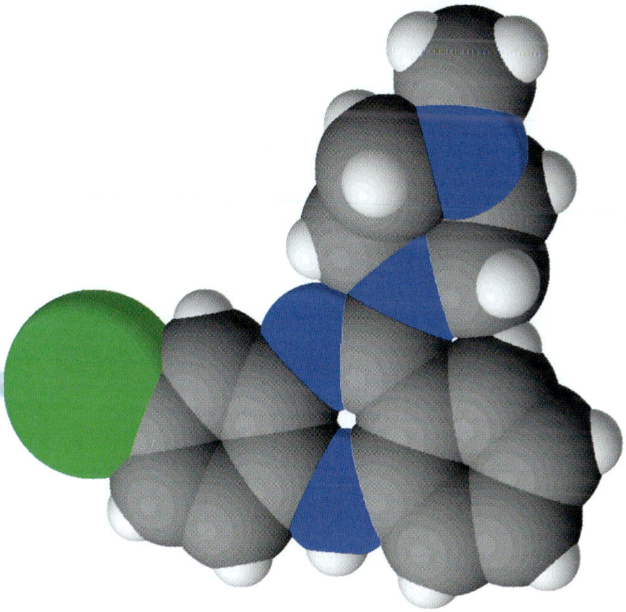

Clozapine

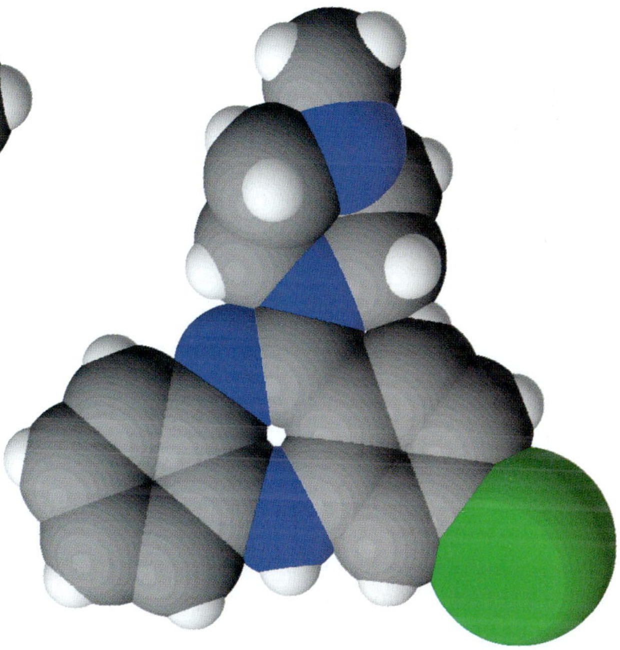

Isoclozapine

La clozapine et l'isoclozapine ont des propriétés neuroleptiques et sont utilisées, entre autres, pour soigner la schizophrénie. Ces molécules sont isomères : elles diffèrent par la position de l'atome de chlore. Alors que la première ne présente pas d'effets secondaires indésirables, la seconde altère la capacité à contrôler les mouvements (la motilité). Qu'appelle-t-on isomères ? (Voir exercice 18, p. 140.)

De quels atomes sont formées les molécules ?

OBJECTIFS

→ Utiliser des modèles moléculaires et des logiciels de représentation de molécules.

→ Représenter des formules développées et semi-développées de molécules.

→ Différencier « corps purs » et « mélanges ».

1 Des gaz pour une plongée en toute sécurité

➜ La matière qui nous entoure est formée d'atomes qui peuvent s'assembler pour former des molécules.
Comment décrire simplement une molécule ?

● L'air est un mélange gazeux constitué, en volume, d'environ 78 % de diazote, 21 % de dioxygène et 1 % d'autres gaz (argon, dioxyde de carbone...).
Les bouteilles utilisées en plongée contiennent généralement de l'air **(doc. 1)**.
Mais ces gaz, parfaitement tolérés en surface, peuvent devenir dangereux pour la santé lorsqu'ils sont respirés à une pression plus élevée : **leur toxicité augmente avec la profondeur**.

● Le dioxyde de carbone est à l'origine de l'essoufflement. Le diazote intervient dans l'ivresse des profondeurs (ou **narcose**). Le dioxygène peut également se révéler mortel (**hyperoxie**) au-delà d'une profondeur critique.

En effet, ces gaz peuvent se dissoudre dans le sang. Or la quantité maximale de gaz dissous dans un volume donné de liquide augmente avec la pression (voir **chapitre 20**). Ainsi, en un point où la pression est le double de la pression atmosphérique (c'est le cas dans l'eau à 10 m de profondeur environ), le diazote se dissout deux fois plus qu'en surface.

● L'utilisation de Nitrox, air suroxygéné **(doc. 2)**, ou de Trimix (mélange dans lequel une partie du diazote a été remplacée par de l'hélium) a pour avantage de repousser le seuil de la narcose et de diminuer aussi les risques d'essoufflement.

doc. 1 L'air contenu dans les bouteilles doit être contrôlé régulièrement.

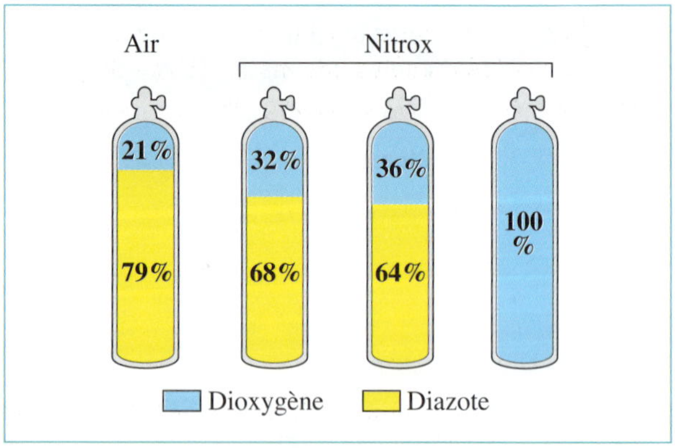

doc. 2 Le Nitrox est un mélange suroxygéné contenant de 32 % à 100 % de dioxygène O_2.

1. @ Rechercher le sens des mots suivants : « narcose » et « hyperoxie ».
2. Expliquer la phrase : « La toxicité des gaz respirés augmente avec la profondeur. »
3. L'air, le Nitrox et le Trimix sont-ils des corps purs ou des mélanges ?
4. @ Rechercher les profondeurs de plongée pour lesquelles on peut utiliser de l'air, du Nitrox ou du Trimix.
5. Déterminer les formules chimiques des molécules citées dans le texte, connaissant le nombre d'atomes qui les constituent :

Molécule	Eau	Diazote	Dioxygène	Dioxyde de carbone
Atomes d'hydrogène H	2	0	0	0
Atomes de carbone C	0	0	0	1
Atomes d'azote N	0	2	0	0
Atomes d'oxygène O	1	0	2	2

6. Lorsqu'une molécule est constituée d'atomes identiques, on parle de **corps pur simple.**
Sinon, le corps pur est dit **composé**.
Parmi les molécules évoquées, citer les corps purs simples et les corps purs composés.
7. Dans les mélanges gazeux évoqués dans le texte, les atomes d'hélium He (ou d'argon Ar) ne sont pas liés entre eux, alors que ceux d'hydrogène H, d'oxygène O ou d'azote N le sont.
Quelle peut être la formule chimique des molécules qu'ils forment ?
Rechercher la raison pour laquelle ils sont appelés « gaz nobles ».

2 La visualisation des molécules

➜ Pour comprendre le passage du macroscopique (à notre échelle) au microscopique, il est nécessaire d'utiliser des modèles.
Quels outils les chimistes ont-ils mis en œuvre pour visualiser l'infiniment petit ?

A Modèles moléculaires

Pour visualiser la structure des molécules, on peut utiliser des modèles moléculaires. Chaque atome est représenté par une boule de couleur et de taille déterminée **(doc. 3)**.

Couleur du modèle moléculaire					
Symbole de l'atome	H	C	N	O	Cl

doc. 3 Modèles des atomes d'hydrogène, de carbone, d'azote, d'oxygène et de chlore.

Ces boules n'ont pas le même nombre de trous et ceux-ci ont une place différente d'une boule à l'autre. Ces modèles ne sont qu'une représentation de la réalité et ne la décrivent pas rigoureusement, mais ils en facilitent la compréhension.

On distingue les modèles compacts et les modèles éclatés. Les modèles compacts sont les plus proches de la réalité et permettent d'évaluer le volume des molécules. Les modèles éclatés permettent de bien visualiser les liaisons entre atomes ; la longueur des tiges reliant les atomes est proportionnelle à la longueur de la liaison **(doc. 4)**.

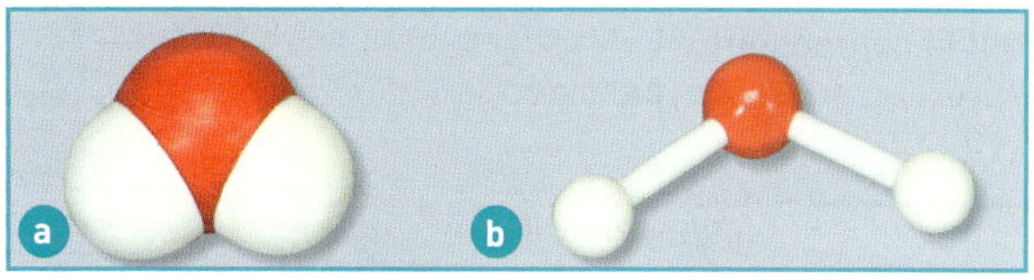

doc. 4 Modèles compact (a) et éclaté (b) de la molécule d'eau.

1. Pourquoi les boules ont-elles des couleurs et des tailles différentes ?
2. Réaliser les modèles des molécules de dihydrogène H_2, de chlorure d'hydrogène HCl, d'eau H_2O, d'ammoniac NH_3, de méthane CH_4, de dioxygène O_2, de diazote N_2 et de dioxyde de carbone CO_2.

B Logiciel de simulation

Il est également possible de construire et visualiser des molécules grâce à des logiciels, comme ChemSketch et son modélisateur 3D Viewer[1], par exemple.

La molécule de dihydrogène

● Dans le logiciel ChemSketch, écrire la formule de la molécule de dihydrogène **(doc. 5)**.

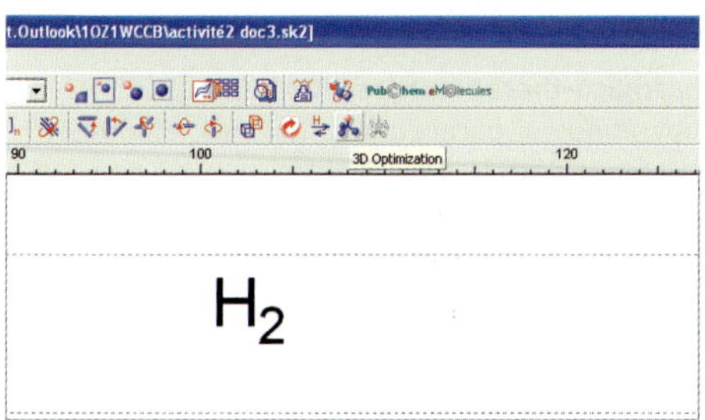

doc. 5 Molécule de dihydrogène.

● Procéder à sa conversion tridimensionnelle en cliquant sur l'icône, puis visualiser la molécule.

● Visualiser la molécule dans le logiciel 3D Viewer, en cliquant sur l'icône.

D'autres molécules

● En utilisant la méthode décrite au paragraphe précédent, construire puis visualiser les molécules de chlorure d'hydrogène HCl, d'eau H_2O, d'ammoniac NH_3, de méthane CH_4 **(doc. 6)**.

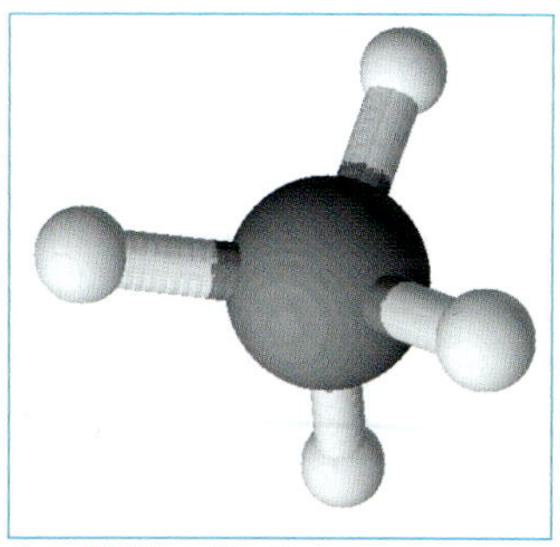

doc. 6 Visualisation de la molécule de méthane.

Des espèces isomères

● Deux molécules, l'éthanol et le méthoxyméthane, possèdent la même formule C_2H_6O. À l'aide du logiciel, déterminer deux manières différentes d'agencer les atomes de carbone, d'hydrogène et d'oxygène.

1. Logiciels distribués gratuitement sur Internet par la firme ACD à l'adresse suivante : http://www.acdlabs.com/download/.
Attention, cette adresse était valable à la mi-2010, mais elle a pu changer.

3 La galénique, art de la formulation

→ Les médicaments sont des mélanges d'espèces chimiques. **De quoi sont-ils constitués ?**

La **forme galénique** d'un médicament (doc. 7) est la forme sous laquelle le médicament est présenté : comprimé, sirop, gélule, suppositoire, poudre...
Elle est choisie pour faciliter la prise du médicament, son absorption, sa tolérance et en permettre une bonne conservation.
Le **principe actif** (doc. 8) est le corps pur possédant des propriétés thérapeutiques reconnues.
Il est mélangé à d'autres espèces d'innocuité *a priori* parfaite, appelées **excipients**.
La **formulation** d'un médicament consiste à déterminer la nature et les proportions des différents ingrédients qui le composent.

doc. 7 GALIEN, médecin grec du IIe siècle, est considéré comme le père de la pharmacie. Il a donné son nom à la pharmacie galénique.

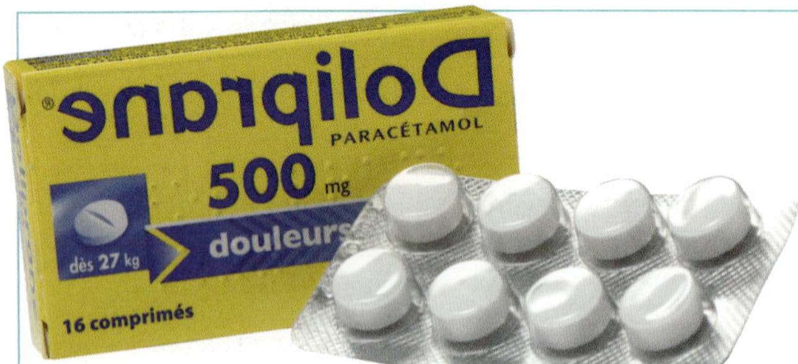

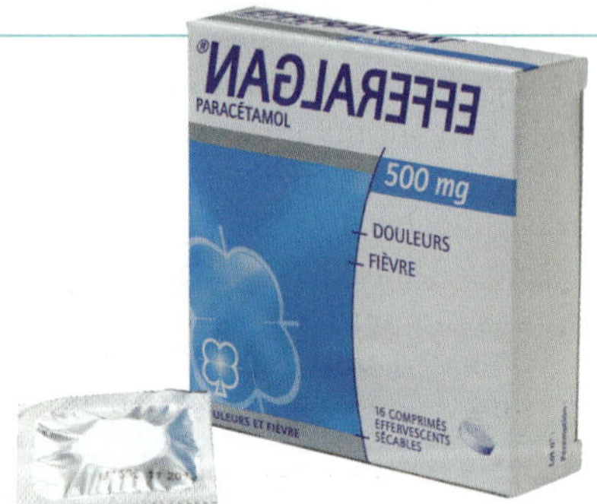

500 mg cp

Forme : comprimé

	par cp
paracétamol	500 mg

Excipients : lactose, amidon prégélatinisé, talc, carboxyméthyl-amidon, stéarate de magnésium, amidon de blé (gluten).

Classement pharmaco-thérapeutique VIDAL :
Antalgique/antipyrétique : paracétamol (formes sèches à délitement rapide).

500 mg cp efferv séc

Forme : comprimé effervescent sécable

	par cp efferv
paracétamol	500 mg

Excipients : acide citrique, carbonate de sodium anhydre, bicarbonate de sodium, sorbitol, saccharine sodique, docusate sodique, povidone, benzoate de sodium.

Classement pharmaco-thérapeutique VIDAL :
Antalgique/antipyrétique : paracétamol (formes effervescentes).

doc. 8 Deux formulations, un seul principe actif.

1. a. Qu'est-ce qu'un corps pur ? un mélange ?
b. Une espèce chimique est-elle un corps pur ?
2. Quelles sont les deux catégories d'espèces chimiques présentes dans un comprimé ?
3. Quel est le principe actif dont le nom figure sur les notices des médicaments proposés ?
4. La molécule de ce principe actif est constituée de huit atomes de carbone, neuf atomes d'hydrogène, un atome d'azote et deux atomes d'oxygène : écrire la formule de cette molécule.
5. Quel est le mode d'administration de chacun des deux médicaments du document 8 ?
6. @ Rechercher la signification des mots « thérapeutique », « innocuité », « antalgique » et « antipyrétique ».
7. @ Quel est le rôle d'un excipient ? Son innocuité est-elle toujours parfaite ?

1 Qu'est-ce qu'une molécule ?

1.1 De l'atome à la molécule

La plus ancienne théorie sur la capacité des atomes à se lier entre eux, remonte aux **Grecs** qui attribuent aux atomes des points d'attache en forme de crochets ou de creux. Au **XVIIe siècle**, les travaux des Français René DESCARTES, Pierre GASSENDI et de l'Anglais Isaac NEWTON, font ressurgir la théorie atomique, abandonnée pendant près de deux millénaires. C'est en 1649 que GASSENDI propose le terme de *molecula* **(doc. 1)**. Dès lors, le concept de molécule s'enrichit, pour se stabiliser au **XXe** siècle.

Une molécule est un édifice électriquement neutre, formée d'un nombre limité d'atomes liés les uns aux autres.

C'est le cas de la molécule d'eau qui renferme deux atomes d'hydrogène et un atome d'oxygène (**activité 1**).

doc. 1 Pierre GASSENDI (1592-1655), docteur en Théologie de l'Université d'Avignon, enseignait les mathématiques, la philosophie et l'astronomie.

1.2 Modélisation des atomes et des molécules

Un atome est désigné par un nom et un symbole chimique. C'est le cas pour l'hydrogène, de symbole H, ou pour l'hélium, de symbole He.

De la même façon, à chaque molécule, est attribuée un nom et une **formule brute**. Pour écrire une formule brute, on écrit côte à côte les symboles des éléments présents dans la molécule, en précisant (en indice en bas et à droite) le nombre d'atomes de chaque élément. L'indice 1 n'est jamais spécifié.

La formule brute d'une molécule est l'écriture la plus compacte décrivant la nature et le nombre des atomes de cette molécule.

Par ailleurs, les chimistes ont créé des **modèles moléculaires** pour représenter les molécules.

Dans l'**activité 2**, plusieurs molécules ont ainsi été modélisées.

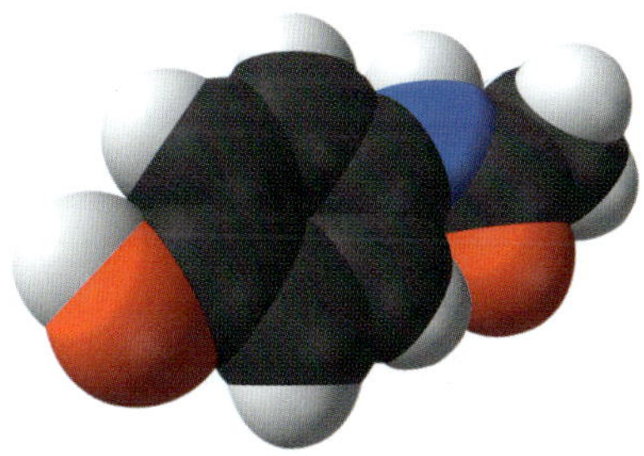

doc. 2 Le paracétamol est conseillé dans le traitement symptomatique de la fièvre et des douleurs. La formule brute de cette molécule s'écrit $C_8H_9NO_2$.

Nom des molécules	Constitution	Formule chimique	Modèle moléculaire compact
Dihydrogène	2 atomes d'hydrogène	H_2	
Chlorure d'hydrogène	1 atome d'hydrogène 1 atome de chlore	HCl	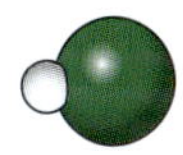
Eau	2 atomes d'hydrogène 1 atome d'oxygène	H_2O	
Dioxyde de carbone	1 atome de carbone 2 atomes d'oxygène	CO_2	
Ammoniac	1 atome d'azote 3 atomes d'hydrogène	NH_3	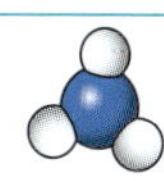

Une molécule peut contenir de un atome (cas des gaz nobles) à plusieurs centaines. En combinant les atomes entre eux de diverses manières, on peut obtenir des milliers de molécules **(doc. 2)**.

Pour commencer, exercices 1 et 2, p. 137

1.3 Les liaisons entre les atomes

Dans les molécules H_2, HCl et H_2O rencontrées à l'**activité 2**, chaque atome d'hydrogène est lié aux autres atomes par une **liaison simple** (doc. 3). Dans les molécules de dioxygène O_2 et de dioxyde de carbone CO_2, les atomes sont liés entre eux par **deux liaisons**. Dans la molécule de diazote N_2, **trois liaisons** s'établissent entre les atomes :

Nom des molécules	Modèle moléculaire éclaté
Dioxygène	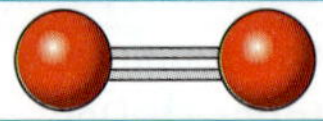
Dioxyde de carbone	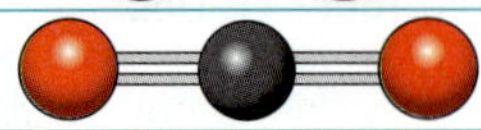
Diazote	

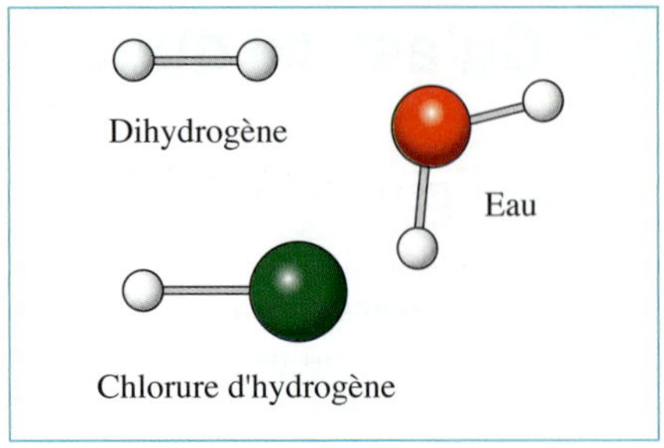

doc. 3 Dans un modèle moléculaire éclaté, les boules sont reliées les unes aux autres par des tiges dont la longueur est proportionnelle à la longueur des liaisons.

2 Comment représenter une molécule ?

2.1 Formules développée et semi-développée

Dans la formule d'une molécule, une liaison est symbolisée par un tiret entre les atomes ; une liaison multiple est symbolisée par plusieurs tirets.

Nom des molécules	Formule chimique
Dihydrogène	H — H
Dioxyde de carbone	O = C = O
Diazote	N ≡ N

Dans la **formule développée** d'une molécule, toutes les liaisons sont représentées. Dans une **formule semi-développée**, on ne représente pas les liaisons des atomes avec l'hydrogène (doc. 4).

Pour commencer, exercices 3, 4 et 5, p. 137

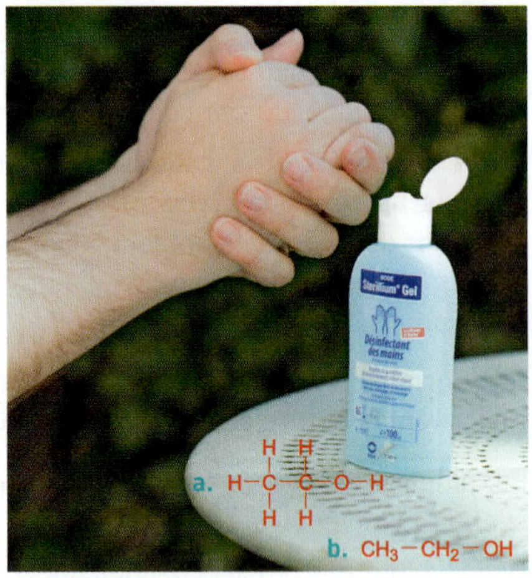

doc. 4 Les gels hydroalcooliques sont des désinfectants. Ils sont souvent à base d'éthanol, molécule de formule brute C_2H_6O. Les formules développée (a) et semi-développée (b) sont représentées ci-dessus.

2.2 Notion d'isomérie

La formule brute ne renseigne pas sur l'enchaînement des atomes qui constituent la molécule : à une formule brute peuvent correspondre plusieurs molécules différentes.

L'**activité 2** a montré que le méthoxyméthane (doc. 5a) possède la même formule brute C_2H_6O que l'éthanol (doc. 5b). Alors que l'éthanol est liquide à température et pression ordinaires, le méthoxyméthane est gazeux : leurs propriétés physiques sont différentes. Il en est de même de leurs propriétés chimiques. Ils sont dits **isomères**. Plus généralement :

On appelle isomères, des espèces chimiques qui ont la **même formule brute**, mais des **enchaînements d'atomes différents**.
Des isomères ont des **propriétés physiques et chimiques différentes** et constituent des **espèces chimiques différentes**.

Pour décrire la structure d'une molécule, il faut donc établir sa formule semi-développée ou développée.

Pour commencer, exercice 6, p. 137

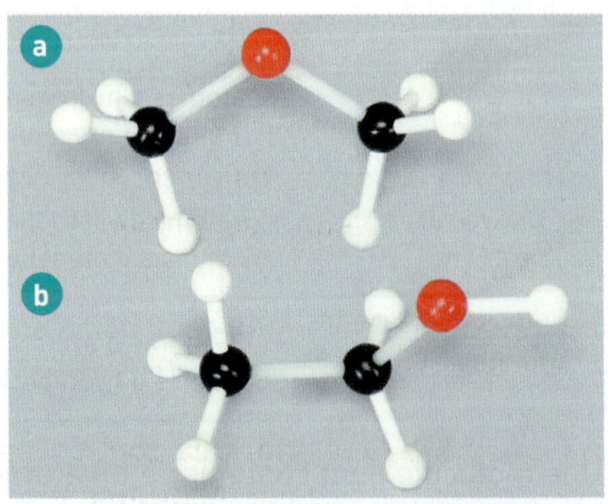

doc. 5 Le méthoxyméthane (a) est utilisé dans l'industrie pétrolière. Il permet de réduire les émissions de polluants des moteurs. Il est un isomère de l'éthanol (b).

3 Qu'est-ce qui différencie un mélange d'un corps pur ?

L'**activité 1** montre que la matière se présente sous forme de corps purs ou de mélanges.

3.1 Corps pur

> Un **corps pur** est constitué d'une seule **espèce chimique**, représentée par sa **formule chimique**.

Un corps pur est caractérisé par des constantes physiques parfaitement définies (températures de changement d'état, indice de réfraction...).

3.2 Mélange

> Un **mélange** est constitué d'espèces chimiques différentes.

L'air renferme des espèces chimiques différentes : le diazote N_2, le dioxygène O_2, l'argon Ar... C'est un mélange.

3.3 Formulation, principe actif et excipient

Un médicament est un mélange de nombreuses espèces chimiques. Il contient un ou plusieurs **principes actifs** et des **excipients** (**activité 3** et **doc. 6**) :

> Un **principe actif** possède un effet thérapeutique. Un **excipient** est une espèce chimique qui permet de rendre le principe actif plus efficace. Il est souvent dépourvu d'activité thérapeutique.

La **formulation** est l'une des étapes essentielles de la conception d'un médicament qui consiste à déterminer la nature et les proportions des différents ingrédients qui le composent.

La formulation permet entre autres :
- de présenter le médicament sous une forme adaptée pour la voie d'administration souhaitée **(doc. 7)** ;
- de modifier le goût ou l'odeur du médicament ;
- de moduler la vitesse de libération du principe actif vers l'organisme ;
- d'améliorer la conservation du médicament...

C'est le rôle des excipients.

Lors de l'élaboration d'une formulation, on recherche le meilleur compromis possible entre performance, facilité d'utilisation, sécurité et coût minimal.

Un même principe actif peut donc être associé à différents excipients. C'est également le cas pour les médicaments génériques **(doc. 8)**. Ainsi :

> Un **médicament générique** contient le même principe actif que celui d'une marque (appelé **médicament princeps**). Il se différencie par sa formulation.

> Pour commencer, exercices 7 et 8, p. 138

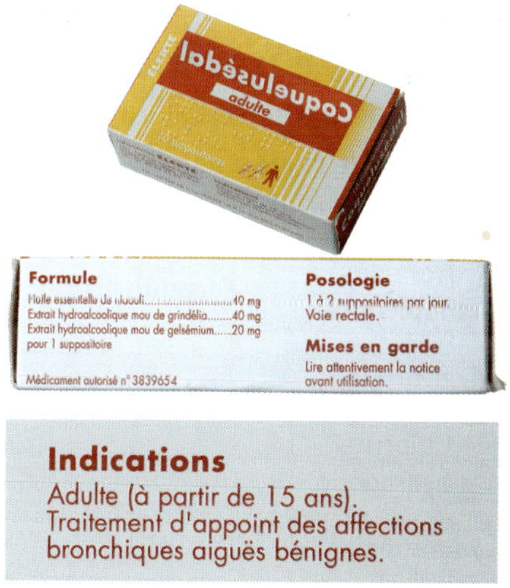

doc. 6 L'emballage d'un médicament peut indiquer sa composition, son indication thérapeutique, son mode d'administration...

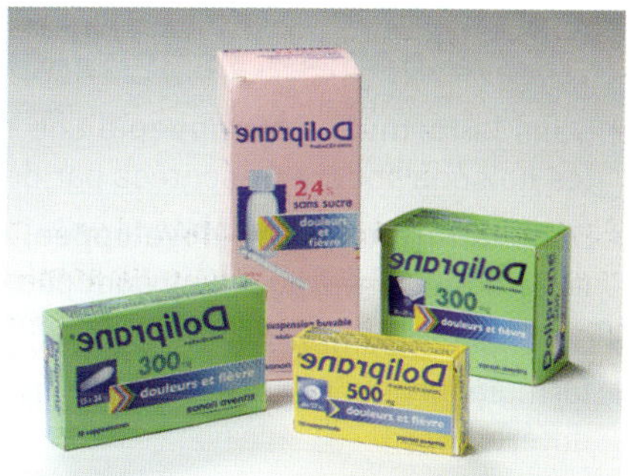

doc. 7 Un médicament peut être formulé sous forme de comprimé, de solution buvable, de suppositoire...

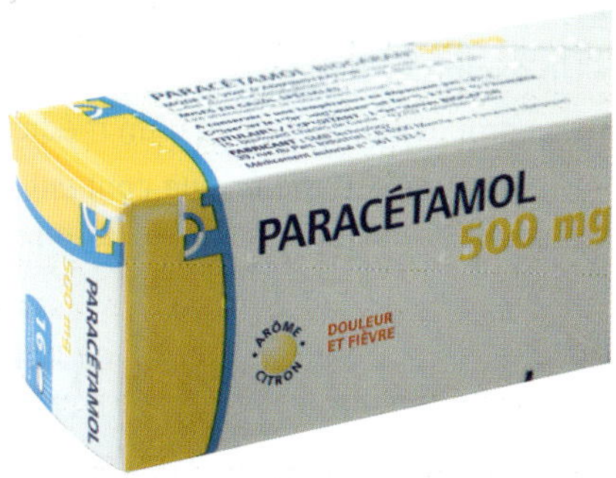

doc. 8 Dans un médicament générique, le paracétamol est vendu sous le nom de l'espèce chimique.

Les savoirs

Décrire une molécule

- Une **molécule** est un édifice électriquement neutre, formée d'un nombre limité d'atomes liés les uns aux autres.
- La **formule brute** d'une molécule est l'écriture la plus compacte décrivant la nature et le nombre de ses atomes.
- Dans les molécules, chaque atome peut être lié aux autres atomes par des **liaisons simples, doubles** ou **triples.**

Nom des molécules	Formule brute	Modèle moléculaire compact	Modèle moléculaire éclaté
Dihydrogène	H_2		
Chlorure d'hydrogène	HCl		
Ammoniac	NH_3	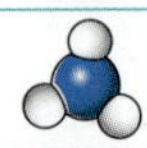	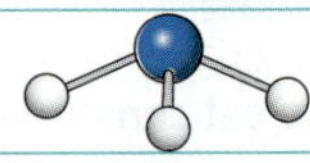
Dioxyde de carbone	CO_2		
Diazote	N_2		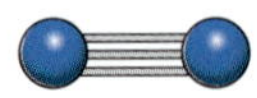

Représenter des formules développées et semi-développées

- Dans la **formule développée** d'une molécule, toutes les liaisons sont représentées par des tirets.
- Dans la **formule semi-développée**, les liaisons avec les atomes d'hydrogène ne sont pas représentées.
- On appelle **isomères** deux espèces qui ont la même formule brute, mais des enchaînements d'atomes différents.

Éthanol

Formule brute : C_2H_6O

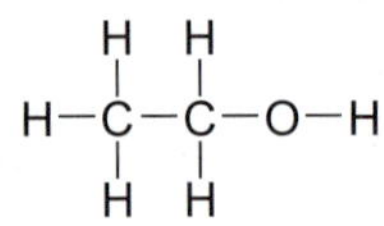

CH_3-CH_2-OH

a. Formule développée **b.** Formule semi-développée

Méthoxyméthane

Formule brute : C_2H_6O

CH_3-O-CH_3

(isomère de l'éthanol)

Différencier un corps pur d'un mélange

- Un **corps pur** est constitué d'une seule **espèce chimique**, représentée par sa **formule chimique**.
- Un **mélange** est constitué d'espèces chimiques différentes.
- Un **principe actif** est une espèce chimique qui possède un effet thérapeutique dans un médicament.
- Un **excipient** désigne toute espèce chimique autre que le principe actif dans un médicament.
- La composition détaillée d'un médicament constitue sa **formulation**.
- Un **médicament générique** contient le même principe actif que celui d'une marque (appelé *médicament princeps*). Il se différencie par sa formulation.

Les compétences attendues

- Utiliser des modèles moléculaires et des logiciels de représentation. **[TP]**
- Représenter des formules semi-développées et développées correspondant à des modèles moléculaires.
- Analyser la formulation d'un médicament.

S'auto-évaluer

QCM

Pour chaque question, indiquer la (ou les) bonne(s) réponse(s).

ÉNONCÉ	A	B	C	Si échec revoir
1. La molécule d'eau, de formule H_2O, contient :	1 atome d'oxygène	2 atomes d'oxygène	2 atomes d'hydrogène	§1, p. 131
2. Une molécule de dioxyde d'azote est formée d'un atome d'azote et de deux atomes d'oxygène. Sa formule s'écrit :	NO_2	N_2O	N2O	§1, p. 131
3. Une molécule de peroxyde d'hydrogène est formée de deux atomes d'hydrogène et deux atomes d'oxygène. Sa formule s'écrit :	2HO	H_2O_2	HO_2	§1, p. 131
4. Une molécule d'ozone a pour formule O_3. Deux molécules d'ozone s'écrivent :	O_6	6 O	2 O_3	§1, p. 131
5. CH_3F est une :	formule brute	formule semi-développée	formule développée	§2, p. 132
6. $CH_3-CH(CH_3)-OH$ (groupe CH_3 lié au CH) est une :	formule brute	formule semi-développée	formule développée	§2, p. 132
7.  Ces deux molécules sont celles d'espèces :	différentes	identiques	isomères	§2, p. 132
8. 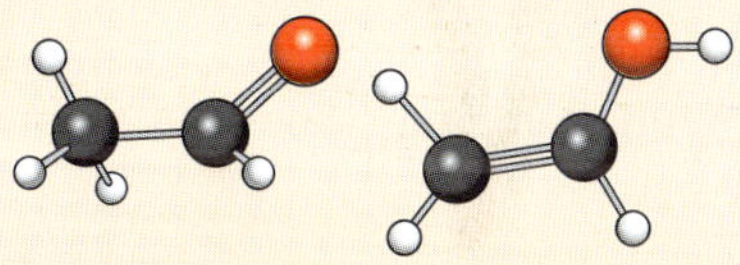 Ces deux molécules sont celles d'espèces :	différentes	identiques	isomères	§2, p. 132
9. Le dioxyde de carbone CO_2 est :	une espèce chimique	un corps pur	un mélange	§3, p. 133
10. L'air est :	une espèce chimique	un corps pur	un mélange	§3, p. 133
11. Un principe actif :	possède un effet thérapeutique	rend l'action de l'excipient plus efficace	peut être associé à différents excipients	§3, p. 133
12. Un excipient :	possède toujours un effet thérapeutique	rend l'action du principe actif plus efficace	peut être associé à différents principes actifs	§3, p. 133

Réponses, p. 324

SAVOIR Analyser, résoudre et rédiger

Compétence mise en œuvre

• Utiliser des modèles moléculaires.

Le cycle du soufre SVT

Le soufre est utilisé par les végétaux lorsqu'ils sont en vie. Il est restitué au sol ou dans l'atmosphère lorsqu'ils meurent ; du sulfure d'hydrogène est alors formé. Le diméthylsulfure (ou DMS) est issu de la transformation, par les algues, de composés sulfurés. Le sulfure de carbonyle est produit en partie par l'érosion.

1. À partir des modèles moléculaires ci-dessous, établir la formule brute de chaque molécule.

2. Établir les formules développées des trois molécules ainsi que la formule semi-développée du DMS.

Sulfure d'hydrogène	DMS	Sulfure de carbonyle
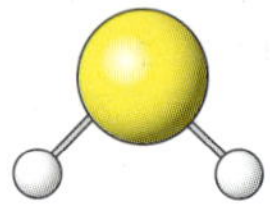	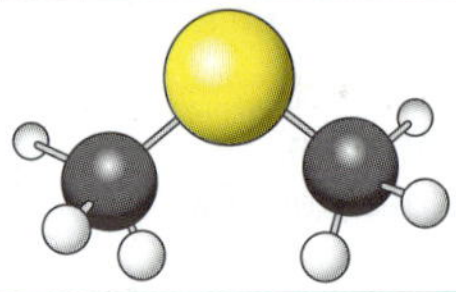	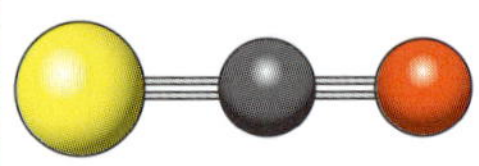

Concrétions de soufre sur le volcan Dallol (Éthiopie).

CONSEILS

1. Déterminer d'abord les atomes présents dans chacune des molécules à partir du code des couleurs rappelé à la page 126.
Pour écrire une formule brute, on écrit côte à côte les symboles des éléments en précisant le nombre d'atomes de chaque élément.

2. Dans la **formule développée** d'une molécule, toutes les liaisons sont représentées par des tirets.
Dans la **formule semi-développée**, les liaisons avec les atomes d'hydrogène ne sont pas représentées.

Solution rédigée

1. La molécule de sulfure d'hydrogène contient **deux** atomes d'hydrogène et **un** atome de soufre. Sa formule brute s'écrit donc : H_2S
La molécule de DMS contient **deux** atomes de carbone, **six** atomes d'hydrogène et **un** atome de soufre : C_2H_6S
La molécule de sulfure de carbonyle contient **un** atome de soufre, **un** atome de carbone et **un** atome d'oxygène : SCO

2. Les **formules développées** du sulfure d'hydrogène du DMS et du sulfure de carbonyle s'écrivent :

$$H-S-H \qquad \begin{array}{ccccc} & H & & H & \\ & | & & | & \\ H- & C & -S- & C & -H \\ & | & & | & \\ & H & & H & \end{array} \qquad S=C=O$$

La **formule semi-développée** du DMS s'écrit :

$$CH_3-S-CH_3$$

Application immédiate

Les chloramines sont des produits irritants qui se forment dans les piscines par réaction entre les composés chlorés utilisés comme désinfectants et les molécules azotées provenant de la sueur, de l'urine ou de la salive des baigneurs.

À partir du modèle moléculaire de la monochloramine représenté ci-contre, établir la formule brute de la molécule ainsi que sa formule développée.

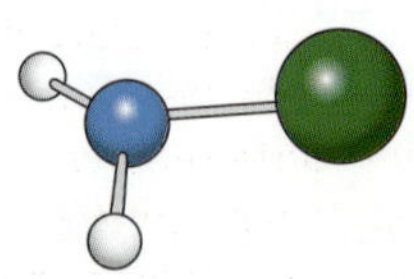

Voir correction, p. 326

Pour commencer

Qu'est-ce qu'une molécule ?

1 Écrire la formule brute d'une molécule

La méthylamine est utilisée notamment dans l'industrie pharmaceutique.
Écrire sa formule brute à partir de son modèle moléculaire représenté ci-dessous.

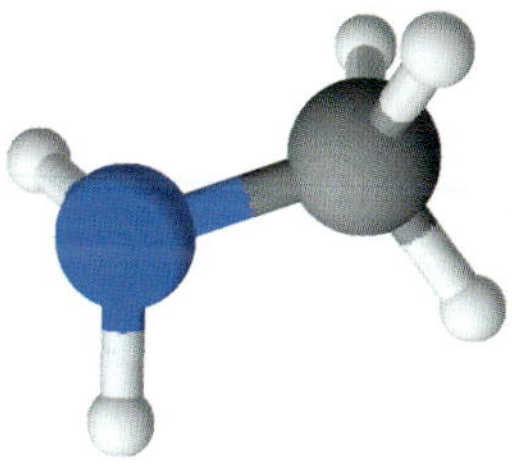

2 Déterminer la formule brute d'une molécule

Le 10 juillet 1976, l'explosion d'un réacteur dans une usine de la ville italienne Seveso produisit un nuage de dioxine dont la molécule est représentée ci-dessous. Cette espèce chimique très toxique contamina environ 1 800 ha. Cet accident industriel a donné lieu à deux directives, Seveso 1 et Seveso 2, précisant les mesures de sécurité à prendre dans certaines usines chimiques.

1. De quels atomes cette molécule est-elle constituée ?

2. Écrire la formule brute de la molécule.

Comment représenter une molécule ?

3 Établir des formules à partir d'un modèle

La photographie ci-contre présente un modèle moléculaire éclaté de l'urée.
Un taux d'urée élevé dans le sang est le symptôme d'une insuffisance rénale.
Écrire la formule développée, puis la formule semi-développée de la molécule d'urée.

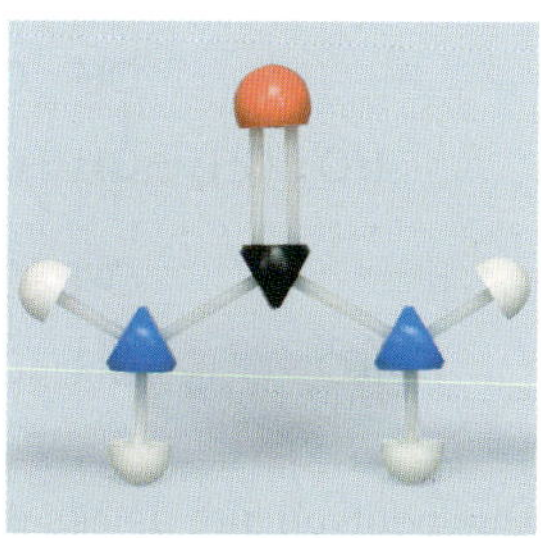

4 Écrire une formule semi-développée

Le trométamol est une molécule utilisée dans certains médicaments pour diminuer l'acidité des urines.
Écrire la formule semi-développée et la formule brute de cette molécule à partir de sa formule développée ci-dessous.

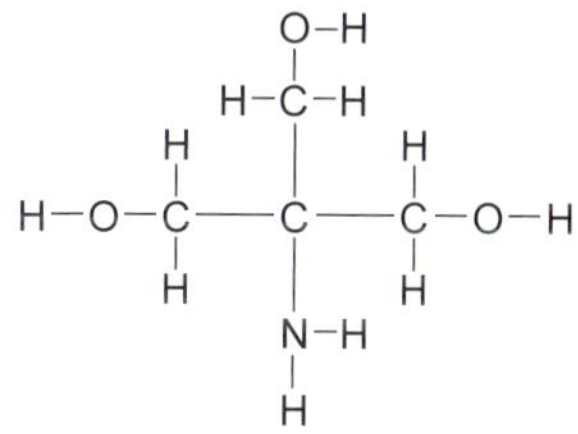

5 Comparer la formule d'une molécule et son modèle

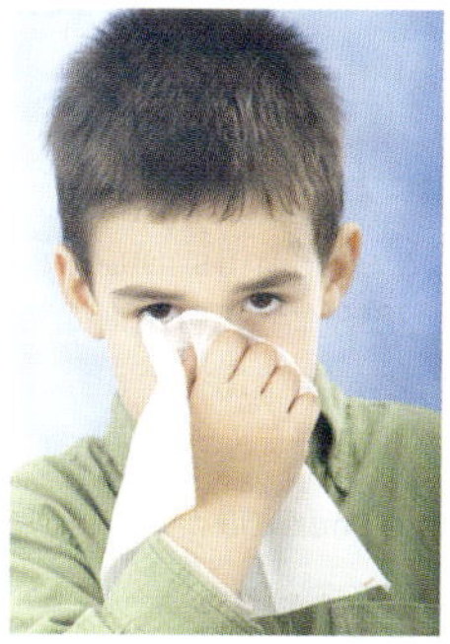

La pseudoéphédrine est un décongestionnant utilisé pour traiter les rhumes. La molécule peut être décrite par son modèle moléculaire ou sa formule développée :

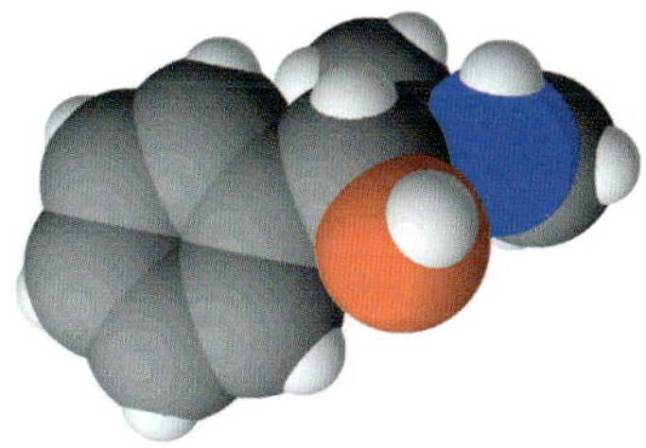

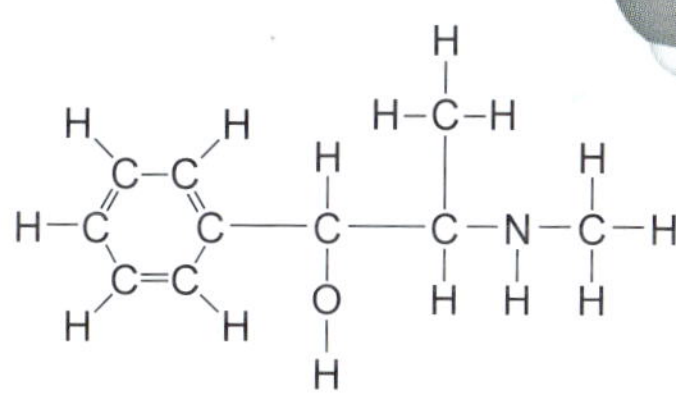

1. À partir de sa formule développée, écrire la formule semi-développée de la molécule de pseudoéphédrine.

2. Repérer, dans le modèle moléculaire, les atomes de la molécule, lorsque c'est possible.

6 Interpréter des propriétés chimiques

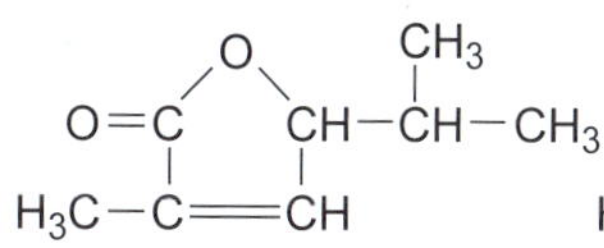

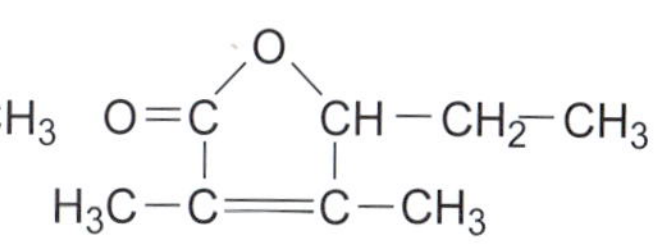

Ces deux espèces chimiques sont utilisées en parfumerie : la première a une odeur herbacée et la seconde a une odeur épicée.

1. Déterminer la formule brute de chaque molécule.
Que peut-on dire de ces deux molécules ?

2. Justifier la différence de leurs propriétés chimiques.

Qu'est-ce qui différencie un mélange d'un corps pur ?

7 Lire une étiquette de médicament

Le Synthol® est une solution alcoolisée utilisée en application locale pour calmer les douleurs.
L'étiquette ci-dessous donne la composition du médicament :

> *Pour 100 g de solution, la composition en substance active est :*
> *Levomenthol* .... *0,2600 g*
> *Vératrole* .... *0,2600 g*
> *Résorcinol* .... *0,0210 g*
> *Acide salicilique* .... *0,0105 g*
> *Les autres composants sont l'huile essentielle de géranium, l'huile essentielle de cédrat, le jaune de quinoléine (E104).*

1. Le Synthol® est-il un corps pur ou un mélange ?

2. Citer le(s) principe(s) actif(s).

3. Ce médicament contient-il des excipients ? Justifier.

8 Décrire la formulation d'un médicament

Le camphre est conseillé en cas de douleurs musculaires. La pommade camphrée à 10 % ou 20 % est employée en application locale. Il existe deux formulations de ce médicament :

Composant	Quantité pour 100 g	
Camphre	10 g	20 g
Vaseline blanche	80 g	70 g
Cire d'abeille blanche	10 g	10 g

1. Les pommades camphrées sont-elles des corps purs ou des mélanges ?

2. Qu'appelle-t-on « formulation » ?

3. Citer le(s) principe(s) actif(s) et le(s) excipient(s).

Pour s'entraîner

9 Des désinfectants hospitaliers

Le glutaraldéhyde (a) est une espèce chimique utilisée pour la désinfection des appareils d'exploration médicale (endoscopes par exemple). Il est toxique par inhalation.

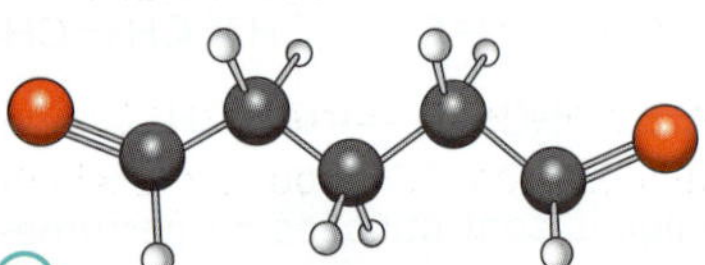

a

De récents décrets en préconisent le remplacement par l'acide peracétique (b), excellent bactéricide.

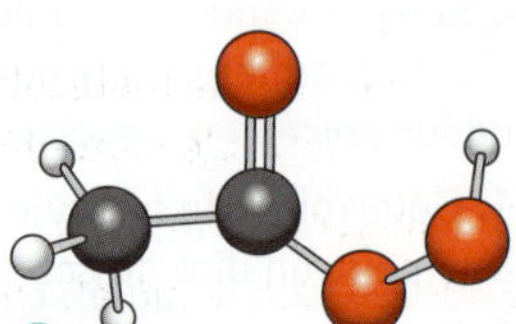

b

À partir des modèles moléculaires proposés :

1. Écrire les formules brute et développée du glutaraldéhyde et de l'acide peracétique.

2. Déterminer la formule semi-développée de l'acide peracétique.

10 Un traitement des malaises légers

La notice ci-dessous indique la composition d'un médicament utilisé en cas de malaises ou de fatigue.

Forme : comprimé à sucer

	par cp à sucer
nicéthamide	125 mg
glucose monohydrate	1,5 g

Excipients : magnésium trisilicate, gomme arabique, citron essence, orange essence, vanilline, talc, magnésium stéarate, saccharose.

1. a. Qu'est-ce qu'un principe actif ? un excipient ?

b. Identifier les principes actifs et les excipients.

2. Quel est le mode d'administration de ce médicament ?

3. On a représenté ci-dessous, la formule développée de la nicéthamide.

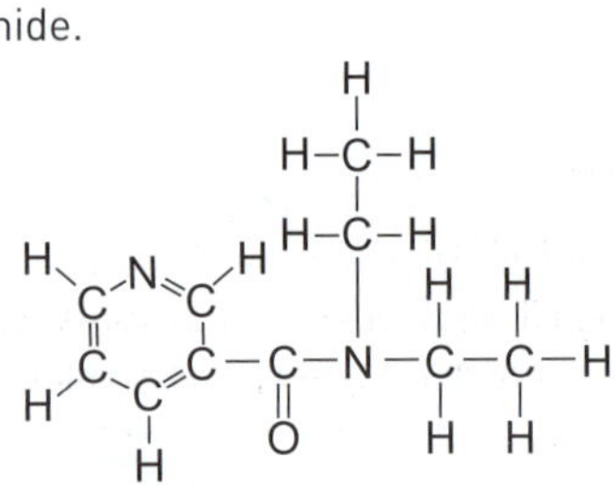

a. Écrire la formule semi-développée de la molécule.

b. Dans le modèle moléculaire suivant, localiser quand c'est possible, les atomes de la molécule :

4. Le glucose et le fructose sont deux sucres de formules semi-développées respectives :

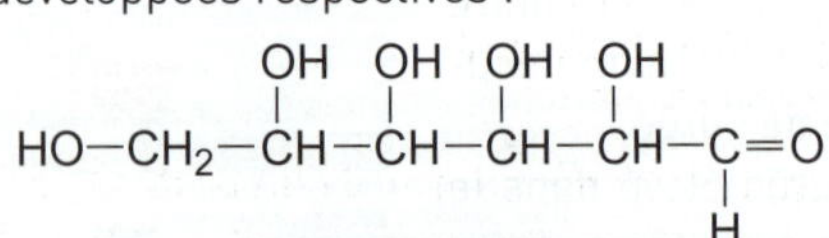

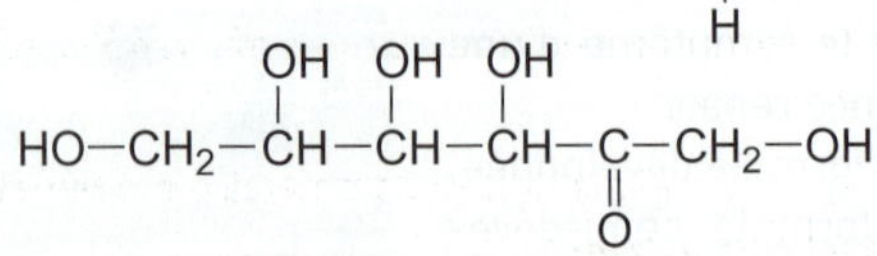

Que peut-on dire de ces deux sucres ?

11 Un insecticide naturel

Des bracelets imprégnés au géraniol, espèce chimique présente dans le géranium ou le citron, sont insectifuges.

1. À partir du modèle moléculaire ci-dessous, écrire la formule développée du géraniol.

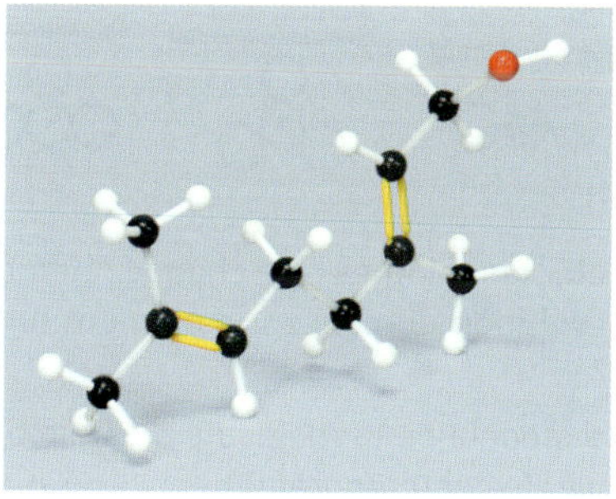

2. Écrire sa formule semi-développée.

12 Des modes d'administration différents

1. Identifier le(s) principe(s) actif(s) figurant sur les notices proposées ci-dessous.

2. @ Que signifie l'abréviation q.s.p. ?

3. @ Donner la signification des mots ou expression suivants : « analgésique », « antipyrétique », « anti-inflammatoire », « antiagrégant plaquettaire » et « gastro-résistant ».

4. Quel est le mode d'administration de chaque médicament ?

pH8™

Composition

Acide acétylsalicylique : 500 mg

Excipient : amidon de riz, acétophtalate de cellulose, phtalate d'éthyle q.s.p. un comprimé gastro-résistant de 580 mg.

Analgésique, antipyrétique, anti-inflammatoire à dose élevée, antiagrégant plaquettaire.

UPSA

tamponnée effervescente VITAMINÉE C

Composition

Acide acétylsalicylique : 0,330 g

Acide ascorbique : 0,200 g

Excipient : glycine, acide citrique, bicarbonate de sodium, benzoate de sodium q.s.p. un comprimé effervescent sécable de 3,501 g

Antalgique, antipyrétique, anti-inflammatoire à dose élevée, antiagrégant plaquettaire.

13 Les parabènes

En cosmétique, dans l'industrie agroalimentaire ou en pharmacie, les parabènes sont utilisés comme conservateurs grâce à leurs activités antibactérienne et antimycosique. En raison des doutes qui planent quant à leur innocuité, le nouvel enjeu est de formuler « sans parabène ». Le méthylparabène (E218) et le propylparabène (E214) sont très utilisés.

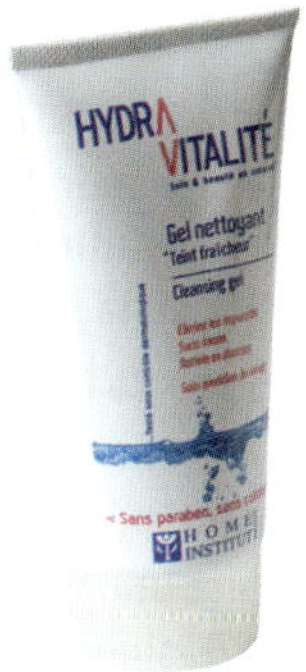

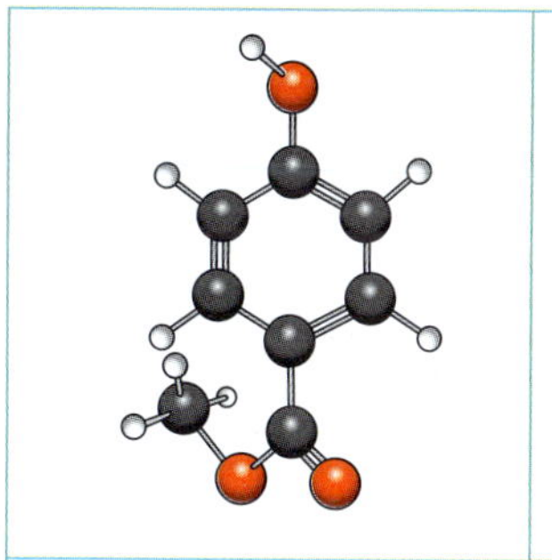

Méthylparabène

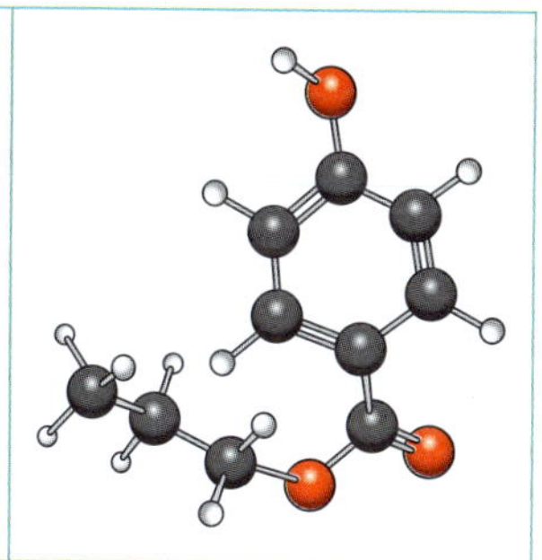

Propylparabène

1. @ Rechercher le sens des mots ou expressions suivants :

« antimycosique », « innocuité » et « formuler "sans parabène" ».

2. @ Que signifie la lettre E dans les sigles E218 et E214 ?

3. Écrire les formules développée et semi-développée de chacune de ces molécules.

14 Proposer un énoncé et son corrigé

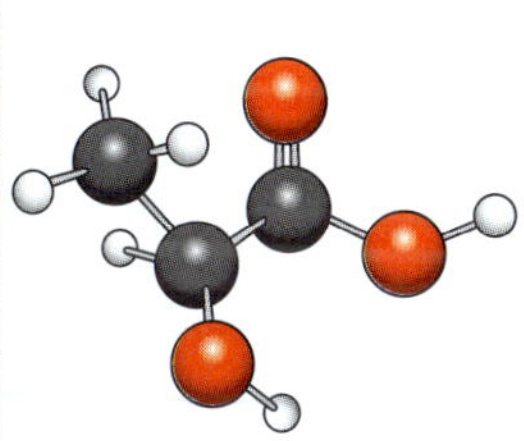

Les crampes apparaissent au cours d'un effort prolongé. L'une des causes est l'accumulation d'acide lactique dans les muscles.

1. Proposer un exercice dont l'énoncé portera sur l'acide lactique. L'énoncé contiendra les mots ou expressions suivants :

« modèle moléculaire », « formule brute », « formule semi-développée » et « liaison ».

2. Rédiger son corrigé.

3. Demander à un(e) camarade de tester l'énoncé et comparer les corrigés.

15 Proposer un énoncé à partir de son corrigé

Un professeur de Seconde a donné à ses élèves un exercice dont la solution est fournie ci-après. Après avoir lu l'intégralité de la solution, construire l'énoncé correspondant.

Solution de l'énoncé à proposer

1. a. D'après la notice du médicament Dulciphak®, sa forme galénique est un collyre.

b. Il est utilisé dans le traitement de la cataracte.

c. On désigne par ce terme la molécule qui a un effet thérapeutique. C'est le cas, par exemple, du méthylsilanetriol.

d. Il y en a cinq : le chlorure de sodium, l'hydroxyde de sodium et le méthylparabène, l'hypophosphite de sodium et l'eau purifiée. Ils n'ont, *a priori*, aucun effet thérapeutique.

2. D'après l'énoncé, l'atome de silicium est modélisé par une boule gris clair. Le modèle moléculaire est donc :

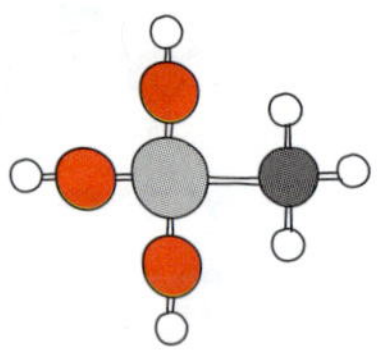

16 À chacun son rythme

Cet exercice est proposé à deux niveaux de difficultés. Dans un premier temps, essayer de résoudre le niveau 2. En cas de difficultés, passer au niveau 1.

La vanilline est une espèce chimique extraite des gousses de vanille. L'éthylvanilline est une espèce qui présente un arôme plus puissant que celui de la vanilline. L'isovanilline est une espèce dépourvue d'odeur.

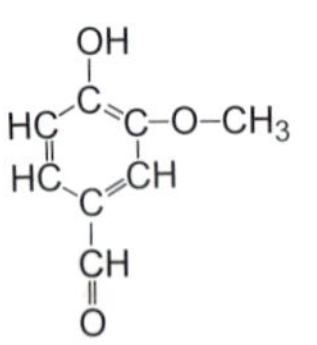

Vanilline

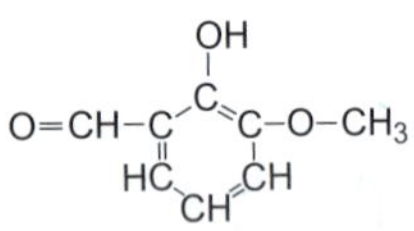

Isovanilline

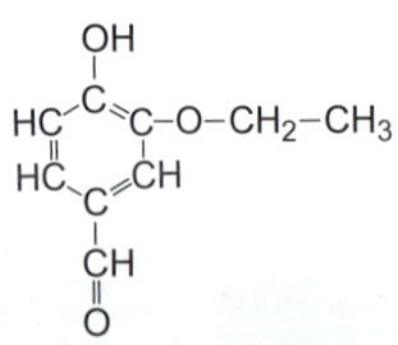

Éthylvanilline

Niveau 2

Parmi ces molécules, lesquelles sont celles d'espèces isomères ? Justifier.

Niveau 1

1. Écrire les formules brutes des trois molécules.

2. Lesquelles sont celles d'espèces isomères ?

17 Le concept de molécule à travers l'Histoire

Au début du **XIXe siècle**, John DALTON suggère que les atomes de chaque élément sont identiques et que leurs combinaisons chimiques se font dans des proportions bien définies. Ainsi, quand deux éléments forment un seul composé, il est binaire : un atome de l'un se combine avec un atome de l'autre. D'autres composés peuvent être ternaires, quaternaires... Pour lui, l'eau est un composé binaire d'hydrogène et d'oxygène.

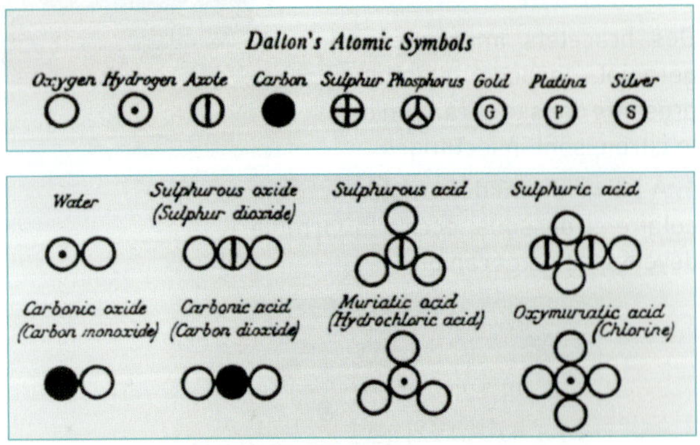

1. Selon DALTON, les atomes de chaque élément sont identiques : l'évolution du concept d'élément lui a-t-elle donné raison ?

2. Comparer le modèle de la molécule d'eau imaginé par DALTON et le modèle contemporain.

18 Retour sur l'ouverture du chapitre

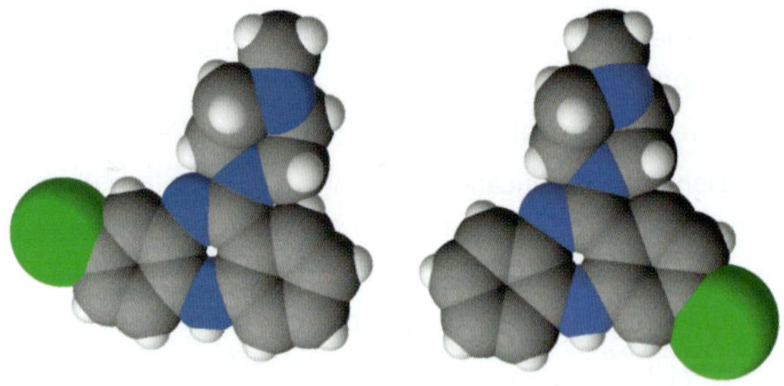

Clozapine **Isoclozapine**

La clozapine et l'isoclozapine ont des propriétés neuroleptiques. Alors que la première ne présente pas d'effets moteurs indésirables, la deuxième altère la capacité à contrôler les mouvements (motilité).

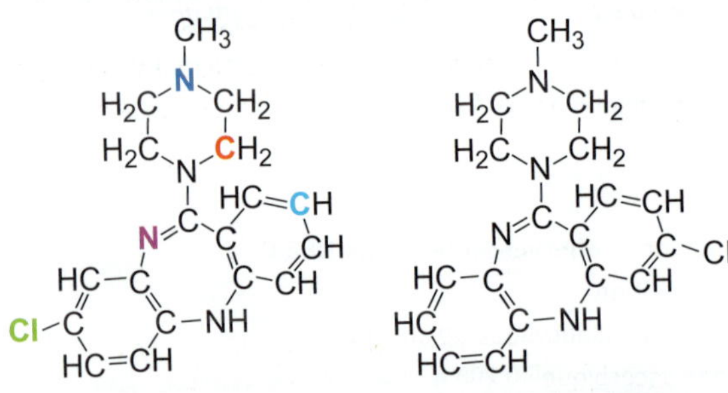

Clozapine **Isoclozapine**

1. Vérifier que la clozapine et l'isoclozapine sont des isomères.

2. Dans la formule semi-développée de la clozapine, certains atomes ont été colorés. Les localiser dans les modèles moléculaires proposés.

CHAPITRE

10 Quantité de matière

Chaque jour de très nombreuses analyses de sang ou d'urine sont effectuées dans des laboratoires.
Qu'est-ce qu'une analyse médicale ?
Comment exprime-t-on les résultats obtenus ? (Voir exercice 16, p. 154.)

Comment exprimer une quantité de matière présente dans un échantillon ?

OBJECTIFS

- → Définir l'unité de quantité de matière : la mole.
- → Calculer une masse molaire.
- → Déterminer et prélever une quantité de matière.

1 Lire une analyse de sang

DOC DOCUMENTS

→ Quelles indications fournit une analyse de sang ?

• Les documents ci-contre **(doc.1)** sont des extraits d'une analyse de sang. Le **document 1.a.** présente l'**analyse biochimique** du sang analysé : il fournit, pour une même espèce chimique, deux valeurs numériques, l'une en **g**$\cdot$L^{-1} et l'autre en m**mol**$\cdot$L^{-1}.

Le **document 1.b.** est un **ionogramme sanguin** : les valeurs indiquées sont exprimées en m**mol**$\cdot$L^{-1}.

1. Quelle grandeur est exprimée en g$\cdot$L^{-1} ?
2. @ Rechercher dans une encyclopédie l'unité dont **mol** est le symbole, puis rechercher le nom de la grandeur chimique exprimée en **mol**.

```
• GLYCÉMIE À JEUN ...... 0,86 g/L
(Glucose oxydase-540 nm) 4,78 mmol/L
• URÉE ................. 0,32 g/L
(Urease-670 nm)          5,3 mmol/L
```

a. Analyse biochimique.

```
• SODIUM............ 143 mmol/L
Électrode selective
• POTASSIUM ......... 4,0 mmol/L
Électrode selective
```

b. Ionogramme sanguin.

doc. 1 Analyses de sang.

• Éliminée dans l'urine, l'urée est présente en très faible quantité dans le sang. Le **document 2** indique les concentrations en urée du sang de deux patients, exprimées en g$\cdot$L^{-1} et en mmol$\cdot$L^{-1}.

Pour chacune des deux analyses :

3. Exprimer en mol$\cdot$L^{-1} la valeur indiquée en mmol$\cdot$L^{-1}.
4. Établir le rapport de la valeur exprimée en g$\cdot$L^{-1} par celle exprimée à présent en mol$\cdot$L^{-1}. Que constate-t-on ?
En quelle unité s'exprime la valeur ainsi obtenue ?
5. Quel nom peut-on alors proposer pour la grandeur s'exprimant dans cette unité ?

```
• URÉE................. 0,32 g/L
(Urease-670 nm)         5,3 mmol/L
```

```
• URÉE.............. 0,23 g/L
          ou........ 3,84 mmol/L
Réactif Urease Biotrol*
```

doc. 2 Concentration d'urée dans le plasma sanguin.

2 Dénombrer des grains de riz ou des atomes

DÉMARCHE D'INVESTIGATION

→ Comment dénombrer une grande quantité d'objets identiques ?

• L'eau de riz est une boisson conseillée dans le traitement des diarrhées. Une recette préconise de faire bouillir pendant une demi-heure une tasse à café de riz **(doc. 3)** dans un litre d'eau puis de filtrer et de boire la boisson ainsi obtenue.
Combien de grains de riz utilise-t-on pour cette préparation ?

1. Proposer une méthode permettant de répondre à cette question sans avoir à compter tous les grains de riz contenu dans la tasse.
2. Rédiger le protocole correspondant.
Mettre en œuvre ce protocole après discussion de celui-ci avec votre professeur.

• Le carbone est le constituant actif du **charbon activé** utilisé pour le traitement des digestions difficiles. La boîte de médicament présentée au **document 3** contient une masse m = 15,0 g de carbone.

3. Calculer la masse d'un atome de carbone ^{12}C.
4. En déduire le nombre N_A d'atomes présents dans une masse m = 12,0 g de carbone ^{12}C.
Par définition, une **mole** d'atomes contient N_A atomes.
5. On supposera que le carbone du charbon est constitué uniquement de carbone ^{12}C. Déterminer le nombre N_C d'atomes de carbone ^{12}C présents dans la boîte de granulés du **document 3**.
6. En déduire « le nombre de **moles** » d'atomes correspondant.

Donnée : Masse d'un nucléon : $m_{nucléon}$ = 1,67 × 10^{-24} g.

doc. 3 De l'eau de riz et du charbon activé peuvent être conseillés pour traiter des désordres digestifs.

3 Prélever une quantité de matière

→ **Comment prélever une quantité de matière donnée par pesée ou par mesure d'un volume ?**

A Quantité de matière de solide

Objectif

Le glucose de formule $C_6H_{12}O_6$ est un sucre naturel présent, par exemple, dans le miel. C'est un glucide qui participe à la couverture en besoin énergétique de l'organisme.

On souhaite prélever une quantité de matière de glucose solide n = 16,7 mmol qui permettrait de préparer 10 mL d'une solution dite à 30 % utilisée en cas d'hypoglycémie **(doc. 4)**.

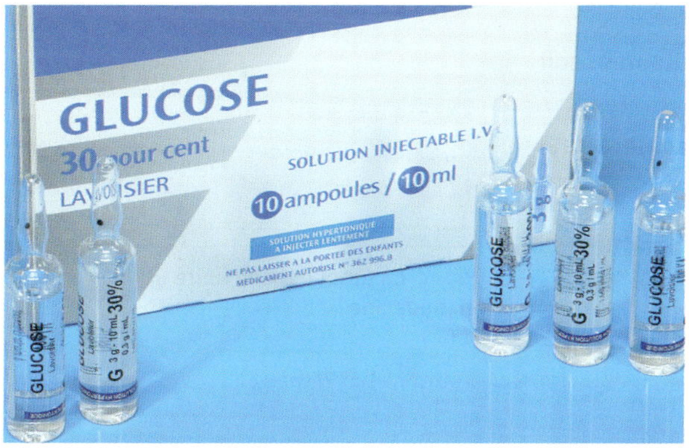

doc. 4 Ce médicament est prescrit en cas d'hypoglycémie sévère.

Manipulation

Matériel et produits disponibles

Balance de précision, spatule, capsule de pesée ou verre de montre, flacon de glucose, flacon étiqueté pour la récupération du sucre après manipulation, table des masses molaires atomiques.

Élaboration d'un protocole

1. En deux phrases, expliquer comment le matériel proposé permet de répondre à l'objectif assigné.
2. Quels calculs préliminaires convient-il de faire ? Effectuer ces calculs.
3. Décrire précisément, en s'aidant de schémas légendés, les diverses étapes permettant de prélever la quantité n de glucose.

Réalisation pratique

4. Mettre en œuvre ce protocole après discussion de celui-ci avec votre professeur.
5. Après validation du travail par le professeur, verser le prélèvement dans le flacon de récupération.

B Quantité de matière de liquide

Objectif

Le propan-2-ol (ou alcool isopropylique) de formule C_3H_8O est un liquide.

C'est un antiseptique et un désinfectant **(doc. 5)** ; il est aussi utilisé pour des massages afin de soulager les entorses et les muscles endoloris.

Sa masse volumique vaut ρ = 0,785 $g \cdot mL^{-1}$ à 25 °C.

doc. 5 Ce gel nettoyant contient du propan-2-ol.

On souhaite prélever une quantité de matière n = 0,183 mol de propan-2-ol, quantité qui permettrait de préparer 20 mL d'une solution aqueuse dite à 70 %.

Manipulation

Matériel et produits disponibles

Éprouvette graduée de 20 mL, pipette graduée de 20,0 mL, béchers, pipette Pasteur, pipeteur, papier-filtre, entonnoir, flacon de propan-2-ol, flacon étiqueté pour la récupération du propan-2-ol après manipulation, table des masses molaires atomiques.

Élaboration d'un protocole

6. En deux phrases, expliquer comment le matériel proposé permet de répondre à l'objectif assigné.
7. Quels calculs préliminaires convient-il de faire ? Effectuer ces calculs.
8. Décrire précisément en s'aidant de schémas légendés, les diverses étapes permettant de prélever la quantité de propan-2-ol demandée avec le matériel approprié.

Réalisation pratique

9. Observer les pictogrammes figurant sur le flacon de propan-2-ol. Indiquer les mesures de sécurité à prendre pour manipuler le propan-2-ol en toute sécurité et les respecter. **(Voir rabats V et VI.)**
10. Mettre en œuvre ce protocole après discussion de celui-ci avec votre professeur.
11. Après validation du travail par le professeur, verser le prélèvement dans le flacon de récupération.

1 Qu'est-ce qu'une quantité de matière ?

1.1 Un changement d'échelle est nécessaire

Les calculs effectués dans **l'activité 2** montrent que la masse d'un atome de carbone est très faible et vaut $2{,}0 \times 10^{-23}$ g.

En conséquence, tout morceau de charbon contient un très grand nombre d'atomes de carbone **(doc. 1)**. L'utilisation de très grands nombres n'étant pas aisée, les chimistes effectuent un changement d'échelle et introduisent une nouvelle grandeur, **la quantité de matière** et son unité, **la mole**.

doc. 1 Cette cuillerée de charbon activé contient environ 10^{23} atomes de carbone, soit cent mille milliards de milliards d'atomes.

1.2 La mole : unité de quantité de matière

Pour faciliter le comptage d'un grand nombre d'objets identiques (feuilles de papiers, agrafes, grains de riz...), ceux-ci sont regroupés en paquets.

De la même manière, en chimie, les atomes, les molécules, les ions sont regroupés en **paquets.**

Chacun de ces **paquets de particules** contient $6{,}02 \times 10^{23}$ particules, soit six cent deux mille milliards de milliards de particules.

Par définition, la quantité de matière d'un tel système est égale à **une mole** (voir **l'activité 1**).

Une mole d'atomes, de molécules, d'ions... est la quantité de matière d'un système contenant $6{,}02 \times 10^{23}$ atomes, molécules, ions...

La **mole** (symbole : **mol**) est l'unité de **quantité de matière** adaptée à notre échelle.
On utilise aussi des sous-multiples de la mole :
la **millimole** (symbole : **mmol**) : 1 mmol = 10^{-3} mol
et la **micromole** (symbole : **µmol**) : 1 µmol = 10^{-6} mol **(doc. 2)**.

• ACIDE URIQUE	37	mg/L
(2) Hitachi 717 Photométrie Diasys	220	µmol/L
• CRÉATININE	10,8	mg/L
(2) Hitachi 917 Cinétique BioMérieux	96	µmol/L

doc. 2 La µmol est une unité utilisée en médecine.

1.3 La constante d'Avogadro N_A

D'après la définition de la mole, **le nombre *N*** d'atomes, de molécules, d'ions... contenus dans un système est proportionnel **à la quantité de matière *n*** correspondante. Il en résulte la relation :

$$N = n \times N_A$$

N n'a pas d'unité, n s'exprime en mol et N_A en mol^{-1}.
La constante N_A est appelée constante d'AVOGADRO ; elle vaut :

$$N_A = 6{,}02 \times 10^{23}\ mol^{-1}.$$

La constante d'AVOGADRO **(doc. 3)** permet de déterminer la quantité de matière d'un système à partir du nombre d'entités contenues dans ce système et inversement.

Ainsi, un système dans lequel la **quantité de matière de carbone***, ou simplement la **quantité de carbone**, est $n = 1{,}25$ mol contient un nombre N d'atomes de carbone égal à :

$$N = 1{,}25 \times 6{,}02 \times 10^{23} = 7{,}53 \times 10^{23} \text{ atomes.}$$

Pour commencer, exercices 1 et 2, p. 152

doc. 3 Amedeo AVOGADRO (1776-1856). Physicien et chimiste italien, il émit une hypothèse sur la nature moléculaire des gaz.

* Lorsque la nature de la matière est précisée, par exemple le carbone, on dit couramment **quantité de carbone** à la place de **quantité de matière de carbone.**

2 Comment définir et calculer une masse molaire ?

2.1 Masse molaire atomique

La masse molaire atomique *M* d'un élément est la masse d'une mole d'atomes de cet élément.
Elle s'exprime en **gramme par mole ($g \cdot mol^{-1}$).**

Les valeurs des masses molaires atomiques des éléments figurent dans la Classification périodique, **au rabat IV**.

Pour calculer la masse molaire atomique d'un élément, il faut prendre en compte l'ensemble de ses isotopes. Les proportions de ces isotopes sont celles que l'on rencontre dans la nature.

Ainsi la masse molaire atomique de l'élément cuivre **(doc. 4)** se calcule en tenant compte de l'abondance naturelle de ses deux isotopes **(doc. 5)** :

$$M(\text{Cu}) = 0{,}691 \times 63{,}0 + 0{,}309 \times 65{,}0 = \mathbf{63{,}6\ g \cdot mol^{-1}}.$$

Pour commencer, exercice 3, p. 152

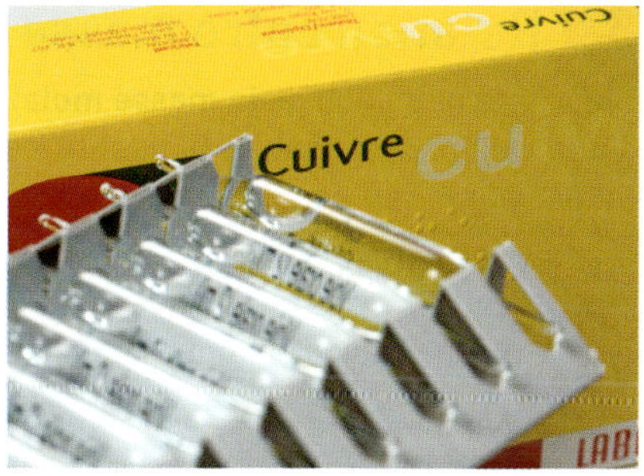

doc. 4 Le cuivre est un oligo-élément essentiel à notre organisme. Sa carence peut se manifester lors d'états grippaux ou d'infections virales.

Isotope	Cuivre 63	Cuivre 65
Pourcentage	69,1 %	30,9 %
Masse par mole d'atomes	63,0 $g \cdot mol^{-1}$	65,0 $g \cdot mol^{-1}$

doc. 5 Pourcentage et masse d'une mole d'atomes des deux isotopes naturels de l'élément cuivre.

2.2 Masse molaire moléculaire

La masse molaire moléculaire d'une espèce chimique moléculaire est la masse d'une mole de ses molécules.
Elle est égale à la **somme des masses molaires atomiques** de tous les atomes présents dans la molécule.
Elle s'exprime en **$g \cdot mol^{-1}$.**

L'urée a pour formule CH_4N_2O. Par définition, sa masse molaire moléculaire $M(CH_4N_2O)$ est égale la somme des masse molaires atomiques de tous les atomes qui constituent la molécule, d'où :

$$M(CH_4N_2O) = M(C) + 4 \times M(H) + 2 \times M(N) + M(O)$$
$$M(CH_4N_2O) = 12{,}0 + 4 \times 1{,}0 + 2 \times 14{,}0 + 16{,}0$$

soit : $$\mathbf{M(CH_4N_2O) = 60{,}0\ g \cdot mol^{-1}}.$$

Cette valeur est cohérente avec celle trouvée à l'**activité 1**.

2.3 Masse molaire ionique

La masse molaire d'un ion monoatomique est la masse d'une mole de cet ion. Elle s'exprime en **$g \cdot mol^{-1}$.**

La masse des électrons étant négligeable devant celle de l'atome, la masse molaire d'un ion monoatomique est égale à la masse molaire atomique de l'élément correspondant. Ceci se généralise aux ions polyatomiques :

La masse molaire d'un ion polyatomique **est égale** à la somme des **masses molaires atomiques des éléments présents dans l'ion.**

Ainsi l'ion permanganate **(doc. 6)**, de formule MnO_4^-, a pour masse molaire $M(MnO_4^-)$:

$$M(MnO_4^-) = M(Mn) + 4 \times M(O)$$

soit : $$\mathbf{M(MnO_4^-)} = 54{,}9 + 4 \times 16{,}0 = \mathbf{118{,}9\ g \cdot mol^{-1}}.$$

Pour commencer, exercices 4 et 5, p. 152

doc. 6 Le permanganate de potassium, $KMnO_4$, est utilisé comme antiseptique de la peau et des muqueuses.

3 Comment déterminer une quantité de matière ?

3.1 Relation entre masse et quantité de matière

D'après la définition de **la masse molaire *M*, la masse *m*** d'un échantillon d'une espèce chimique et **la quantité de matière *n*** correspondante sont reliées par la relation de proportionnalité :

$$m = n \cdot M \quad \text{soit} \quad n = \frac{m}{M}$$

m s'exprime en g, *n* en mol et *M* en $g \cdot mol^{-1}$.

Le saccharose est le sucre extrait de la betterave ou de la canne à sucre. De formule $C_{12}H_{22}O_{11}$, sa masse molaire vaut $M = 342{,}0\ g \cdot mol^{-1}$. Une quantité de matière $n = 33{,}3$ mmol de saccharose **(doc. 7)** a une masse *m* égale à :

$$m = n \times M = 33{,}3 \times 10^{-3} \times 342{,}0 = \mathbf{11{,}4\ g}.$$

La *darbepoetin alfa* est une hormone de synthèse proche de l'erytropoïetine (EPO) de formule $C_{815}H_{1316}N_{233}O_{241}S_5Na$ et de masse molaire $M = 18\,397\ g \cdot mol^{-1}$. Elle est prescrite lorsque la production naturelle de globules rouges est insuffisante. Une dose contient une masse $m = 60{,}0\ \mu g$ de ce principe actif **(doc. 8)**, la quantité *n* correspondante vaut :

$$n = \frac{m}{M} = \frac{60{,}0 \times 10^{-6}}{18\,397} = 3{,}26 \times 10^{-9}\ mol$$

soit : $\mathbf{n = 3{,}26\ nmol}$.

La première partie de l'**activité 3** est consacrée au prélèvement d'une quantité de matière d'une espèce chimique solide par pesée.

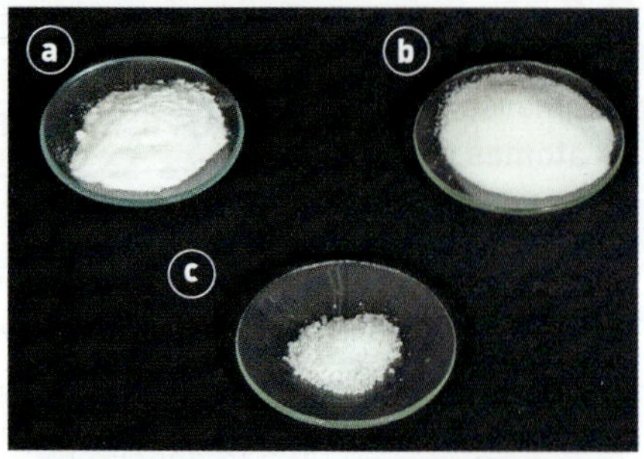

doc. 7 **a.** capsule de glucose $C_6H_{12}O_6$;
b. capsule de saccharose $C_{12}H_{22}O_{11}$;
c. capsule de chlorure de sodium NaCl.
Chacune de ces capsules contient une quantité $n = 33{,}3$ mmol.

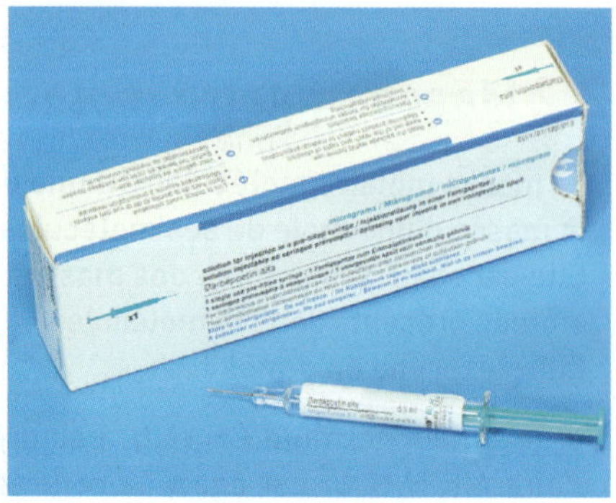

doc. 8 Chaque dose de ce médicament antianémique contient 3,26 nmol de principe actif.

3.2 Masse volumique et densité d'un corps

Pour prélever une quantité de matière *n* d'une espèce liquide on peut, comme pour les solides, procéder par pesée de la masse *m* correspondant à cette quantité.

Cependant, on peut aussi mesurer le volume *V* qu'occupe la quantité de matière *n*, si l'on connaît la grandeur qui lie la masse et le volume de l'espèce considérée. Cette grandeur est la **masse volumique.**

À une température donnée, la masse volumique ρ d'un corps est égale au quotient de sa masse *m* par son volume *V* à cette température :

$$\rho = \frac{m}{V}$$

Elle peut s'exprimer en $kg \cdot m^{-3}$, en $g \cdot L^{-1}$, en $g \cdot mL^{-1}$...

À toute température, la masse *m* d'un corps et son volume *V* sont donc liées par la relation :

$$m = V \times \rho$$

où ρ est la masse volumique du corps.

En général, ce n'est pas la masse volumique qui est indiquée sur les étiquettes de flacons de solides ou de liquides **(doc. 9)**, mais la densité par rapport à l'eau.

Qu'est-ce que la **densité** par rapport à l'eau ?

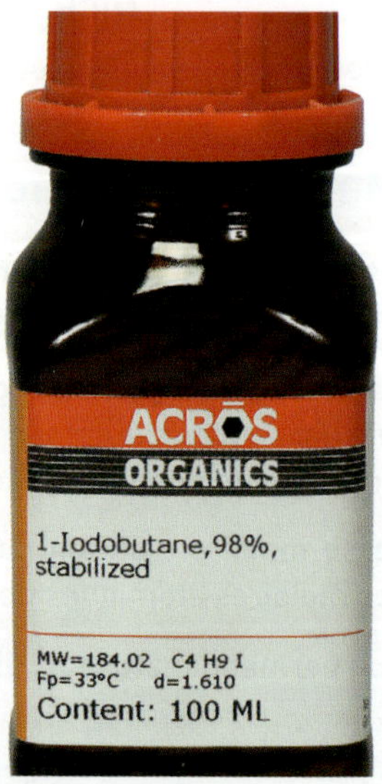

doc. 9 L'iodobutane, C_4H_9I, est utilisé dans de nombreuses synthèses ; c'est un liquide de densité $d = 1{,}610$ à 25 °C.

La densité d d'un corps par rapport à l'eau est égale au quotient de sa masse volumique ρ par celle de l'eau ρ_{eau}, ces masses volumiques étant prises à la même température :

$$d = \frac{\rho}{\rho_{eau}}.$$

La densité s'exprime par un nombre sans unité.

Ainsi, à toute température, la masse volumique ρ d'un corps et sa densité d par rapport à l'eau sont liées par la relation :

$$\rho = d \times \rho_{eau}$$

où ρ_{eau} est la masse volumique de l'eau.

Le **document 10** donne la densité par rapport à l'eau de quelques corps à 25 °C.

Espèce chimique	d
Éthanol (ℓ)	0,780
Acétone (ℓ)	0,790
Glycérol (ℓ)	1,26
Aluminium (s)	2,70
Fer (s)	7,86
Cuivre(s)	8,92
Or (s)	19,3

doc. 10 Densité par rapport à l'eau de quelques espèces chimiques liquides (ℓ) ou solides (s).

À 25 °C, le propan-2-ol est un liquide de densité par rapport à l'eau $d = 0{,}785$. À la même température, la masse volumique de l'eau vaut $\rho_{eau} = 1{,}00\ \text{g}\cdot\text{mL}^{-1}$. Aussi, à 25 °C, la masse volumique ρ_{ol} du propan-2-ol vaut :

$$\rho_{ol} = d \times \rho_{eau} = 0{,}785 \times 1{,}00$$

soit : $$\boldsymbol{\rho_{ol} = 0{,}785\ \text{g}\cdot\text{mL}^{-1}}.$$

La deuxième partie de l'**activité 3** est consacrée au prélèvement d'une quantité de matière d'une espèce chimique liquide par mesure de volume.

3.3 Relations entre masse, volume et quantité de matière...

Le diagramme ci-dessous résume les relations existant entre les différentes grandeurs étudiées dans ce chapitre : masse m, volume V, masse volumique ρ, quantité de matière n et masse molaire M d'une espèce chimique :

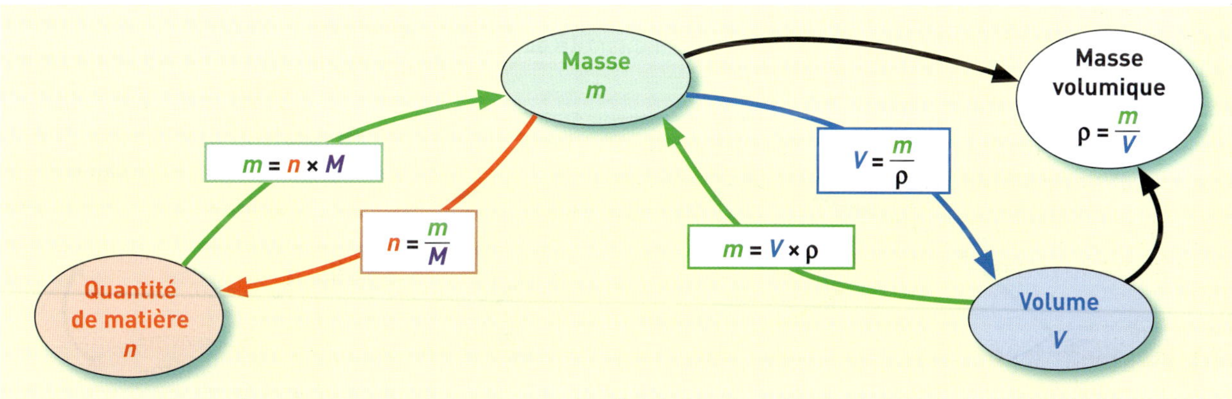

Pour commencer, exercices 6 et 7, p. 152

Retenir l'essentiel

Les savoirs

Définir l'unité de quantité de matière : la mole

- La **mole** est l'unité de **quantité de matière**. Une mole d'atomes, de molécules, d'ions... est la quantité de matière d'un système contenant $6{,}02 \times 10^{23}$ atomes, molécules, ions...
- Le nombre $\boldsymbol{N}$ d'atomes, de molécules, d'ions... contenus dans un système est proportionnel à la quantité de matière $\boldsymbol{n}$ correspondante :

$$N = n \times N_A.$$

n s'exprime en **mol** et N_A, appelée **constante d'AVOGADRO**, vaut $\boldsymbol{N_A = 6{,}02 \times 10^{23}\ mol^{-1}}$.

Connaître la définition d'une masse molaire

- La **masse molaire atomique** $\boldsymbol{M}$ **d'un élément** est la masse d'une mole d'atomes de cet élément ; elle s'exprime en $g \cdot mol^{-1}$.
- **La masse molaire moléculaire** $\boldsymbol{M}$ **d'une espèce chimique** moléculaire est la masse d'une mole de ses molécules. Elle est égale à la somme des masses molaires atomiques de tous les atomes présents dans la molécule et s'exprime en $g \cdot mol^{-1}$.
- La **masse molaire d'un ion polyatomique** est égale à la somme des masses molaires atomiques des éléments présents dans l'ion et s'exprime en $g \cdot mol^{-1}$.

Déterminer une quantité de matière

- À une température donnée, la **masse volumique** ρ d'un corps est égale au quotient de sa masse $\boldsymbol{m}$ par son volume $\boldsymbol{V}$ à cette température. Elle s'exprime en $kg \cdot m^{-3}$, en $g \cdot L^{-1}$, en $g \cdot mL^{-1}$... :

$$\rho = \frac{m}{V}.$$

- La **densité** $\boldsymbol{d}$ d'un corps par rapport à l'eau est égale au quotient de sa masse volumique ρ par celle de l'eau ρ_{eau}, prises toutes les deux à la même température. Elle s'exprime sans unité :

$$d = \frac{\rho}{\rho_{eau}}.$$

- La masse m, le volume V, la masse volumique ρ, la quantité de matière n et la masse molaire M d'une espèce chimique sont liées par les relations :

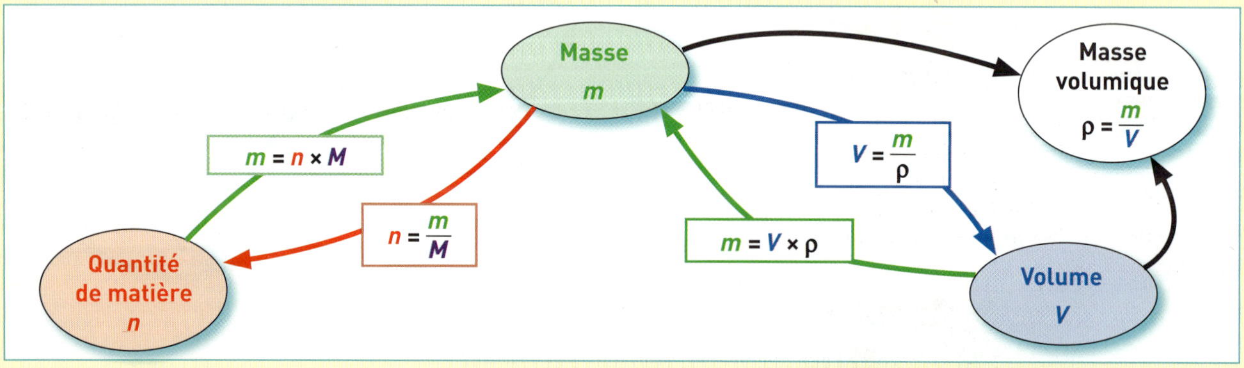

Les compétences attendues

- Calculer une masse molaire à partir des masses molaires atomiques.
- Déterminer la masse d'un échantillon à partir de sa densité ou de sa masse volumique.
- Déterminer une quantité de matière connaissant la masse d'un solide ou le volume d'un liquide.
- Prélever une quantité de matière d'une espèce chimique donnée. **[TP]**

S'auto-évaluer

QCM

Pour chaque question, indiquer la (ou les) bonne(s) réponse(s).

ÉNONCÉ	A	B	C	Si échec revoir
1. L'unité de quantité de matière est :	le gramme	la mole	le litre	§1, p. 144
2. Dans une mole d'atomes, il y a :	$6{,}02 \times 10^{-23}$ atomes	602×10^{21} atomes	$6{,}02 \times 10^{23}$ atomes	§1, p. 144
3. La constante d'AVOGADRO vaut :	$6{,}02 \times 10^{-23}\ \text{mol}^{-1}$	$6{,}02 \times 10^{23}$	$6{,}02 \times 10^{23}\ \text{mol}^{-1}$	§1, p. 144
4. La masse molaire atomique s'exprime en :	g	$\text{mol}\cdot\text{g}^{-1}$	$\text{g}\cdot\text{mol}^{-1}$	§2, p. 145
5. La masse molaire moléculaire correspond à la masse de :	$6{,}02 \times 10^{-23}$ molécules	une mole de molécules	$6{,}02 \times 10^{23}$ molécules	§2, p. 145
6. La masse molaire M de l'acide lactique $C_3H_6O_3$ est égale à :	$M = 3M(\text{C}) + 6M(\text{H}) + 3M(\text{O})$	$M = M(\text{C}) + 3M(\text{H}) + 6M(\text{O})$	$M = M(\text{C}) + M(\text{H}) + M(\text{O})$	§2, p. 145
7. La masse m d'une espèce chimique, sa quantité de matière n et sa masse molaire M sont reliées par :	$n = M \times m$	$n = \frac{m}{M}$	$m = M \times n$	§3, p. 146
8. La masse volumique ρ d'un corps de masse m et de volume V vaut :	$\rho = \frac{V}{m}$	$\rho = \frac{m}{V}$	$\rho = V \times m$	§3, p. 146
9. Un corps de masse volumique ρ a, par rapport à l'eau de masse volumique ρ_{eau}, une densité d égale à :	$d = \rho - \rho_{eau}$	$d = \frac{\rho}{\rho_{eau}}$	$d = \frac{\rho_{eau}}{\rho}$	§3, p. 146
10. La masse volumique ρ d'un corps, sa masse m et son volume V sont reliés par :	$m = \rho \times V$	$\rho = \frac{m}{V}$	$V = \frac{m}{\rho}$	§3, p. 146
11.  Ces deux verres de montre contiennent la même masse m de soufre ($M(\text{S}) = 32\ \text{g}\cdot\text{mol}^{-1}$) et de cuivre ($M(\text{Cu}) = 64\ \text{g}\cdot\text{mol}^{-1}$). Les quantités de matière $n(\text{S})$ et $n(\text{Cu})$ sont telles que :	$n(\text{S}) = n(\text{Cu})$	$n(\text{S}) = 2n(\text{Cu})$	$2n(\text{S}) = n(\text{Cu})$	§3, p. 146
12. 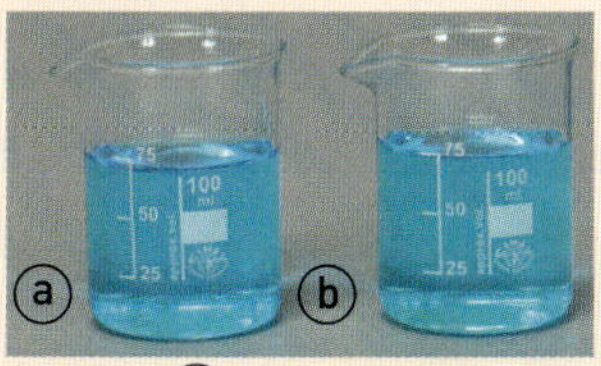 Ces deux béchers contiennent le même volume V de liquides colorés. ⓐ contient de l'éthanol ($\rho_{ol} = 0{,}78\ \text{g}\cdot\text{mL}^{-1}$) ; ⓑ contient de l'eau ($\rho_{eau} = 1{,}0\ \text{g}\cdot\text{mL}^{-1}$) ; la masse d'eau est :	supérieure à celle de l'éthanol	inférieure à celle de l'éthanol	égale à celle de l'éthanol	§3, p. 146

Réponses, p. 324

Analyser, résoudre et rédiger

Compétence mise en œuvre

- **Déterminer et prélever une quantité de matière liquide.**

Synthèse de l'aspirine

La synthèse de l'aspirine peut être réalisée au laboratoire en faisant réagir de l'acide salicylique solide avec de l'anhydride éthanoïque, liquide, de formule $C_4H_6O_3$. On souhaite faire réagir une quantité $n = 0{,}150$ mol de chacun des réactifs.

Déterminer le volume V d'anhydride éthanoïque nécessaire à cette synthèse et décrire son prélèvement.

Donnée : masse volumique de l'anhydride éthanoïque : $\rho = 1{,}08$ g . mL^{-1}.

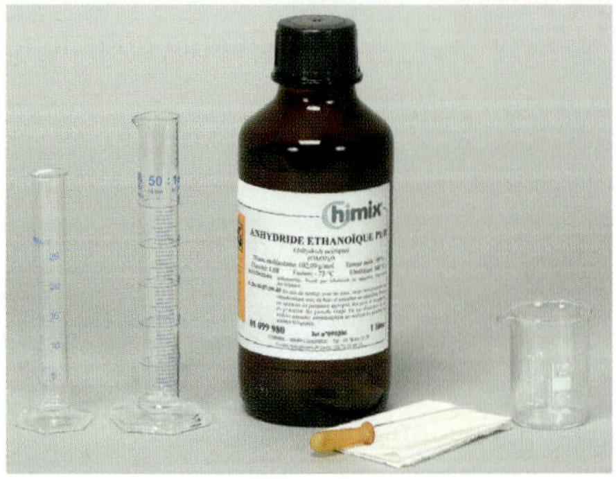

Matériel disponible pour cette préparation.

Matériel et produits disponibles : table des masses molaires atomiques, béchers, flacon d'anhydride éthanoïque, éprouvette graduée de 25,0 mL et 50,0 mL, pipette Pasteur, papier-filtre.

CONSEILS

Que demande-t-on ?

On doit prélever un volume d'anhydride éthanoïque correspondant à une quantité $n = 0{,}150$ mol.

Quelles sont les données dont on dispose et comment les utiliser ?

On connaît la quantité n d'anhydride éthanoïque, sa masse volumique ρ et sa formule brute. On peut calculer la masse molaire M, puis la masse m et le volume V à prélever :

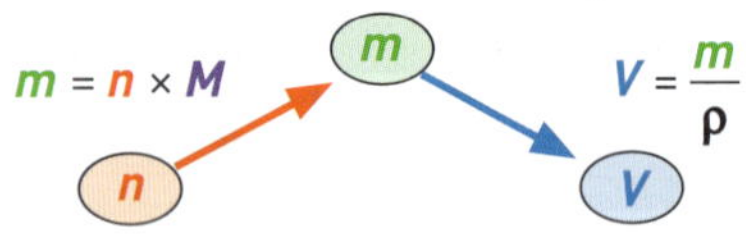

Comment déterminer la masse à prélever ?

Après avoir calculé M, on détermine m :

$$m = n \times M.$$

Comment déterminer le volume à prélever ?

Le volume V à prélever se calcule à l'aide de :

$$V = \frac{m}{\rho}.$$

Respecter le nombre de chiffres significatifs.

Solution rédigée

• L'anhydride éthanoïque a pour formule $C_4H_6O_3$. Sa masse molaire moléculaire M vaut :

$$M = 4 \times M(C) + 6 \times M(H) + 3 \times M(O)$$

soit : $M = 4 \times 12{,}0 + 6 \times 1{,}0 + 3 \times 16{,}0$

d'où : $\mathbf{M = 102{,}0\ g{\cdot}mol^{-1}}$.

La masse m d'anhydride éthanoïque à prélever se déduit de sa masse molaire moléculaire M et de sa quantité n par la relation :

$$m = n \times M.$$

$m = 0{,}150 \times 102{,}0 = 15{,}3$ g, soit : $\mathbf{m = 15{,}3\ g}$.

• Le volume V à mesurer se calcule en utilisant la définition de la masse volumique :

$$\rho = \frac{m}{V}, \text{ soit : } V = \frac{m}{\rho}.$$

On a donc : $V = \dfrac{15{,}3}{1{,}08} = 14{,}166$ soit :

$$\mathbf{V = 14{,}2\ mL}.$$

• Étant donné le matériel disponible, ce volume est mesuré à l'aide de **l'éprouvette graduée de 25,0 mL**. L'ajustement avec précision du volume s'effectue avec une pipette Pasteur.

Application immédiate n° 1

De nombreux sirops antitussifs sont aromatisés à l'ananas et contiennent pour cela du butanoate d'éthyle.

Cet arôme peut être synthétisé en travaux pratiques. Lors d'une synthèse, on fait réagir $n_1 = 0{,}300$ mol d'acide butanoïque liquide, de formule $C_4H_8O_2$, et $n_2 = 0{,}300$ mol d'éthanol liquide, de formule C_2H_6O.

Déterminer les volumes V_1 et V_2 d'acide butanoïque et d'éthanol nécessaires à cette synthèse.

Données : masses volumiques de l'acide butanoïque : $\rho_1 = 0{,}960$ g·mL^{-1} et de l'éthanol : $\rho_2 = 0{,}780$ g·mL^{-1}.

Voir correction, p. 326

Analyser, résoudre et rédiger

Compétences mises en œuvre

- Déterminer une quantité de matière de solide à partir de la masse de celui-ci.
- Utiliser un tableau de proportionnalité.

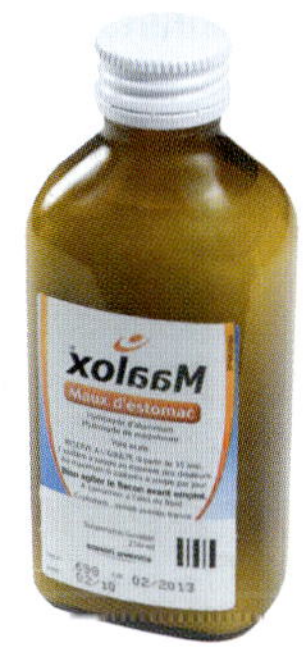

Un antiacide.

Étude d'un antiacide

Un antiacide est un médicament qui permet de lutter contre l'acidité gastrique.

L'hydroxyde de magnésium $Mg(OH)_2$ et l'hydroxyde d'aluminium $Al(OH)_3$ sont les deux principes actifs de l'antiacide ci-contre. Cet antiacide est disponible en flacon de volume V = 250 mL contenant, en suspension, une masse m_1 = 15,0 g de $Mg(OH)_2$ et une masse m_2 = 34,5 g de $Al(OH)_3$.

1. Déterminer les mentions que devrait porter l'étiquette de ce médicament si elle indiquait les quantités n_1 et n_2 de ces deux hydroxydes exprimées en mmol.
La posologie conseille de prendre deux cuillères à café (soit un volume total v = 10 mL) de solution buvable, quatre fois par jour.

2. Quelles quantités n'_1 et n'_2 de chacun des principes actifs ingère quotidiennement un patient qui suit ce traitement ?

CONSEILS

1. On a la formule brute des solides en suspension, donc leur masse molaire M et leur masse m. La quantité n s'en déduit :

$$n = \frac{m}{M}.$$

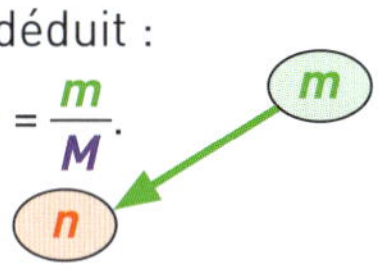

2. La quantité de principe actif ingéré est proportionnelle au volume absorbé. On peut utiliser un tableau de proportionnalité en notant V' le volume quotidien absorbé avec $V' = 4 \times v$:

$$V \longrightarrow n$$
$$V' \longrightarrow n'$$

soit : $V \times n' = V' \times n$

d'où : $n' = \dfrac{V' \times n}{V}$.

Respecter le nombre de chiffres significatifs.

Solution rédigée

1. La quantité de matière n et la masse m d'une espèce chimique sont liées par la relation :

$$n = \frac{m}{M}$$

où M est la masse molaire de l'espèce considérée.

- Pour l'hydroxyde de magnésium $Mg(OH)_2$:

$M_1 = M(Mg) + 2 \times M(O) + 2 \times M(H)$

$M_1 = 24{,}3 + 2 \times 16{,}0 + 2 \times 1{,}0$

soit : $M_1 = 58{,}3\ g \cdot mol^{-1}$,

d'où : $n_1 = \dfrac{m_1}{M_1} = \dfrac{15{,}0}{58{,}3} = 0{,}257$ mol,

d'où : $\mathbf{n_1 = 257}$ **mmol**.

- Pour l'hydroxyde d'aluminium $Al(OH)_3$:

$M_2 = M(Al) + 3 \times M(O) + 3 \times M(H)$

$M_2 = 27{,}0 + 3 \times 16{,}0 + 3 \times 1{,}0$

soit : $M_2 = 78{,}0\ g \cdot mol^{-1}$.

Or : $n_2 = \dfrac{m_2}{M_2}$, d'où : $n_2 = \dfrac{34{,}5}{78{,}0} = 0{,}442$ mol,

d'où : $\mathbf{n_2 = 442}$ **mmol**.

2. Les quantités de principe actif ingéré sont proportionnelles au volume absorbé V', avec $V' = 4\,v$, d'où :

$n'_1 = V' \times \dfrac{n_1}{V} = \dfrac{40 \times 257}{250} = 41$ mmol

soit : $\mathbf{n'_1 = 41}$ **mmol**.

$n'_2 = V' \times \dfrac{n_2}{V} = \dfrac{40 \times 442}{250} = 71$ mmol

soit : $\mathbf{n'_2 = 71}$ **mmol**.

Application immédiate n° 2

Les ions fluorure F^- participeraient à la prévention de la carie dentaire, aussi trouve-t-on en pharmacie des comprimés de fluorure de sodium de formule NaF. Un pédiatre prescrit à un enfant la prise quotidienne d'un comprimé contenant une masse m = 2,212 mg de fluorure de sodium.

1. Quelle quantité de fluorure de sodium ingère chaque jour cet enfant ?

2. En déduire la masse d'ions fluorure F^- absorbés par cet enfant.

Voir correction, p. 326

La constante d'AVOGADRO sera prise égale à :
$N_A = 6{,}02 \times 10^{23}$ mol^{-1}.

Pour commencer

Qu'est-ce qu'une quantité de matière ?

1 Utiliser la constante d'AVOGADRO

1. Un comprimé d'aspirine contient $n = 2{,}78 \times 10^{-3}$ mol de molécules d'aspirine.
Combien de molécules d'aspirine ingère un patient qui prend un tel comprimé ?

2. Un morceau de sucre contient $N = 9{,}78 \times 10^{21}$ molécules de saccharose.
En déduire la quantité de matière de saccharose présente dans ce morceau de sucre.

2 Calculer une quantité de matière

Le magnésium Mg est un élément présent dans la chlorophylle. Un kilogramme de feuilles de menthe verte contient environ une masse $m_0 = 82$ mg de magnésium. Un atome de magnésium Mg a une masse :
$m = 4{,}04 \times 10^{-20}$ mg.

1. Calculer le nombre d'atomes N(Mg) de magnésium présents dans un kilogramme de feuilles de menthe.

2. En déduire la quantité de magnésium n(Mg) correspondante.

Comment calculer une masse molaire ?

3 Calculer une masse molaire atomique

L'élément chlore à l'état naturel est constitué d'un mélange de deux isotopes, le chlore 35 (^{35}Cl) et le chlore 37 (^{37}Cl).
En utilisant les données du tableau suivant, calculer la masse molaire atomique M(Cl) de l'élément chlore.

Isotope	Chlore 35	Chlore 37
Pourcentage	75,77	24,23
Masse par mole d'atomes (en g·mol^{-1})	35,0	37,0

4 Calculer des masses molaires moléculaires

1. Le paracétamol, de formule $C_8H_9O_2N$, est le principe actif de médicaments antalgiques et antipyrétiques.
Calculer sa masse molaire moléculaire M.

2. L'éthylvanilline, de formule $C_9H_{10}O_3$, est une espèce chimique synthétique qui possède le même arôme que la vanille naturelle, mais en cinq fois plus puissant ; elle est, par exemple, utilisée pour aromatiser certains médicaments. Calculer sa masse molaire moléculaire.

Données : masses molaires atomiques :
H : 1,00 g·mol^{-1}, C : 12,0 g·mol^{-1},
N : 14,0 g·mol^{-1} et O : 16,0 g·mol^{-1}.

5 Calculer des masses molaires ioniques

Le citrate de magnésium de formule $(C_6H_5O_7)_2Mg_3$ peut être prescrit lors de carences de l'organisme en magnésium.
Calculer la masse molaire de l'ion citrate $C_6H_5O_7^{3-}$; en déduire celle du citrate de magnésium.

Données : masses molaires atomiques :
H : 1,00 g·mol^{-1}, C : 12,0 g·mol^{-1} ; O : 16,0 g·mol^{-1} et Mg : 24,3 g·mol^{-1}.

Comment déterminer une quantité de matière ?

6 Relier masse et quantité

1. Un comprimé de Vitascorbol contient une masse $m = 500$ mg d'acide ascorbique (appelé aussi vitamine C) de formule $C_6H_8O_6$.
Quelle quantité d'acide ascorbique contient ce comprimé ?

2. Le chlorure de potassium, de formule KCl, est prescrit en cas de déficit de l'organisme en potassium (hypokaliémie). Une gélule contient une quantité $n = 8{,}04$ mmol de KCl ; en déduire la masse de chlorure de potassium absorbé lors de la prise d'une gélule.

Données : masses molaires :
$C_6H_8O_6$: 176,0 g·mol^{-1} et KCl : 74,6 g·mol^{-1}.

7 Relier volume et quantité

1. L'alcool utilisé comme antiseptique local peut être considéré comme de l'éthanol C_2H_6O pur de masse molaire $M = 46{,}0$ g·mol^{-1} et de masse volumique $\rho = 0{,}780$ g·mL^{-1}.
Quelle quantité d'éthanol contient un flacon d'alcool pharmaceutique de volume $V = 250$ mL ?

2. L'éther éthylique de formule $C_4H_{10}O$ était jadis utilisé comme anesthésique. Sa masse molaire vaut $M = 74{,}0$ g·mol^{-1} et sa densité par rapport à l'eau est égale à $d = 0{,}710$.
On souhaite disposer d'une quantité $n = 0{,}200$ mol.
Quel volume faut-il en prélever ?

Donnée : masse volumique de l'eau : $\rho_{eau} = 1{,}00$ g·mL^{-1}.

Pour s'entraîner

Les valeurs des masses molaires atomiques nécessaires seront prises dans la Classification, située au rabat IV.

8 Un antiseptique coloré : l'éosine

L'éosine, de formule $C_{20}H_6Na_2O_5Br_4$, est utilisé pour sécher les plaies. Des flacons de volume V = 2,0 mL disponibles en pharmacie contiennent une masse m = 40 mg de principe actif.

1. Rappeler ce qu'est un principe actif.

2. Déterminer la masse molaire de l'éosine.

3. En déduire la quantité d'éosine, exprimée en mmol, présente dans un flacon de 2,0 mL.

9 Quantités de principe actif

L'Imodium® est un médicament antidiarrhéique. Ses propriétés sont dues à la lopéramide de formule $C_{29}H_{34}N_2O_2$. Ce médicament est disponible en solution buvable. Un flacon de volume V = 90,0 mL contient une masse m = 19,35 mg de lopéramide.

1. Déterminer la quantité de lopéramide, exprimée en mmol, contenu dans ce flacon.

2. La notice de ce médicament indique qu'une ampoule permet de faire 2 430 gouttes.
En déduire la quantité de lopéramide, exprimée en nmol, alors contenu dans une goutte.

10 Quantités de caféine

La caféine, de formule $C_8H_{10}O_2N_4$, est un stimulant du cortex cérébral.
C'est une espèce chimique présente dans le café, le thé ou le cacao.

1. Déterminer sa masse molaire moléculaire.

2. Une tasse de café contient environ 100 mg de caféine, une tasse de thé 60 mg et une tasse de cacao 12 mg. En déduire la quantité de caféine présente dans chacune de ces tasses.

11 Exploiter une analyse médicale

Dans une analyse de sang, les résultats sont donnés en masse ou en quantité de matière pour un volume V = 1,00 L de sang. Un extrait d'analyse porte les indications suivantes dont certaines ont été effacées :

GLUCOSE	:	.... g	soit 4,78 mmol
URÉE	:	0,32 g	soit .... mmol
CRÉATININE	:	9,00 mg	soit .... µmol

1. Compléter ces indications en précisant la masse de glucose et les quantités d'urée et de créatinine.

2. Pour chaque espèce, les valeurs limites sont indiquées ; ainsi la quantité d'urée doit être comprise entre 2,50 mmol et 8,33 mmol.
En déduire si le sang de ce patient a un taux d'urée compris entre les valeurs limites.
Données : formules brutes : glucose : $C_6H_{12}O_6$,
urée : CH_4N_2O et créatinine : $C_4H_7N_3O$.

12 À chacun son rythme

Cet exercice est proposé à deux niveaux de difficulté. Dans un premier temps, essayer de résoudre l'exercice de niveau 2. En cas de difficultés, passer au niveau 1.

Des savons et des déodorants sont parfumés à la lavande. Ce parfum est dû à la présence d'acétate de linalyle généralement obtenu par synthèse. Cette synthèse peut être réalisée au laboratoire en faisant réagir du linalol de formule $C_{10}H_{18}O$ et de l'anhydride éthanoïque de formule $C_4H_6O_3$. On réalise cette synthèse en utilisant une quantité n = 0,150 mol de chacun des réactifs.

Données : masses volumiques : linalol : $\rho = 0,86\ g \cdot mL^{-1}$ et anhydride éthanoïque : $\rho' = 1,08\ g \cdot mL^{-1}$.

Niveau 2

Calculer les volumes des deux réactifs liquides nécessaires à cette synthèse.

Niveau 1

1. Déterminer les masses molaires de ces deux réactifs.

2. En déduire les masses de linalol et d'anhydride éthanoïque utilisés.

3. Calculer les volumes correspondants de ces deux liquides.

13 Proposer un énoncé et son corrigé

1. Proposer un exercice dont l'énoncé portera sur l'acétone, espèce chimique produite dans l'organisme par le foie à partir des graisses, afin de pallier un éventuel manque de glucose. L'acétone est une espèce chimique dont la molécule possède 3 atomes de carbone, 6 atomes d'hydrogène et 1 atome d'oxygène. L'énoncé contiendra les termes suivants :

« formule brute », « masse molaire »,
« quantité de matière » et « masse d'acétone ».

2. Rédiger son corrigé.

3. Demander à un(e) camarade de tester l'énoncé et comparer les corrigés.

14 Rédiger correctement une solution

La solution de l'exercice suivant a été rédigée par un élève, puis annotée par un professeur. Lire l'énoncé, les réponses de l'élève, les corrections suggérées puis rédiger une solution détaillée.

Énoncé de l'exercice

L'eau oxygénée est une solution aqueuse de peroxyde d'hydrogène H_2O_2. C'est un antiseptique externe. Un flacon de volume V = 250 mL de solution commerciale contient 7,50 g de peroxyde d'hydrogène.

1. @ Chercher la signification du mot « antiseptique ».

2. Établir la formule développée du peroxyde d'hydrogène H_2O_2 sachant que chaque atome d'oxygène participe à deux liaisons et que chaque atome d'hydrogène participe à une liaison.

3. Calculer la quantité n de peroxyde d'hydrogène présent dans ce volume V.

4. Pour désinfecter une plaie, on utilise environ un volume V' = 15 mL de solution.
Calculer la quantité n' de peroxyde d'hydrogène ainsi utilisé.
Données : masses molaires atomiques : H = 1,00 g·mol^{-1} et O : 16,0 g·mol^{-1}.

Copie corrigée de l'élève

1. Qui détruit les bactéries.
Faire une phrase
2. H-O-O-H *Justifier.*
3. Quantité n de peroxyde d'hydrogène dans le volume V : $n = \frac{7,50}{34,0} = 0,2206$ mol.
Formule littérale ? Nombre de chiffres significatifs.
4. Quantité n' de peroxyde d'hydrogène dans le volume V' :
$$n' = \frac{n \times V'}{V} = \frac{0,22 \times 15}{250} = 0,013.$$
Unité !

15 Proposer un énoncé à partir de son corrigé

Un professeur de Seconde a donné à ses élèves un exercice de chimie dont la solution est fournie ci-après. Après avoir lu l'intégralité de la solution, construire l'énoncé correspondant. Les questions posées devront exactement avoir pour réponses celles qui sont données ci-dessous. Fournir toutes les données numériques nécessaires.

Solution de l'énoncé à proposer

1. La masse molaire M du citral se déduit de sa formule brute : $M = 10 \times M(\text{C}) + 16 \times M(\text{H}) + M(\text{O})$
soit : $M = 10 \times 12,0 + 16 \times 1,0 + 16,0$
$\boldsymbol{M = 152,0}$ **g·mol^{-1}**.

2. La quantité n de citral contenu dans l'extrait d'écorces d'agrumes s'en déduit :
$m = 380$ mg $= 380 \times 10^{-3}$ g
d'où : $n = \frac{m}{M} = \frac{380 \times 10^{-3}}{152,0}$
$n = 2,50 \times 10^{-3}$ mol
soit : $\boldsymbol{n = 2,50}$ **mmol**.

16 Retour sur l'ouverture du chapitre SVT

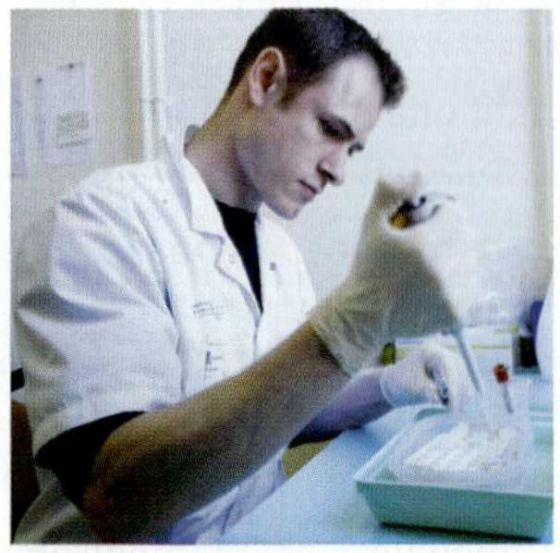

Lorsqu'une analyse lui est prescrite par un médecin, le patient se rend dans un laboratoire d'analyses de biologie médicale où un prélèvement de sang, de salive ou d'urines est effectué. L'analyse de la composition de ces liquides renseigne sur les éventuelles pathologies dont pourrait souffrir le patient permettant ainsi l'établissement d'un diagnostic et l'élaboration d'un traitement.

Près de deux cents analyses peuvent ainsi être effectuées. Elles sont classées par spécialités : Hématologie, Bactériologie-parasitologie, Sérologie et Biochimie.

Les analyses sont principalement des dosages faisant appel à des réactions chimiques ou biochimiques ou à des mesures physiques (colorimétrie, conductimétrie, mesures de tension...).
Les résultats obtenus peuvent être des populations de cellules exprimées en nombre par unité de volume (cas des globules du sang), des concentrations de molécules (urée, glucose, créatinine...) exprimées en g·L^{-1}, mg·L^{-1}, µg·L^{-1} ou en mol·L^{-1}, mmol·L^{-1}, µmol·L^{-1}... La feuille d'analyses regroupant ces résultats indique, pour chaque espèce dosée, les valeurs limites, pour un organisme sain.

1. @ Rechercher la nature des spécialités appelées : « Hématologie », « Bactériologie-parasitologie », « Sérologie » et « Biochimie ».
Pour chacune d'elles, citer quelques espèces analysées.

2. Rechercher, dans votre famille, une feuille d'analyses médicales et retrouver les diverses notions évoquées ci-dessus (spécialités, nature des espèces analysées, expression des résultats, valeurs limites...).

3. La glycémie correspond au dosage dans le sang, du glucose, de formule $C_6H_{12}O_6$.
Les résultats de la glycémie d'une patiente sont les suivants : 0,800 g·L^{-1}, soit 4,44 mmol·L^{-1}.
En s'aidant éventuellement de l'**activité 1**, montrer que ces résultats permettent de retrouver la masse molaire du glucose.

CHAPITRE

11

PHYSIQUE

Les signaux périodiques en médecine

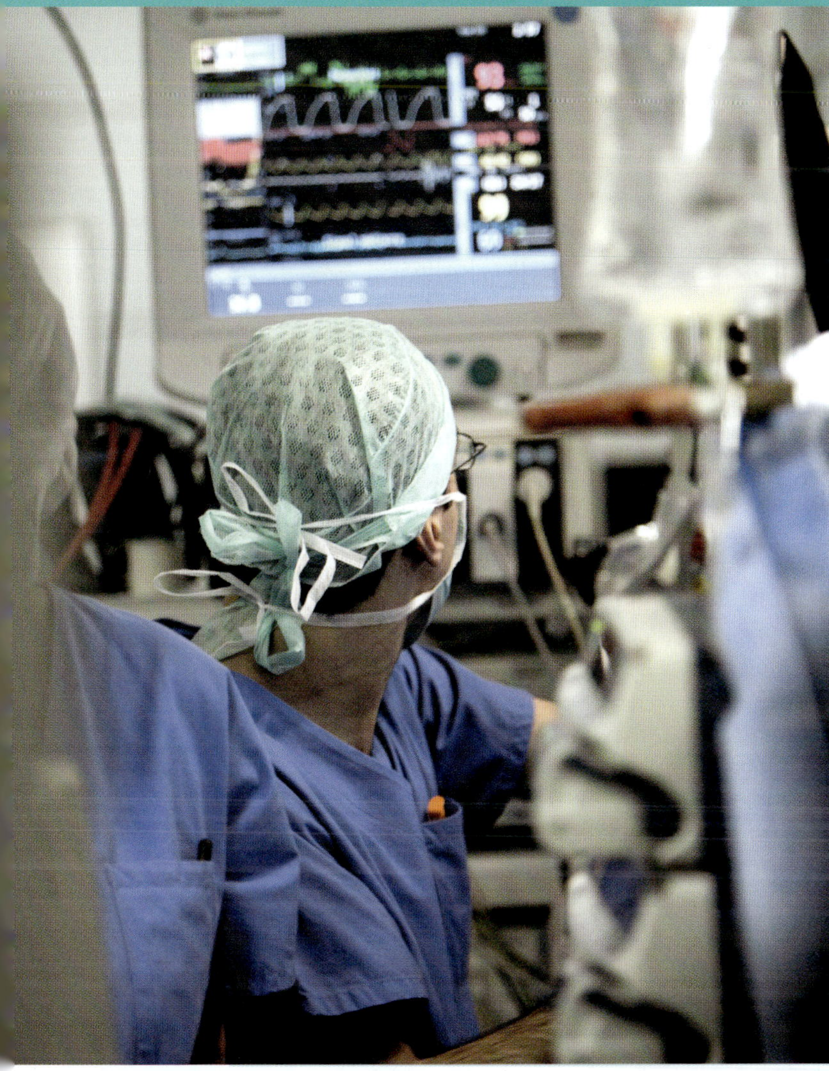

L'équipe médicale observe un électrocardiogramme. Quelles informations peut-on obtenir d'un électrocardiogramme ? (Voir exercice 16, p. 166.)

Comment détermine-t-on les caractéristiques d'un signal périodique ?

OBJECTIFS

- → Connaître et utiliser les définitions de la période et de la fréquence d'un phénomène périodique.
- → Identifier le caractère périodique d'un signal et savoir en déterminer les caractéristiques.
- → Extraire et exploiter des informations concernant des ondes utilisées en médecine.
- → Connaître la valeur de la vitesse de la lumière dans le vide et une valeur approchée de celle du son dans l'air.

1 Déterminer les caractéristiques d'un signal périodique

→ L'électrocardiogramme, l'électroencéphalogramme et l'audiogramme sont des techniques qui aident les médecins à établir leurs diagnostics.
Quelles sont les caractéristiques des signaux utilisés dans ces examens médicaux ?

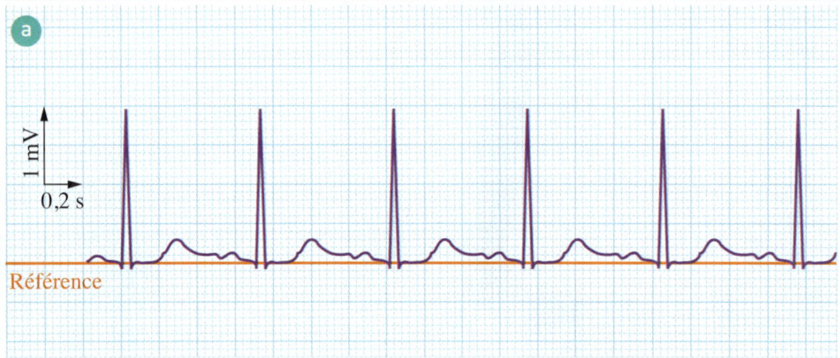

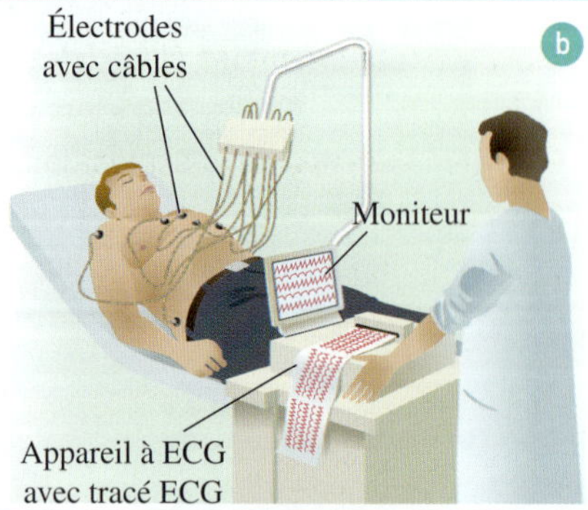

doc. 1 Signal enregistré (a) lors d'un électrocardiogramme (b).

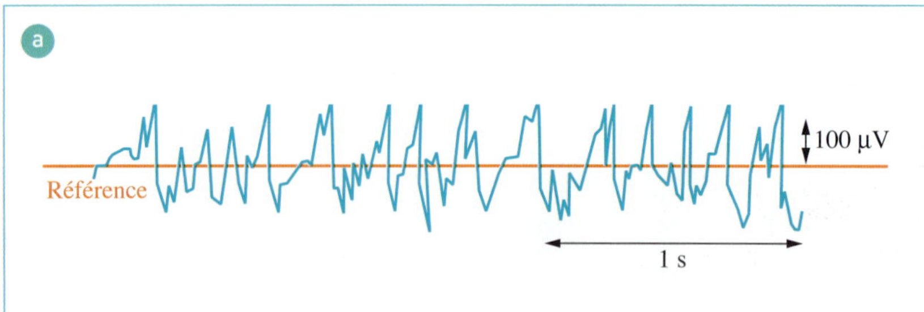

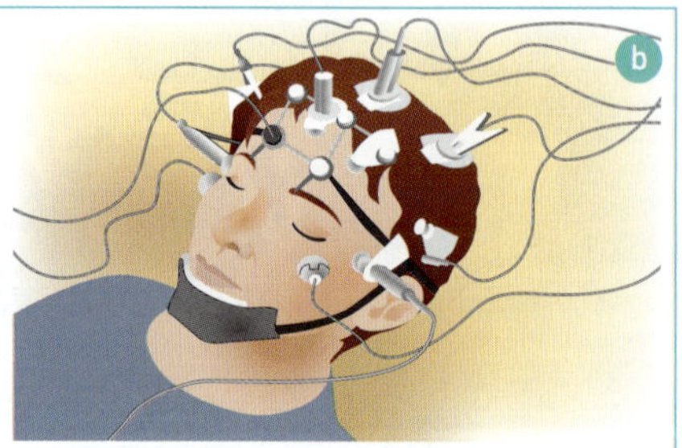

doc. 2 Signal enregistré (a) lors d'un électroencéphalogramme (b).

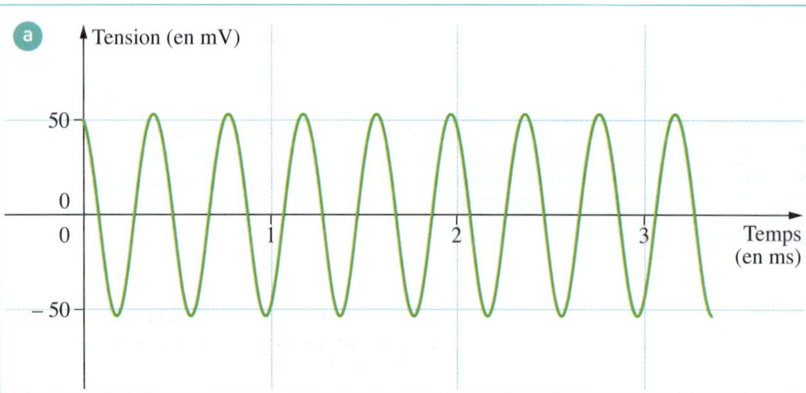

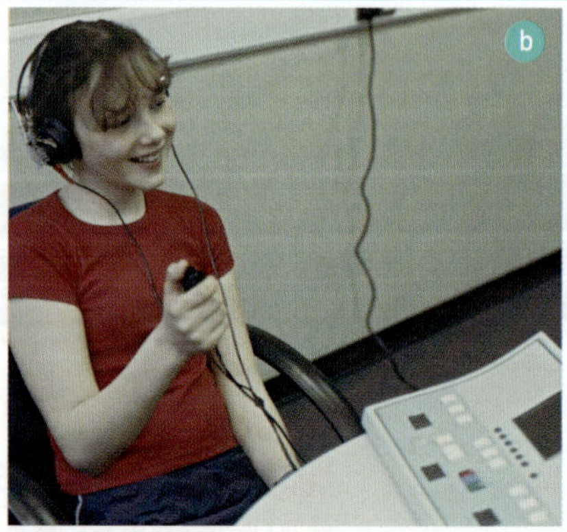

doc. 3 Signal émis (a) lors d'un audiogramme (b).

1. Quels sont les organes concernés par les examens cités ci-dessus et les spécialités médicales correspondantes ?
2. a. Quels sont, parmi les signaux ci-dessus, ceux qui sont périodiques ?
b. Repérer, puis mesurer la période de ces signaux.
c. Calculer les fréquences de ces signaux.
3. Donner les valeurs maximales et minimales des tensions correspondant à ces trois signaux.

2 Réaliser et exploiter des électrocardiogrammes

TP TRAVAUX PRATIQUES

➜ Un électrocardiogramme est l'enregistrement de signaux électriques liés à l'activité cardiaque. Au lycée, on peut réaliser des électrocardiogrammes qui permettent d'obtenir des informations simples sur l'activité du cœur, mais qui ne permettent pas d'effectuer de diagnostic médical.
Quelles informations simples peut-on obtenir d'un électrocardiogramme réalisé au lycée ?

- Placer correctement les électrodes en suivant la notice du matériel utilisé **(doc. 4)**.
- Paramétrer le logiciel d'acquisition et réaliser une mesure sur une durée de 4 s **(doc. 5a)**.
- Effectuer une nouvelle acquisition juste après avoir effectué une série de flexions **(doc. 5b)**.

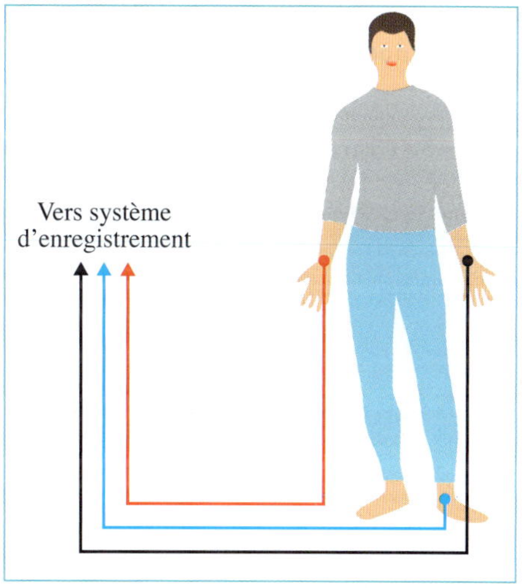

doc. 4 Réalisation d'un électrocardiogramme.

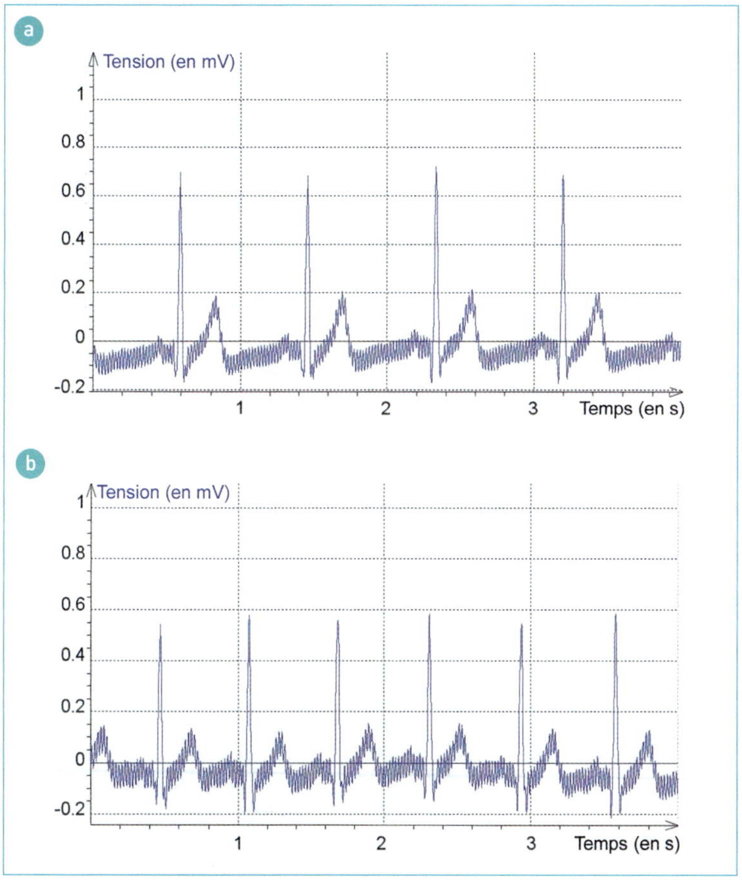

doc. 5 Exemples d'enregistrements obtenus.

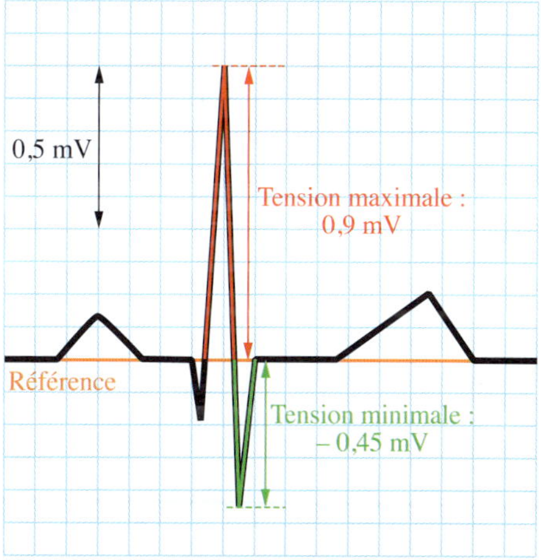

doc. 6 Les tensions maximales et minimales sont mesurées par rapport à une valeur de référence.

1. Les enregistrements obtenus sont-ils périodiques ?
2. Repérer la période de chacun des signaux obtenus, puis mesurer sa valeur.
3. Calculer la fréquence dans chaque cas.
4. Repérer, puis mesurer les tensions maximales et minimales des signaux obtenus. On pourra s'aider du **document 6**.
5. Comparer les périodes, les fréquences et les tensions maximales des signaux, au repos et après effort.

3 Différents types d'ondes pour différents diagnostics

→ L'échographie et la radiographie sont des techniques d'imagerie médicale qui font appel à des ondes.
Quelles sont les caractéristiques de ces ondes ?

L'**échographie** (doc. 7) est une technique d'imagerie employant des ondes ultrasonores. Les fréquences des ondes sonores utilisées sont de l'ordre de 10^7 Hz, soit 10 MHz (doc. 8).

Le choix de la fréquence des ultrasons dépend de la partie du corps dont on veut obtenir l'image.

La **radiographie** (doc. 9) est une technique d'imagerie employant des rayons X. Les rayons X sont des ondes électromagnétiques. Les fréquences des rayons X utilisés sont de l'ordre 10^{18} Hz (doc. 10).

Le choix de la fréquence des rayons X dépend de la partie du corps dont on veut obtenir l'image.

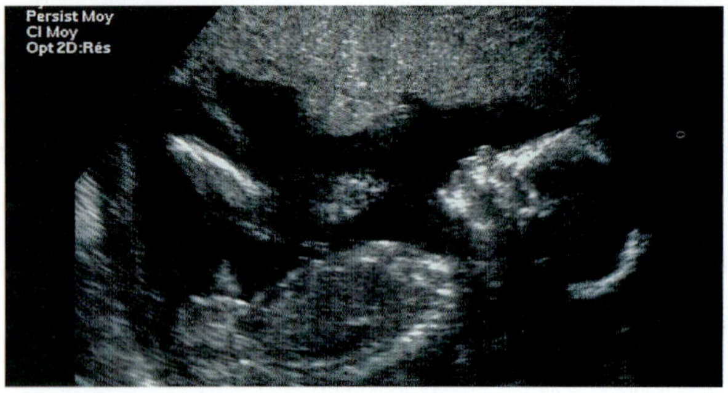

doc. 7 Échographie d'un fœtus.

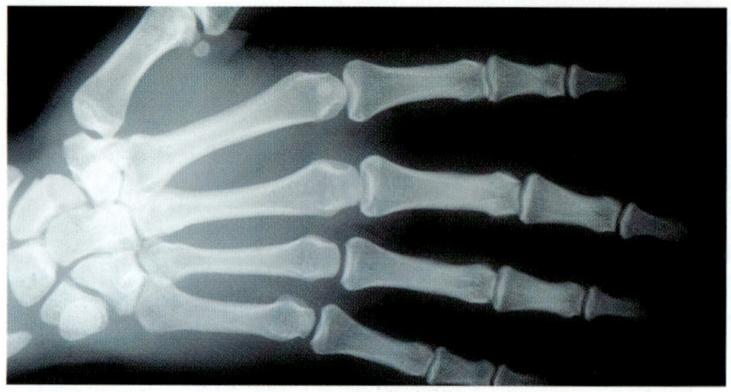

doc. 9 Radiographie d'une main.

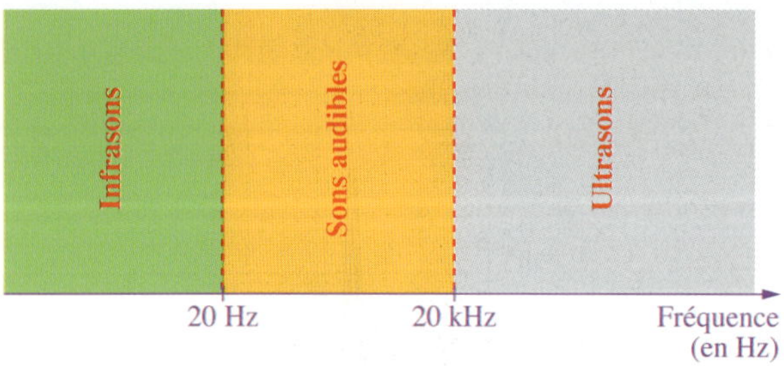

doc. 8 Différents domaines des ondes sonores.

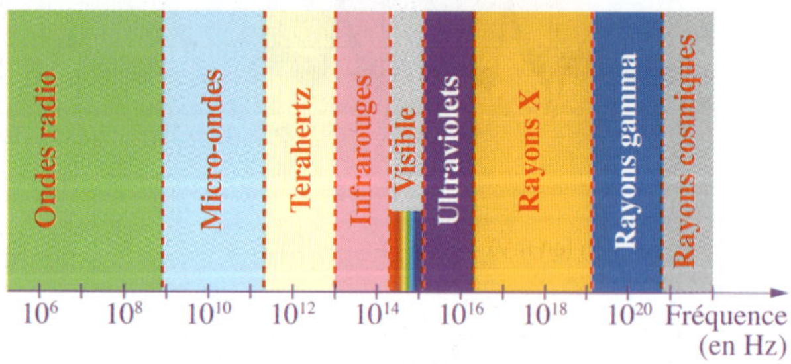

doc. 10 Différents domaines des ondes électromagnétiques.

- Placer un téléphone portable et un sonomètre sous une cloche à vide (doc. 11), puis faire sonner le téléphone.
- Faire le vide sous la cloche, puis faire de nouveau sonner le téléphone.

1. Vérifier que les fréquences des ondes utilisées en échographie et en radiographie sont bien placées sur les représentations graphiques des **documents 8** et **10**.
2. Que signifie l'expression « faire le vide sous la cloche » ?
3. Entend-on et voit-on le téléphone :
a. avant d'avoir fait le vide sous la cloche ?
b. après avoir fait le vide sous la cloche ?
4. Qu'indique le sonomètre lors de ces expériences ?
5. Les sons et les ultrasons sont des ondes mécaniques, la lumière et les rayons X sont des ondes électromagnétiques. En déduire une propriété permettant de différencier les ondes mécaniques des ondes électromagnétiques.

doc. 11 Montage expérimental : téléphone et sonomètre sous la cloche à vide.

4 Mesure de la vitesse des ondes ultrasonores dans l'air et dans l'eau

L'échographie est une technique de diagnostic médical qui utilise des ultrasons.
Quelle est la valeur de la vitesse de propagation de ces ultrasons ?
Dépend-elle du milieu de propagation ?

A Situation-problème

Quelle est la valeur de la vitesse de propagation des ultrasons dans l'air ?
Cette valeur est-elle la même dans l'eau ?

B Matériel à disposition

On dispose (doc. 12) d'un émetteur et d'un récepteur à ultrasons, d'une règle graduée, d'un oscilloscope, de fils de connexion et d'une cuve remplie d'eau.

doc. 12 Matériel à disposition.

C Expérimentation

1. Élaborer un protocole expérimental permettant de déterminer la valeur de la vitesse des ultrasons dans l'air puis dans l'eau.
2. Mettre le protocole en œuvre après validation du professeur.
Réaliser les mesures et noter les résultats.
3. Évaluer la précision des mesures effectuées.
4. Rédiger un compte rendu contenant des schémas expliquant le protocole, puis conclure en répondant aux questions de la situation-problème.

Les savoirs

Phénomènes périodiques

- Un **phénomène périodique** se reproduit identique à lui-même à intervalles de temps égaux.
- La **tension maximale** U_{max} d'un signal est l'écart entre la valeur maximale de ce signal et la valeur référence. U_{max} s'exprime en volt (V).
- La **période** T est la plus petite durée au bout de laquelle un phénomène périodique se répète.
- La **fréquence** f est le nombre de répétitions d'un phénomène par unité de temps.
  La fréquence se calcule à partir de la période : $f = \frac{1}{T}$.
  T s'exprime en seconde (s) et f s'exprime en hertz (Hz).

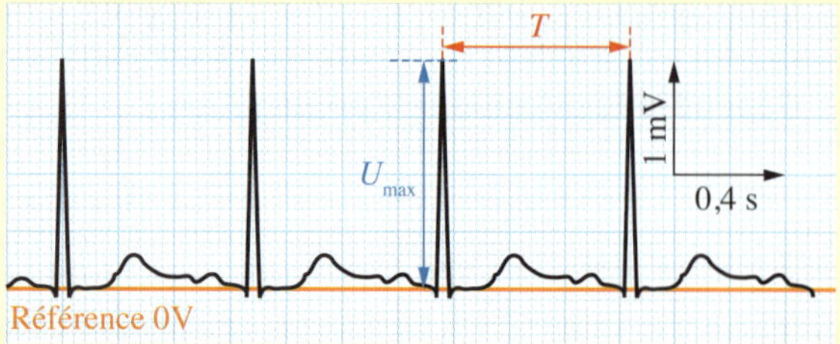

Sur l'exemple ci-dessus :
U_{max} = 2,0 div × 1 mV/div = 2,0 mV
et T = 1,7 div × 0,40 s/div = 0,68 s,
soit $f = \frac{1}{0,68} = 1,5$ Hz.

Les ondes au service du diagnostic médical

- **Ondes sonores et ultrasonores**

L'audiométrie utilise des sons.
Elle permet de vérifier l'audition d'un patient.

L'échographie utilise des ultrasons.
Elle est utilisée pour observer des organes internes.

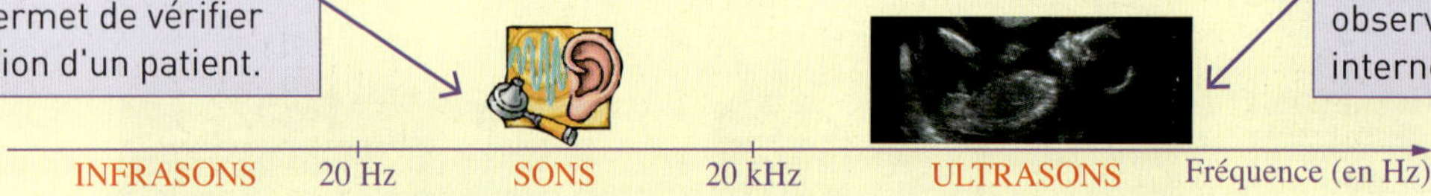

Les ondes sonores et ultrasonores ont besoin d'un milieu matériel pour se propager.
Dans l'air, elles se déplacent à une **vitesse dont la valeur est de l'ordre de 340 m·s^{-1}**.

- **Ondes électromagnétiques**

La radiographie utilise des rayons X.
Elle permet de visualiser des organes internes et notamment le squelette du patient.

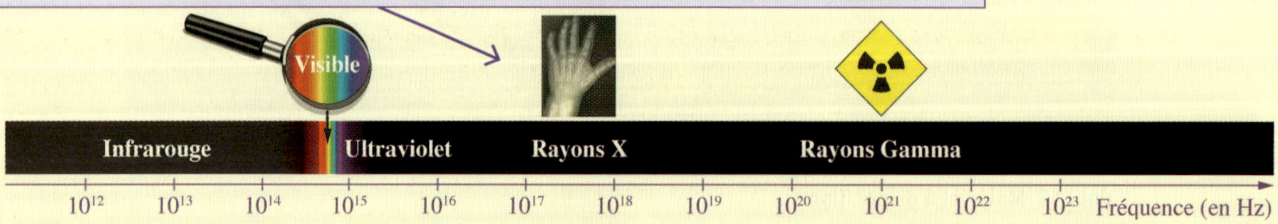

Comme la lumière, les rayons X font partie des ondes électromagnétiques.
Les ondes électromagnétiques se propagent dans le vide ou dans certains milieux matériels.
La valeur de leur vitesse dans le vide ou dans l'air est de 3,00 × 10^8 m·s^{-1}.

Les compétences attendues

- Connaître et utiliser les définitions de la période et de la fréquence d'un phénomène périodique.
- Identifier le caractère périodique d'un signal sur une durée donnée et déterminer ses caractéristiques. **[TP]**
- Extraire et exploiter des informations concernant la nature des ondes et leurs fréquences.
- Connaître la valeur de la vitesse de la lumière dans le vide et une valeur approchée de celle du son dans l'air.

S'auto-évaluer

QCM

Pour chaque question, indiquer la (ou les) bonne(s) réponse(s).

ÉNONCÉ	A	B	C	Si échec revoir
1. Le signal électrique représenté correspond à une onde sonore. 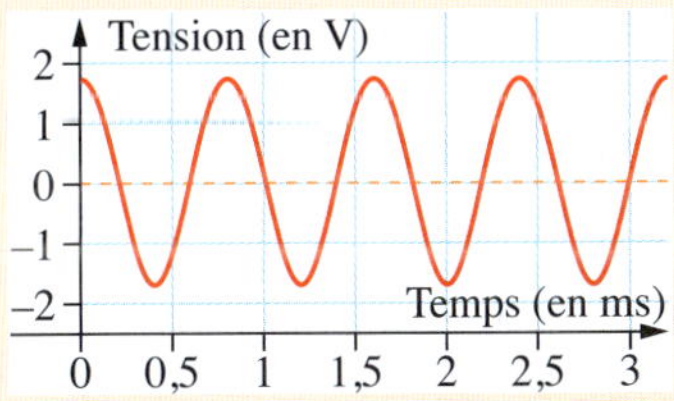	Ce signal est périodique.	La période de ce signal est de l'ordre de $0{,}8 \times 10^{-3}$ ms.	La fréquence de ce signal est de l'ordre de 125 Hz.	p. 160
2. Sur cet électrocardiogramme (ECG) d'une personne au repos : 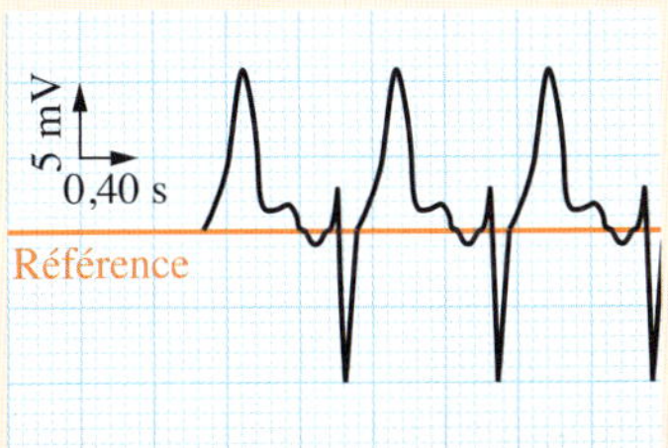	la période est de l'ordre de 1 s	la fréquence est de l'ordre de 2 Hz ou 120 pulsations par minute	la période est de l'ordre de 1 Hz	p. 160
3. Sur l'ECG précédent, la tension minimale est de :	0,010 V	– 0,010 V	10×10^{-3} V	p. 160
4. La personne dont l'ECG au repos est représenté ci-dessus fait un nouvel ECG après un effort physique.	L'espace entre deux pics consécutifs augmente.	Le rythme cardiaque est alors supérieur à 60 pulsations par minute.	La période des battements cardiaques est alors inférieure à 1,0 s.	p. 160
5. La valeur de la vitesse du son dans l'air est de l'ordre de :	1 540 $m \cdot s^{-1}$	$3{,}00 \times 10^{8}$ $m \cdot s^{-1}$	340 $m \cdot s^{-1}$	p. 160
6. Quelle est la valeur de la vitesse des ultrasons dans l'air ?	340 $m \cdot s^{-1}$	$3{,}40 \times 10^{2}$ $m \cdot s^{-1}$	$3{,}00 \times 10^{8}$ $m \cdot s^{-1}$	p. 160
7. Les ondes électromagnétiques :	se propagent dans l'air à $3{,}00 \times 10^{8}$ $m \cdot s^{-1}$	ne se propagent pas dans le vide	se propagent dans l'air à 340 $m \cdot s^{-1}$	p. 160
8. Des ondes ultrasonores parcourent une distance *d* dans l'air. Il s'écoule 330 µs entre l'émission et la réception. La distance *d* est :	d'environ 11 cm	d'environ 11 m	nulle, car les ultrasons ne se propagent pas dans l'air	p. 160
9. L'image ci-contre est une radiographie de la cage thoracique. 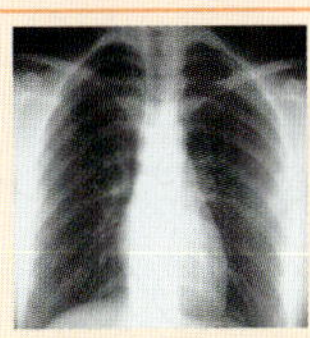	Ce diagnostic utilise des ondes ultrasonores.	Ce diagnostic utilise des ondes électromagnétiques visibles par l'être humain.	Ce diagnostic utilise des ondes électromagnétiques.	p. 160

Réponses, p. 324

SAVOIR Analyser, résoudre et rédiger

Compétences mises en œuvre

- Lire un graphique.
- Effectuer un calcul.

Exploiter les informations d'un électrocardiogramme

Le document ci-contre représente un électrocardiogramme.

1. Quelle est la période des battements de ce cœur ?

2. Quelle est leur fréquence ? L'exprimer en hertz, puis en battements par minute.

3. Quelle est la tension maximale U_{max} du signal ?

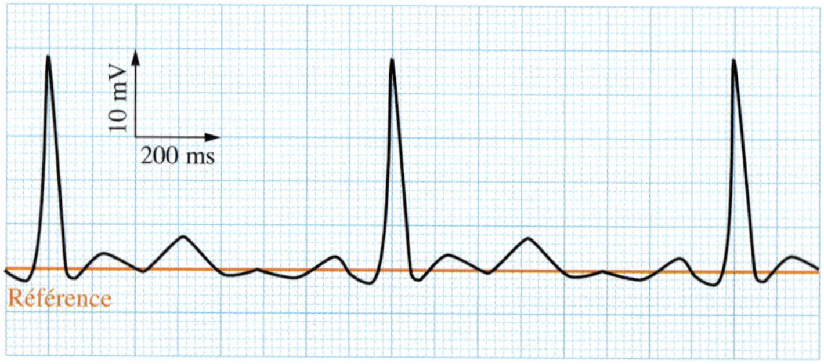

CONSEILS

1. La durée se mesure suivant l'axe des abscisses. Pour améliorer la précision de la mesure, il faut mesurer la durée du plus grand nombre de périodes possible.
La lecture du graphique est faite au dixième de division, soit ici avec deux chiffres significatifs. Le résultat final sera donc indiqué avec deux chiffres significatifs.

2. La relation entre la fréquence et la période doit être rappelée. Les **unités** doivent être précisées avec la relation.
Dans une minute, il y a 60 secondes ; il y a donc 60 fois plus de battements par minute que par seconde.

3. La tension se mesure suivant l'axe des ordonnées. La lecture du graphique est faite au dixième de division, soit ici avec deux chiffres significatifs. Le résultat final sera donc indiqué avec deux chiffres significatifs.

Solution rédigée

1. On mesure la durée de 2 périodes.
Cette durée s'étale sur 8,0 divisions.
Chaque division représente 200 ms.
Donc la durée des 2 périodes est de :

$$8,0 \times 200 = 1,6 \times 10^3 \text{ ms.}$$

La période des battements de ce cœur est donc :

$T = \frac{1,6 \times 10^3}{2}$, soit $\boldsymbol{T} = 8,0 \times 10^2$ ms = **0,80 s**.

2. La fréquence f est l'inverse de la période :

$f = \frac{1}{T}$, avec f en hertz et T en seconde.

Donc $f = \frac{1}{0,80}$, soit $\boldsymbol{f} = \mathbf{1,3}$ **Hz**.

Par minute, il y a donc $\frac{1}{0,80} \times 60$ battements.

Soit une fréquence de 75 battements par minute.

3. La tension maximale s'étend sur 2,4 divisions au-dessus de la ligne de référence :

$$U_{max} = 2,4 \times 10.$$

Donc $\boldsymbol{U_{max}} = \mathbf{24}$ **mV**.

Application immédiate

Répondre aux mêmes questions avec l'électrocardiogramme ci-contre.

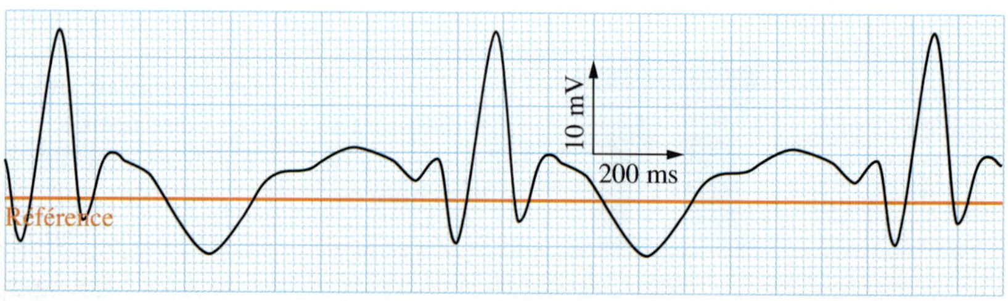

Voir correction, p. 327

Pour commencer

Phénomènes périodiques

1 Périodique ou non périodique ?

1. Qu'est-ce qu'un phénomène périodique ?

2. Indiquer les signaux périodiques parmi les courbes représentées ci-dessous.

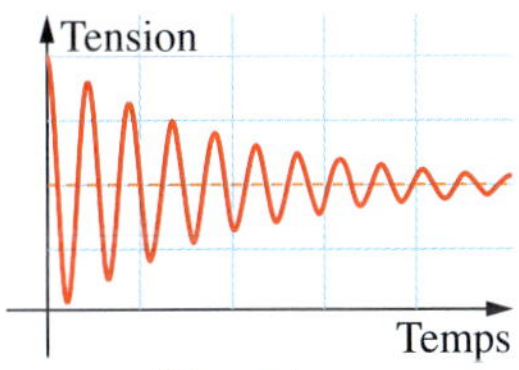

Signal A

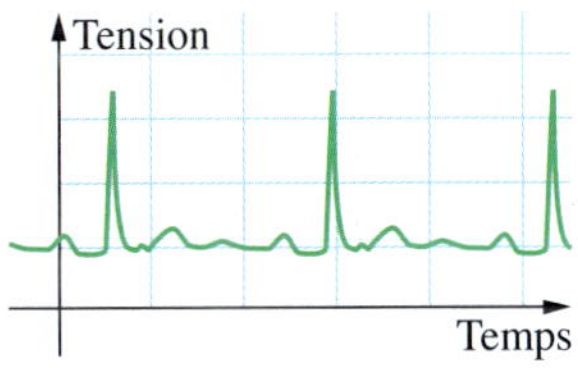

Signal B

Signal C
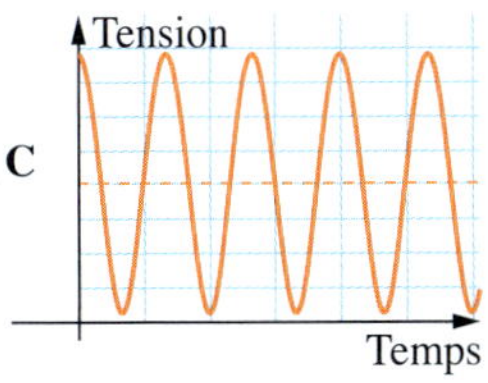

2 Pulsations cardiaques

En 2009, le français Stéphane MIFSUD a établi le record d'apnée statique en restant 11 min 35 s sous l'eau. Au repos, son rythme cardiaque est de 36 pulsations par minute et il peut descendre à 20 pulsations par minute lors d'une apnée.

1. Quelle est sa fréquence cardiaque, exprimée en hertz, lorsqu'il est au repos ? lors d'une apnée ?

2. Quelle est la durée séparant deux battements de cœur consécutifs dans ces deux situations ?

3. Comment appelle-t-on ces durées ?

3 Principe de l'électrocardiogramme

Une partie d'un électrocardiogramme est représentée sur le document ci-dessous.

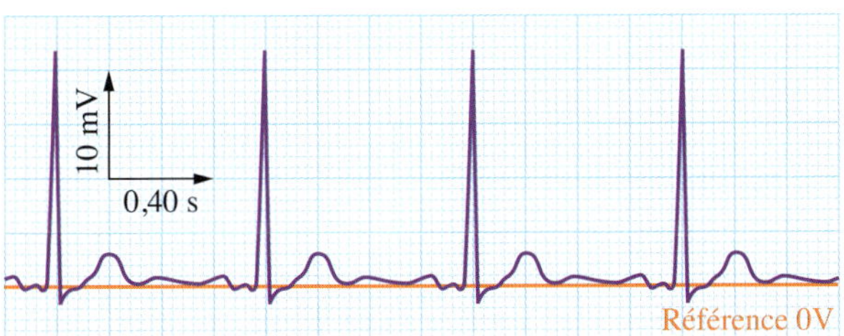

1. À quoi correspond l'intervalle de temps séparant deux grands pics consécutifs sur l'électrocardiogramme ?

2. Quelle est la période des battements de ce cœur ?

3. Quelle est la fréquence cardiaque mesurée ?

4 Test à l'effort

Lors d'un test à l'effort, on a relevé les pulsations cardiaques d'un cœur durant trois phases différentes :
au repos avant l'effort (phase A) ; pendant l'effort (phase B) ; en période de récupération (phase C).
Ces enregistrements sont représentés sur le document ci-dessous avec les mêmes échelles sur les deux axes.

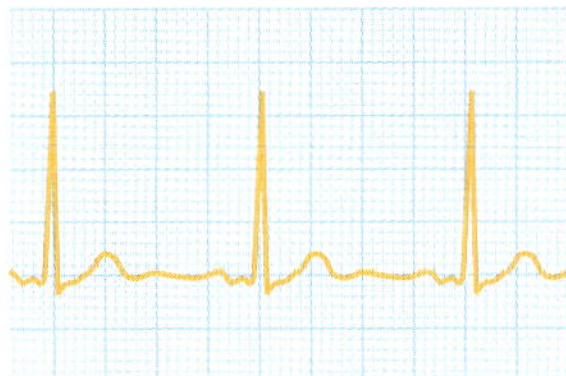
Enregistrement 1

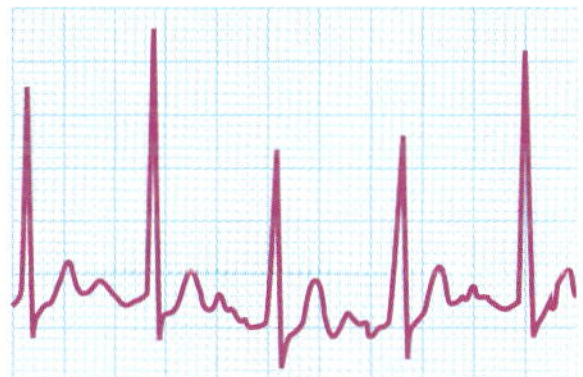
Enregistrement 2

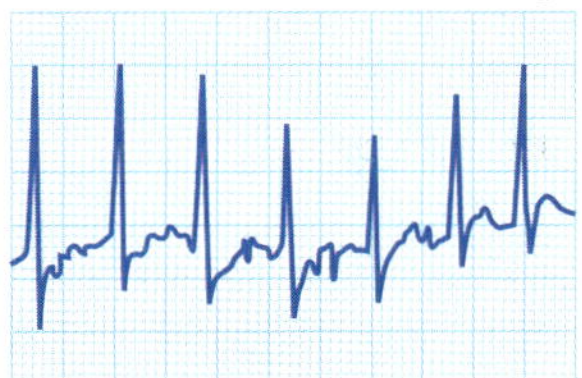
Enregistrement 3

1. Classer par ordre de fréquence cardiaque croissante les trois phases du test à l'effort (A, B et C).

2. Attribuer chaque enregistrement à une phase de ce test en justifiant la réponse.

Les ondes au service du diagnostic médical

5 Période et fréquence

On a représenté sur le document ci-dessous le signal électrique correspondant à une onde ultrasonore.
Les fréquences des ondes ultrasonores utilisées en échographie sont comprises entre 2 MHz et 13 MHz.

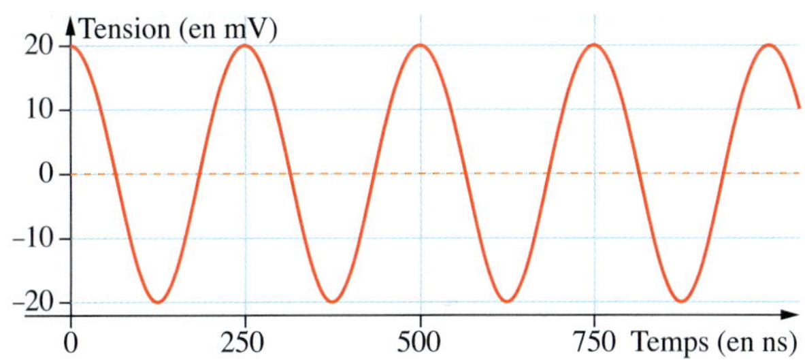

1. Quelle est la période T de cette onde ultrasonore ?

2. Calculer la valeur de sa fréquence f.

3. La fréquence f appartient-elle au domaine de fréquences utilisées en échographie ?

6 Sons et ultrasons

1. Quel est le domaine de fréquence des sons ? des ultrasons ?

2. À l'aide d'une recherche documentaire, citer quelques animaux sensibles aux ultrasons.

7 Audiogramme

Lors d'un audiogramme, le médecin teste l'audition de son patient avec des sons ayant une fréquence comprise entre 125 Hz et 8,0 kHz. Les signaux électriques correspondant à deux sons A et B émis lors de ce test sont représentés sur le document ci-dessous. Le son A n'est pas perçu par le patient alors que le son B est bien perçu.

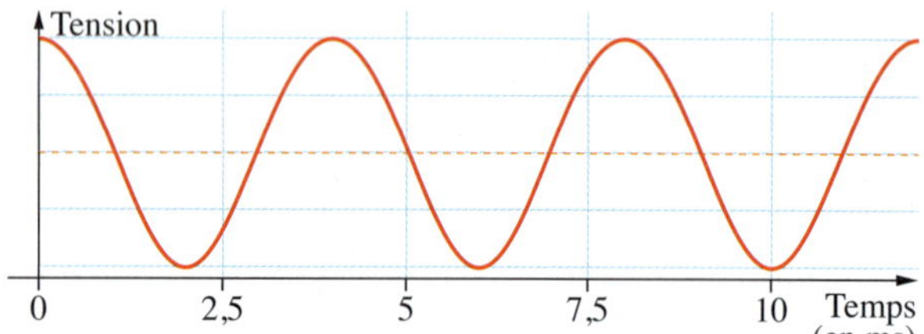

Signal correspondant au son A

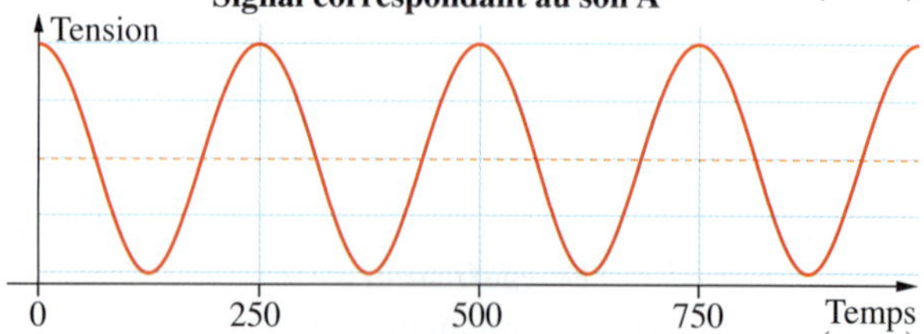

Signal correspondant au son B

1. Quelles sont les périodes T_A et T_B des sons A et B ?

2. Calculer les fréquences f_A et f_B correspondantes.

3. Le patient a-t-il des problèmes d'audition dans les basses fréquences ou dans les hautes fréquences ?

8 Soins dentaires

Pour effectuer un détartrage, le dentiste utilise des ultrasons de fréquences variant de 25 kHz à plus de 45 kHz qui décollent le tartre.

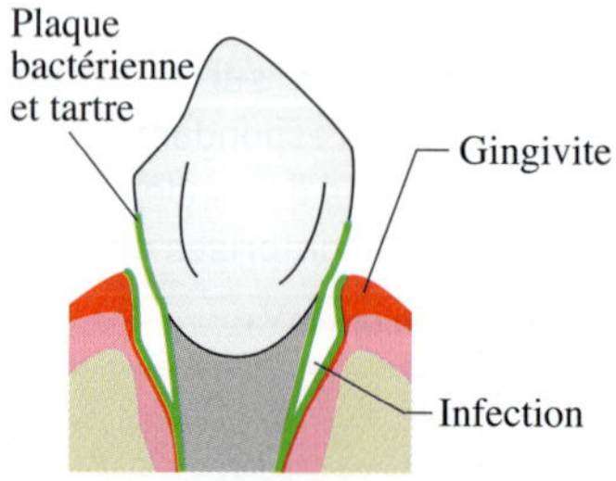

La formation de tartre sur les dents peut favoriser une infection des gencives qui peut aller jusqu'à la destruction de l'os qui soutient les dents. De telles infections peuvent être traitées à l'aide d'un laser de fréquence 10^{14} Hz assez puissant pour détruire les bactéries sans brûler la gencive.

1. À quel type d'onde appartiennent chacune des ondes utilisées pour ces deux soins dentaires ?

2. Calculer les périodes des ondes dont les fréquences ont été citées dans l'énoncé de cet exercice.

Pour s'entraîner

9 Propagation des ultrasons

Lors d'une séance de travaux pratiques, Claire et Rémi doivent réaliser la mesure de la vitesse des ultrasons dans l'air. Ils disposent d'un émetteur et d'un récepteur à ultrasons ainsi que d'un système d'acquisition.

1. Schématiser le dispositif expérimental permettant cette mesure.

2. Indiquer sur quelles voies doivent être branchés l'émetteur et le récepteur pour obtenir l'enregistrement ci-dessous.

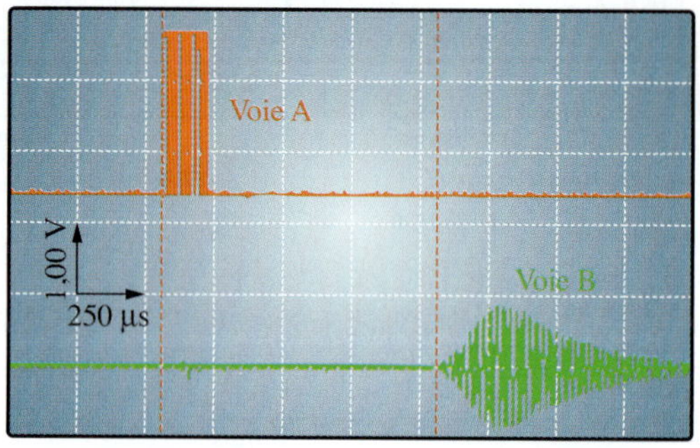

3. Mesurer le décalage temporel Δt entre l'émission et la réception du signal.

4. À quelle distance d sont situés l'émetteur du récepteur sachant que, dans ce cas, la valeur de la vitesse de propagation des ultrasons dans l'air est $v = 350\ m \cdot s^{-1}$?

5. Quelles différences Claire et Rémi auraient-ils observées s'ils avaient réalisé cette expérience :

a. dans l'eau ? **b.** dans le vide ?

10 Mesurer le pouls

Le pouls correspond au gonflement des artères sous la pression du sang. Il possède la même fréquence que les battements cardiaques. Il se mesure généralement au poignet. Sa fréquence et sa régularité sont des indications précieuses en cas d'urgence.

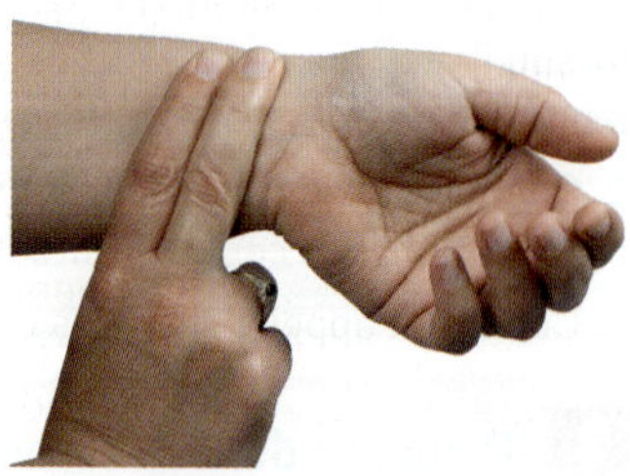

1. Indiquer un protocole de mesure du pouls pour déterminer rapidement un rythme cardiaque.

2. Le rythme cardiaque d'un patient est de 53 pulsations par minute.

a. Calculer, en seconde, l'intervalle de temps entre deux battements consécutifs.

b. Calculer, en hertz, la fréquence cardiaque correspondante.

11 Mesure de la fréquence cardiaque

Un électrocardiogramme (ECG) enregistre les signaux électriques qui correspondent à l'activité du cœur. Sur le papier millimétré utilisé pour les ECG, un carreau de 5 mm correspond à 0,20 seconde.

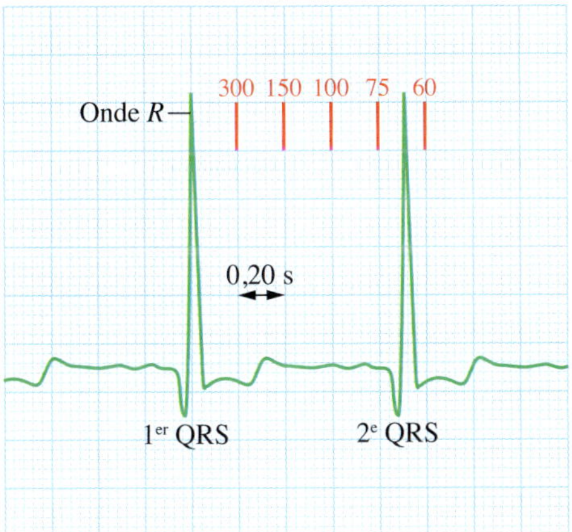

Chaque contraction cardiaque provoque un signal électrique, à peu près reproductible dans le temps, comportant au moins un pic caractéristique. La fréquence cardiaque (en pulsations par minute) correspond ainsi au nombre moyen de pics pendant une minute d'enregistrement.

Les médecins urgentistes doivent être capables d'estimer rapidement une fréquence cardiaque à partir d'un ECG.

La méthode usuelle consiste à graduer les grands carreaux de l'ECG à partir d'un pic (voir l'ECG ci-dessus) :
- le 1er carreau après le pic de référence correspond à 300 pulsations·min^{-1} ;
- le 2e carreau après le pic de référence correspond à 150 pulsations·min^{-1} ;
- le 3e carreau correspond à 100 pulsations·min^{-1}...

Cette estimation n'est pas très précise.

1. Utiliser cette méthode pour estimer le rythme cardiaque du patient auquel appartient l'ECG ci-dessus.

2. Pourquoi cette estimation n'est-elle pas précise ?

3. Calculer le rythme cardiaque de ce patient.

4. Vérifier que les cinq fréquences repérées sur le schéma sont bien en conformité avec l'échelle de temps du papier millimétré utilisé pour les ECG.

12 X rays

X rays are a form of electromagnetic waves, like light waves, micro waves or radio waves, and occupy a part of the electromagnetic spectrum. X rays travel at the speed of light. In our modern technological age, X rays are used in medicine for diagnosis.

1. Citer quelques exemples d'ondes électromagnétiques.

2. Quelle est la vitesse des rayons X dans le vide ?

3. Citer une utilisation des rayons X en médecine.

13 La sonnerie secrète des jeunes

Les courbes ci-dessous représentent l'évolution de la sensibilité de l'oreille humaine en fonction de l'âge.

L'ordonnée est la « perte d'audition ». Cette grandeur s'exprime en décibel (dB) ; elle est égale à zéro pour une oreille « normale ».

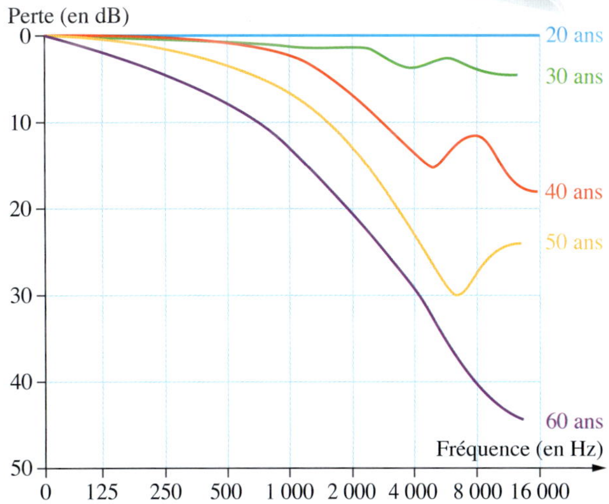

1. a. L'écart d'audition entre les jeunes et les personnes plus âgées est-il plus important pour les grandes ou pour les petites fréquences ?

b. Pour des sons de quelles fréquences, une personne de 60 ans a-t-elle perdu plus de 20 dB d'audition ?

2. Un lycéen a téléchargé sur son téléphone portable une sonnerie « spéciale jeunes ». Le signal électrique correspondant est représenté ci-dessous.

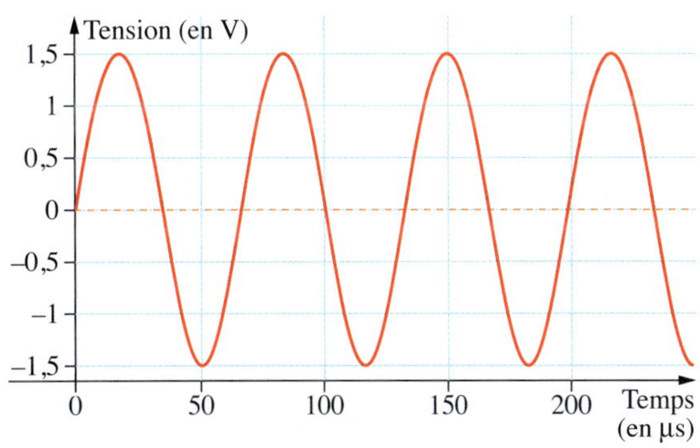

a. Quelle est la période du son correspondant ? Quelle est sa fréquence ?

b. Ce son est-il entendu par un jeune de 20 ans à l'oreille « normale » ?

c. Pourquoi cette sonnerie est-elle appelée « sonnerie secrète des jeunes » ?

Exercices

14 À chacun son rythme

Cet exercice est proposé à deux niveaux de difficulté. Dans un premier temps, essayer de résoudre l'exercice de niveau 2. En cas de difficultés, passer au niveau 1.

On se propose de retrouver la valeur de la vitesse des ondes sonores dans l'air à l'aide du dispositif opératoire du document suivant.

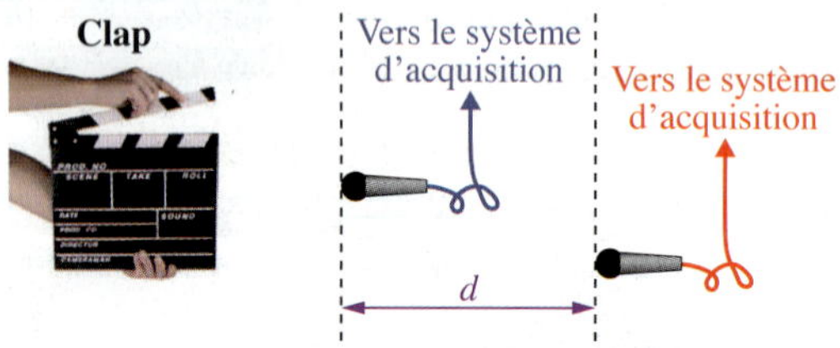

Les deux micros sont séparés d'une distance d = 1,0 m et sont reliés au système d'acquisition d'un ordinateur.

Un son bref est émis à l'aide d'un clap de cinéma. On obtient l'acquisition ci-dessous.

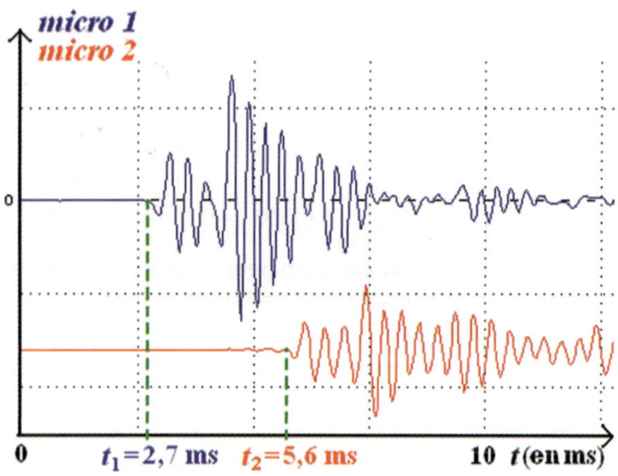

Niveau 2

1. Quelle est la durée de parcours du son dans l'air ?

2. Calculer la valeur de la vitesse du son dans l'air.

Niveau 1

1. a. À quoi correspondent les dates t_1 et t_2 sur l'enregistrement ?

b. Expliquer pourquoi la durée de parcours de l'onde sonore entre les deux micros se calcule à l'aide de l'expression $(t_2 - t_1)$.

c. Quelle est la valeur de la durée de ce parcours ?

2. a. Quelle est la distance parcourue par le son entre t_1 et t_2 ?

b. Convertir la durée de parcours et la distance parcourue dans les unités du système international.

c. Quelle est la relation entre la distance parcourue, la durée de parcours et la valeur de la vitesse du son ?

d. En déduire la valeur de la vitesse du son dans l'air lors de l'expérience.

15 Mesure de la vitesse du son

François ARAGO, en 1822, détermine la valeur de la vitesse du son entre le donjon de la tour de Montlhéry (photo) et l'observatoire de Villejuif. Un coup de canon tiré en haut de la tour, de nuit, était entendu à Villejuif distant de 18,612 km. ARAGO mesure une durée de 54,6 s séparant la lueur du canon (instant où le coup de canon est donné) du son entendu.

1. Quelle est la relation entre la vitesse du son, la distance parcourue par le son et la durée nécessaire pour la parcourir ?

2. Calculer la valeur de la vitesse du son à partir des mesures d'ARAGO.

3. a. Quelle propriété de la lumière est implicitement utilisée pour répondre à la question précédente ?

b. Montrer par un calcul que la durée de propagation de la lumière est négligeable lors de cette expérience.

16 Retour sur l'ouverture du chapitre

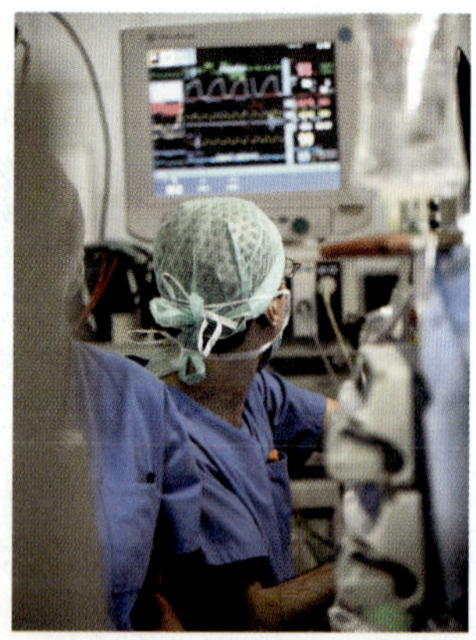

Pour mesurer rapidement une fréquence cardiaque à partir d'un électrocardiogramme (ECG), un médecin peut utiliser une règle spécialement graduée (appelée règle ECG). Pour cela, il faut que l'échelle horizontale de l'ECG soit de 0,40 s/div. Il suffit alors de placer la flèche de la règle au niveau d'un pic bien identifiable et de lire la fréquence cardiaque, en battements par minute, indiquée en face du deuxième pic de même forme après la flèche (après 2 battements).

1. En utilisant la règle ECG, évaluer la fréquence correspondant à l'ECG ci-dessous.

2. Vérifier cette mesure en utilisant l'échelle du papier millimétré.

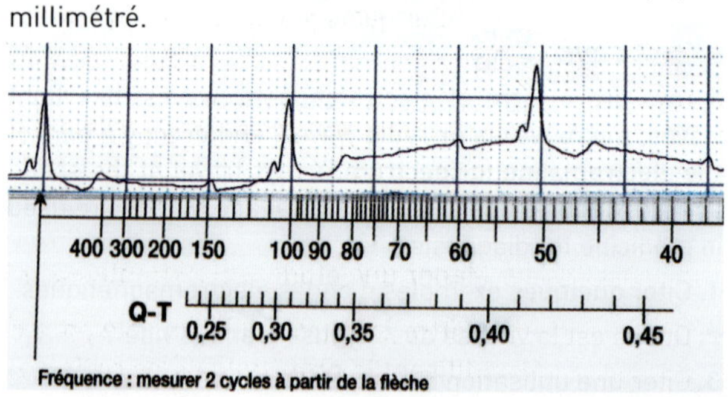

CHAPITRE

PHYSIQUE

12 Les ondes au service du diagnostic médical

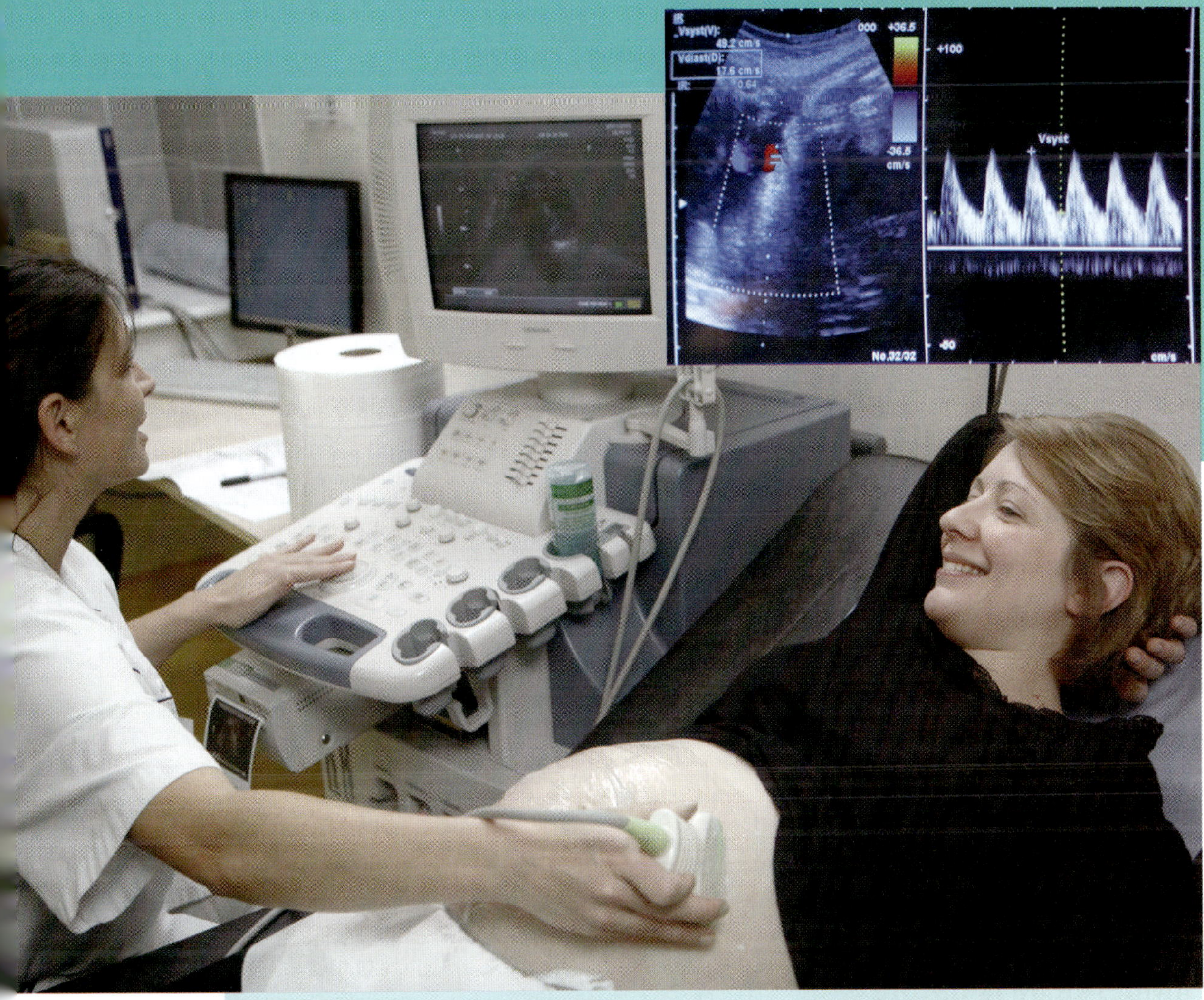

L'échographie Doppler est une technique de diagnostic médical qui ajoute des informations fonctionnelles aux images apportées par l'échographie comme, par exemple, sur la circulation sanguine.
Sur quels phénomènes physiques s'appuie cette technique ? (Voir exercice 16, p. 180.)

Quelles sont les techniques de diagnostic médical utilisant les ondes ?

OBJECTIFS

→ Mener une étude expérimentale sur la réflexion.

→ Mettre en œuvre un protocole pour comprendre le principe de méthodes d'exploration utilisant la propagation des ondes.

Activités

1 Comprendre le principe de l'écho

TP TRAVAUX PRATIQUES

→ L'échographie est une technique qui utilise une sonde comprenant un émetteur et un récepteur de salves ultrasonores disposés côte à côte. Les ultrasons émis par la sonde sont réfléchis par les obstacles qu'ils rencontrent et retournent vers la sonde. Ce phénomène est analogue à l'écho qui renvoie le son de la voix vers la personne qui parle. **Quelles informations peut-on obtenir de l'écho des ultrasons ?**

A Réflexion des ondes ultrasonores pour mesurer une distance

Lorsqu'une salve d'ultrasons arrive perpendiculairement à la surface de séparation de deux milieux différents, une partie de la salve est réfléchie et repart vers la sonde.

Comment la durée de propagation des ultrasons permet-elle de déterminer une distance ?

- Placer côte à côte un émetteur et un récepteur d'ultrasons à une distance *d* d'un obstacle en bois **(doc. 1)**.
- Observer les signaux correspondant à l'émetteur et au récepteur à l'aide d'un système d'acquisition **(doc. 2)**.

doc. 1 Dispositif pour l'étude de la réflexion des ondes ultrasonores sur un obstacle.

1. Reproduire l'allure des signaux obtenus en les identifiant.
2. Interpréter les modifications observées lorsque la distance *d* varie.
3. Connaissant la vitesse des ultrasons dans l'air, utiliser ce dispositif pour déterminer la distance *d*.
Vérifier le résultat à l'aide d'un mètre.

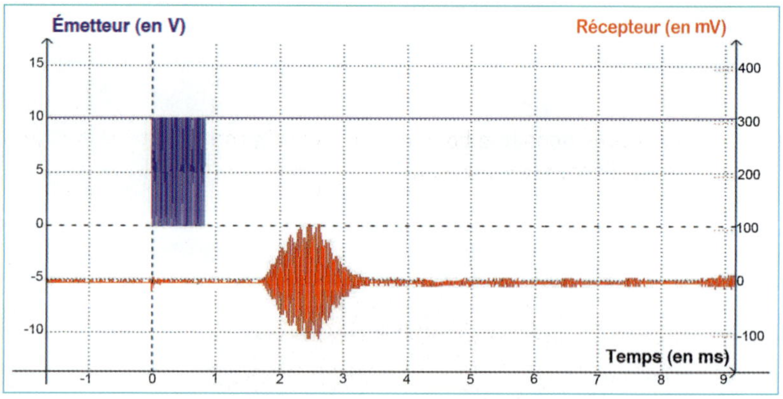

doc. 2 Exemple de signaux obtenus.

B Influence de la nature de l'obstacle sur la réflexion

DÉMARCHE D'INVESTIGATION

La nature de l'obstacle rencontré par les ultrasons a-t-elle une influence sur l'écho enregistré ?

4. Proposer un protocole permettant d'étudier l'influence de la nature de l'obstacle sur le signal réfléchi.
5. Avec l'accord du professeur, réaliser l'expérience. Rédiger un compte rendu et une conclusion.

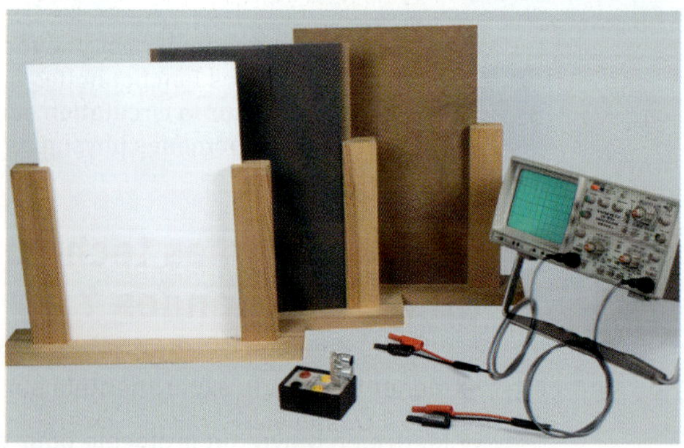

doc. 3 Exemple de matériel utilisé.

TRAVAUX PRATIQUES TP · DÉMARCHE D'INVESTIGATION

2 Mesurer la taille d'un objet avec des ultrasons

→ L'échographie permet par exemple de visualiser les os d'un fœtus et de les mesurer (doc. 4).
Comment peut-on déterminer la taille et la position d'un objet caché ?

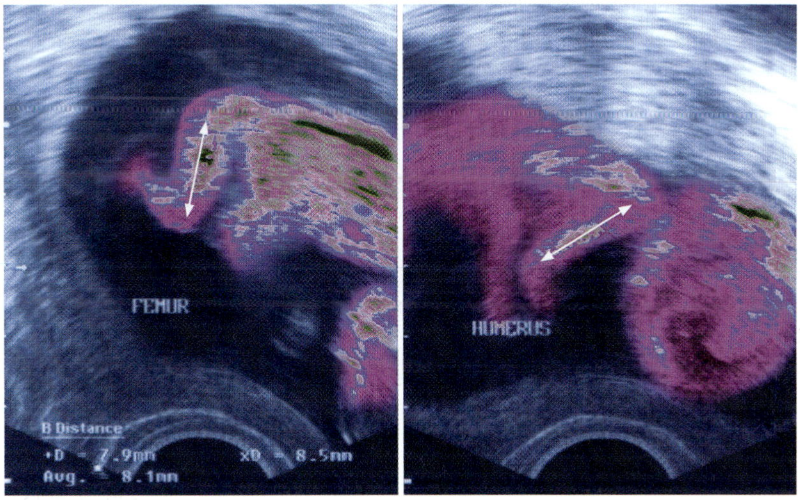

doc. 4 Échographies d'un fœtus permettant de mesurer la longueur d'un fémur et d'un humérus.

Un objet est caché dans une boîte dont les parois sont constituées d'un fin voile de tissu (doc. 5 et 6). Ce tissu laisse passer les ultrasons.

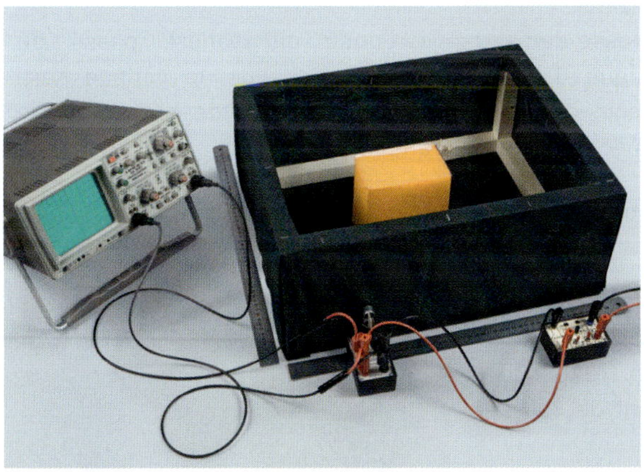

doc. 5 Exemple de montage utilisé.

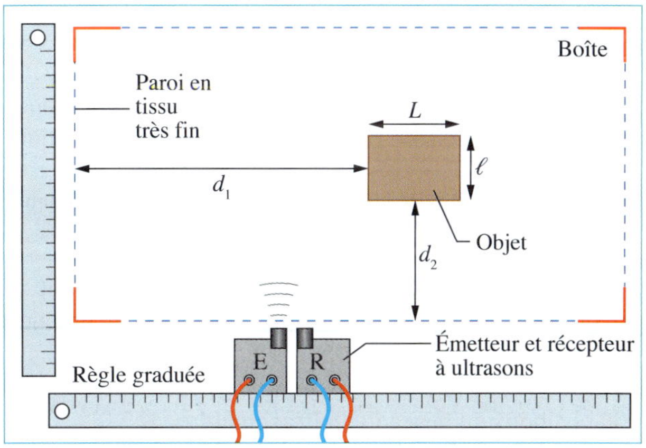

doc. 6 Schéma du dispositif utilisé. La position de l'objet est repérée par les distances d_1 et d_2. Sa taille est définie par les dimensions L et ℓ.

1. Élaborer un protocole de manipulation permettant de déterminer la position et la taille de l'objet caché.
2. Après l'accord du professeur, effectuer les mesures.
a. Où est situé l'objet ? Quelle est sa taille ? Expliquer.
b. Ouvrir la boîte et vérifier les résultats. Conclure.

3 Comprendre le principe de l'échographie

→ Au cours d'une échographie, un système informatique analyse les signaux fournis par la sonde.
Deux informations sont exploitables :
- le temps mis par l'onde pour faire l'aller-retour entre la sonde et l'organe exploré ;
- l'amplitude du signal réfléchi.

Comment l'image est-elle construite à partir de ces informations ?

La plupart des échographies sont en nuances de gris allant du noir au blanc **(doc. 7)**.

Les amplitudes les plus importantes des ondes réfléchies sont codées en blanc, les plus faibles sont codées en noir.

Les nuances de gris correspondent à des amplitudes intermédiaires.

L'amplitude du signal réfléchi dépend des milieux rencontrés **(doc. 8)**.

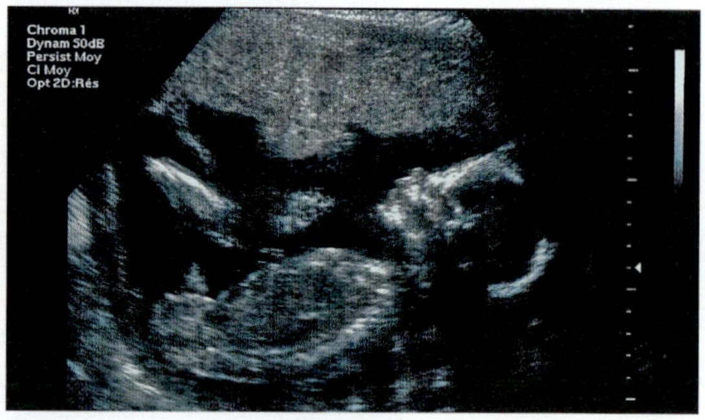

doc. 7 Échographie d'un fœtus.

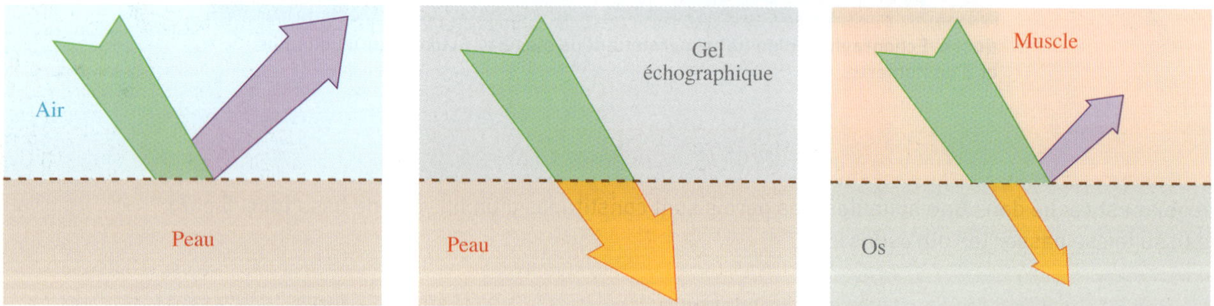

Une onde ultrasonore qui se propage dans l'air est presque totalement réfléchie lorsqu'elle arrive sur la peau. Le codage sera blanc.

Si l'onde ultrasonore passe de l'eau ou du gel échographique dans la peau, le codage sera noir, car cette onde est presque totalement absorbée.

Si l'onde ultrasonore passe du muscle dans l'os, le codage sera gris, car cette onde est en partie réfléchie.

doc. 8 La proportion des ultrasons réfléchis dépend des milieux rencontrés. Cette proportion influe sur les nuances de gris de l'image obtenue.

Les images des fœtus en 3D ont connu beaucoup de succès auprès du grand public. L'échographie 3D est une technique qui permet d'acquérir des « volumes » grâce à un balayage automatique en fréquence et à une recomposition de l'image à partir de l'enregistrement de 150 à 200 positions du faisceau d'ultrasons **(doc. 9)**.

1. Quelles sont les deux informations nécessaires pour construire une image échographique ?
2. Quels sont les types de surfaces de séparation qui apparaissent blanches, noires ou grises sur une échographie ?
3. Lors d'une échographie, pourquoi est-il nécessaire de mettre du gel entre la sonde et la peau ?
4. Quel est le principal avantage de l'échographie 3D par rapport à l'échographie 2D ?

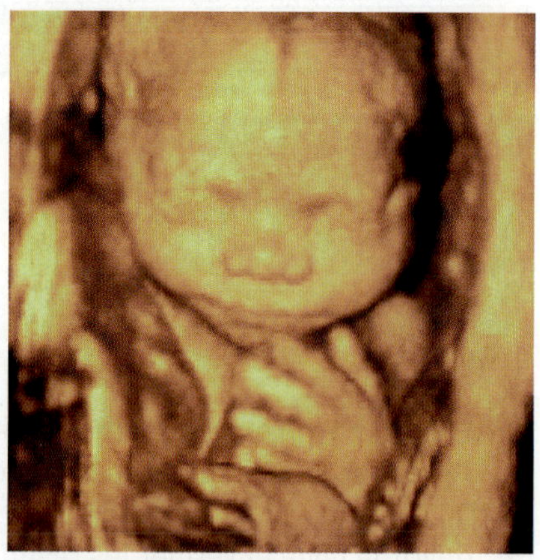

doc. 9 Échographie 3D.

4 Comprendre le principe de propagation de la lumière dans une fibre optique

TP TRAVAUX PRATIQUES

→ La fibroscopie est une méthode permettant d'explorer les organes à l'intérieur du corps. Un dispositif de fibroscopie comprend deux fibres optiques : l'une éclaire la zone à examiner, l'autre transmet l'image à l'observateur.
Comment se propage la lumière à l'intérieur d'une fibre optique ?

A Observation d'une fibre optique

- Diriger l'une des extrémités d'une fibre optique vers une source lumineuse **(doc. 10)**.
- Observer l'autre extrémité.

1. Qu'observe-t-on à l'autre extrémité de la fibre ?
2. Schématiser une fibre optique et imaginer la propagation de la lumière dans cette fibre.

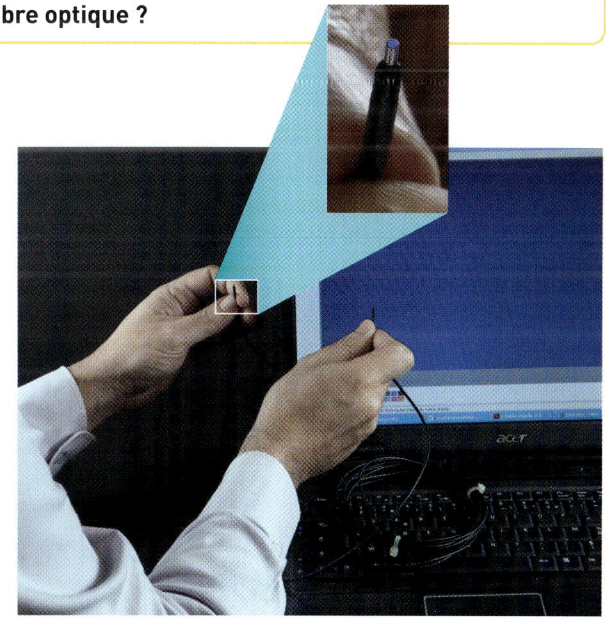
doc. 10 Fibre optique dirigée vers l'écran d'un ordinateur servant de source lumineuse.

B Expérimentation

- Diriger un faisceau lumineux monochromatique vers un demi-cylindre de plexiglas.
- Régler le dispositif comme indiqué sur le **document 11**. Au niveau du point *I*, le faisceau lumineux se propage du plexiglas vers l'air.

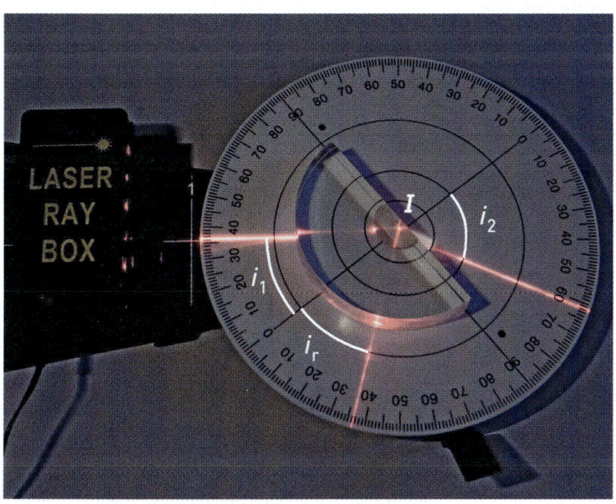

doc. 11 Le dispositif expérimental utilisé.

3. Schématiser le dispositif et repérer le faisceau incident, le faisceau réfléchi et le faisceau réfracté. Repérer aussi les angles correspondants.
Indiquer sur ce schéma l'indice de réfraction de l'air et celui du plexiglas.
4. Proposer un protocole permettant de trouver la relation entre l'angle d'incidence i_1 et l'angle de réflexion i_r.
5. Après l'accord du professeur, réaliser l'expérience. En déduire la relation entre l'angle d'incidence i_1 et l'angle de réflexion i_r.
6. Le faisceau réfracté existe-t-il toujours ?
Sinon, quelle est la valeur maximale de l'angle de réfraction i_2 ?
7. En utilisant la loi de Snell-Descartes relative à la réfraction, calculer la valeur de l'angle d'incidence limite pour lequel l'angle de réfraction est maximal.
8. Quel est le phénomène observé lorsque l'angle d'incidence est supérieur à l'angle d'incidence limite ?
9. Reprendre le schéma de la question 2 en utilisant le phénomène observé précédemment.

Certaines techniques de diagnostic médical utilisent des ondes ultrasonores ou électromagnétiques. Lorsqu'elles se propagent dans le corps, ces ondes peuvent être plus ou moins réfléchies ou absorbées par les organes. La nature des ondes utilisées et des phénomènes physiques mis en jeu permet de distinguer divers types de diagnostics.

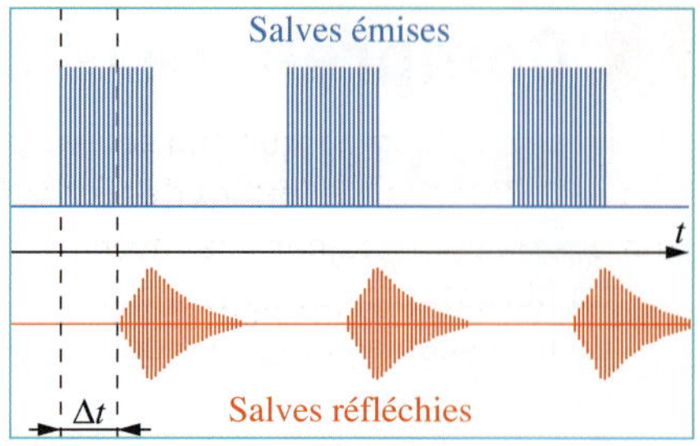

doc. 1 Émission-réception d'ondes sonores.

1 Ondes ultrasonores

1.1 Principe de l'écho

L'**activité 1** a montré qu'une onde ultrasonore est en partie réfléchie lorsqu'elle atteint un obstacle. La mesure de la durée Δt de l'aller-retour de cette onde entre l'émetteur-récepteur et l'obstacle **(doc. 1)** permet de calculer la distance d les séparant. Pour cela, il faut connaître la vitesse de propagation v de cette onde dans le milieu :

$$d = \frac{v \times \Delta t}{2}, \text{ avec } d \text{ en m, } v \text{ en m·s}^{-1} \text{ et } \Delta t \text{ en s.}$$

1.2 Application à l'échographie

L'échographie **(doc. 2)** est une technique qui utilise des ultrasons. Les ultrasons utilisés ont des fréquences comprises entre 2 MHz et 20 MHz.

Une sonde échographique est à la fois un émetteur et un récepteur d'ultrasons. Lorsqu'ils se propagent dans le corps, ces ultrasons sont plus ou moins réfléchis par les parois séparant deux milieux différents. La partie réfléchie est reçue par la sonde et analysée par un système informatique.

Pour commencer, exercice 1, p. 177

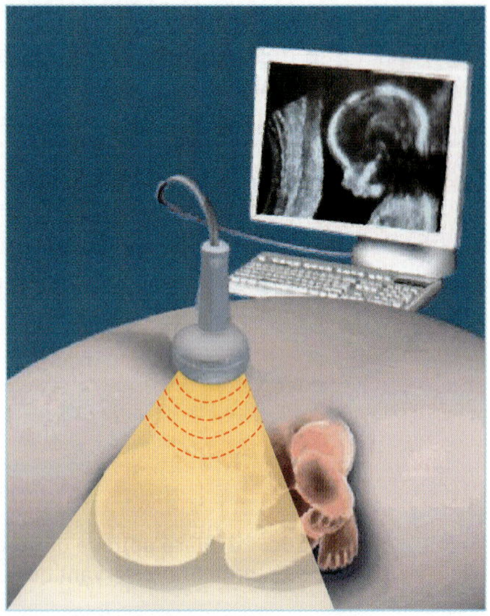

doc. 2 Principe de l'échographie.
Deux informations sont exploitées pour construire l'image :
– la durée de l'aller-retour permet de connaître la distance séparant la sonde de l'organe observé ;
– l'intensité du signal réfléchi permet de mettre en évidence les divers organes qui sont représentés sur l'écran par des nuances de gris.

2 Ondes électromagnétiques

2.1 Les lois de Snell-Descartes

Lorsqu'un faisceau de lumière monochromatique se propageant dans un milieu d'indice de réfraction n_1 rencontre un autre milieu d'indice de réfraction n_2 **(doc. 3)**, il peut :
– changer de milieu : c'est la **réfraction** (étudiée au **chapitre 3**) ;
– rester dans le même milieu : c'est la **réflexion**.

Lois pour la réflexion

- **Le rayon incident, le rayon réfléchi et la normale sont contenus dans le plan d'incidence.**
- **Les angles d'incidence et de réflexion vérifient la relation $i_1 = i_r$.**

Rappelons les **lois de Snell-Descartes pour la réfraction :**
- Le rayon incident, le rayon réfracté et la normale sont contenus dans le plan d'incidence.
- Le rayon incident et le rayon réfracté sont de part et d'autre de la normale.
- Les angles et les indices sont liés par : $n_1 \times \sin i_1 = n_2 \times \sin i_2$.

n_1 est l'indice de réfraction du milieu 1, n_2 celui du milieu 2.

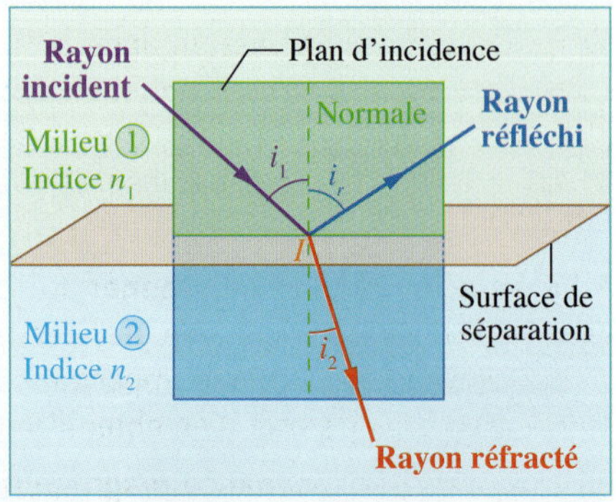

doc. 3 Schématisation de la réfraction et de la réflexion. Le rayon incident rencontre la surface de séparation au point I (point d'incidence).

2.2 La réflexion totale

L'**activité 4** a montré que, **lorsque l'indice de réfraction n_2** du second milieu **est inférieur à l'indice de réfraction n_1** du premier milieu ($n_2 < n_1$), on n'observe pas toujours de rayon réfracté (doc. 4).

Il existe un angle d'incidence limite $i_{1_{limite}}$ au-delà duquel la lumière est totalement réfléchie (doc. 5).

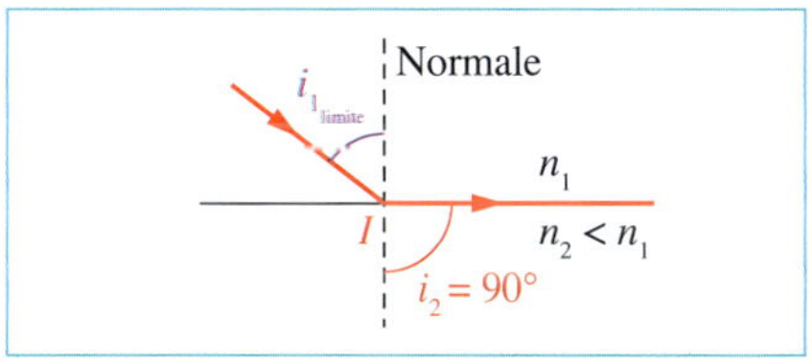

◀ **doc. 5** Mise en évidence de l'angle limite.

On peut calculer cet angle limite à l'aide de la loi de Snell-Descartes pour la réfraction : $\sin i_{1_{limite}} = \frac{n_2}{n_1}$.

Pour observer une réflexion totale, il faut avoir simultanément :

$$n_1 > n_2 \quad \text{et} \quad i_1 > i_{1_{limite}}.$$

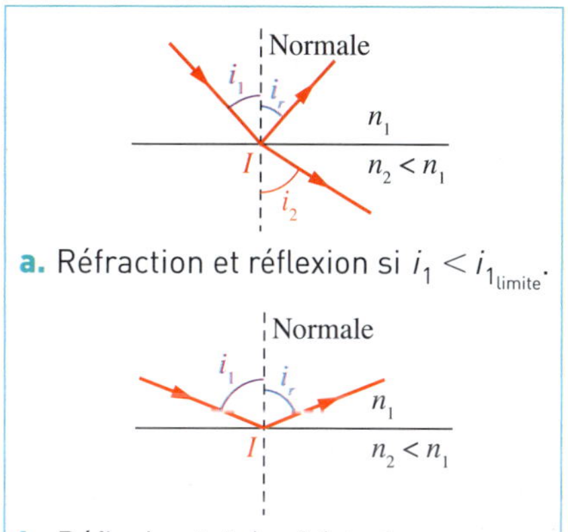

a. Réfraction et réflexion si $i_1 < i_{1_{limite}}$.

b. Réflexion totale si $i_1 > i_{1_{limite}}$.

doc. 4 Différents cas possibles lorsqu'un faisceau incident se propageant dans un milieu d'indice de réfraction n_1 rencontre la surface de séparation d'un milieu dont l'indice de réfraction n_2 est plus faible.

2.3 Applications au diagnostic médical

• La **fibroscopie** est une technique de diagnostic utilisant des fibres optiques (doc. 6). La lumière est guidée dans chaque fibre par une succession de réflexions totales (doc. 7).

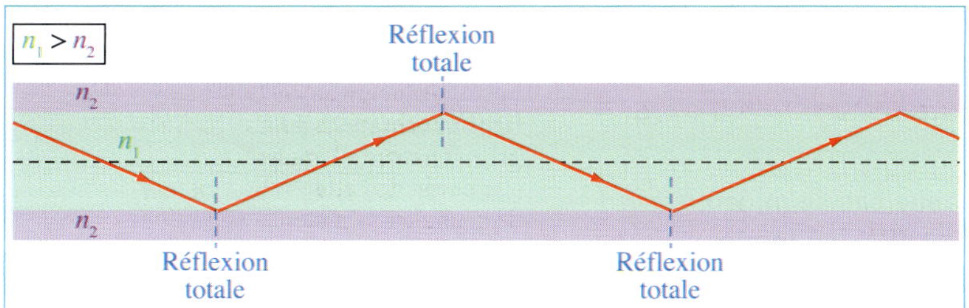

doc. 7 Propagation de la lumière dans une fibre optique.

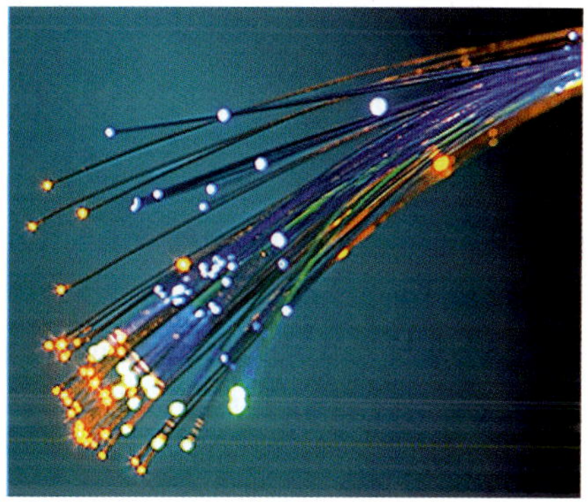

doc. 6 Fibres optiques.

La fibroscopie est une technique de diagnostic qui utilise la propagation de la lumière dans des fibres optiques.

Le fibroscope (doc. 8) est un appareil utilisé pour explorer l'intérieur du corps. Une série de fibres optiques conduit la lumière d'une lampe afin d'éclairer la zone à examiner. Une autre série de fibres optiques conduit la lumière issue de la zone observée vers l'œil du médecin ou vers une caméra.

• La **radiographie** et le **scanner** utilisent des rayons X qui sont des ondes électromagnétiques de grandes fréquences (de l'ordre de 10^{18} Hz). L'absorption plus ou moins importante de ces ondes par les différentes parties du corps permet d'en obtenir une image.

• L'**imagerie par résonance magnétique (IRM)** utilise l'interaction entre des atomes d'hydrogène du corps, des ondes radio dont les fréquences sont de l'ordre de 50×10^6 Hz et un champ magnétique important.

Pour commencer, exercices 2 à 6, p. 177

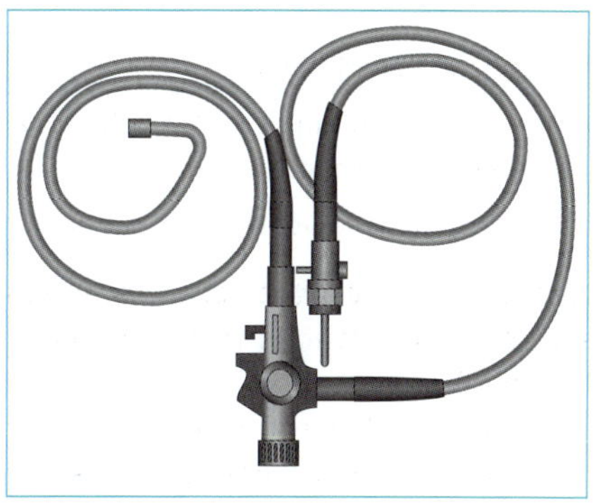

doc. 8 Exemple de fibroscope ou endoscope.

Les savoirs

Ondes ultrasonores

L'échographie est une technique qui utilise la réflexion des ondes ultrasonores sur les surfaces de séparation des différents milieux du corps (os, muscles, graisses...).

Lors d'une échographie, la distance d (en m) séparant la sonde de l'obstacle sur lequel se produit la réflexion est donnée par :

$$d = \frac{v \times \Delta t}{2}$$

où v représente la vitesse de propagation des ultrasons (en $m \cdot s^{-1}$) et Δt la durée de propagation des ultrasons (en s).

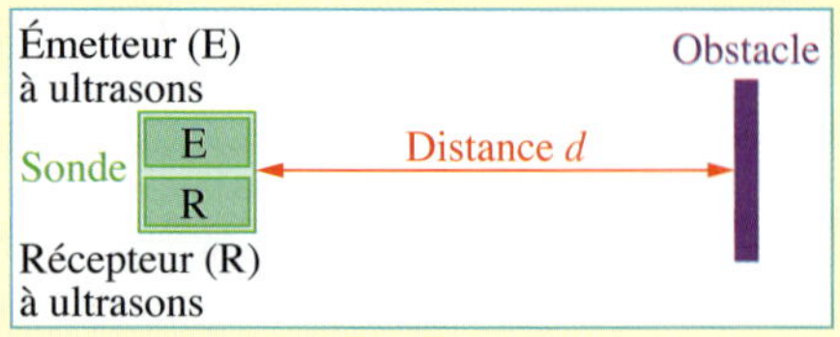

Ondes électromagnétiques

• Lois pour la réflexion

Le rayon incident et le rayon réfléchi appartiennent au plan d'incidence. Les directions des rayons sont telles que $i_r = i_1$.

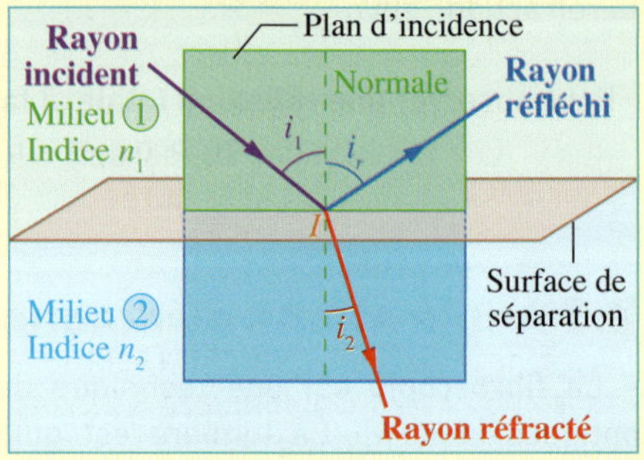

• Lois de Snell-Descartes pour la réfraction

Le rayon incident et le rayon réfracté appartiennent au plan d'incidence. Les directions des rayons sont telles que :

$$n_1 \times \sin i_1 = n_2 \times \sin i_2.$$

• Réflexion totale

Lorsque $n_1 > n_2$, il existe un angle d'incidence limite $i_{1_{limite}}$ pour lequel le rayon réfracté est tangent à la surface de séparation des deux milieux ($i_2 = 90°$). Cet angle est défini par son sinus :

$$\sin i_{1_{limite}} = \frac{n_2}{n_1}.$$

Lorsque $i_1 > i_{1_{limite}}$, le rayon lumineux ne change pas de milieu. Il est réfléchi avec un angle égal à i_1 ; c'est la **réflexion totale**.

Pour observer une réflexion totale, il faut avoir simultanément $n_1 > n_2$ et $i_1 > i_{1_{limite}}$.

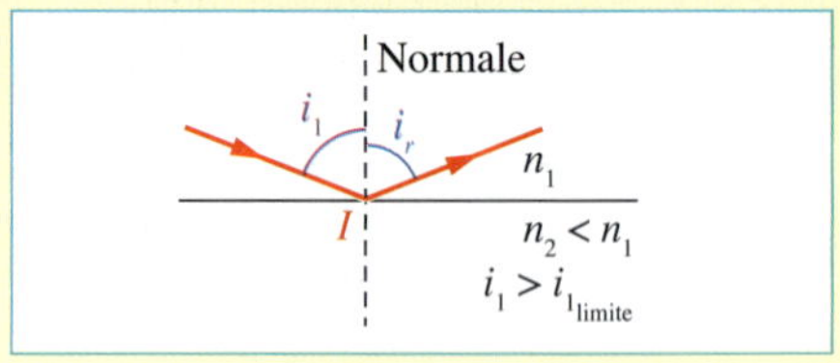

• Fibre optique – Fibroscopie

Dans une fibre optique, la lumière se propage en subissant des réflexions totales successives.

La fibroscopie est une technique qui utilise la propagation de la lumière dans une fibre optique.

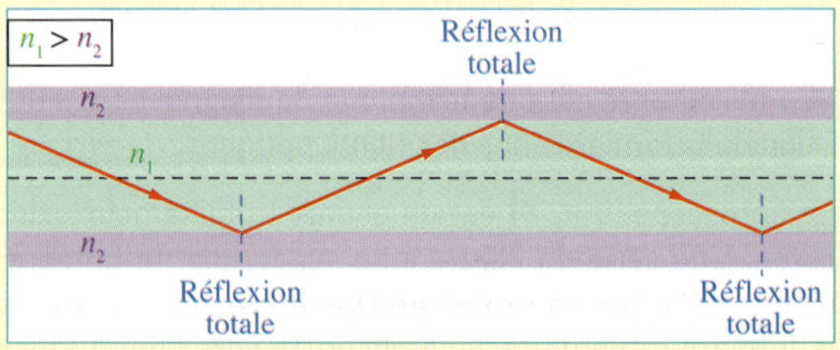

• Ondes électromagnétiques non visibles

La radiographie et le scanner utilisent des rayons X.

L'IRM utilise des ondes radio.

Les compétences attendues

- Pratiquer une démarche expérimentale sur la réflexion totale. **[TP]**
- Pratiquer une démarche expérimentale pour comprendre le principe de méthodes d'exploration et l'influence des propriétés des milieux de propagation. **[TP]**

S'auto-évaluer

QCM

**Pour chaque question, indiquer la (ou les) bonne(s) réponse(s).
S'aider éventuellement des figures ci-dessous pour répondre aux questions.**

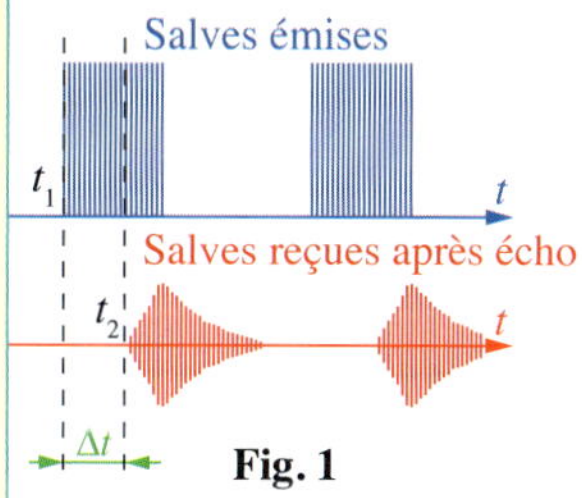

Fig. 1

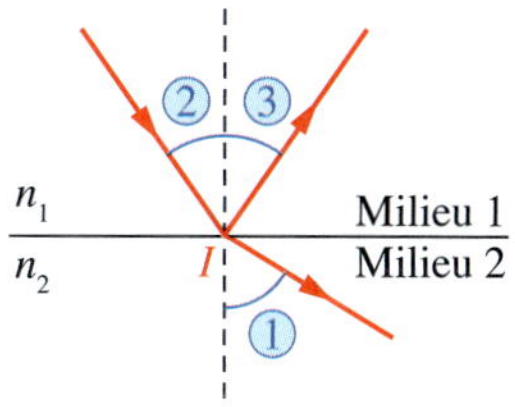

Fig. 2

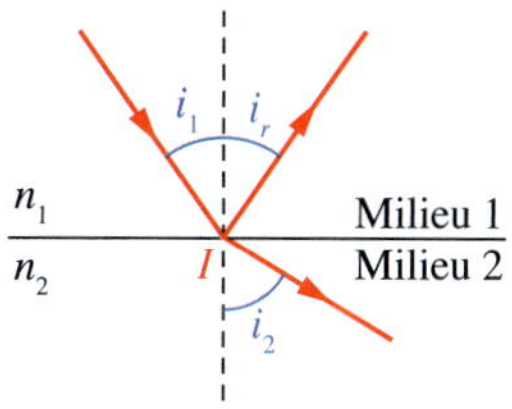

Fig. 3

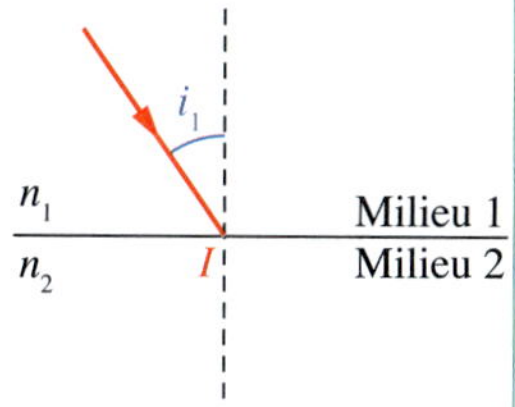

Fig. 4

ÉNONCÉ	A	B	C	Si échec revoir
1. L'échographie utilise :	des ondes lumineuses	des ondes ultrasonores	des ondes sonores	§1, p. 172
2. On considère la **figure 1** obtenue lors d'une mesure par échographie. La durée $\Delta t = t_2 - t_1$ est la durée :	séparant l'émission de la réception d'une salve	de la salve émise	de la salve reçue	§1, p. 172
3. Quelle est la distance *d* séparant un émetteur-récepteur d'ultrasons d'un obstacle ? On donne Δt = 2,0 ms et $v_{\text{ultrasons}}$ = 340 m·s^{-1}.	68 cm	0,34 m	34 cm	§1, p. 172
4. Le changement de direction d'un faisceau lumineux passant d'un milieu de propagation à un autre est appelé :	réflexion	réfraction	rotation	§2, p. 172
5. Le faisceau qui parvient à l'interface de deux milieux transparents est en partie réfléchi et en partie réfracté.	Toujours	Jamais	Parfois	§2, p. 172
6. On considère la **figure 2**. Quelle proposition associe correctement le numéro de l'angle et son nom ?	① : incidence ② : réfraction ③ : réflexion	① : réfraction ② : incidence ③ : réflexion	① : réflexion ② : incidence ③ : réfraction	§2, p. 172
7. On considère la **figure 3**. Quelle est la relation entre l'angle d'incidence et l'angle de réflexion ?	$n_1 \times \sin i_1 = n_2 \times \sin i_2$	$i_1 = i_r$	$n_1 \times \sin i_1 = n_2 \times \sin i_r$	§2, p. 172
8. On considère la **figure 4**. Pour qu'il puisse y avoir une réflexion totale, il faut avoir :	$n_1 < n_2$	$n_1 > n_2$	$n_1 = n_2$	§2, p. 172
9. On considère la **figure 4**. Si n_1 = 1,4 et n_2 = 1,0 ; la valeur de l'angle limite est :	environ 1,4°	environ 46°	environ 0,7°	§2, p. 172
10. La fibroscopie utilise le phénomène de :	réflexion totale	réfraction	dispersion	§2, p. 172
11. La radiographie utilise :	des ondes ultrasonores	des ondes radio	des rayons X	§2, p. 172

Réponses p. 324

Analyser, résoudre et rédiger

Compétences mises en œuvre

- Argumenter.
- Lire un graphique, un schéma ou un tableau.

Mesure de distance par échographie

L'échographie d'un fœtus (doc. 1) et le signal issu du capteur de la sonde (doc. 2) sont schématisés ci-dessous. Lors de cette échographie, une salve ultrasonore est émise par l'émetteur de la sonde à la date 0 µs.

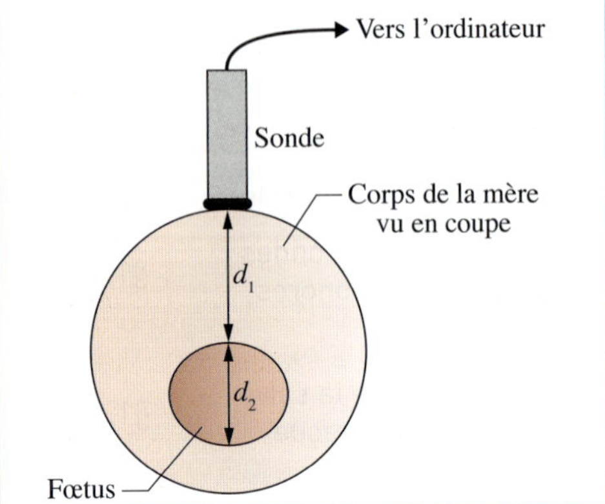

doc. 1 Schématisation de l'échographie.

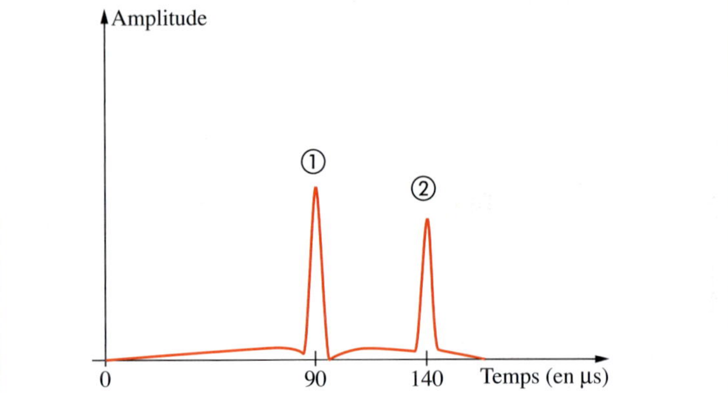

doc. 2 Signal issu du capteur de la sonde.

1. Pourquoi observe-t-on deux pics sur le graphique ?

2. À quoi correspondent ces pics, enregistrés aux dates 90 µs et 140 µs ?

3. On admet que la vitesse des ondes ultrasonores est égale à 1 540 m·s^{-1} dans le corps humain. Calculer la distance d_1 entre la sonde et le fœtus.

CONSEILS

1. Seuls les ultrasons réfléchis par une surface séparant deux milieux sont reçus par le récepteur. Le nombre de pics observés correspond donc au nombre de changements de milieu.

2. Plus la surface séparant les deux milieux est proche de la sonde et plus les ultrasons réfléchis sur cette surface arrivent tôt sur le récepteur. On peut ainsi classer les deux pics observés.

3. Lors d'une échographie, la durée du trajet des ondes ultrasonores correspond à la distance aller-retour entre la sonde et la surface de séparation sur laquelle se produit la réflexion. Pour calculer la distance parcourue, on utilise la relation entre la distance, la vitesse et la durée.

Solution rédigée

1. On observe deux pics, car des ultrasons sont reçus après réflexion sur chacune des deux surfaces de séparation des différents milieux. Ces surfaces sont de chaque côté du fœtus.

2. Le pic ① correspond à la réflexion sur la première paroi du fœtus, située à la distance d_1 de la sonde. Le pic ② correspond à la réflexion sur la paroi la plus éloignée du fœtus, située à la distance $d_1 + d_2$ de la sonde.

3. La durée nécessaire pour parcourir deux fois la distance d_1 est de 90 µs, soit 90×10^{-6} s.

Donc : $d_1 = \dfrac{1\,540 \times 90 \times 10^{-6}}{2} = 6{,}9 \times 10^{-2}$ m,

soit **6,9 cm**.

Application immédiate

En utilisant le schéma et les données de l'exercice ci-dessus, calculer :

a. la distance $D = d_1 + d_2$; **b.** la distance d_2.

Voir correction, p. 327

Pour commencer

Ondes ultrasonores

1 Mesurer une distance grâce à une durée

Un émetteur et un récepteur de salves ultrasonores sont placés côte à côte à une distance *d* d'un écran.
L'émetteur et le récepteur sont reliés à un système d'acquisition.

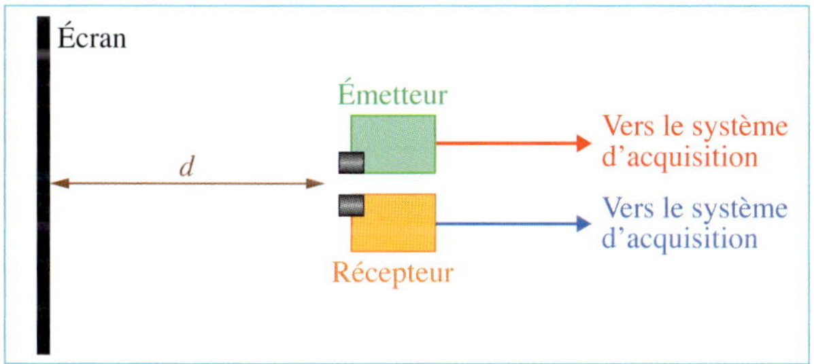

On obtient le graphique suivant :

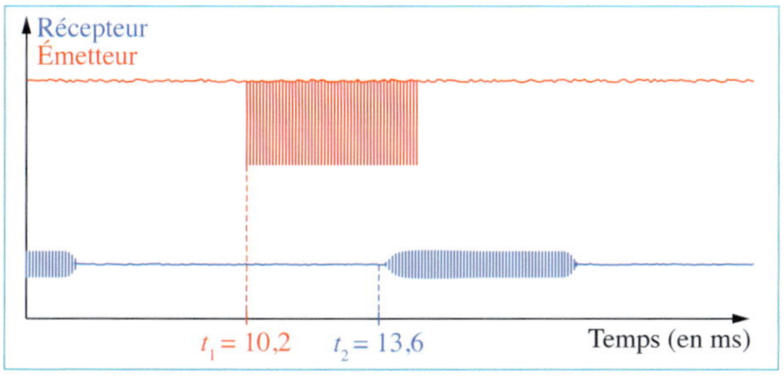

1. À quoi correspondent les dates t_1 et t_2 ?

2. Que représente la durée $(t_2 - t_1)$?

3. La vitesse des ultrasons dans l'air est égale à 340 $m \cdot s^{-1}$. Calculer la distance *d*.

Ondes électromagnétiques

2 Réflexion et réfraction

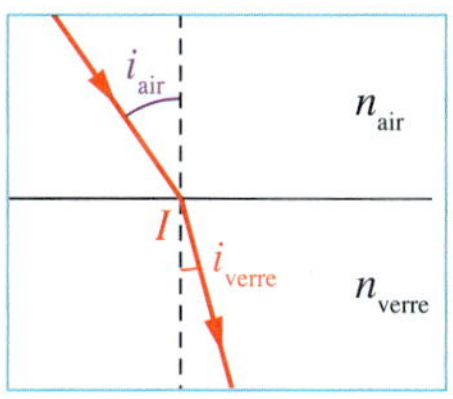

1. Reproduire le schéma ci-contre. Identifier l'angle d'incidence et l'angle de réfraction.

2. Tracer le rayon réfléchi et repérer l'angle de réflexion.

3 Connaître les lois de la réflexion et de la réfraction

1. a. Énoncer les lois relatives au phénomène de réflexion.
b. Faire un schéma illustrant ces lois.

2. a. Énoncer les lois relatives au phénomène de réfraction.
b. Faire un schéma illustrant ces lois.

4 Reconnaître un schéma de réfraction et de réflexion

Un rayon incident se propage dans un milieu homogène, puis atteint la surface séparant ce milieu d'un autre.
Quels sont les schémas corrects parmi les quatre proposés ci-dessous ?

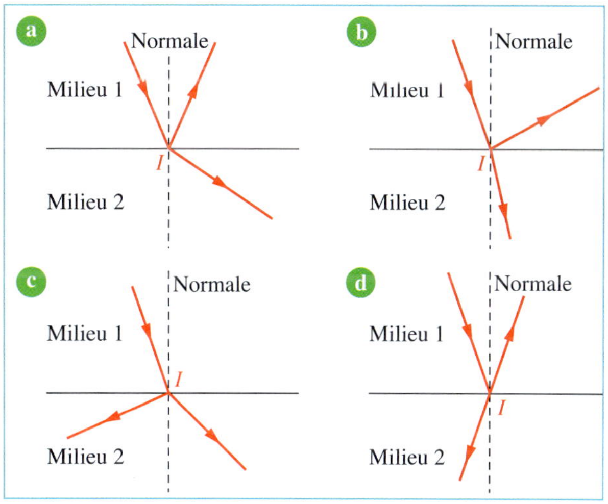

5 Réflexion eau-air

Une source lumineuse émet un faisceau incident qui se propage dans de l'eau puis atteint la surface de séparation eau-air.

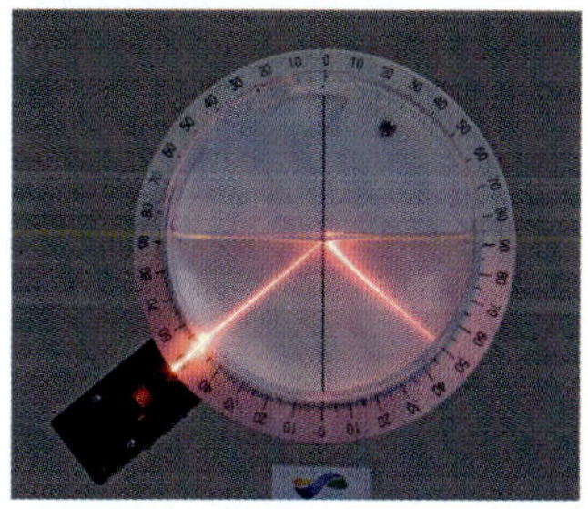

1. Réaliser un schéma à partir de la photographie ci-contre en identifiant les deux rayons.

2. Si on diminue l'angle d'incidence, observera-t-on toujours ce phénomène ?

6 Une fibre optique

De la lumière se propage à l'intérieur d'une fibre optique.

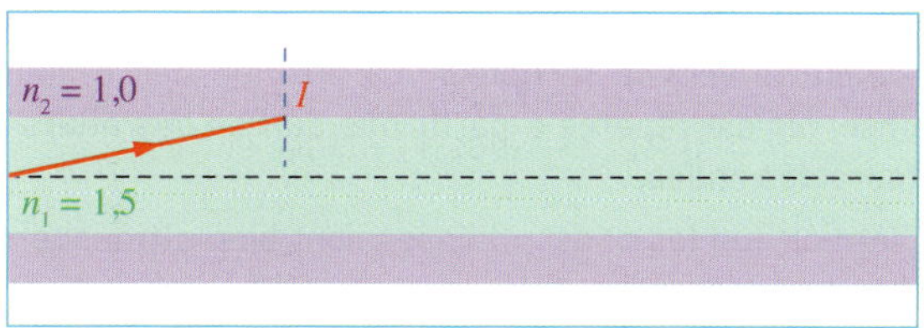

1. En utilisant les valeurs numériques indiquées sur le schéma ci-dessus, vérifier par le calcul qu'au point *I* l'angle limite de réfraction, noté i_{limite}, vaut 42°.

2. Recopier le schéma, puis représenter la marche du rayon lumineux à l'intérieur de la fibre optique.

Pour s'entraîner

7 Fibroscopie

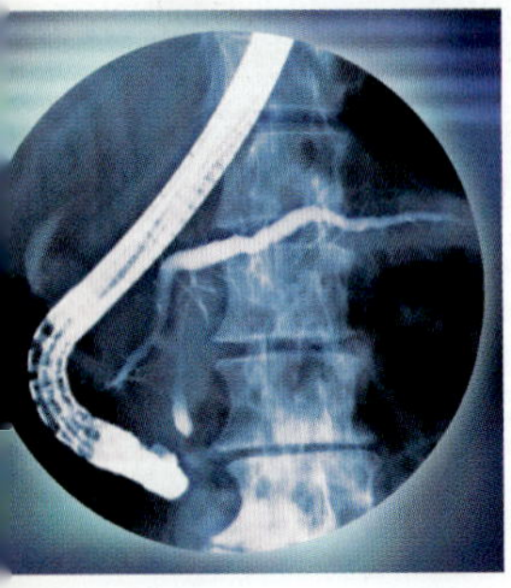

Un fibroscope est un tube souple composé de deux réseaux de fibres optiques, l'un véhiculant un faisceau de lumière blanche, l'autre étant muni d'une caméra vidéo permettant d'obtenir l'image.

1. Quelles propriétés doit posséder la fibre optique d'un fibroscope ?

2. Quel est le rôle de la lumière blanche ?

3. Expliquer le principe de propagation de la lumière dans une fibre optique.

4. Quel est l'intérêt de la fibroscopie ?

8 Échographie

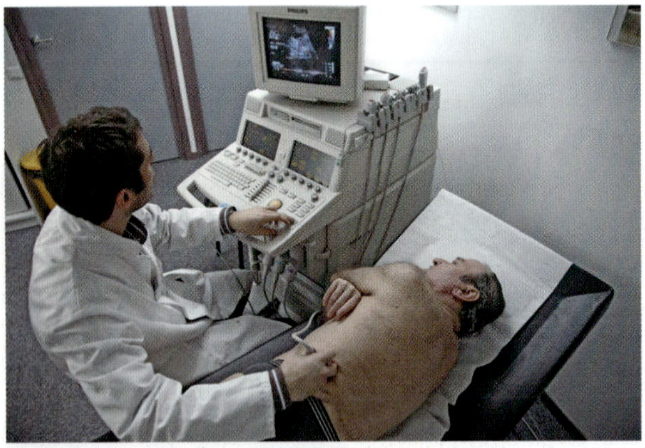

L'échographie est une technique permettant d'observer l'intérieur du corps humain.
Une sonde échographique placée au contact de la peau est constituée d'un émetteur et d'un récepteur d'ondes ultrasonores.
Les ondes ultrasonores émises ont des fréquences comprises entre 3 MHz et 10 MHz.
Une partie de ces ondes est réfléchie par les organes et retourne vers le récepteur. La position des organes à observer est repérée à partir des durées des allers et retours des ondes.

1. Vérifier que les ondes utilisées sont bien ultrasonores et non pas sonores.

2. Sur quel principe physique fonctionne l'échographie ?

3. Comment l'appareil d'échographie détermine-t-il la position de l'organe ?

4. Pourquoi cette technique se nomme-t-elle échographie ?

5. Quel est l'intérêt de l'échographie ?

9 À chacun son rythme

Cet exercice est proposé à deux niveaux de difficulté. Dans un premier temps, essayer de résoudre l'exercice de niveau 2. En cas de difficultés, passer au niveau 1.

On place un objet face à un émetteur et un récepteur de salves ultrasonores.

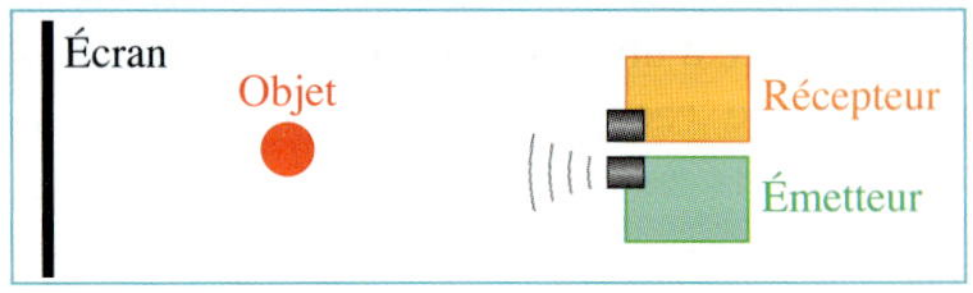

On effectue une acquisition. On obtient ces signaux :

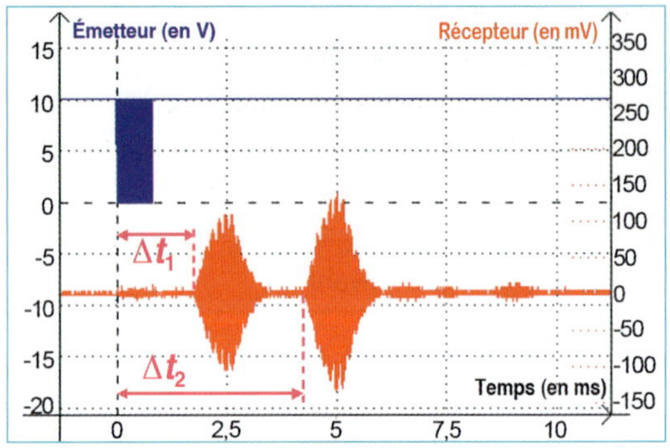

Niveau 2

À quelle distance l'objet se trouve-t-il de l'émetteur et du récepteur ?

Niveau 1

1. Justifier l'allure du signal représenté en rouge.

2. Que représentent Δt_1 et Δt_2 ?

3. On mesure l'intervalle de temps $\Delta t_1 = 1{,}80$ ms.
À quelle distance correspond-il ?
La vitesse des ultrasons dans l'air est 340 $m \cdot s^{-1}$.
Calculer cette distance.

10 La radiographie

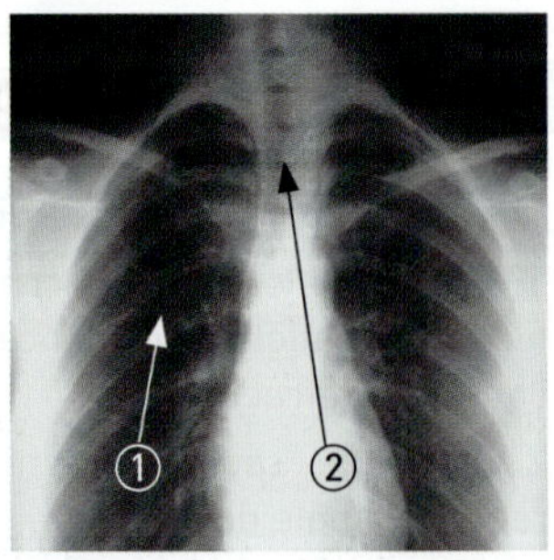

Les rayons X sont des ondes électromagnétiques de même nature que la lumière visible. Lors d'une radiographie du corps humain, les rayons X produits par un émetteur traversent le corps. Ils sont plus ou moins atténués suivant les organes traversés. Un poumon paraît noir car il absorbe peu les rayons X. À l'inverse, les os paraissent blancs car ils les absorbent beaucoup. Des détecteurs permettent un traitement informatique des images obtenues.

1. Réaliser un schéma du principe d'une radiographie.

2. @ Quelles sont les fréquences des rayons X utilisés ?

3. Nommer les parties ① et ② repérées sur le cliché.

11 Incidence limite

Lors d'une fibroscopie, un rayon lumineux se propageant dans de l'eau pénètre dans une fibre optique.

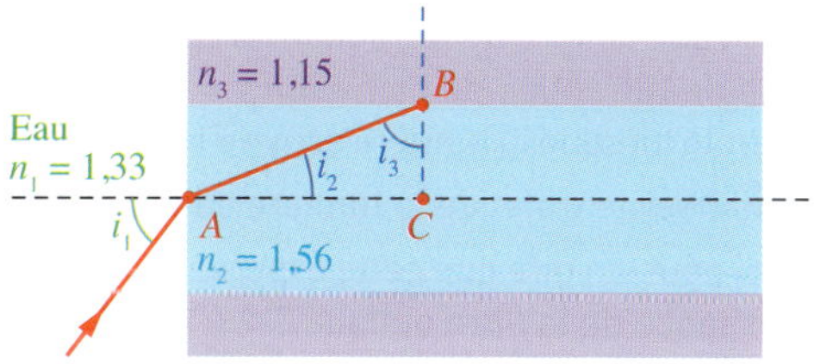

1. Calculer la valeur limite i_{limite} de l'angle i_3 à partir des données du schéma.

2. a. Que peut-on dire du triangle *ABC* ?
En déduire la relation entre les angles i_2 et i_3.

b. En déduire la valeur de l'angle i_2 lorsque $i_3 = i_{limite}$.

3. Calculer la valeur de l'angle i_1 lorsque $i_3 = i_{limite}$.

4. Un rayon lumineux pourra-t-il se propager dans la fibre optique quel que soit l'angle i_1 ?

12 Émission et réception d'ultrasons

Lors d'une échographie, on place une sonde en contact avec la peau du patient et on observe une zone de son corps.

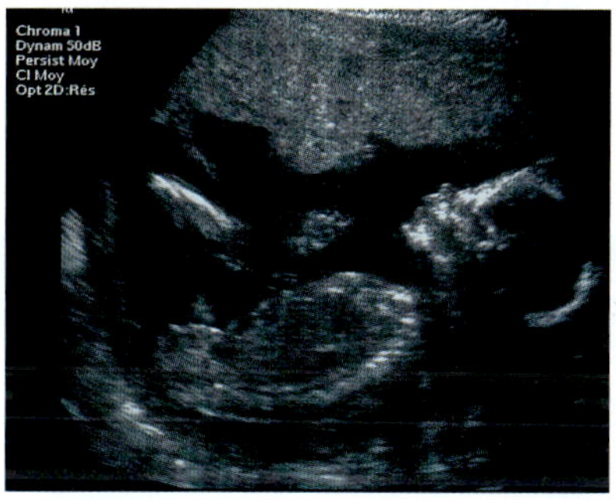

La sonde joue le rôle d'émetteur et de récepteur d'ondes ultrasonores. Elle émet des salves qui ont une durée d'une microseconde environ. Deux salves successives sont espacées d'une milliseconde. Pendant cet intervalle de temps, la sonde détecte la salve ultrasonore précédente qui s'est réfléchie sur la surface séparant deux milieux différents. La connaissance de la durée entre l'émission et la réception est nécessaire pour la constitution d'une image.
Dans le corps humain, les ultrasons se propagent à une vitesse $v = 1\,500\ \text{m}\cdot\text{s}^{-1}$.

1. Quelle distance peut parcourir une onde ultrasonore en une milliseconde dans un corps humain ?

2. En déduire la distance maximale mesurable séparant la peau du lieu de réflexion de l'onde.

3. Lors d'une échographie, une salve ultrasonore réfléchie sur la surface séparant deux milieux différents d'un corps humain est-elle détectée par la sonde avant que la salve suivante ne soit émise ?

13 Le scanner

Le scanner est une technique de tomographie qui permet d'obtenir des images en coupe de l'intérieur du corps d'un patient.
Lors d'un examen, un émetteur de rayons X tourne autour du patient **(doc. 1)**. Un premier capteur enregistre l'intensité du rayonnement incident. Un second capteur mesure l'intensité du rayonnement qui a traversé le corps. Les deux capteurs ont le même mouvement que l'émetteur.
En déplaçant le patient horizontalement, on peut construire une image en trois dimensions.

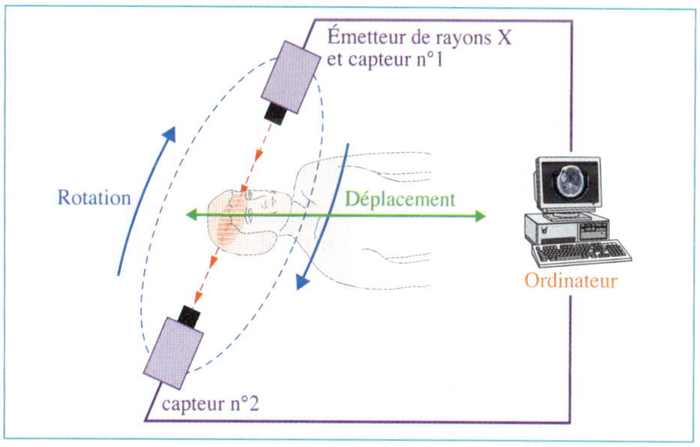

doc. 1 Principe du scanner.

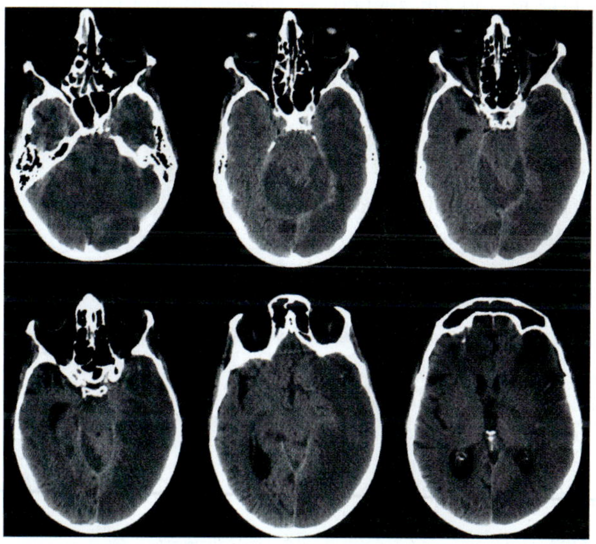

doc. 2 Coupes transversales d'un crâne lors d'un scanner.

1. Rechercher dans un dictionnaire la signification du mot tomographie.

2. Quelle propriété des rayons X est utilisée dans les scanners ?

3. a. À quoi correspond l'enveloppe représentée en blanc sur les images du **document 2** ?

b. À quoi correspondent les zones représentées en gris ?

4. Quel est l'avantage du scanner par rapport à une radiographie classique ?

14 Imagerie par résonance magnétique SVT

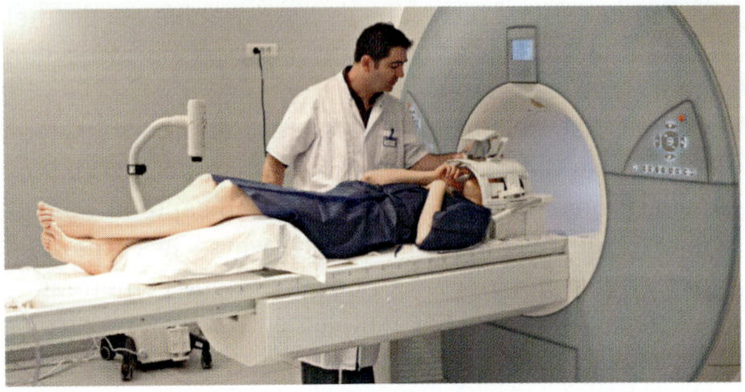

L'imagerie par résonance magnétique est une technique moderne de diagnostic.
Le corps humain contient des atomes d'hydrogène en grande quantité. Ces atomes, tels des aiguilles aimantées, s'orientent tous dans une même direction lorsqu'ils sont placés dans un champ magnétique très intense fourni par un puissant électroaimant.
Ces atomes d'hydrogène sont alors excités durant une courte période par des ondes électromagnétiques.
Lorsqu'on arrête ces ondes, les atomes d'hydrogène se désexcitent et retournent à leur position d'équilibre. On sait mesurer leurs durées de retour à l'équilibre. Ces durées sont différentes selon les tissus biologiques (graisse, muscle, matière cérébrale, os...). Cela permet de reconstituer une image du corps. Le grand avantage de l'IRM est qu'elle n'utilise pas de rayonnement ionisant.

1. @ Rechercher la signification de *rayonnement ionisant*.
2. Quelle autre technique utilise des rayonnements ionisants ?
3. Justifier la phrase soulignée dans le texte.
4. L'image ci-contre représente une partie d'un corps humain. Quelle est cette partie du corps ?
5. Comparer cette image à celles de **l'exercice 13** sur le scanner et citer un autre avantage de l'IRM.

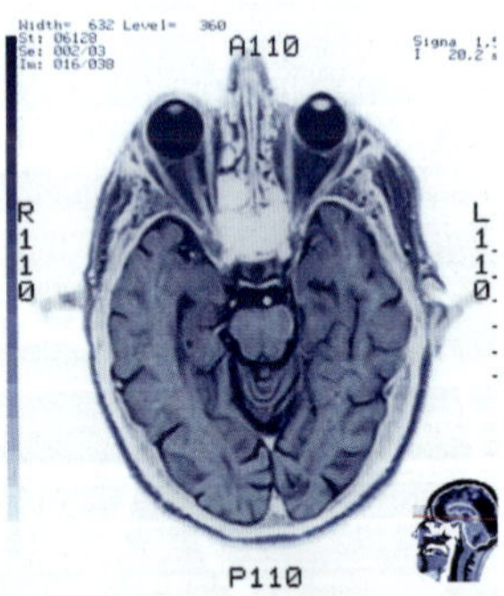

15 The birth of Fiber Optics

In 1870, John TYNDALL, demonstrated that light used internal reflection to follow a specific route. As water flowed out of the first container, TYNDALL directed a ray of sunlight at the water. The light followed a zigzag route inside the curved route of the water. This simple experiment, illustrated on the picture, was the first research into guided transmission of light.

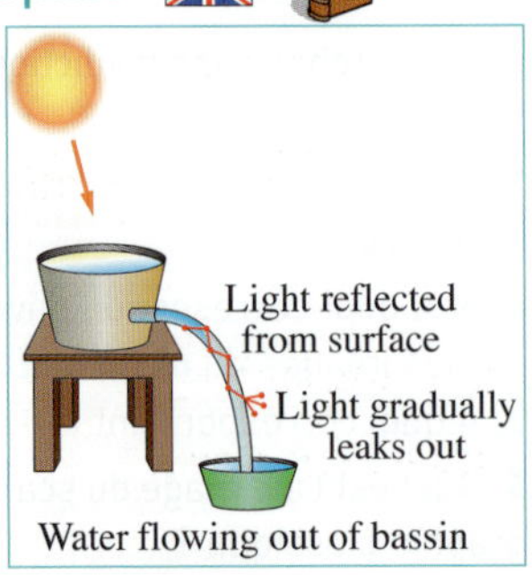

1. Expliquer l'expérience de John TYNDALL.
2. Sachant que l'indice de réfraction de l'eau est $n_{eau} = 1{,}33$ et l'indice de réfraction de l'air est $n_{air} = 1{,}00$, déterminer l'angle limite lorsque la lumière arrive à la surface eau-air.
3. Schématiser le trajet de la lumière dans le jet d'eau.
4. En quoi peut-on dire que cette expérience est à l'origine de la naissance de la fibre optique ?

16 Retour sur l'ouverture du chapitre

Il est parfois nécessaire d'observer le fonctionnement des organes.
Lors d'une échographie Doppler les salves ultrasonores se réfléchissent sur les globules rouges qui se déplacent dans les veines et les artères. Leur fréquence est modifiée à cause du déplacement des globules rouges. C'est le principe de l'effet Doppler.
La fréquence des ultrasons reçus est plus petite que celle des ultrasons émis si les globules rouges s'éloignent de la sonde, elle est plus grande si les globules rouges se rapprochent.
Des couleurs différentes sont associées sur l'échographie aux fréquences des ultrasons réfléchis.
Ces couleurs permettent de repérer le sens et la vitesse de circulation du sang par rapport à la position de la sonde.

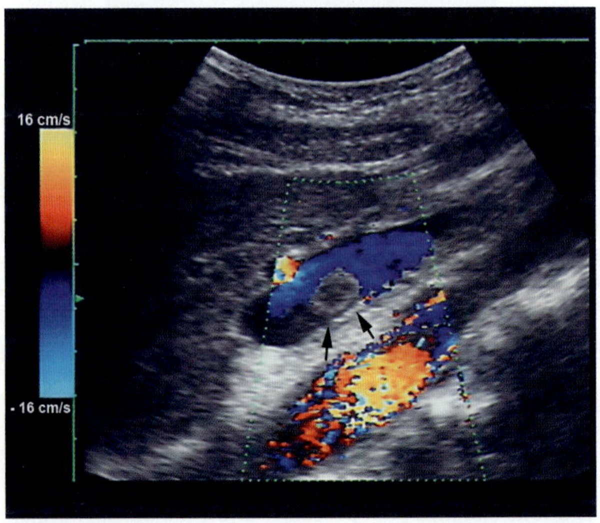

1. Comment est repéré le sens de déplacement du sang sur une image d'échographie Doppler ?
2. Comment est repérée la vitesse de déplacement du sang ?
3. @ Rechercher un dispositif placé au bord des routes utilisant également l'effet Doppler.
Expliquer le principe en quelques lignes.

CHAPITRE

13

CHIMIE

Les solutions

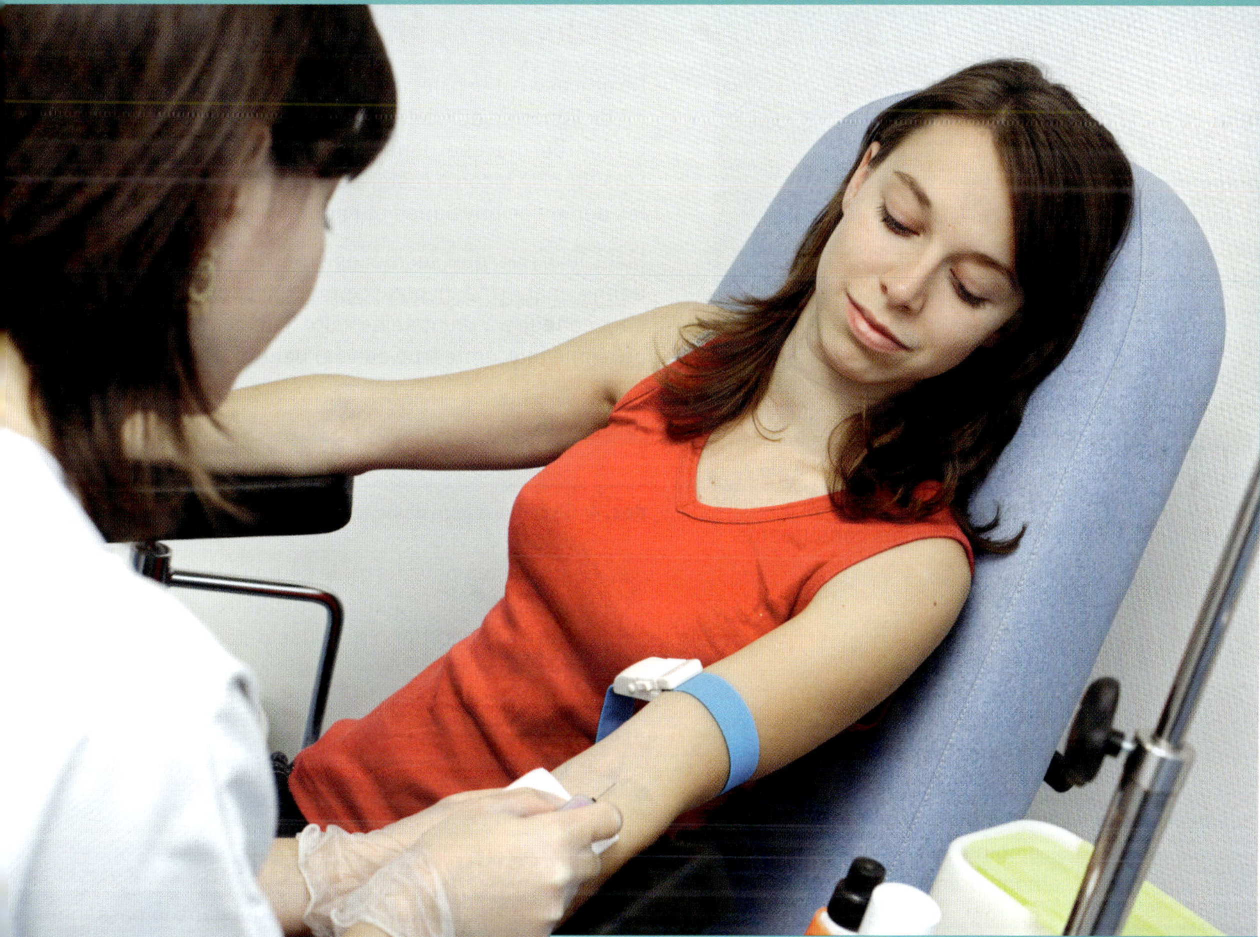

Les résultats d'analyses médicales indiquent des « concentrations » d'espèces dosées dans le sang. Que représentent ces concentrations ? (Voir exercice 20, p. 194.)

Résultats d'analyses médicales d'un échantillon de sang

• GLYCÉMIE À JEUN	0.72 g/L	(0.75 à 1.10)
	4.00 mmol/L	(4.16 à 6.11)
• CHOLESTÉROL TOTAL	1.70 g/L	(inf. à 2.20)
	4.39 mmol/L	(inf. à 5.68)
• TRIGLYCÉRIDES......................	0.64 g/L	(0.50 à 1.50)
	0.73 mmol/L	(0.57 à 1.70)

Qu'est-ce que la concentration d'une espèce chimique en solution ?

OBJECTIFS

→ Savoir qu'une solution contient des molécules ou des ions.

→ Connaître et exploiter les concentrations massique et molaire.

→ Préparer une solution de concentration donnée.

1 Le sang : une solution aqueuse ... vitale

DOCUMENTS DOC

→ Le sang apporte aux organes les espèces chimiques dont ils ont besoin et évacue les déchets qu'ils produisent.
Pourquoi est-il important de connaître les concentrations des différents constituants du sang ?

Le sang est composé de cellules baignant dans une **solution aqueuse** : le **plasma sanguin** (doc. 1). Les cellules du sang sont les **hématies** (globules rouges), les leucocytes (globules blancs) et les plaquettes.
Le plasma sanguin représente 55 % du volume sanguin. Il est composé à 92 % d'eau dans laquelle sont dissous des nutriments (**glucose**, lipides, protéines, vitamines...), des hormones et des ions (**Na^+**, K^+, Ca^{2+}, HCO_3^-, Cl^-...). Une analyse sanguine permet de déterminer les concentrations de ces constituants.

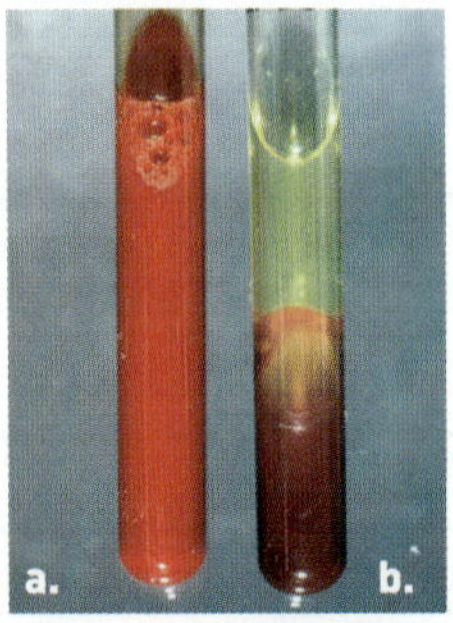

doc. 1 a. Sang prélevé. **b.** Séparation du sang en deux phases : en bas les cellules du sang et en haut le plasma sanguin.

A Hémoglobine et hémogramme

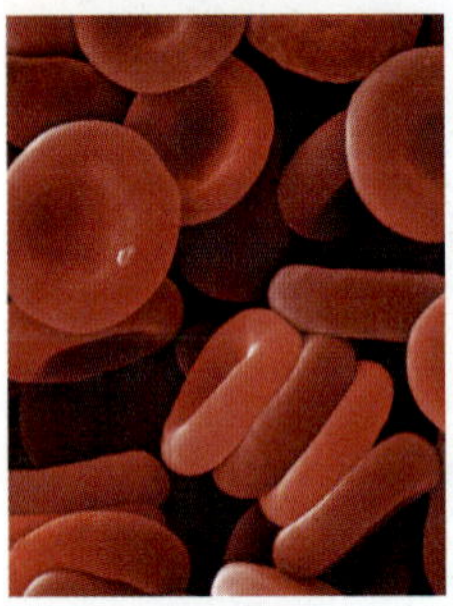

doc. 2 Hématies (globules rouges).

L'oxygène est apporté aux cellules par une protéine, l'**hémoglobine**, présente dans les hématies (doc. 2). Après avoir libéré l'oxygène, l'hémoglobine fixe le dioxyde de carbone produit par les cellules et permet son évacuation vers les poumons. La concentration en hémoglobine est de l'ordre de 10 mmol/L.

		HÉMOGRAMME	
HÉMATIES	4,47	millions/mm^3	(VR : 3,80 à 5,80)
HÉMOGLOBINE	13,3	g/100 mL	(VR : 11,5 à 16,0)

doc. 3 Hémogramme d'une femme de 40 ans.

1. Exprimer la concentration massique en hémoglobine donnée dans le **document 3** en $g \cdot L^{-1}$.
2. La masse molaire de l'hémoglobine est $1{,}65 \times 10^3$ $g \cdot mol^{-1}$. Calculer le quotient de la concentration massique par la masse molaire.
En quelle unité s'exprime le résultat ?
Quelle grandeur exprime-t-on dans cette unité ?

B Glucose et glycémie

Le glucose est le principal sucre de l'organisme, il fournit de l'énergie aux cellules. La **glycémie** est la concentration du glucose dans le sang. Elle est régulée par l'insuline de façon à rester constante quelles que soient les dépenses physiques et l'alimentation du patient.

Mais il arrive que le mécanisme de régulation fonctionne mal. Une hypoglycémie (glycémie trop faible) peut conduire à un malaise voire à un coma. Une hyperglycémie (glycémie trop élevée) peut révéler un diabète.

GLYCÉMIE à jeun	0,85	g/L	(VR : 0,64 à 1,05)
	4,72	mmol/L	(VR : 3,61 à 5,82)

doc. 4 Glycémie à jeun d'une femme de 40 ans.

3. Le glucose a pour formule brute $C_6H_{12}O_6$.
Calculer sa masse molaire moléculaire.
Retrouver ce résultat en utilisant les valeurs des concentrations massique et molaire du **document 4**.
4. Quelles sont les valeurs limites de glycémie pour ce patient ?
5. @ Rechercher les principaux symptômes du diabète.

C Ion sodium et natrémie

L'ion sodium Na^+ joue un rôle essentiel dans le passage de l'eau à travers les parois cellulaires. Sa concentration dans le sang est appelée **natrémie** (doc. 5).
Une hypernatrémie peut résulter d'une **déshydratation**. En revanche, un excès d'eau peut provoquer une **hyponatrémie de dilution**.

SODIUM	140	mmol/L	(VR : 136 à 145)

doc. 5 Natrémie d'une femme de 40 ans.

6. @ Rechercher l'étymologie du mot « natrémie ».
7. Une concentration molaire supérieure à 145 mmol/L correspond-elle à une hyponatrémie ou à une hypernatrémie ?
8. Comment une déshydratation peut-elle provoquer une hypernatrémie ?

2 Préparations de solutions aqueuses

TP TRAVAUX PRATIQUES · DÉMARCHE D'INVESTIGATION

→ De nombreuses solutions sont préparées par dissolution d'espèces solides ou par dilution d'une solution mère.
Comment préparer de telles solutions ?

A Comment préparer une solution de glucose pour perfusion ?

Après un stage à l'hôpital, une élève infirmière doit décrire, à ses professeurs, la préparation d'une solution aqueuse de glucose. La solution, identique à celle utilisée pour la perfusion d'un patient, doit contenir 0,010 mol de glucose dans un volume de 100 mL **(doc. 6)**.
L'élève infirmière serait ravie de pouvoir compter sur votre aide.

1. Le glucose est un solide de formule brute $C_6H_{12}O_6$.
Rédiger un protocole détaillé que vous pourriez remettre à l'élève infirmière pour l'aider.
2. Mettre en œuvre ce protocole après l'accord du professeur.

Si nécessaire, voir fiche n° 7, p. 316

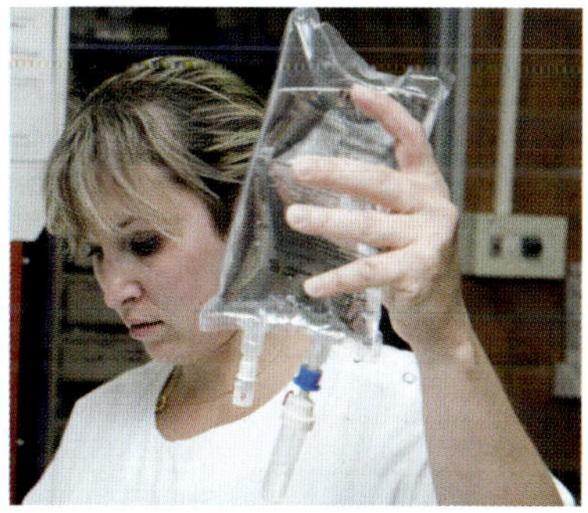
doc. 6 Perfusion de glucose.

B Comment déterminer la concentration massique en saccharose d'un soda ?

L'étiquette d'une canette de Coca-Cola®, contenant 330 mL de boisson, porte les « informations nutritionnelles » ci-contre **(doc. 7)**.
Deux élèves de Seconde (Marie et Abdel) cherchent à vérifier la masse des « sucres » contenus dans la boisson.
Selon Marie, on peut préparer des solutions de saccharose de concentrations massiques différentes.
Abdel est d'accord mais se demande comment utiliser ces solutions pour déterminer la masse de sucre dans la canette.
Pour simplifier, on supposera que le seul sucre présent est le saccharose.
Les solutions de saccharose sont incolores.

3. Rédiger un protocole détaillé permettant, à l'aide d'une **méthode par comparaison** et du matériel mis à disposition, de déterminer la concentration massique en saccharose de la boisson.
4. Mettre en œuvre ce protocole après l'accord du professeur.
5. Comparer la concentration massique en saccharose obtenue avec celle indiquée sur l'étiquette. Discuter de l'écart éventuel entre les deux valeurs.

Si nécessaire, voir fiche n° 7, p. 316

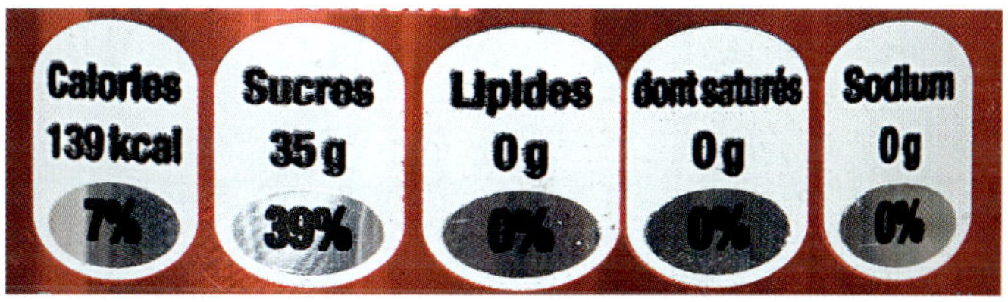

doc. 7 Étiquette de la boisson étudiée.

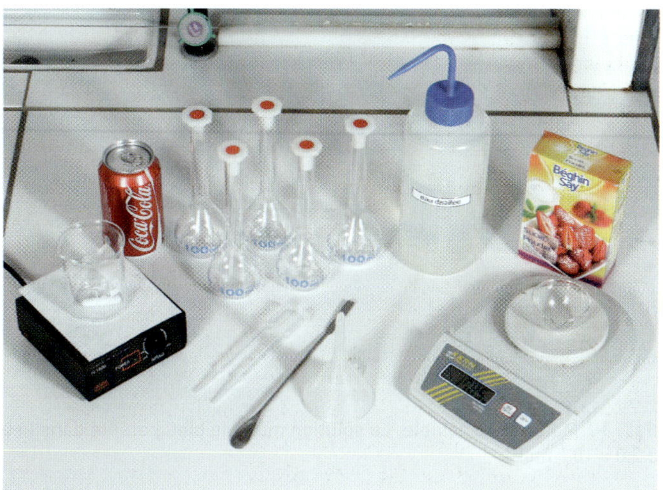

doc. 8 Matériel mis à la disposition des élèves.

3 Détermination de la concentration d'un colorant

DÉMARCHE D'INVESTIGATION

→ L'Alodont® est une solution pour bains de bouche dont la couleur bleue est due à la présence d'un colorant, le bleu patenté (doc. 9).
Comment déterminer la concentration du colorant bleu en utilisant une méthode par comparaison ?

Composition pour 100 g

CHLOROBUTANOL ....50 mg /100 g
CHLORURE DE CÉTYLPYRIDINIUM .... 5 mg /100 g
EUGÉNOL .... 4 mg /100 g
EXCIPIENTS :
- alcool, huile de ricin hydrogénée ;
- hydroxyde de sodium, acide citrique ;
- huile essentielle de menthe poivrée ;
- saccharine sodique, **bleu patenté (E131)** ;
- eau purifiée.

doc. 9 Notice de l'Alodont®.

Pour cela, le matériel suivant est disponible (doc. 10).

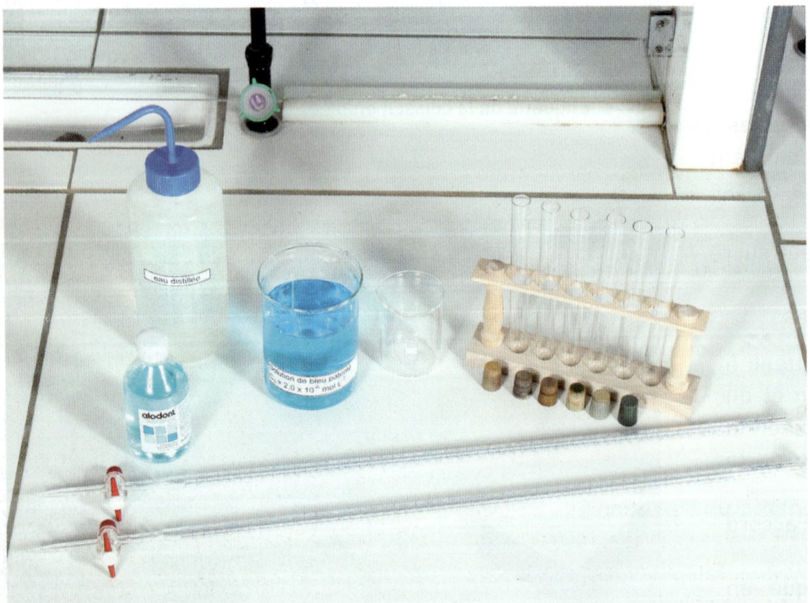

doc. 10 Matériel disponible. La solution mère de bleu patenté dans le bécher est à $2{,}0 \times 10^{-6}$ mol·L^{-1}.

1. Rédiger un protocole détaillé permettant, avec le matériel disponible, de déterminer la concentration molaire en bleu patenté de la solution de bain de bouche.
Remarque : deux solutions, observées dans les mêmes conditions et contenant la même espèce colorée, ont la même concentration si elles ont des teintes identiques.

2. Mettre en œuvre ce protocole après l'accord du professeur.

Si nécessaire, voir fiche n° 8, p. 317

1 Qu'est-ce qu'une solution ?

1.1 Solution, soluté et solvant

L'**activité 2** a permis de préparer une solution **aqueuse** en dissolvant du glucose dans de l'**eau** distillée **(doc. 1)**. La solution obtenue est limpide et incolore.
Le **glucose** est l'espèce chimique **dissoute** : c'est **le soluté**.
L'**eau** est l'**espèce majoritaire** dans la solution : c'est **le solvant**.

Une solution est obtenue par **dissolution d'un soluté dans un solvant**. Lorsque le solvant est l'eau, la solution est appelée **solution aqueuse**.

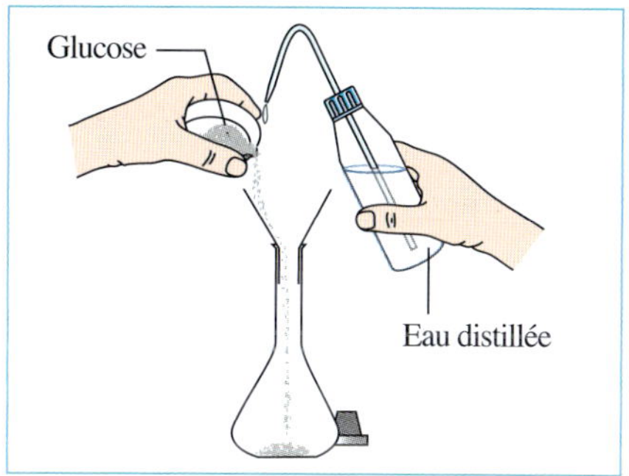

doc. 1 Préparation d'une solution aqueuse de glucose par dissolution.

1.2 Dissolution d'une espèce moléculaire ou ionique

Le glucose est une espèce **moléculaire** solide notée $C_6H_{12}O_6(s)$. Dissous en solution aqueuse, le soluté glucose est présent sous forme de molécules de formule $C_6H_{12}O_6(aq)$.
Le chlorure de sodium est une espèce **ionique** solide notée NaCl(s). Dissous en solution aqueuse, le soluté chlorure de sodium est présent sous la forme d'ions chlorure $Cl^-(aq)$ et d'ions sodium $Na^+(aq)$ **(doc. 2)**.
Les solutés des solutions aqueuses sont **moléculaires** ou **ioniques**. Ce résultat est général :

Une solution peut contenir des **molécules** ou des **ions**.

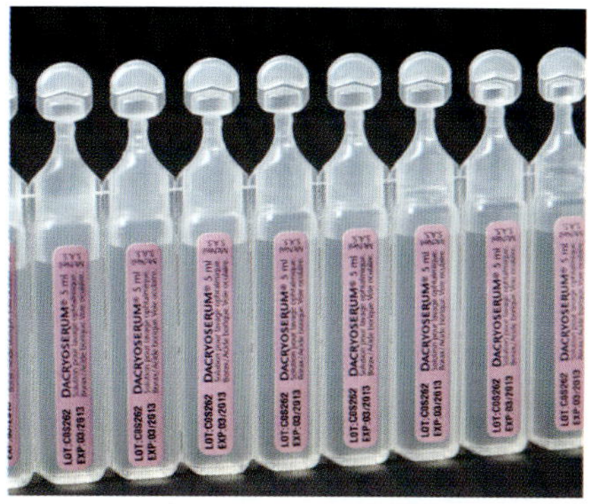
doc. 2 Le sérum physiologique contient une solution aqueuse de chlorure de sodium.

1.3 Solution saturée

Pour une température donnée, il existe une masse maximale de soluté que l'on peut dissoudre pour préparer un litre de solution. Par exemple, on ne peut pas dissoudre plus de 350 g de chlorure de sodium pour disposer d'un litre de solution à 25 °C. Au-delà de cette masse, le chlorure de sodium ne se dissous plus et la solution est **saturée** **(doc. 3)**.

Une solution est **saturée** lorsque le soluté introduit n'est **pas totalement dissous.**

Pour commencer, exercices 1 et 2, p. 191

doc. 3 Dans les marais salants, l'évaporation de l'eau sous l'action conjuguée du Soleil et du vent, conduit à la cristallisation du sel. L'eau de mer dans les bassins (œillets) est saturée en sel.

2 Qu'est-ce qu'une concentration ?

2.1 Concentration massique ou teneur massique

Une ampoule de sérum physiologique contient une solution aqueuse de chlorure de sodium à **9,0 g·L⁻¹** **(doc. 2)**. Cette valeur est la **concentration massique** en chlorure de sodium de la solution. Elle signifie que **9,0 g** de chlorure de sodium sont dissous dans **un litre** de solution.

La **concentration massique** (ou teneur massique) d'une espèce chimique est la **masse** de cette espèce chimique **dissoute dans un litre de solution.**

Si m(A) est la masse d'une espèce chimique A dissoute dans une solution de volume V_{sol}, l'expression de la **concentration massique** t(A) est :

$$t(A) = \frac{m(A)}{V_{sol}} \quad \text{soit :} \quad m(A) = t(A) \times V_{sol}$$

avec t(A) en $g \cdot L^{-1}$, m(A) en g et V_{sol} en L.

Les étiquettes des eaux minérales indiquent souvent les concentrations massiques des ions dissous en $mg \cdot L^{-1}$ **(doc. 4)**.

Pour commencer, exercices 3 et 4, p. 191

Eau de source de montagne

ANALYSE MOYENNE

Calcium (Ca^{2+}) :	64,5 mg/l
Magnésium (Mg^{2+}) :	3,5 mg/l
Sodium (Na^{+}) :	12,0 mg/l
Potassium (K^{+}) :	0,5 mg/l
Fluorure (F^{-}) :	< 0,1 mg/l
Hydrogénocarbonates (HCO_3^{-}) :	195,0 mg/l
Chlorures (Cl^{-}) :	20,0 mg/l
Sulfates (SO_4^{2-}) :	6,0 mg/l
Nitrates (NO_3^{-}) :	2,5 mg/l
Nitrites (NO_2^{-}) :	< 0,05 mg/l
Résidu à sec à 180°C :	223,0 mg/l

doc. 4 Concentrations massiques, en $mg \cdot L^{-1}$, des ions présents dans une eau minérale.

2.2 Concentration molaire

La concentration molaire d'une espèce chimique est la quantité de cette espèce chimique dissoute dans un litre de solution.

Si n(A) est la quantité d'une espèce chimique A dissoute dans une solution de volume V_{sol}, alors l'expression de la concentration molaire notée C(A) est :

$$C(A) = \frac{n(A)}{V_{sol}} \quad \text{soit :} \quad n(A) = C(A) \times V_{sol}$$

avec C(A) en $mol \cdot L^{-1}$, n(A) en mol et V_{sol} en L.

Les résultats d'analyses médicales indiquent, généralement, les concentrations massiques et molaires d'espèces chimiques dosées dans le sang (**activité 1** et **doc. 5**).

Pour commencer, exercice 5, p. 191

GLYCÉMIE À JEUN	0.72 g / L 4.00 mmol / L
CHOLESTÉROL TOTAL	1.70 g / L 4.39 mmol / L
TRIGLYCÉRIDES	0.64 g / L 0.73 mmol / L

doc. 5 Concentrations massiques et molaires de quelques espèces dosées dans le sang.

2.3 Relation entre quantité de matière, masse, volume et concentrations

Si M(A) est la masse molaire d'une espèce chimique A dissoute dans une solution, alors l'expression de la concentration massique t(A) est :

$$t(A) = \frac{m(A)}{V_{sol}} = \frac{n(A) \times M(A)}{V_{sol}} = \frac{n(A)}{V_{sol}} \times M(A) = C(A) \times M(A).$$

$$t(A) = C(A) \times M(A) \quad \text{soit :} \quad C(A) = \frac{t(A)}{M(A)}$$

avec t(A) en $g \cdot L^{-1}$, C(A) en $mol \cdot L^{-1}$ et M(A) en $g \cdot mol^{-1}$ **(doc. 6)**.

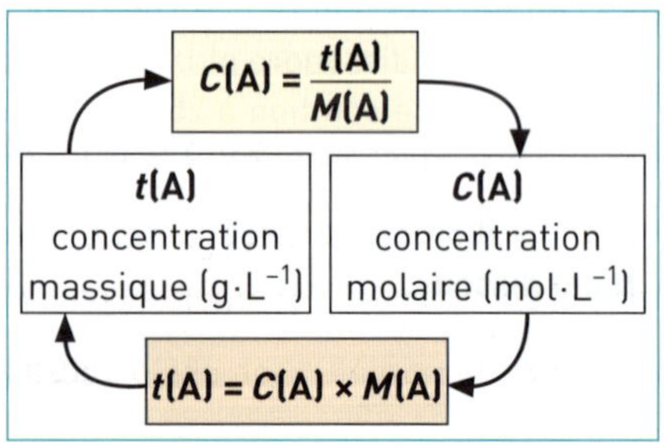

doc. 6 Relations entre concentrations massique et molaire.

Le diagramme ci-dessous résume les relations entre les différentes grandeurs étudiées dans ce chapitre :

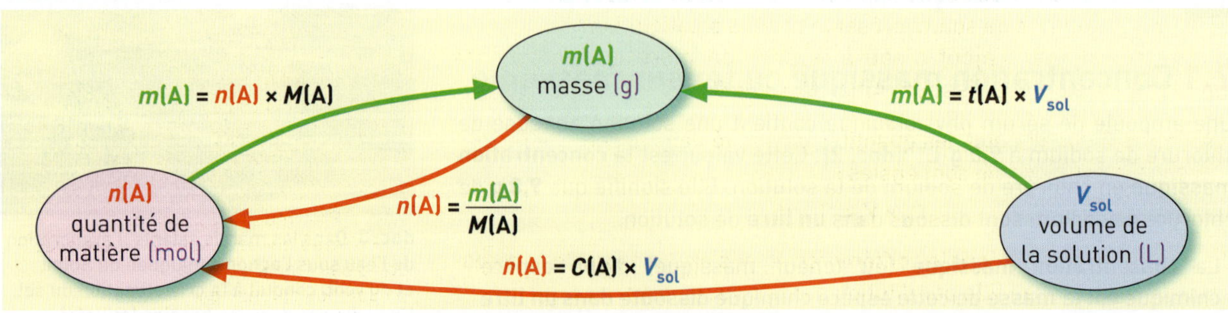

Pour commencer, exercice 6, p. 191

3 Comment préparer une solution de concentration donnée ?

3.1 Par dissolution d'un solide

• Lors de l'**activité 2**, une solution de volume V_{sol} = 100 mL est préparée en dissolvant la quantité n(G) = 0,010 mol de glucose.
La **concentration molaire** C(G) en glucose de la solution est :

$$\boldsymbol{C}\mathbf{(G)} = \frac{n(\text{G})}{V_{sol}} = \frac{0{,}010}{100 \times 10^{-3}} = \mathbf{0{,}10\ mol \cdot L^{-1}}.$$

La **masse** m(G) de glucose dissous dans la solution est :

$$\boldsymbol{m}\mathbf{(G)} = n(\text{G}) \times M(\text{G}) = 0{,}010 \times 180 = \mathbf{1{,}8\ g}.$$

La solution est préparée dans une **fiole jaugée** (doc. 7). La **fiche n° 7, p. 316** décrit les différentes étapes à suivre lors de la préparation d'une solution par dissolution d'un solide.

Pour préparer une solution aqueuse de concentration molaire C(S) et de volume V_{sol}, la masse m(S) d'un solide S à dissoudre est :

$$m(\text{S}) = C(\text{S}) \times V_{sol} \times M(\text{S}) = t(\text{S}) \times V_{sol}.$$

avec m(S) en g, C(S) en mol·L^{-1}, V_{sol} en L, M(S) en g·mol^{-1} et t(S) en g·L^{-1}.

Pour commencer, exercices 7 et 8, p. 191

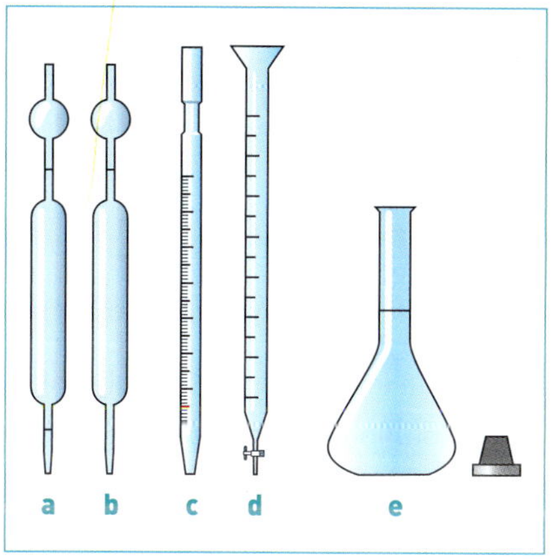

doc. 7 Verrerie de précision pour préparer une solution :
a. pipette jaugée à 2 traits de jauge ;
b. pipette jaugée à 1 trait de jauge ;
c. pipette graduée ;
d. burette graduée ;
e. fiole jaugée + bouchon.

3.2 Par dilution d'une solution mère

• Lors de l'**activité 3**, une échelle de teinte en bleu patenté est préparée par dilution d'une solution mère de concentration molaire C_0 = 2,0 × 10^{-6} mol·L^{-1} (doc. 8). La solution fille la plus diluée est préparée en diluant 5 fois la solution mère. Sa concentration molaire en bleu patenté est :

$$\boldsymbol{C_f} = \frac{C_0}{5} = \frac{2{,}0 \times 10^{-6}}{5} = \mathbf{4{,}0 \times 10^{-7}\ mol \cdot L^{-1}}.$$

Le facteur de dilution est $F = \frac{C_0}{C_f}$. F est toujours supérieur à 1.

doc. 8 Alodont® (premier tube à essais) et échelle de teinte en bleu patenté.

• Pour diluer une solution aqueuse, il faut ajouter de l'eau à cette solution, ce qui permet d'en diminuer la concentration en soluté (doc. 9).

La solution avant dilution est la **solution mère S_0** { concentration : C_0 ; volume à prélever : V_0 }

La solution diluée est la **solution fille S_f** { concentration : C_f ; volume à préparer : V_f }

Si n_0 est la quantité de soluté apportée par la solution mère S_0 ;
si n_f est la quantité de soluté présente dans la solution fille S_f,
alors $n_0 = n_f$ car l'ajout d'eau à la solution mère ne modifie pas la quantité de soluté dissous. Ainsi $C_0 \times V_0 = C_f \times V_f$.

Au cours d'une dilution, les quantités de soluté dans la solution mère et dans la solution fille sont égales :

$$C_0 \times V_0 = C_f \times V_f.$$

La **fiche n° 8, p. 317** décrit les différentes étapes à suivre lors de la préparation d'une solution fille par dilution d'une solution mère.

Pour commencer, exercice 9, p. 191

doc. 9 Principe d'une dilution.
a. Prélèvement de la solution mère avec une pipette jaugée ;
b. Solution obtenue par dilution du prélèvement jusqu'au trait de jauge avec de l'eau distilée.

Les savoirs

Savoir qu'une solution contient des molécules ou des ions

- Une **solution** est obtenue par dissolution d'un **soluté** moléculaire ou ionique dans un **solvant**.
  Lorsque le solvant est l'**eau**, la solution est appelée **solution aqueuse**.
- Une solution peut contenir des **molécules** ou des **ions**.
- Une solution est **saturée** lorsque le soluté introduit n'est **pas totalement dissous**.

Solution aqueuse de diiode saturée ; soluté : le diiode et solvant : l'eau.

Connaître et exploiter les relations entre concentrations massique et molaire

Soit A un espèce chimique de masse molaire $M(A)$ dissoute dans une solution de volume V_{sol} :

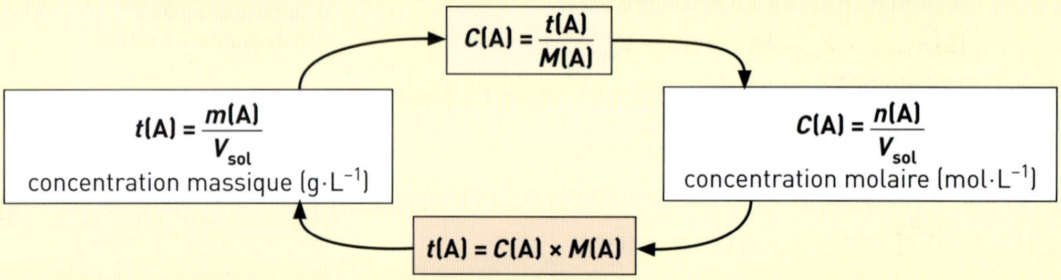

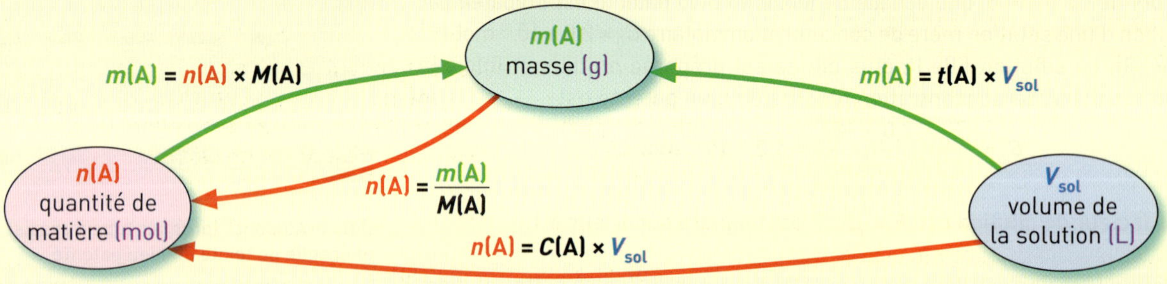

Préparer une solution de concentration donnée

Une solution de concentration donnée peut être préparée :
- par dissolution d'un solide (**voir fiche n° 7, p. 316**) ;
- par dilution d'une solution mère (**voir fiche n° 8, p. 317**).

La concentration molaire C_f d'une solution fille, obtenue en diluant F fois une solution mère de concentration molaire C_0, est $C_f = \frac{C_0}{F}$. F est le **facteur de dilution**, il est toujours supérieur à 1.

Les compétences attendues

- Connaître et exploiter les expressions des concentrations massique et molaire d'une espèce moléculaire ou ionique dissoute.
- Prélever une quantité de matière d'une espèce chimique donnée. **[TP]**
- Élaborer ou mettre en œuvre un protocole de dissolution et un protocole de dilution. **[TP]**
- Pratiquer une démarche expérimentale pour déterminer la concentration d'une espèce (échelle de teintes, méthode par comparaison). **[TP]**

S'auto-évaluer

QCM

Pour chaque question, indiquer la (ou les) bonne(s) réponse(s).

ÉNONCÉ	A	B	C	Si échec revoir
1. Dans une solution aqueuse de diiode :	le soluté est l'eau	le solvant est l'eau	le soluté est le diiode	§1, p. 185
2. Une solution aqueuse est saturée lorsque :	le soluté est totalement dissous dans l'eau	il reste du soluté non dissous dans la solution	il y a autant de soluté que de solvant	§1, p. 185
3. 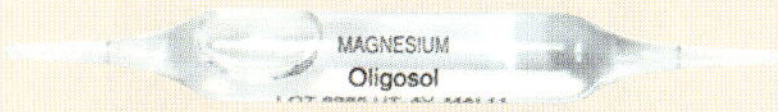 Une ampoule contient une solution de gluconate de magnésium à 5,0 $mg \cdot L^{-1}$. Cette valeur est :	une concentration massique	une concentration molaire	une masse molaire	§2, p. 186
4. Une solution de volume 0,10 L contient 0,50 g de saccharose dissous. La concentration massique en saccharose est :	0,50 $g \cdot L^{-1}$	5,0 $g \cdot L^{-1}$	50 $g \cdot L^{-1}$	§2, p. 186
5. Une solution de volume 500 mL contient 500 mmol de saccharose. La concentration molaire en saccharose est :	1,00 $mol \cdot L^{-1}$	100 $mol \cdot L^{-1}$	0,100 $mol \cdot L^{-1}$	§2, p. 186
6. Les deux solutions de diiode ci-contre ont même teinte. 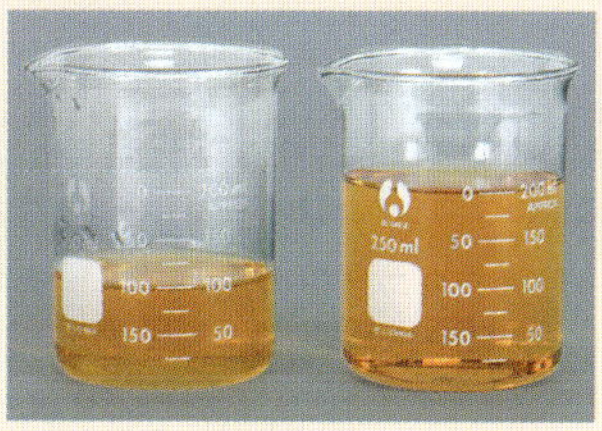	elles ont la même concentration molaire	elles contiennent la même quantité de matière	elles ont la même concentration massique	§2, p. 186
7. La verrerie ci-dessous est : 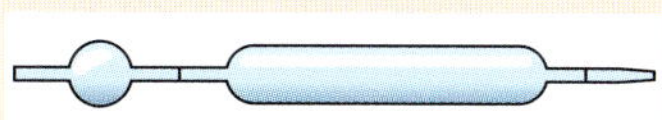	une pipette graduée	une pipette jaugée	une fiole jaugée	§3, p. 187
8. Pour préparer 1,0 L d'une solution de permanganate de potassium (solide de masse molaire 158 $g \cdot mol^{-1}$) à la concentration molaire 0,10 $mol \cdot L^{-1}$, il faut peser une masse de :	1,58 g	15,8 g	0,158 g	§3, p. 187
9. Une solution mère de concentration molaire C_0 = 2,0 $mol \cdot L^{-1}$ est diluée 5 fois. La concentration C_f de la solution fille est :	C_f = 10 $mol \cdot L^{-1}$	C_f = 2,5 $mol \cdot L^{-1}$	C_f = 0,40 $mol \cdot L^{-1}$	§3, p. 187
10. Pour diluer précisément 10 fois une solution mère, on peut utiliser :	une fiole jaugée de 100,0 mL et une pipette jaugée de 10,0 mL	un bécher de 100 mL et une pipette graduée de 10,0 mL	une fiole jaugée de 200,0 mL et une pipette jaugée de 20,0 mL	§3, p. 187

Réponses, p. 324

SAVOIR Analyser, résoudre et rédiger

Compétence mise en œuvre

- **Connaître et exploiter les expressions des concentrations molaire et massique d'une espèce moléculaire dissoute en solution.**

La vitamine C

La vitamine C est recommandée pour combattre les états de fatigue et pour stimuler les défenses de l'organisme. Un comprimé contient une masse de vitamine C $m(\text{vit}) = 1\,000$ mg.

Ce comprimé est dissous dans un verre d'eau. La solution de vitamine C obtenue a un volume $V_{sol} = 150$ mL.

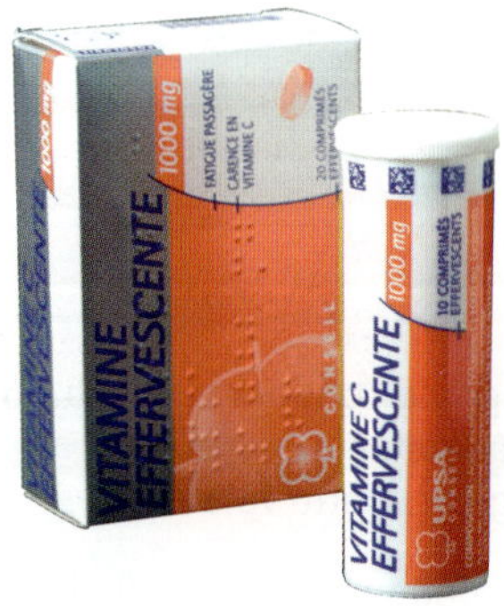

Calculer :

1. La quantité $n(\text{vit})$ de vitamine C contenue dans le comprimé.

2. La concentration molaire $C(\text{vit})$ en vitamine C dans la solution.

3. La concentration massique $t(\text{vit})$ en vitamine C dans la solution.

Donnée : masse molaire de la vitamine C : $M(\text{vit}) = 176$ g·mol^{-1}.

CONSEILS

Que demande-t-on ?

On doit calculer la quantité de vitamine C dans le comprimé et les concentrations molaire et massique en vitamine C dans la solution en exploitant les données.

Comment exploiter les données de l'énoncé ?

Les données $m(\text{vit})$, V_{sol} et $M(\text{vit})$ de l'énoncé ainsi que le diagramme des relations p. 186 permettent de calculer les grandeurs demandées.

1. On convertit la masse $m(\text{vit})$ en g, en conservant 4 chiffres significatifs, puis on applique la relation $n(\text{vit}) = \dfrac{m(\text{vit})}{M(\text{vit})}$.
Le résultat du calcul doit être exprimé avec 3 chiffres significatifs.

2. On convertit le volume V_{sol} en L, puis on exploite la relation $n(\text{vit}) = C(\text{vit}) \times V_{sol}$.

3. On exploite la relation $m(\text{vit}) = t(\text{vit}) \times V_{sol}$.

Solution rédigée

1. La masse de vitamine C est :

$$m(\text{vit}) = 1\,000 \text{ mg} = 1{,}000 \text{ g}.$$

La quantité de vitamine C dans le comprimé est :

$$n(\text{vit}) = \frac{m(\text{vit})}{M(\text{vit})} = \frac{1{,}000}{176}$$

soit : $\mathbf{n(vit) = 5{,}68 \times 10^{-3}}$ **mol.**

2. Le volume de la solution est :

$$V_{sol} = 150 \text{ mL} = 150 \times 10^{-3} \text{ L}.$$

La concentration molaire en vitamine C est :

$$C(\text{vit}) = \frac{n(\text{vit})}{V_{sol}} = \frac{5{,}68 \times 10^{-3}}{150 \times 10^{-3}}$$

soit : $\mathbf{C(vit) = 3{,}79 \times 10^{-2}}$ **mol·L^{-1}.**

3. La concentration massique en vitamine C est :

$$t(\text{vit}) = \frac{m(\text{vit})}{V_{sol}} = \frac{1{,}000}{150 \times 10^{-3}}$$

soit : $\mathbf{t(vit) = 6{,}67}$ **g·L^{-1}.**

Application immédiate

Le paracétamol est le principe actif de médicaments antalgiques et antipyrétiques. Un comprimé contient une masse m = 500 mg de paracétamol. Par dissolution de ce comprimé dans de l'eau, on prépare une solution de volume $V_{sol} = 200$ mL.
Calculer les concentrations massique et molaire en paracétamol dans la solution.
Donnée : masse molaire du paracétamol : $M(\text{para}) = 151$ g·mol^{-1}.

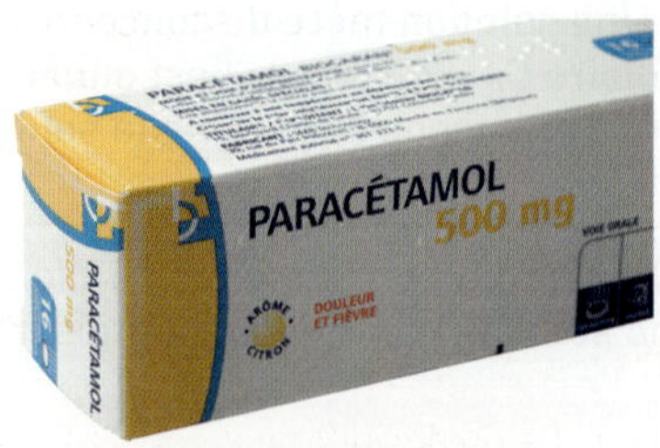

Voir correction, p. 327

Pour commencer

Qu'est-ce qu'une solution ?

1 Connaître les constituants d'une solution

Une solution est préparée en dissolvant du chlorure de sodium dans de l'eau.

1. Quels sont le soluté et le solvant de la solution ?

2. S'agit-il d'une solution aqueuse ? Justifier la réponse.

2 Savoir si une solution est saturée

Une solution aqueuse est préparée en dissolvant du sulfate de cuivre dans de l'eau. Après une longue agitation, la solution présente l'aspect de la photo ci-dessous.

Qu'est-ce qui permet d'affirmer que la solution est saturée ?

Qu'est-ce qu'une concentration ?

3 Calculer une concentration massique

Le sérum physiologique peut être utilisé pour le rinçage de l'œil ou des sinus. Il est alors conditionné en ampoules de volume V_{sol} = 5,0 mL contenant une masse m = 45 mg de chlorure de sodium.
Calculer la concentration massique du chlorure de sodium dans le sérum physiologique.

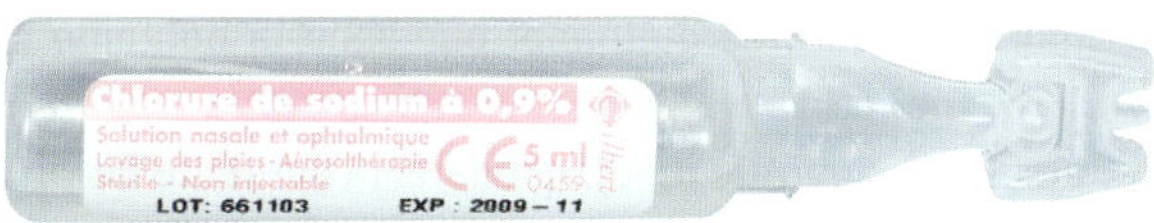

4 Déterminer une concentration massique

Le sucre de canne est constitué de saccharose. Une tasse contient un volume V_{sol} = 50 mL de café sucré obtenu en dissolvant un morceau de sucre de masse m = 5,6 g.
Calculer la concentration massique en saccharose du café.

5 Calculer une concentration molaire

Une perfusion de volume V_{sol} = 1,5 L contient une quantité $n(G)$ = 417 mmol de glucose.
Calculer la concentration molaire en glucose de la perfusion.

6 Passer d'une concentration massique à une concentration molaire

L'étiquette d'une eau minérale ci-dessous indique les concentrations massiques, en $mg \cdot L^{-1}$, des ions qu'elle contient.

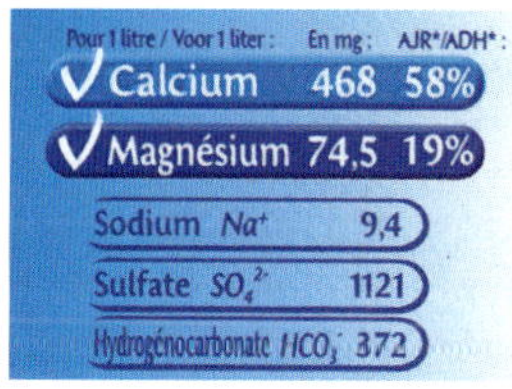

Calculer la concentration molaire des ions calcium dans la bouteille d'eau minérale.

Donnée : $M(Ca) = 40{,}1\ g \cdot mol^{-1}$.

Comment préparer une solution de concentration donnée ?

7 Connaître le matériel de laboratoire

Reproduire et compléter le tableau suivant :

Nom	**Fiole jaugée**		**Pipette graduée**	
Schémas				

8 Préparer une solution par dissolution

Un technicien doit préparer une solution aqueuse de permanganate de potassium de volume V_{sol} = 2,0 L à la concentration molaire $C = 2{,}0 \times 10^{-3}\ mol \cdot L^{-1}$.

1. Quelle quantité de permanganate de potassium doit-il prélever ? En déduire la masse de permanganate de potassium qu'il doit peser.

2. Rédiger le protocole expérimental suivi par le technicien.
Donnée : masse molaire du permanganate de potassium : $M = 158\ g \cdot mol^{-1}$.

9 Préparer une solution par dilution

Une solution de Ramet Dalibour est un antiseptique moussant qui peut être utilisé comme un savon liquide.
Sa concentration molaire en sulfate de cuivre (II) est $C_0 = 6{,}20 \times 10^{-3}\ mol \cdot L^{-1}$. On souhaite préparer par dilution de la solution mère, une solution fille de volume V_f = 200,0 mL à la concentration molaire $C_f = 3{,}10 \times 10^{-4}\ mol \cdot L^{-1}$.

1. Calculer le facteur de dilution F.

2. Quel volume V_0 de solution mère faut-il prélever pour préparer la solution fille ?

3. Rédiger le protocole expérimental à suivre pour préparer la solution fille.

Pour s'entraîner

Si nécessaire, utiliser les masses molaires atomiques données dans la Classification périodique au rabat IV.

10 Eau de mer et Artémia salina SVT

L'Artémia salina est le nom d'un petit crustacé qui peut vivre dans des milieux très salés comme certains lacs, marais salants et lagunes.

L'Artémia se développe dans un milieu aqueux dont la teneur massique moyenne en ions chlorure Cl^- est supérieure à 30 $g \cdot L^{-1}$. On suppose que l'eau d'un marais salant contient exclusivement des ions sodium et chlorure.

1. Quels sont le soluté et le solvant de l'eau de ce marais ?

2. La concentration molaire moyenne en ion chlorure du marais salant est $C(Cl^-) = 1{,}52$ $mol \cdot L^{-1}$. Calculer la concentration massique en ion chlorure de l'eau du marais.

3. Cette concentration massique est-elle favorable au développement des Artémia ? Justifier la réponse.

11 À chacun son rythme

Cet exercice est proposé à deux niveaux de difficulté. Dans un premier temps, essayer de résoudre l'exercice de niveau 2. En cas de difficultés, passer au niveau 1.

L'éosine est une espèce chimique possédant des propriétés asséchantes pour les plaies. Les préparations pharmaceutiques sont des solutions aqueuses à 2,0 % en masse d'éosine.

Données :

masse volumique de la solution d'éosine : $\rho_{sol} = 1{,}0$ $g \cdot mL^{-1}$;
masse molaire de l'éosine : M(éos) = 691,6 $g \cdot mol^{-1}$.

Niveau 2

Calculer la concentration molaire en éosine de la solution contenue dans une ampoule.

Niveau 1

Une solution d'éosine contient 2,0 g d'éosine pure dans 100 g de solution.

1. Calculer la masse de 100 mL de solution d'éosine, notée m_{sol}.

2. En déduire la masse d'éosine, notée m(éos), qu'elle contient.

3. Calculer la quantité d'éosine, notée n(éos), correspondante.

4. En déduire la concentration molaire.

12 Solution aqueuse pour décontamination de lentilles de contact

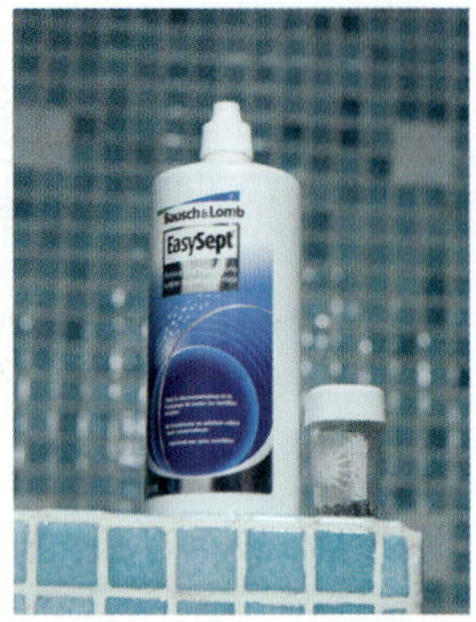

L'eau oxygénée utilisée pour décontaminer les lentilles de contact contient 3,0 % en masse de peroxyde d'hydrogène de formule H_2O_2.

Cela signifie que 100 g de solution contiennent 3,0 g de peroxyde d'hydrogène. On considère un flacon de volume $V_{sol} = 360$ mL de cette solution d'eau oxygénée.

La masse volumique de la solution est $\rho_{sol} = 1{,}0$ $g \cdot mL^{-1}$.

Calculer la concentration molaire en peroxyde d'hydrogène dans la solution d'eau oxygénée.

13 À boire avec modération...

L'étiquette d'une bouteille de vin de contenance 750 mL indique un degré alcoolique égal à « 14 % vol. ». Cela signifie qu'un volume de 100 mL de vin contient 14 mL d'éthanol de formule brute C_2H_6O.

Données :

densité de l'éthanol d(ol) = 0,79 ;
masse volumique de l'eau : ρ(eau) =1,0 $g \cdot mL^{-1}$.

1. Calculer la masse volumique de l'éthanol ρ(ol).

2. Quel est le volume d'éthanol pur dans la bouteille de vin ?

3. Calculer la quantité d'éthanol dans la bouteille de vin.

4. En déduire la concentration molaire en éthanol dans la bouteille de vin.

L'alcoolémie maximale autorisée est 0,50 g d'éthanol par litre de sang. Au cours d'un repas, un homme de 65 kg boit 3 verres d'un vin à 14°, ce qui correspond à un volume d'environ 450 mL de vin. Une demi-heure après le repas, 13 % de la masse d'alcool ingéré est passée dans le sang.

5. Calculer la masse d'éthanol ingérée par cet homme.

6. En déduire la masse d'éthanol dans le sang au bout d'une demi-heure.

7. Le volume sanguin de cet homme est d'environ 6,0 L. Cette personne est-elle en infraction si elle conduit son véhicule ?

14 Rédiger correctement une solution

La solution de l'exercice suivant a été rédigée par un élève puis annotée par un professeur. Lire l'énoncé, les réponses de l'élève et les corrections suggérées, puis rédiger une solution détaillée.

Énoncé de l'exercice

Un lait frais ne contient pas d'acide lactique. Mais, le lactose présent dans le lait se transforme lentement en acide lactique sous l'action de bactéries. Moins un lait est frais, plus son acidité est grande : la mesure de l'acidité d'un lait permet d'évaluer sa fraîcheur.

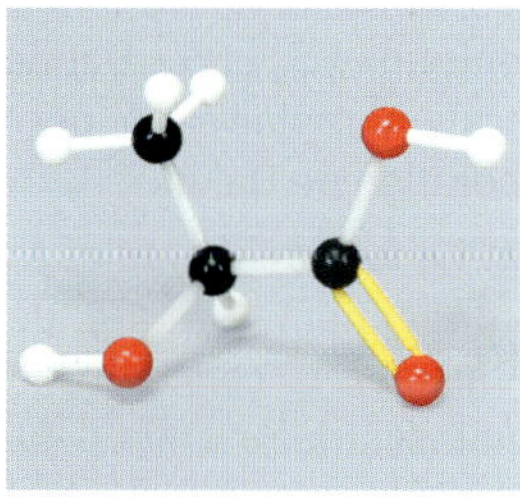

Modèle moléculaire de la molécule d'acide lactique.

Un lait est caractérisé par son degré Dornic : un degré Dornic, noté 1 °D, correspond à 0,10 g d'acide lactique par litre de lait.

Pour être considéré comme frais, un lait doit avoir un degré Dornic inférieur ou égal à 18 °D.

1. La concentration molaire en acide lactique d'un lait est $C_A = 1{,}5 \times 10^{-2}$ mol·L^{-1}. Calculer sa concentration massique notée t_A.

2. En déduire le degré Dornic du lait étudié.

3. Ce lait est-il frais ? Justifier la réponse.

Copie corrigée de l'élève

1. Concentration massique en acide lactique :

$t_A = 1{,}5 \times 10^{-2} \times 90 = 1{,}4$ g.L^{-1}.

Expressions littérales ?

2. Degré Dornic : 1,4 / 0,10 = 14 °D

Expliquer ce calcul !

3. Oui.

Faire une phrase pour justifier.

15 Diluer un berlingot d'eau de Javel

L'eau de Javel est un des agents antiseptiques les plus couramment utilisés.

Elle est commercialisée sous deux formes différentes : en bouteille et en « berlingot ».

La notice d'un berlingot contenant 250 mL d'eau de Javel indique « verser le berlingot dans une bouteille d'un litre vide et compléter à l'eau froide ».

1. Calculer le facteur de dilution.

2. Le berlingot a une concentration massique égale à 152 g/L « en chlore actif ». Calculer la concentration massique « en chlore actif » de l'eau de Javel préparée dans la bouteille.

3. On souhaite préparer une solution S de volume V_S = 50,0 mL en diluant 10 fois l'eau de Javel en bouteille. Proposer un protocole expérimental permettant de préparer la solution S.

4. La notice montre le pictogramme ci-contre. Préciser les règles de sécurité à respecter lors de la préparation de la solution S.

Xi irritant

5. @ Pourquoi est-il dangereux de mélanger l'eau de Javel avec un « produit » acide (comme un détartrant par exemple) ?

16 Boisson sucrée pour sportif

Un coureur prépare un volume V_{sol} = 750 mL d'eau sucrée en dissolvant 6 morceaux de sucre. Le sucre utilisé est du saccharose de formule $C_{12}H_{22}O_{11}$. Chaque morceau de sucre a une masse de 5,6 g.

1. Calculer la concentration molaire en saccharose de la boisson sucrée.

2. Après plusieurs kilomètres de course, le coureur a bu les deux-tiers du bidon. Il remplit à nouveau son bidon avec l'eau d'une fontaine. Calculer la nouvelle concentration molaire de la solution sucrée dans le bidon.

17 L'arnica : un médicament homéopathique

L'arnica montana est une plante médicinale dont les extraits entrent dans la composition de pommades ou de granules homéopathiques.

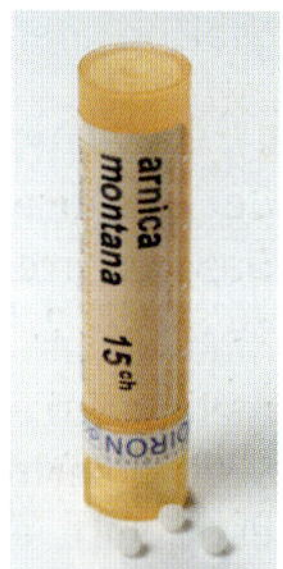

Pour préparer ces granules, le préparateur réalise une teinture mère puis procède à des dilutions successives : une goutte de teinture mère est additionnée de 99 gouttes de solvant, ce qui correspond à une dilution notée 1 CH.

De même, une goutte de solution à 1 CH additionnée de 99 gouttes de solvant correspond à une dilution notée 2 CH...

Les granules sont composées d'un mélange saccharose-lactose imprégné de la solution diluée.

1. @ Qu'est-ce que l'homéopathie ? Rechercher la signification des lettres CH associées à la dilution de la teinture mère.

2. Quel est le facteur de dilution permettant d'obtenir une solution à 1 CH à partir de la teinture mère ?

3. Quel est le facteur de dilution permettant d'obtenir une solution à 5 CH à partir de la teinture mère ?

4. Pourquoi ces granules sont-elles des médicaments homéopathiques ?

18 Food coloring agents

Food coloring agents are substances that are added to food or drink to boost color or to restore the original color.

For example, mint syrup contains two coloring agents : E102 the tartrazine and E131 the patent blue. But food coloring agents are not all *harmless*.

For example, tartrazine may cause food allergies. It is banned in Norway, Austria and Finland.

Similarly, patent blue may cause *itching* and *nettlerash*, nausea as well as low blood pressure. It is banned in Australia, Norway, Japan, New Zealand and USA.

For tartrazine, the Acceptable Daily Intake (ADI) is 7.5 mg per kilogram of the consumer's weight. In mint syrup, the tartrazine's concentration is equal to 3.5×10^{-4} mol·L^{-1} and the tartrazine's molar mass is equal to 534 g·mol^{-1}.

1. What is the tartrazine mass in 1.0 L of mint syrup ?

2. A consumer weighs 50 kilograms. What mass of tartrazine is he allowed to intake in a day ?

3. How many bottles of syrup can he drink in a day without exceeding the Acceptable Daily Intake ?

4. The syrup must be diluted 8 times with water.
What is the corresponding volume of the drink ?

Vocabulaire : harmless : inoffensive ; *itching :* démangeaison ; *nettlerash :* urticaire.

19 Solution de Dakin

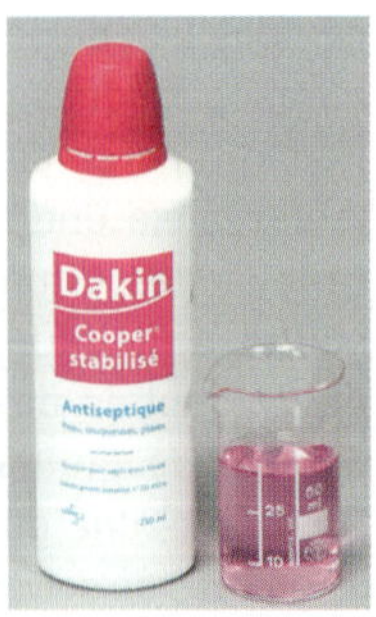

La solution de Dakin est une solution antiseptique pour la peau et les muqueuses. Elle est composée d'un mélange d'espèces chimiques dont seul le permanganate de potassium est coloré en violet. On cherche à déterminer un encadrement de la concentration en permanganate de potassium de la solution de Dakin à partir d'une échelle de teinte. Une solution mère S_0 de concentration molaire $C_0 = 2{,}0 \times 10^{-4}$ mol·L^{-1} en permanganate de potassium est utilisée pour préparer 5 solutions filles, chacune de volume $V_f = 10{,}0$ mL. Pour cela, on introduit un volume V_{0i} de la solution mère dans 5 tubes à essai identiques que l'on complète avec de l'eau distillée selon le tableau ci-dessous :

Solution fille S_i	1	2	3	4	5
V_{0i} (en mL)	1,0	2,0	3,0	4,0	5,0
C_{fi} (en mol·L^{-1})					

1. Calculer les concentrations molaires C_{fi} des solutions filles et compléter le tableau.

2. Avec quelle verrerie mesure-t-on les volumes V_{0i} ?

3. Dans un tube à essais identique à ceux utilisés pour l'échelle de teinte, on verse 10 mL de solution de Dakin. La teinte de la solution est comprise entre les teintes des solutions S_3 et S_4. Donner un encadrement de la concentration molaire en permanganate de potassium de la solution de Dakin.

4. Le fabriquant indique que 100 mL de solution de Dakin contiennent 1,0 mg de permanganate de potassium. Calculer la concentration molaire en permanganate de potassium.

5. La valeur de la concentration molaire calculée est-elle en accord avec celle déduite de l'échelle de teinte ?

Donnée :
formule du permanganate de potassium : $KMnO_4$.

20 Retour sur l'ouverture du chapitre SVT

Les résultats d'une analyse de sang sont indiqués dans le cadre ci-dessous.

Résultats d'analyses médicales d'un échantillon de sang

- GLYCÉMIE À JEUN : .... 0.72 g / L
  4.00 mmol / L
- CHOLESTÉROL TOTAL : ..... 1.70 g / L
  4.39 mmol / L
- TRIGLYCÉRIDES :.............. 0.64 g / L
  0.73 mmol / L

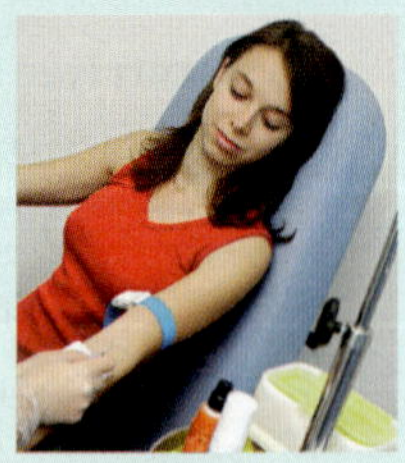

1. À quelles grandeurs sont associées les unités « g / L » et « mmol / L » ?

2. @ Que signifie l'expression « glycémie à jeun » ?

3. Déterminer à partir de ces données la masse molaire du glucose.

4. @ Qu'est-ce que le cholestérol ?
Que signifient les expressions « bon » cholestérol et « mauvais » cholestérol ?

5. Pour ce patient, la valeur de la concentration massique en cholestérol doit être inférieure à 2,20 g·L^{-1}.
Calculer la valeur correspondante de la concentration molaire en cholestérol.

6. @ Que sont les triglycérides ?
À quels problèmes est souvent associé un taux trop élevé de triglycérides ?

7. @ Quels sont les facteurs qui influencent la concentration en triglycérides dans le sang d'un patient ?

CHAPITRE **14**

CHIMIE

Les espèces chimiques naturelles ou synthétiques

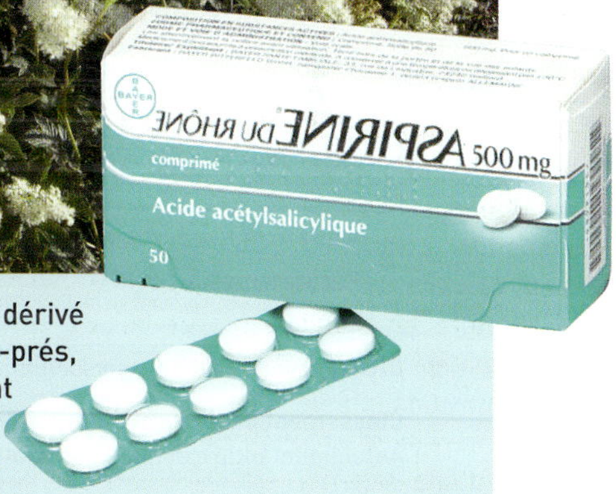

La salicine contenue dans le saule et l'acide salicylique, dérivé de la salicine et présent dans la fleur appelée reine-des-prés, sont des espèces chimiques qui ont été utilisées pendant longtemps pour lutter contre les douleurs articulaires et la fièvre. L'aspirine, synthétisée pour la première fois en 1853 et mise sur le marché en 1899, les a supplantés. En quoi diffèrent ces espèces chimiques ? (Voir exercice 18, p. 208.)

Comment caractériser et identifier une espèce chimique ?

OBJECTIFS

- → Connaître l'existence d'espèces chimiques naturelles ou synthétiques.
- → Repérer la présence de groupe(s) caractéristique(s) dans une formule développée.
- → Connaître les caractéristiques physiques d'une espèce chimique.
- → Réaliser et interpréter une chromatographie sur couche mince.

Activités

1 Origine de différentes espèces chimiques

→ Les espèces chimiques constituant un médicament sont nombreuses et variées.
Comment exploiter la notice de médicaments pour rechercher l'origine (naturelle ou synthétique) des espèces chimiques entrant dans leur formulation ?

- Une espèce chimique qui existe dans la nature est **naturelle**. Une espèce chimique fabriquée par l'Homme est **synthétique**. Elle est dite **artificielle** lorsqu'elle n'existe pas dans la nature.
- Les notices de trois médicaments sont données ci-dessous.

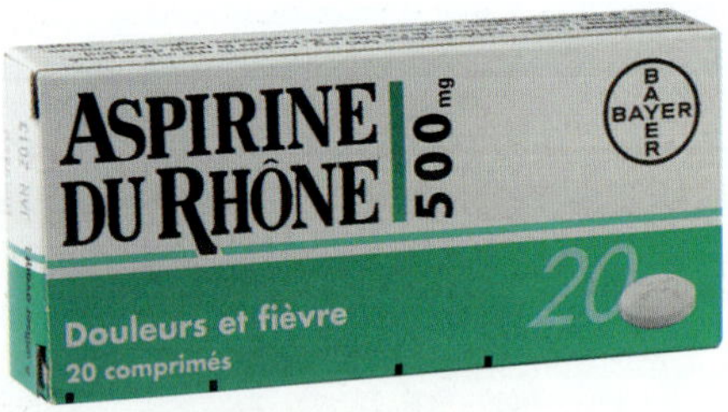

ASPIRINE DU RHÔNE®

Forme : comprimé

	par cp
Acide acétylsalicylique	500 mg

Excipients : amidon de maïs, cellulose poudre.

Classement pharmaco-thérapeutique :
Antalgique/antipyrétique : salicylé (formes sèches à délitement rapide)

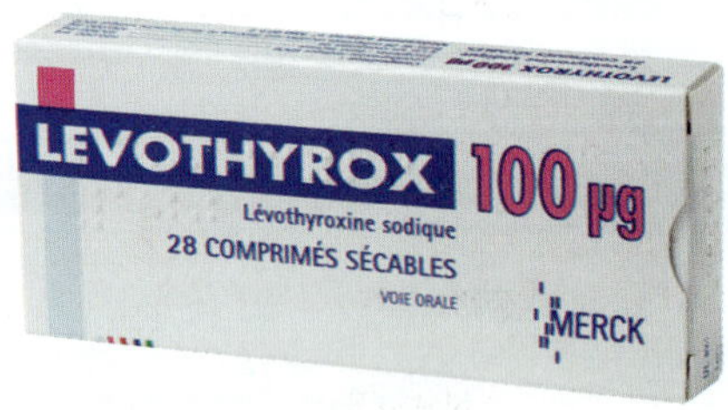

LÉVOTHYROX®

Forme : comprimé sécable

	par cp
Lévothyroxine sodique	100 µg

Excipients : lactose monohydrate, amidon de maïs, gélatine, croscarmellose sel de Na, magnésium stéarate.

Classement pharmaco-thérapeutique :
Hormone thyroïdienne : voie orale

ACTRON®

Forme : comprimé effervescent

	par cp efferv
Acide acétylsalicylique	267 mg
Paracétamol	133 mg
Caféine	40 mg

Excipients : bicarbonate de sodium, acide citrique.

Classement pharmaco-thérapeutique :
Antalgique/antipyrétique : association non opiacée

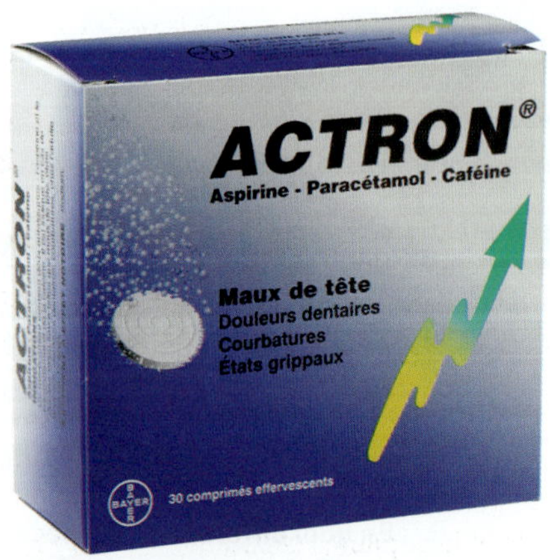

1. Quels sont les principes actifs de chacun de ces médicaments ?
2. @ Rechercher l'origine, naturelle ou synthétique, des principes actifs et de chacun des excipients de ces médicaments. Présenter les résultats des recherches sous la forme d'un tableau.
3. Parmi les espèces chimiques synthétiques, quelles sont celles qui sont artificielles ?
4. @ Rechercher la signification des termes : « sécable », « hormone », « thyroïdienne » et « opiacé ».
5. @ Que signifie le symbole ® présent après chaque nom de médicament ?

2 Groupes caractéristiques

→ La présence de certains groupes d'atomes, appelés groupes caractéristiques, confère aux molécules qui les contiennent des propriétés particulières.
Comment repérer la présence d'un groupe caractéristique dans une formule développée ?

Les groupes caractéristiques fréquemment rencontrés dans les médicaments sont présentés ci-dessous.

Nom	Hydroxyle	Amine	Étheroxyde	Carbonyle	Carboxyle	Ester	Amide
Formule	−OH	−N(−)−	C−O−C	−C(=O)−	−C(=O)−O−H	−C(=O)−O−C	−C(=O)−N(−)−

Repérer certains de ces groupes dans les formules semi-développées de principes actifs de médicaments.

Principe actif	Éphédrine	Acide acétylsalicylique	Paracétamol	Lidocaïne	Piracétam
Formule semi-développée	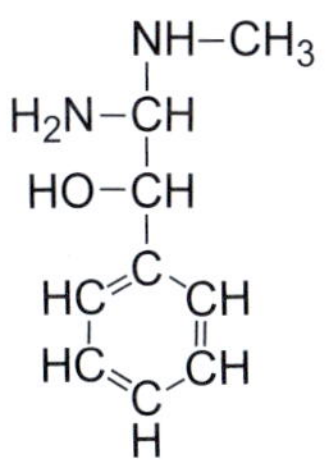	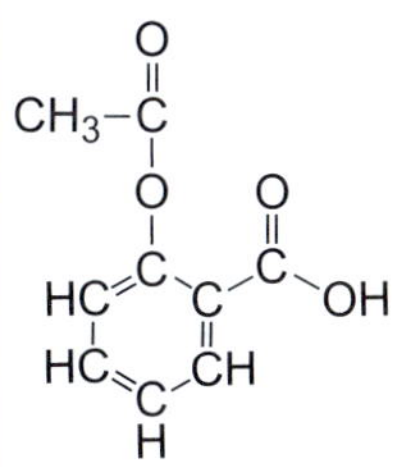	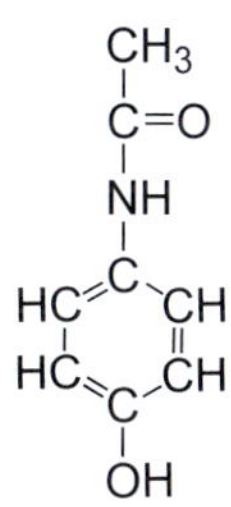	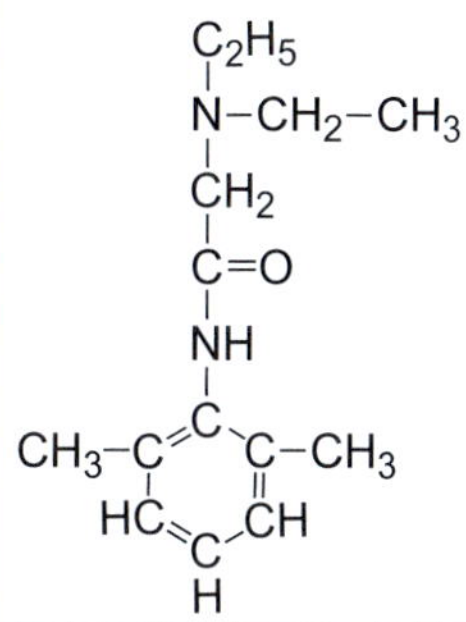	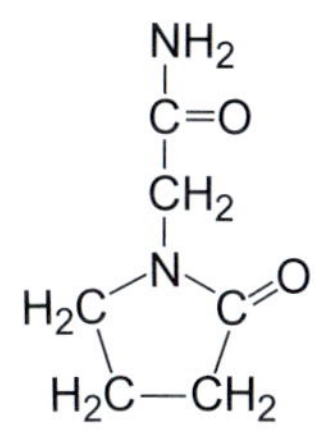

3 Interaction entre un principe actif et le milieu

→ Une espèce active interagit avec le milieu où elle se trouve. **Comment le mettre en évidence ?**

L'aspirine est-elle mieux assimilée dans l'estomac ou dans l'intestin ? Quel est l'intérêt de la formulation de l'aspirine retard par rapport à une aspirine classique ?

1. @ Proposer une (ou des) hypothèse(s) permettant de répondre à ces questions.

***Matériel et produits disponibles* (doc. 1)**
Balance, mortier, pilon, capsules de pesée, spatule, tubes à essais avec bouchon, baguette de verre...
Comprimés d'aspirine, comprimés d'aspirine retard, eau distillée, solution aqueuse d'hydroxyde de sodium, solution aqueuse d'acide chlorhydrique et papier pH.

2. Élaborer un protocole et le mettre en œuvre après discussion avec le professeur.
3. Rédiger un compte rendu expliquant la démarche suivie et exposant les conclusions.

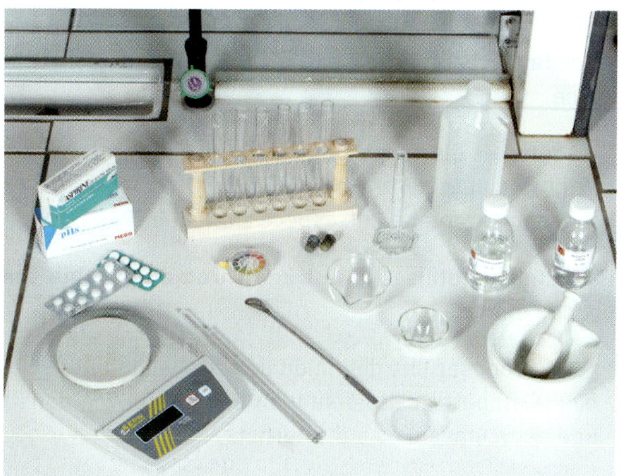
doc. 1 Matériel et produits disponibles.

4 Chromatographie sur couche mince

→ Les médicaments contiennent diverses espèces chimiques. La chromatographie sur couche mince peut être utilisée pour analyser de tels mélanges. **Qu'est-ce qu'une chromatographie sur couche mince ?**

A Chromatographie de colorants

La législation européenne autorise l'emploi des colorants alimentaires, comme la tartrazine E102 et le bleu patenté E131 pour teinter les médicaments.

- Dans un bécher de 100 mL, introduire 3 mL de solution de chlorure de sodium à 100 $g \cdot L^{-1}$ et 3 mL d'éthanol (mélange constituant l'**éluant**). Puis agiter et couvrir avec une coupelle.
- Sur une plaque pour chromatographie de 5 cm × 3 cm, tracer, au crayon à papier, un trait léger à 1 cm du bas et y repérer trois points *J*, *B* et *M*.
- À l'aide d'un tube effilé, déposer une goutte de solution de tartrazine en *J*, une goutte de solution de bleu patenté en *B* et une goutte d'un mélange des solutions de ces deux colorants en *M*.
- Introduire la plaque dans le bécher sans qu'elle ne touche les parois et couvrir le bécher avec la coupelle.
- Laisser évoluer jusqu'à ce que l'éluant arrive à 5 mm du bord supérieur : c'est l'**élution**.
- Sortir la plaque, repérer au crayon le niveau atteint par l'éluant (appelé **front de l'éluant**).

Laisser sécher et observer le **chromatogramme** obtenu.

1. Que peut-on dire des distances parcourues par chaque colorant ?
2. Qu'observe-t-on pour les taches issues de *M* ? Proposer une explication.

On appelle **rapport frontal** d'une espèce chimique le rapport de la distance parcourue par cette espèce sur la distance parcourue par l'éluant pendant la même durée.

3. Calculer les rapports frontaux du colorant jaune ($R_f(J)$) et du colorant bleu ($R_f(B)$). De quoi dépend le rapport frontal d'une espèce chimique ?

La technique utilisée ici est une **chromatographie** sur **couche mince**.

4. a. Proposer une définition de cette technique.
b. @ Comparer cette définition à celle trouvée dans une encyclopédie ou sur Internet.

Si nécessaire, consulter la fiche n° 6, p. 314 et 315

B Applications

Étude d'un bain de bouche

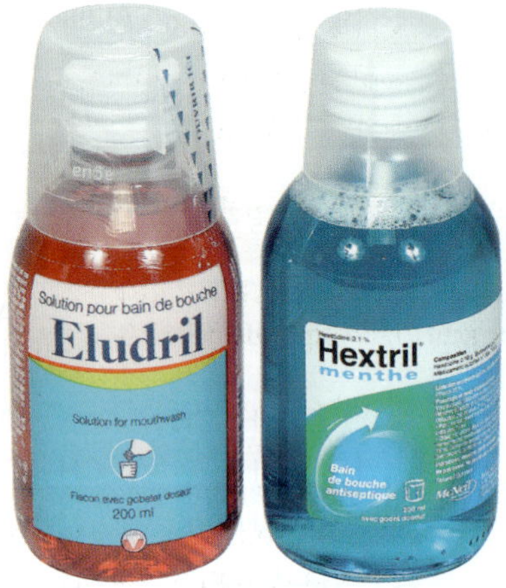

doc. 2 Bains de bouche pouvant être étudiés. Pour l'Éludril®, l'éluant est constitué de 8 mL d'éthanol et 4 mL d'éther de pétrole.

5. Élaborer un protocole permettant de vérifier la présence du (ou des) colorant(s) annoncé(s) dans le bain de bouche proposé (doc. 2).
6. Le mettre en œuvre après discussion avec le professeur et recherche des produits nécessaires.
7. Rédiger un compte rendu expliquant la démarche.

Étude d'un médicament

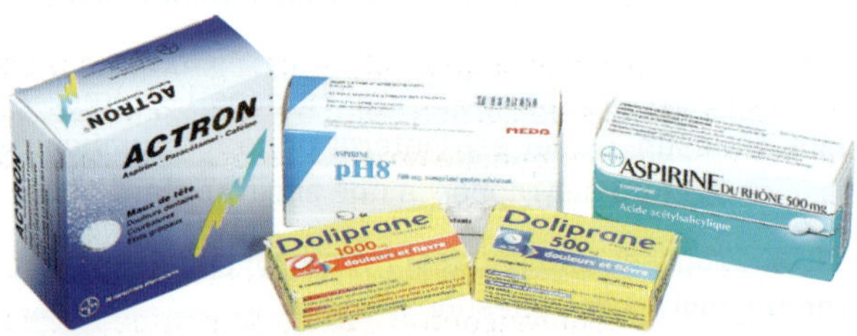

doc. 3 La composition en principes actifs de ces médicaments peut être étudiée. L'éluant est constitué de 1 mL d'acide formique, 4 mL de cyclohexane et 6 mL d'acétate de butyle.

8. Proposer un protocole permettant de vérifier la présence du (ou des) principe(s) actif(s) du médicament choisi (doc. 3).
9. Mettre en œuvre le protocole proposé après discussion avec le professeur.
10. Rédiger un compte rendu expliquant la démarche suivie.

1 Comment définir le caractère naturel ou synthétique d'une espèce chimique ?

Les recherches réalisées dans l'**activité 1** montrent que les médicaments sont constitués de mélanges d'espèces chimiques qui peuvent être **naturelles** comme l'acide citrique, la caféine, la lévothyroxine... ou **synthétiques** comme l'acide acétylsalicylique, le paracétamol, la croscarmellose, l'acide citrique, la lévothyroxine **(doc. 1)**...
Parmi les substances synthétisées par l'Homme, certaines sont dites **artificielles** car elles n'existent pas dans la nature ; c'est le cas de l'acide acétylsalicylique, du paracétamol ou de la croscarmellose.

Ces résultats sont généraux :

Une espèce chimique naturelle est une espèce chimique qui existe dans la nature.
Une espèce chimique synthétique est fabriquée par l'Homme ; elle est dite artificielle lorsqu'elle n'existe pas dans la nature.

La chimie de synthèse permet de synthétiser en grande quantité des espèces chimiques d'origine naturelle sans épuiser les ressources naturelles. Elle permet également de synthétiser de nouvelles espèces très performantes et adaptées aux besoins **(doc. 2)**.
Ainsi, l'acide acétylsalicylique, principe actif de l'aspirine, est une espèce synthétique artificielle dont les propriétés sont bien supérieures à celles de ses prédécesseurs naturels : la salicine et l'acide salicylique.
La synthèse d'espèces chimiques est étudiée dans le **chapitre 19**.

Pour commencer, exercices 1 et 2, p. 205

doc. 1 L'acide citrique est présent en quantité importante dans les citrons.

doc. 2 Synthèse industrielle de médicaments.

2 Quels sont les principaux groupes caractéristiques rencontrés dans les médicaments ?

Un groupe caractéristique est un groupement d'atomes, autres que **les seuls atomes de carbone et d'hydrogène, présent dans la formule d'une espèce chimique. Ce groupe confère des propriétés particulières aux molécules qui le possèdent.**

Le tableau ci-dessous **(doc. 3)** présente les principaux groupes caractéristiques que l'on peut rencontrer dans les principes actifs de médicaments. L'**activité 2** propose leur recherche dans les formules semi-développées de principes actifs variés **(doc. 4)**.

Nom	Hydroxyle	Amine	Étheroxyde	Carbonyle	Carboxyle	Ester	Amide
Formule	–OH	–N(–)–	C–O–C	–C(=O)–	–C(=O)–O–H	–C(=O)–O–C	–C(=O)–N(–)–

doc. 3 Principaux groupes caractéristiques.

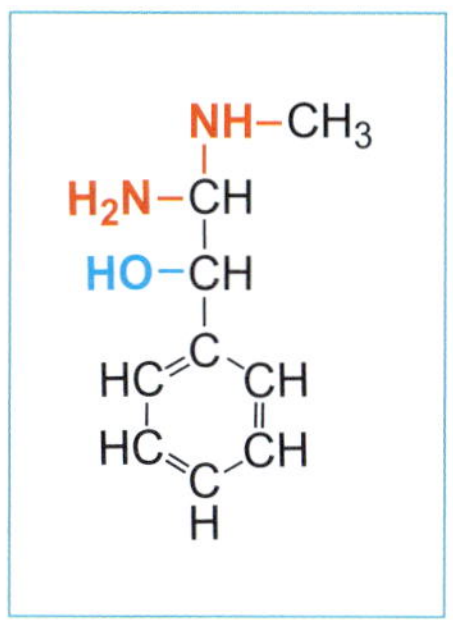

doc. 4 On reconnaît deux groupes amines et un groupe hydroxyle dans la formule semi-développée de l'éphédrine.

Pour commencer, exercices 3 et 4, p. 205

3 Quelles caractéristiques physiques permettent d'identifier une espèce chimique ?

Toute espèce chimique possède des propriétés physiques dont les valeurs lui sont propres : ce sont ses **caractéristiques physiques**. Elle peut être identifiée grâce à la mesure de quelques unes de celles-ci (doc. 5).

Acétone

T_{fus} = – 94,6 °C T_{eb} = 56,1 °C

Miscible à l'eau

Masse volumique à 20 °C :
ρ = 0,783 g·mL^{-1}

Indice de réfraction : n = 1,3560

doc. 5 L'acétone est utilisée lors de la fabrication de nombreux médicaments. Cette carte d'identité de l'acétone présente ses principales caractéristiques physiques ainsi que les pictogrammes de sécurité qui lui correspondent. (**Voir rabats V et VI**).

3.1 Températures de changement d'état

La **température de fusion** est la température à laquelle une espèce chimique fond, passant ainsi de l'état solide à l'état liquide (doc. 6).
La **température d'ébullition** est la température à laquelle une espèce chimique bout, c'est-à-dire passe de l'état liquide à l'état gazeux.
À pression constante, les températures, ou **points**, de fusion et d'ébullition d'une espèce chimique sont constantes pendant tout le changement d'état.

La détermination expérimentale des températures de fusion ou d'ébullition d'une substance permet d'identifier cette dernière par comparaison avec les valeurs répertoriées dans des tables de données. Elle permet aussi de vérifier si la substance étudiée est pure.

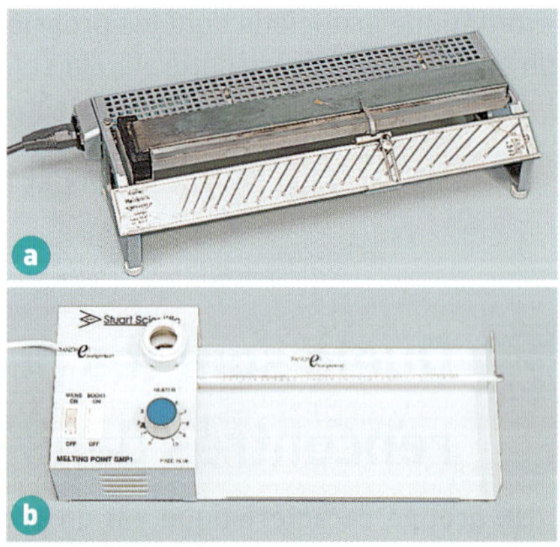

doc. 6 Appareils de mesure de la température de fusion :
a. banc Kofler ; **b.** appareil à point de fusion.

3.2 Indice de réfraction

L'indice de réfraction n traduit l'aptitude d'une **espèce transparente** à dévier un faisceau de lumière monochromatique. En pratique, sa valeur n'est pas déduite de mesures d'angles comme cela a été vu au **chapitre 3** mais par **mesure directe** à l'aide d'un **réfractomètre**.

3.3 Solubilité

Une espèce chimique solide se dissout en quantité plus ou moins importante dans un solvant selon la nature de ce dernier (doc. 7). Lorsque le solide n'est pas totalement dissous, la **solution** obtenue est dite **saturée** (**voir chapitre 13**). Par définition :

La solubilité s(E) d'une espèce chimique E dans un solvant donné est égale à sa concentration massique dans une solution saturée à la température considérée :

$$s(\mathrm{E}) = \frac{m(\mathrm{E})}{V_{\text{solution saturée obtenue}}}$$

avec m en g, V en L et s en g·L^{-1}.

La **solubilité** d'une espèce, dans un solvant donné et à une température donnée, est caractéristique de cette espèce. Sa mesure étant peu précise, la solubilité n'est pas utilisée pour identifier une espèce, mais sa connaissance permet de choisir un éluant en chromatographie.

doc. 7 L'acide benzoïque est plus soluble dans l'acétate d'éthyle (**a**) que dans le cyclohexane (**b**).

3.4 Autres caractéristiques

La **masse volumique** d'une espèce chimique ou son **aspect** sont aussi des grandeurs caractéristiques, mais on ne les utilise pas souvent pour l'identification de l'espèce considérée.

Pour commencer, exercices 5 et 6, p. 205 et 206

4 Qu'est-ce que la chromatographie sur couche mince ?

4.1 Principe de la chromatographie

La **chromatographie** permet la séparation des constituants d'un mélange lors de leur cheminement sur un support appelé **phase fixe**. Ces constituants sont entraînés par une **phase mobile**, appelée **éluant**, qui migre dans le support fixe. Cette migration constitue **l'élution**.

La figure obtenue par chromatographie est appelée **chromatogramme**. En **c**hromatographie sur **c**ouche **m**ince, ou **CCM**, l'éluant liquide monte par **capillarité** (doc. 8) dans le support fixe constitué d'une fine couche de silice ou d'alumine déposée sur une plaque.

doc. 8 Les colorants ont migré par capillarité dans les canaux très fins de la tige jusqu'aux pétales de ces fleurs.

4.2 Les caractéristiques de la chromatographie

Les distances parcourues par deux espèces différentes sont généralement différentes (activité 4). La distance parcourue par chacune d'elles est la même que l'espèce soit pure ou dans un mélange. Cela permet de les identifier. Ces résultats sont généraux :

> **La chromatographie permet la séparation et l'identification des espèces chimiques présentes dans un mélange.**
> **Pour un éluant et un support donnés, une espèce chimique migre de la même façon qu'elle soit pure ou dans un mélange.**

4.3 Rapport frontal d'une espèce

Le **rapport frontal R_f** d'une espèce chimique, dans un éluant donné et sur un support donné, est défini par :

$$R_f = \frac{\text{distance parcourue par l'espèce chimique}}{\text{distance parcourue par le front de l'éluant}} = \frac{h}{H}$$

h et H sont mesurées depuis la ligne de dépôt (doc. 9).

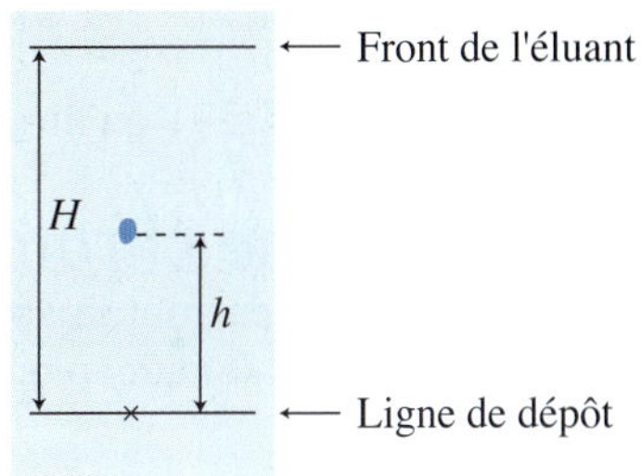

doc. 9 Détermination d'un rapport frontal R_f. Il est caractéristique d'une espèce pour un éluant et un support donnés. h et H sont à exprimer dans la même unité.

4.4 Révélation d'un chromatogramme

Les chromatogrammes d'espèces chimiques incolores doivent être **révélés** afin de repérer la position de ces espèces après élution.

On peut utiliser une plaque contenant une substance **fluorescente**. En présence de radiations ultraviolettes (UV), elle apparaît verte.

L'acide acétylsalicylique absorbe de telles radiations et empêche la fluorescence, d'où les taches sombres observées et repérées (doc. 10).

Toutes les espèces chimiques n'absorbent pas les radiations ultraviolettes, d'où la nécessité de révélateurs chimiques tels que le **diiode** ou le **permanganate de potassium**. En effet, ils réagissent avec de nombreuses espèces chimiques pour donner des produits colorés.

Après élution, la plaque peut être agitée dans un flacon en verre fermé contenant du diiode dispersé dans du sable ou plongée dans une solution acidifiée de permanganate de potassium : des taches colorées apparaissent avec ces deux révélateurs.

Pour commencer, exercices 7 et 8, p. 206

doc. 10 Révélation sous UV d'un chromatogramme : en A médicament ; en B acide acétylsalicylique. Ce médicament contient de l'acide acétylsalicylique. Les taches apparaissant sous UV doivent être entourées au crayon.

Les savoirs

Connaître l'existence d'espèces chimiques naturelles ou synthétiques

Une espèce chimique **naturelle** est une espèce chimique qui **existe dans la nature**. Une espèce chimique **synthétique** est **fabriquée par l'Homme** ; elle est dite **artificielle** lorsqu'elle **n'existe pas dans la nature**.

Connaître l'existence de groupes caractéristiques

Un **groupe caractéristique** est un groupement d'atomes, autres que les seuls atomes de carbone et d'hydrogène, présent dans une espèce chimique. Il confère à cette espèce des propriétés particulières.

Nom du groupe	Hydroxyle	Amine	Étheroxyde	Carbonyle	Carboxyle	Ester	Amide
Formule du groupe	$-\mathrm{OH}$	$-\overset{\vert}{\mathrm{N}}-$	$\mathrm{C-O-C}$	$-\overset{\overset{\mathrm{O}}{\Vert}}{\mathrm{C}}-$	$-\overset{\overset{\mathrm{O}}{\Vert}}{\mathrm{C}}-\mathrm{O-H}$	$-\overset{\overset{\mathrm{O}}{\Vert}}{\mathrm{C}}-\mathrm{O-C}$	$-\overset{\overset{\mathrm{O}}{\Vert}}{\mathrm{C}}-\overset{\vert}{\mathrm{N}}-$

Connaître les caractéristiques physiques d'une espèce chimique

- Toute espèce chimique possède des propriétés physiques dont les valeurs lui sont propres ; ce sont ses **caractéristiques physiques** : aspect, température de fusion, température d'ébullition, indice de réfraction, solubilité, masse volumique.
- La **solubilité *s*(E)** d'une espèce chimique E dans un solvant donné est égale à la concentration massique de cette espèce dans une **solution saturée** à la température considérée :

$$s(\mathrm{E}) = \frac{m(\mathrm{E})}{V_{\text{solution saturée obtenue}}}$$

avec m en gramme (g) ; V en litre (L) et s en gramme par litre ($\mathrm{g \cdot L^{-1}}$).

Réaliser une chromatographie sur couche mince

La **chromatographie** permet la séparation et l'identification d'espèces chimiques. Pour un éluant et un support donnés, une espèce chimique migre de la même façon qu'elle soit pure ou dans un mélange.

Les compétences attendues

- Repérer des groupes caractéristiques dans une formule développée.
- Mettre en œuvre un protocole pour montrer qu'une espèce active interagit avec le milieu dans lequel elle se trouve. **[TP]**
- Réaliser et interpréter une chromatographie sur couche mince, ou CCM, d'un mélange coloré ou incolore. **[TP]**

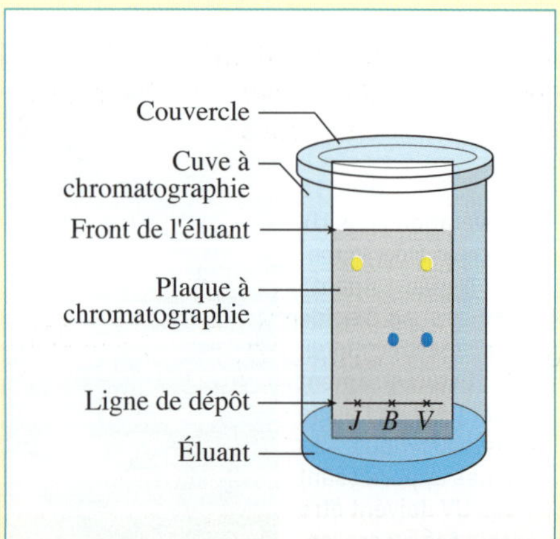

doc. 1 Élution lors de la chromatographie. La ligne de dépôt ne doit pas être immergée.

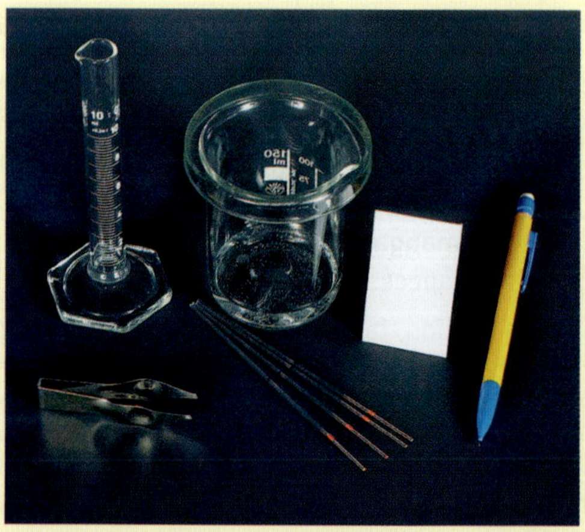

doc. 2 Matériel nécessaire pour réaliser une CCM.

S'auto-évaluer

QCM

Pour chaque question, indiquer la (ou les) bonne(s) réponse(s).

ÉNONCÉ	A	B	C	Si échec revoir
1. Les espèces chimiques de synthèse :	existent dans la nature	sont fabriquées au laboratoire	peuvent être des espèces n'existant pas dans la nature	§1, p. 199
2. La vitamine C est une espèce présente dans les goyaves, par exemple. La vitamine C : 	est une espèce naturelle	peut être synthétique	est une espèce artificielle	§1, p. 199
3. La chimie de synthèse permet :	d'économiser les ressources naturelles	de fabriquer des espèces aux propriétés intéressantes	de fabriquer des principes actifs de médicaments	§1, p. 199
4. Le groupe caractéristique hydroxyle est présent dans :	l'éthanol CH_3-CH_2-OH	le méthoxyméthane CH_3-O-CH_3	l'éthanal $CH_3-C(H)=O$	§2, p. 199
5. Le groupe caractéristique carboxyle est présent dans :	l'éthanol CH_3-CH_2-OH	l'acide formique $H-C(OH)=O$	l'éthanal $CH_3-C(H)=O$	§2, p. 199
6. La température de fusion d'une espèce chimique est :	caractéristique de cette espèce	la température pour laquelle l'espèce fond	la température pour laquelle l'espèce se dissout dans l'eau	§3, p. 200
7. Dans cette solution, obtenue en ajoutant 2 g de diode dans 100 mL d'eau, la solubilité du diiode est : 	égale à $20\ g \cdot L^{-1}$	nulle	inférieure à $20\ g \cdot L^{-1}$	§3, p. 200
8. La chromatographie sur couche mince (CCM) est une technique qui permet :	la séparation d'espèces chimiques	la synthèse d'espèces chimiques	l'identification d'espèces chimiques	§4, p. 201
9. Dans le chromatogramme ci-contre, la solution déposée en B_1 : 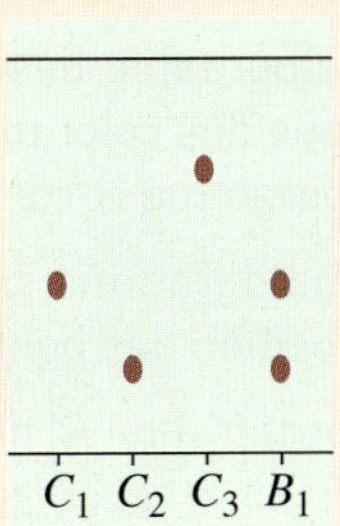	ne contient qu'une seule espèce chimique	contient l'espèce C_3	contient l'espèce C_2	§4, p. 201

Réponses, p. 324

SAVOIR Analyser, résoudre et rédiger

Compétence mise en œuvre

- **Réaliser et interpréter un chromatogramme.**

Chromatographie d'un médicament

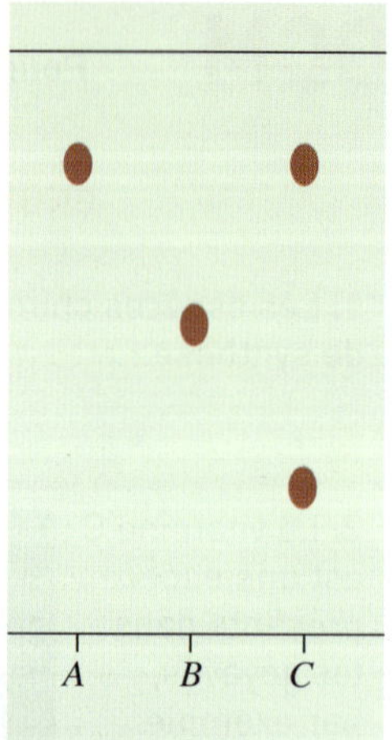

Chromatographie sur couche mince du médicament.

On veut vérifier la composition en principes actifs d'un médicament antipyrétique. On réalise une chromatographie sur couche mince en déposant en *C* une solution alcoolique de ce médicament, en *B* une solution alcoolique de paracétamol et en *A* une solution alcoolique d'acide acétylsalicylique.
On obtient le chromatogramme ci-contre après élution et révélation.

1. Pourquoi utilise-t-on des solutions alcooliques ?

2. Analyser le chromatogramme et conclure à propos de la composition du médicament.

3. Déterminer le rapport frontal R_f de l'acide acétylsalicylique. (R_f est défini comme le rapport de la distance parcourue par la substance sur la distance parcourue par l'éluant.)

Données : solubilité de l'acide acétylsalicylique dans l'eau : 2,5 $g \cdot L^{-1}$, dans l'éthanol : 300 $g \cdot L^{-1}$;
solubilité du paracétamol dans l'eau : 14 $g \cdot L^{-1}$, dans l'éthanol : très soluble.

CONSEILS

1. On analyse les données relatives à la solubilité.

2. On analyse l'évolution du dépôt *C* après élution. Puis on recherche si des taches de *C* ont migré au même niveau que celles du paracétamol *B* ou de l'acide acétylsalicylique *A* et on conclut.

3. On utilise la définition du rapport frontal en mesurant les distances parcourues par l'espèce considérée et l'éluant à partir de la ligne de dépôt.
Par définition, le rapport frontal n'a pas d'unité.

Solution rédigée

1. La solubilité des espèces considérées est bien plus grande dans l'éthanol que dans l'eau. Leur dissolution est donc plus facile dans l'éthanol.

2. Le dépôt réalisé en *C* a évolué lors de l'élution en donnant deux taches : il est donc constitué d'au moins deux espèces chimiques.
La tache correspondant à l'acide acétylsalicylique a migré au même niveau qu'une des taches obtenues lors de l'élution de *C* : le médicament contient donc de l'acide acétylsalicylique. En revanche, il ne contient pas de paracétamol.

3. La distance parcourue par l'acide acétylsalicylique à partir de la ligne de dépôt est h = 3,8 cm ; celle parcourue par l'éluant vaut H = 4,7 cm. Le rapport frontal de l'acide acétylsalicylique s'en déduit :

$$R_f = \frac{h}{H} = \frac{3{,}8}{4{,}7} = \mathbf{0{,}81}.$$

Application immédiate

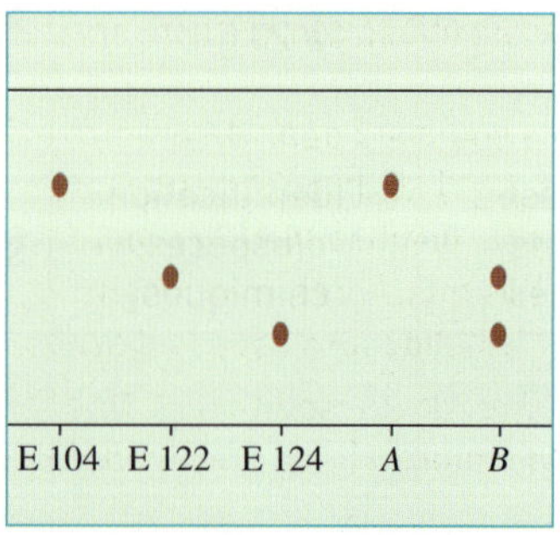

On veut identifier, par chromatographie sur couche mince, les colorants alimentaires présents dans des bonbons. On dépose sur une plaque à chromatographie des extraits de ces deux bonbons *A* et *B* ainsi que des colorants E104, E122 et E124.
On obtient le chromatogramme ci-contre après élution.

1. Analyser le chromatogramme obtenu et conclure à propos de la composition des bonbons.

2. Déterminer le rapport frontal R_f du colorant E104.

Voir correction, p. 328

Pour commencer

Comment définir le caractère naturel ou synthétique d'une espèce chimique ?

1 Identifier le caractère naturel ou synthétique d'une espèce chimique

De nombreux édulcorants tels que le fructose, le sorbitol et l'aspartame, sont présents sur le marché ou incorporés à des aliments, boissons ou médicaments. Ils donnent une saveur sucrée à la substance qui les contient.
Le fructose, de formule $C_6H_{12}O_6$, est présent dans certains fruits, le nectar des fleurs et le miel. Le sorbitol, de formule $C_6H_{14}O_6$, est présent dans les algues rouges, les cerises, les prunes... Néanmoins, celui qui est utilisé dans l'industrie agro-alimentaire est préparé par action du dihydrogène sur le glucose. Une nouvelle espèce, l'aspartame, de formule $C_{14}H_{18}O_5N_2$, a été créée par hasard par un chimiste américain.

1. Identifier, parmi les édulcorants proposés, les espèces naturelles, synthétiques ou artificielles.
2. Quel peut être l'intérêt de synthétiser du sorbitol pour l'industrie agro-alimentaire ?
3. Quel peut être l'intérêt de synthétiser de l'aspartame pour l'industrie agro-alimentaire ?

2 Comprendre l'intérêt de la chimie de synthèse

Le menthol a des propriétés anesthésiques anti-inflammatoires... Il est utilisé dans de très nombreux médicaments. Il peut être extrait de la menthe poivrée ou synthétisé industriellement à partir du myrcène ou du thymol.

1. La formule du menthol de synthèse est-elle identique à celle du menthol naturel ?
2. Pourquoi synthétise-t-on le menthol ?

Quels groupes caractéristiques sont rencontrés dans les médicaments ?

3 Rechercher des groupes caractéristiques

Le salbutamol est un bronchodilatateur utilisé lors de crise d'asthme ou de bronchite chronique. Il a été utilisé comme produit dopant en cyclisme, tennis...

Sa formule semi-développée est donnée ci-dessous :

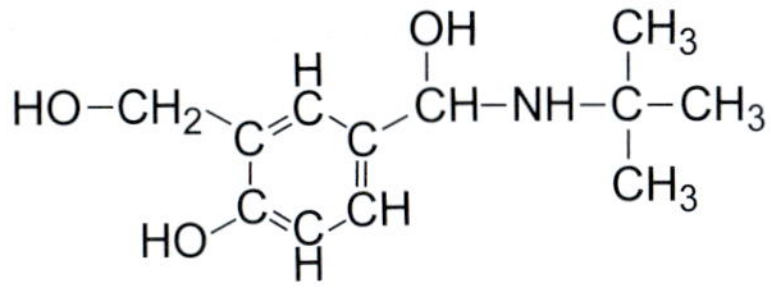

Repérer, dans cette formule, certains des groupements caractéristiques présentés au paragraphe 2, p 199.

4 Repérer des groupes caractéristiques

À l'aide du tableau du paragraphe 2, p. 199, repérer les groupes caractéristiques amine, hydroxyle, ester et amide dans les principes actifs aux propriétés anesthésiques dont les formules sont données ci-dessous :

1. Procaïne

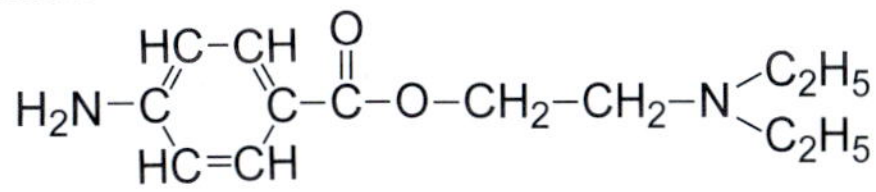

2. Étidocaïne

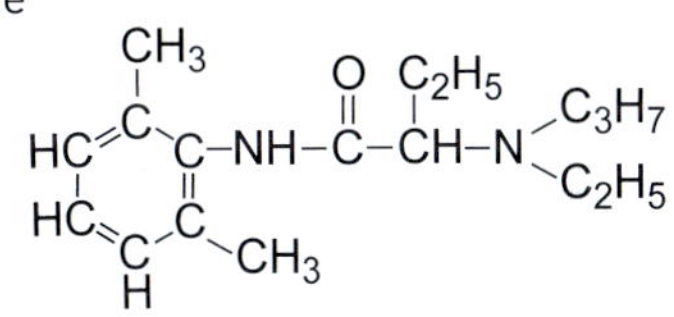

3. Menthol

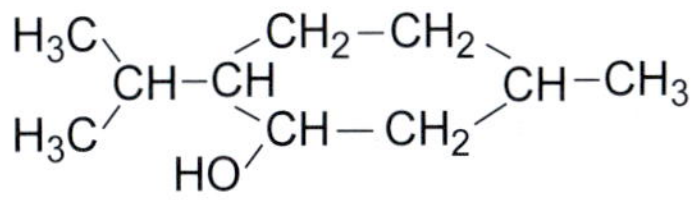

Quelles caractéristiques physiques permettent d'identifier une espèce chimique ?

5 Étudier la solubilité de l'acide benzoïque

L'acide benzoïque est utilisé comme conservateur dans de nombreux sodas.
On veut étudier sa solubilité dans différents milieux.
Une masse $m = 0{,}4$ g d'acide benzoïque $C_7H_6O_2$ est introduite dans de l'eau distillée pour préparer un volume de solution $V = 100$ mL. Après une longue agitation, on constate que tout le solide ne s'est pas dissous.

1. Que peut-on dire de la solution ? Que peut-on en conclure pour la solubilité de l'acide benzoïque dans l'eau pure ?
2. On prépare de même une solution de volume $V = 100$ mL en introduisant la même masse $m = 0{,}4$ g d'acide benzoïque dans de l'acétate d'éthyle. La solution obtenue est limpide. Que peut-on en conclure ?
3. Comparer les solubilités de l'acide benzoïque dans l'eau pure et dans l'acétate d'éthyle.

6 Utiliser des caractéristiques physiques

L'acide benzoïque et l'acide acétylsalicylique sont deux solides blancs. Voici certaines de leurs caractéristiques :

Espèce chimique	Acide benzoïque	Acide acétylsalicylique
Température de fusion	122 °C	135 °C
Solubilité dans l'eau à 25 °C	2,4 $g \cdot L^{-1}$	4,6 $g \cdot L^{-1}$
Densité	1,3	1,4

1. Comment peut-on identifier ces solides ?

2. Quelle masse d'acide acétylsalicylique peut-on dissoudre dans un volume $V = 1{,}0$ L d'eau pure à 25 °C ?

3. Que se passe-t-il si l'on rajoute de l'acide acétylsalicylique à la solution obtenue à la question 2 ?

4. À 25 °C, une solution de volume $V = 1{,}0$ L a été obtenue en ajoutant une masse $m = 3{,}5$ g d'acide benzoïque dans de l'eau. Cette solution est-elle saturée ?

Qu'est-ce que la chromatographie sur couche mince ?

7 Réussir une chromatographie

Chacun des montages ci-dessous présente une ou plusieurs erreurs. Les repérer en justifiant la réponse.

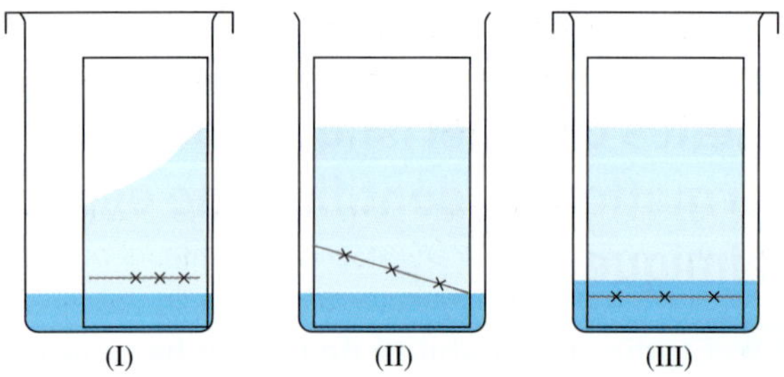

8 Analyser un chromatogramme

On réalise la chromatographie des espèces suivantes : acide salicylique (*S*), acide benzoïque (*B*), acide acétylsalicylique (*A*) et mélange (*M*) de ces trois espèces. Le chromatogramme alors obtenu est l'un des trois représentés ci-après. L'identifier en justifiant la réponse.

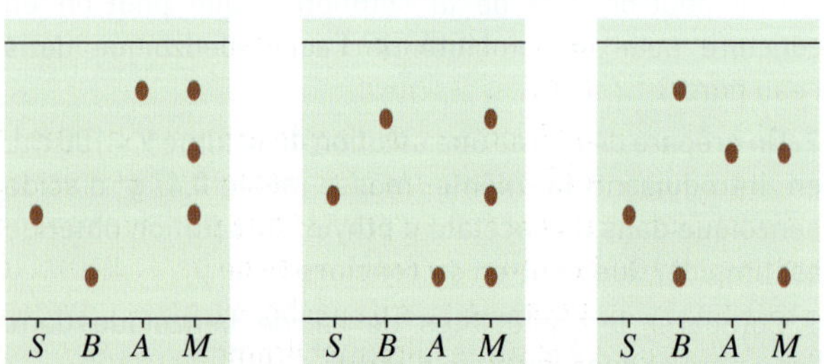

Pour s'entraîner

9 Anti-inflammatoire

La notice ci-dessous est celle d'un anti-inflammatoire.

Forme : granulés pour suspension buvable

	par sachet
Naproxène	250 mg

Excipients : mannitol, povidone, saccharose, docusate sodique, sodium chlorure, sodium aspartam, sodium cyclamate, banane arôme, orange arôme, vanille arôme.*

* poly vinyl pyrrolidone

1. @ Quel est le principe actif de ce médicament ?

2. Est-ce une espèce :

a. naturelle ?

b. synthétique ?

c. artificielle ?

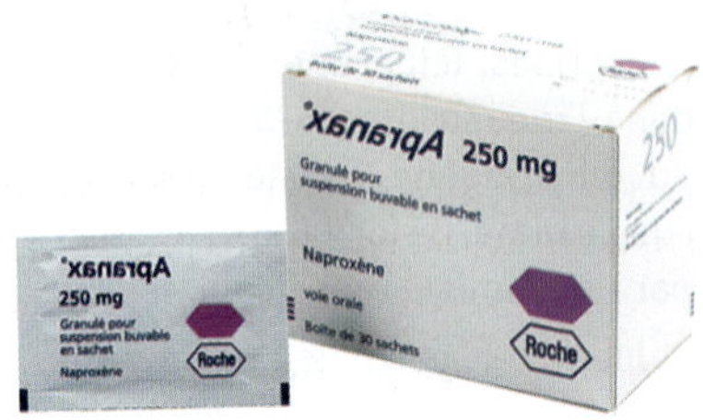

3. @ Quelles sont, parmi les trois premiers excipients, la(les) espèce(s) :

a. naturelle(s) ?

b. synthétique(s) ?

c. artificielle(s) ?

10 Médicaments anti-inflammatoires

Repérer et nommer certains des groupes caractéristiques présentés au paragraphe 2, p. 199, dans les formules d'anti-inflammatoires données ci-dessous :

1. Ibuprofène®

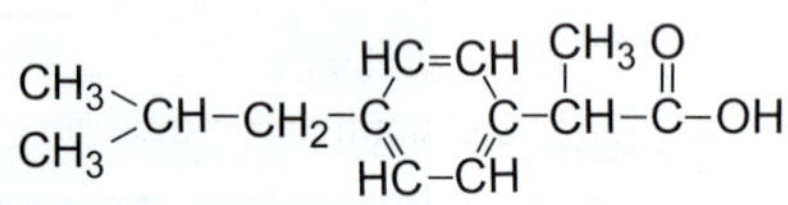

2. Naproxène®

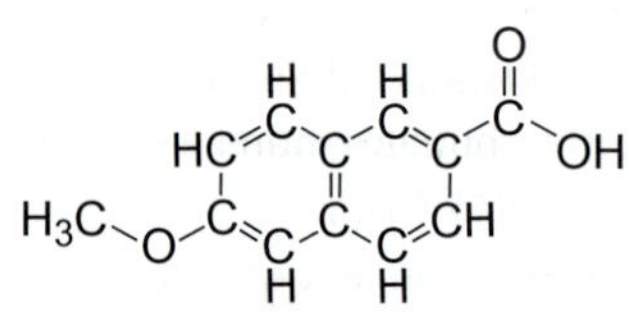

3. Diclofénac®

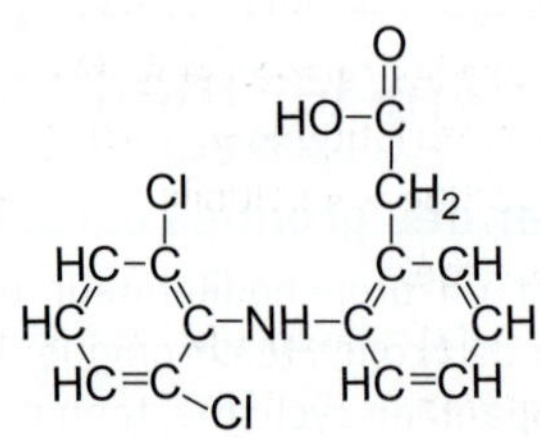

11 En cas de stress

L'adrénaline est sécrétée par l'organisme lors d'un état de stress pour lui permettre de réagir plus efficacement face à un danger.

Elle est aussi utilisée comme médicament dans le cas d'arrêt cardiaque, de choc anaphylactique ou d'un état de choc grave...

La formule semi-développée de l'adrénaline est donnée ci-dessous :

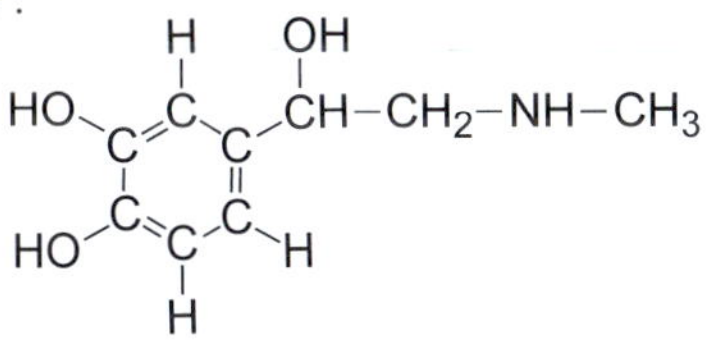

1. Repérer et nommer dans cette formule certains des groupes caractéristiques présentés au paragraphe 2, p 199.

2. @ Qu'est-ce qu'un choc anaphylactique ?

3. @ Justifier le choix de l'illustration.

12 Identification

Le tableau ci-dessous donne la température d'ébullition $t_{éb}$, la masse volumique ρ et l'indice de réfraction n de trois liquides.

Espèces	$t_{éb}$ (en °C)	ρ (en $g \cdot mL^{-1}$)	n
Cyclohexane	80,7	0,774	1,424
Butanone	79,6	0,800	1,376
Butanal	74,8	0,796	1,377

Décrire simplement les expériences qu'il conviendrait de réaliser pour attribuer à chacun son étiquette.

13 Proposer un énoncé et son corrigé

1. Proposer l'énoncé d'un exercice qui portera sur l'acide citrique dont la formule semi-développée est donnée ci-après et dont la solubilité dans l'eau est $s = 592\ g \cdot L^{-1}$ à 20 °C.

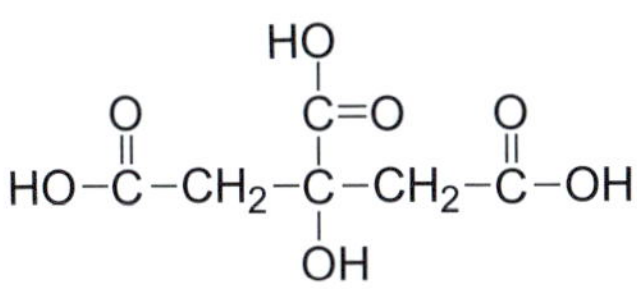

L'énoncé contiendra les termes suivants :

« groupes caractéristiques », « solution saturée », « masse d'acide citrique », « solubilité », « volume », « eau ».

2. Rédiger son corrigé.

3. Demander à un(e) camarade de tester l'énoncé et comparer les corrigés.

14 Bains de bouche

L'Eludril® est une solution antiseptique colorée utilisée en bain de bouche.

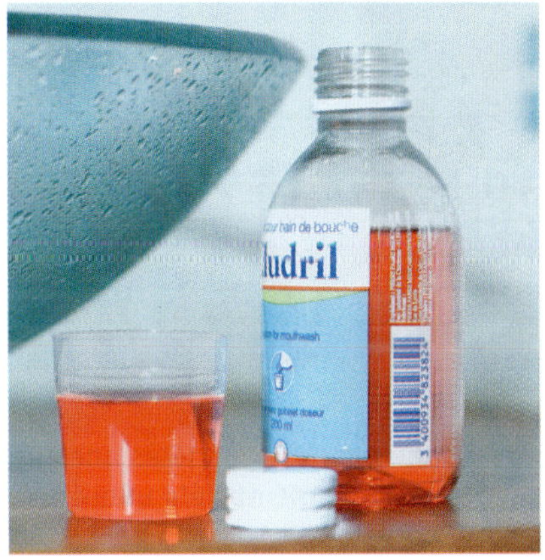

On réalise une chromatographie sur couche mince pour identifier le colorant présent dans cette solution parmi les colorants E104, E122, E124. Le chromatogramme obtenu est donné ci-dessous.

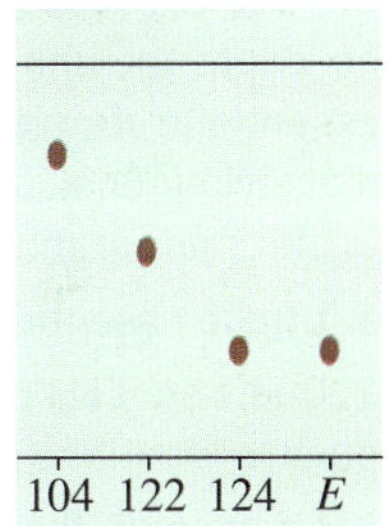

1. Identifier le colorant utilisé pour colorer ce bain de bouche (*E*).

2. Le rapport frontal est défini comme le rapport de la distance parcourue par la substance sur la distance parcourue par l'éluant. Déterminer le rapport frontal de ce colorant.

3. Les autres constituants de ce bain de bouche ne sont pas visibles sur la plaque.

a. Pourquoi ?

b. Proposer une méthode permettant de les visualiser.

c. Comment modifier ce protocole pour identifier ceux de ces constituants qui n'ont pas migré lors de l'élution ?

15 Proposer un énoncé à partir de son corrigé

Un professeur de Seconde a donné à ses élèves un énoncé de chimie dont la solution est fournie ci-après. Après avoir lu l'intégralité de la solution, construire l'énoncé correspondant. Les questions posées devront exactement avoir pour réponses celles qui sont données ci-après. Fournir toutes les données numériques nécessaires.

Solution de l'énoncé à proposer

1. La substance *M* n'en est pas un, car elle contient au moins deux espèces chimiques.

2. La substance *M* contient de l'acide acétylsalicylique (*A*) et de la caféine (*C*) puisque le chromatogramme présente des taches au même niveau pour *M* que pour les espèces chimiques *A* et *C* ; elle ne contient pas de paracétamol (*B*) puisque *M* ne présente pas de tache au niveau de celle correspondant à *B* sur le chromatogramme.

16 Clous de girofle

Les clous de girofle ont des propriétés anesthésiques et antiseptiques ; ils ont longtemps été utilisés pour soulager les maux de dents.

On réalise une chromatographie sur couche mince en déposant une goutte de solution : en *A* d'une huile essentielle de clous de girofle, en *B* d'eugénol et en *C* d'acétyleugénol. Après élution et révélation, on obtient le chromatogramme représenté ci-dessus.

1. L'huile essentielle est-elle constituée d'un corps pur ?

2. Quels sont les constituants de l'huile essentielle qui ont pu être identifiés par la chromatographie ?

3. Le rapport frontal est défini comme le rapport de la distance parcourue par la substance sur la distance parcourue par l'éluant. Déterminer le rapport frontal de l'eugénol.

17 Analysis of Counterfeit Drugs

Read this abstract published in the *Encyclopedia of Chromatography* (15.04.2008)

« Economical and *reliable* thin layer chromatographic (TLC) methods for rapid screening of *counterfeit drugs* that can be carried out by analysts in the laboratory or in the field by inspectors with limited analytical expertise using portable kits, with standard reference tablets to eliminate *weighing*, are described. Separations are performed on silica gel layers containing fluorescent indicator; separated spots are detected under ultraviolet lamps and with iodine detection reagent. Development and iodine detection are carried out in polyethylene bags, glass *jars*, or closed TLC *tanks*. Sample spots are compared with reference standards developed on the same layer to identify the ingredients and determine if their *content* is within the *specification range*. »

1. Why does thin layer chromatography allow rapid screening of counterfeit drugs ?

2. Why does the silica gel contain a fluorescent indicator ?

3. Why is iodine detection needed ?

4. Translate and comment on the last sentence.

5. Counterfeit drugs are often antimalarials such as primaquine, chloroquine, artesunate... They cause great damage and must be detected.

a. @ What's a malaria drug ?

b. Does the drug, tested in the chromatography below contain chloroquine ?

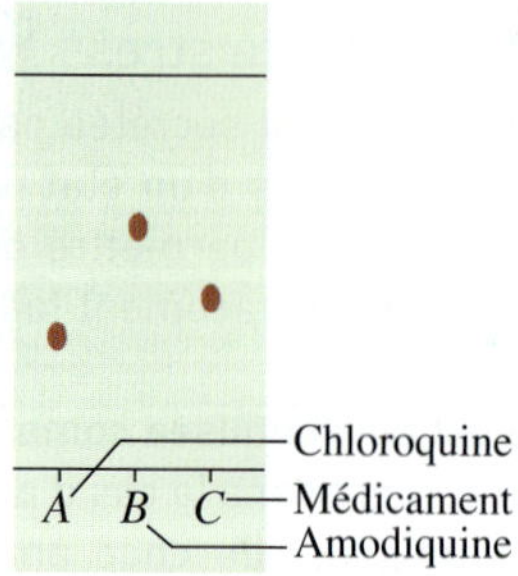

Vocabulaire : *reliable* : sûr ; *counterfeit* : contrefaçon ; *drug* : médicament ; *weighing* : pesée ; *jars* : bocaux ; *tanks* : cuves ; *content* : teneur ; *specification range* : domaine spécifié.

18 Retour sur l'ouverture du chapitre SVT

Les formules développées de l'acide salicylique (**I**), présent dans la reine-des-prés, de l'acide acétylsalicylique (**II**) et de la salicine (**III**) sont données ci-dessous :

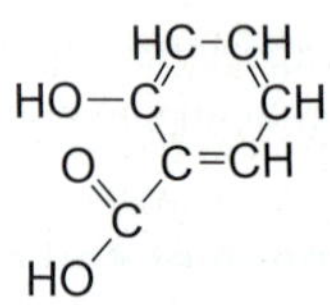
(**I**)

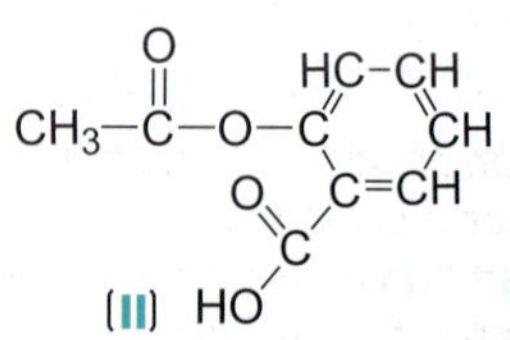
(**II**)

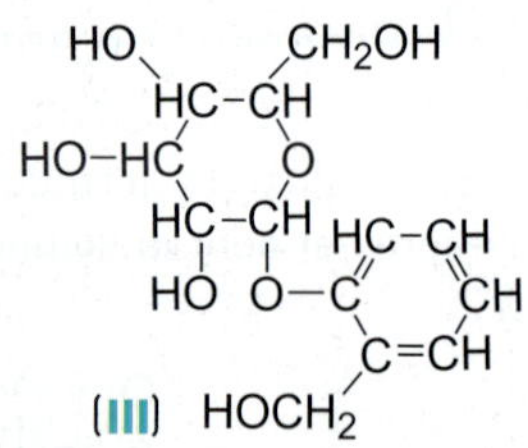
(**III**)

1. Repérer et nommer dans ces formules certains des groupes caractéristiques présentés au paragraphe 2, p. 199.

2. @ Rechercher les utilisations passées et/ou actuelles de ces espèces chimiques.

3. @ Ces espèces chimiques sont-elles :

a. naturelles ? **b.** synthétiques ? **c.** artificielles ?

4. Exposer l'utilité de la chimie de synthèse à partir de l'exemple de l'acide acétylsalicylique.

CHAPITRE

15

CHIMIE

L'extraction d'espèces chimiques

À cause de son très faible coût, l'huile de palme est massivement utilisée dans une grande variété de produits alimentaires. Cependant la demande croissante a un impact majeur en termes d'écologie.
Comment l'huile de palme est-elle extraite des graines du palmier à huile ?
(Voir exercice 17, p. 224.)

Comment extraire et séparer des espèces chimiques ?

OBJECTIFS

- Connaître des techniques de séparation et d'extraction.
- Réaliser une extraction par solvant.
- Réaliser une extraction par hydrodistillation.

Activités

1 Du poison au médicament

DOCUMENTS DOC DOCUMENTS

→ Les alcaloïdes sont des espèces chimiques contenues dans des plantes.
Quelles sont les techniques utilisées pour les extraire ?

Certains alcaloïdes, comme la **coniine** (doc. 1) ou la strychnine, sont des poisons violents pour l'Homme. La **strychnine** s'obtient en râpant la noix vomique dans de l'éthanol, puis en distillant le mélange obtenu.

« Rien n'est poison, tout est poison : seule la dose fait le poison » disait PARACELSE (médecin et alchimiste suisse du XVe siècle).

La **quinine**, présente dans l'écorce de quinquina, fut le premier médicament réellement efficace contre le paludisme.

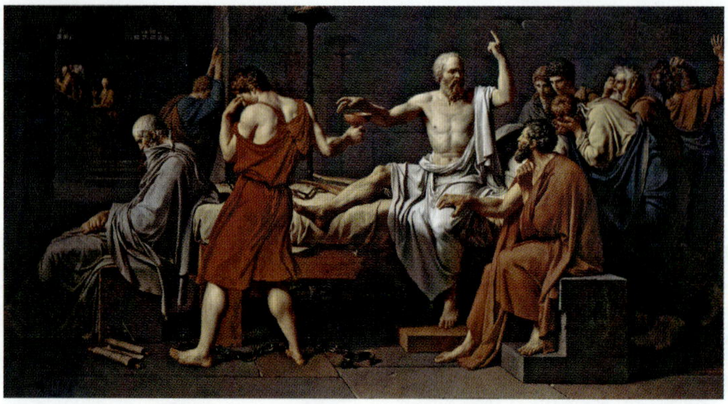

doc. 1 Accusé de pervertir les jeunes Athéniens par ses idées, SOCRATE fut condamné à boire une décoction à base de ciguë, plante très toxique contenant de la coniine.

Le **paclitaxel** (commercialisé sous le nom de Taxol®), extrait de l'if, a été utilisé dans la chimiothérapie des cancers de l'utérus et du sein. Pourtant, il peut être un poison. L'ingestion des fruits de l'if n'a pas vraiment de conséquences s'ils sont avalés entiers. En revanche, mâchés, ils libèrent des molécules toxiques.

1. Citer le procédé utilisé pour extraire la coniine et la quinine.
2. Proposer une suite de manipulations simples permettant d'extraire ces alcaloïdes des plantes afin d'obtenir un liquide homogène.
3. Expliquer pourquoi « mâcher des baies d'if » est une extraction.
4. La strychnine est extraite à l'aide d'un solvant autre que l'eau : lequel ?
5. @ Le mélange obtenu à partir de la noix vomique est « distillé » : en quoi consiste ce procédé ?

2 Saveurs et couleurs péruviennes

DÉMARCHE D'INVESTIGATION

→ La cochenille est un insecte dont on tire très facilement un colorant rouge, utilisé notamment pour colorer des médicaments. **Quel procédé mettre en œuvre pour extraire ce colorant ?**

Lire le texte suivant puis répondre aux questions :

« Ce matin, si vous vous êtes préparé un café dans une cafetière classique, vous avez réalisé une opération d'extraction chimique. Vous avez fait circuler de l'eau chaude, le solvant, à travers un filtre rempli de café. L'eau a extrait les substances hydrosolubles : tannins, pigments, arômes et caféine. Vous avez fabriqué un produit, [...] que vous avez placé dans un réacteur chimique, la tasse à café, où vous avez peut être dissous du lait, du sucre ou un édulcorant. »

Stéphane SARRADE, chercheur au CEA

1. Proposer, en précisant le matériel utilisé, une suite de manipulations permettant d'extraire le colorant hydrosoluble des cochenilles séchées (doc. 2).
2. @ Deux colorants portent le nom de rouge de cochenille : le E120 et le E124. Lequel est naturel ?

doc. 2 La cochenille se reproduit sur les figuiers de Barbarie.

3 L'extraction du diiode d'un antiseptique

TP TRAVAUX PRATIQUES

→ Lorsque l'espèce à extraire est en solution, on utilise une technique d'extraction liquide-liquide.
En quoi consiste cette technique ?

Le diiode I_2 est le principe actif de certains antiseptiques **(doc. 3)**. On se propose de l'extraire en utilisant une méthode exposée dans la **fiche n° 6, p. 315**.

- Dans les tubes à essais préparés sur la paillasse du professeur, observer la teinte du diiode lorsqu'il est en solution dans l'eau ou dans le cyclohexane **(doc. 4)**.
- Dans une ampoule à décanter, verser 10 mL d'eau puis 10 gouttes de solution aqueuse de la solution d'antiseptique. Boucher, agiter. Observer.
- Ajouter 10 mL de cyclohexane dans l'ampoule à décanter. Boucher et agiter.
- Laisser décanter. Observer la couleur des deux phases.

doc. 3 Une solution antiseptique. ▶

1. Quelles précautions doit-on observer lors de l'utilisation du cyclohexane ? Justifier la réponse.
2. Le diiode est-il soluble dans l'eau ? dans le cyclohexane ?
3. La phase supérieure contient-elle l'eau ou le cyclohexane ? Justifier la réponse.
4. Dans quelle phase se trouve principalement le diiode après agitation ? Le diiode est-il plus soluble dans l'eau ou dans le cyclohexane ?

Masse molaire : 84,16 g·mol^{-1} *Point de fusion* : 6,5 °C
Point d'ébullition : 80,7 °C à la pression atmosphérique
Densité **d** : 0,779

doc. 4 Extrait d'étiquette de cyclohexane.

4 L'extraction des arômes d'un zeste d'orange

TP TRAVAUX PRATIQUES

→ Lorsque l'espèce à extraire est contenue dans un solide, on utilise une technique d'extraction solide-liquide.
En quoi consiste cette technique ?

doc. 5 Un médicament à l'arôme d'orange.

Le limonène et le citral sont deux arômes utilisés comme excipients dans certains médicaments **(doc. 5)**. On les trouve à l'état naturel dans les zestes d'orange.
Ils sont insolubles dans l'eau et très solubles dans le cyclohexane.

- Laver soigneusement une orange. L'éplucher en ne prélevant que le zeste et le mixer avec très peu d'eau.
- Introduire la purée obtenue dans un erlenmeyer avec environ 15 mL de cyclohexane.
- Boucher l'erlenmeyer et l'agiter énergiquement quelques minutes.
- À l'aide du dispositif ci-dessous **(doc. 6)**, procéder à la filtration du mélange en vous aidant de la **fiche n° 6, p. 315**.

1. Pourquoi a-t-on mixé les écorces d'orange ?

- Transvaser le filtrat dans une ampoule à décanter. Recueillir la phase aqueuse dans l'erlenmeyer et la phase organique dans un tube à essais.

2. Par quelle méthode pourrait-on analyser le contenu de ce mélange ? La décrire en s'aidant de schémas.

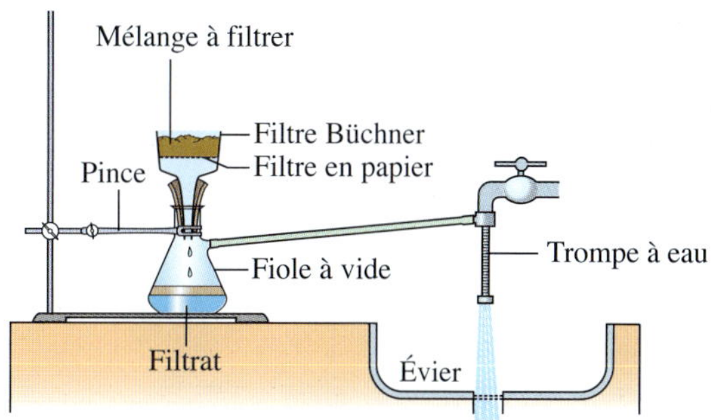

doc. 6 Dispositif de filtration sous vide.

5 Extraction de l'huile essentielle de lavande

TRAVAUX PRATIQUES • TP • DÉMARCHE D'INVESTIGATION

→ Les huiles essentielles sont très souvent utilisées en aromathérapie.
Comment sont-elles extraites des plantes ?

Dans une distillerie traditionnelle, les huiles essentielles sont obtenues par entraînement à la vapeur d'eau (doc. 7). L'eau, les tiges et les fleurs sont introduites dans le vase de la distillerie. L'ensemble est chauffé et le mélange est porté à ébullition. Le mélange gazeux, constitué de vapeur d'eau et d'huile essentielle, passe dans un col de cygne. Il est ensuite condensé dans un serpentin puis recueilli dans un essencier où il décante. L'**huile essentielle**, moins dense, surnage. L'**hydrolat**, aromatisé par les traces de cette huile essentielle, est récupéré au bas de l'essencier. L'extraction à l'aide de cette méthode traditionnelle dure une trentaine de minutes.
Dans une distillerie, on réalise l'hydrodistillation d'environ 60 kg de fleurs de lavande pour obtenir 1 L d'huile essentielle.

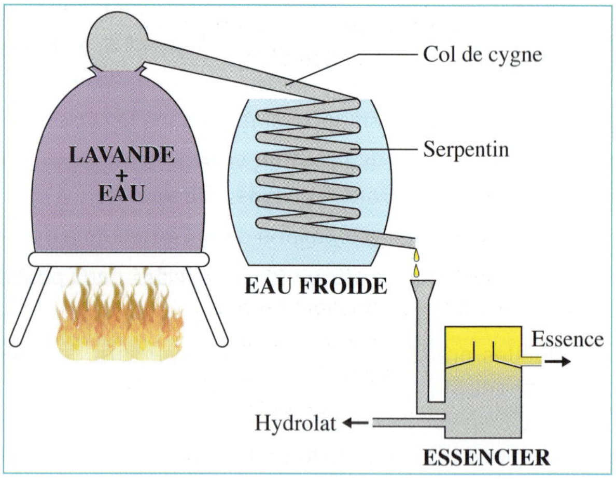

doc. 7 Alambic simple à feu mobile.

1. Quelles sont les trois étapes essentielles de l'hydrodistillation des fleurs de lavande ?
2. Le montage photographié au **document 8** va permettre d'extraire l'huile essentielle des fleurs de lavande. Quels éléments du montage correspondent au vase de la distillerie, au col de cygne, au serpentin et à l'essencier ? Nommer ces éléments.
3. Proposer un protocole expérimental pour extraire l'huile essentielle de lavande. Le mettre en œuvre.
4. Où se situe l'huile essentielle dans l'éprouvette graduée ?
5. Comment peut-on séparer l'huile essentielle de l'hydrolat ? Proposer une technique expérimentale et la mettre en œuvre.
6. Au laboratoire, pour récupérer les traces d'huile essentielle encore présente dans l'hydrolat, on procède à une extraction par solvant. À l'aide du tableau ci-dessous, élaborer un protocole permettant d'extraire l'huile essentielle de lavande en précisant les précautions à prendre. Le mettre en œuvre sur l'échantillon disponible.

Remarque : Ne pas hésiter à consulter les **fiches** appropriées à la fin de votre livre.

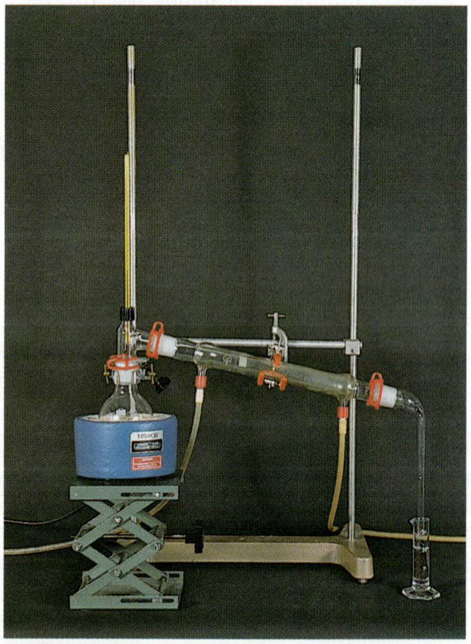
doc. 8 Un montage d'hydrodistillation.

	Eau	Eau salée	Cyclohexane	Huile essentielle de lavande
Densité	1,0	> 1,0	0,78	0,89
Solubilité dans l'eau			insoluble	faible
Solubilité dans l'eau salée			insoluble	très faible
Solubilité dans le cyclohexane	insoluble	insoluble		très bonne

6 Le CO_2 supercritique à l'assaut de la chimie verte

DOC

→ L'extraction à l'aide de fluides supercritiques est utilisée comme alternative à l'extraction par solvant.
En quoi consiste ce procédé et quelles en sont les applications ?

Un **fluide supercritique** a des propriétés intermédiaires entre celles d'un liquide et celles d'un gaz : il est fluide comme un gaz et il est dense comme un liquide. En fonction des conditions de pression et de température, il peut passer d'un état à l'autre.

Les fluides supercritiques sont utilisés comme solvants d'extraction d'espèces chimiques car leur pouvoir de dissolution est plus grand qu'un solvant usuel. L'autre avantage réside dans la possibilité de récupérer le solvant à l'état gazeux.

L'extraction au CO_2 supercritique (ou CO_2 *SC*), est une technologie très utilisée qui s'inscrit dans la **chimie verte** (doc. 9). Elle se substitue à une extraction par un solvant liquide classique, qui n'est généralement pas sans danger, tant pour la santé que pour l'environnement. Par exemple, dans les années 1970, l'industrie du café décaféiné utilisait du chloroforme pour extraire la caféine. Mais les consommateurs commencèrent à présenter des affections du type cirrhose du foie. L'utilisation du CO_2 *SC* a permis d'obtenir un café sans trace de solvant.

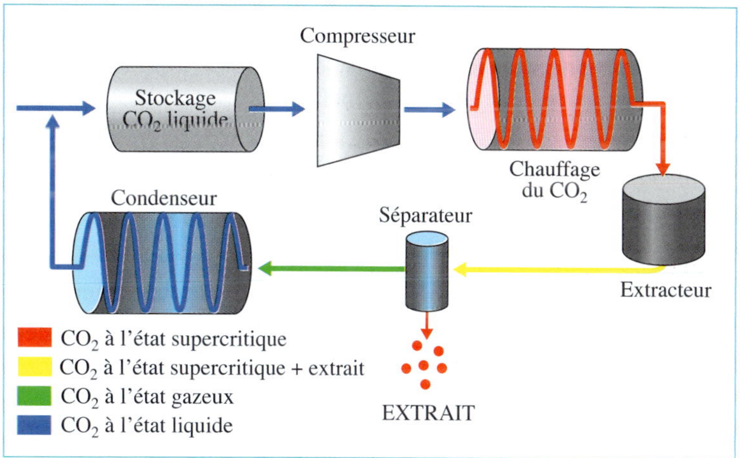

doc. 9 Le produit à traiter est placé dans un extracteur traversé par un flux de CO_2 *SC*. Le fluide se charge en molécules solubles. Le CO_2 *SC* passe en phase gazeuse et se sépare de l'espèce extraite, recueillie dans un séparateur.

L'élimination d'espèces chimiques indésirables (doc. 10) et la récupération de biomolécules (doc. 11) sont deux applications actuelles du CO_2 *SC*.

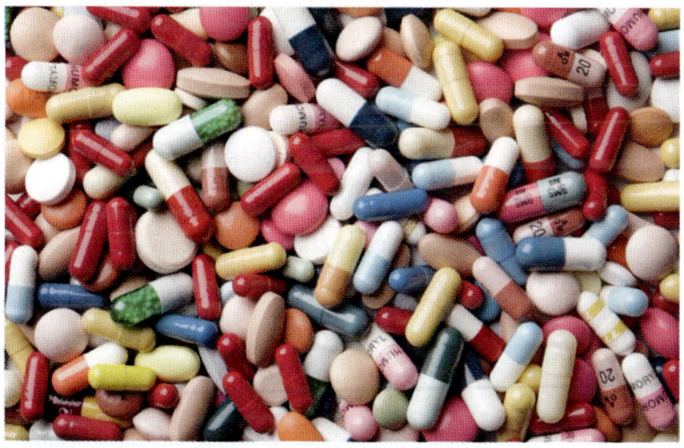

doc. 10 Certains médicaments peuvent contenir des traces de solvants chlorés utilisés lors de leur fabrication. L'élimination de ces solvants est possible grâce à l'extraction dans le CO_2 *SC* dans lequel ils sont solubles.

doc. 11 Les extraits de lavande obtenus par extraction au CO_2 *SC* contiennent jusqu'à deux fois plus d'acétate de linalyle (principal composé odorant de la fleur) que l'huile essentielle obtenue par hydrodistillation.

1. Décrire le procédé d'extraction par un solvant liquide usuel.
2. Quels inconvénients peuvent présenter l'utilisation de solvants liquides usuels ?
3. @ Rechercher les douze principes de la **chimie verte**.
4. Décrire le procédé d'extraction par un solvant supercritique.
5. Pourquoi l'utilisation du CO_2 *SC* est-elle qualifiée de « technologie propre » ?
Pourquoi s'inscrit-elle dans le cadre de la **chimie verte** ?

1 Quelles sont les techniques d'extraction et de séparation ?

1.1 Des procédés très anciens

L'Homme a toujours cherché à extraire certaines espèces chimiques des matières premières présentes dans son environnement.

Une extraction consiste à extraire, c'est-à-dire à prélever, une ou plusieurs espèces chimiques d'un mélange.

Pour cela, de nombreuses techniques ont été mises au point, des plus élémentaires aux plus élaborées.

- L'**expression** consiste à presser les fruits ou les plantes pour en extraire le jus, l'huile, le suc... (doc. 1).
- La **filtration** sépare les constituants d'un mélange solide-liquide.
- La **décantation** sépare des espèces liquides non miscibles, de densités différentes (doc. 2).
- L'**évaporation** élimine une ou plusieurs espèces sous forme de vapeur (doc. 3).
- L'**extraction par solvant** consiste à laisser un végétal au contact d'un solvant afin que certains de ses constituants s'y dissolvent :
  – l'**enfleurage** est une extraction d'espèces aromatiques par de la graisse inodore, solide ou liquide, froide ou chaude ;
  – la **macération** se fait généralement à froid. Lors de la vinification, la macération pelliculaire permet au jus (moût), en contact avec les peaux de raisin, de se charger en espèces colorées et en arômes ;
  – l'**infusion** est réalisée à chaud. Un thé est préparé par infusion dans l'eau chaude des feuilles de théier séchées. La technique est similaire pour le café (activité 2) ;
  – la **décoction** consiste à chauffer un végétal (généralement les parties les plus dures des plantes telles que les racines, les graines ou l'écorce) avec de l'eau, jusqu'à ébullition. La tisane de queues de cerises en est une illustration.

Les alcaloïdes vus dans l'activité 1 peuvent être extraits par macération, infusion ou décoction.

- L'**hydrodistillation** est l'un des plus anciens procédés d'extraction. Cette technique, réalisée à l'activité 5, remonte au moins à l'Ancienne Égypte. Elle permet d'obtenir les huiles essentielles, composés odorants d'origine végétale.

1.2 Des procédés plus élaborés

Toutes ces techniques de séparation et d'extraction ont été perfectionnées et sont encore utilisées aujourd'hui.

D'autres ont vu le jour, comme l'extraction au dioxyde de carbone *supercritique* (activité 6).

L'**extraction par solvant** et l'**hydrodistillation** font l'objet d'une étude plus approfondie dans les paragraphes suivants.

Pour commencer, exercices 1 et 2, p. 220

doc. 1 Le jus de canne à sucre (ou vesou) est obtenu par broyage des tiges. La filtration du jus conduit à une boisson en partie débarrassée de ses impuretés.

doc. 2 Jadis, après pressurage des olives, le moût d'huile obtenu était stocké dans des bacs de décantation. L'huile remontait à la surface et était récupérée à la louche.

doc. 3 Verre de sirop de « batterie » obtenu par évaporation du jus de canne à sucre.

2 Comment réaliser une extraction par solvant ?

L'extraction d'espèces chimiques à l'aide d'un solvant s'appuie sur les notions de **densité** et de **solubilité** déjà abordées aux chapitres 10 et 13 ainsi que sur celle de **miscibilité** vue au collège.

2.1 Mélange de liquides

Certains liquides, comme l'eau et l'alcool par exemple, se mélangent : ils sont dits **miscibles**. D'autres, comme l'eau et l'huile (doc. 4) ou l'eau et le cyclohexane, ne se mélangent pas : ils sont dits **non miscibles.**

doc. 4 L'huile a une densité inférieure à celle de l'eau. Dans un mélange, c'est toujours le liquide de plus faible densité qui surnage.

2.2 Extraction à l'aide d'un solvant

Exploitons les résultats de l'activité 3.

À 25 °C, la solubilité du diiode dans l'eau est de 0,34 $g \cdot L^{-1}$ alors qu'elle est de 28 $g \cdot L^{-1}$ dans le cyclohexane. Cette grande différence de solubilité permet d'extraire le diiode dissous dans la solution d'antiseptique.

Dans la solution d'antiseptique, le diiode est dissous dans l'eau. Après ajout du cyclohexane puis agitation, les deux phases sont mises en contact. Le diiode est plus soluble dans le cyclohexane que dans l'eau. Il passe dans le cyclohexane comme en témoignent la teinte pourpre prise par la phase supérieure et la décoloration de la phase inférieure (doc. 5).

Cette technique est générale :

Pour extraire une espèce dissoute dans un solvant S_1, on utilise un autre solvant S_2, non miscible à S_1, dans lequel cette espèce est nettement plus soluble.

Le choix du solvant dépend de l'espèce chimique à extraire. Il doit être, le plus possible, respectueux de l'environnement et sans danger pour la santé.

Pour commencer, exercices 3, 4 et 5, p. 220

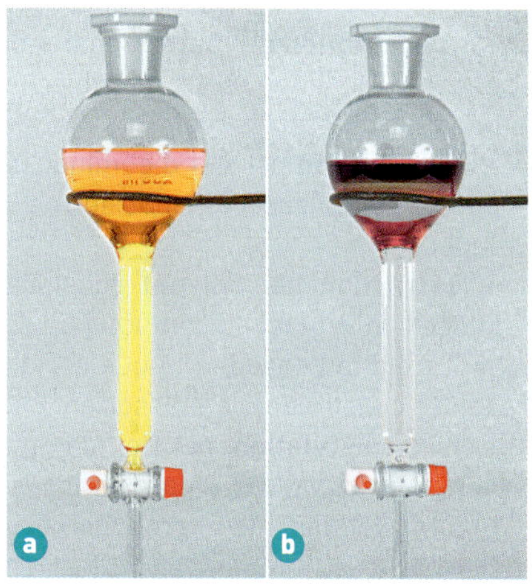

doc. 5 Une ampoule à décanter est utilisée pour effectuer une extraction par solvant.
a. avant agitation ; **b.** après agitation.

3 Comment réaliser une extraction par hydrodistillation ?

Exploitons les résultats de l'activité 5.

L'hydrodistillation permet d'extraire des espèces chimiques, insolubles dans l'eau, présentes dans les fleurs, les écorces d'arbres ou de fruits...

Sous l'effet de la chaleur et de l'eau bouillante, les cellules végétales de la lavande éclatent et libèrent les espèces aromatiques qu'elles contiennent. Ces espèces volatiles sont entraînées par la vapeur d'eau. La condensation des vapeurs à l'aide d'un réfrigérant à eau permet de récupérer ces espèces aromatiques (doc. 6).

Une espèce volatile, non miscible à l'eau, peut être extraite par hydrodistillation.

Pour commencer, exercice 6, p. 220

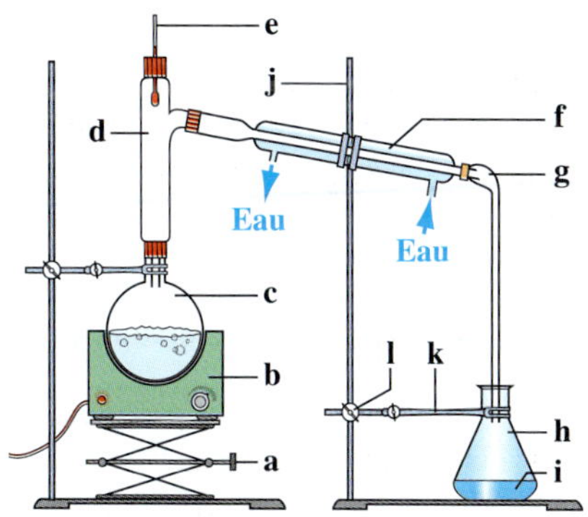

doc. 6 Montage pour une hydrodistillation :
a : élévateur à croisillons ; **b** : chauffe-ballon ; **c** : ballon ; **d** : tête de colonne ; **e** : thermomètre ; **f** : réfrigérant à eau ; **g** : allonge coudée ; **h** : erlenmeyer ; **i** : hydrodistillat; **j** : support ; **k** : pince ; **l** : noix.

Retenir l'essentiel

Les savoirs

Connaître quelques techniques d'extraction et de séparation

- Une extraction consiste à **extraire**, c'est-à-dire à prélever, une ou plusieurs **espèces chimiques** d'un mélange.
- De nombreuses techniques existent :
  - l'**expression** consiste à presser les fruits ou les plantes pour en extraire le jus, l'huile, le suc... ;
  - la **filtration** permet de séparer les constituants d'un mélange solide-liquide (doc. 1) ;
  - la **décantation** permet de séparer des espèces liquides non miscibles de densités différentes (doc. 2) ;
  - l'**évaporation** permet d'éliminer une ou plusieurs espèces sous forme de vapeur ;
  - l'**extraction par solvant** consiste à laisser un végétal au contact d'un solvant froid (ou chaud) afin que certains de ses constituants s'y dissolvent ;
  - l'**hydrodistillation** permet d'entraîner, avec la vapeur d'eau, les constituants volatils des produits bruts (doc. 3).

Les compétences attendues

- Interpréter les informations provenant d'étiquettes et de divers documents.
- Élaborer et mettre en œuvre un protocole d'extraction. **[TP]**
- Utiliser un dispositif de filtration (doc. 1), une ampoule à décanter (doc. 2), un appareil de chauffage (doc. 3) dans les conditions de sécurité. **[TP]**

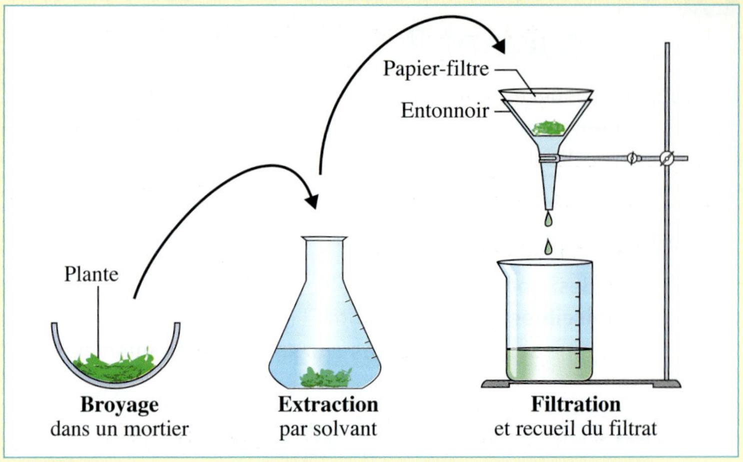

doc. 1 Extraction solide/liquide.

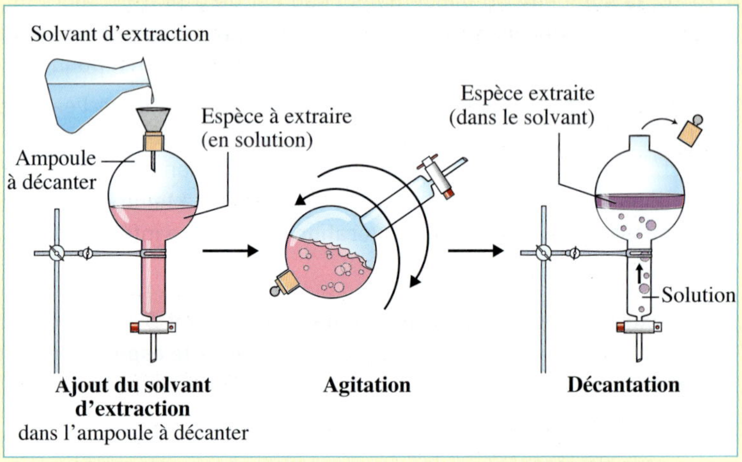

doc. 2 Extraction liquide/liquide. Pour extraire une espèce dissoute dans un solvant S_1, on utilise un autre solvant S_2, non miscible à S_1, dans lequel cette espèce est nettement plus soluble.

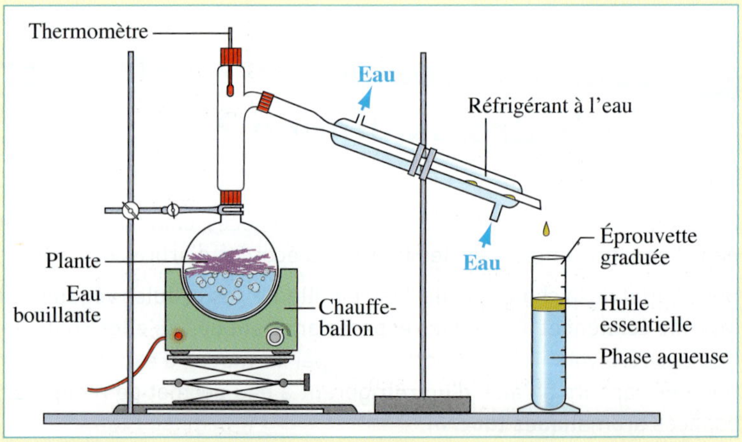

doc. 3 Dans une hydrodistillation, une espèce volatile, non miscible à l'eau, est extraite par la vapeur d'eau.

S'auto-évaluer

QCM

Pour chaque question, indiquer la (ou les) bonne(s) réponse(s).

ÉNONCÉ	A	B	C	Si échec revoir
1. Broyer des épinards dans un solvant, c'est réaliser une :	macération	expression	décantation	§1, p. 214
2. Presser un fruit pour en extraire le jus est une :	expression	décoction	macération	§1, p. 214
3. Pour séparer deux liquides non miscibles, il faut réaliser une :	filtration	décantation	évaporation	§1, p. 214
4. Pour extraire une espèce dissoute dans un solvant S_1, le solvant d'extraction S_2 doit être :	non miscible à S_1	soluble dans S_1	de densité différente de celle de S_1	§2, p. 215
5. Un liquide non miscible à l'eau surnage au-dessus de celle-ci si :	sa densité est supérieure à celle de l'eau	sa densité est inférieure à celle de l'eau	ce liquide est plus volatil que l'eau	§2, p. 215
6. Le tétrachlorure de carbone CCl_4 a une densité par rapport à l'eau d = 1,59. Il est non miscible à l'eau. Le schéma correct d'une ampoule à décanter contenant un mélange d'eau et de tétrachlorure de carbone est :	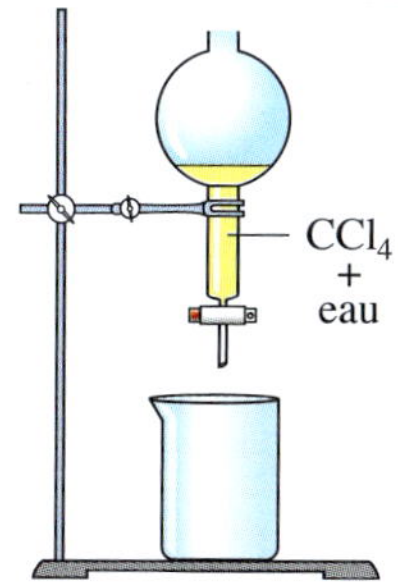	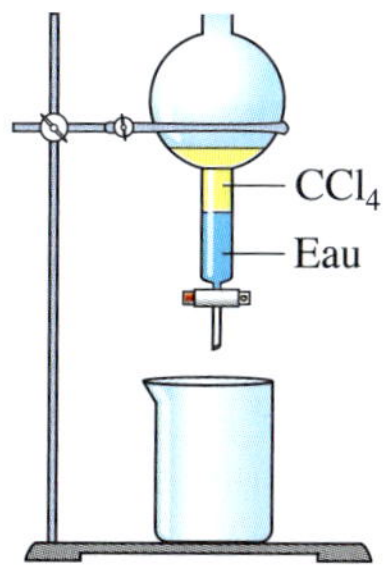	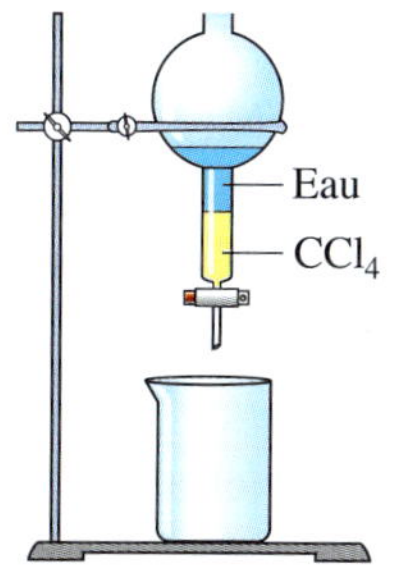	§2, p. 215
7. L'éthanol a une densité par rapport à l'eau d = 0,79. Il est miscible à l'eau. Le schéma correct d'une ampoule à décanter contenant un mélange d'eau et d'éthanol est :	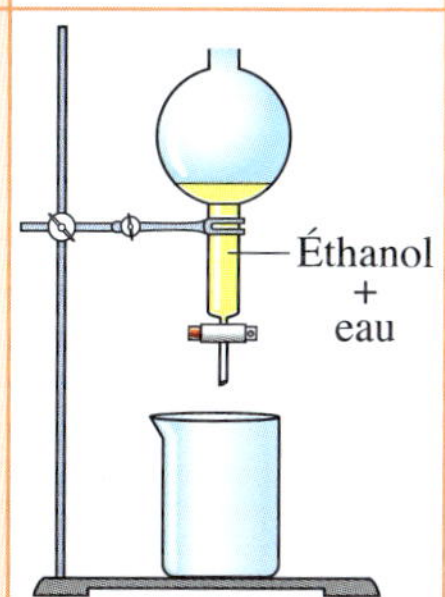	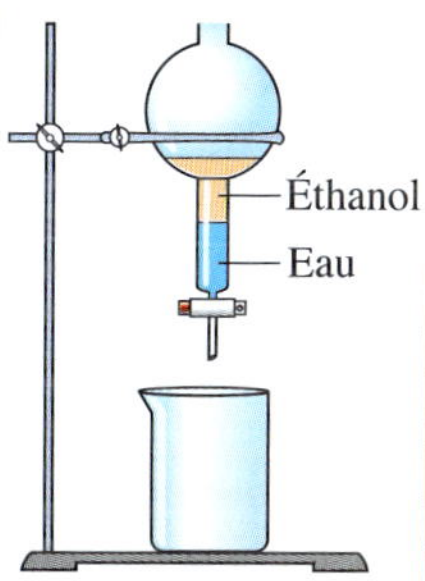	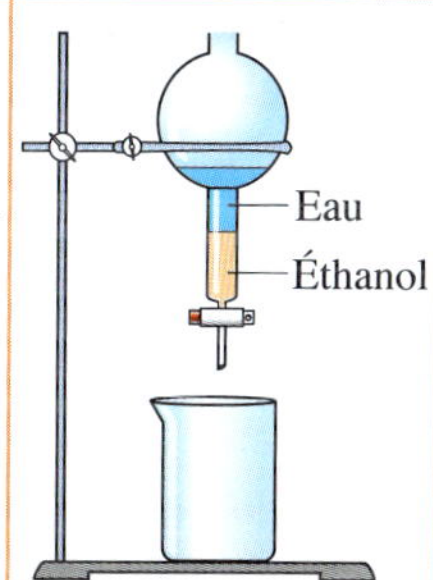	§2, p. 215
8. Une hydrodistillation est un entraînement :	à la vapeur d'eau	d'une espèce chimique non miscible à l'eau	d'une espèce chimique miscible à l'eau	§3, p. 215
9. Lors d'une hydrodistillation, les espèces volatiles :	se vaporisent et s'échappent du réfrigérant	se vaporisent puis se recondensent	se vaporisent et se mélangent à la vapeur d'eau	§3, p. 215
10. Pour récupérer l'huile essentielle dissoute partiellement dans l'eau, on peut :	effectuer une décantation	filtrer	extraire par solvant	§3, p. 215

Réponses, p. 324

Analyser, résoudre et rédiger

Compétence mise en œuvre

- **Élaborer un procédé d'extraction en respectant les consignes de sécurité.**

Anis étoilé

L'anéthol peut être extrait à froid de l'anis étoilé, fruit séché de la badiane. C'est un précurseur chimique de l'anétholtrithione, principe actif d'un médicament utilisé dans le traitement de la sécheresse de la bouche et des yeux.

L'anéthol est très faiblement soluble dans l'eau ; il est soluble dans le dichlorométhane et dans l'éthanol.

Proposer un protocole d'extraction à froid, à partir d'anis étoilé.

Données :

	Dichlorométhane	Éthanol
Mentions de danger H	351 – Susceptible de provoquer le cancer	225 – Liquide et vapeur très inflammables

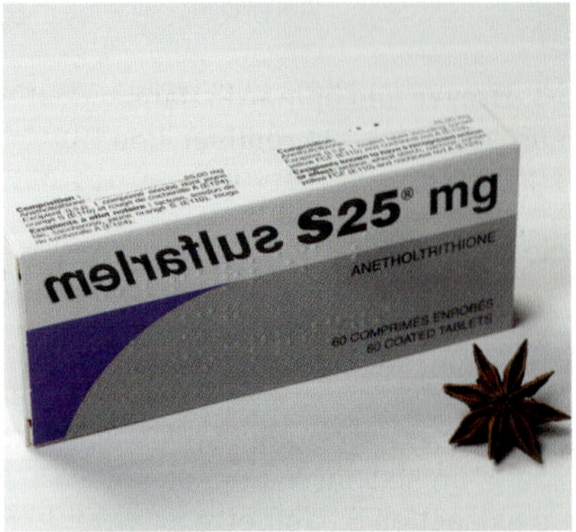

Le principe actif de ce médicament est synthétisé à partir de l'anéthol extrait des fruits de la badiane (l'anis étoilé).

CONSEILS

Que demande-t-on ?
Il est demandé d'extraire l'anéthol selon un procédé d'extraction à froid, c'est-à-dire en utilisant l'un des trois solvants proposés : l'eau, l'éthanol ou le dichlorométhane.

Quelles sont les données dont on dispose et comment les utiliser ?
On dispose d'indications sur la solubilité de l'anéthol dans les trois solvants ; pour être extraite, une espèce doit être soluble dans le solvant d'extraction.
Les données relatives à la sécurité permettent de choisir le solvant le moins dangereux.

Comment réaliser l'extraction ?
L'extraction doit être réalisée à partir du fruit : il s'agit d'une extraction solide-liquide. L'extraction nécessite le matériel suivant : entonnoir, papier-filtre, mortier, pilon, erlenmeyer, agitateur magnétique et barreau aimanté. Il faut penser à broyer le solide pour optimiser l'extraction.

Solution rédigée

L'anéthol est soluble dans le dichlorométhane ou l'éthanol : ils peuvent être utilisés comme solvant d'extraction.
Le dichlorométhane est susceptible de provoquer le cancer : on lui préfère donc l'éthanol.
Principales étapes de l'extraction de l'anéthol à partir des fruits :
- avec un pilon, broyer quelques fruits d'anis étoilé dans un mortier ;
- introduire la poudre obtenue dans un erlenmeyer ;
- verser quelques millilitres d'éthanol ;
- ajouter le barreau aimanté, boucher l'erlenmeyer et le placer sur un agitateur magnétique et agiter ;
- faire couler le mélange dans un entonnoir muni d'un papier-filtre ;
- récupérer le filtrat.

Application immédiate n° 1

La tomate contient un **antioxydant** important : le lycopène. C'est un pigment rouge, **liposoluble** qui n'est pas **hydrosoluble**. Il peut être extrait à l'aide de dichlorométhane, liquide à 25 °C.

1. @ Chercher les définitions des mots en gras dans le texte.

2. Pourquoi le lycopène ne peut-il pas être extrait à l'eau ?

3. On extrait le lycopène d'un jus de tomate, à l'aide de dichlorométhane de masse volumique $\rho = 1{,}33\ g \cdot mL^{-1}$.
  a. Préciser les différentes étapes de cette extraction.
  b. Dessiner l'ampoule à décanter en fin de manipulation.

Voir correction, p. 328

Analyser, résoudre et rédiger

Compétence mise en œuvre

- Exploiter des données physiques.

Huile essentielle d'eucalyptus

L'huile essentielle d'eucalyptus citronnée est utilisée pour les accidents musculaires. Elle soulagerait les entorses, les tendinites, et même les tennis-elbows. Elle est obtenue par hydrodistillation des feuilles de l'arbre.

1. Rappeler le principe d'une hydrodistillation.

2. À 25 °C, quel est l'état physique du citronellal, principal constituant de l'huile essentielle d'eucalyptus citronnée ?

3. Justifier la technique utilisée pour extraire l'huile essentielle.

4. Dessiner l'éprouvette graduée contenant l'hydrodistillat à fin de manipulation, en précisant la position des deux phases.

Données : densité de l'huile essentielle d'eucalyptus citronnée : $d = 0,87$.
Pour le citronellal :

Température de fusion	Température d'ébullition	Solubilité
Inférieure à 0 °C	205 °C	Très peu soluble dans l'eau

CONSEILS

1. Revoir le cours page 215.

2. L'état physique de l'espèce à 25 °C se déduit de la lecture des températures de fusion et d'ébullition.

3. Une espèce volatile, non miscible à l'eau, peut être extraite par un procédé d'entraînement à la vapeur.

4. Dans un mélange de liquides non miscibles, c'est toujours le liquide de plus faible densité qui surnage.

Solution rédigée

1. Sous l'effet de la chaleur et de l'eau bouillante, les cellules des feuilles d'eucalyptus éclatent et libèrent les espèces aromatiques qu'elles contiennent. Ces espèces volatiles se vaporisent. Un réfrigérant à eau condense les vapeurs contenant les espèces aromatiques et permet de récupérer l'huile essentielle.

2. Le citronellal est solide pour une température inférieure à 0 °C. Il est gazeux pour une température supérieure à 205 °C. À 25 °C, il est donc **liquide**.

3. L'hydrodistillation est applicable aux composés volatiles **peu ou pas solubles dans l'eau**, ce qui est le cas ici.

4. L'huile essentielle est moins dense que l'eau : elle surnage dans l'éprouvette contenant l'hydrodistillat.

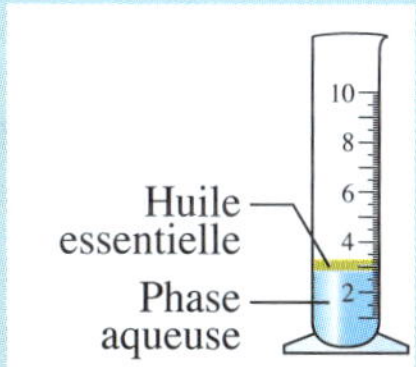

Application immédiate n° 2

L'hydrodistillat obtenu par hydrodistillation de feuilles d'eucalyptus est constitué d'eau et de gouttelettes huileuses contenant l'anéthol en suspension dans la phase aqueuse.
L'anéthol est très faiblement soluble dans l'eau ; il est insoluble dans l'eau salée, soluble dans le dichlorométhane et dans l'éthanol. L'éthanol et l'eau sont miscibles. Le dichlorométhane et l'eau ne le sont pas.
Proposer un protocole d'extraction de l'anéthol contenu dans la phase aqueuse.

Données : $d_{eau} = 1,00$; $d_{eau\ salée} = 1,19$; $d_{éthanol} = 0,79$; $d_{huile\ essentielle} = 0,88$; $d_{dichlorométhane} = 1,33$.

Voir correction, p. 328

Pour commencer

Quelles sont les techniques de séparation et d'extraction ?

1 Décrire des procédés d'extraction

L'huile d'olive a des propriétés bénéfiques sur le plan cardio-vasculaire.
Les « huiles d'olive vierges » sont obtenues à partir du fruit de l'olivier uniquement par des procédés mécaniques (lavage, malaxage, **pressage**, **décantation** de l'huile et de l'eau, centrifugation ou **filtration**).
Les « huiles de grignons » sont obtenues par **traitement au solvant** (heptane...) de grignons d'olive, résidus composés des fragments de peaux, de pulpe et de noyaux.
Décrire les procédés d'extraction cités en **gras** dans le texte, en s'aidant éventuellement de schémas.

2 Choisir un procédé d'extraction

La reine-des-prés contient, entre autres, de l'acide salicylique, principe actif efficace contre la fièvre et précurseur de l'aspirine. Cet acide est peu soluble dans l'eau froide, mais soluble dans l'eau chaude.
La notice d'une boîte de tisane de reine-des-prés est reproduite ci-dessous.

> **Mode d'emploi de l'infusette reine-des-prés Araquelle**
> Laisser infuser un **sachet-dose de reine-des-prés Bio** dans une tasse d'eau chaude pendant 3 à 4 minutes. **Ne pas mettre dans l'eau bouillante**, dont la vapeur élimine l'acide salicylique. Possibilité de consommer 3 tisanes par jour de reine-des-prés après chaque repas.

1. Quelle propriété de l'acide salicylique justifie l'emploi de la reine-des-prés comme tisane ?

2. L'utilise-t-on en décoction ou en infusion ? Justifier.

Comment réaliser une extraction par solvant ?

3 Élaborer un procédé d'extraction

La fleur d'arnica, transformée en pommade ou en lotion, soigne les coups, les ecchymoses... Elle contient un principe actif, l'arnicine, très soluble dans l'eau bouillante.
Proposer un protocole d'extraction.

4 Décrire des procédés d'extraction

L'urucum (ou roucou) est une plante d'Amazonie traditionnellement utilisée par les indiens pour se protéger du Soleil et des moustiques, d'où le nom de « Peaux-Rouges » qui leur était donné. Les graines d'urucum sont encore plus riches en béta-carotène que les carottes. La poudre qui en est issue est insoluble dans l'eau, mais soluble dans l'éthanol ou les huiles végétales.

1. Proposer un solvant d'extraction possible à partir des indications du texte. Décrire le procédé à mettre en œuvre.

2. Un livre indique la recette suivante.
« Laisser l'urucum au contact de l'huile végétale pendant 5 jours, en remuant de temps en temps. Filtrer. On peut aussi laisser se faire naturellement la séparation. »
Nommer les trois techniques évoquées dans cette recette.

5 Extraire la cire de jojoba

Les randonneurs apprécient particulièrement les cires naturelles végétales (et notamment celle issue du jojoba) pour l'entretien de leurs chaussures.
Ces cires ne sont pas hydrosolubles.
La cire liquide de jojoba est extraite par pression à froid des graines de la plante. Ce procédé est plus coûteux qu'une extraction par solvant car il a un faible rendement. Cependant, il est plus écologique.

1. Quelles sont les deux techniques d'extraction mentionnées dans le texte ?

2. Décrire le procédé d'obtention de la cire de jojoba par l'une et l'autre de ces méthodes.

3. Pourquoi le procédé par pression à froid est-il plus écologique ?

Comment réaliser une extraction par hydrodistillation ?

6 Séparer les phases de l'hydrodistillat

L'eugénol, aux effets antiseptiques, entre dans la composition de nombreux médicaments (solutions pour usage dentaire). Elle est obtenue par hydrodistillation des clous de girofle.
Une extraction par solvant est nécessaire pour récupérer l'huile essentielle présente dans l'hydrodistillat.
On assimilera l'huile essentielle à l'eugénol.

L'eugénol est peu soluble dans l'eau et insoluble dans l'eau salée. Il est cependant très soluble dans l'éthanol, le dichlorométhane, et un peu dans le chloroforme. L'éthanol est miscible à l'eau. Le dichlorométhane et le chloroforme sont non miscibles à l'eau.

1. Quel solvant d'extraction peut-on *a priori* choisir ? Justifier.

2. Lors de l'extraction, une étape consiste à ajouter du chlorure de sodium dans la phase aqueuse : quel est l'intérêt de cette technique ?

7 Légender un schéma d'hydrodistillation

L'hydrodistillation des zestes d'agrumes conduit à une huile essentielle (de densité voisine de 0,84) contenant du limonène. Actuellement, des chercheurs étudient les éventuelles propriétés anticancéreuses du limonène.

Légender le schéma du montage ci-après en précisant la position des deux phases constituant l'hydrodistillat.

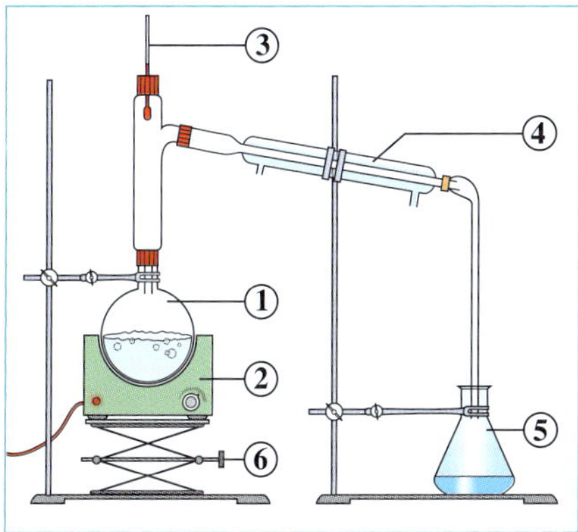

Pour s'entraîner

8 Exploiter des caractéristiques physiques

Le benzoate de benzyle est un médicament qui sert de traitement contre les poux et la gale. Sa forme galénique est une lotion pour application locale.

Forme : lotion

	par 100 mL
benzoate de benzyle	10 g
sulfiram	2 g

Excipients : polysorbate, eau purifiée, éthanol.

Classement pharmaco-thérapeutique
Antiparasitaire externe

Propriétés physiques du benzoate de benzyle :
- insoluble dans l'eau ;
- soluble dans l'éthanol, l'éther, le cyclohexane, et l'acétone ;
- température d'ébullition : 324 °C ;
- température de fusion : 21 °C ;
- densité : 1,12.

1. Quel est l'état physique du benzoate de benzyle à 20 °C ? à 25 °C ?

2. L'un des excipients est l'éthanol : quel est son intérêt ?

3. Pourquoi n'utilise-t-on pas seulement de l'éthanol comme excipient ?

9 L'estragol

L'estragol est une espèce chimique présente dans les feuilles d'estragon. L'huile essentielle d'estragon aurait des vertus anti-allergiques. Elle peut être extraite par hydrodistillation.

Les phases aqueuse et organique de l'hydrodistillat obtenu sont très difficiles à séparer par une simple décantation. Une extraction à l'aide d'un solvant est nécessaire.

1. Parmi les solvants proposés dans le tableau ci-dessous, lesquels peut-on *a priori* choisir ? Justifier la réponse.

	Cyclohexane	**Dichloro-méthane**	**Éthanol**	**Eau**
Densité	0,78	1,33	0,79	1,0
Miscibilité avec l'eau	non	non	oui	oui
Solubilité de l'huile essentielle	soluble	soluble	soluble	insoluble
Pictogrammes de sécurité	Xn F N	Xn	F	–
Phrases de risques R	11, 38, 50/53, 65, 67	40 – Effet cancérogène suspecté	11	–
Pictogrammes harmonisés				–
Mentions de danger H	225, 304, 315, 336, 410	351 – Susceptible de provoquer le cancer	225	–

2. Pour des questions de santé et de sécurité, l'un de ces solvants est à éviter particulièrement : lequel ?

3. Décrire les différentes opérations à effectuer lors de cette extraction par solvant.

4. Schématiser ces différentes étapes, en précisant les positions des phases.

5. Pour vérifier la présence d'estragol dans l'extrait obtenu, on réalise une chromatographie. Le chromatogramme obtenu est représenté ci-contre. Les lettres correspondent aux dépôts d'estragol pur (en *A*) et d'extrait (en *B*). Interpréter le chromatogramme.

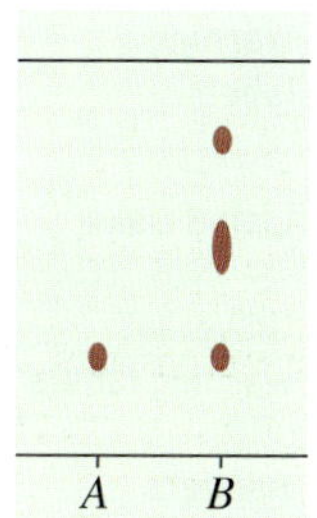

10 Dangereux solvant

Pendant très longtemps le café a été décaféiné par extraction de la caféine à l'aide du trichlorométhane (chloroforme) dont un extrait de l'étiquette est fourni ci-après :

Masse molaire	119,4 $g \cdot mol^{-1}$
Point de fusion	– 63,5 °C
Point d'ébullition	61,3 °C
Densité	1,49

Système européen de signalisation	**Système général harmonisé**
Phrases R : 22, 38, 40, 48/20/22	*Mentions de danger H*
Phrases S : 2, 36/37	H302, H315, H351, H373

1. Quel est l'état physique du trichlorométhane à 25 °C ?

2. La caféine est-elle soluble dans le trichlorométhane ?

3. Pour quelle raison a-t-on abandonné l'extraction de la caféine par le trichlorométhane ?

4. On dispose, au laboratoire, d'une préparation à base de café qui contient, entre autres, de la caféine dissoute dans de l'eau.
Sachant que la caféine est peu soluble dans l'eau, proposer un protocole opératoire permettant d'extraire la caféine de cette préparation. Faire un schéma illustrant l'étape principale de l'extraction en précisant la position des diverses phases.

11 A spicy cream

Heating creams, conceived for athletes who practice outdoors in cold weather, are sold in sports stores. The cream contains capsaicin, the main ingredient in red chili peppers. This alkaloid activates *the receivers of the skin* : the irritation provokes a burning sensation without any real *increase* of temperature. The capsaicin is *weakly* soluble in water, soluble in ethanol, acetone and diethyl ether.

	Diethyl ether	Acetone	Ethanol
Warning labels	Xn F+	Xi F	F
Listed risks	12, 19, 22, 66, 67,	11, 36, 66, 67	11
Universal warning labels			
Dangers	224, 302, 336	225, 319, 336	225

1. Elaborate a protocol of extraction, specifying safety instructions for the safe handling of the solvent. For the various stages, make plans.

2. At the end of extraction, how must be eliminated the solvent to collect the extract ?

Vocabulaire : the receivers of the skin : les récepteurs de la peau ; *increase :* une augmentation ; *weakly :* faiblement.

12 À chacun son rythme

Cet exercice est proposé à deux niveaux de difficultés. Dans un premier temps, essayer de résoudre le niveau 2. En cas de difficultés, passer au niveau 1.

L'aspirine ou acide acétylsalicylique est le principe actif de nombreux médicaments aux propriétés analgésiques, antipyrétiques et anti-inflammatoires.

On souhaite extraire l'aspirine contenue dans une solution aqueuse, soit avec de l'éthanol, soit avec de l'éther diéthylique (ou éthoxyéthane).

Niveau 2

1. Proposer un protocole permettant de réaliser cette extraction en toute sécurité.

2. Faire un schéma illustrant l'étape principale de l'extraction en précisant bien la position des diverses phases.

Données :

	Éther diéthylique	Éthanol	Eau
Densité	0,71	0,79	1,0
Miscibilité avec l'eau	non miscible	miscible	miscible
Solubilité de l'aspirine	très soluble	très soluble	peu soluble
Pictogrammes de sécurité	Xn F+	F	–
Phrases de risques R	12, 19, 22, 66, 67,	11	–
Pictogrammes harmonisés			–
Mentions de danger H	224, 302, 336	225	–

Niveau 1

1. L'aspirine est :
– peu soluble dans l'eau ;
– très soluble dans l'éthanol ou dans l'éther diéthylique.
L'eau et l'éthanol sont miscibles en toutes proportions. L'éther et l'eau ne sont pas miscibles.

a. Lequel de ces deux solvants convient-il d'utiliser ?

b. L'éthanol est très inflammable. L'éther diéthylique est très inflammable et nocif. Que faut-il faire pour manipuler sans danger le solvant choisi ?

2. On dispose du matériel suivant : ampoule à décanter, entonnoir, béchers, supports divers, noix de fixation et éprouvettes graduées.

a. Proposer un protocole permettant de réaliser cette extraction.

b. Préciser la position des diverses phases, sur le schéma ci-contre, illustrant l'étape principale de l'extraction.

Données :

Densités de l'éther diéthylique : 0,71 ; de l'éthanol : 0,79 ; de l'eau : 1,0.

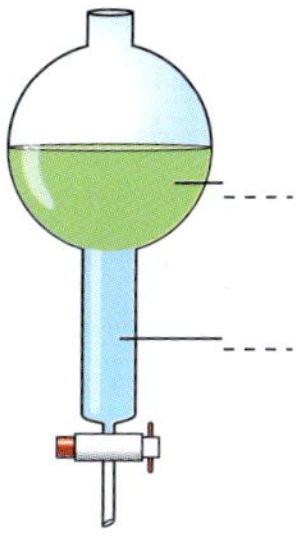

13 L'enfleurage à froid

L'enfleurage à froid est un procédé d'extraction utilisé en parfumerie. Plus coûteux que le procédé plus classique d'hydrodistillation, il est réservé aux fleurs fragiles (jasmin, violette). Les fleurs sont déposées sur de la graisse inodore qui absorbe les espèces aromatiques pendant plusieurs mois. Les fleurs sont renouvelées jusqu'à ce que la graisse soit saturée en espèces aromatiques. Les pommades parfumées obtenues peuvent être utilisées en l'état ou traitées à l'éthanol. Après filtration, puis évaporation, on obtient une **absolue**.

1. Citer les techniques d'extraction utilisées.

2. Les espèces aromatiques sont-elles plus solubles dans l'éthanol ou dans la graisse ?

3. @ Qu'est-ce qu'une absolue ?

14 Petits maux d'adolescence

Il existerait une recette naturelle pour traiter l'acné. Il suffirait de mélanger dans un récipient 100 mL d'huile végétale de carthame et 30 gouttes d'huile essentielle de camomille romaine. Cette lotion s'applique le soir sur les zones concernées. Efficace ou pas ? Il suffit de l'essayer...

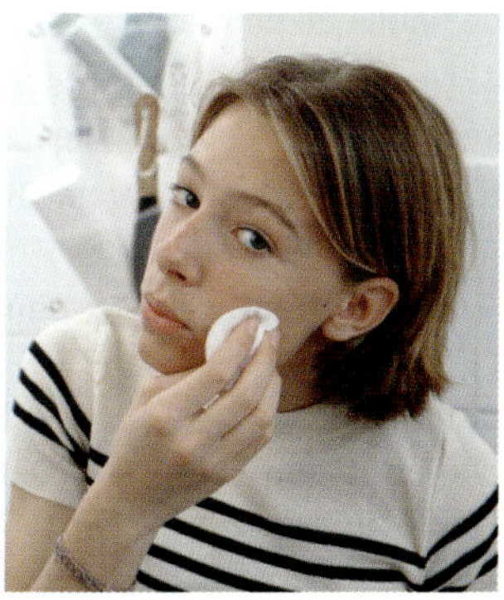

A. Le carthame

Traditionnellement cultivé dans le bassin méditerranéen, le carthame a longtemps été employé pour ses vertus tinctoriales. Pour extraire le colorant, il suffit d'enfermer les ligules (corolles) de carthame dans un sac et de plonger l'ensemble dans de l'eau afin que la couleur jaune s'en échappe. La couleur rouge s'obtient par des malaxages en milieux basique puis acide.

1. Comment se nomme ce procédé d'extraction ?

2. Quel est le solvant ?

Le carthame est également cultivé en Asie et en Amérique latine comme oléagineux. Les graines de carthame donnent une huile végétale très riche en acides gras essentiels : l'acide oléique (oméga 9) et l'acide linoléique (oméga 6). Cette huile contribue à la régulation de l'équilibre cutané. L'huile est obtenue par pression à froid.

3. Comment nomme-t-on cette technique ?

4. Proposer un protocole expérimental pour extraire l'huile végétale des graines de carthame.

B. La camomille romaine

Anti-inflammatoire et **antiprurigineuse**, l'huile essentielle de camomille romaine s'obtient par hydrodistillation des fleurs de camomille.

5. Rechercher la signification du terme en gras.

6. Schématiser et légender le montage d'hydrodistillation.

7. L'huile essentielle a une densité égale à 0,9. Préciser sur le schéma où se trouve l'huile essentielle dans l'hydrodistillat.

15 Les bienfaits de la menthe poivrée

La menthe poivrée a des propriétés anti-inflammatoires et antivirales, dues entre autres au menthol et à l'eucalyptol. On la trouve traditionnellement dans les pastilles contre le mal de gorge. L'huile essentielle est obtenue par hydrodistillation des feuilles de menthe poivrée.

1. Schématiser et légender le montage.

On cherche à déterminer la composition de l'huile essentielle de menthe poivrée. On réalise pour cela une chromatographie sur couche mince avec un éluant adapté. Le chromatogramme est donné ci-contre :

2. Quel est le rôle de l'éluant ?

3. Que représentent les traits situés en haut et en bas du chromatogramme ?

4. Interpréter le chromatogramme obtenu.

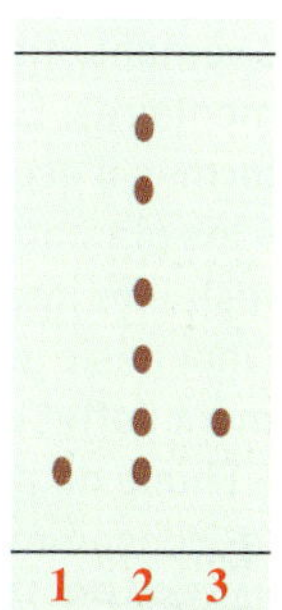

1 : menthol
2 : huile essentielle de menthe poivrée
3 : eucalyptol

16 Le test à la souris SVT

Tous les mois, des huitres sont prélevées en mer et analysées par les laboratoires de l'Ifremer, un organisme de recherche et de contrôle. Le test à la souris permet de déterminer si ces huitres contiennent des microtoxines nocives pour l'Homme. Ce test a longtemps été contesté par les ostréiculteurs, en particulier dans le bassin d'Arcachon où certaines zones de production ont dû fermer plusieurs semaines d'affilées. Un autre test remplace le « test à la souris » depuis le mois de janvier 2010 : c'est un test chimique qui a reçu l'approbation de l'Union européenne. Il serait plus fiable.

Après avoir broyé la chair des huîtres, on y ajoute un solvant (le méthanol) qui permet d'extraire les toxines de la chair. Le liquide obtenu est ensuite filtré pour éliminer les dernières impuretés. Trois millilitres vont servir à l'étape finale : l'analyse chromatographique qui va identifier et séparer les différentes toxines. Parmi ces toxines, les scientifiques en recherchent treize, toutes nocives pour l'Homme.

1. @ Rechercher le protocole du test à la souris.

2. Identifier et nommer chacune des étapes du test chimique.

3. À quelle condition les toxines peuvent-elles être extraites du broyat par le méthanol ?

4. Pourquoi la chair est-elle broyée avant d'ajouter le méthanol ?

17 Retour sur l'ouverture du chapitre SVT

À cause de son très faible coût, l'huile de palme est massivement utilisée dans une grande variété de produits alimentaires. La demande croissante a un impact majeur en termes d'écologie et de sécurité alimentaire :

– les plantations de palmiers à huile entraînent une déforestation intensive de l'Asie du Sud-Est (essentiellement l'Indonésie et la Malaisie) et augmentent significativement l'**effet de serre** ;

– l'huile de palme est composée d'acides gras trans dont la consommation est nuisible pour la santé. D'après l'AFSSAPS (Agence française de Sécurité sanitaire des produits de santé) et l'EFSA (Autorité européenne de Sécurité des aliments), ils doubleraient le risque d'accident cardiovasculaire.

L'huile de palme est néanmoins un ingrédient essentiel de la cuisine africaine, car elle est extraite de la pulpe des fruits du palmier à huile, arbre **endémique** de certaines régions africaines tropicales (Tanzanie, Bénin, Nigeria, Sénégal, Togo).

Les méthodes d'extraction artisanales de l'huile de palme varient, mais on retrouve toujours les mêmes grandes étapes :

– **égrappage**, puis ébouillantage des fruits ;

– malaxage : les fruits sont déchiquetés et l'huile est libérée. De l'eau bouillante est apportée au malaxeur artisanal. L'huile est entraînée par l'eau et le mélange eau-huile s'écoule dans un bassin de réception ;

– l'huile, qui flotte au-dessus de l'eau, peut en être aisément séparée. L'addition de sel facilite le processus ;

– l'huile est **écopée à la calebasse** et filtrée au travers d'un tamis qui retient les quelques fibres entraînées.

1. @ Rechercher la signification des mots ou expressions en gras dans le texte.

2. Dans quels produits alimentaires d'usage courant trouve-t-on de l'huile de palme ? (Consulter les étiquettes dans les lieux de vente.)

3. Pourquoi n'est-il ni écologique ni sain de consommer de l'huile de palme ?

4. Nommer les différents procédés d'extraction et de séparation cités dans le texte.

5. La densité de l'huile est-elle plus grande ou plus petite que celle de l'eau ?

6. L'huile est insoluble dans l'eau salée. À quoi sert l'addition de sel ?

7. a. La température de fusion de l'huile de palme est comprise entre 36 et 40 °C. Quelle est l'état physique de l'huile de palme à 25 °C ?

b. Pourquoi l'extraction se fait-elle à chaud ?

Métiers

Les métiers de la Santé sont extrêmement nombreux et très variés. De plus en plus attractifs, ce sont des métiers valorisants dans lesquels les relations humaines sont particulièrement importantes.
Une fois le diplôme acquis, trouver un emploi ne pose pas de problème.

La sélectivité de la formation, la difficulté et la durée des études sont différentes selon le métier choisi.

Le nombre de places offertes aux concours d'entrée de certaines filières est fixé chaque année par décret : c'est le *numerus clausus*. C'est le cas des infirmiers, des masseurs-kinésithérapeutes, des médecins, des pharmaciens...

Un baccalauréat scientifique est conseillé pour la plupart des formations, mais d'autres baccalauréats sont possibles selon les filières choisies.

Selon les métiers, divers parcours de formation, parfois en alternance, sont possibles.

doc. 1 Un technicien de laboratoire doit être habile, minutieux et doit s'adapter aux nouvelles techniques et à l'évolution des traitements informatiques. Il doit être patient et rassurant.

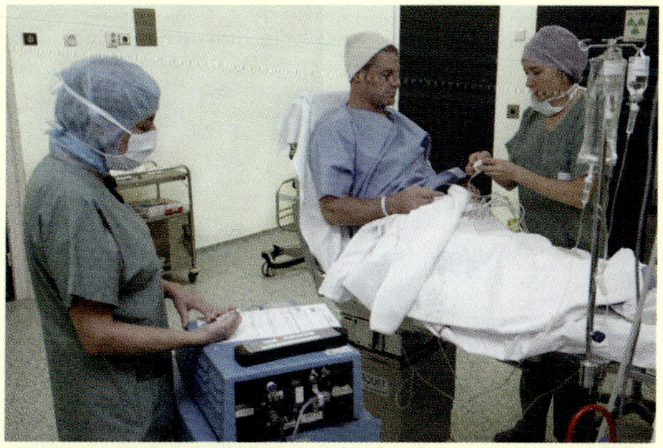

doc. 2 Un infirmier doit établir des relations de confiance avec les patients et leurs familles. Il peut exercer dans des domaines très variés. Des spécialisations sont possibles pour devenir puéricultrice, infirmier anesthésiste ou de bloc opératoire.

Métier	Description	Sélection	Formation	Durée
Opticien-lunetier	Évaluation de la vision, montage de verres correcteurs et adaptation des lentilles	Dossier	BTS en lycée Licence professionnelle à l'université	2 ans 3 ans
Diététicien	Établissement de régimes alimentaires, contrôle de l'équilibre nutritionnel...	Dossier Entretiens	BTS en lycée DUT à l'université	2 ans 3 ans
Technicien de laboratoire	Réalisation d'examens biologiques, de prélèvements...	Dossier Concours	BTS en lycée ou DUT à l'université DE en centre de formation	2 ans 3 ans
Audioprothésiste	Appareillage des malentendants	Concours	Établissements de formation spécialisés	3 ans
Infirmier	Soins, surveillance des patients, gestion des dossiers...	Concours	Instituts de formation	3 ans
Manipulateur en électroradiologie	Manipulation des rayonnements à des fins diagnostiques ou thérapeutiques	Dossier Concours	BTS en lycée DE en instituts de formation (parfois après L1*)	3 ans 3 ans
Pédicure podologue	Soins des pieds, fabrication de semelles orthopédiques...	Concours	Instituts de formation	3 ans
Ergothérapeute	Rééducation et adaptation de patients avec handicap	Concours	Instituts agréés publics dont certains recrutent après L1*	3 ans

*** L1 : première année en faculté de médecine**

Métiers

Métier	Description	Sélection	Formation	Durée
Masseur-kinésithérapeute	Rééducation et soin du squelette, des muscles, tendons...	Concours	Centres de formation recrutant après L1* ou sur concours propre	3 ans
Orthophoniste	Rééducation des troubles de la parole	Concours	Centres de formation rattachés aux facultés de médecine	4 ans
Orthoptiste	Rééducation des troubles de la vision	Concours	Certificat de capacité en UFR (rattaché à la faculté de médecine)	3 ans
Ostéopathe	Soins du squelette, des articulations en privilégiant une approche globale	Dossier	Centres de formation	6 ans
Psychomotricien	Rééducation des troubles du comportement (bégaiements, tics...) et de la coordination	Concours	Centres de formation (parfois après L1*)	3 ans ou 4 ans

*** L1 : première année de la santé en faculté de médecine**

doc. 3 Un kinésithérapeute doit traiter et/ou masser ses patients mais aussi les rassurer, les encourager et les soutenir moralement.

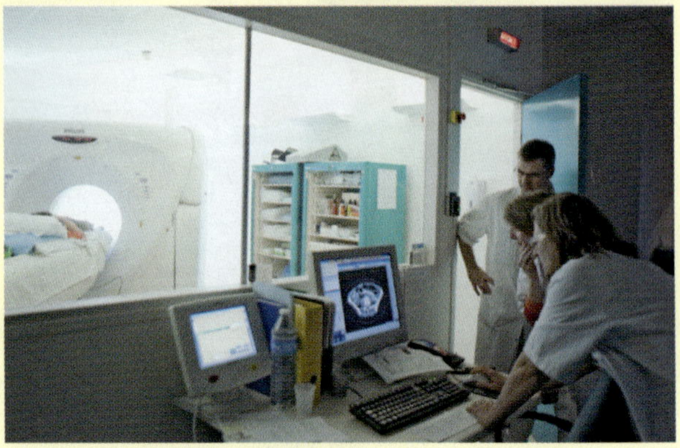

doc. 4 Un manipulateur en électroradiologie doit faire preuve de rigueur et de précision. Il doit aussi expliquer les procédures aux patients et les rassurer.

Métier	Description	Sélection	Formation	Durée
Sage-femme Maïeuticien	Suivi de la grossesse et de l'accouchement	Concours L1*	Facultés de médecine	5 ans
Pharmacien	Délivrance de médicaments, conseils...	Concours L1*	Facultés de pharmacie	6 à 9 ans
Chirurgien dentiste	Soins des dents, gencives, maxillaires	Concours L1*	Facultés d'odontologie	6 à 8 ans
Médecin	Diagnostics et traitements des maladies	Concours L1*	Facultés de médecine	9 à 11 ans

*** L1 : première année de la santé en faculté de médecine**

@ Pour plus d'informations :

http://www.onisep.fr

http://www.metiers.santesolidarites.gouv.fr

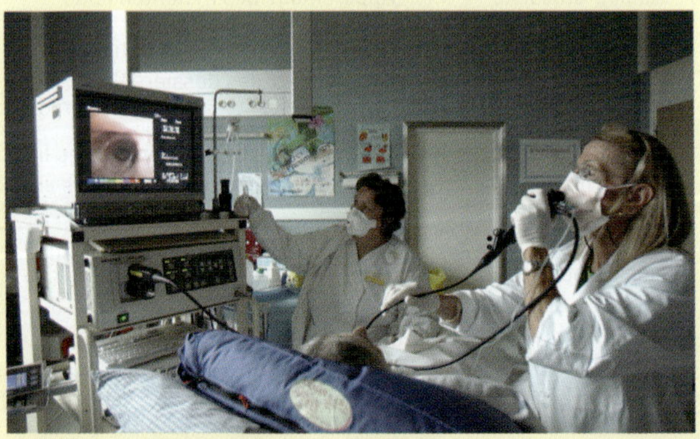

doc. 5 Un médecin peut choisir de se spécialiser après les résultats obtenus à l'examen classant national passé en fin de sixième année. Dans son métier, il doit être disponible et à l'écoute de ses patients, faire preuve d'une grande rigueur pour établir son diagnostic et être endurant.

Mobiliser ses compétences

1 Pas de pudeur avec les rayons T !

Opaques à la lumière, beaucoup de matériaux sont transparents au rayonnement térahertz : la vision à travers les vêtements ou des cloisons n'est plus une utopie.

Les rayons X, chers aux radiologues, ont désormais un sérieux concurrent : les ondes térahertz, aussi nommées rayons T. Ces ondes électromagnétiques, situées entre les ondes radio et la lumière visible **(doc. 1)**, permettent, elles aussi, de voir à travers la matière. Connues depuis plus d'un siècle, elles avaient été délaissées en raison de difficultés techniques qui paraissaient insurmontables. Cependant, des progrès récents, liés notamment aux techniques de microfabrication, augurent d'un avenir... radieux !

Pourquoi la production et la détection des ondes térahertz sont-elles un défi ?

Au premier abord, ces rayons n'ont rien de particulier. Comme les rayons X, la lumière visible ou les micro-ondes, il s'agit d'ondes électromagnétiques qui se propagent à la vitesse de la lumière. Les ondes térahertz se distinguent par leur gamme de fréquences, située entre celles des ondes radio et celle de la lumière infrarouge : entre 0,3 et 10 térahertz, un térahertz valant 10^{12} hertz (1 000 gigahertz).

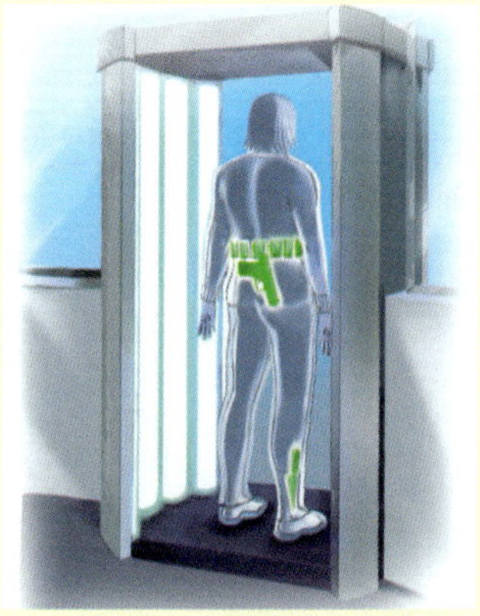

Ces ondes ont pourtant beaucoup d'intérêt. Elles interagissent peu avec la matière et sont donc très peu absorbées. Elles peuvent la traverser, comme le font les ondes radio. Ainsi, des matériaux aussi divers que les tissus, les plastiques, les céramiques et la brique sont transparents aux rayons T. En fait, seuls les métaux et l'eau bloquent le rayonnement térahertz. Et encore, ce rayonnement traverse le brouillard et peut pénétrer sur quelques millimètres les tissus biologiques. Les rayons T ont donc une propagation rectiligne, comme la lumière. On peut les focaliser avec des lentilles, et ainsi former des images fidèles.

Pénétrants, mais inoffensifs

Ces sources ouvrent la voie à d'intéressantes applications en radiologie. En effet, comme les photons térahertz sont beaucoup moins énergétiques que les photons X, les rayons T ne sont pas ionisants et ne présentent pas les dangers des rayons X. On peut utiliser ces nouvelles sources pour illuminer des objets et les regarder en transparence : on obtient alors des images, semblables aux radiographies, où les matériaux apparaissent d'autant plus noirs qu'ils sont opaques aux rayons T. Il est ainsi possible de compter le nombre d'allumettes dans une boîte sans l'ouvrir, de visualiser le contenu d'un pli suspect ou d'obtenir une vue tridimensionnelle d'une dent cariée. Bientôt, de l'Homme, seul subsistera l'esprit dans son irréductible opacité.

Jean-Michel Courty, Édouard Kierlik, *Pour la science*, Mars 2005.

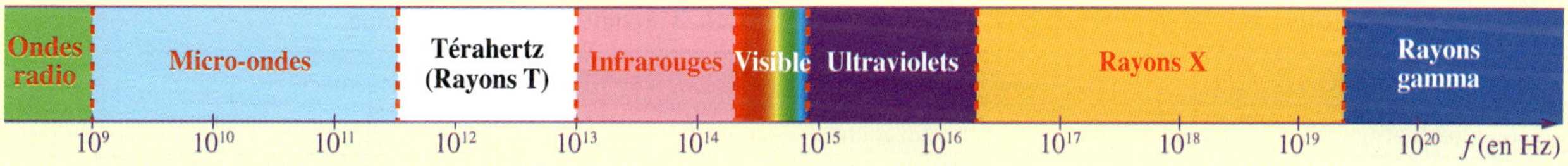

doc. 1 Les ondes térahertz sont intermédiaires entre les ondes micro-ondes et les ondes infrarouges.

Compétences	Questions
Trouver les informations	**1. a.** Expliquer le titre de l'article. **b.** Quelle est la gamme de fréquence des rayons T ?
Effectuer un calcul	**2.** La vitesse des ondes électromagnétiques dans les tissus biologiques est d'environ 2×10^8 $m \cdot s^{-1}$. Quelle est la durée de pénétration des rayons T dans un millimètre de tissu biologique ?
Trouver les informations	**3.** Situer ces ondes par rapport aux ondes radio et à la lumière infrarouge.
Rédiger	**4.** Qu'est-ce qu'un ion ? Quelle est la signification du mot ionisant ?
Formuler une hypothèse	**5.** Qu'est-ce qui peut être ionisé lors d'une radiographie utilisant les rayons X ? Quel est alors le risque ?
Argumenter	**6.** Quel est l'intérêt de l'utilisation des rayons T par rapport aux rayons X ?
Rédiger	**7.** Proposer en quelques lignes des applications des rayons T.

Mobiliser ses compétences

2 Eau de piscine désinfectée, santé préservée

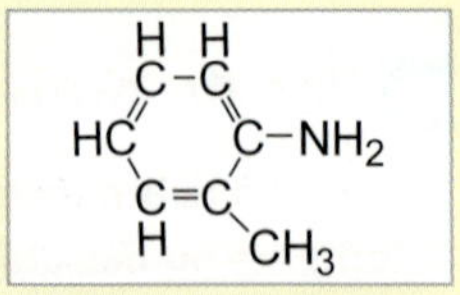

doc. 1 Formule de l'ortho-toluidine.

L'eau des piscines doit être régulièrement désinfectée afin d'éviter le développement de *germes pathogènes*. Le désinfectant le plus utilisé est l'acide hypochloreux HOCl. En pratique, on ajoute à l'eau de la piscine des composés chlorés solides appelés « granulés de chlore » ou « chlore solide ». Ceux-ci, en réagissant avec l'eau, forment de l'acide hypochloreux.

La concentration massique t_{Cl} en composés chlorés doit être suffisamment élevée pour que le traitement soit efficace. Mais elle ne doit pas être trop élevée pour ne pas irriter les yeux et les voies respiratoires, ni favoriser la formation de *chloramines*.

Les valeurs recommandées de t_{Cl} sont généralement comprises entre 0,5 et 2,0 $mg \cdot L^{-1}$. Pour contrôler la concentration massique en composés chlorés, on prélève un peu d'eau de la piscine et on y ajoute un réactif : l'ortho-toluidine **(doc. 1)**, la solution prend une coloration jaune **(doc. 2)**.

doc. 2 Test de composés chlorés.

Compétences	Questions
Trouver les informations Argumenter	**1. a.** @ Qu'est-ce qu'un *germe pathogène* ?
	b. @ Rechercher ce que sont les *chloramines*. Pourquoi faut-il limiter leur formation ?
	c. @ En quoi les expressions « granulés de chlore » et « chlore solide » sont-elles incorrectes ?
	2. a. Quelle est la formule brute de l'ortho-toluidine ?
	b. Quel groupe caractéristique reconnaît-on ?

On dispose d'une solution mère S_0 de concentration massique en composés chlorés $t_0 = 5,0\ mg \cdot L^{-1}$. Cette solution permet de préparer 5 solutions filles, de concentration massique t_i :

Solution fille	S_1	S_2	S_3	S_4	S_5
Facteur de dilution	1,25	1,67	2,50	5,00	10,00
t_i (en $mg \cdot L^{-1}$)					

On ajoute trois gouttes d'ortho-toluidine à chacune des solutions filles et à l'eau de piscine, on obtient l'échelle de teintes ci-contre **(doc. 3)**.

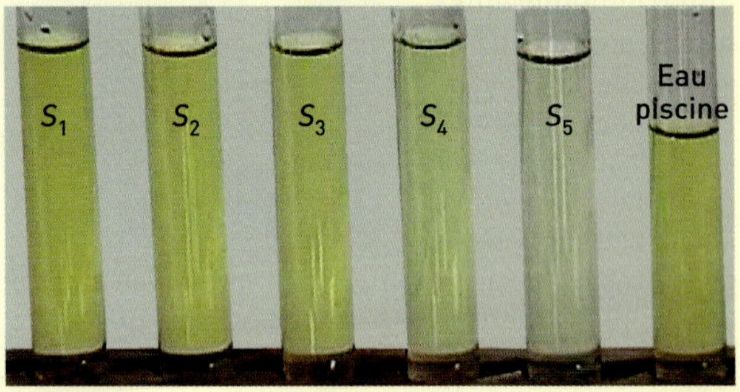

doc. 3 Échelle de teintes obtenue.

Compétences	Questions
Effectuer un calcul	**3. a.** Calculer les concentrations massiques t_i.
Interpréter un résultat et faire preuve d'esprit critique	**b.** Déterminer un encadrement de la concentration massique t_p en composés chlorés de l'eau de la piscine.

Pour déterminer la concentration massique t_p avec une meilleure précision, on peut utiliser un spectrophotomètre. Cet appareil permet de mesurer l'absorbance A qui est une grandeur qui dépend de la concentration de l'espèce colorée. Pour une radiation de longueur d'onde $\lambda = 480$ nm, on règle l'absorbance à 0,000 avec de l'eau distillée puis on mesure les absorbances des solutions filles S_i. Les mesures obtenues sont indiquées dans le tableau ci-dessous :

Solution fille	S_1	S_2	S_3	S_4	S_5	*Eau testée*
Absorbance	0,73	0,56	0,38	0,19	0,09	0,43

Compétences	Questions
Trouver les informations	**4. a.** À quelle couleur du spectre de la lumière blanche correspond la radiation de longueur d'onde $\lambda = 480$ nm ?
Tracer puis lire un graphique Interpréter un résultat	**b.** Tracer le graphique de l'absorbance A en fonction des concentrations massiques t_i des solutions filles. Quelle particularité présente ce graphe ? En déduire la valeur t_p de l'eau de piscine en composés chlorés. Conclure.

3 Le stéthoscope

Un stéthoscope (du grec *stêthos* « poitrine » et *scope* « observer ») est un instrument médical acoustique, utilisé pour l'auscultation, c'est-à-dire l'écoute des sons internes au corps humain.
Il a été inventé en 1816 par le docteur français René Laennec.
Un adulte en bonne santé et au repos a un rythme cardiaque d'environ 70 pulsations par minute. Le rythme cardiaque est modifié par un effort, ou parfois par des problèmes médicaux. Sa mesure est donc un outil de diagnostic très important.
Les bruits issus des battements du cœur ne se transmettent pratiquement pas à l'extérieur du corps. Pour les percevoir lors d'une auscultation, le médecin utilise le stéthoscope qui permet d'amplifier ces bruits **(doc. 1)**.

« Dites 33 » !

« 33 » est un son grave faisant vibrer le larynx. Cette vibration se propage dans les poumons. En auscultant le thorax avec son stéthoscope, le médecin écoute l'air passer dans les poumons. Il peut ainsi détecter des zones où ces vibrations ne sont pas transmises. À l'origine de ces défauts de transmission, il peut y avoir des épanchements d'eau ou de sang qui sont des symptômes de certaines pathologies du poumon.

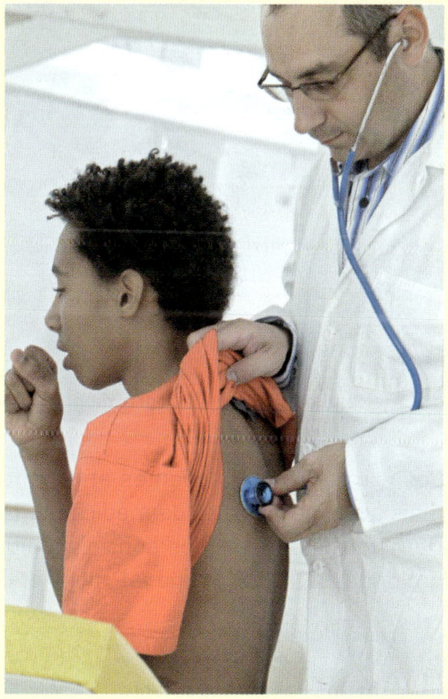

doc. 1 Auscultation à l'aide d'un stéthoscope.

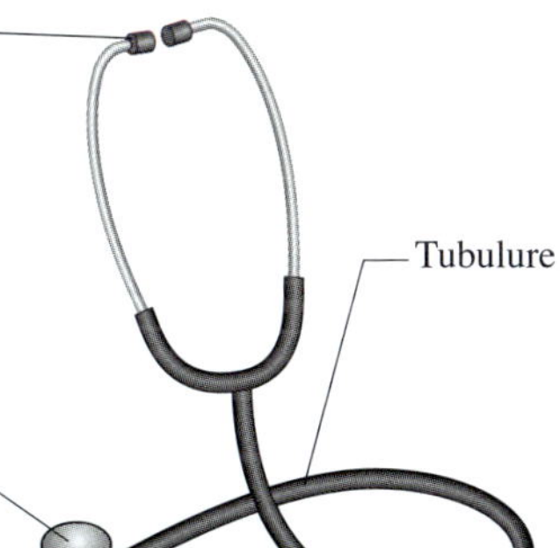

La membrane est la partie du stéthoscope qui se place sur la peau. Elle vibre sous l'action des sons. Elle permet leur transmission au pavillon.
Appliquée avec une faible pression sur la peau, elle transmet les sons de basse fréquence.
Avec une pression plus grande, elle transmet les sons de haute fréquence.
Le pavillon permet d'amplifier les sons transmis par la membrane.
La tubulure guide les sons transmis par la membrane jusqu'aux embouts auriculaires.
Les embouts auriculaires sont placés dans les oreilles du médecin.

doc. 2 Description d'un stéthoscope.

Compétences	Questions
Trouver les informations Effectuer un calcul	1. Quelle est la fréquence moyenne des pulsations cardiaques d'un adulte en bonne santé et au repos ? L'exprimer en hertz.
Trouver les informations	2. a. Quel bruit écoute le médecin avec son stéthoscope lorsqu'il fait prononcer des sons graves au patient lors de son auscultation ? b. Quel organe cet examen concerne-t-il ?
Trouver les informations Raisonner – Argumenter Rédiger	3. Lors d'une auscultation à l'aide d'un stéthoscope, une vibration sonore se propage. Classer, dans l'ordre, tous les éléments qui vibrent successivement du cœur du patient jusqu'à l'oreille du médecin.
Trouver les informations Rédiger	4. Expliquer en trois lignes ce qu'est un stéthoscope et à quoi il sert.

Mobiliser ses compétences

4 Quand le cœur bat à contretemps

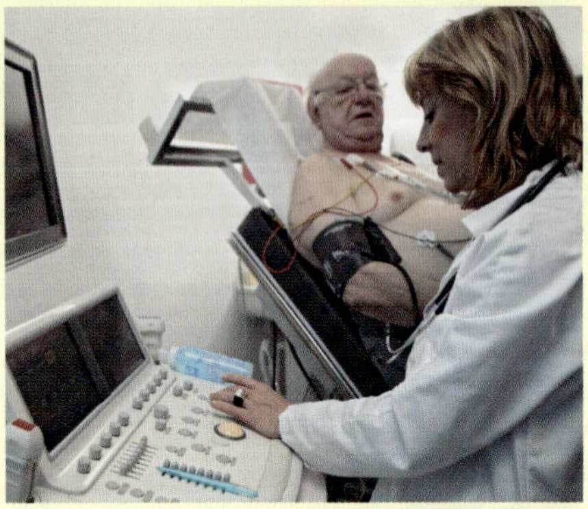

doc. 1 Réalisation d'un électrocardiogramme.

Les extrasystoles sont des contractions cardiaques prématurées. Parfois elles provoquent des palpitations, des impressions d'arrêt du cœur ou des douleurs sous les seins, mais elles peuvent ne pas être ressenties par le patient. Leur détection peut se faire dès l'auscultation ou la prise de pouls, mais, très souvent, elles sont découvertes lors d'un électrocardiogramme (doc. 1 et 2).

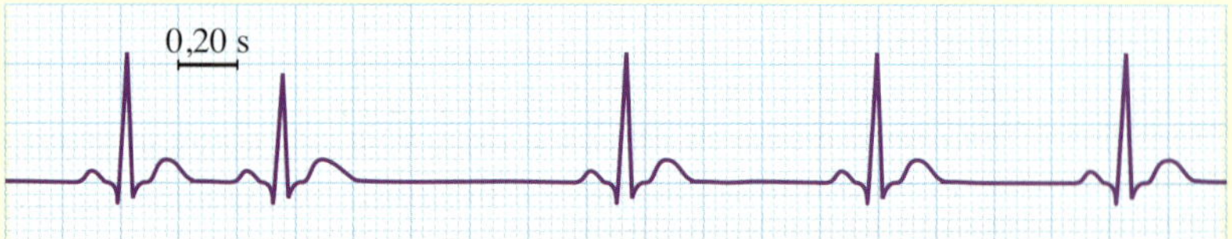

doc. 2 Extrasystole sur un électrocardiogramme : une contraction prématurée de l'oreillette définit une extrasystole auriculaire.

Les extrasystoles fréquentes et gênantes sont traitées par la suppression du café, du thé, de l'alcool, des excitants mais aussi par la prise de médicaments antiarythmiques comme la Flécaïne®.
Deux formes galéniques sont disponibles sur le marché : l'une à libération immédiate (L.I.) et l'autre à libération prolongée (L.P.). La forme L.P. permet une prise par jour alors que la forme L.I. impose deux à trois prises par jour.

FLÉCAÏNE® L.I.100 mg cp séc

Forme : comprimé sécable

	par cp
flécaïnide acétate	100 mg

Excipients : huile végétale hydrogénée, magnésium stéarate, amidon, cellulose microcristalline, croscarmellose, sel de Na.

Classement pharmaco-thérapeutique VIDAL :
Antiarythmiques : groupe I (Flécaïnide).

FLÉCAÏNE® L.P. 100 mg

gélule à libération prolongée

- *La substance active est* l'acétate de flécaïnide (100 mg).
- *Les autres composants sont :* cellulose microcristalline, copolymère d'acide méthacrylique et de méthacrylate de méthyle (1:2) (EUDRAGIT S100), macrogol 400 et talc.
- *Enveloppe de la gélule :* gélatine, dioxyde de titane (E171), oxyde de fer noir (E172).

Les gélules à libération prolongée contiennent généralement des micro-granules. Lors de la fabrication du médicament, l'ensemble des micro-granules est divisé en plusieurs groupes égaux. Les micro-granules de l'un des groupes n'ont pas d'enrobage. Dans chacun des autres groupes, les micro-granules ont un enrobage d'une épaisseur déterminée.

Compétences	Questions
Lire un graphique	1. Sur l'enregistrement du document 2, montrer que le signal n'est pas périodique et qu'une contraction prématurée s'est produite.
Trouver les informations Lire un graphique Effectuer un calcul	2. a. Quel est l'ordre de grandeur de la fréquence cardiaque d'un cœur sain et au repos ? b. Sur l'enregistrement du document 2, quelle aurait été la période des battements cardiaques en l'absence d'extrasystole ? c. Calculer la fréquence correspondante et exprimer le résultat en Hz, puis en nombre de battements par minute.
Trouver les informations	3. Nommer le principe actif du médicament antiarythmique. 4. Quelle est la forme galénique de chacun des médicaments ?
Raisonner	5. Dans un médicament, quelles espèces chimiques associées au principe actif modifient sa vitesse de libération dans l'organisme ?
Trouver les informations Calculer	6. Expliquer pourquoi le délitement des micro-granules est échelonné au cours du temps. 7. Pourquoi le premier groupe de micro-granules est-il non enrobé ? 8. Par exemple, pour une épaisseur x de l'enrobage, le temps de délitement est de neuf heures. Deux autres groupes de micro-granules ont des épaisseurs d'enrobage égales respectivement à $\frac{x}{3}$ et à $\frac{2x}{3}$. Que peut-on dire du temps au bout duquel chaque groupe libèrera le principe actif ?

Mobiliser ses compétences

5 Lumières médicales

Grâce à la tomographie par émission de positons, l'emploi de nouveaux isotopes radioactifs révolutionne le diagnostic médical.

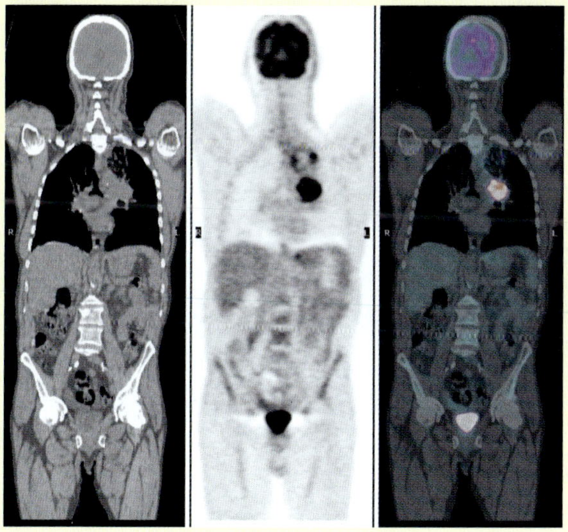

◀ **doc. 1** À gauche, image de scanner X montrant une boule anormale dans un poumon ; au centre, image de TEP indiquant que la boule est très probablement cancéreuse ; à droite, image combinée de scanner et de TEP.

© Pr. Olivier Couturier (Inserm/Université d'Angers)

MOTS DE RADIOACTIVITÉ

Scintigraphie : imagerie par détection du rayonnement γ. Le détecteur utilisé (gamma caméra) enregistre ces rayonnements comme on photographie un objet lumineux.
Tomographie : du grec ancien *tomê* (coupe), technique de reconstitution d'un objet en trois dimensions à partir d'images en coupes planes. Dans la tomographie par émission de positons (TEP) les images sont obtenues par des caméras qui captent des rayonnements γ.
Positon : noté e^+, c'est l'antiparticule de l'électron (e^-).

Afin de détecter des anomalies à l'intérieur du corps, on a d'abord utilisé les rayons X pour faire des radiographies. L'emploi de rayons gamma (γ) a ensuite permis d'effectuer des scintigraphies, grâce à l'injection de produits radioactifs capables de se fixer sur certains organes (comme l'iode 131 sur la thyroïde) afin d'en obtenir des images comme s'ils étaient illuminés de l'intérieur. L'imagerie médicale a connu de nouvelles révolutions avec le scanner X (balayage en coupes par des rayons X), l'échographie (par des ultrasons), la résonance magnétique nucléaire ou IRM (par des ondes électromagnétiques de faible énergie) puis, dans les années 1990, avec la tomographie par émission de positons (TEP).

La TEP, comme la scintigraphie, repose sur la fixation de produits radioactifs dans certains tissus du corps. Cependant, à la différence des techniques précédemment citées qui sont dites morphologiques parce qu'elles ne donnent qu'une image de la forme des tissus, la TEP permet de visualiser la façon dont un organe fonctionne ou l'activité d'une tumeur, d'où l'appellation d'imagerie fonctionnelle. On peut alors prédire plus sûrement la nature bénigne ou cancéreuse de tumeurs et estimer leur vitesse de croissance en fonction de leur capacité à capter un produit particulier. Les cellules cancéreuses étant très consommatrices de sucres, la TEP utilise le fluorodésoxyglucose (FDG), un analogue du glucose qui se concentre dans les tumeurs et auquel sont attachés des atomes de fluor 18 émetteurs de positons. L'association de la TEP et d'un scanner permet de bénéficier des avantages des deux types d'imagerie, morphologique et fonctionnelle, et d'optimiser ainsi le diagnostic des cancers.

Pr. J.-F. Chatal et Pr. J. Barbet (Inserm/Université de Nantes), revue *Têtes chercheuses n° 5* (Université de Nantes), 2007.

Compétences	Questions
Trouver les informations Rédiger	**1. a.** Déterminer la composition d'un atome d'iode 131 et celle d'un atome de fluor 18. **b.** Définir des isotopes. **c.** Rechercher des isotopes de l'iode 131 et du fluor 18.
Trouver les informations Rédiger	**2.** Les noyaux atomiques radioactifs émettent des particules et des rayonnements. **a.** Quel type de rayonnement émet l'iode 131 utilisé pour la scintigraphie ? **b.** Quel type de particules émet le fluor 18 utilisé en TEP ? **3. a.** Quelles sont les techniques de diagnostic médical citées dans le texte ? **b.** Quelles sont les ondes utilisées dans chaque diagnostic ? **c.** Ces techniques utilisent-elles toutes des ondes électromagnétiques ?
Raisonner – Argumenter Rédiger	**4.** Expliquer en quelques lignes les avantages que représente l'association tomographie-scanner.

La pratique du sport

La pratique du sport est fortement répandue dans nos sociétés, pour les loisirs et en compétition.

Des méthodes scientifiques sont utilisées pour analyser les mouvements, étudier l'influence des paramètres extérieurs ou pour créer de nouveaux matériaux afin d'améliorer les performances des sportifs et leur confort.

SOMMAIRE

Les notions vues au collège

Transformation physique, transformation chimique

- Un corps pur peut exister sous trois états physiques : **solide**, **liquide** et **gazeux**.
- Le passage d'un état à un autre, ou changement d'état **(doc. 1)**, est une **transformation physique**.
- Une **combustion** est une **transformation chimique**, résultat d'une réaction chimique.
- Au cours d'une **réaction chimique**, des espèces chimiques appelées **réactifs** disparaissent et des espèces chimiques appelées **produits** apparaissent.
- Les atomes présents dans les produits formés sont de même nature et en même nombre que dans les réactifs comme le traduit l'**équation de la réaction** : $CH_4 + 2\,O_2 \rightarrow CO_2 + 2\,H_2O$
- La masse totale est conservée au cours d'une transformation physique ou d'une réaction chimique.
- L'**énergie** mise en jeu dans une pile est le résultat d'une réaction chimique. L'unité d'énergie est le **joule** de symbole **J**.

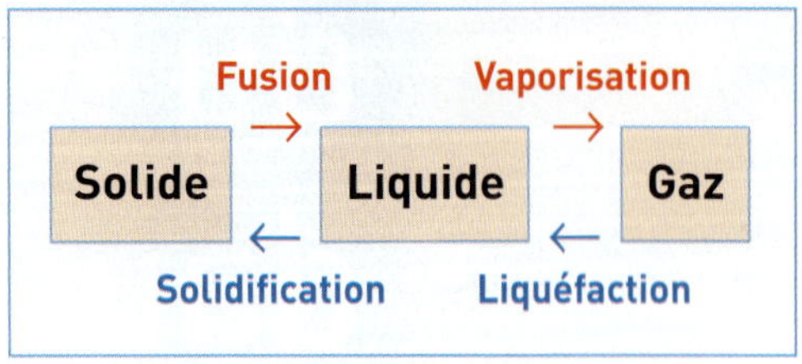

doc. 1 Changements d'état du corps pur.

Synthèses et analyses chimiques

- L'un des objectifs de la chimie est de produire de **nouvelles espèces chimiques (doc. 2)**.
- La synthèse d'une espèce chimique s'effectue en suivant un **protocole opératoire**, en identifiant les **risques** correspondants et en respectant des **règles de sécurité**.
- La présence d'**eau** dans un liquide et celle de **dioxyde de carbone** dans un gaz peuvent être mises en évidence à l'aide de tests simples (**voir fiche n° 1, p. 309**).

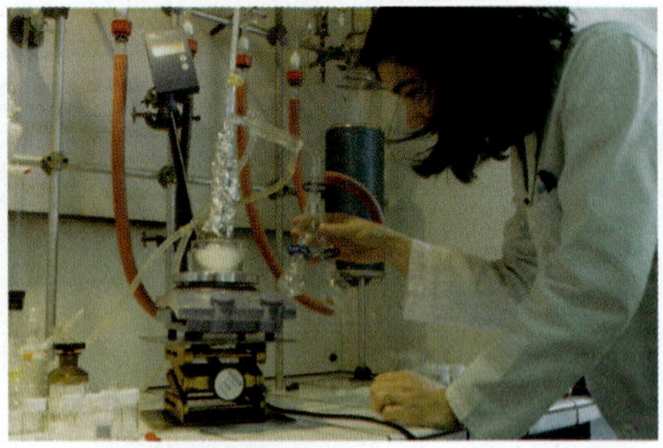

doc. 2 Synthèse chimique au laboratoire.

Poids et masse

- Sur Terre, **le poids** d'un objet est l'attraction à distance exercée par la Terre sur cet objet.
- Le poids s'exerce selon la verticale du lieu, vers le bas.
- La valeur du poids d'un objet est égale au produit de la masse de cet objet par l'intensité de la pesanteur **(doc. 3)** :
$\boldsymbol{P = m \times g}$ avec P en newton (N), m en kilogramme (kg) et $g \approx 10$ N/kg (à la surface de la Terre).

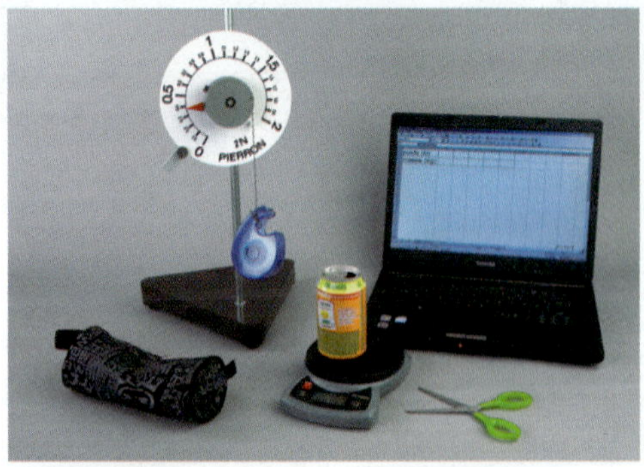

doc. 3 La balance mesure la masse (en kg), le dynamomètre mesure la valeur du poids (en N).

Vitesse

- Une **vitesse** se calcule à partir de la distance parcourue et la durée du trajet : $v = \frac{d}{t}$.

Pression d'un gaz

- Comme l'air, tous les gaz sont compressibles.
- Un manomètre permet de mesurer la pression d'un gaz **(doc. 4)**.
- La pression se mesure en pascal (Pa).

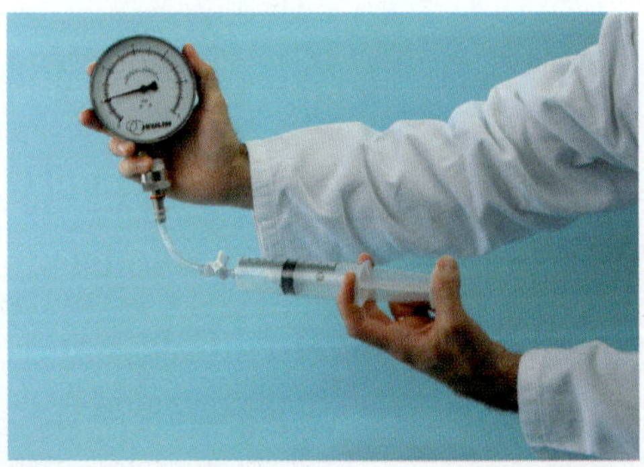

doc. 4 Le manomètre mesure la pression de l'air dans la seringue.

CHAPITRE 16

PHYSIQUE

La relativité du mouvement dans le sport

Pour améliorer leurs performances, les sportifs analysent leurs mouvements. Quelles informations peuvent-ils tirer d'une chronophotographie ? (Voir exercice 17, p. 246.)

Comment étudier le mouvement d'un sportif ?

OBJECTIFS

- → Comprendre que la nature du mouvement observé dépend du référentiel choisi.
- → Réaliser et exploiter des enregistrements vidéo pour analyser des mouvements.
- → Analyser un protocole de mesure de durée et en évaluer la précision.

1 Relativité du mouvement

DOC

➜ En cyclisme, lors d'une course contre la montre par équipe **(doc. 1)**, c'est l'homme de tête qui fournit l'effort le plus important. Ses coéquipiers s'abritent du vent derrière lui et roulent à la même vitesse.
Après un effort plus ou moins long, le coureur de tête (**A**) se décale, relâche son effort et se laisse glisser en dernière position.
Le coureur en deuxième position (**B**) prend le relais. On cherche à décrire le mouvement d'un cycliste.
Que faut-il préciser pour décrire un mouvement ?

1. Lors du relais, décrire le mouvement du cycliste B lorsqu'il est observé par :
a. un spectateur immobile au bord de la route ;
b. le cycliste A ;
c. un caméraman en train de doubler le groupe de cyclistes sur une moto.
2. Qu'est-il nécessaire de préciser lorsque l'on souhaite décrire un mouvement ?

doc. 1 Relais lors d'une course contre la montre par équipe en cyclisme.

2 Chronométrage d'une descente

TP — DÉMARCHE D'INVESTIGATION

➜ Le **bobsleigh** est un sport d'hiver, dans lequel une équipe de deux ou quatre coureurs fait une descente dans un véhicule le long d'une piste glacée, étroite et sinueuse.
En compétition, le bobsleigh peut dépasser la vitesse de 150 km/h dans certaines descentes.
Comment chronométrer le plus précisément possible la durée d'un parcours ?

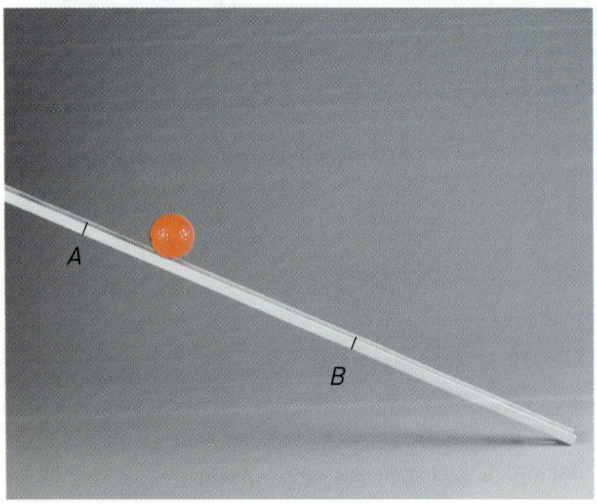

doc. 2 Dispositif utilisé.

Pour simuler une descente en bobsleigh, on utilise une balle descendant un plan incliné après avoir été abandonnée en haut de ce plan. Deux repères, *A* et *B*, sont tracés sur le parcours **(doc. 2)**.

1. Proposer un protocole permettant de mesurer le plus précisément possible la durée du parcours de la balle entre *A* et *B*.
2. Après validation par le professeur, mettre ce protocole en œuvre.
Évaluer la précision des mesures effectuées et donner le résultat avec un nombre de chiffres significatifs compatible avec cette précision.
3. Comparer avec la précision obtenue par les autres groupes avec d'autres techniques ou protocoles. Rédiger une conclusion.

DOC DOCUMENTS

3 Le chronométrage sportif de 1731 à nos jours

➜ Dans de nombreux sports, la précision du chronométrage est capitale, tant pour départager des concurrents que pour homologuer des records.
Comment la précision du chronométrage sportif a-t-elle évolué dans le temps ?

Sur les pentes du mont Olympe, les Grecs de l'Antiquité ont inventé à la fois le dieu du temps – Chronos – et les Jeux olympiques. Mais ils se moquaient de mesurer la vitesse de leurs athlètes, pour ne s'intéresser qu'à la victoire, preuve de faveur divine.

Les premiers chronométrages

• En 1731, lors d'une course de chevaux en Angleterre, on a pu mesurer pour la première fois un temps sportif en seconde.

Le chronographe à aiguilles est inventé au début du XIXe siècle. En 1862, il permet d'obtenir une mesure précise au 1/5e de seconde.

Chronographe à aiguilles.

• En 1896, à Athènes, lors des premiers Jeux olympiques, le 100 mètres est remporté par Thomas Burke en 12,0 s. Un cinquième de seconde le sépare du second. La précision du chronométrage au 1/5e de seconde devient insuffisante. Le chronométrage manuel au 1/10e de seconde est utilisé à partir de 1912.

Le dixième, puis le centième de seconde

• L'œil humain ne peut distinguer séparément deux événements que s'ils sont séparés d'au moins 1/10e de seconde. C'est donc la meilleure précision que l'on peut obtenir avec un chronométrage manuel.

Pistolet de starter électrique.

• Les premiers enregistrements électriques précis au 1/100e de seconde datent de 1902.
Couplés à des caméras, ils sont utilisés aux Jeux de Los Angeles en 1932. Cependant, les performances restent affichées au 1/10e de seconde, la précision de l'enregistreur au 1/100e ne sert qu'à départager les coureurs qui arrivent dans le même 1/10e. Ainsi, aux Jeux de Berlin, en 1936, le temps de Jesse Owens au 100 mètres est mesuré au 1/10e de seconde.

• Pour le 100 m, l'affichage au 1/100e de seconde apparaît en 1952 lors des Jeux d'Helsinki. Les trois athlètes qui montent sur le podium ne sont alors séparés que de 4/100e de seconde.

L'indispensable précision

• En natation, le chronométrage manuel a été utilisé plus longtemps. Lors du 100 m nage libre des Jeux de Rome, en 1960, **le chronométrage manuel montre ses limites** : les juges ne sont pas d'accord sur le temps et le nom du vainqueur. En 1967, la mise en place des plaquettes de touche à l'arrivée, couplées à une vidéo et au chronométrage au 1/1 000e de seconde permet d'améliorer grandement la précision. Ce dispositif est utilisé pour départager l'Américain McKee et le Suédois Larsson aux 400 m 4 nages des Jeux de Munich en 1972. Deux millièmes de seconde les séparent à l'arrivée. Les partisans de l'Américain ont mis en cause l'épaisseur de la peinture sur le mur d'arrivée du couloir de Larsson pour revendiquer la victoire, en vain !

• Pour les 15 km à ski de fond des Jeux de Lake Placid, en 1980, le chronométrage donne au Suédois Thomas Wassberg une avance d'un centième de seconde sur le Finlandais Mieto, soit l'équivalent de 55 millimètres d'avance pour une course qui en comptait 150 millions !

La photofinish

• Le système de la photofinish deviendra officiel en 1968.

• Depuis 1973, on sait mesurer des records sportifs au 1/10 000e de seconde.

• En 2000, à Sydney, les caméras étaient capables de fournir en moins de quinze secondes la photofinish du vainqueur, son temps personnel, la vitesse du vent et même son temps de réaction au starter.

Lors de la finale du 100 m des Jeux de 2008, Usain Bolt est loin devant. La photofinish permet de départager les suivants.

1. Sur une frise chronologique de 1731 à 2000, placer les différentes évolutions techniques relatives au chronométrage sportif citées dans le texte en indiquant la précision de la mesure.

2. a. Quelle est la précision d'un chronométrage manuel ?

b. Que met en évidence la phrase en gras ?

3. En 1972, Larsson a parcouru les 400 m de sa course en 4 min 31,981 s.

a. Quelle a été la valeur de sa vitesse lors de cette course ?

b. À quelle distance équivaudrait une erreur de 1/1 000e de seconde dans cette épreuve sportive ?

4 La physique de la gymnastique rythmique

TRAVAUX PRATIQUES TP

→ La gymnastique rythmique est une activité sportive dans laquelle une gymnaste peut utiliser différents engins (corde, cerceau, ballon, massues ou ruban). Dans une chorégraphie, la gymnaste doit, en courant, lancer un de ces engins à plusieurs mètres de hauteur, puis le récupérer sans qu'il touche le sol (doc. 3).
Comment la gymnaste peut-elle être au bon endroit pour rattraper un ballon préalablement lancé en l'air ?

doc. 3 Gymnaste avec un ballon.

Un magazine sportif a donné l'explication suivante :

> La gymnaste lance le ballon suivant une direction verticale tout en poursuivant son mouvement horizontal, en se déplaçant en ligne droite et à vitesse constante sur le tapis. La coïncidence en temps et en lieu est ainsi assurée quelle que soit la vitesse de lancement vertical du ballon et quelle que soit la vitesse de la gymnaste.

On se propose de vérifier les informations fournies par le magazine. Pour cela, on dispose d'un chariot muni d'un système qui permet de projeter verticalement une balle (doc. 4).
Le chariot est lancé sur un rail horizontal. Lorsque le chariot est en mouvement, la balle est propulsée vers le haut à l'aide d'un déclencheur.

doc. 4 Chariot mobile et sa balle. On a repéré un point *C* du chariot et un point *B* de la balle.

A Modélisation du déplacement de la gymnaste

- Filmer les mouvements de la balle et du chariot à l'aide d'une caméra fixe par rapport au sol. Le document 5 représente une chronophotographie de cette expérience.
- À l'aide d'un logiciel de pointage vidéo (**voir fiche n° 14, p. 323**), repérer les positions d'un point *C* du chariot au cours de son mouvement.
- Afficher la trajectoire du point *C* par rapport au sol.

1. Par rapport à la séquence de gymnastique rythmique décrite dans l'introduction et sur le document 3, que modélise le chariot ? Que modélise la balle ?
2. Dans un référentiel terrestre, le chariot se déplace-t-il en ligne droite ? La valeur de la vitesse est-elle constante ? Justifier les réponses.
3. À quelle partie du texte du magazine correspond cette observation ?

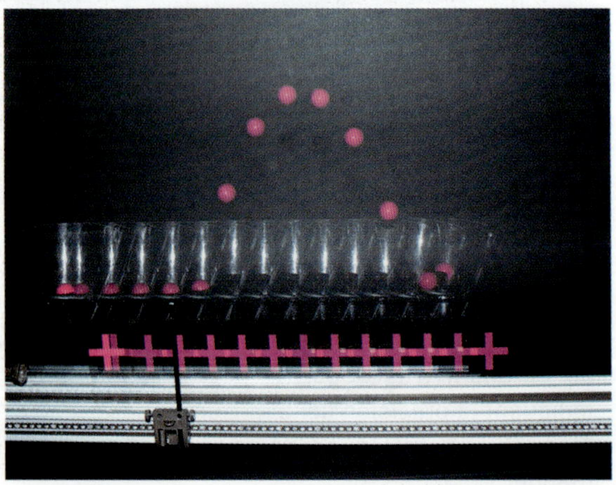

doc. 5 Chronophotographie 1 : mouvements de la balle et du chariot.

B Mouvement du ballon par rapport à la gymnaste

- Exploiter à nouveau la vidéo en repérant simultanément, pour chaque image, le point *C* du chariot, ainsi qu'un point *B* de la balle.
- Afficher les trajectoires de *B* et *C* par rapport au sol.
- Afficher la trajectoire de *B* par rapport à *C*.

4. Décrire chacune de ces trajectoires en précisant à chaque fois le référentiel utilisé.
5. Quelle trajectoire illustre l'extrait « ... *une solution simple consiste à lancer le ballon suivant une direction verticale pour la gymnaste...* » ?

6. Quelles chronophotographies du **document 6** illustrent l'affirmation « *la coïncidence en temps et en lieu est ainsi assurée quelle que soit la vitesse de lancement vertical du ballon* » ? Justifier la réponse.
7. Quelles chronophotographies illustrent l'affirmation « *la coïncidence en temps et en lieu est ainsi assurée... quelle que soit la vitesse de la gymnaste* » ? Justifier la réponse.
8. Répondre à la question « Comment la gymnaste peut-elle être au bon endroit pour rattraper un ballon préalablement lancé en l'air ? » en résumant l'ensemble des observations et des manipulations.

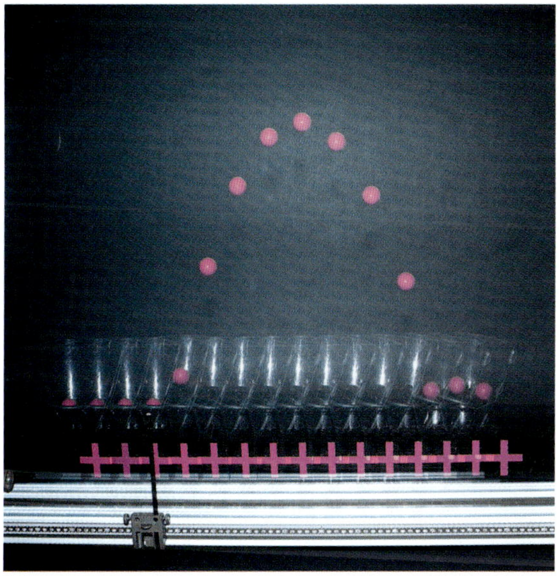
Chronophotographie 2.

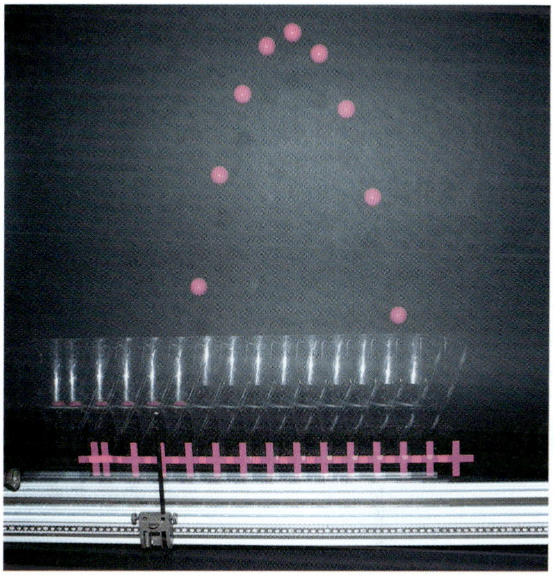
Chronophotographie 3.

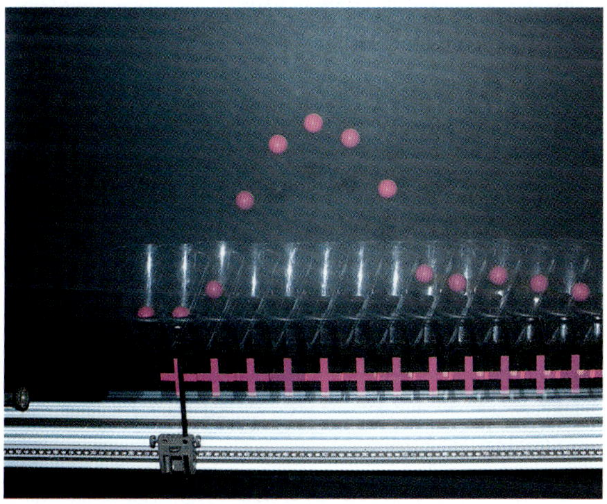
Chronophotographie 4.

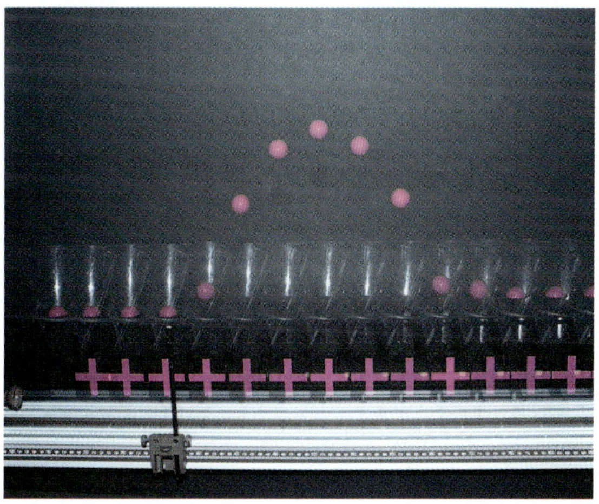
Chronophotographie 5.

doc. 6 Chronophotographies correspondant à divers enregistrements du mouvement.

Les savoirs

Que faut-il définir avant d'étudier un mouvement ?

- Avant d'étudier un mouvement, il faut définir le **système étudié** et le **référentiel** (voir chapitre 6, p. 88 et 90).
- **Un référentiel terrestre** est constitué d'un objet fixe par rapport à la Terre. On l'utilise pour l'étude de mouvements à la surface de la Terre.

Comment décrire un mouvement ?

- **Trajectoire**
  Dans un référentiel donné, la trajectoire d'un point du système étudié est l'ensemble des positions successivement occupées par ce point au cours de son mouvement.
- **Vitesse**
  Dans un référentiel donné, la valeur de la vitesse v d'un point du système étudié est définie par le rapport de la distance parcourue d par la durée Δt du parcours :

$$v = \frac{d}{\Delta t}$$

  avec d est en mètre (m), Δt en seconde (s) et v en mètre par seconde ($m \cdot s^{-1}$).
- **Description d'un mouvement**
  Dans un référentiel donné, les caractéristiques du mouvement d'un point du système étudié dépendent de la forme de sa trajectoire et de l'évolution de la valeur de sa vitesse :

Valeur de la vitesse / Trajectoire	Augmente	Diminue	Reste constante
Portion de droite	Sens du mouvement Mouvement rectiligne accéléré	Sens du mouvement Mouvement rectiligne décéléré	Sens du mouvement Mouvement rectiligne uniforme
Portion de courbe	Sens du mouvement Mouvement curviligne accéléré	Sens du mouvement Mouvement curviligne décéléré	Sens du mouvement Mouvement curviligne uniforme

La relativité du mouvement

Les caractéristiques du mouvement d'un point du système étudié dépendent du référentiel choisi.

Chronométrage

Suivant la discipline sportive, le chronométrage nécessite une précision plus ou moins grande. Le temps d'un marathon est donné à la seconde près, celui d'une course à vélo sur piste au millième de seconde près.

Les compétences attendues

- Comprendre que la nature du mouvement observé dépend du référentiel choisi.
- Réaliser et exploiter des enregistrements vidéo pour analyser des mouvements. [TP]
- Porter un regard critique sur un protocole de mesure d'une durée en fonction de la précision attendue.

S'auto-évaluer

QCM

Pour chaque question, indiquer la (ou les) bonne(s) réponse(s).

ÉNONCÉ	A	B	C	Si échec revoir
1. Le système est :	l'objet dont on étudie le mouvement	l'objet supposé fixe par rapport auquel on étudie le mouvement	l'ensemble des positions successives occupées par un point	p. 240
2. Un point du cadre du vélo d'un coureur cycliste sur piste : 	a une trajectoire curviligne dans un référentiel terrestre	a une trajectoire rectiligne dans un référentiel terrestre	est immobile dans un référentiel lié à la main du cycliste sur le guidon	p. 240
3. Un skieur, lors de la descente de Kitzbühel, longue de 3,312 km, a mis 2 min 28,69 s. En moyenne, la valeur de sa vitesse est de :	$22{,}27\ m \cdot s^{-1}$	$107{,}9\ m \cdot s^{-1}$	$80{,}19\ km \cdot h^{-1}$	p. 240
4. Le 23 avril 2009, le français Alain Bernard a battu le record du monde du 100 m nage libre en 46,94 s. 	Il va plus vite qu'une personne effectuant une marche rapide à une vitesse de $6{,}0\ km \cdot h^{-1}$.	Il va plus vite que Frédérik Bousquet qui a battu, le lendemain, le record du monde du 50 m nage libre en 20,94 s.	Il va plus vite qu'un enfant à vélo roulant à $4\ m \cdot s^{-1}$.	p. 240
5. Sur quelle chronophotographie le mouvement de la boule est-il rectiligne accéléré ?				p. 240
6. L'image ci-dessous représente une chronophotographie d'un saut en moto : 	L'axe de la roue avant de la moto a une trajectoire rectiligne par rapport au sol.	L'axe de la roue avant de la moto a une trajectoire curviligne par rapport au sol.	Par rapport au sol, la valeur de la vitesse de l'axe de la roue avant n'est pas constante.	p. 240
7. En 1968, Mark Spitz a battu le record du monde du 100 m papillon en 55,6 s. En 2009, Mickael Phelps en a fait de même en 49,82 s.	La précision affichée pour ces deux records est la même.	La précision affichée pour Spitz est la seconde.	La précision affichée pour Phelps est le centième de seconde.	p. 240

Réponses, p. 324

Analyser, résoudre et rédiger

Compétences mises en œuvre

- Effectuer un calcul.
- Raisonner

La vitesse sur piste

Le 28 mars 2010, le français Grégory Baugé a été sacré champion du monde de vitesse sur piste à Copenhague. Il a parcouru les 200,00 derniers mètres de la course en 9,97 s.

1. Dans la situation décrite ci-dessus, quel est le système étudié et quel est le référentiel d'étude ?

2. Calculer la valeur de la vitesse du coureur sur ces 200,00 derniers mètres. On l'exprimera en mètre par seconde ($m \cdot s^{-1}$).

3. Quelle est la précision affichée du chronométrage ?

4. Grégory Baugé et un autre coureur sont séparés de 8 cm sur la ligne d'arrivée.
Ils ont alors une vitesse dont la valeur a été calculée à la question 2.
Quelle durée les sépare sur la ligne d'arrivée ?
Peuvent-ils être départagés par cette précision de chronométrage ?

CONSEILS

1. Le système est l'objet dont on étudie le mouvement.
Le référentiel est l'objet par rapport auquel on étudie le mouvement.

2. Pour calculer la valeur de la vitesse, on a besoin de la distance parcourue et de la durée du parcours.
Avant toute application numérique, il faut écrire l'expression littérale.
Lors du calcul, il faut faire attention aux unités et au nombre de chiffres significatifs.

3. Pour connaître la précision du chronométrage, il faut repérer le dernier chiffre de la durée affichée.

4. Pour savoir si le chronométrage permet de départager les deux coureurs, il faut comparer la durée les séparant sur la ligne d'arrivée à la précision du chronométrage.

Solution rédigée

1. Le système étudié est le coureur Grégory Baugé. Le mouvement est décrit par rapport au sol, donc dans un référentiel terrestre.

2. $v = \frac{d}{\Delta t} = \frac{200,00}{9,97} = 20,1 \ m \cdot s^{-1}$
La vitesse du coureur vaut $20,1 \ m \cdot s^{-1}$.

3. La précision du chronométrage est au 1/100e de seconde, car le dernier chiffre pour la durée est 7/100e de seconde.

4. Si $d = 8 \ cm = 8 \times 10^{-2} \ m$ et $v = 20,1 \ m \cdot s^{-1}$, alors :
$\Delta t = \frac{d}{v} = \frac{8 \times 10^{-2}}{20,1} = 4 \times 10^{-3} \ s$ (4/1 000e de seconde).
Avec une précision au 1/100e, ces deux coureurs peuvent avoir la même durée affichée. Ils ne seront pas départagés par le temps.

Application immédiate

La première édition du Défi Loire Aviron a été remportée le 4 octobre 2009 par le bateau CA Nantes en 40 min 14 s. La longueur du parcours était de 11,4 km.

1. Quelle a été, en $m \cdot s^{-1}$, la valeur de la vitesse du bateau vainqueur sur l'ensemble du parcours ?

2. Quelle est la précision du chronométrage sur cette distance ?

Voir correction, p. 329

Pour commencer

Que faut-il définir avant d'étudier un mouvement ?

1 Quelle tête !

On souhaite étudier le mouvement du ballon lors de l'action photographiée ci-contre.

1. Quel est le système étudié ?

2. Citer des référentiels permettant d'étudier le mouvement du ballon.

3. Quels sont les référentiels terrestres parmi les référentiels cités ?

2 Choix de référentiel

Photo 1

Photo 2

Un photographe a réalisé deux photographies d'une course. Dans un cas, il suit les coureurs dans une voiture. Dans l'autre, il est immobile sur le trottoir.

1. À quelle situation correspond chacune des photographies ? Justifier la réponse.

2. Dans quelle situation l'appareil photo correspond-il à un référentiel terrestre ?

Comment décrire un mouvement ?

3 Sur un tapis roulant

Pour son entraînement, Naïma court sur un tapis roulant qui défile sous ses pieds à vitesse constante par rapport au sol. Son buste est immobile par rapport au sol.

1. Que peut-on dire du mouvement d'un point du buste de Naïma :

a. par rapport au sol ?

b. par rapport au tapis ?

2. Quel est le mouvement d'un point visible du tapis par rapport au sol ?

4 La Pyrénéa

Lors de la 24e édition du triathlon la Pyrénéa, le vainqueur a parcouru 17,0 km à pied en 1 h 07 min 09 s, 35,0 km à vélo en 1 h 25 min 26 s et 6,0 km à ski de randonnée en 40 min 23 s.

1. Quelle est la valeur de la vitesse de cet athlète sur chacun des parcours de la course. L'exprimer en mètre par seconde.

2. Quelle est la valeur de la vitesse de l'athlète sur l'ensemble de la course ? L'exprimer en mètre par seconde, puis en kilomètre par heure.

La relativité du mouvement

5 Question de référentiel

Lors d'une descente en bobsleigh à quatre, le départ est capital. Les quatre athlètes poussent le bobsleigh lors du démarrage. L'homme de tête, le pilote, monte à l'avant, suivi des trois autres.
Tous les mouvements seront étudiés à partir du moment où a été prise la photographie ci-dessous.

Dans quel référentiel peut-on dire que :

1. le pilote est immobile ?

2. le pilote avance ?

3. le pilote se déplace vers la gauche ?

Chronométrage

6 La poursuite par équipe

Aux Jeux olympiques de Pékin, en 2008, la Grande-Bretagne a pulvérisé le record du monde de poursuite par équipe messieurs avec un temps de 3 min 53 s 314 ms pour 4 000,0 m parcourus.

1. Écrire la durée du parcours en minute et seconde, puis en seconde.

2. Avec quelle précision a été chronométrée cette épreuve ?

3. Quelle est la valeur de la vitesse de cette équipe sur l'ensemble du parcours ? L'exprimer en mètre par seconde, puis en kilomètre par heure.

Exercices

Pour s'entraîner

7 Championnats du monde d'athlétisme

Lors des Championnats du monde d'athlétisme d'août 2009, le Jamaïcain Usain Bolt a établi en 9,58 s un nouveau record du monde du 100 m.
Aux Jeux olympiques de Berlin, en 1936, l'Américain Jesse Owens avait remporté le 100 m en 10,3 s.

1. Calculer la valeur de la vitesse de chacun des coureurs sur l'ensemble du parcours. L'exprimer en $m{\cdot}s^{-1}$.

2. Si Usain Bolt avait couru pendant la même durée que Jesse Owens en gardant sa performance, quelle distance aurait-il parcourue ?

3. Si les deux coureurs participaient à une course commune en gardant leur performance respective, à quelle distance de la ligne d'arrivée se trouverait Jesse Owens au moment même où Usain Bolt la franchirait ?

4. Quelle est la précision de chacun des chronométrages ?

8 Grand tremplin du saut à ski

Lors d'une épreuve de saut à ski, après une course d'élan de 100 m, la valeur de la vitesse du sauteur atteint 92 $km{\cdot}h^{-1}$ au moment de prendre son envol.
Il passe de 0 $km{\cdot}h^{-1}$ à 92 $km{\cdot}h^{-1}$ en 5,0 s.

1. Quelles sont les caractéristiques du mouvement d'un point du casque du sauteur lors de sa course d'élan dans le référentiel terrestre ?

2. Calculer la valeur de la vitesse moyenne du skieur sur les 100 m de sa prise d'élan.

3. Comparer cette valeur à 92 $km{\cdot}h^{-1}$. Pourquoi sont-elles différentes ?

9 Grand Prix de Formule 1

Jenson Button a remporté le Grand Prix de Chine 2010 en 1 h 46 min 42,163 s. La longueur du parcours était 305,256 km.

1. Quel est la précision du chronométrage ?

2. Quelle est la précision sur la mesure de la longueur du parcours ?

3. Quelle est la valeur de la vitesse de Button sur l'ensemble du parcours ?

10 Un saut en parachute

Dans un référentiel terrestre, on peut décomposer un saut en parachute en quatre phases :
– une première phase, à une altitude d'environ 4 000 m, pendant laquelle la valeur de la vitesse de descente du parachutiste passe de 0 $km{\cdot}h^{-1}$ à 200 $km{\cdot}h^{-1}$;
– une deuxième phase pendant laquelle cette valeur est constante et égale à 200 $km{\cdot}h^{-1}$;
– une troisième phase qui débute à 1 000 m d'altitude lors de l'ouverture du parachute ; la valeur de la vitesse du parachutiste diminue alors jusqu'à 15 $km{\cdot}h^{-1}$;
– une quatrième phase au cours de laquelle le parachutiste descend à vitesse constante.
Quelle est l'évolution de la valeur de la vitesse au cours de chacune des phases du mouvement du parachutiste ?

11 À chacun son rythme

Cet exercice est proposé à deux niveaux de difficulté. Dans un premier temps, essayer de résoudre l'exercice de niveau 2. En cas de difficultés, passer au niveau 1.
Lors de son record du monde, Haile Gebreselassie a parcouru les 42,195 km du marathon de Berlin (2008) en 2 h 3 min 59 s.

Niveau 2

1. Calculer la valeur de la vitesse du recordman sur l'ensemble du parcours. L'exprimer en $m{\cdot}s^{-1}$.

2. Si le recordman et le deuxième coureur sont séparés de 3,0 m à l'arrivée, leurs temps affichés seront-ils obligatoirement différents ? On considérera qu'ils passent la ligne d'arrivée avec la valeur de la vitesse calculée à la question 1.

Niveau 1

1. a. Exprimer la distance du marathon en mètre.
b. Exprimer la durée du parcours en seconde.
c. Calculer la vitesse du recordman sur l'ensemble du parcours. L'exprimer en mètre par seconde.

2. a. Quelle est la précision sur le temps affiché ?
b. Quelle est, en moyenne, la distance parcourue par ce coureur en 1 seconde ?
c. Si le recordman et le deuxième coureur sont séparés de 3,0 m à l'arrivée, leurs temps affichés seront-ils obligatoirement différents ?
On considérera qu'ils passent la ligne d'arrivée avec la valeur de la vitesse calculée à la question 1.c.

12 La photofinish

Une « photofinish » est parfois nécessaire pour classer les concurrents, par exemple les sprinteurs lors de l'arrivée d'une course. Pour réaliser une « photofinish », on utilise une caméra fixe, couplée à un ordinateur et placée sur la ligne d'arrivée. Cette caméra est capable de prendre 1 000 images par seconde. De chaque image, on ne garde qu'une bande verticale, centrée sur la ligne d'arrivée dont la largeur n'est que d'un pixel (définition de l'image). De l'image suivante, prise 1/1 000e de seconde plus tard, on ne garde que la même bande que l'on vient placer à gauche de la bande précédente et ainsi de suite. Une photofinish est donc une représentation temporelle de ce qui se passe sur la ligne d'arrivée. C'est pourquoi l'allure des objets ou des concurrents peut être déformée sur une photofinish.

1. a. Quel est le temps officiel de Usain Bolt, vainqueur du 100 m des Jeux olympiques de Pékin dont la photofinish est représentée ci-dessous ?

b. Quelle est la précision du temps officiel affiché pour chaque chronométrage ?

c. Pourquoi cette précision a-t-elle remplacé le 1/10e de seconde ?

d. Comment le temps officiel est-il obtenu à partir des valeurs lues sur la photofinish ?

2. a. À partir des informations du texte ci-dessus, déterminer la précision du temps que l'on pourrait obtenir avec une photofinish.

b. Lors d'une course deux concurrents peuvent arriver dans le même temps officiel.

À quelle condition peuvent-ils être départagés par la photofinish ?

3. La course se déroule sur une distance de 100 m. Quelle a été, en moyenne, la valeur de la vitesse de Usain Bolt sur la distance de la course ?

4. Calculer la valeur de la vitesse moyenne du coureur qui est arrivé deuxième lors de cette épreuve.

5. On considère que, sur la dernière seconde de course, chaque coureur a une vitesse égale à sa vitesse moyenne sur l'ensemble du parcours.
À quelle distance de la ligne d'arrivée, le coureur classé en deuxième position se trouvait-il lorsque Usain Bolt a franchi la ligne ?

6. Répondre à la question 5 pour le coureur arrivé dernier.

13 Prendre un bon départ

Le départ d'une course de 100 m est donné par un coup de pistolet tiré par un juge placé dans le prolongement de la ligne de départ, du côté du couloir numéro 1. La distance séparant le couloir 1 du couloir 8 est de 8,5 m. Le son se propage dans l'air à la vitesse de 340 m·s^{-1}.

1. Quelle est la durée séparant la réception du signal de départ entre les coureurs des couloirs 1 et 8 ?

2. On suppose qu'un coureur est sur le couloir 1 et un autre sur le couloir 8. Lequel des deux est avantagé ?

3. Dans les courses de haut niveau, un haut-parleur est situé sur chaque starting-block. Il transmet le son du pistolet. Expliquer l'utilité de ce haut-parleur.

4. À New York, en juin 1991, Leroy Burrell bat le record du monde du 100 m en 9,90 s. Carl Lewis termine second en 9,93 s. Le temps de réaction a été de 0,117 s pour Burrell et de 0,166 s pour Lewis.
En ne tenant compte que du temps effectif de course, quel a été, de Lewis ou Burrell, le coureur le plus rapide ?

Résultats officiels

1 : 9.69
2 : 9.89
3 : 9.91
4 : 9.93
5 : 9.95
6 : 9.97
7 : 10.01
8 : 10.03

14 Passage de témoin

Lors d'un relais en athlétisme, un bon passage de témoin consiste à ce que le porteur du témoin ait, dans la zone de transmission, une vitesse v constante.

Le schéma ci-dessous représente, à des intervalles de temps égaux, les positions du premier relayeur (en violet) et celles du deuxième relayeur (en bleu).

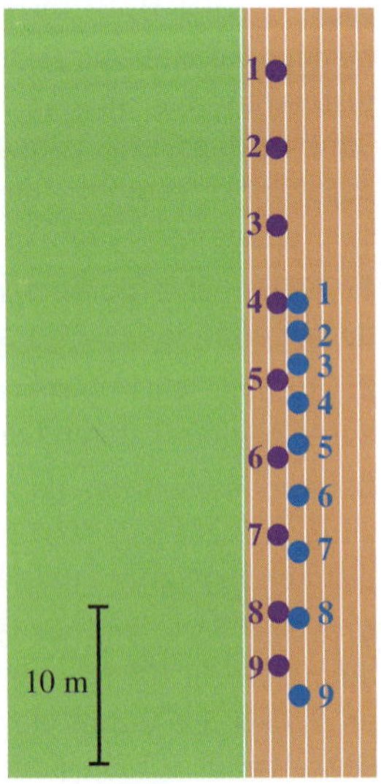

1. Dans un référentiel terrestre, décrire le mouvement du buste :

a. du premier relayeur ;

b. du deuxième relayeur.

2. La valeur de la vitesse du premier relayeur à l'entrée de la zone de transmission est de 9,1 $m{\cdot}s^{-1}$.

a. En quelle durée le premier relayeur parcourt-il une distance de 10 m ?

b. Quel est l'intervalle de temps qui sépare deux positions consécutives représentées sur le schéma ?

3. a. À l'aide d'un papier-calque, déterminer à chaque instant les positions du premier relayeur par rapport au deuxième relayeur. (On pourra s'aider de l'activité 3 p. 87.)

b. Décrire le mouvement du premier relayeur par rapport au deuxième relayeur.

15 Vent trop favorable pour battre un record

Pour valider un record jusqu'au 200 m inclus, la valeur de la vitesse du vent mesurée dans la direction et le sens de la course ne doit pas dépasser 2,0 $m{\cdot}s^{-1}$.

La vitesse du vent est comptée positivement lorsqu'il se déplace dans le même sens que celui de la course. La vitesse du vent est arrondie au dixième de mètre par seconde supérieur.

Lors d'une course, on mesure la valeur de la vitesse du vent à + 2,03 $m{\cdot}s^{-1}$.

1. Quelle est la précision de la mesure de la valeur de la vitesse du vent ?

2. Le vent est-il favorable aux coureurs ?

3. Quelle est la valeur de la vitesse du vent arrondie suivant la règle officielle ?

4. Un record peut-il être homologué dans ces conditions ?

16 Swimming, Touchpads are Key

At the Mexico City Olympics in 1968, the firm Omega from Switzerland introduced the touchpad and automatic timing. When the swimmers touch the pool wall, it triggers a signal for lap and finish times. Suddenly, the impossible task of judging exactly when a swimmer's fingers touched the pool wall amidst thrashing water and spray was automatically sensed to a precision of 1/1 000th. This meant the actual elapsed time from start to finish could be determined to 1/1 000th second, but even if two swimmers tied to the same 1/1 000th of a second, the system could tell who won, to at least another decimal point or more.

However, official rules only allow recording to 1/100th of a second because variations in the dimensions of a pool could affect more precision.

1. Quel est le principe du système qui a permis d'augmenter la précision du chronométrage des nageurs ?

2. Quelle était la précision du chronométrage avant cette invention ? Quelle est-elle à présent ?

3. Sachant que les champions parcourent environ 100 m en 50 s, quelle distance un nageur parcourt-il en 0,01 s ? en 0,001 s ?

4. Justifier la règle officielle retenue.

17 Retour sur l'ouverture du chapitre

Cette chronophotographie représente un saut effectué par une gymnaste.

La durée entre deux positions consécutives est toujours la même.

1. Quel est le référentiel d'étude ?

2. Est-ce un référentiel terrestre ?

3. Quelle est l'allure de la trajectoire de la pointe des pieds de la gymnaste dans ce référentiel ?

4. Quelles informations la gymnaste peut-elle tirer de cette photographie afin d'améliorer son saut ?

CHAPITRE

17

PHYSIQUE

Force et mouvement dans le sport

Lors d'une partie de badminton, le volant circule d'un joueur à l'autre sous l'action des raquettes. Quelles sont les conséquences de l'action d'une raquette sur le volant ? (Voir exercice 18, p. 258.)

Comment les forces modifient-elles le mouvement d'un objet ?

OBJECTIFS

- → Savoir qu'une force s'exerçant sur un corps modifie la valeur de sa vitesse et/ou la direction de son mouvement et que cette modification dépend de la masse du corps.
- → Utiliser le principe d'inertie pour interpréter des mouvements simples en termes de forces.
- → Réaliser et exploiter des enregistrements vidéo pour analyser des mouvements.

1 La partie de pétanque... de Galilée !

→ Une boule de pétanque finit toujours par s'arrêter. Pourtant, en 1632, dans *Dialogue sur les deux grands systèmes du monde*, GALILÉE a expliqué qu'un mouvement pourrait être éternel.
Dans quelles conditions un mouvement peut-il être rectiligne uniforme ?

Dans *Dialogue sur les deux grands systèmes du monde*, GALILÉE utilise le personnage de Salviati pour présenter ses propres idées novatrices face à Simplicio qui défend les idées plus traditionnelles de l'époque.

SALVIATI. Dites-moi, supposez une surface plane, polie comme un miroir, faite d'un matériau dur comme l'acier, et qui ne soit pas parallèle à l'horizon, mais légèrement inclinée. Vous posez dessus une bille parfaitement sphérique, d'un matériau lourd et très dur. Si vous lâchez la bille, que croyez-vous qu'elle fera ? Pensez-vous qu'elle restera immobile ?

SIMPLICIO. Je ne crois pas qu'elle va rester immobile ; au contraire, je suis sûr que spontanément elle ira dans le sens de la pente.

SALVIATI. Et jusqu'à quand la bille roulera-t-elle ? Comment évoluera sa vitesse ? Remarquez bien que je parle d'une bille parfaitement ronde sur une surface parfaitement lisse afin de négliger tous les obstacles possibles et faire abstraction de la résistance de l'air.

SIMPLICIO. J'ai compris. À votre question, je réponds que cette bille continuera à se déplacer à l'infini, pourvu que la surface s'étende ainsi. Et son mouvement sera continuellement accéléré.

SALVIATI. Supposons maintenant qu'on veuille que la bille remonte la pente. Le pourra-t-elle ?

SIMPLICIO. Pas spontanément ; elle n'ira vers le haut que si on la lance, et son mouvement ralentira.

SALVIATI. Donc, vous avez décrit les mouvements de la bille dans deux situations différentes : vous dites que sur le plan incliné vers le bas, la vitesse de la bille augmente constamment ; mais que sur le plan incliné vers le haut, sa vitesse diminue... Alors dites-moi : qu'arriverait-il à la bille sur une surface horizontale ?

SIMPLICIO. Ici il faut que je réfléchisse. Puisqu'il n'y a pas de pente vers le bas, il ne peut y avoir d'accélération, et, puisqu'il n'y a pas de pente vers le haut, il ne peut y avoir non plus de ralentissement. Il me semble par conséquent que la bille devrait naturellement rester arrêtée.

SALVIATI. Je suis d'accord avec vous pourvu que la bille soit posée à l'arrêt sur le plan. Mais si on lui donnait de l'élan dans une certaine direction sur cette surface horizontale, que se produirait-il ?

SIMPLICIO. Elle irait dans cette direction.

SALVIATI. Mais comment serait son mouvement ? Accéléré comme sur le plan incliné vers le bas, ou bien ralenti comme sur le plan incliné vers le haut ?

SIMPLICIO. Comme la surface n'est pas inclinée, je ne vois aucune cause d'accélération ni de ralentissement.

SALVIATI. En effet, et donc si rien ne cause l'accélération ou le ralentissement de la bille, elle roulera à vitesse constante. Mais alors, pendant combien de temps estimez-vous qu'elle continuera à se déplacer si elle ne ralentit pas ?

SIMPLICIO. Aussi longtemps que durera cette surface qui ni ne s'abaisse ni ne s'élève.

SALVIATI. Par conséquent, si la surface était infinie, le mouvement serait éternel ?

SIMPLICIO. En effet, c'est ce qu'il me semble.

1. Selon GALILÉE, comment évoluera la vitesse et quelle sera la trajectoire d'une boule lancée sur une surface parfaitement horizontale et lisse ?
2. Énoncer le principe d'inertie (voir chapitre 7, p. 103).
3. D'après GALILÉE, que peut-on dire des forces extérieures exercées sur une boule lancée sur un plan horizontal ? Citer ces forces et en proposer une schématisation.
4. Pourquoi, dans la réalité, une boule lancée sur un plan horizontal va-t-elle ralentir puis s'arrêter ?

2 Rugbyman à l'entraînement

→ Pour s'entraîner, un rugbyman court en tractant un chariot dont la masse peut être modifiée en ajoutant des lests (doc. 1). En exerçant une force constante, il met ce chariot en mouvement, puis fait augmenter sa vitesse. **Quelle est l'influence de la masse d'un système sur son mouvement lorsqu'il est soumis à une force constante ?**

doc. 1 Rugbyman à l'entraînement.

Matériel possible : dispositif permettant d'exercer une force constante, mobiles autoporteurs, banc à coussin d'air, rail et chariots, ficelle, poulie, différentes masses, balance, caméra, ordinateur, chronomètres...

Situation-problème :
Quelle est l'influence de la masse d'un système sur son mouvement lorsqu'il est soumis à une force constante ?

1. Émettre une hypothèse pour répondre à cette situation-problème.
2. Proposer un protocole permettant de vérifier cette hypothèse.
3. Après accord du professeur, mettre en œuvre ce protocole. Analyser les résultats obtenus et vérifier la validité de l'hypothèse initiale.
4. Rédiger une conclusion répondant à la situation-problème.

3 Étude d'un lancer franc

→ Au basket-ball, le lancer franc (doc. 2) est une phase de jeu très importante.
Lors d'un lancer franc, quel est le mouvement du ballon dans un référentiel terrestre ?

- Filmer le mouvement d'un ballon de basket lors d'un lancer franc selon un axe perpendiculaire au plan de la trajectoire.

doc. 2 Lors d'un lancer franc, le joueur se place derrière la ligne et tente de marquer un panier.

- Repérer la position du centre du ballon image par image à l'aide d'un logiciel de pointage (**voir fiche n° 14, p. 323**). Afficher sa trajectoire dans un référentiel terrestre.
- À partir de la trajectoire, projeter les positions consécutives du centre du ballon sur l'axe horizontal, puis sur l'axe vertical.

1. Comment évolue l'écart entre les abscisses consécutives repérées ?
2. Décrire le mouvement du centre du ballon suivant l'axe horizontal.
3. Comment évolue l'écart entre les ordonnées consécutives repérées ?
4. Décrire le mouvement du centre du ballon suivant l'axe vertical.
5. Que peut-on en déduire sur les forces s'exerçant sur le ballon ?

1 De l'action mécanique à sa modélisation

Taper dans un ballon, déformer un arc, soulever des haltères sont des actions mécaniques que l'on effectue dans le sport.

1.1 Quelles sont les actions mécaniques qui agissent sur un système ?

Le mouvement d'un ballon est modifié par l'action du pied du footballeur (doc. 1). Le système étudié est le ballon.

Tout ce qui ne constitue pas le système est appelé l'extérieur du système.

Le ballon est immobile sur le sol. Il est frappé par le pied du footballeur. L'action de l'air est négligeable. Les actions mécaniques exercées **par l'extérieur sur le ballon** (doc. 2) sont alors :
- l'action de la Terre qui attire le ballon vers le bas (voir chapitre 7, p. 102) ;
- l'action du sol qui empêche le ballon de s'enfoncer dans le sol ;
- l'action du pied qui pousse le ballon.

doc. 1 Le pied du footballeur exerce une action mécanique sur le ballon.

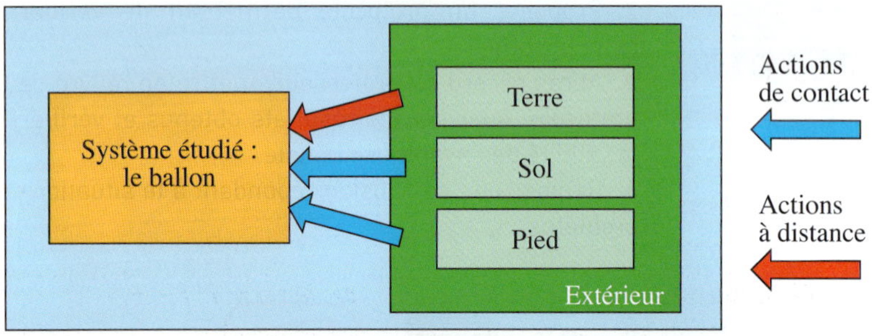

doc. 2 Les actions mécaniques à prendre en compte peuvent être de contact ou à distance, mais elles sont toujours exercées par l'extérieur sur le système.

Les actions mécaniques à prendre en compte sont toutes les actions exercées **par l'extérieur sur le système** étudié. Lorsque le système est en mouvement, il faut souvent tenir compte de l'action de l'air.

1.2 Modélisation des actions mécaniques

Une action mécanique est modélisée par **une force.**

- Une force est caractérisée par :
- une **direction** ;
- un **sens** ;
- une **valeur** qui s'exprime en newton (N).

- Le **point d'application** d'une force est le point où l'on considère que s'exerce la force.

- Sur un schéma, une force est représentée par un **segment fléché**, appelé vecteur. Le système étudié est souvent représenté par un point, les forces exercées par l'extérieur sur le système sont alors représentées à partir de ce point. Lorsque la valeur de la force est connue, la longueur du segment fléché est proportionnelle à cette valeur. Pour le représenter sur un schéma, il faut tenir compte de l'échelle (doc. 3).

Pour commencer, exercices 1 et 2, p. 255

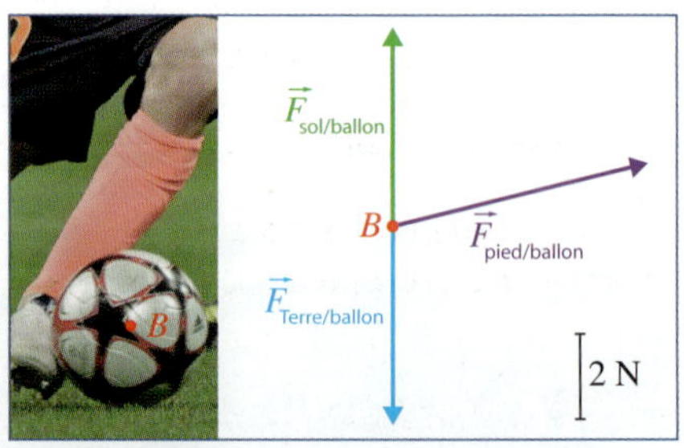

doc. 3 Ballon de centre *B* et modélisation des actions mécaniques s'exerçant sur le ballon représenté par le point *B*.
- La force $\vec{F}_{Terre/ballon}$ modélise l'attraction de la Terre **sur le ballon** (c'est le poids $\vec{P}$).
- La force $\vec{F}_{sol/ballon}$ modélise l'action du sol **sur le ballon** ;
- La force $\vec{F}_{pied/ballon}$ modélise l'action du pied **sur le ballon**.

2 Principe d'inertie

La pierre de curling qui se déplace sur une surface horizontale parfaitement lisse et glissante est animée, dans un référentiel terrestre, d'un mouvement rectiligne uniforme. Dans ce cas, son poids $\vec{P}$ et la force exercée par la glace sur la pierre, $\vec{F}_{glace/pierre}$, sont deux forces dont les effets s'annulent. Ces deux forces se compensent (doc. 4). De tels mouvements ont amené GALILÉE (activité 1), puis NEWTON à énoncer le **principe d'inertie** que l'on peut écrire ainsi :

Un corps est immobile ou en mouvement rectiligne uniforme si et seulement si les forces qui s'exercent sur lui se compensent (ou s'il n'est soumis à aucune force).

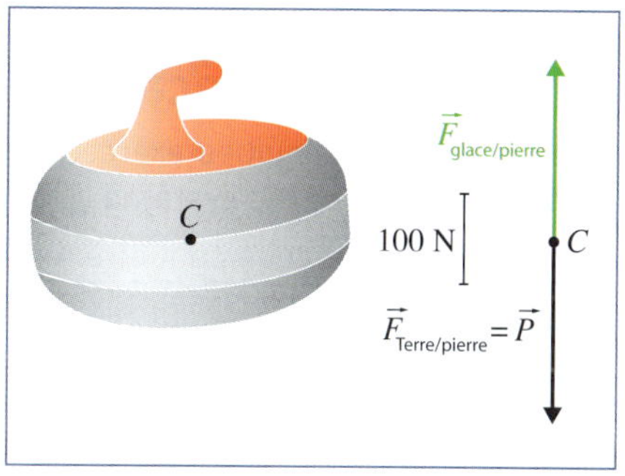

doc. 4 Pierre de curling (de masse m = 19 kg et de centre C) en mouvement rectiligne uniforme et schématisation des forces s'exerçant sur cette pierre représentée par le point C. Le poids de la pierre est P = 190 N.

Ce principe s'applique dans tous les référentiels terrestres pour des mouvements étudiés dans le sport.

Pour commencer, exercices 3 et 4, p. 255

3 Effet d'une force sur le mouvement

3.1 Les différents effets

Lors d'une activité sportive, la force exercée sur un système peut avoir diverses conséquences sur son mouvement (doc. 5).

Mise en mouvement

a. L'action de la corde sur la flèche met la flèche en mouvement.

Modification du mouvement

b. L'action de la main sur le ballon modifie le mouvement du ballon.

Arrêt du mouvement

c. L'action des mains sur le ballon peut arrêter le mouvement du ballon.

doc. 5 Exemples d'effet d'une force sur un mouvement étudié dans un référentiel terrestre.

Le mouvement d'un objet est modifié lorsque les forces qui s'exercent sur lui ne se compensent pas.

3.2 Influence de la masse

L'activité 2 a montré qu'avec une même force il est plus difficile de mettre en mouvement un objet lourd qu'un objet léger. Ainsi, lors d'une course de Formule 1 (doc. 6), dans les mêmes conditions, en exerçant une même force de freinage, plus la voiture est légère, plus le freinage est efficace.

L'effet d'une force sur le mouvement d'un système est d'autant plus grand que la masse du système est faible.

doc. 6 Freinage d'une Formule 1.

Pour commencer, exercices 5 et 6, p. 255

Retenir l'essentiel

Les savoirs

De l'action mécanique à sa modélisation

- Les actions mécaniques exercées sur un système sont toutes les actions exercées **par l'extérieur sur le système**. Elles peuvent être de contact ou à distance.
- Une action mécanique peut être modélisée par une force.
  Une force est caractérisée par :
  - une **direction** ;
  - un **sens** ;
  - une **valeur** qui s'exprime en newton (N).
- Le **point d'application** d'une force est le point où l'on considère que s'exerce la force.
- Sur un schéma, une force est représentée par un **segment fléché**, appelé vecteur.

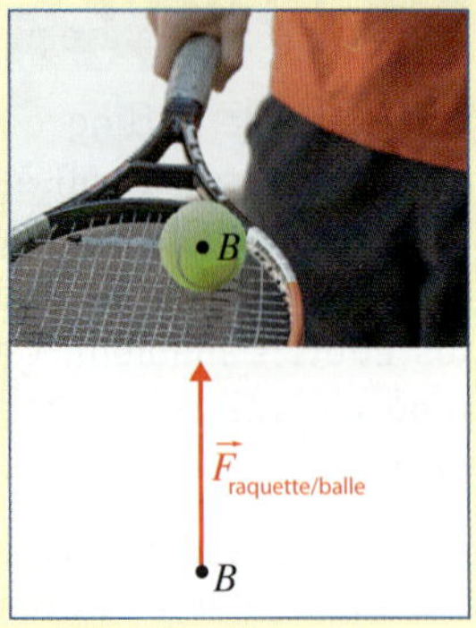

La balle est représentée par un point B, l'action exercée par la raquette sur la balle est modélisée par la force $\vec{F}_{raquette/balle}$.

Principe d'inertie

Un corps est immobile ou en mouvement rectiligne uniforme si et seulement si les forces qui s'exercent sur lui se compensent (ou s'il n'est soumis à aucune force).

Effet d'une force sur le mouvement

Le mouvement d'un système est modifié lorsque les forces qui s'exercent sur lui ne se compensent pas.

La modification d'un mouvement sous l'action d'une force sera d'autant plus importante que la masse du système sera faible.

◄ Une même athlète lance bien plus loin un javelot de 600 g qu'un poids de 4 kg.

Les compétences attendues

- Savoir qu'une force s'exerçant sur un corps modifie la valeur de sa vitesse et/ou la direction de son mouvement et que cette modification dépend de la masse du corps.
- Utiliser le principe d'inertie pour interpréter des mouvements simples en termes de forces.
- Réaliser et exploiter des enregistrements vidéo pour analyser des mouvements. [TP]

S'auto-évaluer

QCM

On se placera toujours dans un référentiel terrestre.

Document 1

Document 2

ÉNONCÉ	A	B	C	Si échec revoir
1. Sur le document 1, la force $\vec{F}$ modélise :	l'action du fil sur la boule	l'action de la boule sur le fil	l'action du fil sur la main	§1, p. 250
2. Sur le document 1, le segment fléché $\vec{F}$ fournit des informations sur :	le sens de la force	la direction de la force	la valeur de force	§1, p. 250
3. Sur le document 2, les forces $\vec{R}$ et $\vec{P}$ ont :	même direction	même sens	même valeur	§1, p. 250
4. Sur le document 2, la force $\vec{R}$ a pour valeur :	$R = 3{,}2$ N	$R = 0{,}16$ kg	$R = 1{,}6$ N	§1, p. 250
5. Quelle est l'échelle la plus pertinente à utiliser afin de représenter graphiquement une force de 50 N sur une feuille de classeur ?	1 cm pour 1 N.	10 cm pour 1 N.	1 cm pour 10 N.	§1, p. 250
6. Quand les forces s'exerçant sur un système en mouvement se compensent, ce système :	est en mouvement rectiligne uniforme	peut être en mouvement rectiligne accéléré	peut être en mouvement circulaire uniforme	§2, p. 251
7. Une force peut modifier :	la valeur de la vitesse d'un système	la trajectoire d'un système	la valeur de la vitesse et la trajectoire d'un système	§3, p. 251
8. Afin de « démarrer » plus vite au moment du sprint final, le cycliste :	jette ses gourdes d'eau quelques kilomètres avant l'arrivée	boit le contenu de ses gourdes quelques kilomètres avant l'arrivée	prend des gourdes d'eau quelques kilomètres avant l'arrivée	§3, p. 251

Réponses, p. 324

SAVOIR Analyser, résoudre et rédiger

Compétences mises en œuvre

- Trouver les informations.
- Faire un schéma.

Saut en parachute

Dans un référentiel terrestre, on étudie différentes phases de la descente verticale d'un parachutiste qui s'est laissé tomber d'un hélicoptère en vol stationnaire :
– première phase : la valeur de la vitesse augmente jusqu'à atteindre 50 $m \cdot s^{-1}$;
– deuxième phase : la valeur de la vitesse reste constante ;
– troisième phase : la valeur de la vitesse passe de 50 $m \cdot s^{-1}$ à environ 5 $m \cdot s^{-1}$ suite à l'ouverture du parachute ;
– quatrième phase : la valeur de la vitesse est à nouveau constante.
Le système étudié est le parachutiste et son équipement.

1. À quelle(s) force(s) est soumis le système lors de la chute ?

2. Ces forces se compensent-elles dans la deuxième phase ?

3. Représenter alors ces forces sur un schéma avec une échelle adaptée.
On schématisera le système de masse m = 80 kg par un point auquel on appliquera les forces.
Donnée : g = 10 $N \cdot kg^{-1}$.

CONSEILS

Comment trouver les forces s'exerçant sur un système ?

1. Pour trouver les forces qui s'exercent sur le système, il faut rechercher les actions mécaniques exercées **par l'extérieur sur le système** constitué par le parachutiste et son équipement.

Comment savoir si les forces appliquées au système se compensent ?

2. Il faut d'abord utiliser le texte pour trouver la nature du mouvement. Il faut aussi connaître et savoir appliquer le principe d'inertie.

Comment représenter ces forces ?

3. Il faut déterminer pour chacune des forces : la direction, le sens et la valeur.
On sait calculer la valeur du poids : $P = m \times g$.
Comme les forces se compensent, elles ont la même valeur et sont opposées.
L'échelle choisie doit permettre d'obtenir un schéma de quelques centimètres.

Solution rédigée

1. Durant la chute, le système subit l'action de la Terre et l'action de l'air. Il est soumis à son poids $\vec{P}$ et à la force $\vec{F}$ exercée par l'air.

2. Dans la deuxième phase, la trajectoire est verticale et la vitesse constante. Le mouvement est donc **rectiligne uniforme**. Donc, d'après le principe d'inertie, **les forces** qui s'exercent sur le système **se compensent**.

3. Les deux forces se compensent : elles sont de sens opposés et de même valeur. Le poids est vertical et orienté vers le bas. Sa valeur est :
$P = m \times g$ = 80 × 10 = 800 N.
L'action de l'air vaut également 800 N.
En prenant 1 cm pour 400 N, les segments fléchés auront 2 cm de longueur.

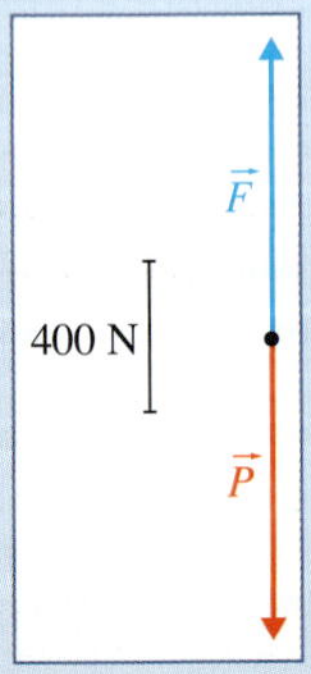

Application immédiate

1. À quelles forces est soumis un parachutiste équipé de son parachute, de masse m = 70 kg, après l'ouverture du parachute ?

2. Représenter ces forces lors de la quatrième phase sur un schéma en utilisant une échelle adaptée.

Voir correction, p. 329

Pour commencer

De l'action mécanique à sa modélisation

1 Coup franc

Un joueur tire un coup franc au football.
Quelles actions mécaniques s'exercent sur le ballon lorsqu'il est en l'air ?

2 Tir à l'arc

La corde d'un arc exerce une action mécanique sur la flèche au moment du tir.

Cette action peut-être modélisée par une force.

1. Lequel des schémas ci-contre représente la modélisation de l'action exercée par la corde sur la flèche ?

2. Que représente l'autre schéma ?

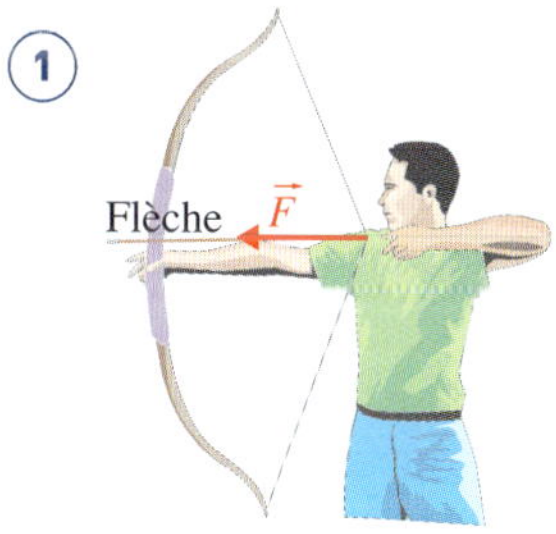

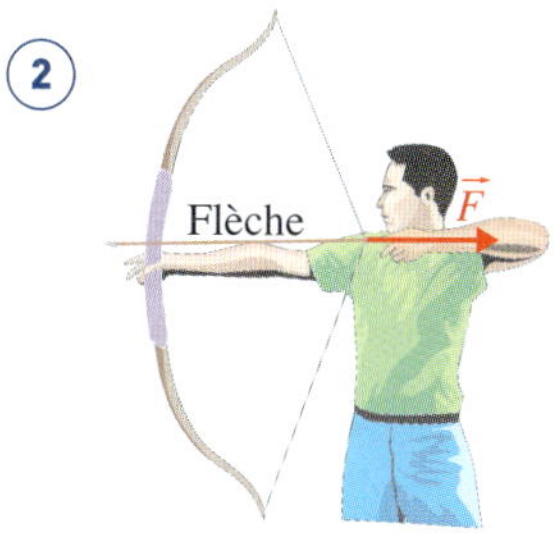

Principe d'inertie

3 Lancer du « poids »

À l'aide d'une caméra immobile par rapport au sol, on a filmé une séance de « lancer de poids ». Un logiciel de pointage a permis de repérer la trajectoire du « poids ».

1. Quel est le système étudié ? Dans quel référentiel son mouvement est-il étudié ?

2. Citer deux observations qui prouvent que les forces exercées sur le « poids » ne se compensent pas.

4 Un skateur

Un skateur se déplace avec un mouvement rectiligne uniforme par rapport au lampadaire d'une rue.

1. Énoncer le principe d'inertie.

2. Quel est le système étudié ?

3. Quel est le référentiel ?

4. Le skateur est-il soumis à des forces qui se compensent ?

Effet d'une force sur le mouvement

5 Billard !

On a représenté la chronophotographie, vue de dessus, d'une boule de billard sur une table horizontale.

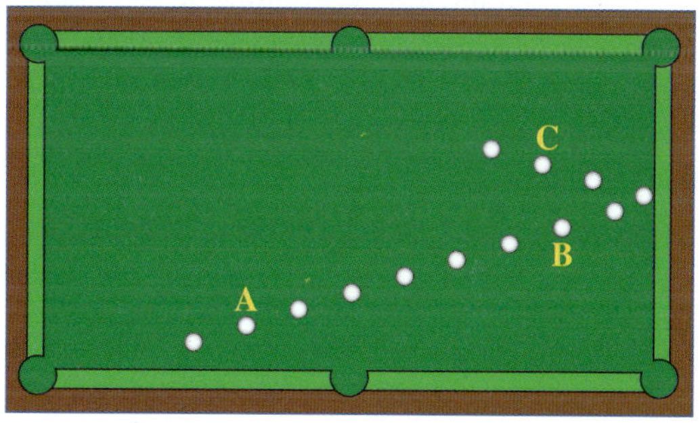

1. Les forces exercées sur la boule lorsqu'elle est en A, puis en B, puis en C, sont-elles identiques ?

2. Quelle est la cause de la modification du mouvement de la boule ?

6 Quelle force !

Au rugby, la mêlée est une phase de jeu où huit joueurs d'une équipe se lient afin de faire reculer huit joueurs de l'équipe adverse. Pour cela, ils s'entraînent sur un appareil, appelé un joug, qu'ils doivent déplacer.

1. Quels sont la direction et le sens de la force exercée par les joueurs sur le joug ?

2. Le joug exerce-t-il une force sur les joueurs ?

3. Les entraîneurs montent souvent sur le joug lors des entraînements. Quelle en est la raison ?

Pour s'entraîner

7 100 mètres féminin

Aux Jeux olympiques de Pékin, Shelly Ann Fraser a remporté la finale du 100 m féminin en 10,73 s.

Un record sur 100 m n'est homologué que si la valeur de la vitesse d'un vent favorable est inférieure à 2 $m \cdot s^{-1}$.

1. Dans quel référentiel le mouvement est-il étudié ?

2. Calculer la valeur de la vitesse de Shelly Ann Fraser sur les 100 m parcourus.

3. Lors de la course, le mouvement de la coureuse est-il rectiligne uniforme ?

4. Pourquoi la valeur de la vitesse d'un vent favorable doit-elle être limitée pour qu'un record soit homologué ?

8 Le patineur

La chronophotographie ci-dessous illustre le mouvement d'un patineur dans un référentiel terrestre.

1. Le patineur est-il soumis à des forces qui se compensent ?

2. À quelles forces est-il soumis ?

9 Skateboarder

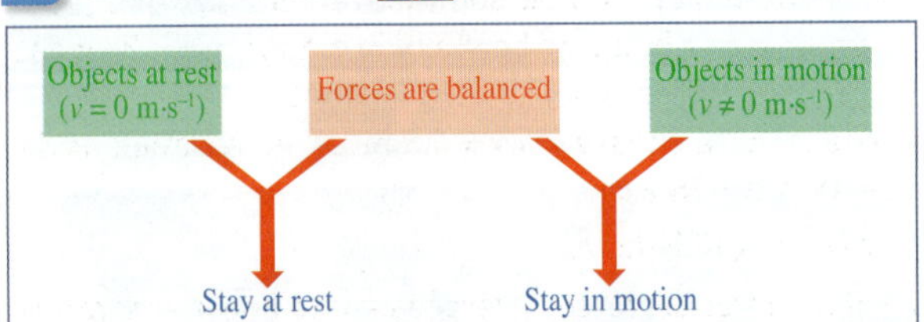

While skateboarding, you fly forward off the board when hitting a rock or other object which abruptly stops the motion of the skateboard.

1. Quel principe est illustré par le schéma ci-dessus ?

2. Réaliser un nouveau schéma illustrant la situation décrite dans le texte.

10 Le « marteau »

Le lancer de « marteau » est une épreuve d'athlétisme qui consiste à projeter le plus loin possible un « marteau » constitué d'une boule d'acier reliée à une poignée par un câble.

La préparation du lancer se fait par un mouvement circulaire.

Après plusieurs tours, l'athlète lâche la poignée pour laisser partir le marteau.

On se placera dans un référentiel terrestre.

1. À quelles forces est soumise la boule d'acier :

a. lors de la préparation ?

b. lorsque le marteau est en vol ?

c. lorsque le marteau est tombé au sol ?

2. Représenter ces forces lorsque le marteau est au sol.

11 Rédiger correctement une solution

La solution de l'exercice suivant a été rédigée par un élève, puis annotée par un professeur. Lire l'énoncé, les réponses de l'élève et les corrections suggérées, puis rédiger une solution détaillée.

Énoncé de l'exercice

Un parachutiste a ouvert son parachute et descend verticalement à vitesse constante.

Données : intensité de la pesanteur : $g = 10$ N·kg^{-1} ; masse du parachutiste équipé : $m = 80$ kg.

1. Quel est le système étudié ? Dans quel référentiel ?

2. À quelles forces est soumis le système ?

3. Les représenter sur un schéma en utilisant une échelle de 0,5 cm pour 400 N.

Copie de l'élève corrigée

1. parachutiste équipé - terrestre

Il faut rédiger des phrases.

2. Le parachutiste est soumis à son poids et à la force exercée par l'air. Bien.

3. Le poids a pour valeur 800 kg.

Unité fausse et il faut rédiger le calcul.

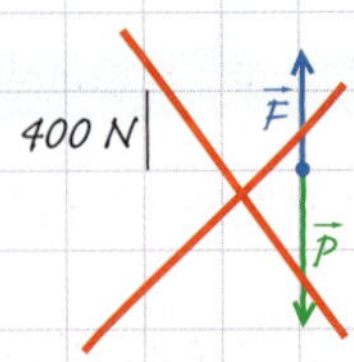

J'ai représenté le poids par une flèche plus grande car le parachutiste descend.

Revoir l'application du principe d'inertie.

12 Le mascaret

Le mascaret est une vague qui se forme lors de grandes marées et qui remonte le cours de certaines rivières. En France, un des mascarets les plus spectaculaires s'observe sur la Dordogne près du village de Saint-Pardon. Cette vague est surfée par de nombreux sportifs. Le document ci-dessous représente les différentes positions de l'avant de la planche d'un surfeur repérées toutes les 0,40 s.

1. Quel est le système étudié ? Dans quel référentiel ?

2. Que peut-on dire du mouvement du système ?

3. Que peut-on dire des forces exercées sur le système ?

4. Le segment jaune, situé dans le plan vertical du mouvement du surfeur, mesure 2 m. En déduire la valeur de la vitesse du surf.

13 À chacun son rythme

Cet exercice est proposé à deux niveaux de difficulté. Dans un premier temps, essayer de résoudre l'exercice de niveau 2. En cas de difficultés, passer au niveau 1.

Le temps de pose d'un appareil photo est la durée pendant laquelle est prise une image. Certains appareils possèdent un réglage sport. Un appareil photo, fixe dans un référentiel terrestre, a pris deux clichés successifs de la chute d'une balle (photos 1 et 2) avec un temps de pose de 1/30e de seconde.

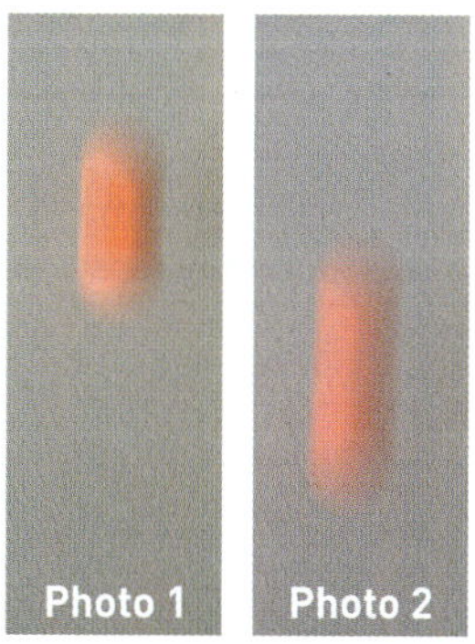

Niveau 2

1. Comment évolue la vitesse de la balle entre la première et la deuxième photo ?

2. La balle est-elle soumise à des forces qui se compensent ?

3. Le réglage « sport » correspond-il à un long ou un court temps de pose ?

Niveau 1

1. a. Quel est le temps de pose de ces deux photos ?
b. Pourquoi la balle a-t-elle cet aspect flou ?
c. À quoi correspond l'étendue du flou sur chaque photo ?
d. Comment évolue la valeur de la vitesse de la balle entre la première et la deuxième photo ?

2. a. Que peut-on dire du mouvement de la balle ?
b. La balle est-elle soumise à des forces qui se compensent ?

3. Quel est l'intérêt du réglage sport de certains appareils photo ?

14 Sortie de route ?

Lors d'une séance de travaux pratiques, le professeur a tracé un trajet sur un sol lisse. L'objectif, pour les élèves, est de faire suivre ce trajet à une boule qui doit rouler après avoir été lancée.
La chronophotographie ci-dessous montre la trajectoire d'une boule lors d'un essai effectué par un élève.

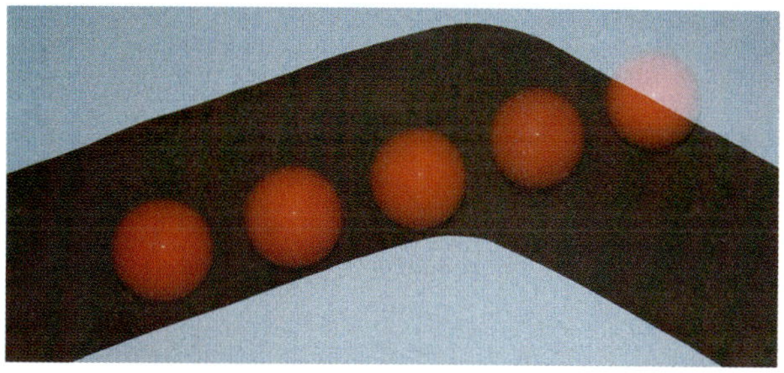

1. Quel est le référentiel utilisé ?

2. Quelle est la nature du mouvement de la boule ?

3. À quelles forces est-elle soumise ?

4. Expliquer pourquoi il est impossible de faire suivre ce trajet courbe par la boule ?

5. Une voiture aborde un virage. Que va-t-il se passer si les forces qui agissent sur cette voiture se compensent ?

15 Strike !

On considère que, lors de son mouvement sur une piste horizontale, une boule de bowling de masse $m = 6{,}3$ kg est soumise à des forces qui se compensent.
La valeur de sa vitesse est $v = 4{,}3\ \text{m}\cdot\text{s}^{-1}$ et la longueur de la piste est $l = 18{,}2$ m.
Donnée : $g = 10\ \text{N}\cdot\text{kg}^{-1}$.

1. Représenter les forces exercées sur la boule schématisée par son centre B (échelle : 1 cm pour 30 N).

2. Dans un référentiel terrestre, quel est le mouvement de la boule ?

3. Quelle est la durée du trajet de la boule sur la piste ?

4. La boule reste dans l'axe de la piste. Représenter l'allure de la chronophotographie du mouvement qui serait obtenue avec une caméra positionnée au-dessus de la piste.

16 Étude d'un lancer de balle

Lors d'une séance de TP, Cécile a réalisé la chronophotographie du mouvement d'une balle lancée par Benoît. Elle a utilisé une webcam posée sur une table et a ensuite projeté les positions successives de la balle sur les deux axes d'un repère. Pour la clarté de la représentation, elle a repéré les ordonnées sur deux axes : la montée est repérée sur l'axe de gauche et la descente est repérée sur l'axe de droite. L'action de l'air sur la balle est négligeable.

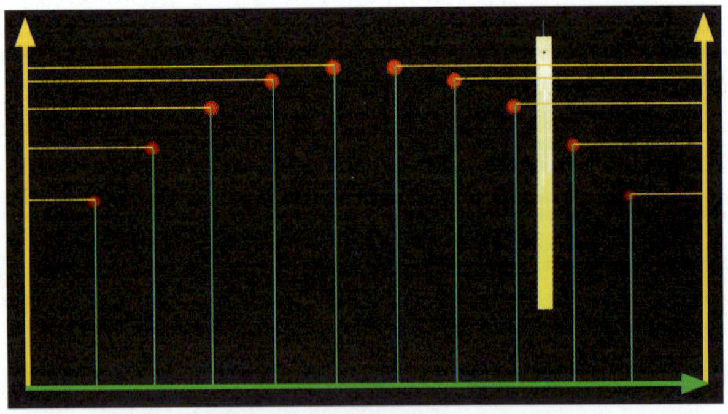

1. La webcam filme à 15 images par seconde.
Quelle est la durée entre deux images consécutives ?

2. a. Quel est le système étudié ?
Quel est le référentiel ?

b. Lorsque la balle est encore dans la main de Benoît, à quelles forces est-elle soumise ?

c. Même question 0,3 s après avoir quitté la main de Benoît.

3. Lorsque la balle a quitté la main de Benoît, son mouvement peut être décomposé en un « mouvement horizontal » et un « mouvement vertical ».

a. Le « mouvement horizontal » est-il modifié par une force ?

b. Même question pour le « mouvement vertical ».

c. Est-ce en accord avec les résultats précédents de la question **2.c** ?

17 Simulation de saut à l'élastique

Un saut à l'élastique se déroule selon plusieurs phases :
- première phase : l'élastique n'est pas tendu ;
- deuxième phase : l'élastique se tend progressivement jusqu'à sa longueur maximale ;
- troisième phase : l'élastique se détend et le sauteur remonte.

Ces phases se répètent plusieurs fois. Le sauteur oscille verticalement jusqu'à ce qu'il soit ramené au sol. Le mouvement est étudié dans un référentiel terrestre.

1. À quelles forces est soumis le sauteur lors de la première phase ?

2. Même question lors de la deuxième phase.

3. Représenter les forces exercées sur le sauteur, lors de la deuxième phase.

4. On a simulé un saut à l'élastique en lâchant, depuis le haut d'un mur, une balle lestée accrochée à un élastique. Le document ci-dessous donne la variation de la valeur de la vitesse de la balle en fonction du temps.

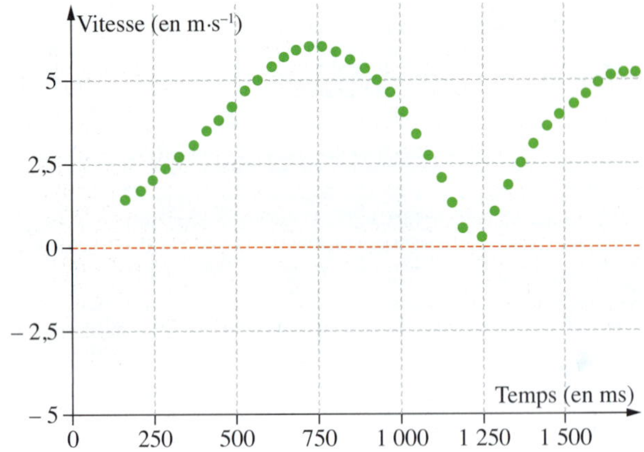

a. Quelle est la valeur de la vitesse au point le plus bas de la trajectoire ?

b. En déduire à quelle date la balle arrive à cette position ?

5. Justifier à partir du graphique que la balle est soumise à des forces qui ne se compensent pas.

18 Retour sur l'ouverture du chapitre

Lorsqu'il est frappé par la raquette, le volant de badminton repart dans le camp adverse avec une très grande vitesse. Des chronométrages ont montré que, lors d'un smash, la valeur de la vitesse d'un volant peut atteindre 85 $m \cdot s^{-1}$. On se place dans un référentiel terrestre

1. Lors d'un smash, quelles caractéristiques du volant sont modifiées par l'action de la raquette ?

2. Les forces exercées sur le volant lors d'un smash se compensent-elles ? Pourquoi ?

3. Si le volant se déplaçait horizontalement en gardant la vitesse de 85 $m \cdot s^{-1}$, quelle serait la durée nécessaire pour qu'il traverse le terrain dont la longueur est de 13,4 m ?

4. Pourquoi la valeur de la vitesse du volant diminue-t-elle rapidement lorsqu'il se déplace après le smash ?

CHAPITRE 18

CHIMIE

La réaction chimique

Lors d'activités physiques intenses, des transformations chimiques et physiques se produisent dans notre organisme. Celles-ci s'accompagnent d'effets thermiques. Des apports alimentaires riches en sucres permettent de compenser les pertes dues au métabolisme et à l'effort.
Comment le sucre apporte-t-il de l'énergie à notre organisme ? (Voir exercice 17, p. 272.)

Qu'est-ce qu'une transformation chimique ? Comment l'interpréter ?

OBJECTIFS

- → Décrire un système chimique et son évolution.
- → Écrire l'équation d'une réaction chimique.
- → Savoir qu'un effet thermique accompagne une transformation chimique ou physique.

1 Utilisation d'un briquet

→ **Lorsque l'on utilise un briquet pour allumer un feu (doc. 1), quelles transformations réalise-t-on ?**

1. Appuyer sur la valve d'un briquet contenant du butane à l'état liquide.
a. Quelle transformation subit le butane ?
b. Proposer une interprétation microscopique de la transformation réalisée.
Est-ce une transformation chimique ?
2. Actionner la roulette crantée : une flamme apparaît.
Cette flamme est-elle le résultat d'une transformation chimique ?
a. Proposer une ou des hypothèses permettant de répondre à cette question.
Argumenter les propositions faites.
b. Proposer et décrire un protocole opératoire (illustré de schémas légendés) permettant de tester les hypothèses faites.
c. Mettre en œuvre ce protocole après l'avoir discuté avec le professeur.
d. Rédiger alors un compte rendu en indiquant si les expériences réalisées valident ou non les hypothèses.
3. @ Rechercher le sens des mots **combustion, combustible** et **comburant** et utiliser ces mots dans une phrase résumant la manipulation effectuée.
4. @ Rechercher ce qu'est une **combustion complète** et ce qu'est une **combustion incomplète.**

doc. 1 Fait-on de la chimie en allumant un feu ?

Matériel et produits disponibles

- Briquet contenant du butane de formule C_4H_{10}, verre de montre, tubes à essais, pince en bois, pince métallique, spatule, petit bécher, pipettes Pasteur, eau distillée et buchette de bois.
- Solution d'hydroxyde de sodium, eau de chaux, sulfate de cuivre hydraté et sulfate de cuivre anhydre.

2 La « combustion » des aliments

→ **Les aliments brûlent-t-ils ? Si oui, que donne leur combustion ?**

Autres produits disponibles : de petits morceaux de sucre, des gressins et des pâtes (spaghettis...).

Données : la combustion des petits morceaux de sucre (saccharose, glucose) est plus facile lorsque ceux-ci ont été imprégnés de cendres de bois.

1. a. Proposer et décrire un protocole opératoire (illustré de schémas) permettant d'étudier la combustion éventuelle de quelques-uns des aliments disponibles dans l'air, avec mise en évidence des produits formés.
b. Mettre en œuvre le protocole après discussion de celui-ci avec le professeur. Conclure.
2. a. Quel est l'effet thermique d'une combustion ?
b. @ Rechercher ce qu'est la valeur énergétique d'un aliment (doc. 2). Peut-on la relier aux expériences réalisées au **1.b** ?
3. Le tableau ci-contre donne la composition de l'air inspiré et expiré par un individu au repos.
a. Réaliser une expérience simple permettant de vérifier la présence de dioxyde de carbone dans l'air expiré. Comment expliquer la présence de ce gaz dans l'air expiré ?

Gaz	N_2	O_2	Ar	CO_2
Air inspiré	78 %	21 %	1 %	0,04 %
Air expiré	78 %	16 %	1 %	5 %

b. @ Interpréter en quelques phrases le rôle d'aliments tels que le sucre ou les pâtes, dans l'alimentation d'un sportif.

Valeurs énergétique et nutritionnelles moyennes :		
	pour 100 g	pour 1 biscuit (12,5 g)
	1601 kJ (380 kcal)	200 kJ (48 kcal)
PROTEINES	3,0 g	0,4 g
GLUCIDES	69 g	8,6 g
LIPIDES	10 g	1,3 g

doc. 2 En quelle unité est exprimée la valeur énergétique d'un aliment ? Quelle grandeur a-t-on exprimé dans cette unité en classe de Troisième ?

3 Effets thermiques

➜ La combustion du butane s'accompagne d'un dégagement de chaleur.
Est-ce le cas de toute transformation de la matière ?

A Dissolution de quelques solides

Le froid peut être utilisé en secourisme, particulièrement en milieu sportif.
Les poches de froid instantané contiennent un composé ionique et de l'eau, séparés par une paroi interne **(doc. 3)**. Lorsque cette paroi est rompue, la réaction qui se produit entre ce composé et l'eau crée une sensation de froid.

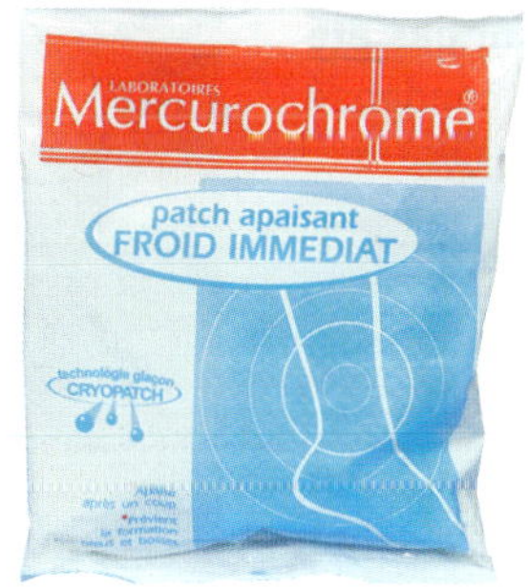

doc. 3 Poche utilisée pour soigner un sportif après un choc ou une entorse.

La dissolution d'un composé ionique dans l'eau s'accompagne-t-elle toujours d'un tel effet ?

1. Proposer un protocole permettant de répondre à cette question.
2. Mettre en œuvre ce protocole après discussion de celui-ci avec le professeur.
3. Rassembler les résultats observés dans un tableau en regroupant les composés présentant des effets thermiques analogues lors de leur dissolution.

Matériel et produits disponibles

- Tubes à essais dans leur portoir, thermomètre, spatule et pissette d'eau distillée.
- Flacons contenant les solides ioniques suivants :
  - nitrate de potassium $KNO_3(s)$;
  - chlorure de calcium anhydre $CaCl_2(s)$;
  - chlorure de sodium $NaCl(s)$;
  - nitrate d'ammonium $NH_4NO_3(s)$;
  - chlorure de magnésium $MgCl_2(s)$;
  - sulfate de magnésium anhydre $MgSO_4(s)$.

B Réaction entre le fer et un acide

Le fer est très utilisé dans les constructions métalliques et le bâtiment. Tout contact avec une solution acide y est vivement déconseillé. Pourquoi ?

4. Formuler des hypothèses argumentées visant à justifier cette affirmation.
5. Proposer et décrire un protocole expérimental permettant de tester ces hypothèses. Si celles-ci conduisent à réaliser des réactions chimiques, les produits formés seront identifiés et les effets thermiques étudiés.
6. Mettre en œuvre le protocole après discussion de celui-ci avec le professeur et en respectant les consignes de sécurité.
7. Rédiger un compte rendu en indiquant comment les expériences faites valident ou non les hypothèses émises.

Matériel et produits disponibles

- Paille de fer $Fe(s)$, tubes à essais dans leur portoir, agitateur en verre, thermomètre et allumettes.
- Solution d'acide chlorhydrique : $H^+(aq) + Cl^-(aq)$ à $4{,}0\ mol \cdot L^{-1}$ et solution d'hydroxyde de sodium : $Na^+(aq) + HO^-(aq)$ à $2{,}0\ mol \cdot L^{-1}$.

C Évaporation d'un liquide et transpiration

Si après une course à pied on garde sur soi un vêtement mouillé par la sueur, une sensation de froid est ressentie même en restant dans une pièce dont la température est sensiblement constante.
Cette sensation est encore accrue si on reste dans un courant d'air. Pourquoi ?

8. Formuler des hypothèses argumentées visant à justifier ces affirmations.
9. Proposer et décrire un protocole expérimental permettant de tester ces hypothèses.
10. Mettre en œuvre le protocole après discussion de celui-ci avec le professeur et en respectant les consignes de sécurité.
11. Rédiger un compte rendu en indiquant comment les expériences faites valident, ou non, les hypothèses émises.
12. @ Rechercher ce qu'est la transpiration.
À quels phénomènes physiologiques correspond-elle ?
Quel est son rôle pour notre organisme ?

Matériel et produits disponibles

Tissu en coton, eau, deux thermomètres numériques, et sèche-cheveux (non chauffant) ou petit ventilateur.

Cours

1 Qu'est-ce qu'un système chimique ?

1.1 Transformation physique, transformation chimique

Lorsque l'on appuie sur la valve d'un briquet (activité 1) le butane (présent à l'état liquide dans le briquet) se vaporise et se répand (à l'état gazeux) dans l'atmosphère.

Au cours de cette transformation **les molécules** de butane **n'ont pas été modifiées**. Seule leur densité a changé, en passant d'un état condensé (l'état liquide) à un état dispersé (l'état gazeux).

La **vaporisation du butane** est un exemple de **transformation physique**.

Dans l'**activité 1**, le butane C_4H_{10} réagit avec le dioxygène O_2 pour donner, par combustion complète, du dioxyde de carbone CO_2 et de l'eau H_2O (doc. 1).

Au cours de cette transformation, des espèces chimiques **disparaissent** (le butane et le dioxygène) et d'autres espèces chimiques **apparaissent** (le dioxyde de carbone et l'eau).

La **combustion du butane** est un exemple de **transformation chimique**.

doc. 1 Un mélange de propane et de butane brûle dans la flamme olympique des Jeux olympiques d'hiver de 2010 à Vancouver (Canada).

VOCABULAIRE

Lors de la **combustion complète** d'un composé de formule $C_xH_yO_z$, il ne se forme que de l'eau et du dioxyde de carbone. Si le dioxygène est en quantité insuffisante, la **combustion** est **incomplète** et du monoxyde de carbone et du carbone peuvent se former.

1.2 Description d'un système chimique

Dans les **activités 1 et 2**, diverses combustions sont réalisées.

Lorsqu'elles sont complètes, du dioxyde de carbone $CO_2(g)$ et de l'eau $H_2O(g)$ se forment. En revanche, lorsqu'elles sont incomplètes, du monoxyde de carbone $CO(g)$ et du carbone $C(s)$ sont également produits.

Les combustibles et les produits de ces combustions peuvent être différents ; chacune des expériences réalisées correspond donc à un **système chimique** différent.

Un **système chimique** est un mélange d'espèces chimiques. Pour décrire l'état d'un système chimique, à l'échelle macroscopique, il faut indiquer :

- la **nature** et la quantité des différentes espèces présentes* ;
- leur **état physique** : solide (s), liquide (ℓ), gazeux (g), ou en solution aqueuse (aq) ;
- la **température** *T* et la **pression** *P*.

* Dans ce chapitre on ne s'intéresse qu'à l'aspect qualitatif de la transformation chimique ; les quantités des différentes espèces ne seront donc pas indiquées.

Ainsi, l'eau de chaux ou solution **aq**ueuse d'hydroxyde de calcium, qui a été utilisée pour mettre en évidence le dioxyde de carbone (doc. 2), est un système chimique. Ce système chimique est formé d'eau **l**iquide $H_2O(\ell)$, d'ions calcium en solution Ca^{2+}(**aq**) et d'ions hydroxyde en solution HO^-(**aq**).

doc. 2 L'air expiré contient du dioxyde de carbone. Il trouble l'eau de chaux.

1.3 État initial et état final d'un système chimique

La nature et les caractéristiques des espèces chimiques constituant un système ne sont pas nécessairement fixes ; elles peuvent évoluer :

L'état du système avant toute évolution constitue **l'état initial**.
Son état, lorsque toute évolution a cessé, est **l'état final**.

Le dioxyde de carbone présent dans l'air expiré trouble l'eau de chaux par formation d'un précipité blanc de carbonate de calcium $CaCO_3(s)$.

L'eau $H_2O(\ell)$, les ions calcium $Ca^{2+}(aq)$ et hydroxyde $HO^-(aq)$ en solution et le dioxyde de carbone $CO_2(g)$ constituent l'**état initial** du système considéré. L'eau $H_2O(\ell)$ et le carbonate de calcium $CaCO_3(s)$ en constituent l'**état final** (doc. 3).

Les résultats observés lors de la combustion du butane ou de la mise en évidence du dioxyde de carbone peuvent être généralisés :

Lorsque **l'évolution d'un système chimique** s'accompagne de l'apparition de nouvelles espèces, le passage de l'état initial à l'état final est une **transformation chimique**.

Pour commencer, exercices 1, 2 et 3, p. 269

État initial
T_i, P_i
$H_2O(\ell)$, $CO_2(g)$
$Ca^{2+}(aq)$, $HO^-(aq)$

↓

État final
T_f, P_f
$H_2O(\ell)$, $CaCO_3(s)$

doc. 3 Composition des états initial (i) et final (f) du système décrivant la mise en évidence du dioxyde de carbone.

2 Qu'est-ce qu'une équation chimique ?

2.1 La réaction chimique

Lors de la combustion du butane dans l'air (activité 1), la formation de dioxyde de carbone CO_2 et d'eau H_2O résulte de la transformation d'espèces chimiques présentes dans l'état initial (doc. 4) et contenant les éléments carbone C, hydrogène H et oxygène O.

Ces espèces (le butane C_4H_{10} et le dioxygène O_2) sont les **réactifs** alors que les espèces formées (le dioxyde de carbone CO_2 et l'eau H_2O) sont les **produits.**

Comme cela a déjà été vu au Collège, cette transformation est le résultat d'une **réaction chimique** que l'on peut représenter par le schéma suivant :

butane + dioxygène ⟶ dioxyde de carbone + eau

Ces résultats peuvent être généralisés :

On appelle **réactifs** les espèces chimiques qui sont **consommées** au cours d'une réaction chimique et **produits** les espèces chimiques qui sont **formées** au cours de celle-ci.
Le passage des réactifs aux produits est le résultat d'une **réaction chimique** :

Réactifs $\xrightarrow{\text{Réaction chimique}}$ Produits

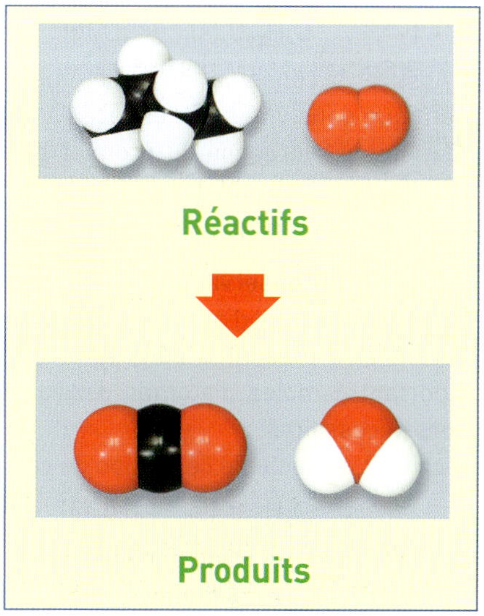

doc. 4 Les éléments carbone, hydrogène et oxygène présents dans les réactifs se retrouvent dans les produits.

2.2 L'équation chimique

Pour indiquer dans quelles proportions les réactifs sont consommés et les produits sont formés, on écrit symboliquement la réaction chimique à l'aide d'une **équation chimique**.

L'équation chimique est l'écriture symbolique, à **l'échelle macroscopique**, de la réaction chimique. Elle traduit un bilan en quantité de matière.

L'**écriture symbolique** de la réaction chimique, ou **équation chimique**, doit traduire la conservation des éléments et des charges.

Cette écriture suit certaines règles :

Dans une **équation chimique,** les réactifs et les produits sont représentés par leur formule et leur état physique est précisé.
Les **réactifs** sont placés à **gauche** et les **produits** à **droite** d'une **flèche** orientée de gauche à droite afin de préciser le sens d'évolution du système.
Des nombres, appelés **nombres stœchiométriques**, placés devant la formule de chaque espèce mise en jeu, assurent la **conservation** des **éléments** et des **charges.**

La réaction de l'acide chlorhydrique, $H^+(aq) + Cl^-(aq)$, avec le fer Fe(s) effectuée dans l'**activité 3** consomme des ions hydrogène $H^+(aq)$ et du fer Fe(s). Il se forme du dihydrogène $H_2(g)$ **(doc. 5)** et des ions fer(II) $Fe^{2+}(aq)$. L'équation chimique de cette réaction s'écrit donc* :

$$2\,H^+(aq) + Fe(s) \longrightarrow H_2(g) + Fe^{2+}(aq)$$

Le nombre **2** placé devant la formule de l'ion hydrogène $H^+(aq)$ assure la **conservation des charges**. Il assure également la **conservation de l'élément** hydrogène.

doc. 5 L'aérostat qui permit à MM. CHARLES et ROBERT, en 1783, de s'élever au-dessus des Tuileries était gonflé avec du dihydrogène produit par réaction du fer Fe(s) avec les ions $H^+(aq)$.

* Les ions chlorure Cl^-, bien que présents dans le milieu, ne réagissent pas ; on dit pour cela que ce sont des **ions spectateurs.** Ils n'apparaissent pas dans l'équation chimique.

2.3 Écriture raisonnée d'une équation chimique

Comme celle de tout sucre, la combustion complète du glucose **(doc. 6)**, de formule $C_6H_{12}O_6$, dans le dioxygène O_2 de l'air **(activité 2)** fournit du dioxyde de carbone CO_2 et de l'eau H_2O.
L'écriture de l'équation de cette réaction se fait par étapes :

1. Écrire les formules des réactifs dans le premier membre et celles des produits dans le second membre, en indiquant leur état physique :**

$$C_6H_{12}O_6(s) \quad + \quad O_2(g) \longrightarrow CO_2(g) \quad + \quad H_2O(g)$$

2. Assurer la conservation de l'élément carbone qui intervient, ici, dans une seule espèce, dans chaque membre :
6 moles de carbone apportées par une mole de $\mathbf{C_6}H_{12}O_6$ se retrouvent dans **6** moles de $\mathbf{C}O_2$

$$C_6H_{12}O_6(s) \quad + \quad O_2(g) \longrightarrow 6\,CO_2(g) \quad + \quad H_2O(g)$$

3. Assurer la conservation de l'élément hydrogène qui n'intervient également que dans une seule espèce dans chaque membre :
12 moles d'hydrogène du premier membre apportées par une mole de $C_6\mathbf{H_{12}}O_6$ se retrouvent dans **6** moles de $\mathbf{H_2}O$

$$C_6H_{12}O_6(s) \quad + \quad O_2(g) \longrightarrow 6\,CO_2(g) \quad + \quad 6\,H_2O(g)$$

4. Assurer la conservation de l'élément oxygène :
18 moles (6 × 2 + 6) d'atomes d'oxygène présentes dans le second membre doivent être présentes dans le premier. Une mole de glucose $C_6H_{12}\mathbf{O_6}$ apportant **6** moles d'atomes d'oxygène, **6** moles de dioxygène $\mathbf{O_2}$ sont alors nécessaires.
L'écriture correcte de l'équation de cette réaction est alors*** :

$$C_6H_{12}O_6(s) \quad + 6\,O_2(g) \longrightarrow 6\,CO_2(g) \quad + \quad 6\,H_2O(g)$$

Cette écriture, qui traduit un bilan en quantité de matière, se lit : **1 mole** de glucose réagit avec **6 moles** de dioxygène pour donner **6 moles** de dioxyde de carbone et **6 moles** d'eau.

Pour commencer, exercices 4, 5 et 6, p. 269

** Le diazote N_2 de l'air, bien que présent dans le milieu, ne réagit pas ; on dit pour cela que c'est une **espèce spectatrice.** Cette espèce n'apparaît pas dans l'équation chimique.

doc. 6 De nombreuses substances énergisantes contiennent du glucose.

*** Lorsque l'équation chimique est écrite avec les nombres stœchiométriques corrects, on dit que ceux-ci ont été **ajustés.**

3 Quels effets thermiques accompagnent une transformation physique ou chimique ?

3.1 Les changements d'état du corps pur

Les changements d'état du corps pur ont été étudiés au Collège :

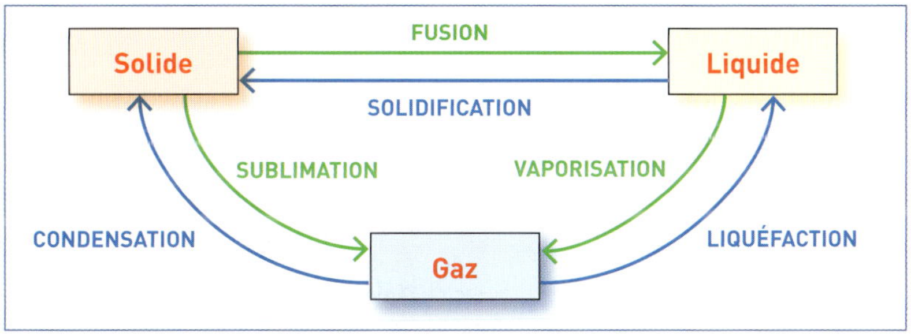

doc. 7 Les changements d'états du corps pur.

doc. 8 La principale fonction de la transpiration est la régulation de la température du corps. La sueur, en s'évaporant, absorbe de la chaleur, ce qui abaisse la température de l'organisme.

Ce sont des transformations physiques qui n'affectent pas la structure des molécules, mais seulement les interactions entre les molécules appelées **liaisons intermoléculaires**.

Le passage d'un état très condensé, l'état solide, a un état moins condensé, l'état liquide, puis à un état dispersé, l'état gazeux, nécessite de rompre certaines de ces **liaisons intermoléculaires**.

Des effets thermiques accompagnent ces changements d'état :

La **fusion**, la **vaporisation** et la **sublimation** absorbent de la chaleur (ou énergie thermique). Inversement, la **solidification**, la **liquéfaction** et la **condensation à l'état solide** dégagent de la chaleur.

Ces effets thermiques ont de très nombreuses applications pratiques et physiologiques (activité 3 et doc. 8).

Pour commencer, exercice 7, p. 270

3.2 Les réactions chimiques

Comme cela a été mis en évidence à l'activité 3 et dans l'expérience présentée au document 9 :

Lors d'une **réaction chimique**, le système peut **absorber** ou **céder** de la **chaleur** (ou énergie thermique).

Ainsi, lorsque des molécules de réactifs disparaissent, des liaisons entre atomes sont rompues, ce qui absorbe de l'énergie. En revanche, lorsque des molécules de produits apparaissent, des liaisons se forment, ce qui dégage de l'énergie. L'effet thermique qui accompagne une réaction chimique est le bilan de ces échanges d'énergie.

Dans certains cas, très rares, ce bilan est nul, la réaction est dite **athermique** ; c'est le cas de la synthèse des esters telle que celle de l'acétate de linalyle qui sera effectuée au **chapitre 19**.

Les effets thermiques qui accompagnent les réactions chimiques ont de très nombreuses applications domestiques ou industrielles.

doc. 9 La réaction entre l'hydroxyde de baryum hydraté $Ba(OH)_2$, 8 $H_2O(s)$ et le thiocyanate d'ammonium $NH_4SCN(s)$ absorbe de la chaleur, d'où le net abaissement de température observé.

Retenir l'essentiel

Les savoirs

Décrire un système chimique et son évolution

- Un **système chimique** est un mélange d'espèces chimiques.
  Pour décrire son état à l'échelle macroscopique, il faut indiquer sa pression *P*, sa température *T*, la nature et la quantité des différentes espèces présentes en précisant leur état physique.
- Lorsque l'évolution d'un système chimique s'accompagne de l'apparition de nouvelles espèces, le passage de son état initial à son état final est une transformation chimique. Celle-ci est le résultat d'une **réaction chimique**.

État initial
T_i, P_i
$H_2O(\ell)$, $CO_2(g)$
$Ca^{2+}(aq)$, $HO^-(aq)$

$\longrightarrow$

État final
T_f, P_f
$H_2O(\ell)$, $CaCO_3(s)$

Écrire l'équation d'une réaction chimique

- Le passage des **réactifs** aux **produits** est le résultat d'une **réaction chimique** :

$$\text{Réactifs} \xrightarrow{\text{Réaction chimique}} \text{Produits}$$

- L'**équation chimique** est l'écriture symbolique, à **l'échelle macroscopique**, de la réaction chimique.
  Ainsi, pour la réaction du métal fer Fe avec les ions hydrogène $H^+(aq)$:

Les réactifs sont écrits à gauche de la flèche.

Une flèche indique le sens d'évolution du système.

L'état physique est indiqué.

$$Fe(s) + \mathbf{2}\, H^+(aq) \longrightarrow Fe^{2+}(aq) + H_2(g)$$

Les produits sont écrits à droite de la flèche.

Des nombres stœchiométriques assurent la conservation des éléments et, le cas échéant, des charges.

Savoir qu'un effet thermique accompagne une transformation physique ou chimique

- La fusion, la vaporisation et la sublimation absorbent de la chaleur ou énergie thermique.
  Inversement la solidification, la liquéfaction et la condensation à l'état solide, dégagent de la chaleur.
- Lors d'une réaction chimique, le système peut absorber ou céder de la chaleur ou énergie thermique.

Les compétences attendues

- Décrire un système chimique et son évolution.
- Écrire l'équation de la réaction chimique avec les nombres stœchiométriques corrects.
- Pratiquer une démarche expérimentale pour mettre en évidence l'effet thermique d'une transformation physique ou chimique. **[TP]**
- Étudier l'évolution d'un système chimique par la caractérisation expérimentale des espèces chimiques présentes à l'état initial et à l'état final. **[TP]**

S'auto-évaluer

QCM

Pour chaque question, indiquer la (ou les) bonne(s) réponse(s).

ÉNONCÉ	A	B	C	Si échec revoir
1. La transformation eau (ℓ) $\longrightarrow$ eau (g) est :	une vaporisation	une transformation chimique	une transformation physique	§1, p. 262
2. L'air à 25 °C sous 1 bar est un mélange gazeux de dioxygène O_2, de diazote N_2 et d'argon Ar. Ce système est correctement décrit par :	T = 25 °C ; P = 1 bar ; O_2, N_2, Ar	T = 25 °C ; P = 1 bar ; $O_2(g)$, $N_2(g)$, Ar(g)	T = 25 °C ; P = 1 bar ; $O_2(g)$, $N_2(g)$, Ar(ℓ)	§1, p. 262
3. Lors d'une réaction chimique : 	les molécules sont conservées	les états initial et final ne sont pas constitués des mêmes espèces	les éléments sont conservés	§2, p. 263
4. Dans l'équation chimique : $Fe(s) + 2\,H^+(aq) \longrightarrow Fe^{2+}(aq) + H_2(g)$	Fe(s) est un produit	$H_2(g)$ est un produit	$H^+(aq)$ est un réactif	§2, p. 263
5. Dans l'équation chimique : $\mathbf{4}\,Al(s) + \mathbf{3}\,O_2(g) \longrightarrow \mathbf{2}\,Al_2O_3(s)$ les nombres **2, 3** et **4** :	sont des nombres stœchiométriques	sont des nombres choisis au hasard	permettent d'ajuster l'équation chimique	§2, p. 263
6. L'équation chimique est une écriture symbolique de la réaction chimique :	qui traduit un bilan en quantité de matière	à l'échelle macroscopique	à l'échelle microscopique	§2, p. 263
7. La combustion complète de l'éthanol $C_2H_6O(\ell)$ admet pour équation chimique : 	$C_2H_6O\,(\ell) + O_2(g) \longrightarrow 2\,CO_2(g) + 3\,H_2O(g)$	$C_2H_6O(\ell) + 3\,O_2(g) \longrightarrow 2\,CO_2(g) + 3\,H_2O(g)$	$C_2H_6O(\ell) + 3\,O_2(g) \longrightarrow 2\,CO_2(g) + H_2O(g)$	§2, p. 263
8. La réaction de l'aluminium Al(s) avec les ions hydrogène $H^+(aq)$ admet pour équation chimique :	$Al(s) + H^+(aq) \longrightarrow Al^{3+}(aq) + H_2(g)$	$2\,Al(s) + 3\,H^+(aq) \longrightarrow 2\,Al^{3+}(aq) + 3H_2(g)$	$2\,Al(s) + 6\,H^+(aq) \longrightarrow 2\,Al^{3+}(aq) + 3\,H_2(g)$	§2, p. 263
9. La fusion de la glace à pression constante : 	dégage de la chaleur ou énergie thermique	absorbe de la chaleur ou énergie thermique	s'effectue à température constante	§3, p. 265
10. Lors d'une réaction chimique, le système :	peut dégager de la chaleur	peut voir sa température diminuer	peut évoluer à température constante	§3, p. 265

Réponses, p. 324

SAVOIR Analyser, résoudre et rédiger

Compétence mise en œuvre

• Ajuster les nombres stœchiométriques d'équations chimiques.

Lampes à acétylène pour spéléologues

Pour s'éclairer dans les grottes, les spéléologues peuvent utiliser des lampes à acétylène. Celles-ci brûlent de l'acétylène C_2H_2, gaz produit localement par action de l'eau liquide sur du carbure de calcium solide CaC_2, présent dans la lampe.

1. La réaction de l'eau avec le carbure de calcium produit de l'acétylène, des ions Ca^{2+}(aq) et hydroxyde HO^-(aq). Écrire l'équation chimique de cette réaction.

2. Écrire l'équation de la combustion complète de l'acétylène dans le dioxygène gazeux.

CONSEILS

Que demande-t-on ?
On doit écrire, avec des nombres stœchiométriques corrects, les équations de deux réactions chimiques.

Quelles sont les données dont on dispose ?
L'énoncé indique la nature, l'état physique et la formule de chacun des réactifs et des produits.

Comment écrire l'équation de la réaction de production de l'acétylène ?
• On écrit les formules des réactifs et des produits en précisant leur état physique.
• On ajuste d'abord les nombres stœchiométriques des éléments qui n'interviennent qu'une fois dans l'équation.
• On assure la conservation des éléments et des charges.

Comment écrire l'équation de la combustion complète de l'acétylène ?
• On exploite le fait que la combustion est complète pour identifier les produits.
• Bien que cela ne soit pas une obligation, il est fréquent d'ajuster les équations chimiques avec des nombres stœchiométriques entiers les plus petits possibles.

Solution rédigée

1. CaC_2(s) et H_2O(ℓ) sont les **réactifs** ; C_2H_2(g) et les ions Ca^{2+} (aq) et HO^-(aq) sont les **produits** :

$$CaC_2(s) + H_2O(\ell) \longrightarrow C_2H_2(g) + Ca^{2+}(aq) + HO^-(aq)$$

Les éléments **carbone** et **calcium** sont déjà conservés.

La somme des **charges** du premier membre est nulle, il doit en être de même pour le second d'où :

$$CaC_2(s) + H_2O(\ell) \longrightarrow C_2H_2(g) + Ca^{2+}(aq) + 2\ HO^-(aq)$$

2 moles d'atomes **d'oxygène** sont dans le second membre, et doivent se retrouver dans le premier :

$$CaC_2(s) + 2H_2O(\ell) \longrightarrow C_2H_2(g) + Ca^{2+}(aq) + 2\ HO^-(aq)$$

L'élément **hydrogène** (**2 × 2 =** 2 + **2**) est conservé :

$$\mathbf{CaC_2(s) + 2H_2O(\ell) \longrightarrow C_2H_2(g) + Ca^{2+}(aq) + 2\ HO^-(aq)}$$

2. C_2H_2(g) et O_2(g) sont les **réactifs** de la combustion. Celle-ci étant complète, CO_2(g) et H_2O(g) sont les seuls **produits** de cette combustion :

$$C_2H_2(g) + O_2(g) \longrightarrow CO_2(g) + H_2O(g)$$

L'élément **hydrogène** est déjà conservé. 2 moles d'atomes de **carbone** présentes dans le premier membre doivent se retrouver dans le second :

$$C_2H_2(g) + O_2(g) \longrightarrow 2\ CO_2(g) + H_2O(g)$$

5 moles d'atomes **d'oxygène** sont présentes dans le second membre et doivent se retrouver dans le premier :

$$C_2H_2(g) + \frac{5}{2}\ O_2(g) \longrightarrow 2\ CO_2(g) + H_2O(g)$$

Soit, en n'utilisant que des nombres entiers :

$$\mathbf{2\ C_2H_2(g) + 5\ O_2(g) \longrightarrow 4\ CO_2(g) + 2\ H_2O(g)}$$

Application immédiate

Le méthane CH_4 est le principal constituant du gaz naturel. Au laboratoire, on peut le fabriquer par réaction de l'eau liquide avec le carbure d'aluminium solide Al_4C_3.
La réaction de l'eau liquide avec le carbure d'aluminium produit du méthane gazeux, des ions aluminium Al^{3+}(aq) et hydroxyde HO^-(aq). Écrire l'équation chimique de cette réaction puis celle de la combustion complète du méthane gazeux dans le dioxygène gazeux.

Voir correction, p. 329

Pour commencer

Qu'est-ce qu'un système chimique ?

1 Identifier une transformation

Parmi les transformations suivantes, distinguer celles qui sont physiques de celles qui sont chimiques :

a. solidification de l'eau des étangs en hiver ;

b. fermentation de jus sucrés ;

c. combustion du charbon ;

d. liquéfaction du butane ;

e. formation de la rosée à la tombée de la nuit ;

f. évaporation de l'eau des piscines en été ;

g. synthèse d'un savon ;

h. dilution d'un mélange homogène d'eau et d'éthanol par ajout d'eau.

2 Décrire un système chimique

Une boisson diététique pour sportifs peut être obtenue par **dissolution complète**, dans de l'eau, de la poudre contenue dans cette boîte.

Celle-ci contient entre autres :

– du glucose $C_6H_{12}O_6$,

– du fructose $C_6H_{12}O_6$,

– du saccharose $C_{12}H_{22}O_{11}$,

– un peu de chlorure de sodium NaCl.

Décrire, à 25 °C sous 1,0 bar, l'état du système chimique constitué par la boisson ainsi obtenue.

3 Décrire l'évolution d'un système chimique

Pour déterminer la valeur énergétique d'un aliment, on mesure l'énergie thermique fournie par la combustion complète d'une masse m = 1,00 g de cet aliment dans du dioxygène pur en excès.

La réaction est réalisée dans un réacteur, de volume constant, dans lequel la température varie de T_i à T_f et la pression varie de P_i à P_f lors de la combustion. On détermine ainsi la valeur énergétique du glucose $C_6H_{12}O_6$.

1. Quelles sont les espèces chimiques présentes dans l'état initial (i), puis dans l'état final (f) ?

2. Décrire alors précisément les états initial et final de ce système.

Qu'est-ce qu'une équation chimique ?

4 Interpréter des combustions

Le méthane $CH_4(g)$, principal constituant du gaz naturel, est très souvent utilisé pour chauffer les gymnases et les salles de sport. Suivant la quantité de dioxygène $O_2(g)$ disponible, la combustion peut être complète ou incomplète, ce qui, dans ce dernier cas, peut s'avérer très dangereux. Les produits peuvent donc être :

a. du dioxyde de carbone $CO_2(g)$ et de l'eau $H_2O(g)$;

b. du monoxyde de carbone $CO(g)$ et de l'eau $H_2O(g)$;

c. du carbone $C(s)$ et de l'eau $H_2O(g)$.

Écrire les équations des trois réactions conduisant à ces différents produits. Les nombres stœchiométriques choisis seront des entiers les plus petits possibles.

5 Identifier les réactifs et les produits d'une réaction

Le dioxyde de carbone $CO_2(g)$ présent dans l'air expiré trouble l'eau de chaux contenant des ions calcium $Ca^{2+}(aq)$ et hydroxyde $HO^-(aq)$ par formation d'un précipité blanc de carbonate de calcium $CaCO_3(s)$.

De l'eau se forme également au cours de ce test.

1. Quels sont les réactifs et les produits de cette réaction ?

2. Écrire l'équation de la réaction chimique correspondante.

6 Ajuster des nombres stœchiométriques

Les carburants sans plomb utilisés dans les véhicules de rallye sont principalement constitués d'isomères de formule C_8H_{18}, de divers additifs tels que le benzène C_6H_6, le toluène C_7H_8 et de composés oxygénés tel que l'éthanol C_2H_6O et le méthyl-tertiobutyléther (M.T.B.E.) $C_5H_{12}O$.

Ajuster les équations des réactions de combustions complètes de ces cinq constituants. Les nombres stœchiométriques choisis seront des entiers les plus petits possibles :

$$...C_8H_{18}(g) + ...O_2(g) \rightarrow ...CO_2(g) + ...H_2O(g)$$

$$...C_6H_6(g) + ...O_2(g) \rightarrow ...CO_2(g) + ...H_2O(g)$$

$$...C_7H_8(g) + ...O_2(g) \rightarrow ...CO_2(g) + ...H_2O(g)$$

$$...C_2H_6O(g) + ...O_2(g) \rightarrow ...CO_2(g) + ...H_2O(g)$$

$$...C_5H_{12}O(g) + ...O_2(g) \rightarrow ...CO_2(g) + ...H_2O(g)$$

Quels effets thermiques accompagnent une transformation ?

7 Interpréter des effets thermiques

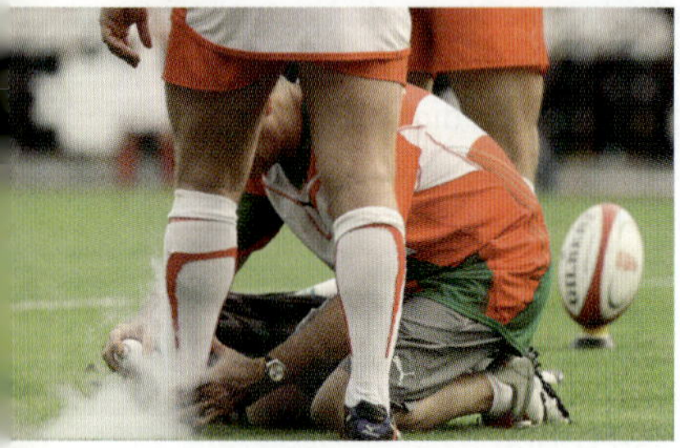

Interpréter les deux observations pratiques suivantes :

a. lorsque l'on agite vigoureusement une bombe à aérosol, sa paroi métallique se refroidit ;

b. lorsque l'on met quelques gouttes d'un composé très volatil sur la peau, par exemple de l'éther, une sensation de froid est ressentie.

Pour s'entraîner

8 Magnésie et activités sportives

La magnésie, solide blanc de formule MgO, est utilisée par les gymnastes pour pratiquer les agrès (anneaux, barre fixe...) ou par les grimpeurs lors d'escalades. La magnésie, lorsqu'elle est réduite en poudre, absorbe la sueur et augmente provisoirement l'adhérence.

Industriellement, elle est obtenue par chauffage du carbonate de magnésium naturel de formule $MgCO_3(s)$.

Au laboratoire, elle peut être produite par combustion du métal magnésium dans le dioxygène. On peut aussi la préparer par déshydratation d'un solide, l'hydroxyde de magnésium.

1. Écrire l'équation de la réaction d'obtention industrielle de la magnésie sachant qu'il se forme également du dioxyde de carbone.

2. a. Écrire l'équation de la réaction de combustion du magnésium dans le dioxygène.

b. @ Quelle application avait cette réaction jadis ?

3. L'hydroxyde de magnésium peut être obtenu par réaction entre une solution d'hydroxyde de sodium, $Na^+(aq) + HO^-(aq)$, et une solution de chlorure de magnésium, $Mg^{2+}(aq) + 2\ Cl^-(aq)$. Les ions $Na^+(aq)$ et $Cl^-(aq)$ sont ici spectateurs.

a. Écrire l'équation de la réaction de formation de l'hydroxyde de magnésium.

b. @ Qu'est-ce qu'une réaction de déshydratation ?

c. Écrire l'équation de la déshydratation de l'hydroxyde de magnésium conduisant à la magnésie.

9 Se réchauffer chimiquement

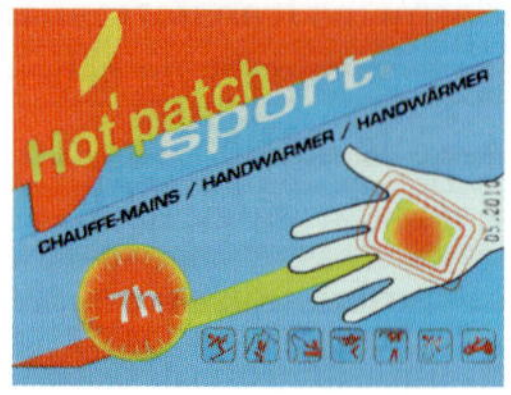

Pour lutter contre le froid, par exemple lors de la pratique de certains sports de glace ou de randonnées en montagne, il est possible d'utiliser des chaufferettes chimiques. Certaines sont constituées d'un petit sac étanche qui contient du fer en poudre, du charbon actif, de la sciure de bois humidifiée et du chlorure de sodium.

Lorsque le contenu de ce sac est mis en contact avec du dioxygène il se forme des oxydes de fer $FeO(s)$, $Fe_3O_4(s)$ et surtout $Fe_2O_3(s)$. Ces réactions dégagent beaucoup de chaleur.

Écrire les équations chimiques correspondant à la formation de chacun de ces oxydes à partir du fer et du dioxygène comme seuls réactifs.

10 À chacun son rythme

Cet exercice est proposé à deux niveaux de difficulté. Dans un premier temps, essayer de résoudre l'exercice de niveau 2. En cas de difficultés, passer au niveau 1.

Le sulfate de fer(II), $Fe^{2+}(aq) + SO_4^{2-}(aq)$, peut être utilisé pour éliminer la mousse présente sur les aires sportives (pelouses, aires de lancer...). On dissout un peu de composé ionique dans de l'eau et on ajoute quelques gouttes de solution d'hydroxyde de sodium $Na^+(aq) + HO^-(aq)$; un précipité vert apparaît.

Niveau 2

Écrire l'équation de la réaction chimique mise en jeu.

Niveau 1

1. Quel ion est mis en évidence par la formation du précipité vert ?

2. Quelle est la formule du précipité obtenu ?

3. En déduire les formules des réactifs et produits de cette réaction.

4. Écrire l'équation de la réaction chimique correspondante.

5. Les ions $Na^+(aq)$ et $SO_4^{2-}(aq)$ sont ici spectateurs ; justifier ce nom.

11 Proposer un énoncé à partir de son corrigé

Un professeur de Seconde a donné à ses élèves un exercice de chimie dont la solution est fournie ci-après. Après avoir lu l'intégralité de la solution, construire l'énoncé correspondant. Les questions posées devront exactement avoir pour réponses, celles qui sont données ci-après.

Si des tests d'ions sont attendus, on fournira dans les données une liste du matériel et des solutions éventuellement disponibles ; dans cette liste, on pourra proposer du matériel et des produits non nécessaires.

Solution de l'énoncé à proposer

1. On peut tester l'eau de la piscine avec quelques gouttes d'une solution d'hydroxyde de sodium. Il se forme un précipité bleu selon la réaction d'équation :

$$Cu^{2+}(aq) + 2\ HO^-(aq) \longrightarrow Cu(OH)_2(s)$$

2. En ajoutant quelques gouttes d'une solution de nitrate d'argent, il se forme un précipité blanc selon la réaction d'équation :

$$Ag^+(aq) + Cl^-(aq) \longrightarrow AgCl(s)$$

3. La présence de ces deux ions résulte de la dissolution du chlorure de cuivre(II) de formule $CuCl_2(s)$. L'équation de la réaction modélisant sa dissolution peut s'écrire :

$$CuCl_2(s) \xrightarrow{\text{eau}} Cu^{2+}(aq) + 2\ Cl^-(aq)$$

12 Proposer un énoncé et son corrigé

1. Proposer un exercice dont l'énoncé portera sur la combustion complète du propane de formule C_3H_8, qui est l'un des gaz présents dans le gaz de pétrole liquéfié ou G.P.L. Il est aussi utilisé comme explosif, pour déclencher les avalanches en montagne, par réaction avec le dioxygène. L'énoncé contiendra nécessairement les termes suivants :

« combustion complète » ; « produits » ; « réactifs » ; « équation chimique » ; « mise en évidence ».

2. Rédiger son corrigé.

3. Demander à un(e) camarade de tester l'énoncé et comparer les corrigés.

13 Des airbags pour rouler en toute sécurité

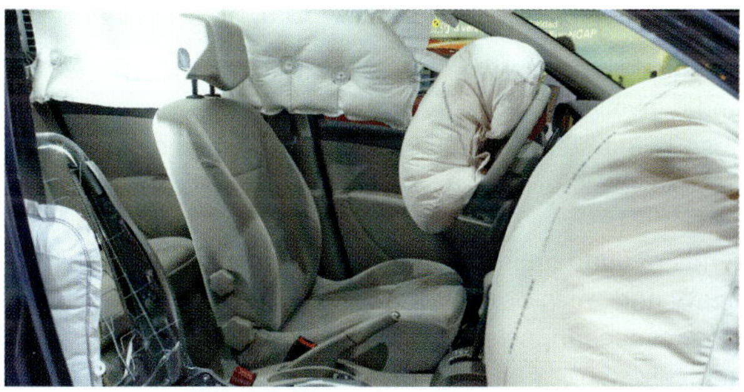

Des airbags, ou coussins gonflables, équipent de très nombreux véhicules automobiles afin d'assurer la sécurité des passagers en cas de choc. Ils sont constitués d'une enveloppe souple, susceptible d'être gonflée par un gaz produit lors d'une transformation chimique très rapide.

Les réactifs mis en jeu sont trois solides : l'azoture de sodium $NaN_3(s)$, le nitrate de potassium $KNO_3(s)$ et la silice $SiO_2(s)$. Lors d'un choc, un capteur détecte une brutale décélération et envoie un signal électrique qui déclenche l'explosion de l'azoture de sodium. Celui-ci se décompose en métal sodium solide et en diazote gazeux.

Le sodium formé réagit alors avec le nitrate de potassium en produisant du diazote, de l'oxyde de sodium $Na_2O(s)$ et de l'oxyde de potassium $K_2O(s)$. Ces deux oxydes se combinent enfin avec la silice pour donner un verre inerte.

Le diazote formé lors des deux premières réactions permet le gonflage du coussin protecteur en quelques dizaines de millisecondes.

La transformation chimique mise en œuvre lors du gonflage de l'airbag se déroule en trois étapes :

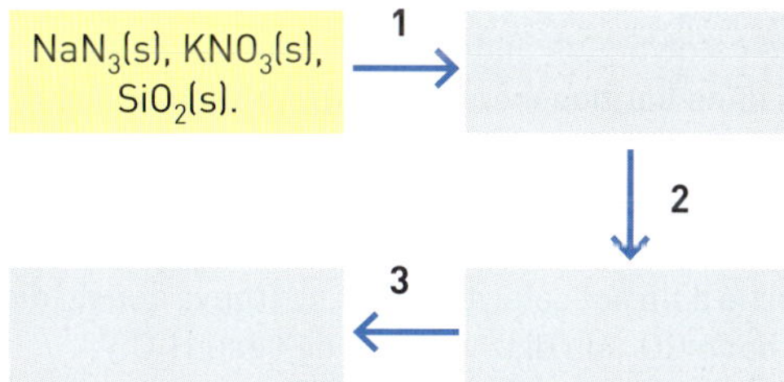

1. Recopier et compléter le schéma en indiquant la composition du système à l'issue de chacune des étapes.

2. Écrire les équations des réactions chimiques qui se produisent dans les étapes 1 et 2.

3. @ Il existe aujourd'hui des airbags anti-avalanches. Fonctionnent-ils sur le même principe ?

14 Brûler des sucres, brûler des graisses SVT

Le sucre ordinaire, ou saccharose, de formule $C_{12}H_{22}O_{11}$, est un glucide. Les triglycérides présents dans le beurre ou les huiles végétales sont des lipides ou corps gras. La butyrine, de formule $C_{15}H_{26}O_6$, est l'un des triglycérides présents dans le beurre.

On appelle valeur énergétique d'un aliment, l'énergie thermique fournie par la **combustion complète** d'une masse $m = 1{,}00$ g de cet aliment dans du dioxygène pur. Elle s'exprime en kilojoules par gramme d'aliment ($kJ \cdot g^{-1}$).

La valeur énergétique d'un glucide est $E_G = 17\ kJ \cdot g^{-1}$, celle d'un lipide est $E_L = 38\ kJ \cdot g^{-1}$.

1. Écrire les équations des réactions de combustion complète :

a. du saccharose solide ;

b. de la butyrine solide.

2. Un cycliste qui roule en moyenne à 25 $km \cdot h^{-1}$ consomme 2 000 $kJ \cdot h^{-1}$.

a. Quelle masse de glucides « brûlerait » un cycliste qui roulerait pendant deux heures à cette vitesse en ne consommant que du sucre ?

b. Même question à propos des lipides si le cycliste ne consommait que des corps gras.

15 Rouler sportif mais propre...

Aujourd'hui, comme de très nombreux véhicules automobiles, les voitures utilisées dans les rallyes sont équipées de pots catalytiques afin de limiter les rejets de gaz polluants dans l'atmosphère. Ces gaz polluants, nocifs pour la santé, sont principalement le monoxyde d'azote NO, le dioxyde d'azote NO_2, le monoxyde de carbone CO et les hydrocarbures imbrûlés souvent notés C_xH_y.
À la sortie d'un pot catalytique, on ne trouve que du dioxyde de carbone CO_2, du diazote N_2 et de l'eau H_2O.

1. @ Effectuer une recherche sur le pot catalytique (constitution, mode de fonctionnement et coût).

2. @ Le dioxyde de carbone, gaz rejeté par un pot catalytique, est-il un gaz polluant ? Justifier la réponse.

3. Ajuster les nombres stœchiométriques des équations chimiques, ci-dessous, relatives aux principales réactions alors mises en jeu ; C_8H_{18} représente les hydrocarbures imbrûlés. Les nombres stœchiométriques choisis seront des entiers les plus petits possibles.

a. ... $CO(g)$ + ... $O_2(g)$ ⟶ ... $CO_2(g)$
b. ... $C_8H_{18}(g)$ + ... $O_2(g)$ ⟶ ... $CO_2(g)$ + ... $H_2O(g)$
c. ... $CO(g)$ + ... $NO(g)$ ⟶ ... $N_2(g)$ + ... $CO_2(g)$
d. ... $CO(g)$ + ... $NO_2(g)$ ⟶ ... $N_2(g)$ + ... $CO_2(g)$
e. ... $C_8H_{18}(g)$ + ... $NO(g)$ ⟶ ... $N_2(g)$ + ... $CO_2(g)$ + ... $H_2O(g)$

16 Tout ce qui est gris n'est pas métallique

Deux flacons contiennent tous les deux une poudre grise. L'un contient de la poudre de fer. L'autre est rempli d'un mélange de poudre de charbon et de carbonate de calcium $CaCO_3$, principal constituant du **calcaire**. On souhaite, à l'aide de diverses réactions chimiques, identifier chacun des flacons. Il est ainsi demandé d'imaginer une suite de réactions possibles, accompagnées des tests des espèces ioniques ou gazeuses formées. Une réaction chimique au moins sera décrite pour identifier chacun des flacons.

1. Proposer, en s'aidant éventuellement de schémas, le protocole opératoire de chacune des réactions envisagées.

2. Écrire les équations de toutes les réactions effectuées ; on pourra consulter **la fiche n° 1, p. 309**.

3. Quelle expérience de physique simple permettrait d'identifier le flacon contenant la poudre de fer ?

Matériel disponible

Tubes à essais dans leur portoir, tubes à dégagement, spatule, agitateur en verre, tête à combustion, pince métallique, bûchette de bois, allumettes, entonnoir, papier-filtre, support pour filtration et béchers.

Produits chimiques disponibles

Solutions d'hydroxyde de calcium ou eau de chaux, d'hydroxyde de sodium, d'acide chlorhydrique, de sulfate de cuivre, d'oxalate de sodium, de carbonate de sodium et de chlorure de calcium. Sulfate de cuivre anhydre.

17 Retour sur l'ouverture du chapitre SVT

« We eat and breathe so that we can obtain the energy we need to carry out every day activities. The glucose $C_6H_{12}O_6$ from our food reacts with the oxygen from the air to produce carbon dioxide, water and energy. This reaction, known as aerobic reaction, takes place continuously in about every cell in our body to supply energy for all our needs , such as walking, breathing, maintaining body temperature,...
We cannot stock-pile the oxygen; it must be taken in one breath at a time. When the oxygen *intake* cannot keep up with the energy needs, the muscle cells are forced *to switch over* to a completely different reaction. It is known as anaerobic reaction, and it involves the glucose being cleaved in half to form two molecules of lactic acid. This lactic acid cannot be excreted from cells as readily as the water and the carbon dioxide. Thus, it tends to build up in the muscles; the muscles start to feel heavy and *worn out* and may even start cramping. This is what causes muscles fatigue. » From *Chem Matters*

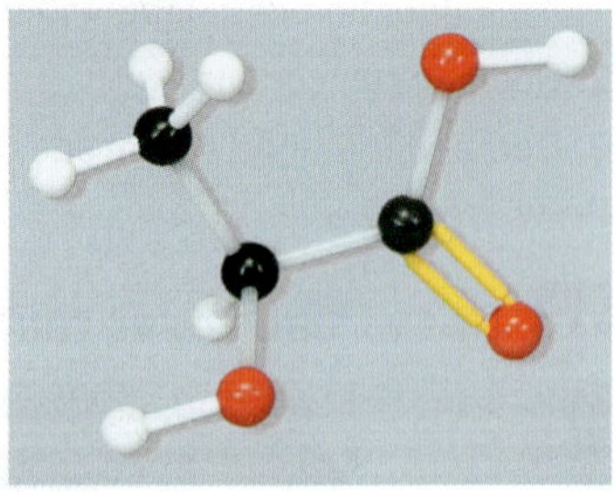

Lactic acid.

1. Explain the difference between aerobic reaction and anaerobic reaction.

2. Give the *empirical formula* and the developed formula of lactic acide. Draw an isomer of this acid.

3. *Balance* the equations of the two reactions cited in the text.

Vocabulaire : intake : absorption ; *to switch over* : passer à ; *to be worn out* : être épuisé ; *empirical formula* : formule brute ; *to balance* : ajuster.

CHAPITRE

CHIMIE

19 Synthèse d'une espèce chimique

Le Rilsan® est un plastique technique à hautes performances dont les applications sont nombreuses, notamment dans le domaine des sports et des loisirs (casques et cadres de vélo, piolets d'alpinisme, chaussures de ski...). Le réactif permettant sa synthèse est issu de l'huile de ricin. Comment le Rilsan® est-il synthétisé ? (Voir exercice 14, p. 286.)

Qu'est-ce qu'une synthèse chimique ?

OBJECTIFS

- → Comprendre l'intérêt de la synthèse chimique.
- → Réaliser la synthèse d'une espèce chimique.

1 L'évolution du matériel d'alpinisme

➜ Depuis la fin du XIXe siècle, le matériel d'alpinisme s'est considérablement transformé. À l'origine, il était lourd et encombrant ; les alpinistes faisaient appel à des porteurs pour les aider à transporter leur matériel. **Comment la chimie a-t-elle permis d'améliorer le confort et les performances des matériaux ?**

doc. 1 Un alpiniste du XIXe siècle.

doc. 2 Un alpiniste du XXIe siècle.

Au début du XXe siècle, les **tentes** étaient des toiles imperméables pesant jusqu'à 15 kg, soutenues par des poteaux d'acier. Aujourd'hui, grâce aux fibres synthétiques « respirantes » (en polyesters ou en Nylon®) et des piquets plus légers (en aluminium, en fibres de carbone ou de verre), l'ensemble pèse au plus 2 kg.

Les premiers alpinistes ne connaissaient que les **vêtements** en fibres naturelles (laine, coton). De nos jours, des matériaux comme le Gore-tex® (imperméable et respirant) ou les fibres polaires isolantes protègent de l'humidité et du froid.

Les **chaussures** étaient en cuir et les semelles en caoutchouc naturel. Au moins deux paires de chaussettes étaient nécessaires. Des polymères sont désormais utilisés avec le cuir (ou en remplacement) : polyesters, polyuréthanes, Nylon Cordura®, élastomères... Ils sont plus légers, plus imperméables...

Autrefois en acier, les **casques** contiennent aujourd'hui du polystyrène, des polycarbonates, ou des matériaux composites (type ABS), offrant le meilleur compromis entre robustesse et légèreté.

Enfin, même la technologie des **cordes** a évolué : autrefois en fibres naturelles comme le chanvre, elles sont maintenant constituées de fils de polyamides tressés permettant d'allier légèreté, résistance, élasticité, souplesse et imperméabilité.

1. @ Rechercher le sens du mot « respirantes » et de l'expression « matériaux composites ».
2. Quels sont les matériaux d'origine naturelle cités dans le texte ?
3. Quels sont les avantages des matériaux de synthèse par rapport aux matériaux naturels ?
4. @ Qu'est-ce qu'un polymère ?
Citer quelques polymères évoqués dans le texte.
5. @ Qu'est-ce qu'un matériau composite ? En citer quelques-uns et donner leur domaine d'utilisation.
6. @ Rechercher d'autres utilisations des fibres de carbone dans d'autres sports.

2 Étude de polymères performants

TP — TRAVAUX PRATIQUES

➜ Les polymères possèdent des propriétés très intéressantes, qui en font des matériaux de choix dans le domaine des sports et des loisirs. **Comment sont-ils synthétisés ?**

A Le Nylon®

Le Nylon®, première fibre synthétique artificielle, a été inventé en 1935 par l'Américain Wallace CAROTHERS.
Il a l'intuition que certaines molécules (aujourd'hui appelées « monomères ») peuvent se lier les unes aux autres et donner des macromolécules suffisamment longues pour former des fibres.

Attention, les espèces utilisées dans cette synthèse peuvent être dangereuses si elles ne sont pas manipulées avec précaution. Il est nécessaire de se munir des équipements de protection adéquats.

- Dans un bécher, verser avec précaution 20 mL de chlorure de sébacoyle en solution dans l'heptane. Faire couler lentement, le long d'un agitateur, une solution aqueuse d'hexane-1,6-diamine.
- À l'aide d'un agitateur, tirer l'un des points de l'interface afin d'en extraire un fil de Nylon® **(doc. 3)**.

doc. 3 Le Nylon® obtenu peut s'enrouler autour d'une baguette en verre.

1. Identifier les réactifs et le produit de la réaction.
2. a. @ Qu'est-ce qu'un monomère ?
b. @ Qu'est-ce qu'une macromolécule ?
c. @ Qu'est-ce qu'un polymère ?
3. @ Rechercher les formules semi-développées des deux réactifs et repérer les groupes caractéristiques rencontrés à l'aide de la **fiche n° 1, page 309**.
4. @ Rechercher des applications du Nylon® dans diverses activités sportives.

B Le Rilsan®

L'acide 11-amino-undécanoïque est le monomère du nylon 11, commercialisé sous le nom de Rilsan®.

- Dans un creuset en porcelaine placer un peu d'acide 11-amino-undécanoïque $H_2N–(CH_2)_{10}–CO_2H$ et chauffer modérément.
- Poursuivre le chauffage après fusion du solide : la vapeur d'eau se dégage peu à peu et la viscosité croît.
- Enrouler un fil : c'est du nylon 11 ou Rilsan®.

5. Repérer le réactif et le produit de la réaction.
6. Repérer les groupes caractéristiques rencontrés dans le réactif.

C Le Plexiglas®

Le polyméthacrylate de méthyle (PMMA), connu sous le nom de Plexiglas®, est un polymère **(doc. 4)**. Il est synthétisé à partir du méthacrylate de méthyle. Par dépolymérisation, il est possible de retrouver ce monomère.

- Dans un tube à essais, introduire quelques morceaux de Plexiglas®.
- Adapter un tube à dégagement dont l'extrémité débouche dans un autre tube à essais, placé dans un bain eau-glace.
- Chauffer le tube à essais avec précaution. Recueillir quelques gouttes de liquide.

7. Pourquoi utilise-t-on un bain eau-glace ?
8. @ Rechercher les qualités du Plexiglas® justifiant son usage.

doc. 4 La visière des casques de hockey protège le visage des joueurs ; elle est en Plexiglas®.

3 Synthèse de l'acétate de linalyle

TRAVAUX PRATIQUES TP

→ L'acétate de linalyle est un ester présent naturellement dans plusieurs plantes, comme la lavande et le lavandin, dont on extrait des huiles essentielles. **Comment réaliser sa synthèse au laboratoire ?**

L'acétate de linalyle peut être synthétisé à partir de linalol **(doc. 5)** et d'anhydride acétique.

Données

	Densité	$\theta_{ébul}$ (°C)	Solubilité dans l'eau salée (d = 1,1)
Linalol $C_{10}H_{18}O$	0,86	199	Très faible
Anhydride acétique $C_4H_6O_3$	1,08	140	Très grande
Acétate de linalyle $C_{12}H_{20}O_2$	0,89	220	Très faible
Acide acétique $C_2H_4O_2$	1,05	118	Très grande

Précautions : L'anhydride acétique réagit vivement au contact de l'eau et s'hydrolyse en acide acétique.

doc. 5 **Ces produits, utilisés dans le traitement des ecchymoses et des coups, contiennent de l'acétate de linalyle et du linalol.**

A La synthèse

Observer les pictogrammes et les phrases de risques des réactifs utilisés et se comporter en conséquence.

- Dans un ballon de 100 mL bien sec, introduire à l'éprouvette graduée 5 mL de linalol.
- Ajouter, à l'aide d'une éprouvette graduée bien sèche, 10 mL d'anhydride acétique.
- Ajouter quelques grains de pierre ponce pour réguler l'ébullition.
- Réaliser le montage du chauffage à reflux **(doc. 6)** en s'aidant éventuellement de la **fiche n° 5, page 313**.
- Porter le mélange à ébullition douce.
- Après une vingtaine de minutes, arrêter le chauffage.
- Par le sommet du réfrigérant, ajouter, par petites quantités, environ 30 mL d'eau salée ; l'anhydride acétique en excès est alors détruit par l'eau et transformé en acide acétique.
- Laisser refroidir le mélange réactionnel en maintenant la circulation d'eau, d'abord à température ambiante, puis en plongeant le ballon dans l'eau froide.

1. Pourquoi la verrerie utilisée doit-elle être sèche ?
2. Écrire l'équation de la réaction qui se produit entre l'anhydride acétique et l'eau.
3. Pourquoi a-t-on ajouté de l'eau salée ?
4. Faire le schéma légendé du montage utilisé.

B L'extraction

- Laisser refroidir le mélange puis le verser dans une ampoule à décanter, en retenant la pierre ponce.
- Laisser décanter.

5. Déterminer la position de la phase aqueuse.
6. Faire le schéma légendé de l'ampoule à décanter.

- Éliminer la phase aqueuse puis laver la phase organique restante avec 20 mL d'eau distillée.
- Récupérer la phase organique dans un erlenmeyer, ajouter une ou deux spatules de sulfate de magnésium anhydre puis agiter afin d'éliminer toute trace d'eau.
- Filtrer le mélange et conserver la phase organique.

7. Écrire l'équation de la réaction de synthèse sachant qu'il se forme également de l'acide acétique.

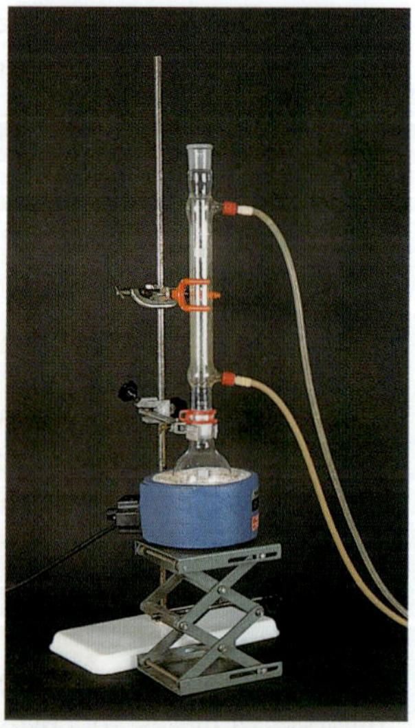

doc. 6 **Un montage à reflux.**

4 Synthèse d'un antidouleur : le paracétamol

TRAVAUX PRATIQUES TP · DÉMARCHE D'INVESTIGATION

→ Le paracétamol, de formule brute $C_8H_9NO_2$, est un antalgique recommandé dans le traitement des douleurs.
Comment peut-on le synthétiser au laboratoire ?

Le paracétamol (doc. 7) peut être synthétisé par réaction entre l'anhydride acétique et le para-aminophénol.

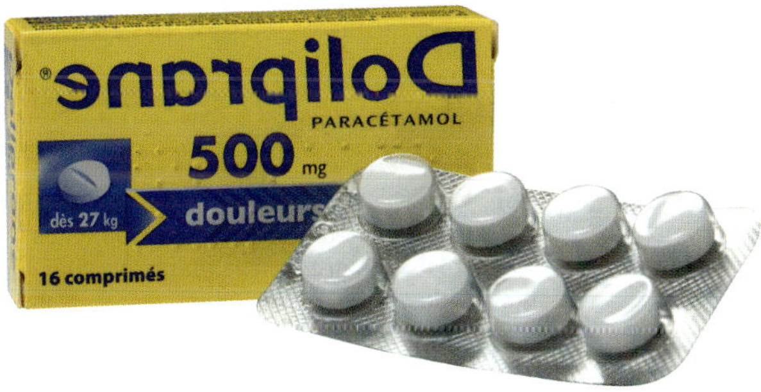

doc. 7 Le paracétamol est très utilisé pour calmer les douleurs musculaires et les courbatures lors d'activités sportives.

A La synthèse

Observer les pictogrammes et les phrases de risques des réactifs utilisés et se comporter en conséquence.
Le para-aminophénol existe sous forme de poudre blanchâtre. Sa formule brute est C_6H_7NO.

1. Rédiger un protocole permettant de prélever $2{,}5 \times 10^{-2}$ mol de para-aminophénol, puis le mettre en œuvre.

- Dans un erlenmeyer de 250 mL, placé dans un cristallisoir sur un agitateur magnétique chauffant, introduire $2{,}5 \times 10^{-2}$ mol de para-aminophénol et environ 20 mL d'une solution d'acide acétique à 2 mol·L^{-1} à l'aide d'une éprouvette graduée.
- Introduire un barreau aimanté.
- Adapter un réfrigérant à air.
- Verser de l'eau bouillante dans le cristallisoir et agiter pendant une dizaine de minutes.

2. Schématiser et légender le montage.

- Retirer l'erlenmeyer du bain-marie et le laisser refroidir à l'air puis dans un bain d'eau froide. Le para-aminophénol s'est dissous dans la solution d'acide acétique.

3. Quel est le rôle de la solution d'acide acétique ?

L'anhydride acétique, de formule $C_4H_6O_3$, est un liquide incolore de masse volumique $\rho = 1{,}08$ g·mL^{-1}.

4. Rédiger un protocole permettant de prélever $3{,}7 \times 10^{-2}$ mol d'anhydride acétique puis le mettre en œuvre, en respectant les consignes de sécurité.

- Dans l'erlenmeyer, ajouter peu à peu $3{,}7 \times 10^{-2}$ mol d'anhydride acétique, tout en agitant.
- Refroidir le mélange dans un bain eau-glace : des cristaux apparaissent lentement.
- Lorsque la cristallisation semble terminée, filtrer le solide sur Büchner (doc. 8), le rincer à l'eau glacée, puis le récupérer dans un petit erlenmeyer.

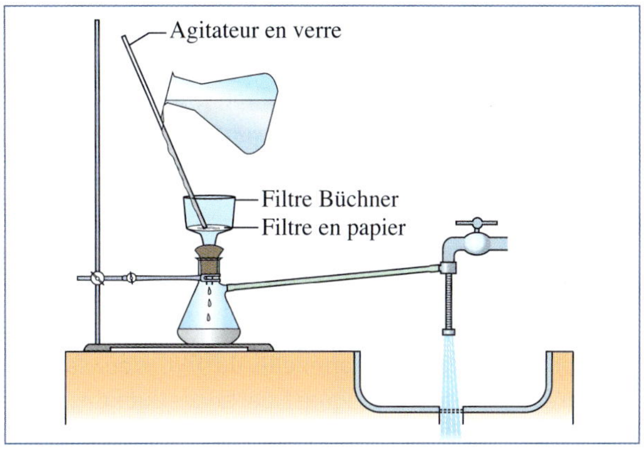

doc. 8 Filtration sur filtre Büchner.

Le produit obtenu est impur : il ne peut donc pas être consommé en l'état. Une étape de purification est nécessaire, mais elle ne sera pas effectuée.

5. Écrire l'équation de la réaction, sachant qu'il se forme de l'acide acétique $C_2H_4O_2$, en plus du paracétamol.

B L'identification

- Dans trois tubes à essais notés T_1, T_2 et T_3, introduire 1 mL d'acétate de butyle puis une pointe de spatule de para-aminophénol dans T_1, de paracétamol commercial dans T_2 et du produit préparé dans T_3.
- Réaliser une chromatographie sur couche mince avec comme éluant un mélange de 3 mL d'acétate de butyle, 2 mL de cyclohexane et 0,5 mL d'acide formique.

6. Analyser le chromatogramme obtenu.

1 Pourquoi synthétiser des espèces chimiques ?

1.1 Une nécessité pour la société

Pour satisfaire les besoins de l'Homme, l'industrie chimique synthétise un nombre considérable de produits destinés à des domaines très variés : habillement, sports et loisirs (**doc. 1**), santé (**doc. 2**), alimentation, transport, agriculture, arts...

Comme cela a été vu au **chapitre 13** et dans l'**activité 1**, ces synthèses s'avèrent nécessaires pour de multiples raisons.

> La chimie de synthèse produit une grande variété d'espèces chimiques, souvent **mieux adaptées, plus performantes et moins chères** que celles extraites d'espèces naturelles.

doc. 1 Le Kevlar® est une fibre synthétique utilisée notamment pour fabriquer les voiles des bateaux. Sa grande résistance permet d'avoir des voiles très solides.

1.2 Des exemples de synthèses chimiques

• Les matières plastiques, produits de la chimie de base

Dans le domaine des **sports et des loisirs**, les **activités 1 et 2** ont montré que l'utilisation des **matières plastiques**, ou **polymères**, s'est considérablement développée en raison de leurs propriétés. Les matériaux sont légers, inaltérables, et se prêtent facilement à des opérations de moulage, de filage, de soudage...

Parmi les polymères les plus courants, le polychlorure de vinyle (PVC) est obtenu à partir de dichlore Cl_2 et d'éthylène C_2H_4 (un dérivé du pétrole). Ses utilisations sont nombreuses (**doc. 3**).

La production française annuelle du PVC dépasse le million de tonnes et représente près d'un quart de la production nationale des matières plastiques. Par comparaison, la production mondiale annuelle de matières plastiques dépasse 170 millions de tonnes.

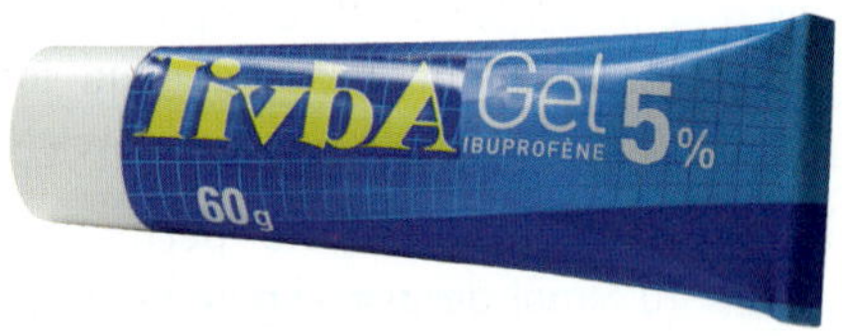

doc. 2 L'ibuprofène est un anti-inflammatoire synthétisé dans les années 1960. Formulé en gel, il soigne les entorses.

> À partir de matières premières facilement disponibles, la **chimie de base** (ou **chimie lourde**) fabrique des espèces en grande quantité et pour un coût peu élevé.
> Ces synthèses se font en peu d'étapes.

• Les parfums et les médicaments, produits de la chimie fine

L'huile essentielle extraite de la lavande et du lavandin ne représente que 10 % de l'acétate de linalyle utilisé par l'industrie pour parfumer de nombreux produits domestiques. Pour disposer de quantités suffisantes, l'industrie chimique réalise la synthèse de cet ester (**activité 3**).

Les **médicaments** (**activité 4**) ou les produits cosmétiques, préparés en plus faibles quantités que ceux de la chimie lourde, sont plus coûteux. Leurs synthèses nécessitent, en général, de nombreuses réactions chimiques successives.

> La **chimie fine** élabore, à partir des produits de la chimie lourde ou d'espèces naturelles, des espèces à haute valeur ajoutée.

Pour commencer, exercices 1 et 2, p. 283

doc. 3 Sol en PVC pour terrains de sport.

2 Comment réaliser une synthèse ?

2.1 Le mode opératoire

Le **mode opératoire** décrit le déroulement détaillé des opérations à effectuer pour synthétiser une espèce chimique.

Dans l'industrie, on parle de ***process*** ou de **gamme de fabrication**. En agro-alimentaire, en pharmacie ou en cosmétique, il peut prendre le nom de **recette**. Au laboratoire de chimie, c'est le **protocole expérimental**.

Le **protocole expérimental** précise la nature et les quantités de réactifs nécessaires, le solvant approprié, les consignes de sécurité à respecter, le montage utilisé, les diverses opérations à effectuer…

Les **activités 2, 3 et 4** permettent de préciser les grandes étapes de la fabrication d'une espèce chimique.

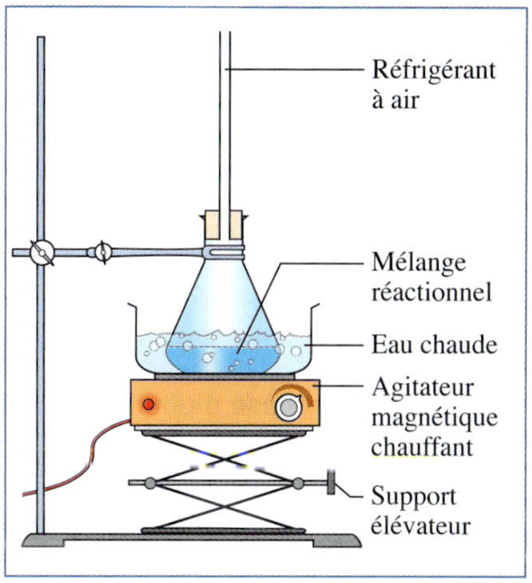

doc. 4 Grâce à l'air froid qui entoure le réfrigérant à air, les vapeurs se condensent et refluent dans le ballon.

2.2 L'étape de transformation

Lors de la synthèse d'une espèce chimique, des **réactifs** réagissent pour former un ou plusieurs **produits,** dont l'espèce attendue.

Alors que certaines réactions peuvent avoir lieu à froid ou à température ambiante, d'autres nécessitent un chauffage qui permet d'**accélérer** la réaction. On effectue alors un **chauffage à reflux** pour éviter les pertes d'espèces chimiques par vaporisation. On peut utiliser un réfrigérant à air **(doc. 4)** ou un réfrigérant à eau **(doc. 5)**.

Certaines réactions, naturellement lentes, doivent être accélérées. Pour cela, un **catalyseur** peut être ajouté au mélange réactionnel.

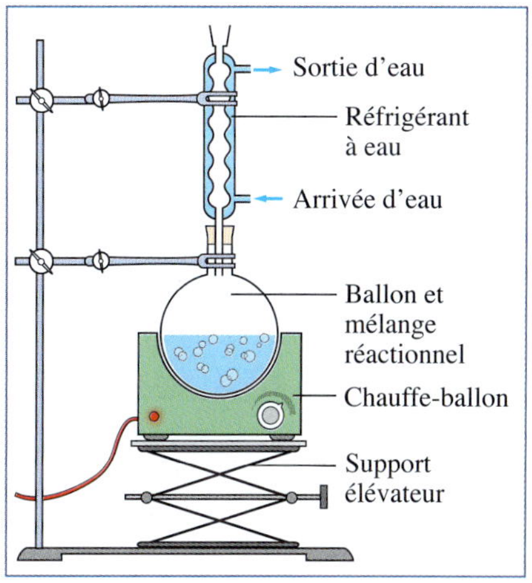

doc. 5 La circulation d'eau froide dans le réfrigérant à eau provoque la condensation des vapeurs.

2.3 Les étapes de séparation et de purification

L'espèce obtenue par synthèse est généralement mélangée au solvant, aux réactifs restants et aux autres produits de la réaction. Elle peut être également contaminée par de faibles quantités d'impuretés.

Si l'espèce synthétisée est un **solide**, insoluble dans le mélange réactionnel, elle est séparée par **filtration** (**activité 4**). S'il s'agit d'une **espèce dissoute**, une **extraction** est mise en œuvre (**activité 3**). Des techniques de purification sont ensuite nécessaires pour obtenir l'espèce pure.

2.4 L'étape d'identification

Au terme de la série d'opérations effectuées, il est nécessaire de vérifier la **présence** de l'espèce attendue ainsi que sa **pureté**.

La caractérisation d'une espèce chimique peut s'effectuer en utilisant ses **propriétés physiques** : aspect, solubilité, température d'ébullition ou de fusion, indice de réfraction, densité…

On peut aussi réaliser une **chromatographie sur couche mince**. Cette technique, décrite au chapitre 14, est mise en œuvre dans l'**activité 4** **(doc. 6)**.

doc. 6 Chromatogramme comparatif des espèces suivantes :
- paracétamol de référence (A) ;
- produit obtenu par synthèse (B).

Pour commencer, exercices 3, 4 et 5, p. 283

Retenir l'essentiel

Les savoirs

Comprendre l'intérêt de la synthèse chimique

La chimie de synthèse permet de produire une grande variété d'espèces, souvent mieux adaptées, plus performantes et moins chères que celles extraites de la nature.

Réaliser la synthèse d'une espèce chimique

• Lors de la **synthèse** d'une espèce chimique, des **réactifs** réagissent pour former un ou plusieurs **produits,** dont l'espèce attendue.
Certaines réactions peuvent avoir lieu à froid ou à température ambiante, d'autres nécessitent un chauffage ou un catalyseur qui permettent d'**accélérer** la réaction. Pour que l'opération s'effectue sans perte d'espèces chimiques, on réalise un **chauffage à reflux** utilisant soit un réfrigérant à air **(ci-dessous, à gauche)** soit un réfrigérant à eau **(ci-dessous, à droite)**.

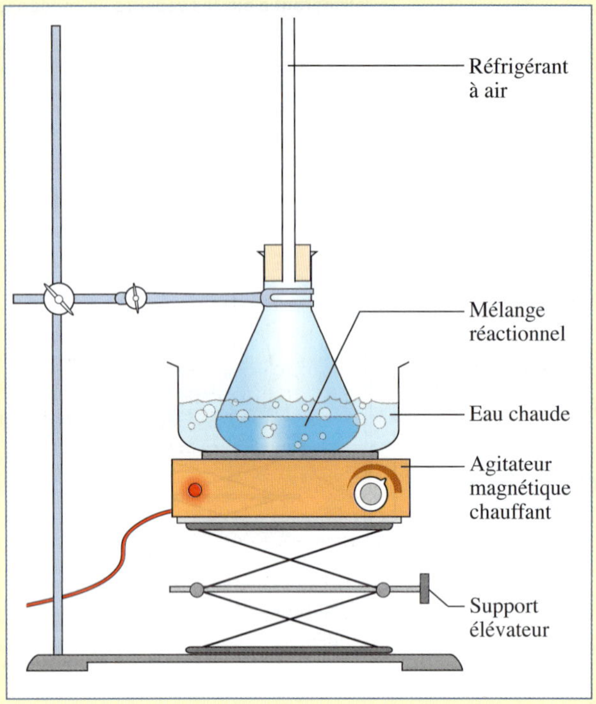

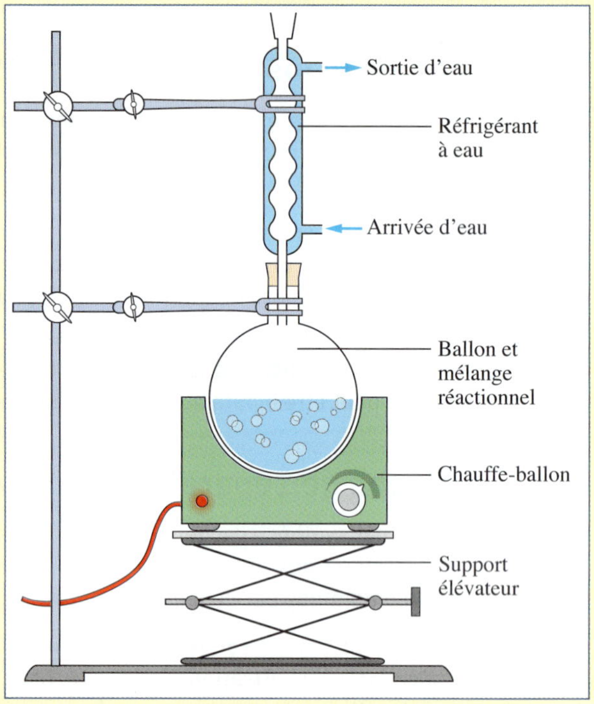

• L'espèce obtenue par synthèse est le plus souvent mélangée au solvant, aux réactifs restants et aux autres produits de la réaction. Des étapes de **séparation** et de **purification** sont généralement effectuées.

• Il est nécessaire de vérifier la présence de l'espèce attendue ainsi que sa pureté. La caractérisation d'une espèce chimique peut s'effectuer en utilisant ses **propriétés physiques** : aspect, solubilité, température d'ébullition ou de fusion, indice de réfraction, densité... On peut aussi réaliser une **chromatographie sur couche mince**.

Les compétences attendues

• Déterminer la masse d'un échantillon à partir de sa densité ou de sa masse volumique.
• Déterminer une quantité de matière connaissant la masse d'un solide ou le volume d'un liquide.
• Prélever une quantité de matière d'une espèce chimique. **[TP]**
• Mettre en œuvre un protocole expérimental pour réaliser la synthèse d'une molécule et son identification. **[TP]**

S'auto-évaluer

QCM

Pour chaque question, indiquer la (ou les) bonne(s) réponse(s).

ÉNONCÉ	A	B	C	Si échec revoir
1. Lors d'une synthèse chimique :	un seul réactif peut être présent	il peut se former plusieurs produits	il se forme une seule espèce chimique	§2, p. 279
2. Lorsqu'on chauffe à reflux un mélange réactionnel :	la transformation est accélérée	les vapeurs formées se condensent	un catalyseur est nécessaire	§2, p. 279
3. Pour accélérer une réaction chimique :	on peut ajouter un catalyseur	on peut chauffer le mélange réactionnel	on doit recondenser les vapeurs formées	§2, p. 279
4. Le schéma d'un montage à reflux peut être :	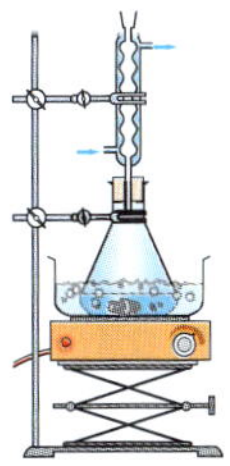	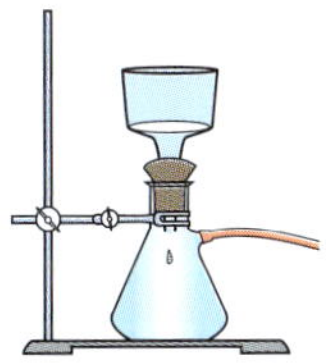	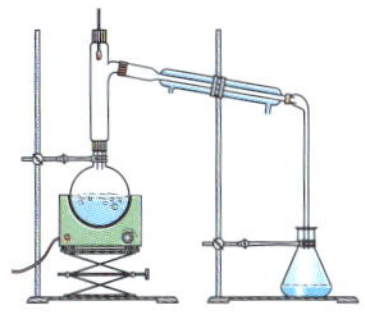	§2, p. 279
5. Dans un réfrigérant à eau :	l'eau circule de bas en haut	l'eau circule de haut en bas	le sens de circulation de l'eau est indifférent	§2, p. 279
6. À la fin de la synthèse, l'espèce obtenue :	est toujours pure	peut être mélangée à d'autres espèces	est extraite du mélange réactionnel	§2, p. 279
7. Pour isoler l'espèce chimique synthétisée, on effectue :	une séparation	une identification	une chromatographie sur couche mince	§2, p. 279
8. Pour récupérer une espèce chimique solide, on effectue :	une décantation	une filtration	une hydrodistillation	§2, p. 279
9. Le chromatogramme ci-dessous permet d'affirmer que : 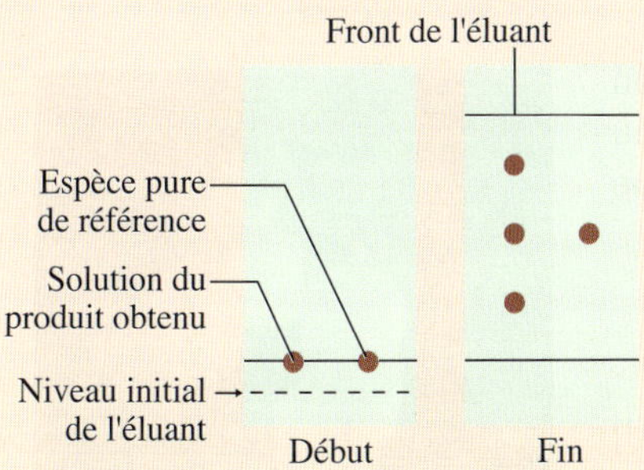	l'un des réactifs est encore présent dans la solution de produit obtenu	des impuretés sont présentes dans le produit synthétisé	le produit synthétisé est pur	§2, p. 279

Réponses, p. 324

Analyser, résoudre et rédiger

Compétence mise en œuvre

• Étudier le protocole expérimental d'une synthèse.

Synthèse de l'acétanilide

L'acétanilide C_6H_5–NH–CO–CH_3 fut l'un des premiers **fébrifuges** synthétisé.

Il est très peu soluble dans l'eau froide et très soluble dans l'eau bouillante. Pour le synthétiser, on introduit dans un ballon sec : 20 mL d'acide acétique utilisé comme solvant, n_1 = 0,159 mol d'anhydride acétique $C_4H_6O_3$ (ρ_1 = 1,08 g·mL^{-1}) et n_2 = 0,110 mol d'aniline C_6H_7N (ρ_2 = 1,02 g·mL^{-1}).

Cristaux d'acétanilide.

Après un chauffage à reflux, le mélange est refroidi : des cristaux blancs se forment.

1. Écrire l'équation de la réaction, sachant qu'il se forme également de l'acide acétique CH_3CO_2H.
2. Déterminer les volumes V_1 et V_2 d'anhydride acétique et d'aniline nécessaires et décrire leur prélèvement.
3. Justifier l'apparition des cristaux blancs après refroidissement et proposer une méthode pour les récupérer.

CONSEILS

1. Repérer les réactifs et les produits de la synthèse :
   – l'anhydride acétique et l'aniline sont les réactifs (ils sont « **introduits** ») ;
   – l'acétanilide et l'acide acétique sont les produits (ils sont « **synthétisés** » ou « **formés** ») ;
   – l'acide acétique n'apparaît pas dans l'équation de la réaction (c'est le « **solvant** »).
2. • Déterminer les masses molaires $\boldsymbol{M_1}$ et $\boldsymbol{M_2}$ de l'anhydride acétique et de l'aniline.
   • Pour calculer les masses et les volumes demandés, utiliser le diagramme p. 147.
3. Utiliser les données relatives à la solubilité de l'acétanilide.

Solution rédigée

1. L'acétanilide est obtenue selon la réaction d'équation :
$$C_4H_6O_3(\ell) + C_6H_7N(\ell) \longrightarrow C_6H_5-NH-CO-CH_3(s) + CH_3CO_2H(\ell)$$
2. • L'anhydride acétique a pour formule $C_4H_6O_3$.
   Sa masse molaire moléculaire M_1 vaut :
   $M_1 = 4 \times M(C) + 6 \times M(H) + 3 \times M(O)$
   soit : $\boldsymbol{M_1} = 4 \times 12{,}0 + 6 \times 1{,}00 + 3 \times 16{,}0 = \mathbf{102{,}0\ g\cdot mol^{-1}}$.
   • La masse m_1 d'anhydride acétique à prélever s'en déduit : $m_1 = n_1 \times M_1$
   soit : $\boldsymbol{m_1} = 0{,}159 \times 102{,}0 = \mathbf{16{,}2\ g}$.
   • Le volume V_1 est : $V_1 = \dfrac{m_1}{\rho_1}$ soit : $\boldsymbol{V_1} = \dfrac{16{,}2}{1{,}08} = \mathbf{15{,}0\ mL}$.
   • On trouve pour l'aniline C_6H_7N :
   $\boldsymbol{M_2} = \mathbf{93{,}0\ g\cdot mol^{-1}}$; $\boldsymbol{m_2} = \mathbf{10{,}2\ g}$; $\boldsymbol{V_2} = \mathbf{10{,}0\ mL}$.
   • Ces volumes sont mesurés à l'aide de pipettes graduées munies de propipettes ou de pipeteurs.
3. L'acétanilide étant **très peu soluble** dans l'eau froide, il cristallise. Une **filtration** permettrait de l'isoler.

Application immédiate

L'huile essentielle de Gaulthérie était autrefois obtenue par hydrodistillation des feuilles de l'arbrisseau. Ses propriétés anti-inflammatoires sont dues au salicylate de méthyle $C_8H_8O_3$ (ℓ). On le synthétise à partir d'acide salicylique $C_7H_6O_3$(s) et de méthanol CH_4O (ℓ).

1. Écrire l'équation de la réaction, sachant qu'il se forme aussi de l'eau.
2. Schématiser et légender le montage à reflux utilisé.
3. Le mélange initial est constitué de 0,50 mol de méthanol (ρ_1 = 0,80 g·mL^{-1}) et de 0,20 mol d'acide salicylique. Déterminer le volume de méthanol et la masse d'acide salicylique nécessaires, et décrire les prélèvements.

Voir correction, p. 330

Pour commencer

Pourquoi synthétiser des espèces chimiques ?

1 Justifier la chimie de synthèse

Le latex est un liquide qui suinte d'un arbre, l'hévéa, lorsque son écorce est abîmée. En séchant, ce liquide forme une croute protectrice. Pour récupérer ce liquide, on réalise des saignées sur le tronc de l'arbre.

Le caoutchouc naturel obtenu à partir de l'hévéa possède des propriétés élastiques, mais durcit et devient cassant par temps froid ; il se ramollit et devient collant par temps chaud.
En 1839, Charles Goodyear montra que la cuisson du caoutchouc en présence de soufre supprimait ces effets indésirables : la vulcanisation était née. Le caoutchouc vulcanisé est plus solide et plus élastique, et résiste mieux aux variations de température.

1. Le caoutchouc vulcanisé est-il une espèce naturelle ou une espèce de synthèse ?

2. Comparer les propriétés du caoutchouc naturel et du caoutchouc vulcanisé.

2 Comprendre l'intérêt de la synthèse

Le paclitaxel (ou Taxol®) est un anticancéreux. Il a été isolé il y a déjà plus de quarante ans, à partir de l'écorce de l'if, mais sa production à partir d'extraits naturels est très limitée.
Guidés par la structure du Taxol®, des chercheurs français ont synthétisé, au début des années 1990, le docetaxel (Taxotère®) qui s'est avéré plus efficace contre certains cancers et plus facile à produire.

1. Le Taxol® et le Taxotère® sont-ils naturels ou synthétiques ?

2. Pourquoi le Taxotère® est-il plus intéressant que le Taxol® ?

Comment réaliser une synthèse ?

3 Connaître le matériel utilisé en synthèse

1. Quel est l'intérêt d'un chauffage à reflux ?

2. Comment le reflux est-il assuré ?

3. Reproduire et légender les schémas ci-après.

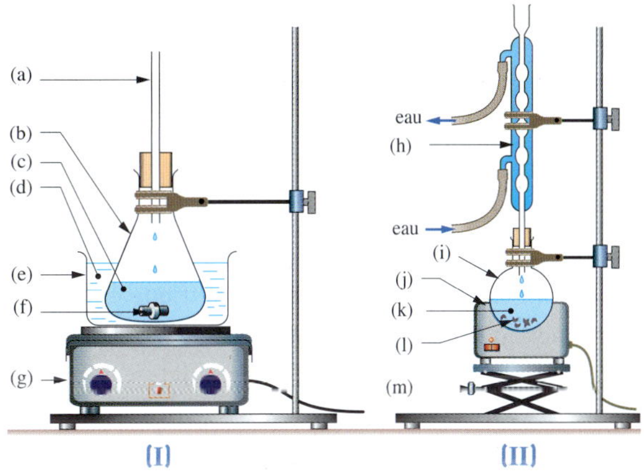

4. Qu'est-ce qui distingue les réfrigérants des montages (I) et (II) ?

4 Rectifier le schéma d'un montage à reflux

Au cours d'une séance de travaux pratiques, un élève propose le montage suivant pour un chauffage à reflux. Rectifier les erreurs commises en justifiant.

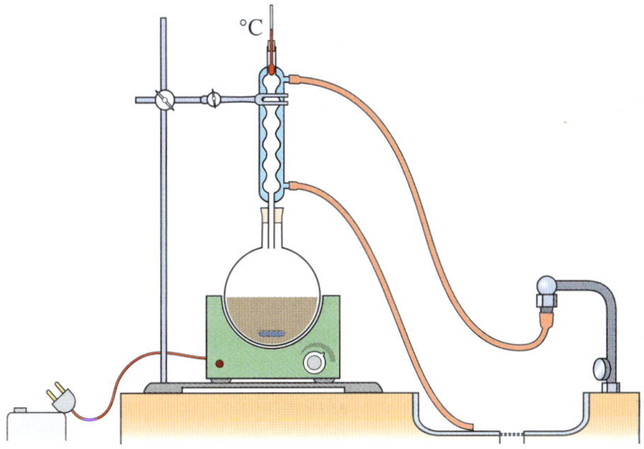

5 Nommer les étapes d'une synthèse

L'aspirine est obtenue en chauffant à reflux de l'acide salicylique (solide) et de l'anhydride acétique (liquide). Il se forme également de l'acide acétique.
Après réaction, l'addition d'eau dans le mélange réactionnel transforme l'excès d'anhydride acétique en acide acétique (très soluble dans l'eau) et entraîne la formation de cristaux blancs que l'on récupère.
Pour vérifier que ces cristaux contiennent bien de l'aspirine, on réalise une chromatographie sur couche mince avec un éluant adapté.

1. Recopier les phrases du texte qui concernent :
a. l'étape de synthèse ;
b. l'étape de séparation ;
c. l'étape d'identification.

2. Quelle opération aurait-il été préférable d'effectuer avant l'étape d'identification ?

6 Écrire l'équation d'une réaction

« Benzamide » est le terme générique donné à une famille de neuroleptiques et antipsychotiques. Le benzamide le plus simple a pour formule $C_6H_5{-}CONH_2$. Il est préparé par réaction de l'ammoniac NH_3 avec le chlorure de benzoyle $C_6H_5{-}COCl$.

1. Écrire l'équation de la réaction sachant que réactifs et produits ont tous un nombre stœchiométrique égal à 1.

2. Nommer l'autre produit formé.

7 La combinaison gagnante

Depuis 2009, la Fédération internationale de natation (FINA) réglemente le port des combinaisons. Des fabricants ont opté pour des combinaisons légères et déperlantes en polyuréthane sur lesquelles l'eau glisse.
Un polyuréthane est un polymère d'uréthane. Un uréthane est produit par la réaction d'un isocyanate, par exemple $C_2H_5{-}N{=}C{=}O$, et d'un alcool tel que $CH_3{-}OH$, et peut donc avoir pour formule semi-développée :

$$C_2H_5{-}NH{-}\underset{\underset{\displaystyle O}{\|}}{C}{-}O{-}CH_3$$

1. @ Rechercher la définition des mots suivants :
« déperlant » et « polymère ».

2. Écrire l'équation de la réaction de synthèse d'un uréthane.

Pour s'entraîner

8 À chacun son rythme

Cet exercice est proposé à deux niveaux de difficultés. Dans un premier temps, essayer de résoudre le niveau 2. En cas de difficultés, passer au niveau 1.

L'acétate d'isoamyle, de formule $C_7H_{14}O_2$, présent à l'état naturel dans de nombreux fruits, est une molécule à l'odeur de banane. Synthétisé, il est utilisé comme arôme dans des boissons pour sportifs, des médicaments...

Pour synthétiser l'acétate d'isoamyle, on utilise un montage à reflux avec réfrigérant à air.
On mélange $n_1 = 0{,}350$ mol d'acide acétique $C_2H_4O_2$ ($\rho_1 = 1{,}05\ g{\cdot}mL^{-1}$), $n_2 = 0{,}200$ mol d'alcool isoamylique $C_5H_{12}O$ ($\rho_2 = 0{,}800\ g{\cdot}mL^{-1}$) et quelques gouttes d'acide sulfurique concentré, utilisé comme catalyseur.

Niveau 2

1. Schématiser et légender le montage.

2. a. @ Rechercher la définition d'un catalyseur.
Cette espèce apparaît-elle dans l'équation de la réaction ?
b. Écrire alors l'équation de la réaction sachant qu'il se forme également de l'eau.

3. Calculer le volume de chaque réactif à prélever.

4. Après refroidissement, on verse le mélange dans un verre à pied contenant une solution saturée d'eau salée.
a. Pourquoi le verse-t-on dans de l'eau salée ?
b. L'acétate d'isoamyle a une masse volumique environ égale à $0{,}9\ g{\cdot}mL^{-1}$: schématiser le verre à pied après le transvasement du mélange réactionnel.

Niveau 1

1. Schématiser le montage à partir du matériel suivant : erlenmeyer, bouchon percé, cristallisoir rempli d'eau chaude, tube en verre, appareil de chauffage, support métallique avec pinces et noix de serrage.

2. Écrire l'équation de la réaction sachant qu'il se forme également de l'eau. (L'acide sulfurique est un catalyseur : il n'apparaît pas dans l'équation.)

3. a. Déterminer les masses molaires M_1 et M_2 de l'acide acétique et de l'alcool isoamylique, à partir de leur formule brute.
b. À partir des quantités n_1 et n_2, calculer les masses m_1 et m_2 de ces espèces.
c. En déduire les volumes V_1 et V_2 à prélever.

4. Après refroidissement, on verse le mélange réactionnel dans un verre à pied contenant une solution saturée d'eau salée dans laquelle l'acétate d'isoamyle est peu soluble.
a. Pourquoi verse-t-on le mélange réactionnel dans de l'eau salée ?
b. L'acétate d'isoamyle a une masse volumique environ égale à $0{,}9\ g{\cdot}mL^{-1}$: la comparer à celle de l'eau. En déduire si l'acétate d'isoamyle est recueilli en (a) ou en (b).

9 Le baume du Pérou

Le baume du Pérou est extrait d'un arbuste d'Amérique centrale, le myroxylon, après incision de l'écorce de son tronc. Utilisé pour traiter les gerçures et engelures, il a des propriétés protectrices et hydratantes. Il contient, entre autres, de l'acide benzoïque, de l'alcool benzylique et du benzoate de benzyle.

Espèce chimique	Acide benzoïque	Alcool benzylique	Benzoate de benzyle
Formule	$C_7H_6O_2$	C_7H_8O	$C_{14}H_{12}O_2$
Solubilité dans l'eau	peu soluble à froid	partiellement soluble	insoluble
Densité	(solide blanc)	1,04	1,12

1. Le benzoate de benzyle peut être synthétisé à partir de l'alcool benzylique et de l'acide benzoïque. Écrire l'équation de cette réaction, sachant qu'il se forme aussi de l'eau.

2. On réalise la synthèse en utilisant un chauffage à reflux.
a. Schématiser et légender le montage. Indiquer le sens de la circulation de l'eau dans le réfrigérant.
b. Quel est l'intérêt de ce montage ?

3. Après une vingtaine de minutes, on refroidit le ballon puis on verse le contenu dans une ampoule à décanter contenant de l'eau salée. Après agitation puis décantation, on observe deux phases non miscibles.
a. Quel est l'intérêt de cette dernière étape ?
b. Décrire, avec précision, les différentes opérations effectuées lors de l'utilisation de l'ampoule à décanter.
c. Schématiser l'ampoule à décanter et indiquer les positions de la phase aqueuse et celle de la phase organique contenant, entre autres, le benzoate de benzyle.

4. On réalise une chromatographie sur couche mince. Les dépôts sont les suivants :
- en *A* : alcool benzylique ;
- en *B* : benzoate de benzyle de référence ;
- en *C* : un échantillon du liquide après synthèse ;
- en *D* : un extrait de résine de myroxylon.

a. Sur le chromatogramme représenté ci-contre, identifier dans les dépôts *C* et *D* la tache correspondant au benzoate de benzyle.
b. Le dépôt effectué en *C* est-il celui d'un produit pur ?
c. Indiquer la composition de l'échantillon *C*.
d. Identifier deux espèces présentes dans la résine de myroxylon. Justifier.

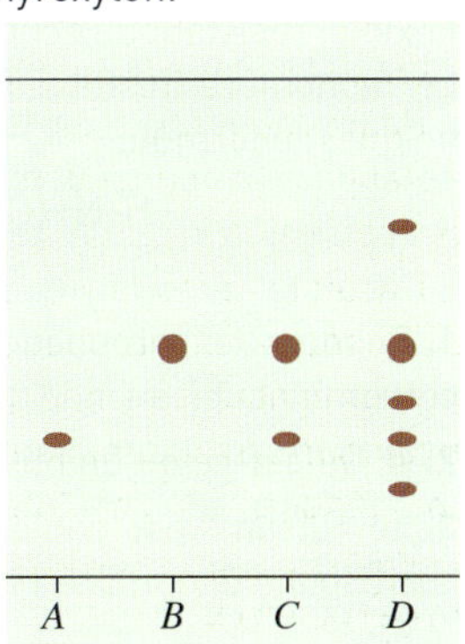

10 Synthèse et chimie verte

La chalcone est un **antimitotique** utilisé principalement dans le traitement des tumeurs.
La chalcone $C_{15}H_{12}O$ peut être synthétisée par réaction entre le benzaldéhyde C_7H_6O et l'acétophénone C_8H_8O, en présence d'éthanol comme solvant et de soude comme **catalyseur**.
Il suffit de chauffer à reflux le mélange pendant une heure. Après refroidissement, la chalcone précipite.

1. @ Rechercher la définition des mots en gras.

2. Écrire l'équation de la réaction de synthèse de la chalcone sachant que les nombres stœchiométriques sont tous égaux à 1. Nommer l'autre produit formé.

3. Schématiser et légender le montage utilisé.

4. Proposer un protocole expérimental pour recueillir les cristaux de chalcone.

L'utilisation de réactions avec solvants est un héritage ancien. Depuis ARISTOTE (384–322 av. J.-C.) qui déclara *no coopora nisi fluida* (« pas de réaction sans solvant »), les synthèses de chimie fine en milieu aqueux ou sans solvants ont été peu explorées.
Récemment, les contraintes environnementales ont privilégié ce type de réactions qui présentent beaucoup d'avantages : pollution et coûts réduits, manipulation plus facile... Les technologies des micro-ondes, qui augmentent la vitesse de réaction, ont aussi apporté des bouleversements considérables.
Par exemple, la synthèse de la chalcone s'est révélée possible sans solvant à partir des mêmes réactifs, ou bien dans l'eau à haute température.

5. @ Qu'est-ce que la chimie verte ?

6. Pourquoi les réactions sans solvant sont-elles privilégiées ?

11 Laboratory reflux heating

Benzocaine is a local anesthetic commonly used in many *ointments*. It can be prepared from p-aminobenzoic acid (M_1 = 137 g·mol^{-1}) and ethanol C_2H_6O (ρ_2 = 0,79 g·mL^{-1}).
We propose the first step of synthesis :
- Add, in a *round bottom flask*, p-aminobenzoic acid (1,30 g), ethanol (17,5 mL) and a catalytic amount of sulfuric acid (used as catalyst)
- Mildly reflux heat for one hour.

1. Determine the quantities of the starting p-aminobenzoic acid (n_1) and ethanol (n_2).

2. Draw a scheme of the reflux heating.

3. What is the advantage of this technique ?

Vocabulaire : *ointments* : pommades ; *round bottom flask* : ballon à fond rond.

12 Synthèse de l'acétate de cellulose

L'acétate de cellulose est un matériau plastique aux propriétés mécaniques remarquables et possédant une résistance chimique intéressante. Il a de multiples usages, notamment dans le domaine du sport.

Le protocole suivant décrit les principales étapes de sa synthèse.

- Dans un ballon de 250 mL, introduire 0,25 g de coton (contenant de la cellulose).
- Ajouter 12 mL d'acide acétique pur, utilisé comme solvant, et quelques gouttes d'acide sulfurique concentré.
- Surmonter le ballon d'un réfrigérant et chauffer pendant une trentaine de minutes.
- Refroidir le ballon avec de l'eau froide.
- Par le haut du réfrigérant, introduire 12 mL d'anhydride acétique par petites quantités.
- Chauffer jusqu'à disparition du coton.
- Après refroidissement, ajouter 50 mL d'eau chaude, en agitant : l'acétate de cellulose précipite.
- Après refroidissement, filtrer le mélange sur Büchner.
- Laver et sécher le produit obtenu.

1. @ Rechercher des utilisations de l'acétate de cellulose dans le domaine du sport.

2. @ L'acide sulfurique est un catalyseur : quel est le rôle d'un catalyseur ?

3. Citer les réactifs et le produit de la réaction.

4. L'étape de synthèse nécessite un chauffage à reflux. Quel est l'intérêt de ce montage ? Le schématiser.

5. L'une des étapes nécessite un montage utilisant un filtre Büchner.

a. Nommer cette étape.

b. Quel est le rôle de ce montage ?

6. Quel est le rôle du lavage ?

13 Les texticaments

Une coudière qui délivre en continu un anti-inflammatoire pour un tennisman souffrant d'un tennis-elbow ? Pourquoi pas ! Crèmes hydratantes, huiles essentielles, antibiotiques... tout est **encapsulable** : le principe actif est enfermé dans une membrane en matière plastique (en Nylon® par exemple – **doc. 1**). Le vêtement devient un patch géant à porter toute la journée ! Des milliards de microcapsules mesurant de un à quelques micromètres sont fixées aux fibres par un liant et diffusent leur contenu sous l'effet des frottements du textile sur la peau (**doc. 2**).

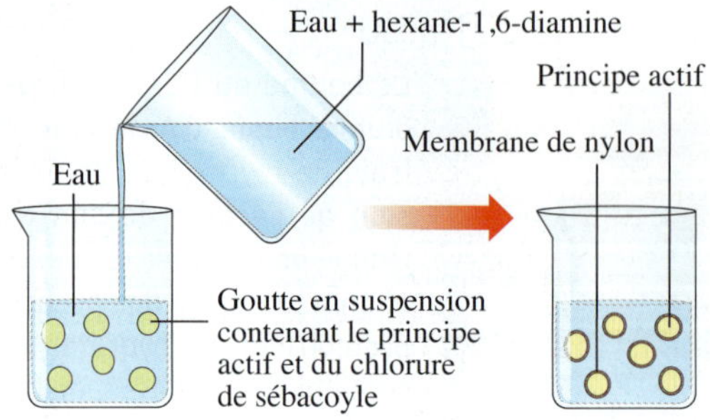

doc. 1

doc. 2

1. Pourquoi qualifie-t-on certains textiles de texticaments ?

2. Comment le principe actif contenu dans la capsule est-il libéré ?

3. Pourquoi parle-t-on de microcapsule ?

4. Dans l'exemple choisi, quelle est l'espèce chimique qui constitue la paroi de la capsule ?

5. Quels sont les réactifs qui réagissent lors de la fabrication de la microcapsule précédente ?

14 Retour sur l'ouverture du chapitre

Le Rilsan® est un plastique technique français largement présent dans le monde. Grâce à sa matière première renouvelable, l'huile de ricin, il s'inscrit dans la promotion actuelle d'un développement durable.

C'est un polyamide aux qualités exceptionnelles : léger, flexible, résistant aux chocs, au froid, à l'humidité...

Le monomère du Rilsan® est l'acide 11-amino-undécanoïque, de formule :

$$H_2N{-}(CH_2)_{10}{-}\underset{\displaystyle \overset{\|}{O}}{C}{-}OH$$

1. Repérer les groupes caractéristiques présents dans cette molécule, à l'aide de la **fiche n° 1, p. 309**.

2. @ Qu'est-ce qu'un monomère ? un polyamide ?

3. Le Rilsan® est également appelé nylon-11 : à quoi correspond le nombre 11 ?

CHAPITRE

PHYSIQUE

20 La pression

Des bouteilles de gaz comprimé permettent au plongeur de respirer.
La durée de la plongée dépend-elle de la profondeur ? (Voir exercice 19, p. 302.)

En quoi la pression du milieu ambiant intervient-elle dans le sport ?

OBJECTIFS

- Utiliser la relation entre la valeur de la force pressante $\vec{F}$, la pression P et la surface S sur laquelle agit cette force.
- Savoir que la différence de pression entre deux points d'un liquide dépend de la différence de profondeur.
- Savoir que la quantité maximale de gaz dissous dans un volume de liquide augmente avec la pression.
- Pratiquer une démarche expérimentale pour établir un modèle à partir d'une série de mesures.

1 Pression et force pressante

→ Le bouchon d'une bouteille de champagne « saute », car le gaz sous pression à l'intérieur de la bouteille exerce une force pressante sur le bouchon. **Quel est le lien entre la pression et la force pressante ?**

A Mise en évidence de la force pressante

- Gonfler légèrement un ballon, le fermer puis le mettre sous une cloche à vide.
- Enlever une partie de l'air enfermé sous la cloche (doc. 1). Observer le ballon et le manomètre.
- Rajouter de l'air sous la cloche. Observer.

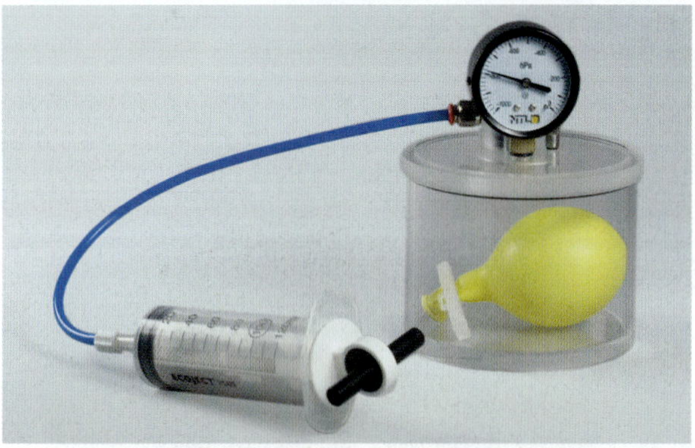

doc. 1 Ballon sous une cloche à vide. Une seringue (ou une pompe) permet d'enlever de l'air de cette cloche. La cloche est équipée d'un manomètre (ou pressiomètre).

1. Que mesure le manomètre ?
2. Qu'observe-t-on :
a. lorsque de l'air est retiré de la cloche ?
b. lorsque de l'air est introduit sous la cloche ?
3. Pourquoi peut-on affirmer que :
a. l'air contenu dans le ballon exerce une action sur la paroi du ballon ?
b. l'air autour du ballon exerce une action sur la paroi du ballon ?

L'action exercée par l'air sur une petite surface de la paroi du ballon est modélisée par une force appelée **force pressante**.

4. La force pressante exercée par l'air contenu dans le ballon sur la paroi du ballon est-elle orientée vers l'intérieur ou vers l'extérieur du ballon ?
5. a. La force pressante exercée par l'air autour du ballon sur la paroi du ballon est-elle orientée vers l'intérieur ou vers l'extérieur du ballon ?
b. Comment varie la valeur de cette force pressante lorsque la pression de l'air dans la cloche augmente ?

B Pression et force pressante

Étude qualitative

- Raccorder une seringue renfermant de l'air à un manomètre. Pousser le piston de la seringue (doc. 2).
- Recommencer avec une seringue de diamètre différent.

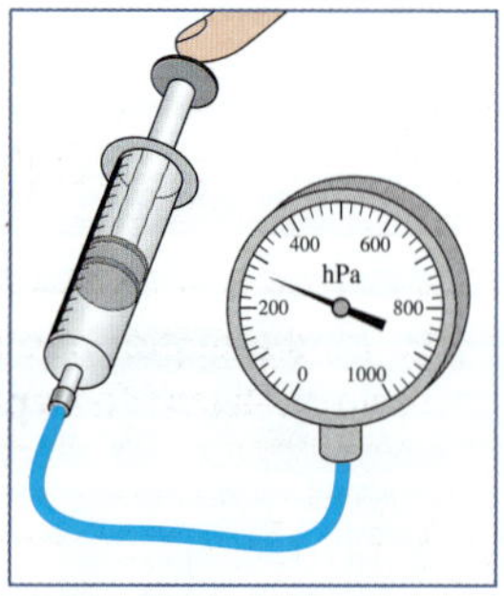

doc. 2 Dispositif expérimental.

6. Pour une même seringue, comment varie la pression lorsque la poussée exercée par le doigt sur le piston augmente ?
7. Pour obtenir une même pression, quelle seringue nécessite la poussée la plus grande sur son piston ?

Étude quantitative

Un piston de surface S sur lequel on a posé une masse m peut s'enfoncer dans une mousse compressible (doc. 3). Le dispositif utilisé est conçu pour que la profondeur d'enfoncement soit proportionnelle à la pression.

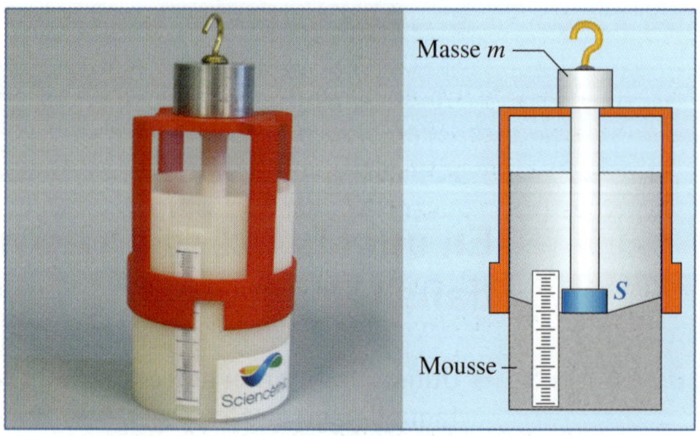

doc. 3 Le dispositif expérimental et sa schématisation.

- Pour une même surface S, observer l'influence de la masse m sur l'enfoncement du piston.
- Pour une même masse m, observer l'influence de la surface S sur l'enfoncement du piston.

8. On considère que la valeur F de la force exercée par le piston sur la mousse est égale au poids de la masse m. Exprimer F en fonction de m et g.
9. Pour une même surface S, comment évolue la pression en fonction de la valeur F de la force ?
10. Pour une même masse m, comment varie la pression en fonction de la surface S ?
11. Pour des pistons de surface S différentes, rechercher les masses m qui permettent d'obtenir le même enfoncement que celui indiqué par le professeur. Dresser un tableau de mesures.
12. Tracer l'évolution de F en fonction de S pour un enfoncement constant donc pour une pression constante. Conclure sur le type de relation existant entre F et S lorsque la pression est constante.
13. La pression est définie par $P = \frac{F}{S}$. Vérifier que cette relation est en accord avec la réponse à la question 12.

2 Pression dans un liquide au repos

DÉMARCHE D'INVESTIGATION — TP TRAVAUX PRATIQUES

→ Lors d'une plongée en apnée, l'effet ressenti par le corps du plongeur dépend de la profondeur de la plongée. **Comment varie la pression dans l'eau avec la profondeur ?**

A Étude qualitative

Une capsule remplie d'air et fermée par une membrane souple modélise la cage pulmonaire d'un plongeur.

● Plonger cette capsule dans l'eau, à différentes profondeurs et suivant différentes orientations **(doc. 4)**. Observer la membrane.

1. La déformation de la membrane dépend-elle de la profondeur ?
2. La déformation de la membrane dépend-elle de son orientation ?
3. Quelle déformation subit la cage pulmonaire d'un plongeur lors d'une descente en apnée ?

doc. 4 Action de l'eau sur une membrane souple. La membrane est déformée.

B Étude quantitative : relation entre la pression et la profondeur

4. Émettre une hypothèse sur la variation de la pression en fonction de la profondeur.
5. Élaborer un protocole pour valider cette hypothèse et utilisant le matériel proposé **(doc. 5)**.
6. Après accord du professeur, mettre le protocole en œuvre. Les résultats expérimentaux permettent-ils de valider l'hypothèse émise ?
Comment varie la pression en fonction de la profondeur ?
7. Proposer une relation entre la pression et la profondeur. Des mesures complémentaires et une représentation graphique pourront être réalisées.

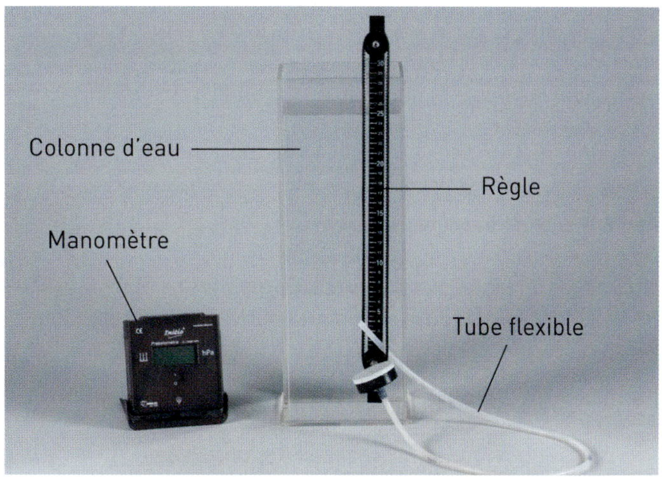

doc. 5 Exemple de matériel.

3 La surpression pulmonaire, une conséquence de la loi de Boyle-Mariotte

TP — DOC

→ Le texte ci-dessous est extrait d'une brochure de plongée sous-marine.

Pourquoi faut-il souffler en remontant ?

Dans une bouteille de plongée, l'air est stocké sous grande pression. Le détendeur permet au plongeur de respirer de l'air à la même pression que celle de l'eau qui l'entoure. À 10 m de profondeur, cette pression est deux fois plus importante que la pression de l'air à la surface.
Lorsque le plongeur remonte vers la surface, la pression diminue. Suivant la loi de Boyle-Mariotte, la diminution de pression s'accompagne d'une augmentation du volume de l'air contenu dans ses poumons. Si le plongeur bloque sa respiration lors de la remontée, l'air continu à se dilater jusqu'à atteindre la limite d'élasticité des poumons. **Il est donc dangereux de bloquer sa respiration lors de la remontée.**

Qu'est-ce que la loi de Boyle-Mariotte et quelles sont ses conséquences en plongée sous-marine ?

A Loi de Boyle-Mariotte

Pour une température T et une quantité n de gaz constantes, la loi de Boyle-Mariotte donne la relation entre la pression P et le volume V de ce gaz. Pour retrouver cette loi, on dispose d'une seringue reliée à un manomètre **(doc. 6)**.

- Faire varier le volume V du gaz emprisonné dans la seringue et mesurer la pression P correspondante.

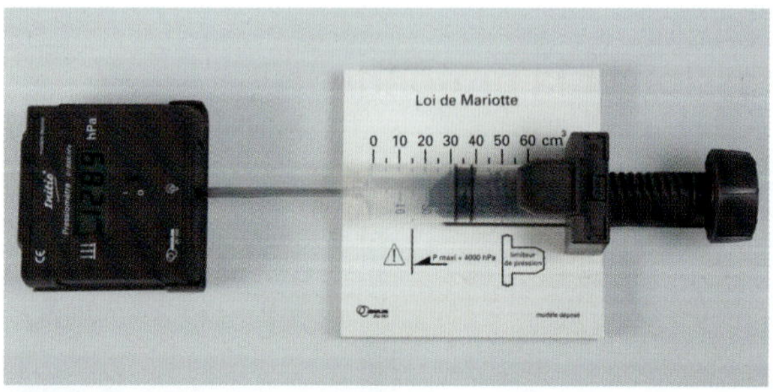

doc. 6 Manomètre relié à une seringue.

- Dresser un tableau de mesures. Compléter ce tableau en calculant le produit $P \times V$ pour la série de mesures.

1. Que peut-on dire du produit $P \times V$?
2. a. Parmi les grandeurs P, V, n et T ; quelles sont celles qui ne varient pas lors de la série de mesures ?
b. En déduire un énoncé de la loi de Boyle-Mariotte.

B Application de la loi de Boyle-Mariotte à la plongée

Utiliser la loi de Boyle-Mariotte et le texte d'introduction pour répondre aux questions ci-dessous.

3. Sans calcul, expliquer que « la diminution de pression s'accompagne d'une augmentation du volume de l'air contenu dans ses poumons ».
4. À 10 m de profondeur, une quantité d'air donnée occupe un volume de 3,0 L.
Quel volume cette même quantité d'air occupe-t-elle lorsqu'elle arrive à la surface ?
5. Expliquer la phrase soulignée dans le texte.

doc. 7 Ce plongeur souffle lors de la remontée.

4 Solubilité des gaz dans les liquides

TP — DOC

➜ Le texte ci-dessous est extrait d'une brochure de plongée sous-marine.

Pourquoi faut-il remonter lentement ?

L'air est constitué d'environ 20 % de dioxygène et 80 % de diazote. Ces gaz sont solubles dans le sang. Au cours d'une plongée, la pression qui s'exerce sur le plongeur augmente avec la profondeur. Il en est de même pour celle de l'air qu'il respire. Cette augmentation de pression fait augmenter la solubilité des gaz dans le sang.

Cela peut avoir plusieurs conséquences :

– Le dioxygène devient toxique pour une pression supérieure à 1,6 bar, et le diazote entraîne la narcose pour une pression supérieure à 5,6 bars. Cela limite la profondeur pouvant être atteinte sans danger.

– Au cours d'une remontée, la pression diminue et les gaz dissous doivent être évacués. Le dioxygène est consommé par les cellules. Le diazote se vaporise et passe lentement dans les poumons. En cas de remontée trop rapide, le diazote n'a pas le temps de s'évacuer par les poumons, de grosses bulles apparaissent dans le sang. Elles peuvent boucher les vaisseaux sanguins et provoquer une embolie pulmonaire. **Lors de la remontée, le plongeur doit respecter des paliers de décompression.**

Plongeur respectant un palier de décompression.

Quelle est l'influence de la pression sur la solubilité d'un gaz dans un liquide et quelles en sont les conséquences en plongée ?

A Solubilité et pression

- Verser une boisson gazeuse dans un bécher et une boisson non gazeuse dans un autre bécher.
- Placer ces béchers sous une cloche à vide et aspirer l'air pour diminuer la pression dans la cloche **(doc. 8)**. Observer.
- Augmenter la pression dans la cloche et observer.

1. Quel est le gaz contenu dans les boissons gazeuses ?
2. Décrire les phénomènes observés :
a. lorsque la pression diminue ; **b.** lorsque la pression augmente.
3. Quelle est l'influence de la pression sur la solubilité d'un gaz dans un liquide ?

doc. 8 Boissons placées dans une enceinte sous faible pression. ▶

B Application à la plongée sous-marine

Lors d'une plongée sous-marine, un plongeur respire de l'air stocké dans des bouteilles. Dans ses poumons, la pression de l'air est la même que celle de l'eau qui l'entoure.

4. Chercher la signification des mots « bar » et « narcose » cités dans le texte.
5. Lors de la remontée, comment évolue la pression de l'air contenu dans les poumons du plongeur ?
6. Quels risques présente une remontée trop rapide ?
7. Expliquer la phrase soulignée du texte.
8. Il existe une technique de soins utilisant des caissons de pressurisation.
Chercher des cas d'utilisation et le fonctionnement de tels dispositifs.

La pression est une notion couramment utilisée.
Qu'est-ce que la pression ? Quelle est son origine ?

1 Du mouvement des particules à la notion de pression

1.1 Force pressante

Les liquides et les gaz sont des **fluides**. Ils sont constitués de molécules qui s'agitent continûment et de façon désordonnée. L'agitation augmente avec la température.

Les **activités 1 et 2** ont montré que les fluides peuvent déformer un corps **(doc. 1)**. La déformation est due aux actions mécaniques exercées par les molécules du fluide sur le corps. Elles sont modélisées par une force appelée **force pressante**.

La force pressante $\vec{F}$ est perpendiculaire à la surface du corps, elle est dirigée du fluide vers le corps **(doc. 2)**. Sa valeur est notée F, elle est indépendante de l'orientation de la surface sur laquelle elle s'exerce.

- **Un fluide est constitué de molécules en mouvement.**
- **Un fluide exerce une force pressante sur une paroi. Cette force est perpendiculaire à la paroi. Elle est orientée du fluide vers la paroi, sa valeur ne dépend pas de l'orientation de la paroi.**

doc. 1 L'eau exerce une force pressante qui déforme la membrane.

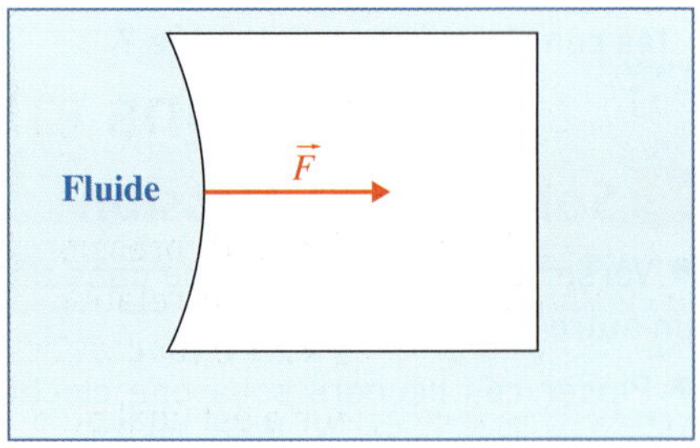

doc. 2 Schématisation de la force pressante exercée par un fluide sur une paroi souple. On considère que la force s'applique au centre de la paroi.

1.2 Pression

La valeur F de la force pressante s'exerçant sur une paroi dépend du fluide dans lequel cette paroi est immergée et de la surface S sur laquelle cette force s'exerce. L'**activité 1** a montré que F est proportionnelle à S. Le coefficient de proportionnalité entre F est S est appelé la **pression** P du fluide. On écrit $F = P \times S$.

La valeur de la force pressante dépendant de S, il est plus simple de décrire un fluide par sa pression que par la force pressante qu'il exerce sur une surface.

- **La valeur F de la force pressante exercée par un fluide sur une paroi de surface S dépend de la pression P du fluide.**
- **La pression P d'un fluide est donnée par :**

$$P = \frac{F}{S}$$

F s'exprime en newton (N) ;
S s'exprime en mètre carré (m^2) ;
P s'exprime en pascal (Pa).

La pression de l'air qui nous entoure est appelée **pression atmosphérique**, elle est notée P_{atm}. On utilise souvent l'hectopascal pour exprimer sa valeur (1 hPa = 1×10^2 Pa). Elle dépend des conditions météorologiques **(doc. 3)** et de l'altitude.

Au niveau de la mer, la pression atmosphérique moyenne est de $1{,}013 \times 10^5$ Pa, soit 1 013 hPa. Au sommet du mont Blanc, elle est de l'ordre de 500 hPa.

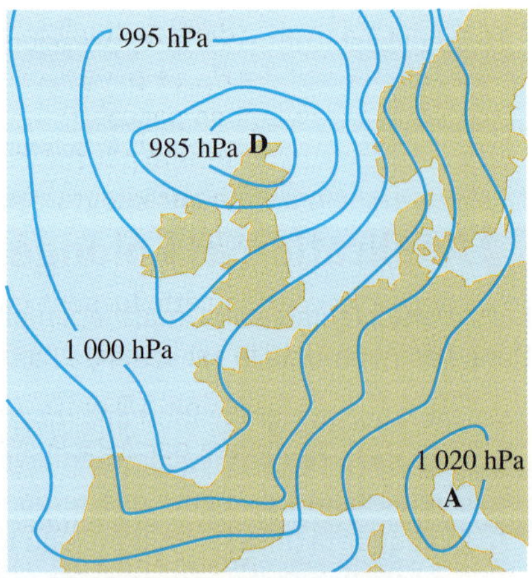

doc. 3 La pression atmosphérique est indiquée sur les cartes météo.

La pression atmosphérique diminue avec l'altitude **(doc. 4)**.

La pression atmosphérique est notée P_{atm}.
Elle diminue lorsque l'altitude augmente.

En plongée sous-marine, l'unité de pression couramment utilisée est le **bar** : 1 bar = 1×10^5 Pa.

Jeux olympiques	Altitude moyenne	Pression moyenne
Sydney 2000	3 m	1 013 hPa
Los Angeles 1984	104 m	1 001 hPa
Atlanta 1996	313 m	976 hPa
Mexico 1968	2 200 m	775 hPa

doc. 4 La pression atmosphérique diminue avec l'altitude. Cela a des conséquences sur les performances des athlètes (voir p. 295).

1.3 Mesure de la pression

La pression d'un fluide se mesure avec un **manomètre** appelé aussi pressiomètre **(doc. 5)**. Il existe plusieurs types de manomètres :

– les manomètres absolus mesurent la pression réelle ;

– les manomètres différentiels mesurent la différence de pression entre un fluide et le milieu ambiant (il faut alors ajouter la valeur de la pression ambiante à la valeur mesurée pour obtenir la pression réelle).

Ainsi un manomètre différentiel affiche zéro lorsque l'on tente de mesurer la pression ambiante.

La pression d'un fluide se mesure avec un manomètre.

Un **baromètre** mesure la pression atmosphérique.

Pour commencer, exercices 1 à 4, p. 299

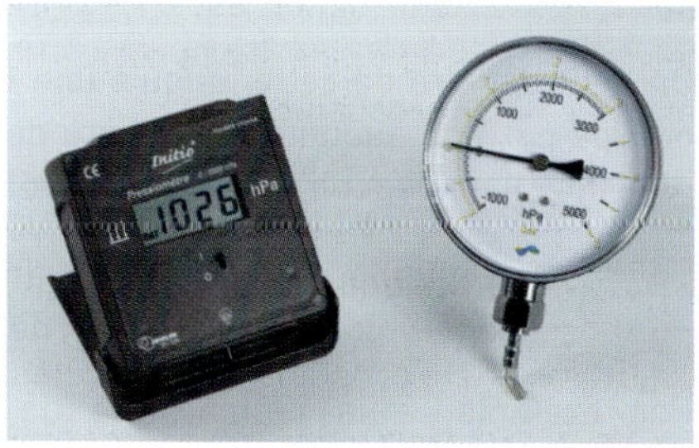

doc. 5 Différents manomètres permettant de mesurer une pression.

2 Pression dans un liquide

L'**activité 2** a montré que la pression P dans un liquide augmente avec la profondeur z **(doc. 6)**. La relation entre ces deux grandeurs est une fonction affine : $P = a \times z + b$ **(doc. 7)**.

Le coefficient directeur a est égal au produit $\rho \times g$ où ρ est la masse volumique du liquide et g l'intensité de la pesanteur.

L'ordonnée à l'origine b est égale à la pression du liquide pour une profondeur z nulle. C'est la pression atmosphérique P_{atm}.

- **La pression dans un liquide augmente avec la profondeur.**
- **À une profondeur z dans un liquide de masse volumique ρ, la pression P est donnée par $P = P_{atm} + \rho \times g \times z$.**
P et P_{atm} s'expriment en pascal (Pa) ;
ρ s'exprime en kilogramme par mètre cube ($kg \cdot m^{-3}$) ;
g s'exprime en newton par kilogramme ($N \cdot kg^{-1}$) ;
z s'exprime en mètre (m).

Deux conséquences de cette loi sont importantes :

– la pression du liquide est identique en deux points à la même profondeur ;

– la différence de pression ΔP entre deux points d'un liquide de profondeurs z_1 et z_2 est donnée par $\Delta P = P_2 - P_1 = \rho \times g \times (z_2 - z_1)$.

La différence de pression entre deux points d'un liquide dépend de la différence de profondeur entre ces points.

Pour commencer, exercice 5, p. 299

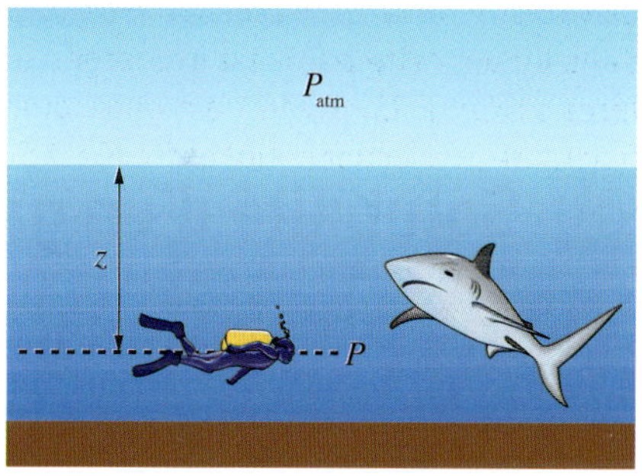

doc. 6 La pression P dépend de la profondeur z.

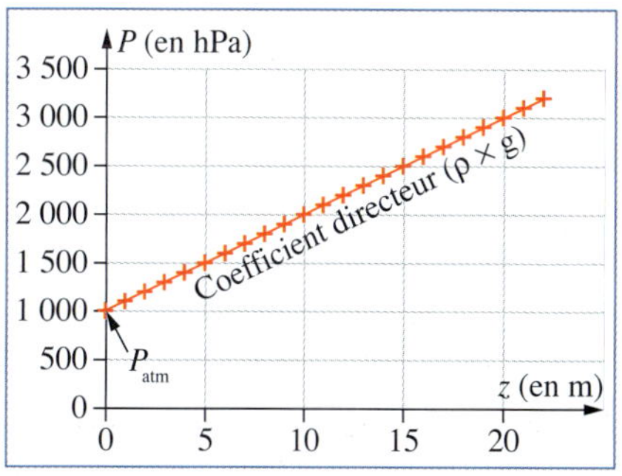

doc. 7 Pression P en fonction de la profondeur z dans l'eau.

3 Loi de Boyle-Mariotte : un modèle de comportement des gaz

L'**activité 3** a montré que, pour une quantité de gaz et une température fixées, le produit de la pression *P* du gaz par le volume *V* qu'il occupe est constant **(doc. 8)**. Cette relation a été établie au XVIIe siècle par les physiciens BOYLE et MARIOTTE.

Loi de Boyle-Mariotte :

À température constante, pour une quantité de matière donnée de gaz, le produit de la pression *P* par le volume *V* de ce gaz ne varie pas :

$$P \times V = \text{constante.}$$

On peut déduire de cette loi qu'à une température constante, le volume occupé par une quantité de matière donnée de gaz ne dépend que de la pression. Il ne dépend pas de la nature du gaz.

À pression et température données, une quantité de matière donnée de gaz occupe un volume indépendant de la nature de ce gaz.

Par exemple, à la température de 20 °C et sous la pression de $1{,}013 \times 10^5$ Pa, une mole de n'importe quel gaz occupe un volume d'environ **24 L**. Ce volume est appelé **volume molaire** des gaz.

La loi de Boyle-Mariotte est un modèle. Elle décrit assez correctement le comportement des gaz à faible pression. D'autres modèles existent pour décrire le comportement des gaz soumis à d'autres conditions.

Pour commencer, exercices 6 et 7, pp. 299 et 300

doc. 8 Exemple de matériel permettant de vérifier la loi de Boyle-Mariotte.

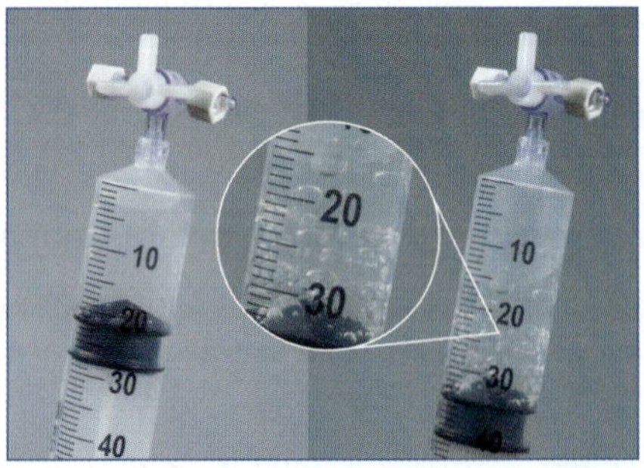

doc. 9 Une seringue contient une boisson gazeuse (à gauche). Lorsque l'on tire sur le piston, le volume augmente et la pression diminue ; des bulles de gaz apparaissent (à droite).

4 Solubilité d'un gaz dans un liquide

Un gaz peut se dissoudre partiellement dans un liquide. La quantité maximale d'un gaz pouvant être dissous, par unité de volume, dans un liquide donné est appelée la solubilité de ce gaz (**voir chapitre 14**).

L'**activité 4** a montré que si la pression diminue, du gaz s'échappe du liquide jusqu'à retrouver un nouvel état d'équilibre **(doc. 9)**. Inversement, si la pression augmente une plus grande quantité de gaz peut se dissoudre dans un liquide.

La solubilité d'un gaz dans un liquide augmente avec la pression.

Cela explique l'apparition de bulles lors de l'ouverture d'une boisson gazeuse. Lorsque la bouteille est fermée, la pression à l'intérieur de la bouteille est grande et la quantité de gaz dissous est importante. Lors de l'ouverture de la bouteille, la pression du gaz au-dessus du liquide diminue et devient égale à la pression atmosphérique.

La quantité de gaz dissous doit diminuer : des bulles apparaissent et du gaz quitte la boisson **(doc. 10)**.

Pour commencer, exercices 8 et 9, p. 300

doc. 10 À la pression atmosphérique, une boisson gazeuse ouverte depuis peu laisse échapper des bulles de gaz.

5 Des applications au sport

5.1 En plongée subaquatique

Lors d'une plongée, la pression de l'eau augmente avec la profondeur.

Dans les bouteilles du plongeur, le gaz est stocké sous haute pression. Le détendeur permet d'adapter la pression de l'air que respire le plongeur à celle du milieu dans lequel il évolue.

• Pression et volume

Lors d'une plongée, l'air enfermé dans toutes les cavités (poumons, sinus, oreille moyenne...) présente un danger potentiel pour le plongeur lors de la descente ou de la remontée.

En effet, d'après la loi de Boyle-Mariotte, les variations de pression au cours de la plongée s'accompagnent de variations du volume occupé par cet air. Il y a alors des risques de douleurs ou de lésions de ces cavités.

Pour chaque cavité, les plongeurs apprennent des techniques permettant d'éviter ces problèmes (doc. 11).

• Pression et solubilité

La quantité de gaz dissous dans le sang augmente avec la pression, donc avec la profondeur de la plongée.

Lors de la remontée du plongeur, la solubilité des gaz diminue. Des bulles de gaz se forment dans le sang. Elles sont éliminées par la respiration si la remontée est lente.

En cas de remontée trop rapide, elles peuvent se bloquer au niveau de veines, du cerveau ou du cœur. C'est l'accident de décompression.

doc. 11 Lors de la descente, la manœuvre de Valsalva permet de rétablir l'équilibre entre la pression extérieure (eau) et la pression à l'intérieur de l'oreille en y insufflant de l'air.

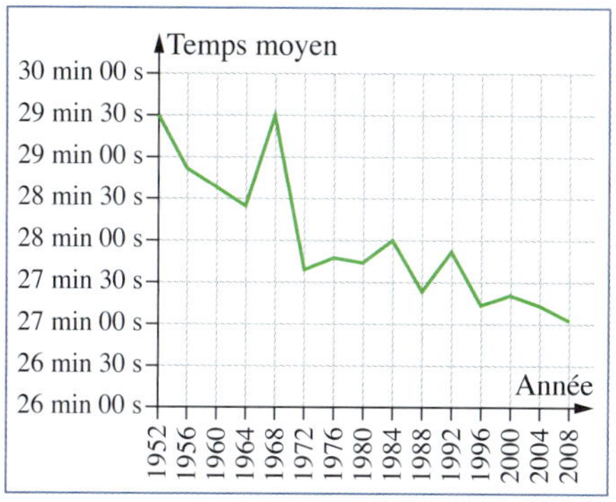

doc. 12 Évolution du temps moyen des médaillés des Jeux olympiques sur le 10 000 m homme entre 1952 et 2008. En 1968, les Jeux olympiques se sont déroulés à Mexico, à 2 200 m d'altitude.

5.2 En altitude

La pression atmosphérique dépend de l'altitude, elle est plus importante au niveau de la mer et plus faible en altitude (doc. 4, p. 293).

On peut considérer que l'air est constitué de 20 % de dioxygène O_2 et de 80 % de diazote N_2. Au niveau de la mer, la pression atmosphérique moyenne est de $1{,}013 \times 10^5$ Pa. À la température de 20 °C, des calculs montrent qu'une inspiration de 5 L d'air fait alors entrer 0,042 mol de dioxygène dans les poumons.

En 1968, les Jeux olympiques se sont déroulés à Mexico, à 2 200 m d'altitude. La pression moyenne à cette altitude est de $0{,}775 \times 10^5$ Pa. À la température de 20 °C, une inspiration de 5 L d'air fait alors entrer 0,032 mol de dioxygène dans les poumons, soit environ 25 % de moins qu'au niveau de la mer. Cette raréfaction de la quantité de dioxygène avec l'altitude est l'une des explications des mauvaises performances réalisées par les coureurs de fond lors de ces Jeux (doc. 12).

Cette raréfaction est maintenant mise à profit lors de l'entraînement de certains sportifs. En s'entraînant en altitude, un sportif force son organisme à s'adapter pour faire face à ses besoins en dioxygène (doc 13). Cela se traduit notamment par une augmentation de la concentration des globules rouges dans le sang.

doc. 13 Sportifs s'entraînant en altitude. Ils mettent à profit la faible pression pour augmenter leur taux de globules rouges.

Retenir l'essentiel

Les savoirs

Du mouvement des particules à la notion de pression

- Un **fluide** est constitué de molécules en mouvement. Il exerce une **force pressante** sur une paroi.
  Cette force est perpendiculaire à la paroi, elle est dirigée du fluide vers la paroi.
  Sa valeur ne dépend pas de l'orientation de la paroi.
- La **pression** P d'un fluide est donnée par : $\boldsymbol{P = \frac{F}{S}}$.
  F est la force pressante, elle s'exprime en newton (N) ;
  S est la surface sur laquelle s'exerce cette force, elle s'exprime en mètre carré (m^2) ;
  P est la pression, elle s'exprime en pascal (Pa).
- La pression d'un fluide se mesure avec un **manomètre**.
- La **pression atmosphérique** est notée P_{atm}, sa valeur diminue quand l'altitude augmente.

Unité officielle de pression :
Le pascal (Pa)
Unités usuelles de pression :
Le bar (bar) : 1 bar = 10^5 Pa
L'hectopascal (hPa) : 1 hPa = 10^2 Pa

Pression dans un liquide

- Dans un liquide, à la profondeur z, la pression P est donnée par : $\boldsymbol{P = P_{atm} + \rho \times g \times z}$.
  P_{atm} est la pression à la surface du liquide ;
  P et P_{atm} s'expriment en pascal (Pa) ;
  ρ est la masse volumique du liquide, elle s'exprime en kilogramme par mètre cube ($kg \cdot m^{-3}$) ;
  g est l'intensité de la pesanteur, elle s'exprime en newton par kilogramme ($N \cdot kg^{-1}$) ;
  z s'exprime en mètre (m).
- La **différence de pression** entre deux points d'un liquide dépend de la **différence de profondeur** entre ces points :

$$P_2 - P_1 = \rho \times g \times (z_2 - z_1).$$

Loi de Boyle-Mariotte : un modèle de comportement des gaz

- **Loi de Boyle-Mariotte :**
  À température constante, pour une quantité de matière donnée de gaz, le produit de la pression P par le volume V de ce gaz ne varie pas :

$$P \times V = \text{constante}.$$

- À pression et température données, une quantité de matière donnée de gaz occupe un **volume indépendant de la nature de ce gaz**.

Solubilité d'un gaz dans un liquide

La **solubilité** d'un gaz dans un liquide augmente avec la pression.

Les compétences attendues

- Savoir que les liquides et les gaz sont constitués de molécules en mouvement.
- Utiliser la relation $P = \frac{F}{S}$, F étant la force pressante exercée sur une surface S, perpendiculairement à cette surface.
- Savoir que la différence de pression entre deux points d'un liquide dépend de la différence de profondeur.
- Savoir que la quantité maximale de gaz dissous dans un volume donné de liquide augmente avec la pression.
- Savoir que, à pression et température données, un nombre donné de molécules occupe un volume indépendant de la nature du gaz.
- Pratiquer une démarche expérimentale pour établir un modèle à partir d'une série de mesures. **[TP]**

S'auto-évaluer

QCM

Pour chaque question, indiquer la (ou les) bonne(s) réponse(s).

ÉNONCÉ	A	B	C	Si échec revoir
1. Dans un gaz, les particules sont :	au repos	alignées les unes par rapport aux autres	en mouvement	§1, p. 292
2. La valeur de la force pressante qu'exerce l'eau sur la combinaison d'un plongeur s'exprime en :	newton	pascal	kilogramme	§1, p. 292
3. La force pressante qu'exerce l'eau sur la combinaison d'un plongeur est :	dirigée de l'eau vers le plongeur	dirigée du plongeur vers l'eau	parallèle à la surface de la combinaison	§1, p. 292
4. La force pressante exercée par une eau à la pression $P = 2{,}3 \times 10^5$ Pa sur la vitre d'un masque de surface $S = 0{,}0042$ m^2 a pour valeur :	$F = 5{,}5 \times 10^7$ N	$F = 9{,}7 \times 10^2$ N	$F = 1{,}8 \times 10^{-8}$ N	§1, p. 292
5. À une profondeur z, la pression P dans l'eau, se calcule à l'aide de la relation $P = P_{atm} + \rho \times g \times z$.	P s'exprime en newton.	P_{atm} est la pression à la surface de l'eau.	ρ est la masse volumique de l'eau.	§2, p. 293
6. La pression dans l'eau :	augmente avec la profondeur	diminue avec la profondeur	ne varie pas avec la profondeur de la plongée	§2, p. 293
7. Un plongeur évolue dans de l'eau de masse volumique 1 032 kg·m^{-3}. La pression atmosphérique est de $1{,}021 \times 10^5$ Pa. Quelle est la pression de l'eau à 25 m de profondeur ? *Donnée* : g = 9,8 N·kg^{-1}.	$2{,}5 \times 10^5$ Pa	$3{,}5 \times 10^5$ Pa	$2{,}6 \times 10^5$ Pa	§2, p. 293
8. Une bouteille de 3,0 L contient un gaz à la pression de 20 bars. Quel serait le volume occupé par ce gaz à la même température si la pression était de 1,0 bar ?	60 L	23 L	0,15 L	§3, p. 294
9. La solubilité d'un gaz dans un liquide dépend de la pression.	Jamais	Toujours	Parfois	§4, p. 294
10. La solubilité d'un gaz dans un liquide :	peut augmenter ou diminuer si la pression augmente	augmente si la pression augmente	diminue si la pression augmente	§4, p. 294

Réponses, p. 324

Analyser, résoudre et rédiger

Compétences mises en œuvre

- Effectuer un calcul.
- Raisonner – Argumenter.

Le hockey subaquatique

Le hockey subaquatique se pratique en apnée, sur le fond d'une piscine, entre 2 et 4 mètres de profondeur. Chacune des équipes est constituée de six joueurs. Le jeu consiste à faire progresser, à l'aide d'une crosse, un palet dans le but de l'équipe adverse.

Données : $P_{atm} = 1{,}013 \times 10^5$ Pa ; $\rho_{eau} = 1\,000$ kg·m^{-3} ; g = 9,8 N·kg^{-1}.

1. Quelle est l'expression littérale de la pression P à une profondeur z ?

2. Quelle est la valeur P_1 de la pression à 2,0 m de profondeur ?

3. On suppose que la pression de l'air dans les poumons d'un joueur est égale à la pression ambiante. Après une inspiration, ce joueur a un volume d'air V_0 = 7,0 L dans ses poumons. Quel volume V_1 occupe cet air lorsque le joueur est à 2,0 m de profondeur ?

4. La dissolution du dioxygène dans le sang se produit au niveau des alvéoles pulmonaires. Comment évolue la solubilité du dioxygène contenu dans le sang avec la profondeur ?

CONSEILS

1. Il faut écrire l'expression littérale en respectant les notations du texte et en précisant les unités.

2. Attention au nombre de chiffres significatifs : lors d'une addition, il faut tenir compte du nombre de décimales (**voir fiche n° 9, p. 318**).

3. La loi de Boyle-Mariotte peut être utilisée si la température et la quantité de matière de gaz ne varient pas. Dans l'expression de cette loi, les deux pressions doivent avoir la même unité ainsi que les deux volumes.

4. Il faut savoir comment la pression varie avec la profondeur et comment la solubilité d'un gaz varie avec la pression.

Solution rédigée

1. À une profondeur z, la pression P est donnée par :

$$P = P_{atm} + \rho_{eau} \times g \times z$$

avec P et P_{atm} en Pa, ρ_{eau} en kg·m^{-3} et z en m.

2. $P_1 = 1{,}013 \times 10^5 + 1\,000 \times 9{,}8 \times 2{,}0$.
Soit $P_1 = 1{,}013 \times 10^5 + 0{,}20 \times 10^5 = 1{,}21 \times 10^5$ Pa.
À 2,0 m de profondeur, on a donc : $\mathbf{P_1 = 1{,}21 \times 10^5}$ **Pa**.

3. On suppose que la température et la quantité d'air contenu dans les poumons du joueur ne varient pas.
D'après la loi de Boyle-Mariotte : $P \times V$ = constante.
Avec les notations du texte, on peut écrire :

$$P_{atm} \times V_0 = P_1 \times V_1.$$

Donc $V_1 = \dfrac{P_{atm} \times V_0}{P_1} = \dfrac{1{,}013 \times 10^5 \times 7{,}0}{1{,}21 \times 10^5} = 5{,}9$ L.

À 2,0 m de profondeur, cet air occupe un volume de **5,9 L**.

4. Quand la profondeur augmente, la pression augmente. De plus, quand la pression augmente, la solubilité des gaz augmente. Donc la solubilité du dioxygène dans le sang augmente quand la profondeur augmente.

Application immédiate

Un plongeur est à une profondeur de 20 m. Ses poumons contiennent un volume V = 2,3 L d'air.

1. Quelle est la pression de l'eau à cette profondeur ?

2. Quel serait, à la pression atmosphérique, le volume occupé par l'air de ses poumons ?

3. Comment évolue la solubilité du diazote dans le sang du plongeur lors de la remontée ?

Données : P_{atm} = 1 020 hPa ; ρ_{eau} = 1 010 kg·m^{-3} ; g = 9,8 N·kg^{-1}.

Voir correction, p. 330

Pour commencer

Du mouvement des particules à la notion de pression

1 Gonflage de bouteilles

Lorsqu'une bouteille de plongée vient d'être gonflée à 220 bars, la température de l'air à l'intérieur est de 50 °C. Après quelques minutes, la température redescend à 20 °C et le manomètre indique alors une pression de 200 bars.

1. Comment qualifier le mouvement des molécules dans la bouteille ?

2. Comment évolue l'agitation des molécules lorsque la température de l'air diminue ?

3. Comment évolue la force pressante de l'air sur les parois de la bouteille lorsque la température diminue ?

4. La diminution de la pression observée lors du refroidissement confirme-t-elle la réponse à la question précédente ?

2 Une autre pression

Lors de l'épreuve du plongeon olympique, en plus de la « pression » liée à l'enjeu, il y a la pression de l'air qui entoure le corps de l'athlète.

Donnée : $P_{atm} = 1{,}013 \times 10^5$ Pa.

1. Rappeler la relation qui définit la pression en précisant la signification des termes et leur unité.

2. Quelle est la valeur de la force pressante exercée par l'air sur le dos du plongeur d'une surface égale à 0,26 m^2 ?

3 Haute voltige

La voltige aérienne est une activité de loisir et de compétition consistant à utiliser un avion pour effectuer des figures acrobatiques. En exécutant l'une de ces figures, un avion passe de 200 m à 1 000 m d'altitude.

À l'altitude z_1 = 200 m, la pression atmosphérique est P_1 = 1 000 hPa.

1. a. Calculer la valeur F_1 de la force pressante exercée par l'air à l'altitude z_1 sur un morceau de cockpit vertical, rectangulaire de dimensions 20 cm × 35 cm.

b. Représenter cette force à l'échelle 1 cm pour 1,5 kN.

2. L'avion est maintenant à l'altitude z_2 et la force pressante exercée par l'air sur le même morceau de cockpit a pour valeur F_2 = 6,3 kN. Quelle est la pression atmosphérique P_2 à cette altitude ?

4 Force pressante et pression

À 20 m de profondeur, la pression de l'eau est de 3,0 bars. Pour éviter que son masque ne s'écrase sur son visage sous l'effet des forces pressantes exercées par l'eau, Mélanie souffle par le nez afin de rajouter de l'air dans le masque. L'air contenu dans le masque exerce alors une force pressante de valeur $F = 2{,}4 \times 10^3$ N sur la vitre du masque de surface $S = 8{,}0 \times 10^{-3}$ m².

1. Représenter sur un schéma la vitre du masque et la force pressante exercée par l'air sur cette vitre.

2. Quelle est la pression de l'air à l'intérieur du masque ?

3. La pression de l'eau est de 3,0 bars à une profondeur de 20 m. Est-elle égale à celle de l'air dans le masque ?

Pression dans un liquide

5 Plongée en mer

Un plongeur descend à 10 mètres de profondeur dans une eau salée de masse volumique 1 030 kg·m^{-3}. La valeur de la pression atmosphérique ce jour-là est de 1 013 hPa.

Donnée : g = 9,8 N·kg^{-1}.

1. Quelle est la valeur de la pression à la surface de l'eau ?

2. Quelle est la valeur de la pression à 10 m de profondeur ?

3. À quelle profondeur la pression sera-t-elle de $4{,}0 \times 10^5$ Pa ?

Loi de Boyle-Mariotte

6 Pression dans une bouteille

Au début d'une plongée, une bouteille contient 15,0 L d'air sous une pression de 180 bars. À la fin de la plongée, le manomètre indique 85 bars.

1. L'air contenu dans la bouteille à la fin de la plongée occupe-t-il toujours le même volume ?

2. Rappeler la loi de Boyle-Mariotte.

3. Cette loi est-elle applicable dans le cas décrit ci-dessus. Préciser les conditions de validité de la loi de Boyle-Mariotte.

7 Le parachute de palier

Un parachute de palier permet de signaler à la surface de l'eau la présence d'un groupe de plongeurs prêts à faire surface.

À 5,0 m de profondeur, un plongeur injecte un volume $V = 4,2$ L d'air dans un ballon et le laisse remonter à la surface.

Données : $g = 9,8\ N \cdot kg^{-1}$;
$P_{atm} = 1,004 \times 10^5$ Pa ;
masse volumique de l'eau : $\rho = 1\,000\ kg \cdot m^{-3}$.

1. a. Quelle est la pression de l'eau à 5,0 m de profondeur ?
b. En déduire la pression de l'air dans le parachute à 5,0 m de profondeur.

2. Quel volume occupe l'air injecté dans le parachute lorsqu'il atteint la surface ?

Solubilité d'un gaz dans un liquide

8 L'hypoxémie SVT

L'altitude s'accompagne d'une diminution de la pression atmosphérique et donc d'une raréfaction du dioxygène. Cela provoque une diminution de la quantité de dioxygène transporté par le sang, c'est l'hypoxémie.

1. Pourquoi la quantité de dioxygène dans le sang diminue-t-elle avec l'altitude ?

2. Quelle propriété des gaz illustre ce phénomène ?

9 Boisson gazeuse

50 g d'une boisson gazeuse sont versés dans un verre. Ce verre est mis sous une cloche à vide. L'aspiration est mise en marche, on observe un fort dégagement gazeux dans la boisson. Après retour à la pression atmosphérique, une pesée de la boisson donne 49,5 g.

1. Pourquoi la masse de la boisson varie-t-elle ?

2. À quelle propriété peut-on attribuer ce résultat ?

Pour s'entraîner

10 La plongée, sans risque ?

Lors d'une plongée, la pression de l'air à l'intérieur des poumons doit être, au maximum, 3×10^4 Pa plus grande que la pression ambiante. Au-delà de cette valeur, les alvéoles pulmonaires se déchirent.
Un plongeur, à 5,0 m de profondeur, décide de remonter à la surface tout en bloquant sa respiration.

Données : $\rho_{eau} = 1\,000\ kg \cdot m^{-3}$; $g = 9,8\ N \cdot kg^{-1}$;
$P_{atm} = 0,997 \times 10^5$ Pa.

1. Quelle est la pression de l'eau à une profondeur de 5,0 m ?

2. En déduire la pression de l'air inspirée par le plongeur.

3. Le plongeur peut-il sans danger remonter à la surface en bloquant sa respiration ? On considérera que le volume pulmonaire reste constant.

11 Trekking

Lors d'un trek au Népal, un trekkeur constate que ses sachets hermétiques de fruits secs sont gonflés en altitude.

1. Comment évolue la pression atmosphérique lorsque l'on monte en altitude ?

2. Pourquoi les sachets hermétiques sont-ils gonflés ?

3. En 1653, Blaise PASCAL rapporte l'expérience suivante :

> « Si l'on prend un ballon à demi-plein d'air, flasque et mou, et qu'on le porte sur une montagne haute de 500 toises*, il arrivera qu'à mesure qu'on montera il s'enflera lui-même et quand il sera haut, il sera tout plein et gonflé comme si on y avait soufflé de l'air de nouveau et en redescendant il s'aplatira peu à peu... »

* 1 toise = 1,949 m (ancienne mesure de longueur française)

En quoi l'expérience de Blaise PASCAL est-elle identique à l'observation du trekkeur ?

12 À chacun son rythme

Cet exercice est proposé à deux niveaux de difficulté. Dans un premier temps, essayer de résoudre l'exercice de niveau 2. En cas de difficultés, passer au niveau 1.

L'adhérence d'un pneu augmente lorsque la surface S de contact de ce pneu avec la route augmente. Pour accroître cette surface S, on peut choisir des pneus larges et ajuster leur pression. La force pressante exercée par l'air du pneu est transmise au sol au niveau de ce contact.

Au cours d'une compétition, les pneus utilisés ont une largeur ℓ = 205 mm. On considère qu'un pneu exerce sur le sol une force de 4 000 N. La pression de l'air dans le pneu est de 3,0 bars.

Niveau 2

1. Calculer la surface de contact du pneu avec le sol.

2. Sur terrain glissant, faut-il augmenter ou diminuer la pression des pneus ?

Niveau 1

1. a. Exprimer la pression du pneu en pascal.

b. En utilisant la relation entre la pression, la force pressante et la surface, calculer la surface de contact du pneu avec le sol.

2. a. Pour une même valeur de la force pressante, comment varie la surface de contact si la pression de l'air dans le pneu augmente ? Si elle diminue ?

b. Sur terrain glissant, faut-il augmenter ou diminuer la surface de contact du pneu sur le sol ?

c. Faut-il alors augmenter ou diminuer la pression des pneus ?

13 Tension artérielle SVT

On appelle tension (ou pression) artérielle la différence entre la pression du sang et la pression atmosphérique : $T = P_{sang} - P_{atm}$. Au moment d'un examen médical, le médecin annonce deux valeurs de tension artérielle : la pression maximale (ou pression systolique) et la pression minimale (ou pression diastolique).

La pression systolique correspond à la pression du sang au moment de la contraction du cœur, la pression diastolique au moment du relâchement du cœur.

Ces valeurs sont données dans une unité particulière qui est le cm de mercure (cm Hg).

Lors d'un contrôle médical, un médecin annonce à un sportif une tension de « 13-8 ».

Données : 1 cm Hg correspond à 1 333 Pa ;
$P_{atm} = 1{,}013 \times 10^5$ Pa.

1. Exprimer les deux tensions artérielles en pascal.

2. Calculer la pression du sang pour ces deux valeurs.

14 Snowboard

Pour de bonnes conditions de glisse, un snowboard ne doit pas s'enfoncer dans la neige.
Pour cela, la pression correspondant à la force qu'il exerce sur la neige doit rester inférieure à 2 000 Pa.

Données : masse d'un snowboardeur et de son équipement : M = 70 kg ; intensité de la pesanteur : g = 9,8 N·kg^{-1}.

1. Calculer le poids du snowboardeur et de son équipement.

2. Quelle est la relation entre la valeur de la force pressante exercée par le snowboard sur la neige et le poids du snowboardeur et de son équipement ?

3. Calculer la valeur minimale de la surface de contact S du snowboard avec la neige.

4. Le snowboard supposé rectangulaire a une largeur ℓ de 26 cm. Quelle doit être sa longueur minimale ?

15 Un coup de pompe

Au cours d'une randonnée à vélo, Joris se rend compte qu'un de ses pneus n'est pas assez gonflé, la pression de l'air qu'il contient est de 3,2 bars. En le gonflant, il remarque qu'il doit exercer une force de plus en plus importante sur la pompe. Il cherche à comprendre la raison de cette augmentation.

1. Rappeler la relation entre la pression P, la valeur de la force pressante F et la surface S. Préciser les unités.

2. Le piston de la pompe a un diamètre d = 3,0 cm ; calculer sa surface S.

3. Quelle est la valeur minimale de la force qu'il doit appliquer à l'extrémité de la pompe au début du gonflage ?

4. Pourquoi la valeur de cette force augmente-t-elle au cours du gonflage ?

16 La carie en plongée

Alors que Claire s'apprête à prendre sa première leçon de plongée, son moniteur lui demande si elle a consulté un dentiste, car la présence d'une carie peut rendre la pratique de la plongée déconseillée. Une carie est une cavité à l'intérieur de laquelle de l'air peut être emprisonné.

1. Expliquer le texte souligné.

2. Quel traitement Claire doit-elle effectuer si elle a une carie ? Expliquer.

17 L'alpiniste

Le tympan est une membrane qui sépare l'oreille externe de l'oreille moyenne. La trompe d'Eustache assure l'égalité de pression de part et d'autre du tympan en laissant passer de l'air entre l'oreille moyenne et les voies respiratoires.
On supposera que la surface du tympan est $S = 0{,}50\ \text{cm}^2$.

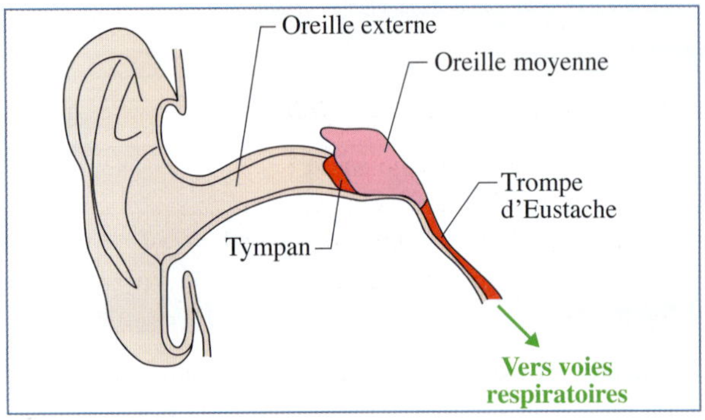

1. Au cours d'une randonnée en montagne, un alpiniste est à 2 000 m d'altitude. La pression atmosphérique est égale à 76×10^3 Pa.

a. Calculer la valeur de la force pressante exercée par l'atmosphère sur la face externe du tympan.

b. La trompe d'Eustache n'étant pas bouchée, que peut on dire de la force pressante appliquée sur la face interne du tympan ?

2. Un autre alpiniste est enrhumé, il ressent une douleur intense dans les oreilles lors de la descente. La pression atmosphérique est alors de 89×10^3 Pa.

a. Un coéquipier lui dit que sa trompe d'Eustache s'est bouchée au début de la descente. Laquelle des deux forces pressantes agissant sur le tympan est alors la plus intense ?

b. Le coéquipier lui conseille de se boucher le nez et de gonfler ses joues. Expliquer.

18 Record en apnée

Lorsqu'un apnéiste descend en profondeur, son volume pulmonaire diminue à cause de l'augmentation de la pression. Aux alentours de 30 m de profondeur, le volume pulmonaire atteint sa valeur minimale appelé volume résiduel.

Dans le passé, les scientifiques pensaient qu'au-delà de cette profondeur, les poumons de l'apnéiste imploseraient.
En fait, un afflux de sang vers les poumons permet d'éviter ce problème. Ainsi, un plongeur peut dépasser cette profondeur comme le prouve le record d'Herbert NITSCH qui est descendu en apnée jusqu'à 214 m le 16 juin 2007.
Un apnéiste a un volume pulmonaire résiduel $V_r = 1{,}5$ L. Avant de commencer son apnée, il inspire profondément. La quantité de matière d'air contenue dans ses poumons occupe alors un volume total $V_t = 6{,}0$ L.

1. Sous quelle pression P_1 la quantité d'air contenu dans les poumons du plongeur sera-t-elle réduite à V_r ?

2. À quelle profondeur z_1 cet apnéiste est-il soumis à la pression P_1 ?

3. Quel volume occuperait la quantité d'air contenu dans les poumons à 214 m de profondeur ?

4. Pourquoi les poumons d'Herbert NITSCH n'ont-ils pas été réduits au volume calculé dans la question 3 ?

Données : $P_{atm} = 1{,}0 \times 10^5$ Pa $= 1{,}0$ bar ; $g = 9{,}8\ \text{N·kg}^{-1}$; masse volumique de l'eau : $\rho_{eau} = 1\,000\ \text{kg·m}^{-3}$.

19 Retour sur l'ouverture du chapitre

Au cours d'une descente, un plongeur utilise une bouteille de plongée de volume $V_b = 12$ L. L'air dans cette bouteille est sous une pression $P_b = 150$ bars. La plongée se fait à une profondeur de 20 m.

1. Quelle est la pression P_1 à une profondeur de 20 m ? En déduire la pression de l'air inspiré par le plongeur à cette profondeur.

2. Quel volume occuperait l'air contenu dans la bouteille s'il était soumis à la pression P_1 ?

3. Le plongeur consomme, par minute, 20 litres d'air à la pression P_1. Pendant quelle durée peut-il rester à cette profondeur ?

4. Pendant quelle durée le plongeur peut-il rester à 30 m de profondeur ?

5. Comment évolue la durée de la plongée avec la profondeur ?

Données : $g = 9{,}8\ \text{N·kg}^{-1}$; $P_{atm} = 1{,}013 \times 10^5$ Pa ; masse volumique de l'eau : $\rho_{eau} = 1\,000\ \text{kg·m}^{-3}$.

Métiers AUTOUR DU SPORT

Plus de 300 000 personnes travaillent dans le domaine sportif dont près de la moitié dans le secteur de l'enseignement et de l'éducation sportive. Plus de 50 % des Français pratiquent un sport au moins une fois par semaine, mais la France ne compte que 7 000 sportifs de haut niveau.

Les secteurs d'activité

On distingue trois grands secteurs d'activité :

L'enseignement et l'éducation sportive

- Professeur d'éducation physique et sportive
- Éducateur sportif des métiers de la forme
- Animateur d'activités physiques adaptées, animateur de loisirs
- Moniteur de ski, moniteur de voile, moniteur d'escalade
- Maître nageur sauveteur
- Accompagnateur de moyenne montagne, accompagnateur de tourisme équestre

La compétition

- Athlète ou sportif de haut niveau
- Arbitre
- Entraîneur
- Médecin du sport
- Kinésithérapeute du sport
- Journaliste sportif

La gestion du sport

- Gestionnaire de club sportif
- Responsable d'évènements sportifs
- Responsable de marketing sportif
- Vendeur d'articles de sport

Deux types de formation

→ Les formations qui dépendent du ministère de la Santé et des Sports conduisent aux brevets ou diplômes d'État. Elles sont orientées vers la pratique d'un ou plusieurs sports et forment des moniteurs, des entraîneurs et des animateurs spécialisés.

→ Les formations qui dépendent de l'Université dans la filière des sciences et techniques des activités physiques et sportives (STAPS) conduisent, entre autres, à l'enseignement du sport.

doc. 1 Un sportif de haut niveau doit savoir gérer entraînements et compétitions tout en préparant son avenir professionnel.

doc. 2 Le professeur d'EPS a pour mission d'initier ses élèves à la théorie et à la pratique de plusieurs disciplines sportives.

Les brevets et diplômes d'État

Les brevets et diplômes professionnels d'État sont préparés dans des établissements ou des centres agréés comme les CREPS, les écoles nationales de voile, de ski, d'alpinisme et divers autres organismes comme l'UCPA.
Toutes ces formations sont payantes.
Leur niveau va du CAP à bac +5.

doc. 3 L'éducateur sportif enseigne sa discipline de prédilection.

Nom	Niveau	Sélection	Fonction
BAPAAT	CAP	Test sportif Dissertation et entretien	Assistant d'animation dans les centres de loisirs
BEES (3 degrés)	1er degré : bac 2e degré : bac +3 3e degré : bac +5	Épreuve pratique sur les capacités techniques et le niveau de jeu Entretien	Enseignant d'une discipline sportive (1er degré) Entraîneur d'athlètes, gestionnaire d'installations sportives (2e degré) Entraîneur d'athlètes de haut niveau (3e degré)
BPJEPS	bac	Brevet d'animateur exigé Épreuve pratique sur les capacités techniques	Animateur sportif ou socioculturel
DEJEPS	bac +2	BPJEPS exigé Entretien	Cadre de centre de loisirs ou d'entraînement sportif
DESJEPS	bac +3	DEJEPS exigé Entretien	Directeur ou conseiller technique national Entraîneur d'athlètes de haut niveau

De très nombreux sigles désignent :

– les lieux de formation

CREPS : Centres régionaux d'éducation populaire et de sport.
UCPA : Union nationale des centres sportifs de plein air.

– les brevets et diplômes préparés

BAPAAT : Brevet d'aptitude professionnelle d'assistant animateur technicien.
BEES : Brevet d'État d'éducateur sportif.
BPJEPS : Brevet professionnel de la jeunesse, de l'éducation populaire et du sport.
DE(S)JEPS : Diplôme d'État (supérieur) de la jeunesse, de l'éducation populaire et du sport.
DEUST : Diplôme d'études universitaires scientifiques et techniques.
STAPS : Sciences et techniques des activités physiques et sportives.

doc. 4 Face à une clientèle informée et exigeante, les vendeurs doivent savoir argumenter.

Le sport à l'Université

Les universités proposent trois formations : les DEUST, les licences pro et la filière STAPS.
Les **DEUST** (bac +2) et les **licences pro** (bac +3) sont proposés en concertation avec les entreprises du secteur sportif. Ils préparent principalement aux métiers liés à la pratique du sport de loisir (animation, encadrement d'activités, gestion de magasins de sport...).
La **filière STAPS**, créée à l'origine pour préparer les concours de professeurs d'EPS a diversifié ses spécialités et prépare aussi aujourd'hui aux métiers liés à la pratique du sport (activités sportives pour les personnes âgées ou handicapées, management du sport, conception d'équipements sportifs...).
Généralement la pratique du sport dans la filière STAPS ne représente qu'un tiers des enseignements. En première année, les disciplines scientifiques dominent, en particulier la biologie, la physiologie et l'anatomie, ce qui avantage les bacheliers de la filière S.

1 La plongée sous-marine

Le polychloroprène (appelé aussi néoprène) est un caoutchouc synthétique mis au point par la compagnie DuPont Chemicals vers 1930. Il est utilisé notamment pour la fabrication de combinaisons et d'accessoires de plongée sous-marine **(doc. 1)**. C'est en 1951 que Hugh Bradner, chercheur à l'Université de Californie, conçoit pour le compte de l'US Navy, la première combinaison en néoprène. Remplies de microbulles d'air emprisonnées dans le néoprène, les combinaisons sont souples et préservent le plongeur du froid. À la surface, l'épaisseur d'une combinaison est généralement comprise entre 3 et 8 mm. Celle-ci est modifiée lors de la descente du plongeur.

doc. 1 Les combinaisons de plongée offrent une excellente isolation contre le froid.

Le néoprène est issu de la polymérisation du chloroprène **(doc. 2)**.
Le chloroprène est classé en substance dangereuse, notamment pour l'environnement aquatique. La règlementation impose les mentions de danger H225, H350, H332, H302, H373, H319, H335 et H315.

Les déchets contenant du polychloroprène sont une source non négligeable de pollution.
En effet, un kilogramme de déchets à base de polychloroprène libère, en moyenne, 500 mg de chloroprène.

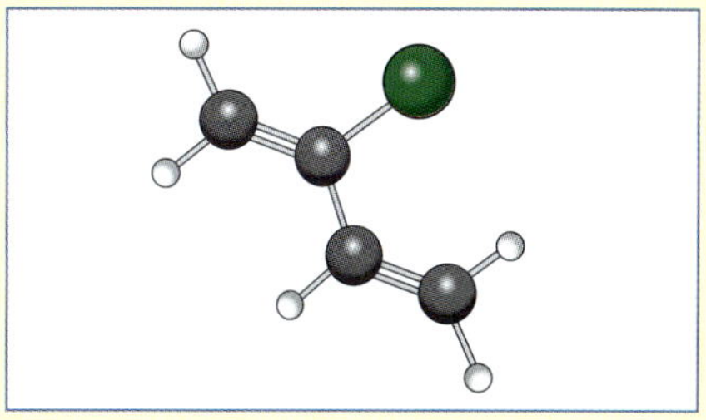

doc. 2 Molécule de chloroprène.

Le chloroprène est obtenu en plusieurs étapes à partir du buta-1,3-diène $CH_2=CH-CH=CH_2$.
La première étape est une réaction du buta-1,3-diène avec le dichlore Cl_2.
On obtient principalement un dichlorobutène de formule semi-développée :

$$CH_2=CH-\underset{\displaystyle Cl}{\underset{|}{CH}}-CH_2-Cl$$

La dernière étape est une déshydrochloration, qui conduit au chloroprène et à un produit A, selon la réaction d'équation :

$$CH_2=CH-\underset{\displaystyle Cl}{\underset{|}{CH}}-CH_2-Cl \longrightarrow CH_2=CH-\underset{\displaystyle Cl}{\underset{|}{C}}=CH_2 + A$$

Compétences	Questions
Lire un schéma	**1.** À partir du modèle moléculaire représenté au **document 2**, écrire la formule développée du chloroprène.
Trouver les informations	**2.** @ Qu'est-ce qu'un polymère ?
Trouver les informations	**3.** @ Quels sont les risques associés à l'utilisation du chloroprène ?
Effectuer un calcul	**4.** Chaque année, plus d'un million de tonnes de déchets à base de polychloroprène sont mis en décharge. Estimer la masse de chloroprène libre rejeté, par an, dans la nature.
Raisonner – Argumenter	**5.** Quel geste écologiste un consommateur pourrait-il faire pour en limiter les rejets ?
Appliquer	**6.** Écrire l'équation de la réaction de la première étape de la synthèse du chloroprène.
Raisonner – Argumenter	**7.** Identifier l'espèce A produite lors de la dernière étape. La nommer.
Argumenter – Rédiger	**8.** Utiliser la loi de Boyle-Mariotte pour expliquer la modification de l'épaisseur de la combinaison lors d'une plongée. **9. a.** Comment varie l'épaisseur de la combinaison lorsque la profondeur de la plongée augmente ? **b.** Cette combinaison protège-t-elle autant du froid en surface qu'en profondeur ? Justifier la réponse.

2 Tir dévié

La théorie élémentaire décrivant le mouvement du ballon prédit qu'en l'absence de vent, le ballon suivra une trajectoire située dans un plan vertical, dans la direction qui lui est donnée au départ. Il est donc étonnant de voir des tirs où la trajectoire s'incurve latéralement **(doc. 1** et **2)**.

<u>Vu de dessus, un tir normal suit une ligne droite. Cette propriété est conforme à la loi newtonienne du mouvement qui nous dit que l'apparition d'un mouvement latéral exigerait une force latérale.</u>

doc. 1 En « brossant » le ballon, cet attaquant espère contourner le mur.

C'est dans la qualité de la frappe du ballon par le joueur qu'il faut chercher l'origine de cette force. En frappant le ballon de manière décentrée, le joueur le met en mouvement et le fait tourner sur lui-même. C'est cette rotation qui crée la force latérale susceptible de dévier la trajectoire **(doc. 3)**.

Les tentatives d'explication de la trajectoire incurvée d'une balle tournant sur elle-même ont une longue histoire. Isaac NEWTON lui-même constata que la rotation d'une balle affecte sa trajectoire et il suggéra en 1672 que cet effet est lié à l'interaction avec l'air environnant. En 1742, l'ingénieur et mathématicien anglais Benjamin ROBINS expliquait que la déviation transverse des balles de mousquet était due à la rotation de ces balles sur elles-mêmes. Le physicien allemand Heinrich Gustav MAGNUS effectua des recherches supplémentaires au XIXe siècle et il découvrit qu'un cylindre tournant autour de son axe vertical et placé dans un écoulement d'air horizontal se déplaçait de côté. Pour respecter l'histoire, il aurait été plus convenable de désigner ce phénomène sous le nom de l'effet Magnus-Robins, mais généralement on l'appelle simplement l'effet Magnus.

D'après *La science du football*, John WESSON, Belin, 2004.

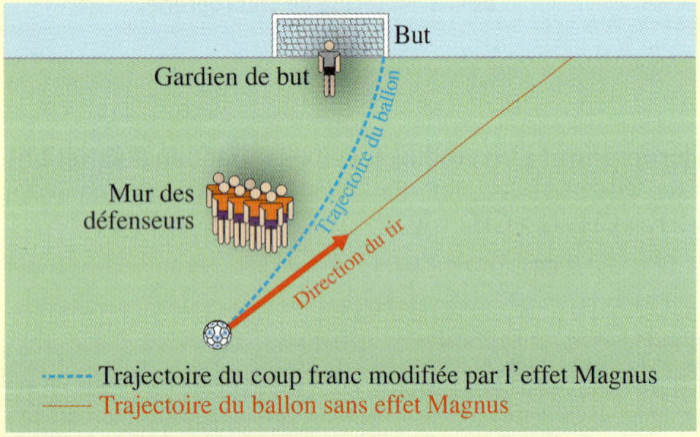

doc. 2 Différentes trajectoires du ballon sont possibles lors d'un coup franc.

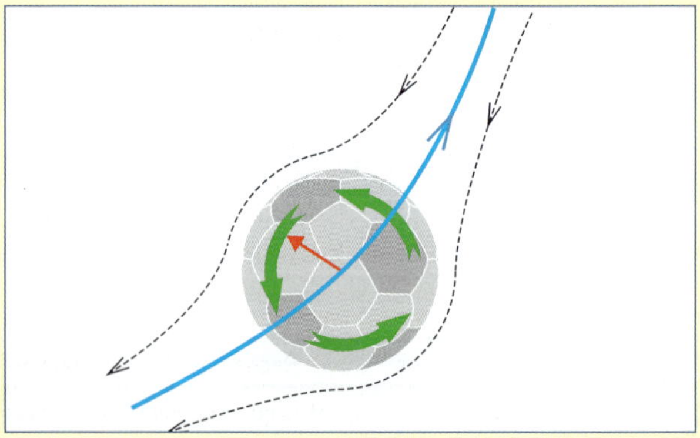

doc. 3 La rotation du ballon sur lui-même (flèches vertes), modifie l'écoulement de l'air par rapport au ballon (lignes en pointillés). L'air exerce alors sur le ballon une force (représentée en rouge) qui dévie la trajectoire (représentée en bleu).

Compétences	Questions
Raisonner-Argumenter	**1.** Expliquer le titre de l'exercice.
Raisonner- Argumenter	**2.** À quel principe la phrase soulignée fait-elle référence ?
Rechercher de l'information	**3.** @ Effectuer un résumé des travaux de recherche de Benjamin ROBINS et de Heinrich Gustav MAGNUS.
Raisonner- Argumenter Rédiger	**4.** De quel côté le joueur tirant le coup-franc sur le **document 1** a-t-il frappé le ballon pour le faire rentrer directement dans les buts.
Faire un schéma	**5.** @ Comment un joueur de tennis doit-il frapper la balle avec sa raquette pour réaliser un lob lifté ?

3 L'épreuve reine de l'athlétisme

doc. 1 Le 100 m est l'une des plus anciennes épreuves olympiques, c'est aussi l'une des plus exigeantes.

L'athlétisme est l'une des plus anciennes pratiques sportives.

À Olympie, en Grèce, la longueur de la piste de course à pied aurait été déterminée par HÉRACLÈS en juxtaposant 600 fois son pied. Cette longueur fut nommée « stade ».

Le **100 mètres** (**doc. 1**) est l'épreuve qui symbolise le mieux la devise olympique : *Citius*, *Altius*, *Fortius*.

En 1912, le premier record du monde homologué est établi par l'Américain **Donald Lippincott** qui remporte la finale du 100 mètres en **10,6 secondes**. Aujourd'hui, ce record est détenu, pour les hommes, par le Jamaïcain **Usain Bolt**, avec un temps de **9,58 secondes**, établi aux championnats du monde de Berlin le 16 août 2009.

L'évolution des records du 100 m est due en partie aux progrès techniques. Par exemple, en 1930, les starting-blocks se substituent aux trous creusés dans le sol ; en 1964, des revêtements synthétiques de type Tartan® remplacent l'herbe des pistes.

La performance d'un sportif résulte d'un entraînement adapté à l'objectif qu'il se fixe. Malheureusement, certains coureurs usent de produits dopants pour améliorer leur performance. C'est le cas, par exemple, du Canadien Ben Johnson reconnu coupable de dopage et dont le record sur 100 m fut invalidé en 1988. Chaque année, un décret officiel établit la liste des substances interdites. De nombreux stimulants, comme l'amphétamine et la cathine (**doc. 2**), y sont référencés.

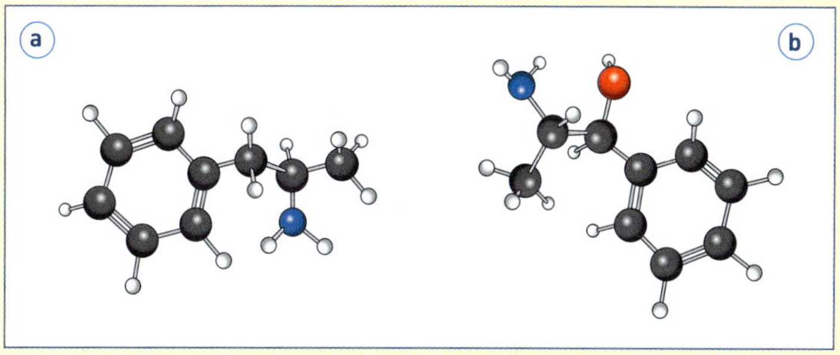

doc. 2 Molécules d'amphétamine (**a**) et de cathine (**b**).

Compétences	Questions
Trouver les informations Calculer	**1.** @ Rechercher la dimension d'un « stade ». Comment expliquer que, selon les sources, les valeurs sont différentes ? **2.** Dans la Grèce Antique, certaines courses correspondaient à des distances de 7 et 24 stades. Calculer la longueur d'une course de 7 stades et celle d'une course de 24 stades.
Trouver des informations	**3.** @ Rechercher la traduction de la devise olympique : *Citius*, *Altius*, *Fortius*.
Raisonner	**4.** Pourquoi les records de Donald Lippincott et d'Usain Bolt ne sont pas donnés avec la même précision ?
Calculer	**5.** Calculer la valeur moyenne de la vitesse de Donald Lippincott puis celle d'Usain Bolt, quand leur record du monde a été validé. Exprimer les résultats en $m.s^{-1}$, puis en $km.h^{-1}$.
Raisonner	**6.** Le Tartan® est un matériau à base de polyuréthane et de caoutchouc. Est-il naturel ou synthétique ?
Trouver les informations	**7.** @ Le polyuréthane est un polymère d'uréthane. Qu'est-ce qu'un polymère ?
Trouver les informations Raisonner	**8.** @ Il y a une quinzaine d'années, lorsque le mercure entrant dans la composition du Tartan® a été retiré, des problèmes de stabilité du revêtement sont apparus et la fabrication de ce revêtement a cessé. Pourquoi le mercure a-t-il été supprimé ?
Lire un schéma Raisonner Argumenter	**9.** La cathine est présente dans le khat (ou qat), arbrisseau du Yémen connu pour ses effets euphorisants et stimulants comparables à ceux de l'amphétamine. **a.** Écrire les formules semi-développées des molécules de cathine et d'amphétamine. **b.** Entourer et nommer les groupes caractéristiques présents dans les molécules. **c.** La cathine est-elle une espèce naturelle ? **d.** Les populations yéménites mâchent longuement les feuilles de khat pour obtenir un effet stimulant. Pourquoi ce procédé peut-il être qualifié d'extraction ?

4 Plonger comme un poisson dans l'eau !

Dans le film *La menace fantôme* de la série *Starwars*, le héros Qui-Gon Jinn utilise un dispositif pour respirer sous l'eau. Cet appareil permet de récupérer le dioxygène dissous dans l'eau. Malheureusement, ce respirateur issu de l'esprit créatif de l'équipe du réalisateur Georges Lucas n'existe pas en réalité.

... Mais pourtant, parfois, il n'y a pas loin de la fiction à la réalité !

Un inventeur israélien, Alon BODNER, travaille sur un projet qui pourrait révolutionner les plongées sous-marines.
Son invention repose sur un principe bien connu. Lorsque l'on diminue la pression d'un fluide contenant un gaz dissous, ce dernier redevient gazeux.
Ce phénomène est utilisé pour dégazer partiellement une boisson gazeuse. En mettant en rotation rapide un agitateur dans une boisson gazeuse, des bulles de gaz apparaissent autour de l'axe de l'agitateur.
Alon BODNER a imaginé une turbine **(doc. 1)** permettant ainsi de récupérer l'air dissous dans l'eau de mer **(doc. 2)**. Cet air est respiré par le plongeur.
Un plongeur expérimenté consomme, chaque minute, environ 20 L d'air sous pression ambiante. À 10 m de profondeur, la pression de l'eau est proche de 2 bars ; le plongeur consomme alors environ 11 g de dioxygène par minute. À 20 m de profondeur, il en consomme environ 17 g par minute.

doc. 1 La faible pression à l'intérieur de la turbine permet de récupérer l'air dissous dans l'eau. Le plongeur peut respirer cet air redevenu gazeux.

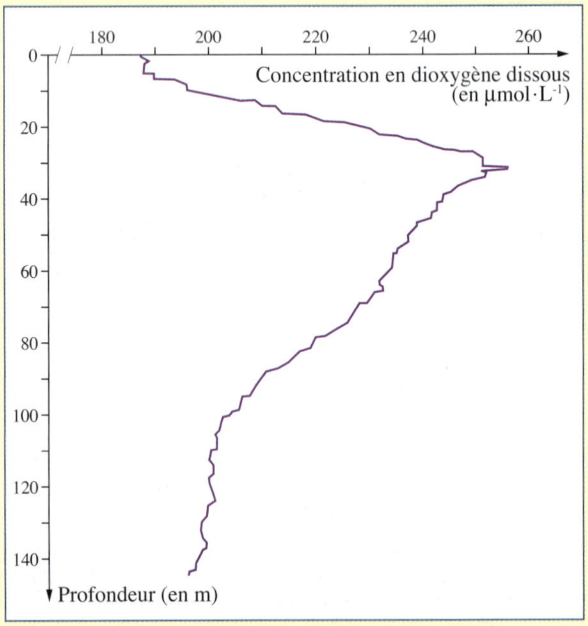

doc. 2 Concentration en dioxygène dissous dans une eau pour une profondeur comprise entre 0 et 140 m.

Compétences	Questions
Raisonner Argumenter	**1.** Expliquer le titre de l'exercice.
Trouver les informations Effectuer un calcul	**2.** Quelle quantité de matière de dioxygène est nécessaire, chaque minute, à un plongeur évoluant à 10 m de profondeur ?
Lire un graphique	**3.** Quelle est la concentration molaire du dioxygène dissous dans l'eau à 10 m de profondeur ?
	4. Comment évolue la concentration en dioxygène de cette eau entre la surface et 140 m de profondeur ?
Raisonner Argumenter	**5.** Vérifier par un calcul qu'un plongeur, équipé du système d'Alon BODNER, évoluant à 10 m de profondeur devrait traiter environ 1 800 L d'eau par minute pour avoir suffisamment de dioxygène.

1 Tests d'identification et groupes caractéristiques

A Tests d'identification de quelques ions

Ion testé	cuivre(II) Cu^{2+}	aluminium Al^{3+}	fer(II) Fe^{2+}	fer(III) Fe^{3+}	calcium Ca^{2+}	chlorure Cl^-	bromure Br^-	iodure I^-
Réactif utilisé	Solution d'hydroxyde de sodium $Na^+(aq) + HO^-(aq)$				Solution d'oxalate de sodium $2\ Na^+(aq) + C_2O_4^{2-}(aq)$	Solution de nitrate d'argent $Ag^+(aq) + NO_3^-(aq)$		
Résultat du test	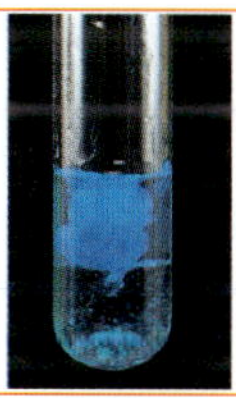	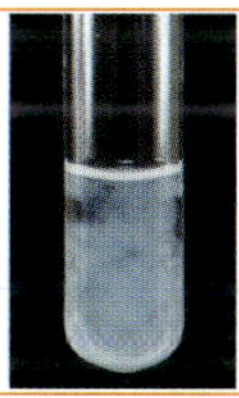			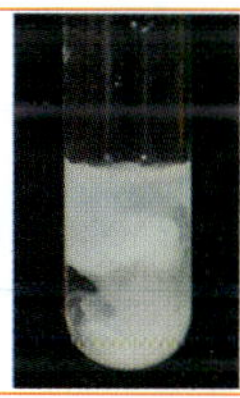	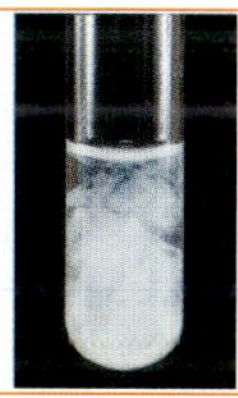		
Formule du précipité formé	**$Cu(OH)_2(s)$**	**$Al(OH)_3(s)$**	**$Fe(OH)_2(s)$**	**$Fe(OH)_3(s)$**	**$Ca(C_2O_4)(s)$**	**$AgCl(s)$**	**$AgBr(s)$**	**$AgI(s)$**

B Tests d'identification d'espèces moléculaires

❶ L'ajout d'**eau H_2O** à des cristaux blancs de sulfate de cuivre (II) anhydre $CuSO_4$ fait apparaître des cristaux bleus hydratés $CuSO_4, 5H_2O$.

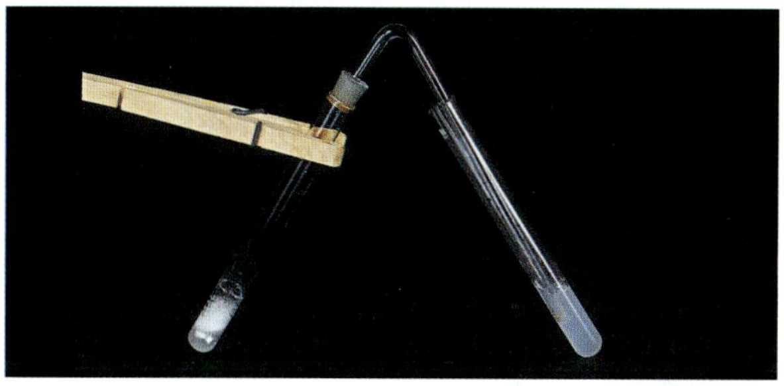

❷ Le **dioxyde de carbone CO_2** trouble l'eau de chaux, $Ca^{2+}(aq) + 2\ HO^-(aq)$, par formation d'un précipité blanc de carbonate de calcium $CaCO_3$.

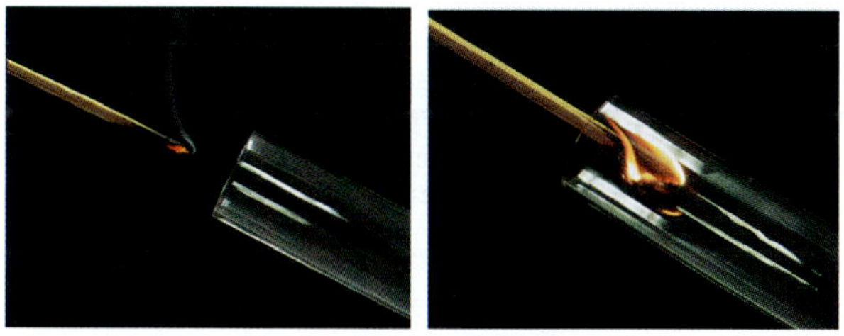

❸ Le **dioxygène O_2** rallume une petite bûchette de bois ne présentant plus qu'un point incandescent.

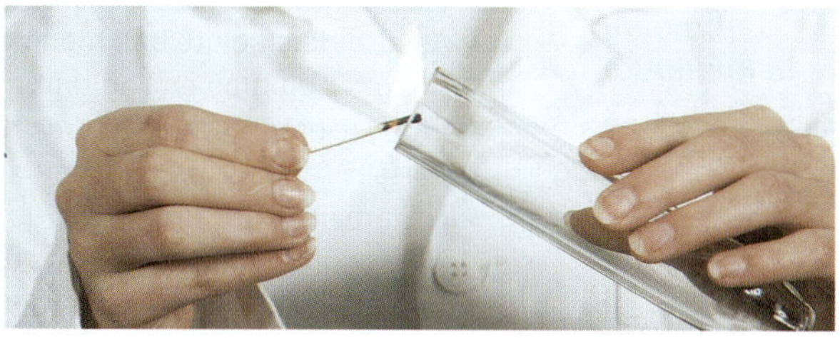

❹ Le **dihydrogène H_2** brûle dans l'air en produisant une petite détonation.

C Groupes caractéristiques

Nom	hydroxyle	amine	étheroxyde	carbonyle	carboxyle	ester	amide
Formule	$-OH$	$-\overset{\vert}{N}-$	$C-O-C$	$-\overset{\overset{O}{\Vert}}{C}-$	$-\overset{\overset{O}{\Vert}}{C}-OH$	$-\overset{\overset{O}{\Vert}}{C}-O-C$	$-\overset{\overset{O}{\Vert}}{C}-\overset{\vert}{N}-$

2 La sécurité au laboratoire de chimie

1. Avant la séance de travaux pratiques

- Porter des chaussures fermées et un vêtement couvrant les jambes.
- Maintenir les cheveux attachés lorsqu'ils sont longs.

2. Avant la manipulation

- Se munir d'une blouse et de lunettes de protection. Le port de lentilles est déconseillé.
- Lire entièrement l'étiquette des flacons et respecter les consignes de sécurité correspondantes.
- Lire éventuellement les fiches de données de sécurité fournies.
- Porter des gants lorsque le risque chimique l'impose.

ACÉTONE

DANGER

Liquide et vapeurs très inflammables.
Provoque une sévère irritation des yeux.
Peut provoquer somnolence ou vertiges.
Tenir hors de portée des enfants.
Tenir à l'écart de la chaleur/des étincelles/des flammes nues/des surfaces chaudes.
Ne pas fumer.
En cas de contact avec les yeux : rincer avec précaution à l'eau pendant plusieurs minutes. Enlever les lentilles de contact si la victime en porte et si elles peuvent être facilement enlevées. Continuer à rincer. Stocker dans un endroit bien ventilé. Maintenir le récipient fermé de manière étanche.
L'exposition répétée peut provoquer dessèchement ou gerçures de la peau.

3. Pendant la manipulation

- Manipuler la verrerie avec précaution.
- Ne jamais pipeter un liquide avec la bouche, mais employer une propipette ou une poire d'aspiration.
- Ne pas trop enfoncer une pipette dans la poire à pipeter pour éviter de la casser au montage ou au démontage.
- Utiliser des spatules pour prélever des solides.
- Toujours reboucher un flacon après usage.
- Manipuler sous la hotte lorsque le produit utilisé présente des risques par inhalation.
- Assurer la stabilité des montages avec des pinces et des noix.
- Chauffer un tube en l'agitant et en évitant de diriger son extrémité vers une autre personne.
- Plonger progressivement les récipients dans les bains chauds ou froids.
- Laisser refroidir un récipient avant de le poser sur la paillasse.
- Ne jamais sentir un produit quel qu'il soit.
- Ne pas boire, ne pas manger et ne jamais rien porter à la bouche.
- Garder un plan de travail propre et dégagé.

4. Après la manipulation

- Verser les résidus dans les bacs de récupération prévus à cet effet.
- Toujours diluer les solutions rejetées à l'évier en laissant couler l'eau quelques instants (attendre l'accord du professeur pour ces rejets).
- Se laver les mains en fin de séance.

3 Matériel de laboratoire de chimie

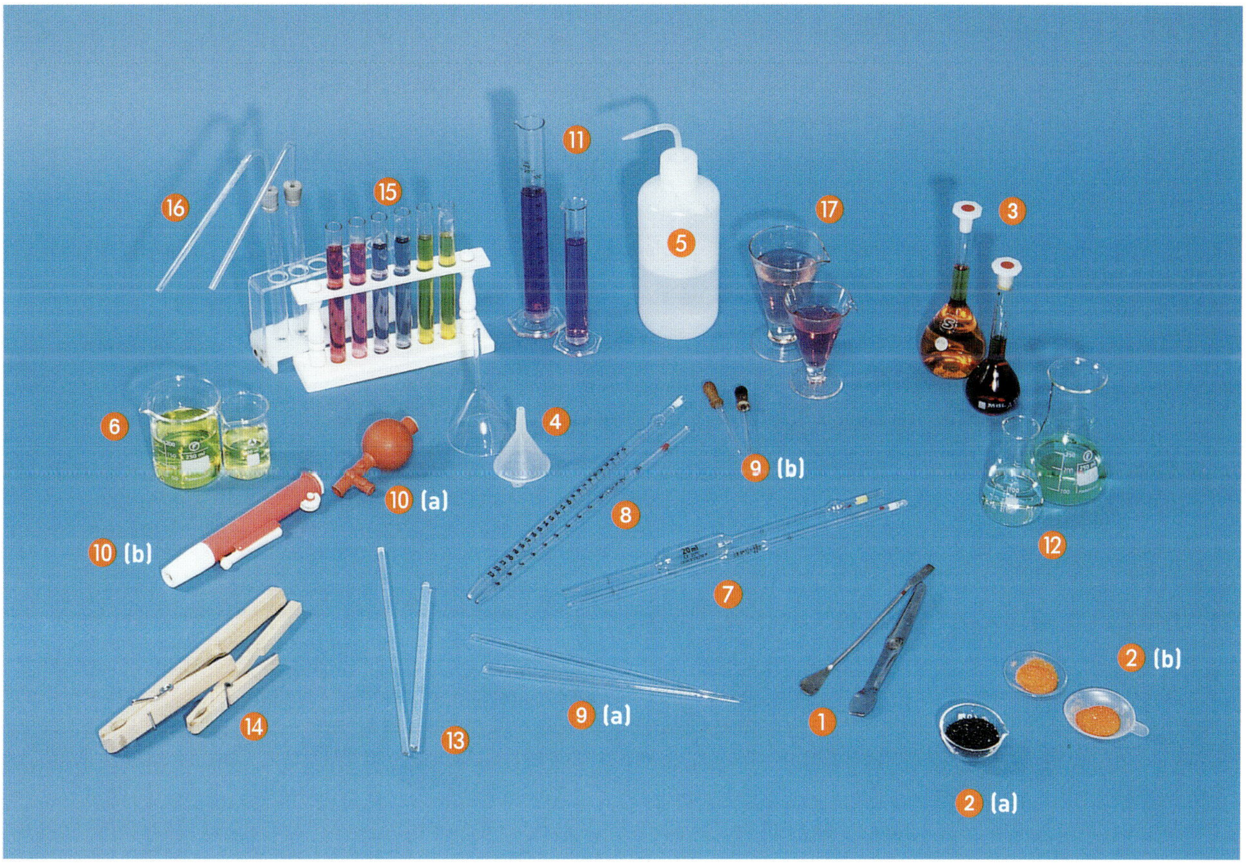

1 **Spatules :** Pour prendre un solide dans un flacon.

2 **Capsules (a) et verres de montre (b) :** Pour contenir les solides à peser.

3 **Fioles jaugées avec bouchons :** Pour préparer un volume bien déterminé (25,0 mL, 50,0 mL, 100,0 mL, 200,0 mL, 250,0 mL, 500,0 mL, 1,00 L...) de solution.

4 **Entonnoirs à solide et à liquide :** Pour transvaser un solide ou un liquide.

5 **Pissette d'eau distillée :** Pour dissoudre les solides, diluer les liquides, rincer les capsules et les entonnoirs...

6 **Béchers :** Pour placer le liquide à pipeter pour un prélèvement.

7 **Pipettes jaugées à un trait ou à deux traits :** Pour prélever un volume précis (1,00 mL, 2,00 mL, 10,0 mL, 20,0 mL, 25,0 mL, 50,0 mL...) de solution.

8 **Pipettes graduées :** Pour prélever des volumes précis qui ne peuvent l'être avec des pipettes jaugées (6,7 mL par exemple).

9 **Pipettes simples (a) et pipettes Pasteur (b) :** Pour finir de compléter une fiole jaugée jusqu'au trait de jauge.

10 **Propipette (a) ou pipeteur (b) :** Pour pipeter un liquide en toute sécurité.

11 **Éprouvettes graduées :** Pour mesurer approximativement un volume de liquide.

12 **Erlenmeyers :** Pour placer les solutions à doser ou agiter pour une dissolution.

13 **Agitateurs en verre :** Pour agiter des solutions contenues dans des béchers ou des tubes à essais.

14 **Pince en bois :** Pour tenir un tube à essais lors de son chauffage.

15 **Tubes à essais :** Pour réaliser des tests.

16 **Tube à dégagement :** Pour faire barboter un gaz dans une solution.

17 **Verres à pied :** Pour réaliser des expériences sur des volumes plus importants qu'avec des tubes à essais.

4 Schématisation du matériel de chimie

A Verrerie de stockage

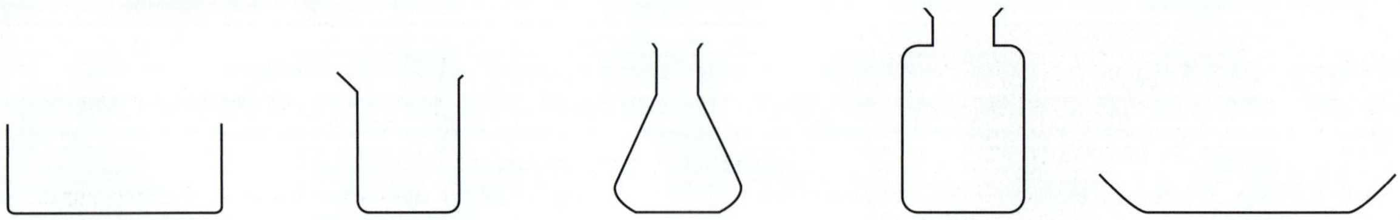

Cristallisoir — Bécher — Erlenmeyer — Flacon à col droit — Capsule

Ballon à fond plat — Ballon à fond rond — Verre à pied — Tube à essais — Boîte de Pétri

B Verrerie de prélèvement et de mesure

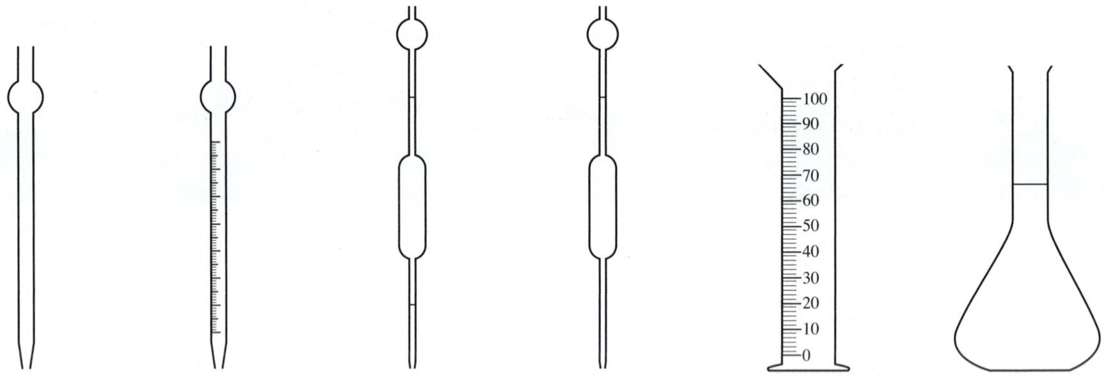

Pipette simple — Pipette graduée — Pipette jaugée à deux traits — Pipette jaugée à un trait — Éprouvette graduée — Fiole jaugée

C Verrerie diverse

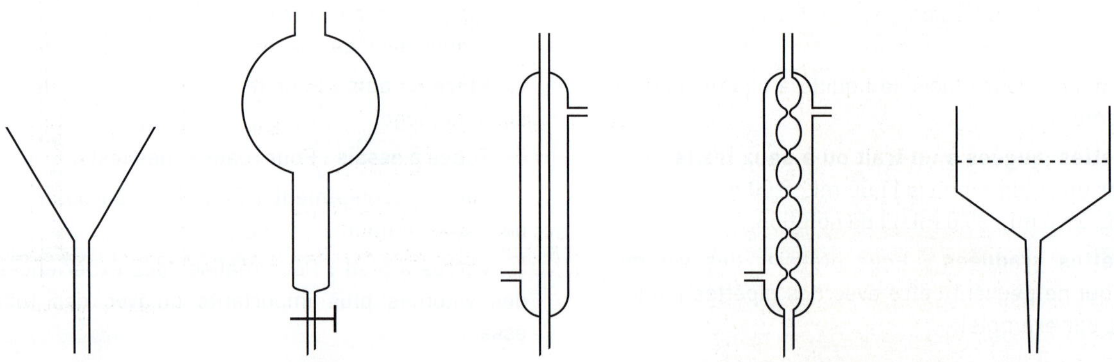

Entonnoir — Ampoule à décanter — Réfrigérant droit — Réfrigérant à boules — Büchner

5 Montages de chimie organique

A Chauffage à reflux

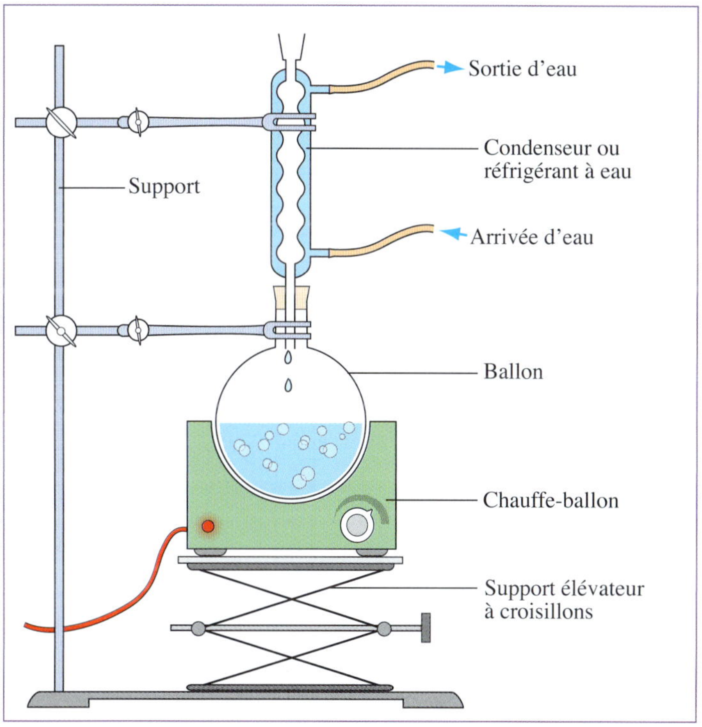

B Hydrodistillation ou entraînement à la vapeur

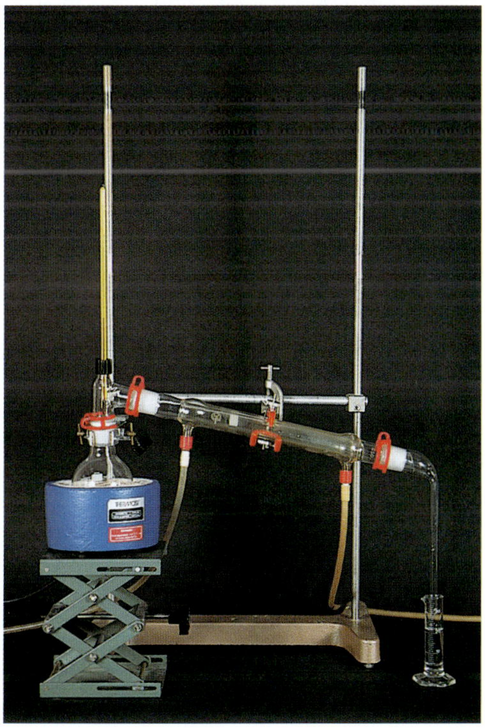

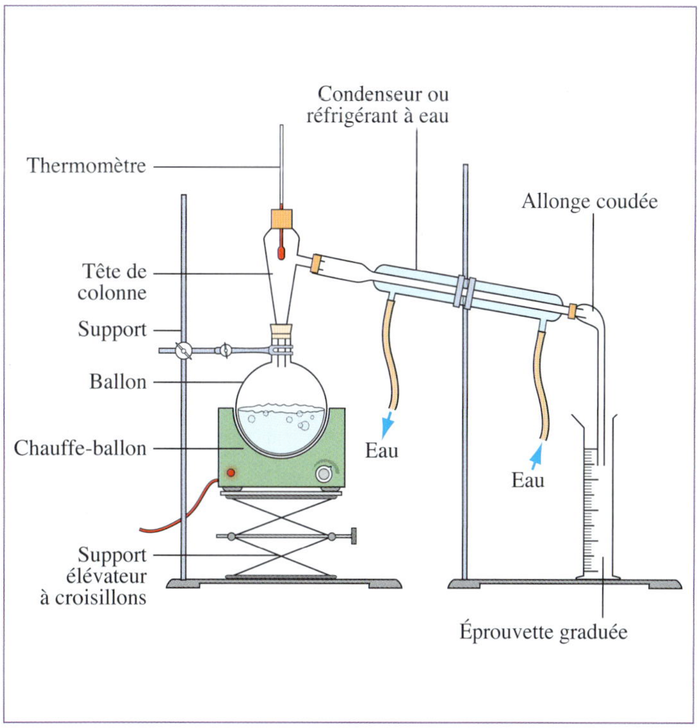

6 Séparations et identification d'espèces chimiques

A Chromatographie sur couche mince

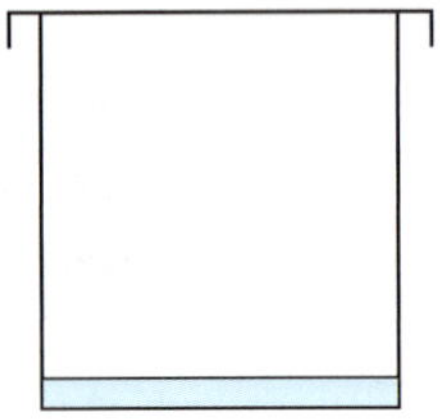

❶ On prépare la cuve à chromatographie en introduisant l'éluant dans un bécher jusqu'à une hauteur de 0,5 cm et en le couvrant avec une boîte de Pétri.

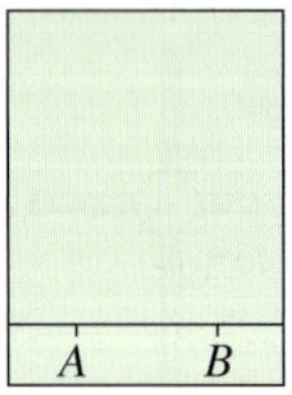

❷ On prépare la plaque à chromatographie en traçant au crayon à papier, à 1 cm du bas, un trait horizontal et en y repérant les points de dépôt.

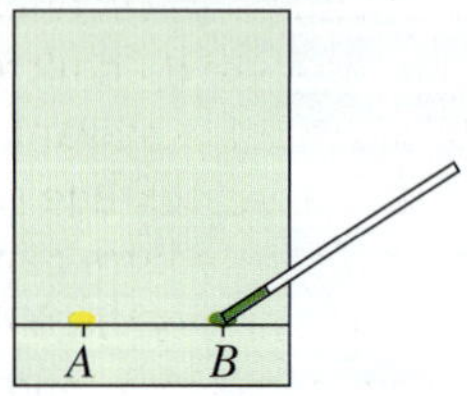

❸ À l'aide d'un tube capillaire, on dépose une petite goutte de chacune des solutions contenant les substances étudiées. Puis on laisse sécher.

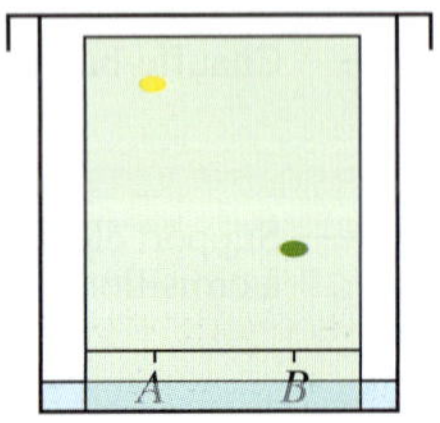

❹ On introduit très rapidement la plaque dans le bécher sans que celle-ci ne touche les bords. Puis on laisser migrer l'éluant jusqu'à 0,5 cm du bord supérieur.

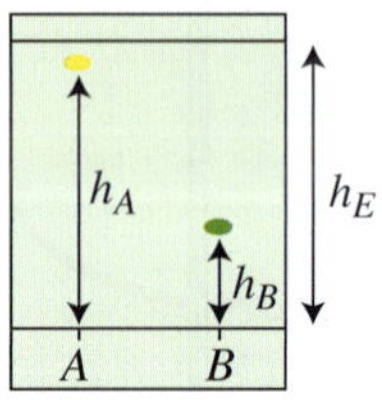

❺ On sort la plaque. Puis on repère au crayon à papier le front de l'éluant et on détermine les rapports frontaux R_f :

$$R_f(A) = \frac{h_A}{h_E} \text{ et } R_f(B) = \frac{h_B}{h_E}.$$

❻ En cas d'espèces chimiques incolores, on révèle le chromatogramme en :
- exposant la plaque au rayonnement d'une lampe à UV et en repérant les taches qui apparaissent à l'aide d'un crayon à papier ;
- introduisant la plaque soit dans un flacon fermé contenant des cristaux de diiode dispersés dans du sable et en l'agitant, soit dans une solution acidifiée de permanganate de potassium ; les taches apparaissent alors après séchage de la plaque.

B Filtration avec un filtre à pli

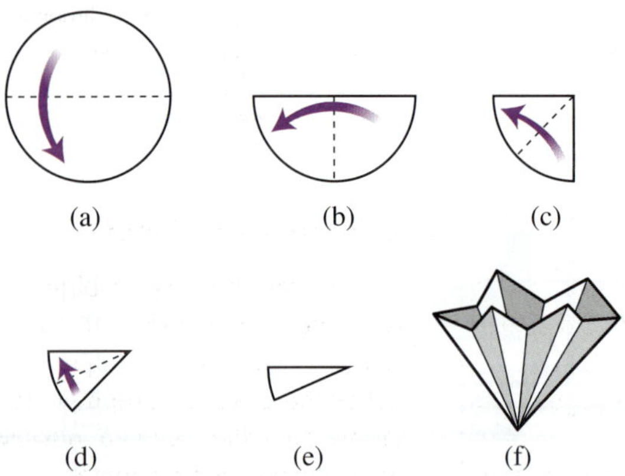

❶ On prépare le filtre à pli.

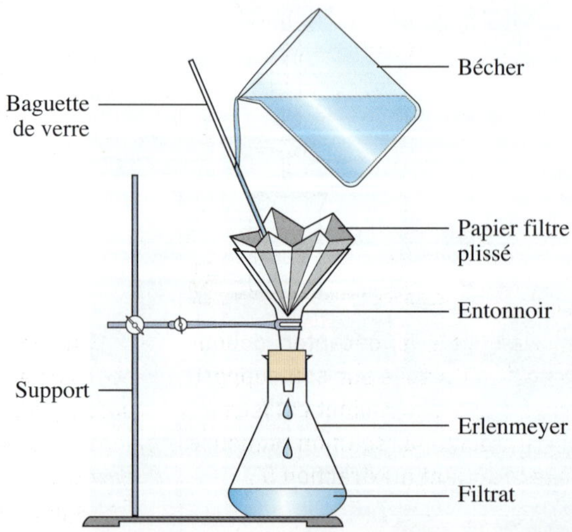

❷ On filtre en faisant couler le liquide le long d'une baguette de verre afin de ne pas percer le papier filtre.

C Filtration sous pression réduite avec entonnoir Büchner

La filtration sous pression réduite permet de séparer rapidement un solide et un liquide ; de plus elle essore le solide, le séchant partiellement.
Elle s'effectue sur Büchner, entonnoir à fond plat perforé que l'on recouvre d'un filtre en papier.
Le protocole est le suivant :
❶ On réalise le montage représenté ci-contre.
❷ On humidifie le filtre papier avec le solvant du mélange.
❸ On verse le mélange à filtrer dans l'entonnoir Büchner en le faisant couler le long d'un agitateur en verre.
❹ On ouvre le robinet de sécurité *R* puis le robinet d'eau ; l'eau, en coulant, crée un vide partiel dans la fiole ce qui accélère le passage du liquide.
❺ Une fois le liquide écoulé, on ferme le robinet *R* puis le robinet d'eau.
❻ On ouvre le robinet *R* puis on recueille le solide à l'aide d'une spatule.

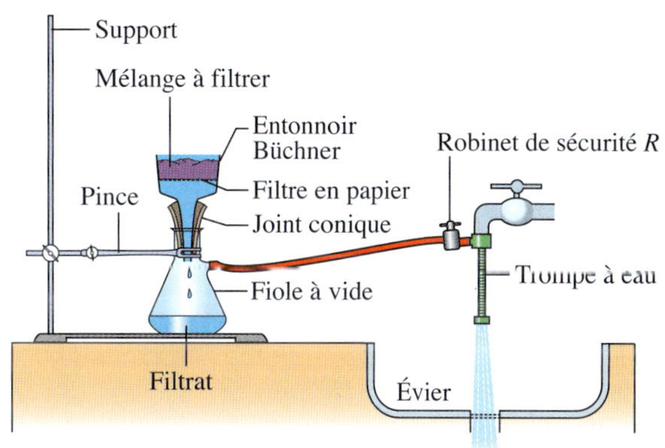

D Utilisation d'une ampoule à décanter

Une ampoule à décanter est utilisée pour séparer deux liquides non miscibles ; elle permet ainsi d'extraire une espèce dissoute dans un solvant *S* à l'aide d'un autre solvant *S'* non miscible au premier. Considérons une espèce *E* dissoute dans l'eau (solvant *S*) que l'on extrait avec un solvant *S'* plus dense que l'eau et dans lequel *E* est beaucoup plus soluble que dans l'eau. Le protocole est le suivant :

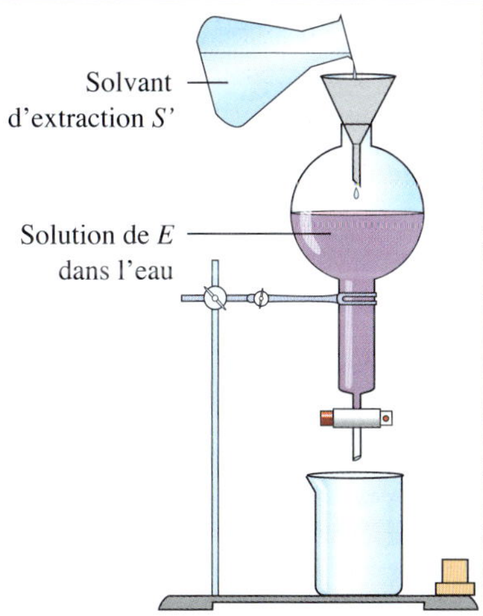

❶ L'ampoule à décanter débouchée étant placée sur son support, on vérifie que le robinet est fermé.
On introduit la solution aqueuse puis le solvant d'extraction *S'*.

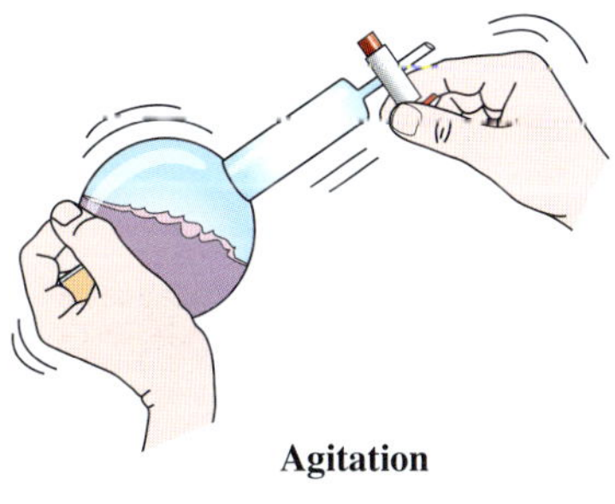

❷ On bouche l'ampoule, on la retourne en maintenant le bouchon puis on ouvre le robinet pour permettre d'éventuels dégagements gazeux.
On agite ensuite l'ampoule pour favoriser le contact entre les deux liquides.

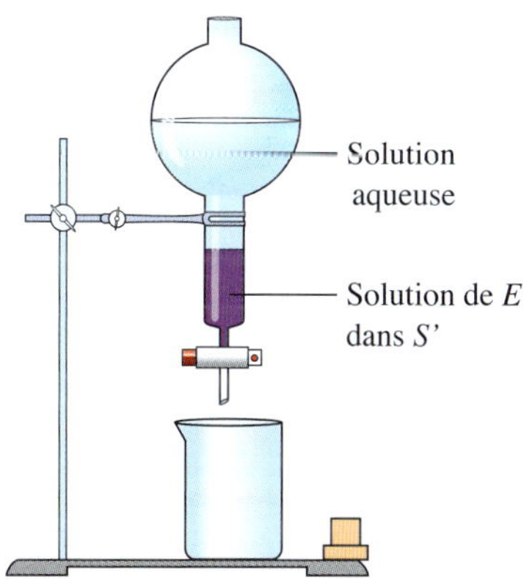

❸ On referme le robinet, on retourne l'ampoule, et on la replace sur son support. On débouche ensuite l'ampoule et on laisse décanter jusqu'à observer deux phases bien distinctes.
On récupère alors la phase inférieure, elle contient à présent l'espèce *E*.

7 Préparer une solution par dissolution d'un solide

Comment préparer une solution de volume V_{sol}, de concentration molaire C, par dissolution d'un solide de masse m ?

La masse m de solide à peser est : $m = C \times V_{sol} \times M$

avec m en g ; C en $mol \cdot L^{-1}$; V_{sol} en L ; M en $g \cdot mol^{-1}$.

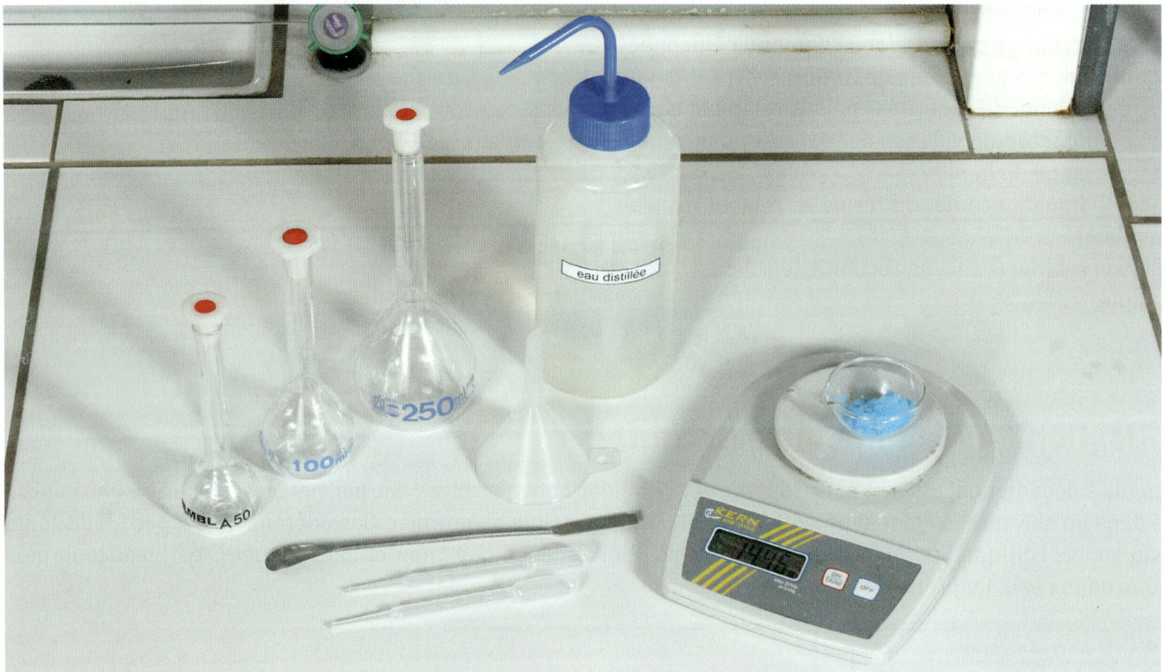

doc. 1 Le matériel à utiliser pour la préparation d'une solution par dissolution.

En utilisant le matériel du **document 1**, il faut suivre dans l'ordre les quatre étapes schématisées ci-dessous.

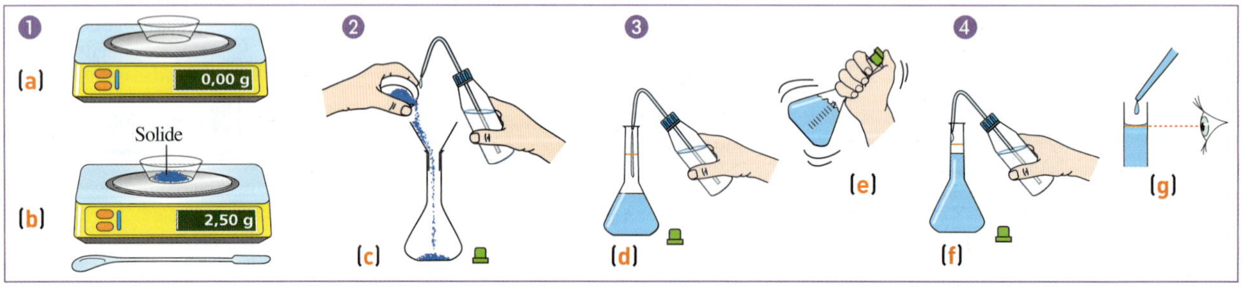

doc. 2 Les étapes à suivre pour la dissolution.

❶ On place une capsule de pesée sur une balance électronique précise à 0,01 g près, puis on tare la balance (a). On pèse ensuite précisément la masse de solide m (b) prélevé à l'aide d'une spatule propre et sèche.

❷ On introduit le solide dans une fiole jaugée de volume V_{sol} à l'aide d'un entonnoir (c). (Attention à bien rincer la capsule de pesée avec de l'eau distillée en versant l'eau de rinçage dans la fiole jaugée.)

❸ On remplit la fiole jaugée aux trois-quarts avec de l'eau distillée (d). Après l'avoir bouchée, on agite la fiole jaugée pour bien dissoudre le solide (e).

❹ Une fois la dissolution terminée, on ajoute de l'eau distillée d'abord à la pissette (f) puis au compte-goutte (g) jusqu'au trait de jauge. Le bas du ménisque doit être au niveau du trait de jauge. On rebouche la fiole jaugée et on agite pour homogénéiser la solution.

8 Préparer une solution par dilution d'une solution mère

Comment diluer précisément une solution mère S_0 de concentration molaire C_0 pour préparer une solution fille S_f de volume V_f et de concentration molaire $C_f = \frac{C_0}{F}$ (où F est le facteur de dilution) ?

Le volume V_0 de solution mère à prélever se déduit du facteur de dilution : $F = \frac{V_f}{V_0}$, soit : $V_0 = \frac{V_f}{F}$ ou $V_0 = \frac{V_f \times C_f}{C_0}$.

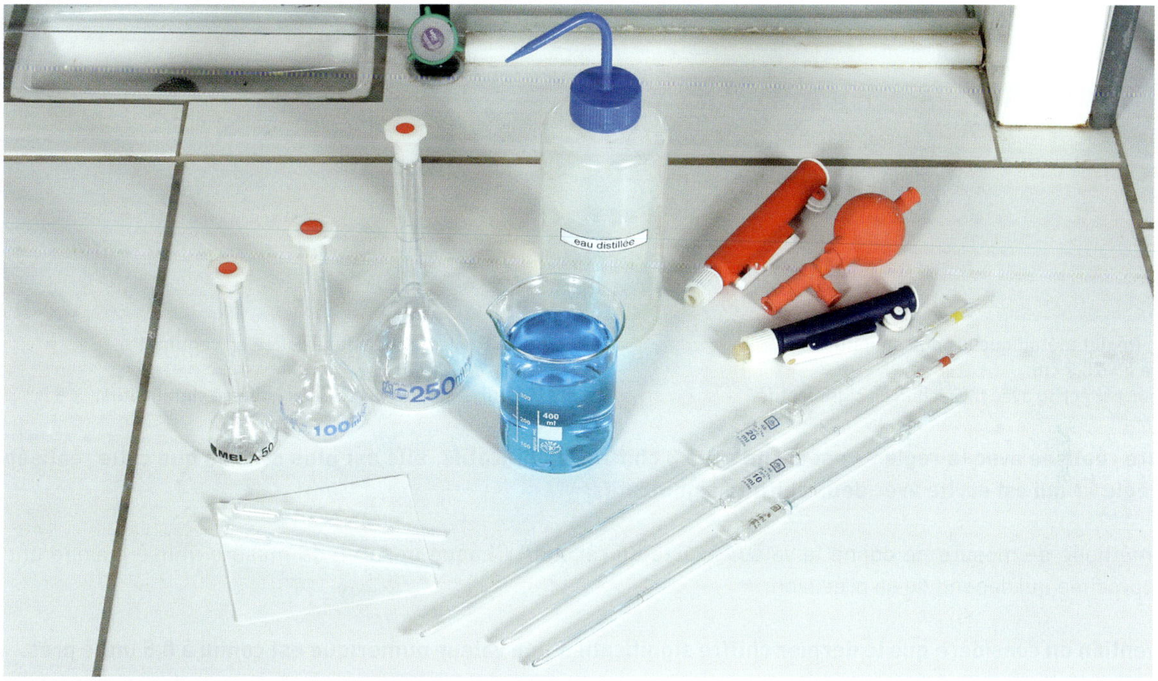

doc. 1 Le matériel à utiliser pour une dilution.

En utilisant le matériel du **doc. 1**, il faut suivre dans l'ordre les quatre étapes schématisées ci-dessous.

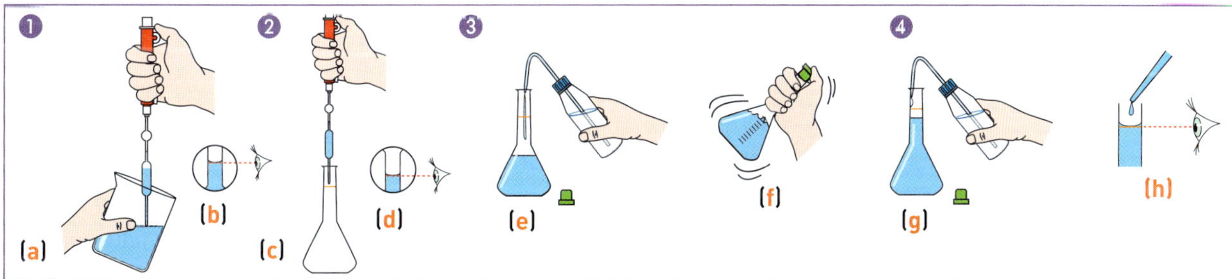

doc. 2 Les étapes à suivre pour la dilution.

❶ Dans un bécher, on verse suffisamment de la solution mère S_0 pour en prélever le volume V_0. En tenant le bécher incliné, on prélève un volume V_0 de solution mère à l'aide d'une pipette jaugée munie d'une pipeteur (**a**). Le bas du ménisque doit être au niveau du trait de jauge du haut de la pipette jaugée (**b**).

❷ On verse le prélèvement dans une fiole jaugée de volume V_f (**c**) jusqu'à ce que le bas du ménisque soit au niveau du trait de jauge du bas de la pipette jaugée (lorsqu'il existe) (**d**).

❸ On remplit la fiole jaugée aux trois-quarts avec de l'eau distillée (**e**). Puis, après l'avoir bouchée, on agite la fiole jaugée (**f**).

❹ On débouche la fiole, puis on la complète avec de l'eau distillée d'abord à la pissette (**g**) puis au compte-goutte (**h**) jusqu'au trait de jauge. On rebouche la fiole jaugée puis on agite pour homogénéiser la solution fille S_f.

9 Écriture du résultat d'une mesure

Une activité de Travaux Pratiques a conduit à mesurer la distance *d* séparant un émetteur et un récepteur d'ondes ultrasonores.
Les photographies ci-dessous représentent les mesures effectuées.

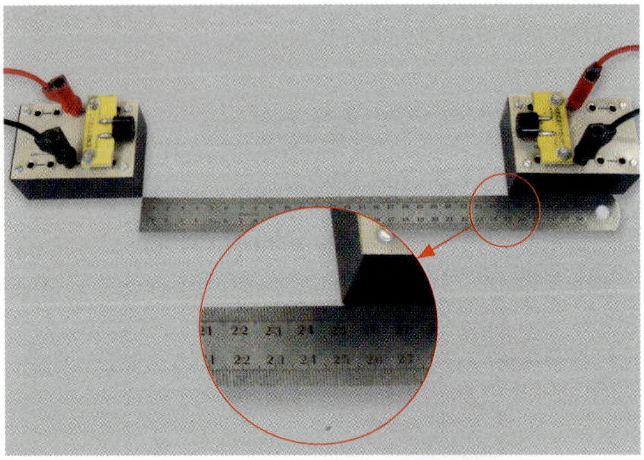

Règle ❶ : Réglet métallique gradué en millimètre.
On mesure *d* = 25,2 cm.
Cette valeur est écrite avec trois chiffres significatifs.

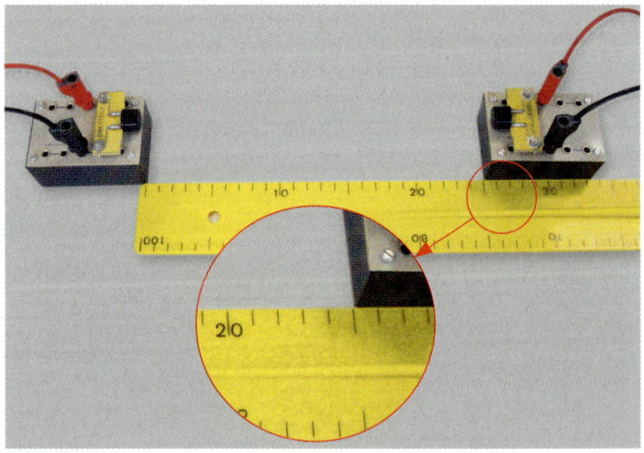

Règle ❷ : Règle de tableau graduée en centimètre.
On mesure *d* = 25 cm.
Cette valeur est écrite avec deux chiffres significatifs.

La mesure réalisée avec la règle ❶ est écrite avec 3 chiffres significatifs, elle est plus précise que celle réalisée avec la règle ❷ qui est écrite avec deux chiffres significatifs.

Aucune méthode de mesure ne donne la valeur exacte du résultat. Chaque appareil de mesure utilisé indique une valeur approchée qui dépend de sa précision.

Par convention on considère que le dernier chiffre significatif d'une valeur numérique est connu à 0,5 unité près.

Avec la règle ❶

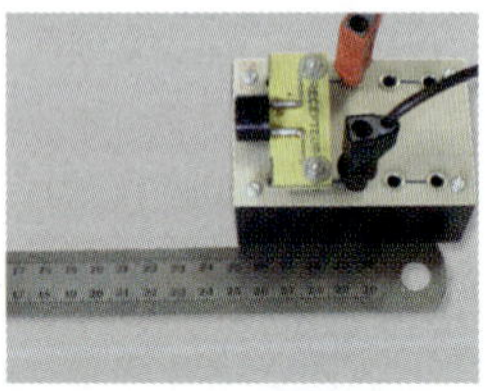

La plus petite graduation du réglet est le **millimètre**. En mesurant avec le réglet, une erreur de **0,5 mm** est possible : la précision de la mesure sera le demi-millimètre.
Quand on écrit pour le résultat d'une mesure *d* = 25,2 cm, cela signifie que la valeur réelle de *d* est telle que :
25,15 cm ⩽ *d* ⩽ 25,25 cm.

Avec la règle ❷

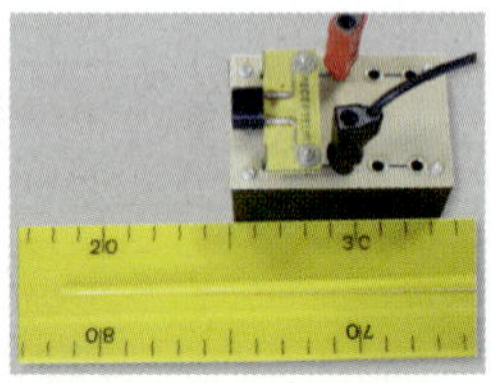

La plus petite graduation de la règle est le **centimètre**. En mesurant avec la règle, une erreur de 0,5 cm est possible : la précision de la mesure sera le demi-centimètre.
Quand on écrit pour le résultat d'une mesure *d* = 25 cm, cela signifie que la valeur réelle de *d* est telle que :
24,5 cm ⩽ *d* ⩽ 25,5 cm.

Remarque :
Lorsque la valeur mesurée « tombe juste », il ne faut pas oublier d'indiquer dans le résultat d'éventuels zéros significatifs pour tenir compte de la précision.
Ainsi, si la mesure est de 25 cm :

Avec la règle ❶

d = 25,0 cm, cela signifie que 24,95 cm ⩽ *d* ⩽ 25,05 cm.

Avec la règle ❷

d = 25 cm, cela signifie que 24,5 cm ⩽ *d* ⩽ 25,5 cm.

10 Écriture d'un résultat provenant d'un calcul

Comment écrire correctement le résultat d'une multiplication ou d'une division ?

Une onde ultrasonore se propage dans l'eau sur une distance d = 0,84 m.
La mesure de la durée du parcours conduit à $\Delta t = 554 \times 10^{-6}$ s.
Quelle est la vitesse de cette onde ?
Un élève divise d par Δt. Sa calculatrice affiche le résultat ci-contre.
Comment doit-il écrire le résultat ?

```
0.84/554E-6
        1516.245487
```

Méthode

1. Repérer le nombre de chiffres significatifs de chaque donnée.
2. Effectuer le calcul.
3. Le résultat d'une multiplication ou d'une division ne doit pas avoir plus de chiffres significatifs que le nombre qui en comporte le moins.
   Il faut arrondir convenablement le résultat final.

Exemple de rédaction :

$\Delta t = 554 \times 10^{-6}$ s ← trois chiffres significatifs

$d = 0{,}84$ m $= 8{,}4 \times 10^{-1}$ m ← deux chiffres significatifs

La vitesse est : $V = \dfrac{d}{\Delta t} = \dfrac{0{,}84}{554 \times 10^{-6}}$

soit $V = 1{,}5 \times 10^{3}$ m·s^{-1}. ← le résultat arrondi s'écrit avec deux chiffres significatifs

Comment écrire correctement le résultat d'une addition ou d'une soustraction ?

Deux élèves mélangent une masse m_1 = 87,3 g de chlorure de sodium et une masse m_2 = 25,48 g de chlorure de potassium. Quelle est la masse du mélange ?
Un élève effectue l'addition. Sa calculatrice affiche le résultat ci-contre.
Comment doit-il écrire le résultat ?

```
87.3+25.48
        112.78
```

Méthode

1. Écrire les données dans la même unité si ce n'est pas déjà fait.
2. Repérer le nombre de décimales de chaque donnée.
3. Le résultat d'une addition ou d'une soustraction ne doit pas avoir plus de décimales que le nombre qui en comporte le moins.
   Il faut arrondir convenablement le résultat final.

Exemple de rédaction :

Les deux masses sont exprimées en grammes.

$m_1 = 87{,}3$ g ← une décimale

$m_2 = 25{,}48$ g ← deux décimales

La masse totale du mélange est :

$m = m_1 + m_2 = 87{,}3 + 25{,}48$ soit $m = 112{,}8$ g ← le résultat arrondi s'écrit avec une décimale

⚠ ***Remarque :** Lorsque l'on effectue un calcul en plusieurs étapes, les résultats des étapes intermédiaires ne doivent pas être arrondis. En revanche, le résultat final doit comporter le bon nombre de chiffres significatifs.*

11 Utiliser le tableur Excel pour tracer un graphique

Comment utiliser l'assistant graphique du tableur Excel 2003 pour tracer un graphique de la forme $Y = f(X)$?

	A	B
1	Concentration *t* (en mg.L^{-1})	Absorbance *A*
2	0,50	0,085
3	1,00	0,185
4	2,00	0,379
5	3,00	0,559
6	4,00	0,728

❶ On sélectionne les données à l'aide de la souris.

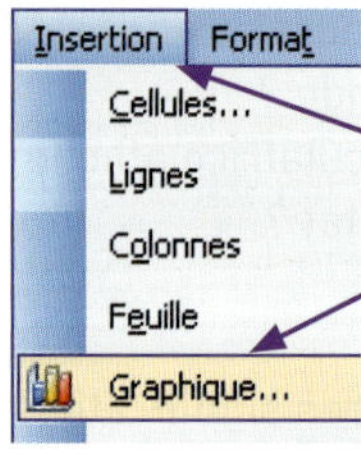

❷ On clique sur **insertion** puis sur **graphique**.

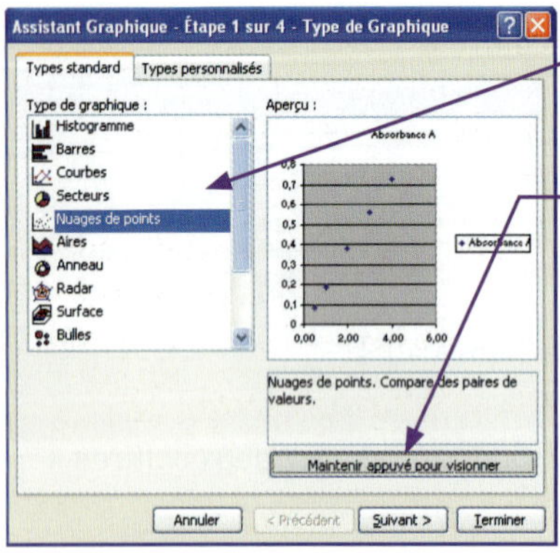

❸ On choisit **Nuage de points**. Une première visualisation du graphe apparaît, en maintenant cette touche appuyée.

❹ On choisit l'onglet **Série**. (On modifie, si nécessaire, les valeurs en *X* et en *Y*.)

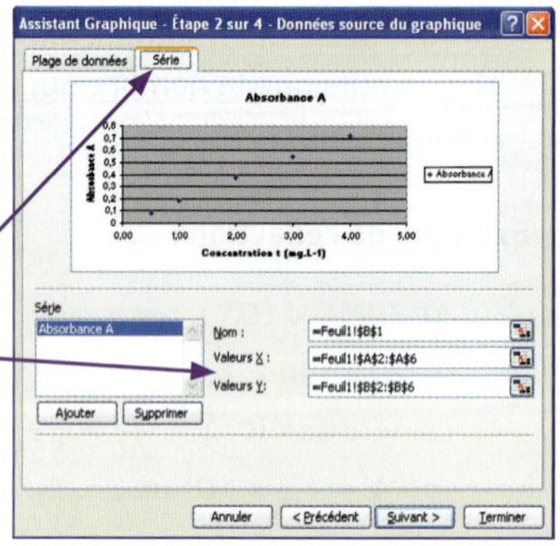

❺ On donne un **titre** au graphe, puis on entre les **noms** des grandeurs sur les deux axes avec leur **unité**. On clique sur « *Terminer* » pour faire réapparaître le graphique.

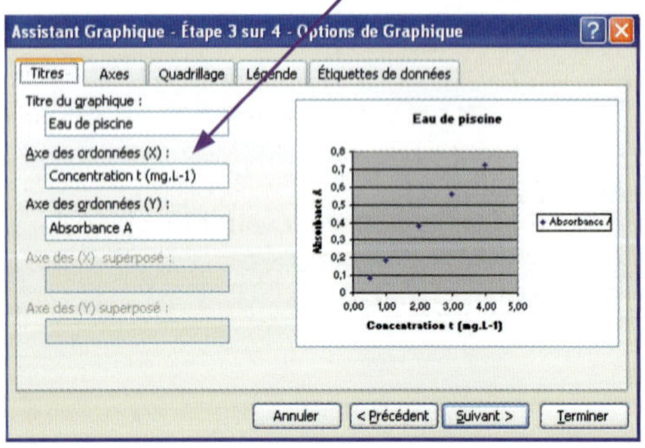

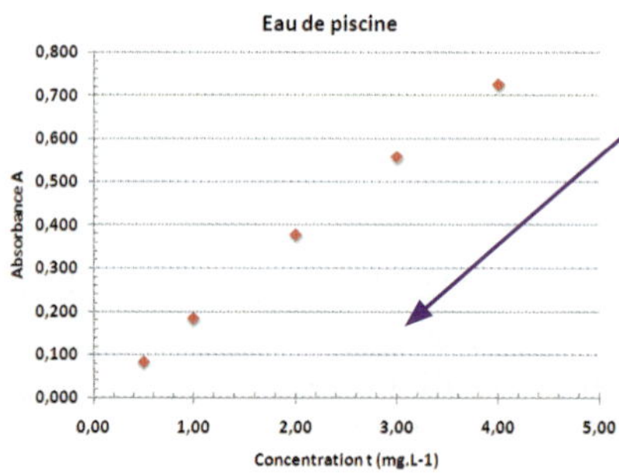

❻ On change, si nécessaire, les graduations des axes, la couleur du fond, le quadrillage... en cliquant avec le bouton droit de la souris sur la partie à modifier.

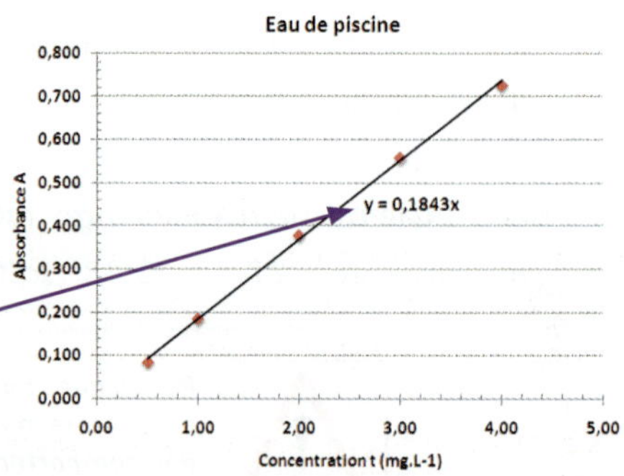

❼ Pour ajouter une modélisation, on sélectionne un des points avec la souris (**Graphique → Ajouter une courbe de tendance**). On choisit le **type** (ici linéaire) puis, dans l'onglet **Options**, on coche : **Afficher l'équation sur le graphique**.
Le graphique est modélisé par la relation $\boldsymbol{A = 0{,}184 \times t}$ en tenant compte des chiffres significatifs.

12 Utiliser le tableur OpenOffice Calc pour tracer un graphique

Comment utiliser l'assistant graphique du tableur Calc pour tracer un graphique de la forme *Y* = *f*(*X*) ?

	A	B
1	*m* (en kg)	*P* (en N)
2	0,00	0,0
3	0,10	1,0
4	0,20	2,0
5	0,30	2,9
6	0,40	3,9
7	0,50	5,0
8	0,60	5,9
9	0,70	6,8
10	0,80	7,9

❶ On sélectionne les données à l'aide de la souris.

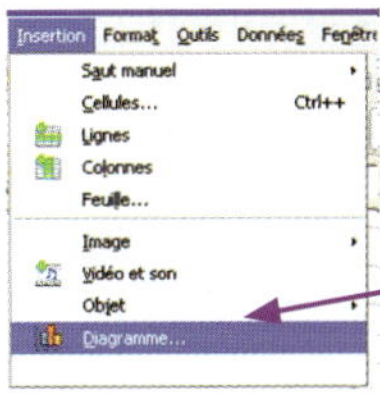

❷ On clique sur **insertion / Diagramme** puis on suit l'assistant

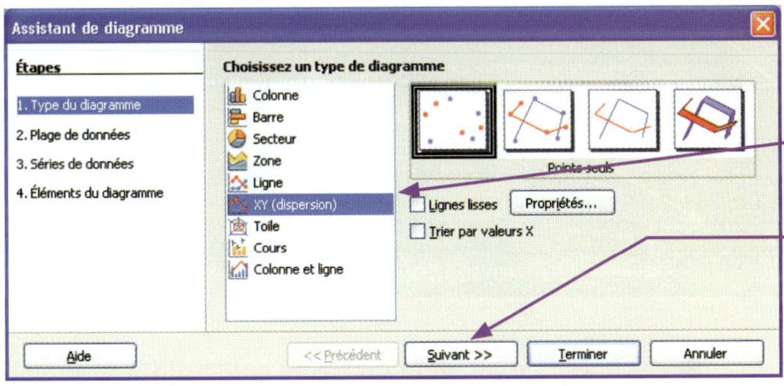

❸ On choisit le type *XY* ainsi qu'un style de représentation, puis on clique sur « *Suivant* » jusqu'à obtenir l'onglet « *Choisissez les paramètres des titres, de la légende et de la grille* ».

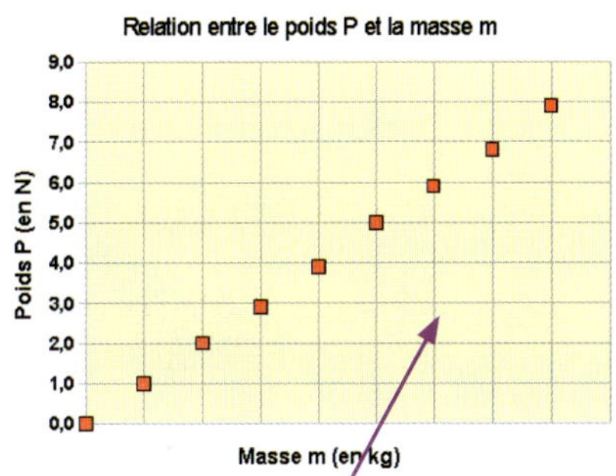

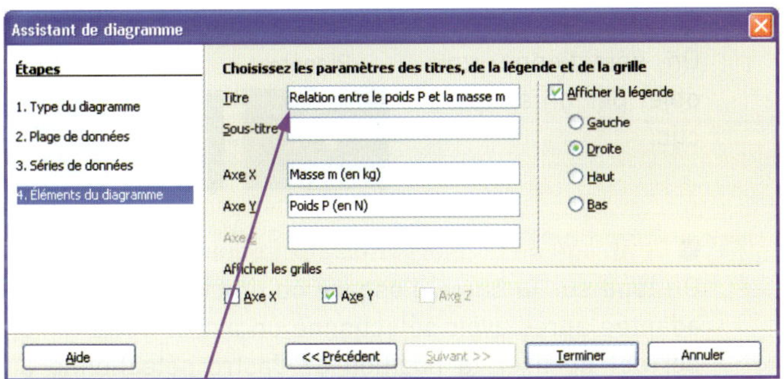

❹ On donne un **titre** au graphe, puis on tape les **noms** des grandeurs sur les deux axes avec leur **unité**. On clique sur « *Terminer* » pour faire apparaître le graphique.

❺ On change, si nécessaire, les graduations des axes, la couleur du fond, le quadrillage... en double-cliquant sur l'objet à modifier.

❻ Pour ajouter une modélisation, on clique sur les points. Un clic droit fait apparaître un menu dans lequel on choisit « **Insérer une courbe de tendance** ». On choisit le **Type** (ici linéaire) puis, dans l'onglet **Équations**, on coche : **Afficher l'équation**.
Le graphique est modélisé par la relation ***P*** = **9,82 ×** ***m*** **+ 0,01**.

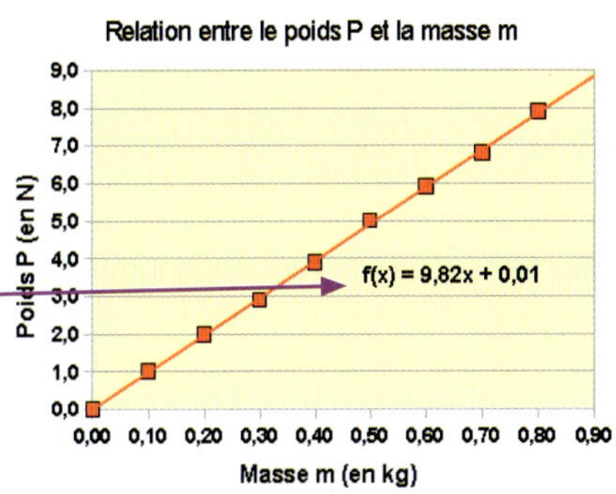

13 Utiliser le logiciel de simulation Stellarium

Stellarium est un logiciel libre qui affiche de manière réaliste le ciel en temps réel.
Il peut être téléchargé à l'adresse : http://www.stellarium.org/wiki/index.php/Accueil.

Présentation des principales fonctionnalités du logiciel

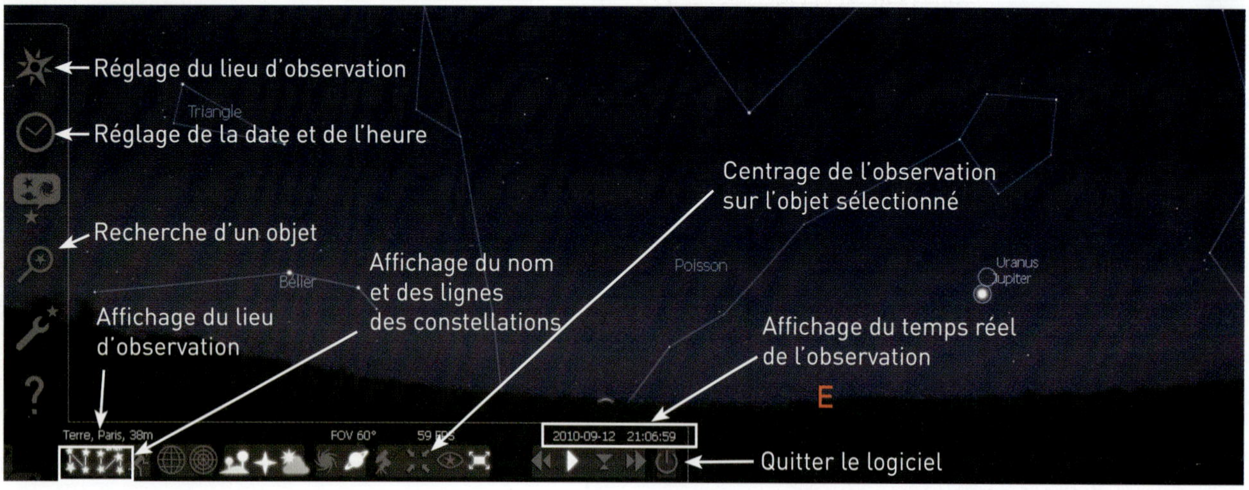

Réglage du lieu d'observation

On tape le nom du lieu dans la fenêtre en face de loupe.

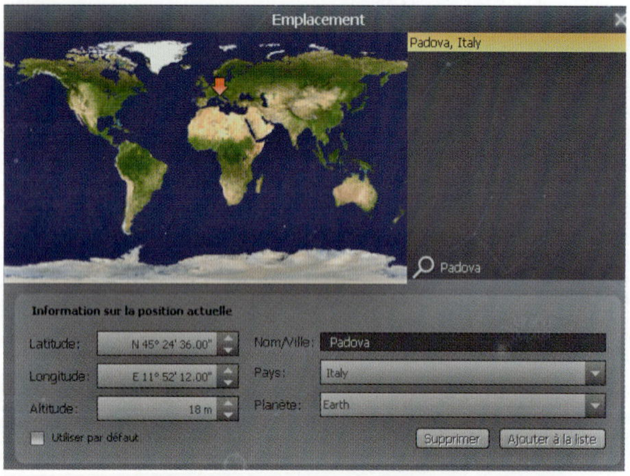

Réglage de la date et de l'heure d'observation

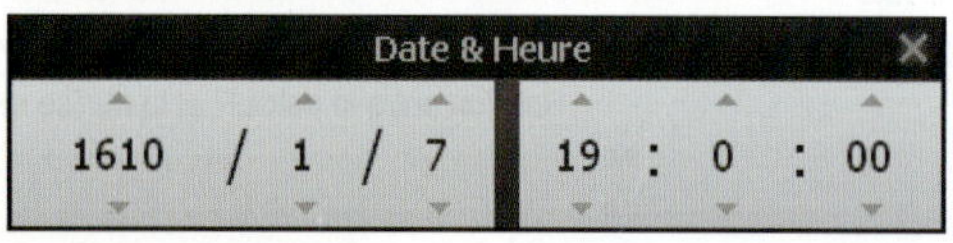

On règle la date et l'heure en utilisant le clavier ou en cliquant sur les boutons en forme de flèches (haut-bas). Après réglage, le temps continue à s'écouler si le défilement est activé. On clique sur lecture ou pause pour arrêter ou relancer le défilement du temps.

Recherche d'un objet (astre ou constellation)

On tape le nom de l'objet dans la fenêtre de recherche.

Sélection d'un objet (planète, étoile, galaxie)

On sélectionne un objet par un simple clic.

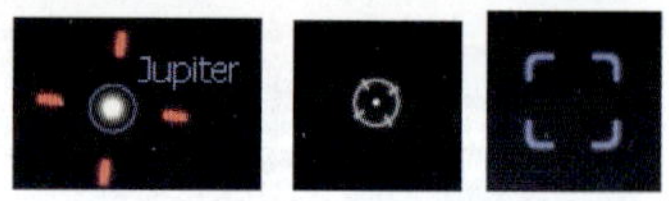

Centrage de l'observation sur l'objet sélectionné

On tape sur la barre d'espace ou on clique sur l'icône adaptée après avoir sélectionné un astre. Cette action permet de fixer la position de l'astre sélectionné au centre de l'écran et d'observer les mouvements des autres astres par rapport à celui-ci.

Zoom sur une zone du ciel

La fonction zoom s'obtient en utilisant la roulette de la souris ou en cliquant simultanément sur les touches CTRL et page up du clavier.

Observation jour après jour à la même heure

On fait défiler le jour dans la fenêtre de configuration de la date et de l'heure.

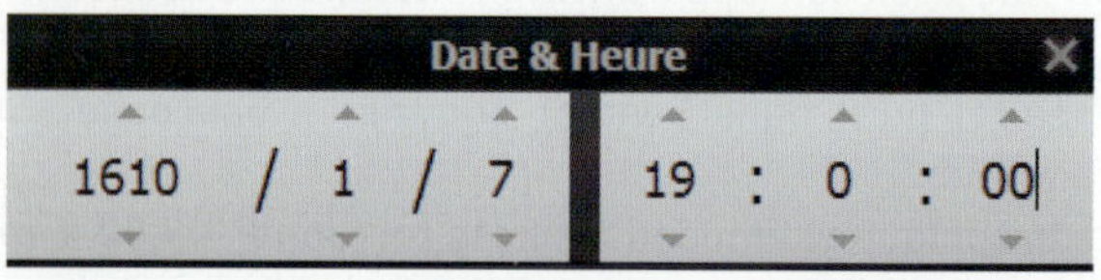

L'heure en temps réel s'affiche en bas de la page.

14 Utiliser le logiciel de pointage vidéo Aviméca 2.7

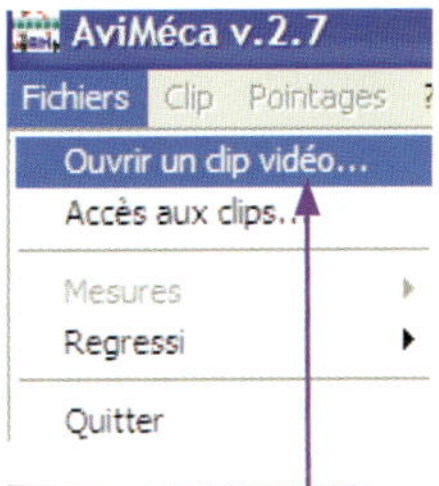

1 On ouvre un clip vidéo au format avi.

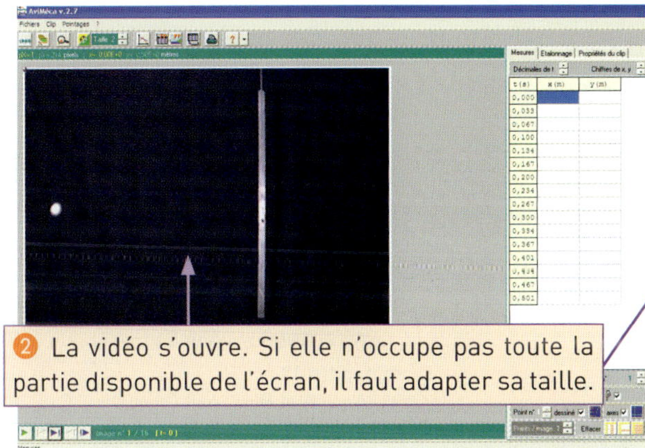

2 La vidéo s'ouvre. Si elle n'occupe pas toute la partie disponible de l'écran, il faut adapter sa taille.

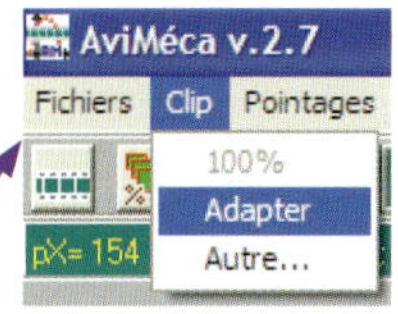

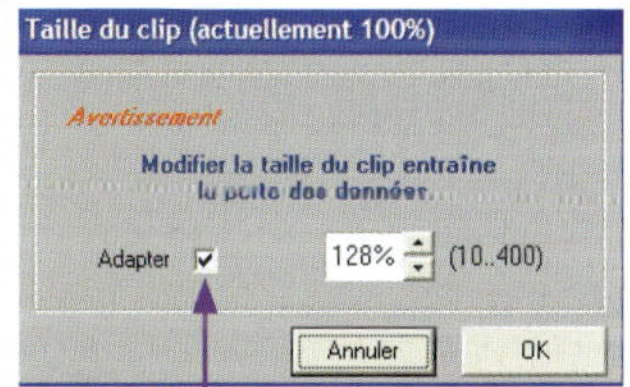

3 On sélectionne **Adapter**, puis on clique sur OK. La vidéo a la taille maximale, pour une meilleure précision du pointage.

4 On sélectionne l'onglet **Étalonnage**.

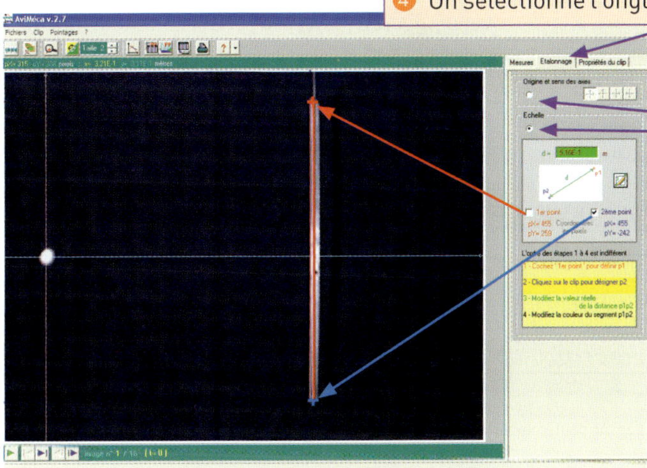

5 **Origine et sens des axes :**
- on selectionne le bouton radio correspondant
- on choisit le système d'axes
- on clique sur l'image au point choisi comme origine du repère.

6 **Échelle :**
- on sélectionne le bouton radio correspondant
- on coche la case « **1er point** »
- on clique sur le haut de la règle (+)
- on coche la case « **2e point** »
- on clique sur le bas de la règle (+)
- on entre la longueur réelle (en m) dans la fenêtre verte *d* = ▬ m.

7 On bascule sur l'onglet **Mesures** : le curseur ⌖ devient une cible dont la taille et la couleur peuvent être adaptées.

8 On procède au **pointage** en repérant, grâce à la cible, un point de l'objet mobile.
Chaque clic permet :
- de marquer la position du point ;
- de passer à l'image suivante ;
- d'indiquer dans le tableau de droite la position (*x*, *y*) de l'objet à la date t de l'image, dans le repère défini et en tenant compte de l'échelle.

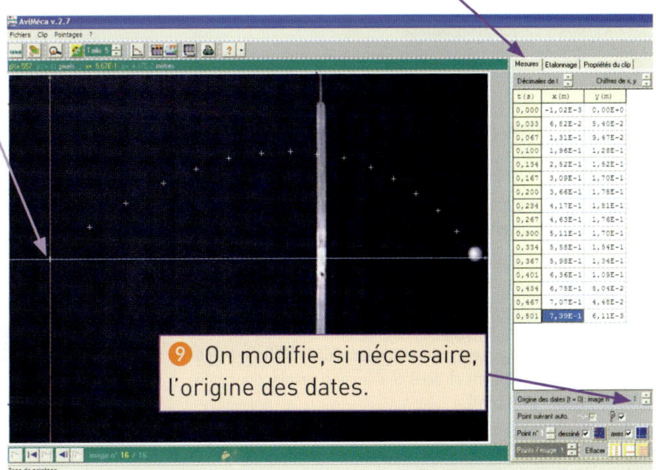

9 On modifie, si nécessaire, l'origine des dates.

10 **Exportation des mesures :**
Le tableau des mesures peut être collé dans un tableur (Excel, Open Office Calc), ou directement exporté dans Regressi.

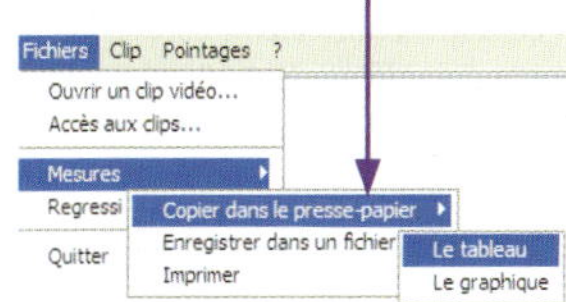

Corrigés des exercices

QCM

Chapitre 1
1. B ; 2. A ; 3. B et C ; 4. A et C ; 5. B et C ; 6. B ; 7. B ; 8. B et C ; 9. B ; 10. B ; 11. B.

Chapitre 2
1. A et C; 2. B ; 3. B ; 4. A et B ; 5. A ; 6. A et B ; 7. B ; 8. C ; 9. B ; 10. C.

Chapitre 3
1. C ; 2. C ; 3. A ; 4. B ; 5. C ; 6. B et C ; 7. A ; 8. A et B ; 9. A ; 10. B.

Chapitre 4
1. A et C ; 2. B ; 3. A ; 4. B et C ; 5. C ; 6. A et C ; 7. B et C ; 8. A, B et C ; 9. B ; 10. A et B.

Chapitre 5
1. B ; 2. C ; 3. A et C ; 4. B et C ; 5. A et C ; 6. B ; 7. A et C ; 8. B et C ; 9. B et C ; 10. A ; 11. A.

Chapitre 6
1. A ; 2. A ; 3. A et C ; 4. A ; 5. A ; 6. A et B ; 7. C ; 8. A ; 9. A ; 10. C ; 11. B.

Chapitre 7
1. A et C ; 2. C ; 3. B ; 4. B ; 5. A ; 6. A ; 7. A ; 8. B ; 9. C ; 10. B.

Chapitre 9
1. A et C ; 2. A ; 3. B ; 4. C ; 5. A ; 6. B ; 7. B ; 8. C ; 9. A et B ; 10. C ; 11. A et C ; 12. B et C.

Chapitre 10
1. B ; 2. B et C; 3. C ; 4. C ; 5. B et C ; 6. A ; 7. B et C ; 8. B ; 9. B ; 10. A, B et C ; 11. B ; 12. A.

Chapitre 11
1. A ; 2. A ; 3. B ; 4. B et C ; 5. C ; 6. A et B ; 7. A; 8. A; 9. C.

Chapitre 12
1. B ; 2. A ; 3. B et C ; 4. B ; 5. C ; 6 . B ; 7. B ; 8. B ; 9. B ; 10. A et B ; 11. C.

Chapitre 13
1. B et C ; 2. B ; 3. A ; 4. B ; 5. A ; 6. A et C ; 7. B ; 8. B ; 9. C ; 10. A et C.

Chapitre 14
1. A, B et C ; 2. A et B ; 3. A, B et C ; 4. A ; 5. B ; 6. A et B ; 7. C ; 8. A et C ; 9. C

Chapitre 15
1. A ; 2. A ; 3. B ; 4. A et C ; 5. B ; 6. C ; 7. A ; 8. A et B ; 9. B et C ; 10. A et C

Chapitre 16
1. A ; 2. A et C ; 3. A et C ; 4. A ; 5. C ; 6. B et C ; 7. C.

Chapitre 17
1. A ; 2. A et B ; 3. A et C ; 4. C ; 5. C ; 6. A ; 7. A, B et C ; 8. A.

Chapitre 18
1. A et C ; 2. B ; 3. B et C ; 4. B et C ; 5. A et C ; 6. A et B ; 7. B ; 8. C ; 9. B et C ; 10. A, B et C.

Chapitre 19
1. A et B ; 2. A et B ; 3. A et B ; 4. A ; 5. A ; 6. B et C ; 7. A ; 8. B ; 9. B.

Chapitre 20
1. C ; 2. A ; 3. A ; 4. B ; 5. B et C ; 6. A ; 7. B ; 8. A ; 9. B ; 10. B.

Chapitre 1

Application immédiate

1. La distance peut être arrondie à 6×10^{10} m.

$$\Delta t = \frac{d}{c} = \frac{6 \times 10^{10}}{3 \times 10^{8}} = 2 \times 10^{2} \text{ s.}$$

2. L'ordre de grandeur de cette durée est 10^2 s.

1 noyau d'atome ; atome ; Homme ; Lune ; Terre ; Soleil ; système solaire ; galaxie ; Univers.

2 1. Entre le noyau d'un atome et ses électrons, on trouve du vide.
2. Entre les étoiles d'une galaxie, il y a essentiellement du vide.

5 1. La valeur de la vitesse c de la lumière dans le vide ou dans l'air est de $3{,}00 \times 10^8$ m·s^{-1}.
2. $d = c \times \Delta t = 3{,}00 \times 10^8 \times 1{,}28 = 3{,}84 \times 10^8$ m, soit :

$$3{,}84 \times 10^5 \text{ km.}$$

6 1. b. car $\dfrac{3{,}9 \times 10^8}{3{,}00 \times 10^8} = 1{,}3$ s.

2. c. car $\dfrac{150 \times 10^9}{3{,}00 \times 10^8} = 500$ s.

10

	Longueur	Ordre de grandeur
a.	12 µm = $1{,}2\times10^{-5}$ m	10^{-5} m
b.	2 nm = 2×10^{-9} m	10^{-9} m
c.	0,20 mm = $2{,}0\times10^{-4}$ m	10^{-4} m
d.	90 nm = $9{,}0\times10^{-8}$ m	10^{-7} m
e.	53 pm = $5{,}3\times10^{-11}$ m	10^{-10} m

11 1. Entre le noyau et les électrons d'un atome, il y a du vide.
2. a. Le diamètre de l'atome est :

$$5{,}4 \times 10^{-15} \times 24 \times 10^3 = 1{,}3 \times 10^{-10} \text{ m.}$$

b. Le noyau est environ 24 mille fois plus petits que l'atome. À cette échelle le noyau aurait pour diamètre :

$$\frac{270}{24 \times 10^3} = 1{,}1 \times 10^{-2} \text{ m, soit environ 1 cm.}$$

L'objet le plus adapté est le grain de raisin.

13 1. $\dfrac{1{,}89 \times 10^{16} \times 10^3}{9{,}46 \times 10^{15}} = 2{,}00 \times 10^3$ a.l.
2. La lumière arrivant sur Terre en 2010 a été émise par la nébuleuse de la Lyre environ 2 000 ans auparavant, c'est-à-dire vers l'an 10.
3. Lorsque l'on observe un objet éloigné, on le voit comme il était dans le passé.

20 2. a. La lumière fait un aller-retour donc :

$$2D = c \times \Delta t.$$

b. $D = \dfrac{c \times \Delta t}{2} = \dfrac{2{,}99792458 \times 10^8 \times 2{,}564454109}{2}$
$= 3{,}844020004 \times 10^8$ m.

3. a. La mesure de la durée Δt peut comporter une erreur de 2 nanosecondes :

$$2{,}564454107 \text{ s} < \Delta t < 2{,}564454111 \text{ s.}$$

b. La distance d parcourue par la lumière en 2 ns est :

$$d = 2{,}99792458 \times 10^8 \times 2 \times 10^{-9} = 0{,}6 \text{ m.}$$

c. La mesure a une imprécision de 0,6 m sur l'aller-retour. La distance Terre-Lune est connue à 0,3 m près.

Chapitre 2

Application immédiate

À partir de la relation donnée dans l'exercice résolu, on calcule :

$$\theta = \frac{2{,}89 \times 10^6}{350} - 273 = 7{,}98 \times 10^3 \text{ °C.}$$

La température de surface de l'étoile est d'environ 8 000 °C.

1 1. Il s'agit du spectre de la lumière blanche.
2. a. nm signifie nanomètre : 1 nm = 1×10^{-9} m.
b. La grandeur physique est la longueur d'onde.

3 1. Le spectre de la lumière blanche est le spectre C (spectre continu s'étendant du violet au rouge).
2. Les radiations visibles par l'œil humain ont des longueurs d'onde comprises entre 400 et 800 nm.
3. La raie jaune a pour longueur d'onde 584 nm (supérieure à 521 nm et dans le domaine visible, donc inférieure à 800 nm).

6 Le spectre 1 est un spectre de raies d'émission.
Le spectre 2 est un spectre de raies d'absorption.
Le spectre 3 est un spectre continu d'émission.

9 1. a. La courbe passe par un maximum pour une longueur d'onde proche de 460 nm.
b. La valeur de cette longueur d'onde nous renseigne sur la température de surface de l'étoile.
2. Les minima d'intensité lumineuse sont dus aux radiations absorbées par les entités chimiques constituant l'atmosphère de l'étoile.

12 1. Ce sont des spectres de raies d'émission, ils comportent chacun une raie colorée visible sur un fond sombre.
2. Le spectre absorption de ce mélange comporterait deux raies noires sur un fond coloré, une dans le bleu et une dans le vert.

15 1. Plus une étoile est chaude et plus elle émet vers les courtes longueurs d'onde (vers le bleu).
Une étoile bleue est plus chaude qu'une étoile rouge.
Le classement par température croissante est : C, A, B.
2. Lorsque la température augmente la longueur d'onde de la radiation émise avec la plus grande intensité se déplace vers les petites longueurs d'onde.
3. On peut proposer les paires suivantes :

(3) ⇔ C ; (2) ⇔ A ; (1) ⇔ B.

18 1. La plupart des étoiles ont des compositions chimiques voisines. Elles sont composées essentiellement d'hydrogène et d'hélium.
2. Cette composition change quand les étoiles vieillissent puis meurent. Leurs spectres permettent de mettre en évidence de nouveaux éléments qui apparaissent à leur surface.
3. Les étoiles «N» sont des étoiles en fin de vie, géantes et qui contiennent du carbone.

Chapitre 3

Application immédiate

$\sin i_2 = \dfrac{1{,}0003 \times \sin 28{,}0}{1{,}3350}$

$\sin i_2 = 0{,}352$;

$i_2 = 20{,}6°$

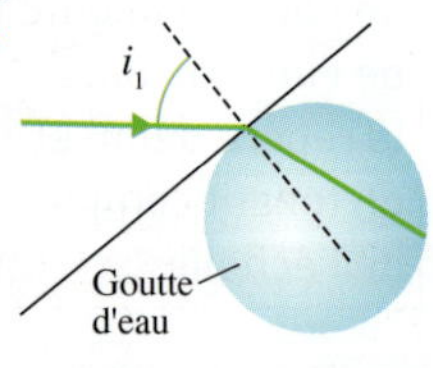

1

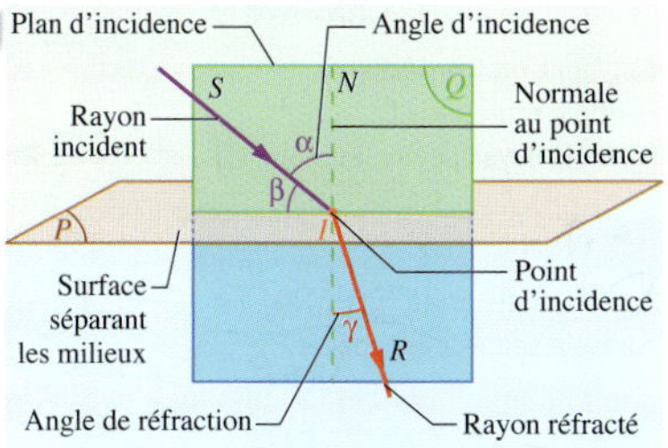

3 1.

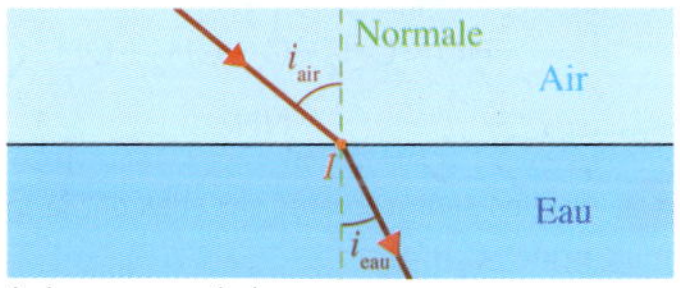

2. $n_{air} \times \sin i_{air} = n_{eau} \times \sin i_{eau}$.
3. $\sin i_{eau} = 0{,}576$; $i_{eau} = 35{,}2°$.

4 1. Le rayon réfracté est le rayon n° 2.
2. Angle d'incidence $i_1 = 40°$, angle de réfraction $i_2 = 60°$.
3. La deuxième loi de Snell-Descartes s'écrit :
$n \times \sin i_1 = 1{,}00 \times \sin i_2$. Donc $n = 1{,}35$.

5 1. On observe le spectre de la lumière blanche :

2. Le prisme est un milieu dispersif.
3. L'indice de réfraction du prisme dépend de la longueur d'onde de la lumière qui le traverse.

7 1. Le Soleil est une source de lumière blanche qui peut permettre l'observation d'un arc-en-ciel.
2. Au niveau des gouttes d'eau, la lumière se réfracte.
3. L'eau est un milieu dispersif.

13 1. Une lumière monochromatique est composée d'une seule radiation. Une lumière polychromatique est composée de plusieurs radiations.
2. Les faisceaux envoyés sur le second prisme sont à peu près monochromatiques.
3. Le faisceau le plus dévié est le bleu.
4. NEWTON a montré par cette expérience que la lumière blanche est polychromatique et que les couleurs ne « naissent » pas dans le prisme.

15 1. a. $\sin r = \dfrac{R}{R + h}$.
1. b. $\sin r = \dfrac{6{,}371 \times 10^3}{6{,}371 \times 10^3 + 50} = 0{,}992213$, d'où :
$$r = \sin^{-1}(0{,}992213) = 82{,}85°.$$
2. a. i est l'angle entre le rayon incident et la normale au point d'entrée dans l'atmosphère.
b. Au point I, $i = r + d$ (angles opposés par le sommet).
c. $i = 83{,}46°$.
3. $1 \times \sin i = n \times \sin r$, d'où $n = \dfrac{\sin i}{\sin r} = \dfrac{\sin 83{,}46}{\sin 82{,}85}$.
On trouve $n = 1{,}001$.
4. Plus l'étoile est haute dans le ciel (i petit) et plus le phénomène est négligeable.

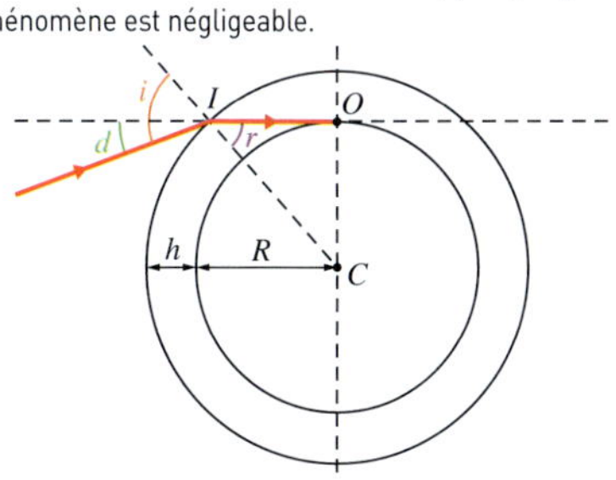

16 1. a. $\sin i_1 = N \times \sin i_2$. b. $i_2 + i_3 = 90°$.
c. $N \times \sin i_3 = n \times \sin i_4$.
2. $\sin i_2 = \dfrac{\sin i_1}{N}$, donc $i_2 = 26{,}76°$;
puis $i_3 = 90 - 26{,}76° = 63{,}24°$ et $n = N \times \sin i_3 = 1{,}475$.

Chapitre 4

Application immédiate

1. La masse approchée m du noyau est $m = A \times m_{nucléon}$,
donc : $A = \dfrac{m}{m_{nucléon}} = \dfrac{2{,}12 \times 10^{-25}}{1{,}67 \times 10^{-27}} = 126{,}9$.
A étant un entier, $A = 127$.
Le noyau contient $Z = 52$ protons. Le nombre N de protons est égal à : $N = A - Z = 127 - 52 = 75$.
Un atome étant électriquement neutre, le nombre d'électrons est égal au nombre de protons soit 52 électrons.
2. La représentation symbolique de l'atome est : $^{127}_{52}Te$.

1 1. Le nombre de protons est : $Z = 26$.
2. Le nombre de neutrons est : $N = A - Z = 56 - 26 = 30$.

3 1. La charge du noyau est : $Q = Z \times e$, donc :
$Z = \dfrac{Q}{e} = \dfrac{2{,}08 \times 10^{-18}}{1{,}60 \times 10^{-19}} = 13{,}0$, donc 13 protons ($Z$ entier).
2. Le nombre de nucléons est : $A = Z + N = 14 + 13 = 27$.

5 1. Le nombre de protons est égal au nombre d'électrons car l'atome est électriquement neutre. L'atome ayant 27 protons il possède 27 électrons.
2. Nombre de nucléons : $A = Z + N = 27 + 32 = 59$.

6 La masse approchée d'un atome d'or est :
$m = A \times m_{nucléon}$, donc : $A = \dfrac{m}{m_{nucléon}} = \dfrac{3{,}29 \times 10^{-25}}{1{,}67 \times 10^{-27}} = 197$.

8 1. Le nombre d'électrons est supérieur au nombre de protons de l'ion : il s'agit donc d'un anion.
2. L'ion a 18 – 16 = 2 électrons de plus que l'atome correspondant. La charge de l'anion est alors – 2e.

10 1. Un élément chimique est caractérisé par son nombre de protons, donc par son numéro atomique Z.
2. Il y a 4 valeurs de Z différentes: $Z = 7$, $Z = 13$, $Z = 14$ et $Z = 27$, donc 4 éléments chimiques différents.
3. Les isotopes ont même numéro atomique Z ; il s'agit de (7, 14) et (7, 15) et de (14, 28) et (14,29).

12 1. a. Le nombre de nucléons du noyau est :
$$A = Z + N = 16 + 16 = 32.$$
b. La charge de l'ion sulfure est – 2e (car l'ion a 2 électrons de plus que le nombre de protons) donc le symbole de l'ion sulfure est : $^{32}_{16}S^{2-}$.
2. a. S^{2-} et X ont le même nombre de protons (16).
Par contre S^{2-} et Y n'ont pas le même nombre de protons (16 et 14).
b. S^{2-} et X ayant même nombre de protons, ce sont deux isotopes.

14 1. Cations monoatomiques : ion calcium : Ca^{2+}, ion magnésium Mg^{2+}, ion potassium : K^+ et ion sodium : Na^+
Anions monoatomiques : ion fluorure : F^- et ion chlorure : Cl^-
2. L'ion calcium Ca^{2+} a 18 électrons. Or l'ion calcium est issu d'un atome de calcium ayant perdu 2 électrons. L'atome de calcium a donc 18 + 2 = 20 électrons.
Le numéro atomique de l'élément calcium est $Z = 20$.
3. L'ion fluorure F^- a 10 électrons. Or l'ion fluorure est issu d'un atome de fluor ayant gagné 1 électron. L'atome de fluor a donc 10 – 1 = 9 électrons.
Le numéro atomique de l'élément fluor est $Z = 9$.

17 1. Le numéro atomique de l'élément iridium est $Z = 77$ donc le nombre de protons est 77.
Le noyau ayant $A = 192$ nucléons, le nombre de neutrons est : $N = A - Z = 192 - 77 = 115$.
L'atome étant électriquement neutre, l'atome d'iridium contient 77 électrons.
2. L'ion Ir^{4+} est un cation, car sa charge est positive.
3. La masse approchée d'un atome d'iridium est :
$m = A \times m_{nucléon} = 192 \times 1{,}67 \times 10^{-27} = 3{,}21 \times 10^{-25}$ kg.
4. L'impact météoritique s'est produit il y a environ 65 millions d'années à Chicxulub dans la péninsule du Yucatan au Mexique.

19 1. a. Comme il y a conservation du nombre de nucléons, on a : $3 + 2 = 1 + A$, donc $A = 4$.
Comme il y a conservation du nombre de protons, on a :
$$2 + 1 = 1 + Z, \text{ donc } Z = 2.$$
b. Puisque $Z = 2$, il s'agit de l'élément hélium He.
2. Les noyaux ^3_2He et ^4_2He sont isotopes car ils ont même nombre de protons.
3. Le noyau ^3_2He contient 2 protons et 1 neutron.
Le noyau ^4_2He contient 2 protons et 2 neutrons.
4. ITER (*International Thermonuclear Experimental Reactor*) est un réacteur thermonucléaire expérimental en cours de construction à Cadarache (France). Il devrait permettre de réaliser une fusion nucléaire contrôlée.

20 (a) : atom (b) : nucleus (c) : electron cloud
(d) : electrically neutral (e) : same number
(f) : protons (g) neutrons
(h) : chemical element (i) : isotope
(j) : ion (k) : electrons
(l) : cation (m) : anion

Chapitre 5

Application immédiate n° 1

1. 1- Na^+ et O^{2-} : Na_2O. 2. K_2O.

Application immédiate n° 2

1. 1- $K^2\,L^8\,M^5$. 2. 5 électrons externes.
3. période 3 et 15e colonne. 4. P^{3-}.

2 1. a. 2 électrons ; b. 10 électrons ; c. 18 électrons.
2. a. K^2 ; b. $K^2\,L^8$; c. $K^2\,L^8\,M^8$.
3. a. 4 électrons externes ; b. 8 ; c. 8.

4 1. a. $K^2\,L^7$; b. $K^2\,L^8\,M^6$; c. $K^2\,L^8\,M^8$.
2. a. 7 électrons externes : F^- ; b. 6 électrons externes : S^{2-} ;
c. 8 électrons externes. L'atome d'argon ne forme pas d'ion.

8 1. Les atomes des éléments d'une même famille ont le même nombre d'électrons externes : a. b. et e. appartiennent à la même famille il en est de même de c. et g. et enfin de d. et h..
2. d. et h. qui ont 8 électrons sur la couche externe appartiennent à la famille des gaz nobles, c'est-à-dire à la 18e colonne.

11 1. Correspondant à un élément de la 2e colonne l'atome de baryum a 2 électrons externes.
2. Ba perd 2 électrons et donne l'ion baryum Ba^{2+}.

12 1. a. Il comporte 2 couches, les couches K et L.
b. X^{3+} a pour formule électronique $K^2\,L^8$.
c. L'atome X possède 3 électrons supplémentaires :
$$K^2\,L^8\,M^3.$$
d. L'atome X possède 13 électrons et son noyau comporte 13 protons : $Z = 13$.
2. Cet élément est l'aluminium de symbole Al.

17 1. Les éléments sont rangés par numéro atomique croissant.
2. 56 éléments étaient connus en 1866.
3. Ces éléments appartiennent à la même famille située à la 17e colonne, celle des halogènes.
4. L'oxygène et le soufre, l'azote et le phosphore sont actuellement séparés par 7 éléments, dont un gaz noble, le néon, qui n'était pas encore découvert en 1866 ; ils étaient donc séparés par 6 éléments et formaient donc 1 octave.

Chapitre 6

Application immédiate

1. Le système étudié est la comète.
2. La trajectoire est une portion de courbe. La distance entre deux points consécutifs augmente lorsque la comète se rapproche du Soleil. Elle diminue lorsqu'elle s'en éloigne. Le mouvement est curviligne accéléré lorsque la comète se rapproche du Soleil puis curviligne ralenti lorsqu'elle s'en éloigne.

1 **1.** On appelle système étudié, l'objet dont on étudie le mouvement.
2. On peut étudier le mouvement de Pauline par rapport à la Terre ou le mouvement de la Terre par rapport au Soleil.

2 **a.** 1 ; **b.** 3 ; **c.** 2.

4 **1. a.** Dans un référentiel terrestre, un point de l'observatoire est immobile.
b. Dans le référentiel géocentrique, un point de l'observatoire a un mouvement circulaire uniforme.
2. Le centre de la Terre possède un mouvement uniforme. De plus, d'après le cours, on sait qu'il est aussi quasiment circulaire. La Terre a un mouvement circulaire uniforme.

6 **1.** La trajectoire d'un point du système étudié dépend du référentiel d'étude.
2. Dans le référentiel géocentrique, un point de la surface de la Terre a une trajectoire circulaire, ce point de la surface de la Terre est immobile dans un référentiel terrestre.

9 **1.** La Lune est le système étudié.
2. Le référentiel géocentrique est constitué du centre de la Terre et de 3 étoiles lointaines dont les directions sont fixes.
3. Dans le référentiel géocentrique, le centre de la Lune décrit une trajectoire circulaire autour de la Terre.
4. Dans un référentiel terrestre, pour décrire la trajectoire de la Lune, il faut aussi tenir compte de la rotation de la Terre autour de l'axe de ses pôles. La description de la trajectoire devient compliquée.

12 **1.** Le référentiel choisi est le référentiel géocentrique car le centre de la Terre est immobile.
2. Le Soleil tourne autour de la Terre avec un mouvement circulaire uniforme.
3. Vénus et la Terre tournent autour du Soleil avec des valeurs de vitesses différentes, donc dans le référentiel géocentrique, la trajectoire de Vénus est curviligne. Sur le schéma on observe une rétrogradation de Vénus.

17 **1.** A1 ; B3 ; C2.
2. Dans le référentiel géocentrique, le Soleil semble se déplacer devant les étoiles éloignées comme l'arbre semble se déplacer devant les objets éloignés (la niche du chien, la haie, la maison).
3. Cette expérience montre la relativité du mouvement.

Chapitre 7

Application immédiate

1. $F_{S/U} = G \times \dfrac{m_{Soleil} \times m_{Uranus}}{D_{SU}^2}$

2. $F_{S/U} = 6{,}67 \times 10^{-11} \times \dfrac{2{,}0 \times 10^{30} \times 8{,}7 \times 10^{25}}{(2{,}9 \times 10^{12})^2} = 1{,}4 \times 10^{21}$ N.

3.

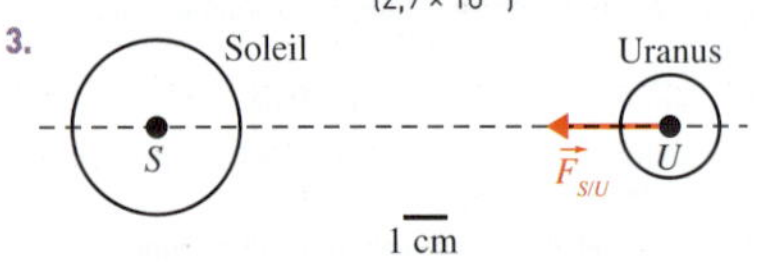

2 **1.** $F_{S/T} = G \times \dfrac{m_{Soleil} \times m_{Terre}}{d^2}$

2. $F_{S/T} = \dfrac{6{,}67 \times 10^{-11} \times 2{,}0 \times 10^{30} \times 5{,}98 \times 10^{24}}{(1{,}50 \times 10^{11})^2} = 3{,}5 \times 10^{22}$ N.

5 **1.** $F_{TN/O} = G \times \dfrac{m_{Trou\ noir} \times m_{Objet}}{R_{TN}^2}$

$= \dfrac{6{,}67 \times 10^{-11} \times 2{,}0 \times 10^{31} \times 1}{(1{,}5 \times 10^3)^2} = 5 \times 10^{14}$ N.

2. $F_{S/O} = G \times \dfrac{m_{Soleil} \times m_{Objet}}{R^2} = \dfrac{6{,}67 \times 10^{-11} \times 2{,}0 \times 10^{30} \times 1}{(7{,}0 \times 10^8)^2}$

$= 3 \times 10^2$ N.

À la surface de la Terre, le poids de l'objet est :

$P = m \times g_T = 1 \times 10^1$ N.

L'attraction due au trou noir est beaucoup plus forte.

10 **1.** Les données qui n'interviennent pas dans le calcul de la force d'interaction gravitationnelle sont : la situation à 25 000 années-lumière du système solaire, la période de révolution de 10 ans et évidemment la date de découverte en 2006.

2. a. Cas de l'attraction Soleil-Terre :

$F_{S/T} = G \times \dfrac{m_{Soleil} \times m_{Terre}}{d_{ST}^2}$.

b. Cas de l'attraction étoile-exoplanète :

$F_{E/P} = G \times \dfrac{0{,}2 \times m_{Soleil} \times 5 \times m_{Terre}}{3^2 \times d_{ST}^2} = \dfrac{0{,}2 \times 5}{9} \times F_{S/T} = \dfrac{1}{9} \times F_{S/T}$.

3. L'attraction Soleil-Terre est donc plus grande.

14 **1.** Du fait de la force de gravitation, les poussières s'attirent les unes, les autres. Elles finissent par s'agglutiner.

2. $F_{P1/P2} = G \times \dfrac{m_{P1} \times m_{P2}}{d^2} = 6{,}67 \times 10^{-11} \times \dfrac{(0{,}1 \times 10^{-3})^2}{(5 \times 10^{-3})^2}$

$= 3 \times 10^{-14}$ N.

3. $d = \sqrt{\dfrac{G \times m_{P1} \times m_S}{F_{P1/P2}}}$

$= \sqrt{\dfrac{6{,}67 \times 10^{-11} \times 0{,}1 \times 10^{-3} \times 2{,}0 \times 10^{30}}{3 \times 10^{-14}}} = 7 \times 10^{14}$ m.

4. La poussière devrait être située au-delà de Neptune.

17 **1.** L'attraction universelle s'exerce entre tous les objets de l'Univers quelles que soient leurs masses.
2. L'attraction gravitationnelle exercée par un être humain sur un autre être humain n'est pas ressentie car sa valeur est très faible.
3. Les gaz de l'atmosphère restent proches de la Terre car ils sont soumis à l'attraction de la Terre.

Chapitre 8

2 **1. a.** CO_2 laisse passer les radiations dans le visible, l'ultraviolet, le proche infrarouge et l'infrarouge lointain. Il possède quelques bandes d'absorption dans l'infrarouge moyen.
b. L'eau laisse passer l'ultraviolet et presque toutes les radiations visibles. Elle absorbe le rouge de grande longueur d'onde, l'infrarouge lointain et possède quelques bandes d'absorption dans l'infrarouge proche et moyen.
c. Il n'est pas utile de tenir compte des molécules de H_2O et de CO_2 lorsque l'on observe les étoiles dans le visible depuis la Terre car ces molécules n'absorbent quasiment pas dans le visible.
2. Dans l'infrarouge il existe de nombreuses bandes d'absorption dues aux molécules de CO_2 et de H_2O contenues dans l'atmosphère. Il faut donc en tenir compte.
3. La lumière reçue par Hubble ne traverse pas l'atmosphère terrestre, cela permet de s'affranchir de l'influence des molécules de l'atmosphère terrestre qui absorbent certaines radiations.

3 **1.** Plus de 10 000 objets satellisés ont été répertoriés. Certains sont des satellites actifs ou non, d'autres sont des débris, morceaux de satellites qui se sont détachés, ou même échappés de vols habités.
2. L'image représente la Terre ainsi que tous les objets en orbite autour d'elle.
3. Les deux zones où les débris sont les plus concentrés sont l'orbite géostationnaire (dans le plan de l'équateur à 36 000 km d'altitude) et celles de basse altitude.

5 **1.** Il y a plus de rouge que de bleu sur le document. Le niveau des océans augmente globalement.
2. L'élévation du niveau des océans est due notamment à la dilatation de l'eau sous l'effet du réchauffement climatique (la masse volumique de l'eau diminue lorsque la température augmente). Une autre cause est la fonte des glaces au niveau des pôles et la fonte des glaciers.
3. La mesure du niveau des océans par satellite est généralisée à toute la surface des différents océans.

Chapitre 9

Application immédiate

Formule brute : NH_2Cl

Formule développée :

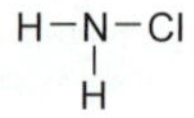

1 CH_5N

4 Formule brute : $C_4H_{11}NO_3$

Formule semi-développée :

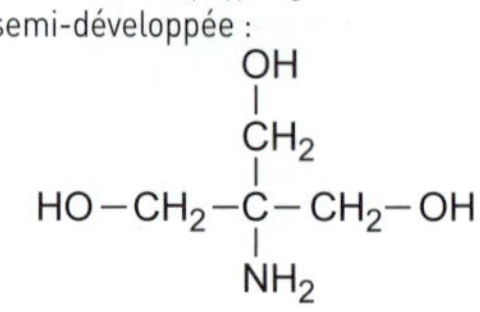

6 **1.** Elles sont isomères car elles ont la même formule brute : $C_8H_{12}O_2$
2. Des isomères ont des propriétés chimiques différentes.

7 **1.** Le Synthol® est un mélange car il contient plusieurs espèces chimiques.
2. Les principes actifs sont le lévomenthol, le vératrole, le résorcinol et l'acide salicylique.
3. Il contient des excipients : ce sont les autres composants mentionnés sur l'étiquette : huile essentielle de géranium, huile essentielle de cédrat...

8 **1.** Les pommades camphrées sont des mélanges car elles contiennent plusieurs espèces chimiques.
2. La composition détaillée d'un médicament constitue sa *formulation*.
3. Principe actif : camphre.
Excipients : vaseline blanche et cire d'abeille.

9 **1.** Formules brutes :
glutaraldéhyde : $C_5H_8O_2$; acide peracétique : $C_2H_4O_3$

2.

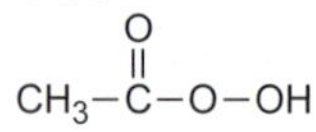

11 **1.** Formule brute : $C_{10}H_{18}O$

Formule développée :

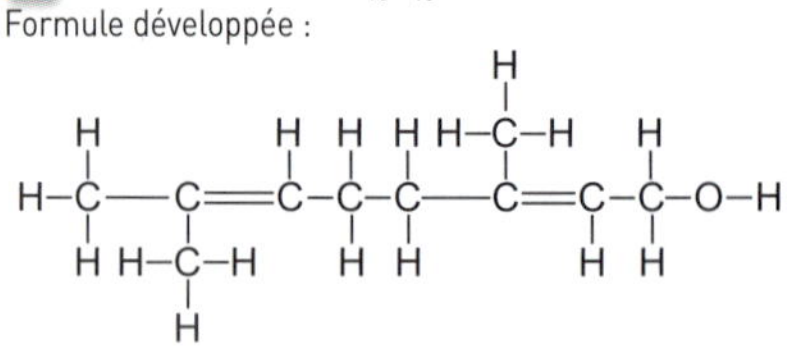

2. Formule semi-développée :

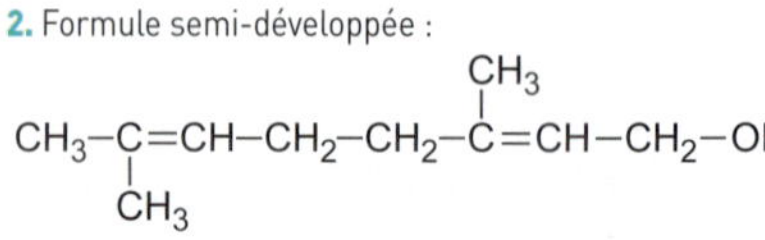

16 **a.** Formules brutes : vanilline : $C_8H_8O_3$; isovanilline : $C_8H_8O_3$; éthylvanilline : $C_9H_{10}O_3$
b. La vanilline et l'isovanilline ont la même formule brute $C_8H_8O_3$, ce sont des espèces isomères.

Chapitre 10

Application immédiate n° 1

À l'aide des relations du § 3.3, p. 147 :

$V_1 = \dfrac{m_1}{\rho_1} = \dfrac{n_1 \times M_1}{\rho_1} = \dfrac{0{,}300 \times 88{,}0}{0{,}960} = 27{,}5$ mL ;

$V_2 = \dfrac{m_2}{\rho_2} = \dfrac{n_2 \times M_2}{\rho_2} = \dfrac{0{,}300 \times 46{,}0}{0{,}780} = 17{,}7$ mL.

Application immédiate n° 2

À l'aide des relations du § 3.3, p. 147 :

1. $n(NaF) = \dfrac{2{,}212 \times 10^{-3}}{42{,}0} = 5{,}27 \times 10^{-5}$ mol $= 52{,}7$ µmol.

2. $m(F^-) = 5{,}27 \times 10^{-5} \times 19{,}0 = 1{,}00 \times 10^{-3}$ g $= 1{,}00$ mg.

1 **1.** $N = n \times N_A = 1{,}67 \times 10^{21}$ molécules.

2. $n = \dfrac{N}{N_A} = 1{,}62 \times 10^{-2}$ mol $= 16{,}2$ mmol.

3 $M(\text{Cl}) = 0{,}7577 \times 35{,}0 + 0{,}2423 \times 37 = 35{,}5\ \text{g·mol}^{-1}$.

4 **1.** $M(C_8H_9NO_2) = 8\,M(\text{C}) + 9\,M(\text{H}) + M(\text{N}) + 2\,M(\text{O}) = 151{,}0\ \text{g·mol}^{-1}$.

2. $M(C_9H_{10}O_3) = 9\,M(\text{C}) + 10\,M(\text{H}) + 3\,M(\text{O}) = 166{,}0\ \text{g·mol}^{-1}$.

6 **1.** $n = \dfrac{m}{M} = \dfrac{m}{M(C_6H_8O_6)} = 2{,}84$ mmol.

2. $m = n \times M(\text{KCl}) = 600$ mg.

7 **1.** $n = \dfrac{m}{M}$ et $m = V \times \rho$, d'où : $n = \dfrac{V \times \rho}{M} = 4{,}24$ mol.

2. $V = \dfrac{m}{\rho}$, $m = n \times M$ et $\rho = d \times \rho_{eau}$, d'où :

$$V = \dfrac{n \times M}{d \times \rho_{eau}} = 20{,}8\ \text{mL}.$$

8 **1.** Le principe actif d'un médicament est l'espèce chimique présente dans ce médicament et qui possède un effet thérapeutique.

2. $M(C_{20}H_6Na_2O_5Br_4) = 20\,M(\text{C}) + 6\,M(\text{H}) + 2\,M(\text{Na}) + 5\,M(\text{O}) + 4\,M(\text{Br}) = 691{,}6\ \text{g·mol}^{-1}$.

3. $n = \dfrac{m}{M} = 58\ \mu$mol.

11 **1.** *Glucose* : $m = n \times M = 4{,}78 \times 10^{-3} \times 180{,}0 = 0{,}860$ g.

Urée : $n = \dfrac{m}{M} = \dfrac{0{,}32}{60{,}0} = 5{,}3$ mmol.

Créatinine : $n = \dfrac{m}{M} = \dfrac{9{,}00 \times 10^{-3}}{113} = 79{,}6\ \mu$mol.

2. La valeur trouvée est entre les 2 valeurs limites, le taux est donc correct.

12 **1. a.** $M(C_{10}H_{18}O) = 10\,M(\text{C}) + 18\,M(\text{H}) + M(\text{O}) = 154{,}0\ \text{g·mol}^{-1}$.

$M(C_4H_6O_3) = 4\,M(\text{C}) + 6\,M(\text{H}) + 3\,M(\text{O}) = 102{,}0\ \text{g·mol}^{-1}$.

b. $m(C_{10}H_{18}O) = 23{,}1$ g et $m(C_4H_6O_3) = 15{,}3$ g.

c. $V(C_{10}H_{18}O) = 27$ mL (2 chiffres significatifs pour ρ).
$V(C_4H_6O_3) = 14{,}2$ mL (3 chiffres significatifs pour ρ').

Chapitre 11

Application immédiate

1. On observe 2 périodes en 9,6 divisions, soit une durée de 1,9 s.
La période des battements de ce cœur est $T = 0{,}96$ s.

2. La fréquence est l'inverse de la période $f = 1{,}0$ Hz. Par minute, il y a donc 63 battements (attention aux arrondis dans les calculs).

3. Le pic correspondant à la tension maximale s'étend sur 1,8 division au-dessus de la ligne de référence, donc $U = 18$ mV.

2 **1.** Au repos, le cœur de Stéphane MIFSUD bat 36 fois par minutes ou $\dfrac{36}{60} = 0{,}60$ fois par seconde : $f_1 = 0{,}60$ Hz.
Lors de l'apnée, le cœur peut avoir une fréquence $f_2 = \dfrac{20}{60}$ Hz $= 0{,}33$ Hz.

2. Au repos la durée séparant deux battements consécutifs est de 1,7 s. Pendant l'apnée, cette durée peut atteindre la valeur de 3,0 s.

3. Ces durées se nomment des périodes.

3 **1.** L'intervalle de temps séparant 2 pics consécutifs correspond à une période.

2. La période T des battements de ce cœur est égale à $\dfrac{0{,}40 \times 4{,}0}{2} = 0{,}80$ s.

3. La fréquence $f = \dfrac{1}{T} = \dfrac{1}{0{,}80} = 1{,}3$ Hz.

5 **1.** Trois périodes s'étendent sur 750 ns, donc :

$$T = \dfrac{750}{3} = 250\ \text{ns} = 2{,}50 \times 10^{-7}\ \text{s}.$$

2. $f = \dfrac{1}{T} = \dfrac{1}{2{,}50 \times 10^{-7}} = 4{,}00 \times 10^6$ Hz.

3. $f = 4{,}00 \times 10^6$ Hz $= 4{,}00$ MHz. La fréquence de cette onde ultrasonore est bien comprise entre 2 et 13 MHz.

6 **1.** Les sons ont des fréquences qui s'étendent de 20 Hz à 20 kHz.
Les fréquences des ultrasons sont supérieures à 20 kHz.

2. Les chats, les chiens, les chauves-souris et les dauphins sont des animaux sensibles aux ultrasons.

8 **1.** Les ultrasons sont des ondes sonores, la lumière du laser appartient aux ondes électromagnétiques.

2. Les ultrasons ont des périodes comprises entre $2{,}2 \times 10^{-5}$ s et $4{,}0 \times 10^{-5}$ s.
La lumière du laser a une période de 10^{-14} s.

11 **1.** Le rythme cardiaque est compris entre 60 et 75 battements par minutes.

2. Cette estimation n'est pas précise car l'échelle du rythme cardiaque n'étant pas linéaire, on ne peut pas préciser le résultat.

3. Une période correspond à 4,6 divisions. La période est donc de $4{,}6 \times 0{,}20 = 0{,}92$ s.

La fréquence est donc $f = \dfrac{1}{0{,}92} = 1{,}1$ Hz.

Le rythme cardiaque est donc de $\dfrac{1}{0{,}92} \times 60 = 65$ battements par minute.

4.

Nombre de div.	1	2	3	4	5
T (en s)	0,200	0,400	0,600	0,800	1,00
f (en Hz)	5,00	2,50	1,67	1,25	1,00
Rythme (en bat./min)	300	150	100	75	60

15 **1.** $v = \dfrac{d}{t}$ avec d la distance parcourue exprimée en mètre et t la durée en seconde mise pour parcourir cette distance et v la valeur de la vitesse du son exprimée en m·s^{-1}.

2. $v = \dfrac{18\,612}{54{,}6} = 341\ \text{m·s}^{-1}$.

3. a. Lors du calcul précédent on a considéré que la propagation de la lumière est instantanée (ou suffisamment rapide pour que la durée de propagation de la lumière soit négligeable).

b. La durée de propagation de la lumière est :

$$t' = \dfrac{d}{c} = \dfrac{18\,612}{3{,}00 \times 10^8} = 6{,}2 \times 10^{-5}\ \text{s}\ ;$$

ce qui est très inférieur à 54,6 s.

Chapitre 12

Application immédiate

a. Le pic ② correspond à la réception des ultrasons après réflexion sur la surface de séparation la plus éloignée de la sonde, à la distance $D - d_1 + d_2$ de la sonde. Pendant la durée de 140 µs cette distance est parcourue 2 fois (aller et retour). On a donc :

$$\dfrac{1\,540 \times 140 \times 10^{-6}}{2} = 0{,}108\ \text{m, soit } 10{,}8\ \text{cm}.$$

b. $d_2 = D - d_1 = 10{,}8 - 6{,}9 = 3{,}9$ cm.

1 **1.** t_1 est la date à laquelle une salve est émise par l'émetteur. t_2 est la date à laquelle la salve réfléchie est captée par le récepteur.

2. La durée $t_2 - t_1$ correspond à la durée nécessaire aux salves ultrasonores pour parcourir deux fois la distance d.

3. La durée de propagation est $t_2 - t_1 = 3{,}4$ ms.
D'après ce qui précède on a donc : $2\,d = v \times (t_2 - t_1)$, soit :

$$d = \dfrac{v \times (t_2 - t_1)}{2} = \dfrac{340 \times 0{,}0034}{2} = 0{,}58\ \text{m}.$$

4 Lors d'une réflexion, les rayons incident et réfléchi sont situés dans le même milieu, de part et d'autre de la normale. De plus, les angles d'incidence et de réflexion sont égaux. Les schémas (**b.**) et (**c.**) sont donc incorrects. Lors d'une réfraction, les rayons incident et réfracté sont situés de part et d'autre de la normale. Le schéma (**d.**) est donc incorrect.
Le schéma (**a.**) est donc le seul correct.

6 **1.** La loi de Descartes sur la réfraction permet de calculer la valeur de l'angle i_{limite} :

$\sin(i_{limite}) = \dfrac{n_2 \times \sin(90)}{n_1} = \dfrac{n_2}{n_1}$. On obtient $i_{limite} = 42°$.

2.

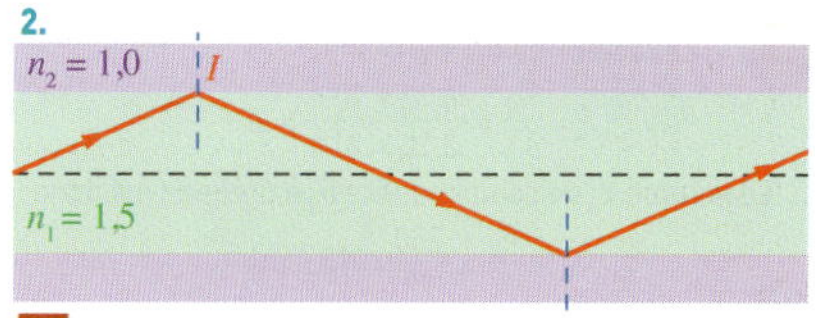

7 **1.** La fibre optique doit être fine et souple.

2. La lumière blanche éclaire l'organe à explorer.

3. La fibre optique fonctionne sur le principe de la réflexion totale de la lumière. La lumière est réfléchie sur les parois, elle ne peut quitter la fibre.

4. La fibroscopie permet d'observer l'intérieur du corps humain sans pratiquer d'intervention chirurgicale.

9 **1.** Le signal rouge correspond à la réflexion sur l'objet dans un premier temps puis sur l'écran dans un deuxième temps.

2. La durée Δt_1 correspond à la durée mise par la salve ultrasonore pour parcourir deux fois la distance séparant l'objet du module émetteur-récepteur.
La durée Δt_2 correspond à la durée mise par la salve ultrasonore pour parcourir deux fois la distance séparant l'écran du module émetteur-récepteur.

3. L'intervalle de temps Δt_1 est la durée mise par la salve ultrasonore pour parcourir deux fois la distance d entre le module émetteur-récepteur et l'objet.
On a donc $2d = v_1 \times \Delta t_1$, soit :

$$d = \dfrac{v \times \Delta t_1}{2} = \dfrac{340 \times 1{,}80 \times 10^{-3}}{2} = 0{,}313\ \text{m}.$$

Chapitre 13

Application immédiate

La masse de paracétamol dans le comprimé est:
$m(\text{para}) = 500$ mg $= 0{,}500$ g.
La quantité de paracétamol dans le comprimé est :

$$n(\text{para}) = \dfrac{m(\text{para})}{M(\text{para})} = \dfrac{0{,}500}{151} = 3{,}31 \times 10^{-3}\ \text{mol}.$$

Le volume de la solution est : $V_{sol} = 200$ mL $= 0{,}200$ L.
La concentration massique en paracétamol est :

$$t(\text{para}) = \dfrac{m(\text{para})}{V_{sol}} = \dfrac{0{,}500}{0{,}200} = 2{,}50\ \text{g·L}^{-1}.$$

La concentration molaire en paracétamol est :

$$C(\text{para}) = \dfrac{n(\text{para})}{V_{sol}} = \dfrac{3{,}31 \times 10^{-3}}{0{,}200} = 1{,}66 \times 10^{-2}\ \text{mol·L}^{-1}.$$

1 **1.** Le soluté est le chlorure de sodium, le solvant est l'eau.

2. Il s'agit d'une solution aqueuse car le solvant est l'eau.

3 La concentration massique en chlorure de sodium dans le sérum physiologique est :

$$t(\text{NaCl}) = \dfrac{m}{V_{sol}} = \dfrac{45 \times 10^{-3}}{5{,}0 \times 10^{-3}} = 9{,}0\ \text{g·L}^{-1}.$$

5 La concentration molaire en glucose, noté G, dans la perfusion est : $C(\text{G}) = \dfrac{n(\text{G})}{V_{sol}} = \dfrac{417 \times 10^{-3}}{1{,}5} = 0{,}28\ \text{mol·L}^{-1}$.

8 **1.** La quantité à peser est :
$n(\text{perm.}) = C \times V_{sol} = 2{,}0 \times 10^{-3} \times 2{,}0 = 4{,}0 \times 10^{-3}$ mol.
La masse à peser est :
$m(\text{perm.}) = n(\text{perm.}) \times M = 4{,}0 \times 10^{-3} \times 158 = 0{,}63$ g.

2. Le technicien place une capsule de pesée sur une balance électronique précise à 0,01 g puis il tare la balance. Il pèse une masse $m = 0{,}63$ g de permanganate de potassium. Ce prélèvement est versé dans une fiole jaugée de volume $V_{sol} = 2{,}0$ L à l'aide d'un entonnoir qu'il rince à l'eau distillée en récupérant l'eau de rinçage dans la fiole. Il remplit la fiole aux trois-quarts avec de l'eau distillée, la bouche et agite pour bien dissoudre le solide. Il complète ensuite la fiole avec de l'eau distillée jusqu'au trait de jauge et agite de nouveau pour homogénéiser la solution.

9 1. Le facteur de dilution est :
$$F = \frac{C_0}{C_f} = \frac{6{,}20 \times 10^{-3}}{3{,}10 \times 10^{-4}} = 20.$$
2. Le volume V_0 de solution mère S_0 à prélever est donc :
$$V_0 = \frac{V_f}{F} = \frac{200}{20} = 10{,}0 \text{ mL}.$$
3. On prélève un volume $V_0 = 10{,}0$ mL de la solution mère avec une pipette jaugée de 10,0 mL que l'on verse dans une fiole jaugée de volume égal à $V_f = 200$ mL. On la remplit aux trois-quarts avec de l'eau distillée. On bouche la fiole et on agite pour homogénéiser la solution. On complète ensuite la fiole avec de l'eau distillée jusqu'au trait de jauge : on agite de nouveau pour homogénéiser.

11 1. La masse m_{sol} de 100 mL de solution d'éosine est : $m_{sol} = \rho_{sol} \times V_{sol} = 1{,}0 \times 100 = 1{,}0 \times 10^2$ g.
La masse volumique est donnée en g.mL^{-1}, le volume utilisé pour le calcul doit donc être en mL.
2. Un volume de 100 mL de solution ayant une masse de $1{,}0 \times 10^2$ g, la masse d'éosine qu'elle contient est donc m(éos) =2,0 g.
3. La quantité d'éosine dans 100 mL de solution est :
$$n(\text{éos}) = \frac{m(\text{éos})}{M(\text{éos})} = \frac{2{,}0}{691{,}6} = 2{,}9 \times 10^{-3} \text{ mol}.$$
4. La concentration molaire en éosine est :
$$C(\text{éos}) = \frac{n(\text{éos})}{V_{sol}} = \frac{2{,}9 \times 10^{-3}}{100 \times 10^{-3}} = 2{,}9 \times 10^{-2} \text{ mol·L}^{-1}.$$

12 La masse de la solution est :
$$m_{sol} = \rho_{sol} \times V_{sol} = 1{,}0 \times 360 = 360 \text{ g}.$$
La masse de peroxyde d'hydrogène présente dans la solution est : $m(H_2O_2) = \frac{360 \times 3{,}0}{100} = 10{,}8$ g.
La concentration massique en peroxyde d'hydrogène est :
$$t(H_2O_2) = \frac{m(H_2O_2)}{V_{sol}} = \frac{10{,}8}{360 \times 10^{-3}} = 30 \text{ g·L}^{-1}.$$
La concentration molaire en peroxyde d'hydrogène est :
$$C(H_2O_2) = \frac{t(H_2O_2)}{M(H_2O_2)} = \frac{30}{34{,}0} = 0{,}88 \times 10^{-1} \text{ mol·L}^{-1}.$$

15 1. Le facteur de dilution est : $F = \frac{V_f}{V_0} = \frac{1}{0{,}250} = 4$.
2. La concentration massique en chlore actif de l'eau de Javel diluée est : $t_j = \frac{t_0}{F} = \frac{152}{4} = 38$ g·L^{-1}.
3. Le facteur de dilution est maintenant : $F' = 10$ donc le volume V'_0 de solution d'eau de Javel diluée à prélever est : $V'_0 = \frac{V_s}{F'} = \frac{50{,}0}{10} = 5{,}0$ mL.
On prélève $V'_0 = 5{,}0$ mL de la solution d'eau de Javel diluée avec une pipette jaugée de volume 5,0 mL, que l'on verse dans une fiole jaugée de volume 50,0 mL. On ajoute de l'eau distillée aux trois-quarts de la fiole et on agite pour homogénéiser. Puis on complète la fiole avec de l'eau distillée jusqu'au trait de jauge et on agite de nouveau pour homogénéiser.
4. L'eau de Javel étant une solution irritante, on utilise des gants et des lunettes de protection.
5. L'eau de Javel réagit avec un « produit » acide tel qu'un détartrant en formant du gaz dichlore qui est un gaz toxique qu'il faut absolument éviter de respirer.

19 1. Au cours d'une dilution la quantité de soluté est conservée donc : $C_0 \times V_{0i} = C_{fi} \times V_f$.
La concentration C_{fi} de la solution fille S_i est alors :
$$C_{fi} = \frac{C_{fi} \times V_{oi}}{V_f} = \frac{2{,}0 \times 10^{-4} \times V_0}{10} = 2{,}0 \times 10^{-5} \times V_0$$
en laissant V_0 en mL.
D'où les valeurs des concentrations C_{fi} :

Solution fille S_i	1	2	3	4	5
V_{0i} (en mL)	1,0	2,0	3,0	4,0	5,0
C_{fi} (en mol·L^{-1})	$2{,}0 \times 10^{-5}$	$4{,}0 \times 10^{-5}$	$6{,}0 \times 10^{-5}$	$8{,}0 \times 10^{-5}$	$10{,}0 \times 10^{-5}$

2. Les volumes V_{0i} sont mesurés avec une pipette graduée de 10,0 mL ou une burette graduée.
3. La teinte de la solution étant comprise entre celles des solutions S_3 et S_4 on en déduit : $C_3 < C(\text{Dakin}) < C_4$ soit : $6{,}0 \times 10^{-5}$ mol·L^{-1} $< C(\text{Dakin}) <$ $8{,}0 \times 10^{-5}$ mol·L^{-1}.
4. Un volume de 100 mL d'une solution S' d'eau de Dakin contient 1,0 mg de permanganate de potassium donc :
$$C'(\text{Dakin}) = \frac{t'(\text{Dakin})}{M(KMnO_4)}.$$
Or $t'(\text{Dakin}) = \frac{1{,}0 \times 10^{-3}}{100 \times 10^{-3}} = 1{,}0 \times 10^{-2}$ g·L^{-1}
et $M(KMnO_4) = 39{,}1 + 54{,}9 + 4 \times 16{,}0 = 158$ g·mol^{-1}.
Donc $C'(\text{Dakin}) = \frac{1{,}0 \times 10^{-2}}{158} = 6{,}3 \times 10^{-5}$ mol·L^{-1}.
5. Cette valeur est cohérente avec celle estimée à partir de l'échelle de teinte.

Chapitre 14

Application immédiate

1. Le bonbon A contient le seul colorant E104 ;
le bonbon B contient les colorants E122 et E124.
2. $R_f(\text{E104}) = \frac{1{,}8}{2{,}5} = 0{,}72$.

1 1. *Espèces naturelles :* fructose et sorbitol.
Espèces synthétiques : sorbitol et aspartame.
Espèce artificielle : aspartame.
2. Synthétiser du sorbitol permet de ne pas épuiser les réserves naturelles, d'assurer un apport suffisant aux besoins de l'industrie et de diminuer les coûts.
3. La synthèse de l'aspartame permet de disposer d'un nouvel édulcorant aux propriétés particulières.

3

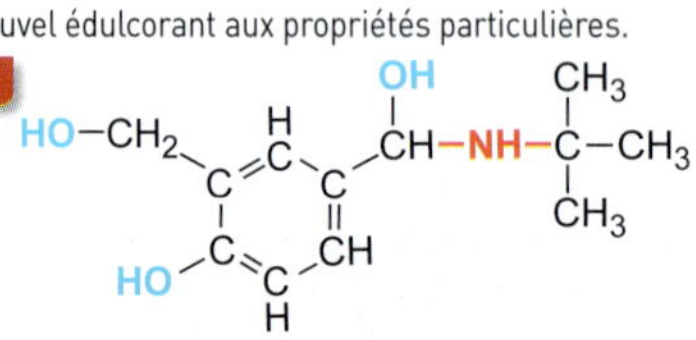

groupe hydroxyle OH, groupe amine – NH –

6 1. On peut identifier ces solides en mesurant leur température de fusion.
2. Par définition de la solubilité, à 25 °C: $s(AA) = \frac{m(AA)}{V_{sol}}$,
soit : $m(AA) = s(AA) \times V_{sol} = 4{,}6$ g.
3. L'acide acétylsalicylique ne se dissout plus : la solution est saturée.
4. $\frac{m(AB)}{V_{sol}} = 3{,}5$ g·L^{-1} ce qui est supérieure à la solubilité de l'acide benzoïque à 25°C. Le solide n'est pas totalement dissous : la solution est saturée.

8 *Chromatogramme (I) :* impossible car le mélange M contient les trois substances et doit présenter une tache au niveau de S, une au niveau de B et une au niveau de A, ce qui n'est pas le cas.
Chromatogramme (II) : convient, car le mélange M présente trois taches, l'une au niveau de S, l'autre au niveau de B et la dernière au niveau de A.
Chromatogramme (III) : impossible car il y a deux taches pour l'espèce B pure et le mélange M constitué des trois espèces ne présente que deux taches.

10 Groupes carboxyle, étheroxyde et amine
1. Ibuprofène®

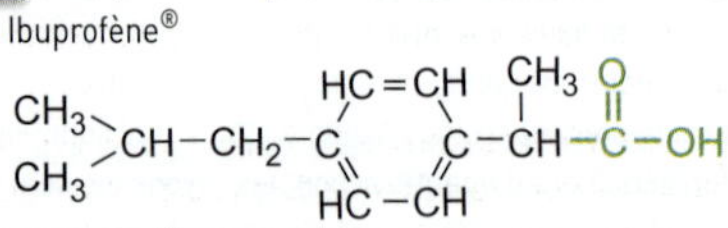

2. Naproxène®

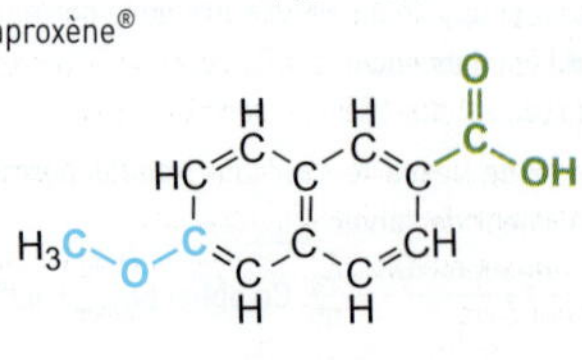

3. Diclofénac®

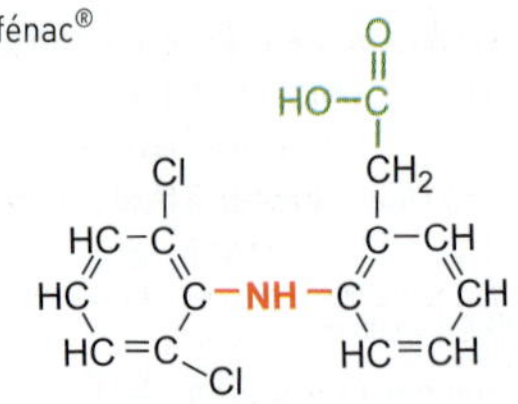

16 1. L'huile essentielle présente deux taches après élution : ce n'est pas un corps pur.
2. Les constituants de l'huile essentielle identifiés sont l'eugénol et l'acétyleugénol.
3. $R_f(\text{eugénol}) = \frac{h}{H} = \frac{2{,}3}{3{,}9} = 0{,}59$.

17 1. La chromatographie sur couche mince est une manipulation simple et rapide permettant la recherche et l'identification des principes actifs des médicaments.
2. L'indicateur fluorescent permet la détection des espèces incolores qui absorbent dans l'ultraviolet.
3. Le diiode permet la détection des espèces incolores qui n'absorbent pas dans l'ultraviolet.
4. « Les taches correspondant aux échantillons sont comparées avec celles des produits de référence, élués sur le même support de façon à identifier leurs ingrédients et déterminer si leur teneur est dans la plage spécifiée. » On identifie les principes actifs par comparaison avec les produits de référence.
5. a. Les médicaments antipaludéens permettent de traiter le paludisme, la responsable du décès de millions de malades chaque année.
b. Le médicament testé ne présente pas de tache au même niveau que la substance de référence chloroquine, ou même d'amodiquine : il ne contient aucun de ces deux principes actifs.

Chapitre 15

Application immédiate n° 1

1. *Antioxydant :* molécule qui diminue ou empêche l'oxydation d'autres espèces chimiques
Liposoluble : soluble dans les graisses
Hydrosoluble : soluble dans l'eau
2. Il n'est pas soluble dans l'eau.
3. a. Filtrer le jus pour se débarrasser des peaux et de la pulpe éventuellement présentes.
Introduire le filtrat dans une ampoule à décanter ; verser quelques mL de dichlorométhane ; agiter et laisser décanter ; récupérer la phase organique inférieure.
b. Voir le document 2 p. 216 pour le schéma, mais, dans ce cas, la solution aqueuse constitue la phase supérieure et la solution de lycopène dans le dichlorométhane la phase inférieure.

Application immédiate n° 2

Introduire l'hydrodistillat dans une ampoule à décanter. Ajouter quelques mL d'eau salée. Verser quelques mL de dichlorométhane ; agiter et laisser décanter ; récupérer la phase organique inférieure ($d = 1{,}33$).

1 *Pressage :* les olives sont écrasées et pressées. Le malaxage qui suit conduit à une pâte d'olives. C'est la technique d'expression.
Décantation de l'huile et de l'eau : on laisse reposer le mélange eau-huile ; l'huile surnage au-dessus de l'eau car elle est moins dense que l'eau.
Filtration : on laisse passer le mélange au travers d'un dispositif poreux afin de séparer les phases liquide et solide du mélange.
Traitement au solvant : les grignons d'olives sont mélangés à l'heptane qui extrait l'huile.

2 1. L'acide salicylique est soluble dans l'eau chaude.
2. On l'utilise en infusion car la décoction « élimine » l'acide salicylique.

3 Laisser *infuser* la fleur d'arnica dans l'eau bouillante. Filtrer et récupérer l'infusion.

5 1. Les deux techniques d'extraction citées sont *l'expression* (extraite par pression à froid des graines de la plante) et *l'extraction par solvant*.
2. Les graines de jojoba sont broyées : la cire est extraite par pressage. Dans l'autre procédé, les graines sont broyées dans un solvant d'extraction.
3. Ce procédé n'utilise pas de solvant.

7 1. ballon ; 2. chauffe-ballon ;
3. thermomètre ; 4. réfrigérant à eau ;
5. erlenmeyer contenant l'hydrodistillat ;
6. support élévateur.
L'huile essentielle constitue la phase supérieure.

9 1. On peut utiliser le cyclohexane et le dichlorométhane car ils sont non miscibles à l'eau et l'estragol y est soluble.
2. Le dichlorométhane est à éviter : il est cancérogène.
3. Introduire l'hydrodistillat dans une ampoule à décanter. Ajouter quelques mL d'eau salée. Verser quelques mL de cyclohexane ; agiter et laisser décanter ; récupérer la phase organique.
4. Voir le document 2, p. 216 ; l'huile essentielle est située dans le cyclohexane, dans la phase supérieure.
5. L'extrait contient de l'estragol : deux taches sont à la même hauteur.

12 1. a. L'éther diéthylique doit être utilisé : l'aspirine y est très soluble et ce solvant n'est pas miscible à l'eau.
b. Ne pas respirer les vapeurs et travailler sous hotte. Ne pas manipuler à proximité d'une source de chaleur.
2. a. Introduire la solution aqueuse d'aspirine dans une ampoule à décanter. Ajouter quelques mL d'eau salée. Verser quelques mL d'éther diéthylique ; agiter et laisser décanter ; récupérer la phase organique.
b. La solution d'aspirine dans l'éther constitue la phase supérieure.

14 1. Ce procédé d'extraction est la macération.
2. L'eau est le solvant.
3. Cette technique est l'expression.
4. Avec un pilon, broyer quelques graines de carthame dans un mortier. Séparer l'huile du broyat.
5. Une espèce antiprurigineuse traite les démangeaisons.
6. Voir montage au document 3, p. 216.
7. L'huile essentielle se trouve dans la phase supérieure.

Chapitre 16

Application immédiate

1. Distance parcourue : $d = 11,4 \times 10^3$ m ;
durée du parcours : $\Delta t = 40 \times 60 + 14 = 2\,414$ s.
$v = \dfrac{d}{\Delta t} = \dfrac{11,4 \times 10}{2\,414} = 4,72 \text{ m·s}^{-1}$.
2. La précision du chronométrage est la seconde.

2 1. La photo n° 1 est prise depuis le trottoir car les spectateurs sont nets et les coureurs sont flous. Les spectateurs sont donc immobiles par rapport au photographe et les coureurs sont en mouvement par rapport au photographe. La photo n° 2 est prise depuis une voiture car les coureurs sont nets alors que les spectateurs sont flous.
2. La photo n° 1 a été prise avec un appareil photographique immobile par rapport à la Terre. Dans cette situation l'appareil photo constitue un référentiel terrestre.

4 1. *Course à pied :*
$v_1 = \dfrac{d}{\Delta t} = \dfrac{17,0 \times 10^3}{67 \times 60 + 9} = \dfrac{17,0 \times 10^3}{4\,029} = 4,22 \text{ m·s}^{-1}$.
Vélo : $v_2 = \dfrac{d}{\Delta t} = \dfrac{35,0 \times 10^3}{85 \times 60 + 26} = \dfrac{35,0 \times 10^3}{5\,126} = 6,83 \text{ m·s}^{-1}$.
Ski de randonnée :
$v_3 = \dfrac{d}{\Delta t} = \dfrac{6,0 \times 10^3}{40 \times 60 + 23} = \dfrac{6,0 \times 10^3}{2\,423} = 2,5 \text{ m·s}^{-1}$
(2 chiffres significatifs ici comme dans $6,0 \times 10^3$).

2. *Distance totale :* $17,0 + 35,0 + 6,0 = 58,0$ km $= 5,80 \times 10^4$ m.
Durée totale :
1 h 07 min 09 s + 1 h 25 min 26 s + 40 min 23 s
$= 2 \times 3\,600 + 72 \times 60 + 58 = 11\,578$ s.
$v = \dfrac{5,80 \times 10^4}{11\,578} = 5,01 \text{ m·s}^{-1}$.
Soit $5,01 \times 3,6 = 18,0 \text{ km·h}^{-1}$.

9 1. La précision est au 1/1 000e de seconde.
2. 305,256 km signifie 305 km et 256 mètres.
La précision est le mètre.
3. Le temps de Button est de 1 h 46 min 42,163 s ; soit 6 402,163 s.
Sa vitesse est donc $v_{\text{Button}} = 47,6801 \text{ m·s}^{-1}$;
soit $171,648 \text{ km·h}^{-1}$

15 1. La précision de mesure de la vitesse du vent est au 1/100e de m·s^{-1}.
2. Le vent est favorable aux coureurs (signe +).
3. La vitesse du vent sera arrondie à $+ 2,1 \text{ m·s}^{-1}$.
4. Le vent est favorable et sa valeur est supérieure à $2,0 \text{ m·s}^{-1}$; le record ne peut pas être homologué.

17 1. Le référentiel d'étude est la caméra.
2. La caméra est fixe dans le référentiel terrestre, donc elle est bien un référentiel terrestre.
3. La trajectoire de la pointe des pieds de la gymnaste est curviligne.
4. La gymnaste peut observer les angles entre son buste et ses jambes. Elle peut également observer la position de ses bras ou de ses pieds pour chaque position. Cela lui permet d'améliorer ses performances.

Chapitre 17

Application immédiate

1. Après l'ouverture du parachute, le parachutiste, est soumis à son poids et à l'action de l'air.
2. Lors de la quatrième phase le mouvement est rectiligne uniforme donc les forces exercées sur le parachutiste équipé de son parachute se compensent. Le poids est vertical orienté vers le bas. L'action de l'air est verticale et orientée vers le haut. Ces deux forces ont la même valeur, elles sont représentées par des segments fléchés (vecteurs) de 1,75 cm de longueur avec l'échelle de l'exercice résolu.

2 1. Le schéma ① représente l'action exercée par la corde sur la flèche.
2. Le schéma ② représente l'action exercée par la flèche sur la corde.

3 1. Le système étudié est le « poids ». L'étude se fait dans un référentiel terrestre.
2. La chronophotographie montre que la valeur de la vitesse est variable et que la trajectoire n'est pas une portion de droite. Le mouvement n'est pas uniforme et n'est pas rectiligne, donc le système est soumis à des forces qui ne se compensent pas.

6 1. La force exercée par les joueurs a une direction horizontale, elle est orientée vers le joug (de gauche à droite sur la photo).
2. Le joug exerce une force sur les joueurs (de droite à gauche sur la photo).
3. Une masse plus importante permet d'augmenter la valeur de la force que doivent exercer les joueurs afin de déplacer le joug.

8 1. Dans le référentiel terrestre, le mouvement du patineur n'est pas rectiligne uniforme, donc les forces auxquelles il est soumis ne se compensent pas.
2. Il est soumis à son poids, à la force exercée par le sol (quand il le touche) et à la force exercée par l'air.

11 1. Le système étudié est le parachutiste équipé. L'étude se fait dans le référentiel terrestre.
2. Le parachutiste est soumis à son poids $\vec{P}$ et à la force $\vec{F}$ exercée par l'air.

3. La valeur du poids est donnée par $P = m \times g = 80 \times 10 = 800$ N.
Le poids est vertical et dirigé vers le bas. Avec l'échelle, il est représenté par un segment fléché de 1 cm de longueur. D'après le principe d'inertie, la force exercée par l'air est opposée au poids.

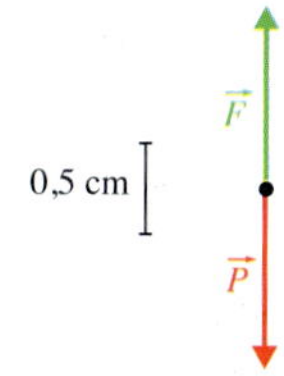

14 1. Le référentiel est le sol, donc un référentiel terrestre.
2. Dans ce référentiel, le mouvement de la boule est rectiligne uniforme.
3. La boule est soumise à son poids et à l'action du sol. Ces deux forces se compensent (principe d'inertie).
4. Le parcours proposé n'est pas rectiligne, il est impossible pour la boule de le suivre avec des forces qui se compensent.
5. Si les forces qui s'exercent sur la voiture se compensent, la voiture ira tout droit et ratera le virage.

18 1. La vitesse et la trajectoire du volant sont modifiées par l'action de la raquette.
2. Le mouvement du volant n'est pas rectiligne uniforme, donc les forces exercées sur le volant ne se compensent pas.
3. Soit Δt, la durée nécessaire pour parcourir le terrain :
$$\Delta t = \frac{d}{v} = \frac{13,4}{85} = 0,16 \text{ s}.$$
4. La vitesse du volant diminue car l'air freine le volant.

Chapitre 18

Application immédiate

$Al_4C_3(s) + 12\,H_2O(\ell) \longrightarrow 3\,CH_4(g) + 4\,Al^{3+}(aq) + 12\,HO^-(aq)$
$CH_4(g) + 2\,O_2(g) \longrightarrow CO_2\,(g) + 2\,H_2O(g)$

1 Transformations physiques : a ; d ; e ; f ; h.
Transformations chimiques : b ; c ; g.

3 1. État initial : glucose $C_6H_{12}O_6$ (s) et dioxygène O_2 (g).
État final : dioxyde carbone CO_2 (g), eau H_2O (g) et dioxygène O_2 (g) introduit en excès.
2. État initial : P_i ; T_i ; $C_6H_{12}O_6$ (s) ; O_2 (g)).
État final : P_f ; T_f ; CO_2 (g) ; H_2O (g) ; O_2 (g).

4 a. $CH_4(g) + 2\,O_2(g) \longrightarrow CO_2\,(g) + 2\,H_2O(g)$
b. $2\,CH_4(g) + 3\,O_2(g) \longrightarrow 2\,CO\,(g) + 4\,H_2O(g)$
c. $CH_4(g) + O_2(g) \longrightarrow C\,(s) + 2\,H_2O(g)$

5 1. *Réactifs* : dioxyde de carbone $CO_2(g)$; ions calcium $Ca^{2+}(aq)$; ions hydroxyde $HO^-(aq)$.
Produits : carbonate de calcium $CaCO_3(s)$ et eau $H_2O(\ell)$.
2. $CO_2(g) + Ca^{2+}(aq) + 2\,HO^-(aq) \longrightarrow CaCO_3(s) + H_2O(\ell)$

7 a. Lors de l'agitation, le liquide à l'intérieur de la bombe aérosol se vaporise ce qui absorbe de la chaleur ; la paroi qui fournit cette chaleur se refroidit.
b. La vaporisation de l'éther au contact de la peau absorbe de la chaleur ; la peau qui fournit cette chaleur se refroidit.

8 1. $MgCO_3(s) \longrightarrow MgO(s) + CO_2(g)$
2. a. $2\,Mg\,(s) + O_2(s) \longrightarrow 2\,MgO(s)$
b. Elle était utilisée dans les flashs photographiques.
3. a. $Mg^{2+}(aq) + 2\,HO^-(aq) \longrightarrow Mg(OH)_2\,(s)$
b. Une déshydratation est une perte d'eau par une espèce chimique.
c. $Mg(OH)_2\,(s) \longrightarrow MgO\,(s) + H_2O\,(s)$

9 $2\,Fe(s) + O_2\,(g) \longrightarrow 2\,FeO(s)$
$3\,Fe(s) + 2\,O_2\,(g) \longrightarrow Fe_3O_4\,(s)$
$4\,Fe(s) + 3\,O_2\,(g) \longrightarrow 2\,Fe_2O_3\,(s)$

10 1. C'est l'ion fer(II) $Fe^{2+}(aq)$ qui est mis en évidence.
2. $Fe(OH)_2$
3. Réactifs : $Fe^{2+}(aq)$ et $HO^-(aq)$; produits : $Fe(OH)_2$.
4. $Fe^{2+}(aq) + 2\,HO^-(aq) \longrightarrow Fe(OH)_2\,(s)$
5. Les ion $Na^+(aq)$ et $SO_4^{2-}(aq)$, bien que présents dans le milieu, ne réagissent pas.

13 **1.** 1 $NaN_3(s)$, $KNO_3(s)$, $SiO_2(s)$.

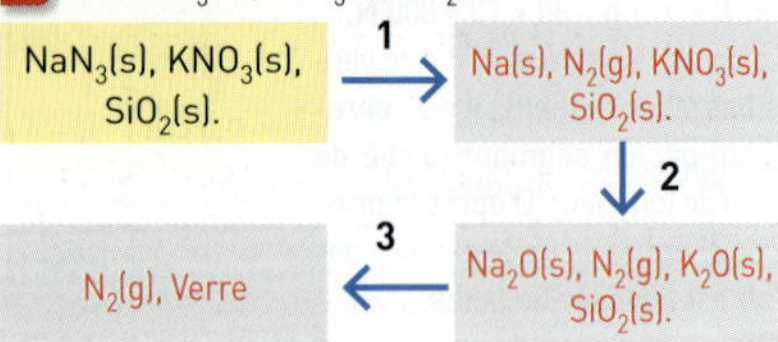

2. $2\ NaN_3(s) \longrightarrow 2\ Na(s) + 3\ N_2(g)$
$10\ Na\ (s) + 2\ KNO_3(s) \longrightarrow 5\ Na_2O(s) + K_2O(s)$
3. Les airbags anti-avalanches sont des gilets de sauvetages gonflés par la détente d'un gaz contenu dans une « bombe » ; le déclenchement se fait manuellement par le skieur au moment de l'avalanche.

17 **1.** Une réaction aérobie se fait en présence d'air, donc de dioxygène, alors qu'une réaction anaérobie se fait à l'abri de l'air, donc sans dioxygène.
2. Formule brute : $C_3H_6O_3$; formule développée :

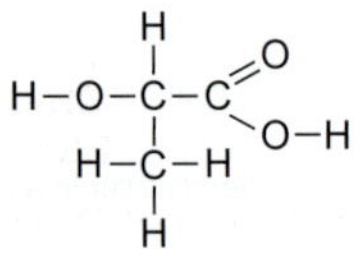

Dessin de la molécule d'un isomère de l'acide lactique :

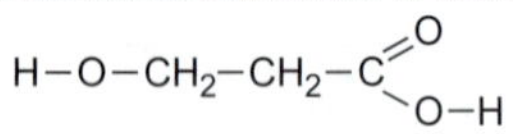

3. $C_6H_{12}O_6(s) + 6\ O_2\ (g) \longrightarrow 6\ CO_2\ (g) + 6\ H_2O(g)$
$C_6H_{12}O_6(s) \longrightarrow 2\ C_3H_6O_3(\ell)$

Chapitre 19

Application immédiate

1. $C_7H_6O_3\ (s) + CH_4O\ (\ell) \longrightarrow C_8H_8O_3\ (\ell) + H_2O\ (\ell)$
2. Voir le **document** de droite, p. 280.
3. L'acide salicylique a pour formule $C_7H_6O_3$.
Sa masse molaire moléculaire M_1 vaut :
$M_1 = 7 \times 12{,}0 + 6 \times 1{,}00 + 3 \times 16{,}0 = 138{,}0\ g{\cdot}mol^{-1}$.
La masse m_1 d'acide salicylique à prélever s'en déduit :
$m_1 = n_1 \times M_1$; soit : $m_1 = 0{,}200 \times 138{,}0 = 27{,}6\ g$
prélevés avec une balance de précision.
Le méthanol a pour formule CH_4O.
Sa masse molaire moléculaire M_2 vaut :
$M_2 = 1 \times 12{,}0 + 4 \times 1{,}00 + 1 \times 16{,}0 = 32{,}0\ g{\cdot}mol^{-1}$.
La masse m_2 de méthanol à prélever s'en déduit :
$m_2 = n_2 \times M_2$; soit : $m_2 = 0{,}500 \times 32{,}0 = 16{,}0\ g$.
Le volume V_2 est : $V_2 = \dfrac{m_2}{\rho_2}$; soit : $V_2 = \dfrac{16{,}0}{0{,}800} = 20{,}0\ mL$
prélevés avec une pipette jaugée de 20,0 mL.

1 **1.** C'est une espèce de synthèse.
2. Ces deux caoutchoucs sont élastiques mais le caoutchouc vulcanisé, plus solide et plus élastique, résiste mieux aux variations de température.

2 **1.** Le Taxol® est naturel ; le Taxotère® est synthétique.
2. Le Taxotère® s'est avéré plus efficace contre certains cancers et plus facile à produire.

4 L'eau doit rentrer par le bas du réfrigérant, il faut donc brancher le tuyau du bas au robinet. Il ne doit pas y avoir de thermomètre au sommet du réfrigérant, celui-ci doit être à l'air libre. Le ballon doit être tenu par une pince fixée sur le support. Le chauffe-ballon doit être posé sur un élévateur à croisillons. La prise du chauffe-ballon doit être branchée à la prise.

5 **1. a.** L'étape de synthèse : « L'aspirine est obtenue en chauffant à reflux de l'acide salicylique (solide) et de l'anhydride acétique (liquide). Il se forme également de l'acide acétique ».
b. L'étape de séparation : « Après réaction, l'addition d'eau dans le mélange réactionnel transforme l'excès d'anhydride acétique en acide acétique (très soluble dans l'eau) et entraîne la formation de cristaux blancs que l'on récupère ».
c. L'étape d'identification : « Pour vérifier que ces cristaux contiennent bien de l'aspirine, on réalise une chromatographie sur couche mince avec un éluant adapté ».
2. Il aurait fallu faire une purification avant l'identification.

8 **1.** Voir le **document** de gauche, p. 280.
2. $C_2H_4O_2\ (\ell) + C_5H_{12}O\ (\ell) \longrightarrow C_7H_{14}O_2\ (\ell) + H_2O\ (\ell)$
3. a. L'acide acétique a pour formule $C_2H_4O_2$.
Sa masse molaire moléculaire M_1 vaut :
$M_1 = 2 \times 12{,}0 + 4 \times 1{,}00 + 2 \times 16{,}0 = 60{,}0\ g{\cdot}mol^{-1}$.
L'alcool isoamylique a pour formule $C_5H_{12}O$.
Sa masse molaire moléculaire M_2 vaut :
$M_2 = 5 \times 12{,}0 + 12 \times 1{,}00 + 1 \times 16{,}0 = 88{,}0\ g{\cdot}mol^{-1}$.
b. La masse m_1 d'acide acétique à prélever s'en déduit :
$m_1 = n_1 \times M_1$; soit : $m_1 = 0{,}350 \times 60{,}0 = 21{,}0\ g$.
La masse m_2 d'alcool isoamylique à prélever s'en déduit : $m_2 = n_2 \times M_2$; soit : $m_2 = 0{,}200 \times 88{,}0 = 17{,}6\ g$.
c. Le volume V_1 est : $V_1 = \dfrac{m_1}{\rho_1}$; soit : $V_1 = \dfrac{21{,}0}{1{,}05} = 20{,}0\ mL$.
Le volume V_2 est : $V_2 = \dfrac{m_2}{\rho_2}$; soit : $V_2 = \dfrac{17{,}6}{0{,}800} = 22{,}0\ mL$.
4. a. Pour diminuer la solubilité de l'ester dans la phase aqueuse.
b. L'acétate d'isoamyle, moins dense que l'eau salée, constitue la phase supérieure.

12 **1.** Il entre dans la composition de textiles, notamment la viscose, ou de matériaux plastiques (l'acétate de cellulose est très utilisé dans les montures de lunettes).
2. Un catalyseur est une espèce qui accélère une transformation chimique ; il se retrouve intact en fin de réaction. Il n'apparaît pas dans l'aquation de la réaction.
3. *Les réactifs :* anhydride acétique et coton (contenant de la cellulose).
Le produit de la réaction : acétate de cellulose.
4. Un chauffage à reflux permet d'accélérer une transformation chimique sans perte d'espèces chimiques qui refluent dans le mélange réactionnel.
5. a.b. On filtre sous vide le mélange : le solide et la phase liquide sont séparés efficacement.
6. Le lavage dissout les impuretés solubles dans l'eau.

14 **1.** Un groupe carboxyle et un groupe amine.
2. Un monomère est une espèce utilisée dans la synthèse des polymères.
Lorsqu'un monomère contient deux groupes amine et carboxyle susceptibles de participer à une réaction de polymérisation, le polymère obtenu est un polyamide.
3. Le monomère contient 11 atomes de carbone.

Chapitre 20

Application immédiate

1. Soit P la pression à 20 m de profondeur.
$P = P_{atm} + \rho_{eau} \times g \times z$
$= 1{,}020 \times 10^5 + 1\ 010 \times 9{,}8 \times 20 = 3{,}0 \times 10^5\ Pa$.
À 20 m de profondeur, la pression est de $3{,}0 \times 10^5$ Pa.
2. On suppose que la quantité d'air et sa température ne varient pas. D'après la loi de Boyle-Mariotte, $P \times V = P_{atm} \times V_0$ avec V_0 le volume occupé par l'air des poumons sous pression atmosphérique.
$V_0 = \dfrac{P \times V}{P_{atm}} = \dfrac{3{,}0 \times 10^5 \times 2{,}3}{1{,}020 \times 10^5} = 6{,}8\ L$.
3. Lors de la remontée, la pression diminue. La solubilité du diazote dans le sang diminue également.

1 **1.** Le mouvement des molécules dans la bouteille est continu et désordonné.
2. L'agitation des molécules diminue avec la température.
3. Puisque l'agitation diminue, les chocs des particules sont moins nombreux. La force pressante diminue.
4. La force pressante sur une surface donnée diminue.
D'après la formule $P = \dfrac{F}{S}$, il en est de même pour la pression.

3 **1. a.** $F_1 = P_1 \times S$
avec $S = 20 \times 35 = 7{,}0 \times 10^2\ cm^2 = 7{,}0 \times 10^{-2}\ m^2$.
$F_1 = 1\ 000 \times 10^2 \times 7{,}0 \times 10^{-2} = 7{,}0 \times 10^3\ N$.
La force pressante exercée par l'air sur la surface S du cockpit a pour valeur $7{,}0 \times 10^3$ N.
b.

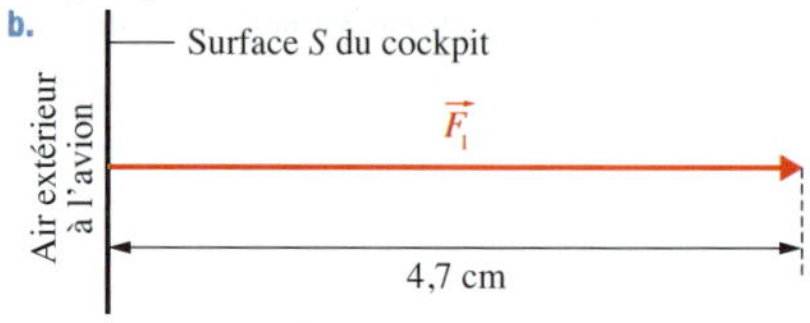

2. $P_2 = \dfrac{F_2}{S} = \dfrac{6{,}3 \times 10^3}{7{,}0 \times 10^{-2}} = 9{,}0 \times 10^4\ Pa$.
La pression de l'air à une altitude de 1 000 m est de $9{,}0 \times 10^4$ Pa.

7 **1. a.** $P = P_{atm} + \rho \times g \times z$
$= 1{,}004 \times 10^5 + 1\ 000 \times 9{,}8 \times 5{,}0$
$= 1{,}004 \times 10^5 + 0{,}49 \times 10^5 = 1{,}49 \times 10^5\ Pa$.
La pression de l'eau à 5,0 m de profondeur est de $1{,}49 \times 10^5$ Pa.
b. La pression de l'air injecté dans le parachute de palier est égale à la pression ambiante, soit $1{,}49 \times 10^5$ Pa.
2. On considère que la quantité d'air contenu dans le parachute est constante et que sa température ne varie pas.
D'après la loi de Boyle-Mariotte, $P \times V = P_{atm} \times V_{atm}$.
$V_{atm} = \dfrac{P \times V}{P_{atm}} = \dfrac{1{,}49 \times 10^5 \times 4{,}2}{1{,}004 \times 10^5} = 6{,}3\ L$.
L'air injecté dans le parachute occupe un volume de 6,3 L à la surface.

8 **1.** La quantité de dioxygène diminue dans le sang car la pression de l'air ambiant diminue avec l'altitude.
2. La solubilité d'un gaz dans un liquide est d'autant plus grande que la pression dans le liquide est importante.

13 **1.** Une tension artérielle de 13 correspond à une pression de $13 \times 1\ 333 = 1{,}7 \times 10^4$ Pa.
Une tension artérielle de 8 correspond à une pression de $8 \times 1\ 333 = 1{,}1 \times 10^4$ Pa.
2. $P_{sang} = T + P_{atm} = 1{,}7 \times 10^4 + 1{,}013 \times 10^5 = 1{,}18 \times 10^5$ Pa pour une tension de 13 et $P_{sang} = 1{,}12 \times 10^5$ Pa pour une tension de 8.

14 **1.** $P_{snow} = M \times g = 70 \times 9{,}8 = 6{,}9 \times 10^2\ N$.
2. La force pressante exercée par le snowboard sur la neige est égale au poids du snowboardeur et de son équipement.
3. $S = \dfrac{F}{P} = \dfrac{6{,}9 \times 10^2}{2\ 000} = 0{,}34\ m^2$.
4. La longueur minimale de la surface de contact du snowboard avec la neige est :
$L = \dfrac{S}{\ell} = \dfrac{0{,}34}{0{,}26} = 1{,}3\ m$.

18 **1.** On applique la loi de Boyle-Mariotte :
$P_1 \times V_r = P_{atm} \times V_t$; d'où $P_1 = \dfrac{P_{atm} \times V_t}{V_r} = \dfrac{1{,}0 \times 6{,}0}{1{,}5} = 4{,}0\ bar$.
2. $P_1 = P_{atm} + \rho_{eau} \times g \times z$; donc :
$z = \dfrac{P_1 - P_{atm}}{\rho_{eau} \times g} = \dfrac{4{,}0 \times 10^5 - 1{,}0 \times 10^5}{1\ 000 \times 9{,}8} = 31\ m$.
L'apnéiste est soumis à une pression de 4,0 bars à une profondeur de 31 m.
3. $P_{214} = P_{atm} + \rho_{eau} \times g \times z$
$= 1{,}0 \times 10^5 + 1\ 000 \times 9{,}8 \times 214 = 2{,}2 \times 10^6\ Pa = 22\ bars$.
D'après la loi de Boyle-Mariotte :
$V_{214} = \dfrac{P_{atm} \times V}{P_{214}} = \dfrac{1{,}0 \times 6{,}0}{22} = 0{,}27\ L$.
À 214 m de profondeur, l'air occuperait un volume de 0,27 L.
4. Il y a un afflux de sang vers les poumons pour éviter que leur volume ne passe en dessous de 1,5 L.

Extrait du bulletin officiel spécial n° 4 du 29 avril 2010

Les trois thèmes doivent être traités par le professeur qui peut choisir l'ordre de leur présentation en veillant à une introduction progressive des difficultés et des exigences, notamment au niveau des outils mathématiques.
Certaines notions sont présentes dans plusieurs thèmes, voire plusieurs fois dans un même thème ; le professeur peut ainsi les aborder sous des angles différents, les compléter ou bien ne pas y revenir s'il considère qu'elles sont acquises. La seule contrainte est qu'en fin d'année scolaire l'enseignement dispensé au travers des trois thèmes ait couvert l'ensemble des notions et contenus.

L'UNIVERS

L'Homme a de tout temps observé les astres afin de se situer dans l'Univers. L'analyse de la lumière émise par les étoiles lui a permis d'en connaître la composition ainsi que celle de leur atmosphère et de la matière interstellaire. L'étude du mouvement des planètes autour du Soleil l'a conduit à la loi de gravitation universelle.
Il apparaît ainsi que le monde matériel présente une unité structurale fondée sur l'universalité des atomes et des lois.

NOTIONS ET CONTENUS	COMPÉTENCES ATTENDUES	CHAPITRES DU MANUEL
Une première présentation de l'Univers : le remplissage de l'espace par la matière est essentiellement lacunaire aussi bien au niveau de l'atome qu'à l'échelle cosmique. Les dimensions de l'Univers sont telles que la distance parcourue par la lumière en une année est l'unité adaptée à leur mesure.		
Description de l'Univers : l'atome, la Terre, le système solaire, la Galaxie, les autres galaxies, exoplanètes et systèmes planétaires extrasolaires. Propagation rectiligne de la lumière. Vitesse de la lumière dans le vide et dans l'air. L'année de lumière.	Savoir que le remplissage de l'espace par la matière est essentiellement lacunaire, aussi bien au niveau de l'atome qu'à l'échelle cosmique. Connaître la valeur de la vitesse de la lumière dans le vide (ou dans l'air). Connaître la définition de l'année de lumière et son intérêt. Expliquer l'expression : « voir loin, c'est voir dans le passé ». Utiliser les puissances de 10 dans l'évaluation des ordres de grandeur.	chapitre 1
Les étoiles : l'analyse de la lumière provenant des étoiles donne des informations sur leur température et leur composition. Cette analyse nécessite l'utilisation de systèmes dispersifs.		
Les spectres d'émission et d'absorption : spectres continus d'origine thermique, spectres de raies. Raies d'émission ou d'absorption d'un atome ou d'un ion. Caractérisation d'une radiation par sa longueur d'onde.	Savoir qu'un corps chaud émet un rayonnement continu, dont les propriétés dépendent de la température. Repérer, par sa longueur d'onde dans un spectre d'émission ou d'absorption une radiation caractéristique d'une entité chimique. *Utiliser un système dispersif pour visualiser des spectres d'émission et d'absorption et comparer ces spectres à celui de la lumière blanche.* Savoir que la longueur d'onde caractérise dans l'air et dans le vide une radiation monochromatique. Interpréter le spectre de la lumière émise par une étoile : température de surface et entités chimiques présentes dans l'atmosphère de l'étoile. Connaître la composition chimique du Soleil.	chapitre 2
Dispersion de la lumière blanche par un prisme. Réfraction. Lois de Snell-Descartes.	*Pratiquer une démarche expérimentale pour établir un modèle à partir d'une série de mesures et pour déterminer l'indice de réfraction d'un milieu.* Interpréter qualitativement la dispersion de la lumière blanche par un prisme.	chapitre 3
Les éléments chimiques présents dans l'Univers : au sein des étoiles se forment des éléments chimiques qui font partie des constituants de l'Univers. La matière qui nous entoure présente une unité structurale fondée sur l'universalité des éléments chimiques.		
Un modèle de l'atome. Noyau (protons et neutrons), électrons. Nombre de charges et numéro atomique *Z*. Nombre de nucléons *A*. Charge électrique élémentaire, charges des constituants de l'atome. Électroneutralité de l'atome. Masse des constituants de l'atome ; masse approchée d'un atome et de son noyau. Dimension : ordre de grandeur du rapport des dimensions respectives de l'atome et de son noyau.	Connaître la constitution d'un atome et de son noyau. Connaître et utiliser le symbole $^{A}_{Z}X$. Savoir que l'atome est électriquement neutre. Connaître le symbole de quelques éléments. Savoir que la masse de l'atome est pratiquement égale à celle de son noyau.	chapitre 4

Programme

NOTIONS ET CONTENUS	COMPÉTENCES ATTENDUES	CHAPITRES DU MANUEL
Éléments chimiques. Isotopes, ions monoatomiques. Caractérisation de l'élément par son numéro atomique et son symbole. Répartition des électrons en différentes couches, appelées *K*, *L*, *M*. Répartition des électrons pour les éléments de numéro atomique compris entre 1 et 18. Les règles du « duet » et de l'octet. Application aux ions monoatomiques usuels. Classification périodique des éléments. Démarche de Mendeleïev pour établir sa classification. Critères actuels de la classification : numéro atomique et nombre d'électrons de la couche externe.	Savoir que le numéro atomique caractérise l'élément. *Mettre en oeuvre un protocole pour identifier des ions.** *Pratiquer une démarche expérimentale pour vérifier la conservation des éléments au cours d'une réaction chimique.* Dénombrer les électrons de la couche externe. Connaître et appliquer les règles du « duet » et de l'octet pour rendre compte des charges des ions monoatomiques usuels. Utiliser la classification périodique pour retrouver la charge des ions monoatomiques.	chapitre 4 *Cette compétence est traitée dans le chapitre 5. chapitre 5
Le système solaire : l'attraction universelle (la gravitation universelle) assure la cohésion du système solaire. Les satellites et les sondes permettent l'observation de la Terre et des planètes.		
Relativité du mouvement. Référentiel. Trajectoire.	Comprendre que la nature du mouvement observé dépend du référentiel choisi.	chapitre 6
La gravitation universelle. L'interaction gravitationnelle entre deux corps. La pesanteur terrestre.	Calculer la force d'attraction gravitationnelle qui s'exerce entre deux corps à répartition sphérique de masse. Savoir que la pesanteur terrestre résulte de l'attraction terrestre. Comparer le poids d'un même corps sur la Terre et sur la Lune.	chapitre 7
Actions mécaniques, modélisation par une force. Effets d'une force sur le mouvement d'un corps : modification de la vitesse, modification de la trajectoire. Rôle de la masse du corps.* Principe d'inertie. Observation de la Terre et des planètes.	Savoir qu'une force s'exerçant sur un corps modifie la valeur de sa vitesse et/ou la direction de son mouvement et que cette modification dépend de la masse du corps. Utiliser le principe d'inertie pour interpréter des mouvements simples en termes de forces. *Mettre en oeuvre une démarche d'expérimentation utilisant des techniques d'enregistrement pour comprendre la nature des mouvements observés dans le système solaire.* Analyser des documents scientifiques portant sur l'observation du système solaire.	chapitre 7 *Le rôle de la masse du corps est traitée dans le chapitre 17. chapitre 8

LA SANTÉ

Les citoyens doivent acquérir une culture scientifique de façon à procéder à des choix raisonnés en matière de santé. L'objectif de ce thème est de montrer et d'expliquer le rôle des sciences physiques et chimiques dans les domaines du diagnostic médical et des médicaments.

NOTIONS ET CONTENUS	COMPÉTENCES ATTENDUES	CHAPITRES DU MANUEL
Le diagnostic médical : *l'analyse de signaux périodiques, l'utilisation de l'imagerie et des analyses médicales permettent d'établir un diagnostic. Des exemples seront pris dans le domaine de la santé (électrocardiogramme, électroencéphalogramme, radiographie, échographie, fibroscopie, ...). L'observation de résultats d'analyses médicales permet d'introduire les notions de concentration et d'espèces chimiques ainsi que des considérations sur la constitution et la structure de la matière.*		
Signaux périodiques : période, fréquence, tension maximale, tension minimale.	Connaître et utiliser les définitions de la période et de la fréquence d'un phénomène périodique. *Identifier le caractère périodique d'un signal sur une durée donnée.* *Déterminer les caractéristiques d'un signal périodique.*	chapitre 11
Ondes sonores, ondes électromagnétiques. Domaines de fréquences. Propagation rectiligne de la lumière.* Vitesse de la lumière dans le vide et dans l'air. Réfraction et réflexion totale.	Extraire et exploiter des informations concernant la nature des ondes et leurs fréquences en fonction de l'application médicale. Connaître une valeur approchée de la vitesse du son dans l'air. Connaître la valeur de la vitesse de la lumière dans le vide (ou dans l'air). *Pratiquer une démarche expérimentale sur la réfraction et la réflexion totale.* *Pratiquer une démarche expérimentale pour comprendre le principe de méthodes d'exploration et l'influence des propriétés des milieux de propagation.*	chapitre 11 *La propagation rectiligne de la lumière est traitée dans le chapitre 12. chapitre 12

NOTIONS ET CONTENUS	COMPÉTENCES ATTENDUES	CHAPITRES DU MANUEL
Espèces chimiques, corps purs et mélanges.	Extraire et exploiter des informations concernant la nature des espèces chimiques citées dans des contextes variés.	chapitre 9
Un modèle de l'atome. Noyau (protons et neutrons), électrons. Nombre de charges et numéro atomique Z. Nombre de nucléons A. Charge électrique élémentaire, charges des constituants de l'atome. Électroneutralité de l'atome. Éléments chimiques. Isotopes, ions monoatomiques. Caractérisation de l'élément par son numéro atomique et son symbole.	Connaître la constitution d'un atome et de son noyau. Connaître et utiliser le symbole $^{A}_{Z}X$. Savoir que l'atome est électriquement neutre. Connaître le symbole de quelques éléments. Savoir que le numéro atomique caractérise l'élément. *Mettre en oeuvre un protocole pour identifier des ions.**	chapitre 4 *Cette compétence est traitée dans le chapitre 5.
Répartition des électrons en différentes couches, appelées K, L, M. Répartition des électrons pour les éléments de numéro atomique compris entre 1 et 18. Les règles du « duet » et de l'octet. Application aux ions monoatomiques usuels.	Dénombrer les électrons de la couche externe. Connaître et appliquer les règles du « duet » et de l'octet pour rendre compte des charges des ions monoatomiques usuels.	chapitre 5
Formules et modèles moléculaires. Formules développées et semi-développées. Isomérie. Classification périodique des éléments. Démarche de Mendeleïev pour établir sa classification. Critères actuels de la classification : numéro atomique et nombre d'électrons de la couche externe. Familles chimiques.	Représenter des formules développées et semi-développées correspondant à des modèles moléculaires. Savoir qu'à une formule brute peuvent correspondre plusieurs formules semi-développées. *Utiliser des modèles moléculaires et des logiciels de représentation.* *Localiser, dans la classification périodique, les familles des alcalins, des halogènes et des gaz nobles.* Utiliser la classification périodique pour retrouver la charge des ions monoatomiques.	chapitre 5 et chapitre 9
Solution : solvant, soluté, dissolution d'une espèce moléculaire ou ionique. Analyses médicales ; concentrations massique et molaire d'une espèce en solution non saturée. La quantité de matière. Son unité : la mole. Constante d'Avogadro, N_A. Masses molaires atomique et moléculaire : M (g·mol^{-1}).	Savoir qu'une solution contient des molécules ou des ions. Savoir que la concentration d'une solution en espèce dissoute peut s'exprimer en g·L^{-1} ou en mol·L^{-1}. Connaître et exploiter l'expression des concentrations massique et molaire d'une espèce moléculaire ou ionique dissoute. Calculer une masse molaire moléculaire à partir des masses molaires atomiques. *Pratiquer une démarche expérimentale pour déterminer la concentration d'une espèce (échelle de teintes, méthode par comparaison).*	chapitre 10 et chapitre 13
Les médicaments : un médicament générique et un médicament « princeps » contiennent un même principe actif mais se différencient par leur formulation.		
Principe actif, excipient, formulation. Espèces chimiques naturelles et synthétiques. Groupes caractéristiques.	Analyser la formulation d'un médicament. *Pratiquer une démarche expérimentale pour montrer qu'une espèce active interagit avec le milieu dans lequel elle se trouve (nature du solvant, pH).* Comprendre le rôle de la chimie de synthèse. Repérer la présence d'un groupe caractéristique dans une formule développée.	chapitre 9 chapitre 14
Solution : solvant, soluté, dissolution d'une espèce moléculaire ou ionique. Concentrations massique et molaire d'une espèce en solution non saturée. Dilution d'une solution.	Savoir qu'une solution peut contenir des molécules ou des ions. Connaître et exploiter l'expression des concentrations massique et molaire d'une espèce moléculaire ou ionique dissoute. *Prélever une quantité de matière d'une espèce chimique donnée.* *Élaborer ou mettre en oeuvre un protocole de dissolution, de dilution.* *Pratiquer une démarche expérimentale pour déterminer la concentration d'une espèce (échelle de teintes, méthode par comparaison).*	chapitre 13
Extraction, séparation et identification d'espèces chimiques. Aspect historique et techniques expérimentales. Caractéristiques physiques d'une espèce chimique : aspect, température de fusion, température d'ébullition, solubilité, densité, masse volumique. Chromatographie sur couche mince.	Interpréter les informations provenant d'étiquettes et de divers documents. *Élaborer et mettre en oeuvre un protocole d'extraction à partir d'informations sur les propriétés physiques des espèces chimiques recherchées.* *Utiliser une ampoule à décanter, un dispositif de filtration, un appareil de chauffage dans les conditions de sécurité.* *Réaliser et interpréter une chromatographie sur couche mince (mélanges colorés et incolores).*	chapitre 14 et chapitre 15

NOTIONS ET CONTENUS	COMPÉTENCES ATTENDUES	CHAPITRES DU MANUEL
Synthèse d'une espèce chimique. Densité, masse volumique.	Déterminer la masse d'un échantillon à partir de sa densité, de sa masse volumique. Déterminer une quantité de matière connaissant la masse d'un solide ou le volume d'un liquide. *Mettre en oeuvre un protocole expérimental pour réaliser la synthèse d'une molécule et son identification.*	chapitre 10 et chapitre 19
Système chimique. Réaction chimique. Écriture symbolique de la réaction chimique : équation de la réaction chimique.	Décrire un système chimique et son évolution. Écrire l'équation de la réaction chimique avec les nombres stoechiométriques corrects. *Étudier l'évolution d'un système chimique par la caractérisation expérimentale des espèces chimiques présentes à l'état initial et à l'état final.*	chapitre 18

LA PRATIQUE DU SPORT

La pratique du sport est fortement répandue dans nos sociétés, dans les loisirs ou en compétition.
L'objectif premier de ce thème est de montrer concrètement que l'analyse de l'activité sportive est possible en ayant recours à des connaissances et à des méthodes scientifiques. Leur prise en compte dans une approche pluridisciplinaire permet d'améliorer la pratique sportive et de l'adapter de façon raisonnée à la recherche d'un bon état de santé.

NOTIONS ET CONTENUS	COMPÉTENCES ATTENDUES	CHAPITRES DU MANUEL
L'étude du mouvement : l'observation, l'analyse de mouvements et le chronométrage constituent une aide à l'activité sportive. Des lois de la physique permettent d'appréhender la nature des mouvements effectués dans ce cadre.		
Relativité du mouvement. Référentiel. Trajectoire. Mesure d'une durée ; chronométrage.	Comprendre que la nature du mouvement observé dépend du référentiel choisi. *Réaliser et exploiter des enregistrements vidéo pour analyser des mouvements.* Porter un regard critique sur un protocole de mesure d'une durée en fonction de la précision attendue	chapitre 16
Actions mécaniques, modélisation par une force. Effets d'une force sur le mouvement d'un corps : modification de la vitesse, modification de la trajectoire. Rôle de la masse du corps. Principe d'inertie.	Savoir qu'une force s'exerçant sur un corps modifie la valeur de sa vitesse et/ou la direction de son mouvement et que cette modification dépend de la masse du corps. Utiliser le principe d'inertie pour interpréter des mouvements simples en termes de forces. *Réaliser et exploiter des enregistrements vidéo pour analyser des mouvements.*	chapitre 17
Les besoins et les réponses de l'organisme lors d'une pratique sportive : lors d'une activité physique, des transformations chimiques et physiques se produisent et s'accompagnent d'effets thermiques. Les apports alimentaires constitués d'espèces ioniques ou moléculaires permettent de compenser les pertes dues au métabolisme et à l'effort.		
Solution : solvant, soluté, dissolution d'une espèce moléculaire ou ionique. Concentrations massique et molaire d'une espèce en solution non saturée. La quantité de matière. Son unité : la mole. Constante d'Avogadro, N_A. Masses molaires atomique et moléculaire : M (g·mol^{-1}). Dilution d'une solution.	Savoir qu'une solution peut contenir des molécules ou des ions. Savoir que la concentration d'une solution en espèce dissoute peut s'exprimer en g·L^{-1} ou en mol·L^{-1}. Connaître et exploiter l'expression de la concentration massique ou molaire d'une espèce moléculaire ou ionique dissoute. Calculer une masse molaire moléculaire à partir des masses molaires atomiques. Déterminer une quantité de matière connaissant la masse d'un solide. *Prélever une quantité de matière d'une espèce chimique donnée.* *Préparer une solution de concentration donnée par dissolution ou par dilution.* *Pratiquer une démarche expérimentale pour déterminer la concentration d'une espèce (échelle de teintes, méthode par comparaison).*	chapitre 10 et chapitre 13

NOTIONS ET CONTENUS	COMPÉTENCES ATTENDUES	CHAPITRES DU MANUEL
Système chimique. Réaction chimique. Écriture symbolique de la réaction chimique : équation de la réaction chimique.	Décrire un système chimique et son évolution. Écrire l'équation de la réaction chimique avec les nombres stoechiométriques corrects. Exemple d'une combustion. *Pratiquer une démarche expérimentale pour mettre en évidence l'effet thermique d'une transformation chimique ou physique.*	chapitre 18
La pression : la pression est une grandeur physique qui permet de comprendre l'influence de l'altitude sur les performances sportives et les effets physiologiques ressentis en plongée subaquatique.		
Pression d'un gaz, pression dans un liquide. Force pressante exercée sur une surface, perpendiculairement à cette surface. Pression dans un liquide au repos, influence de la profondeur. Dissolution d'un gaz dans un liquide. Loi de Boyle-Mariotte, un modèle de comportement de gaz, ses limites.	Savoir que dans les liquides et dans les gaz la matière est constituée de molécules en mouvement. Utiliser la relation $P = \frac{F}{S}$, F étant la force pressante exercée sur une surface S, perpendiculairement à cette surface. Savoir que la différence de pression entre deux points d'un liquide dépend de la différence de profondeur. Savoir que la quantité maximale de gaz dissous dans un volume donné de liquide augmente avec la pression. Savoir que, à pression et température données, un nombre donné de molécules occupe un volume indépendant de la nature du gaz. *Pratiquer une démarche expérimentale pour établir un modèle à partir d'une série de mesures.*	chapitre 20
Les matériaux et les molécules dans le sport : la chimie permet d'améliorer le confort de la pratique et les performances par l'élaboration de nouveaux matériaux. Elle permet aussi de soigner et de procéder à des analyses de plus en plus précises pour lutter contre le dopage.		
Matériaux naturels et synthétiques.	Savoir que certains matériaux proviennent de la nature et d'autres de la chimie de synthèse.	chapitre 19
Molécules simples ou complexes : structures et groupes caractéristiques. Formules et modèles moléculaires. Formules développées et semi-développées. Isomérie.	Repérer la présence d'un groupe caractéristique dans une formule développée. Représenter des formules développées et semi-développées correspondant à des modèles moléculaires. Savoir qu'à une formule brute peuvent correspondre plusieurs formules semi-développées. *Utiliser des modèles moléculaires et des logiciels de représentation.*	chapitre 9
Extraction, séparation et identification d'espèces chimiques. Aspect historique et techniques expérimentales. Caractéristiques physiques d'une espèce chimique : aspect, température de fusion, température d'ébullition, solubilité, densité, masse volumique. Chromatographie sur couche mince.	Interpréter les informations provenant d'étiquettes et de divers documents. *Élaborer ou mettre en oeuvre un protocole d'extraction à partir d'informations sur les propriétés physiques des espèces chimiques recherchées.* *Utiliser une ampoule à décanter, un dispositif de filtration, un appareil de chauffage dans les conditions de sécurité.* *Réaliser et interpréter une chromatographie sur couche mince (mélanges colorés et incolores).* *Pratiquer une démarche expérimentale pour déterminer la concentration d'une espèce (échelle de teintes, méthode par comparaison).*	chapitre 14 et chapitre 15

Utilisation des produits chimiques :

Certains produits présentent des risques et doivent être manipulés en respectant des consignes de sécurité.
Un nouveau système européen de classification et d'étiquetage des produits chimiques, basé sur le Système Général Harmonisé (SGH), est entré en vigueur en décembre 2010.

<u>L'étiquette du produit doit obligatoirement porter les indications suivantes :</u>

– un ou plusieurs **pictogrammes SGH** de DANGER choisi(s) parmi les 9 pictogrammes du tableau ci-contre.

– une **mention d'avertissement** en rouge :
ATTENTION pour les produits les moins dangereux et
DANGER pour les produits les plus dangereux.

– une ou plusieurs **mention(s) de danger**. Chaque phrase correspond à un code formé par la lettre H suivie de 3 chiffres.
L'étiquette peut comporter aussi une **mention additionnelle de danger** dont le code est EUH suivi de 3 chiffres.

– un ou plusieurs **conseil(s) de prudence** pour manipuler le produit en toute sécurité. Chaque conseil correspond à un code formé par la lettre P suivie de 3 chiffres.

SGH01 	**DANGER D'EXPLOSION** au contact d'une flamme ou d'une étincelle, par élévation de température, par frottements, par choc.
SGH02 	**DANGER D'INCENDIE** au contact d'une flamme ou d'une étincelle, par élévation de température, par frottement, par choc, au contact de l'air, au contact de l'eau.
SGH03 	**PRODUITS COMBURANTS** Ces produits peuvent **PROVOQUER OU AGGRAVER UN INCENDIE** et même provoquer une explosion en présence de produits inflammables.
SGH04 	**GAZ SOUS PRESSION** Ces produits peuvent **EXPLOSER** sous l'effet de la chaleur ou **PROVOQUER DES BRÛLURES PAR LE FROID** si ce sont des gaz réfrigérés.
SGH05 	**DANGER DE CORROSION** Ces produits peuvent **ATTAQUER LES MÉTAUX** par contact. **RONGER LA PEAU / LES YEUX** par contact avec la peau / les yeux ou projection.
SGH06 	**DANGER DE TOXICITÉ AIGUË** Par voie orale ou cutanée, par inhalation. Ces produits peuvent **EMPOISONNER** Rapidement même à faible dose et **PROVOQUER DES EFFETS SUR L'ORGANISME** comme nausées, vomissements, maux de tête, perte de connaissance et même **ENTRAÎNER LA MORT**.
SGH07 	**DANGER SUR LA SANTÉ** Ces produits peuvent **EMPOISONNER** à forte dose **IRRITER** la peau, les yeux, le nez, la gorge **PROVOQUER DES ALLERGIES** cutanées **PROVOQUER UNE SOMNOLENCE** ou des **VERTIGES**.
SGH08 	**DANGER POUR LA SANTÉ** Ces produits peuvent **PROVOQUER DES LÉSIONS GRAVES** Ces produits peuvent être cancérogènes, mutagènes, toxiques pour la reproduction. Ils peuvent modifier le fonctionnement de certains organes ou provoquer des allergies respiratoires ou des lésions pulmonaires.
SGH09 	**DANGER POUR L'ENVIRONNEMENT** Ces produits ont des effets **NÉFASTES** pour l'environnement ou le milieu aquatique. Leur toxicité peut être aiguë ou chronique. Ne pas le jeter à l'égout.

<u>Exemples de mentions de danger :</u>

H224 : Liquides et vapeurs extrêmement inflammables.
H302 : Nocif en cas d'ingestion.
H304 : Peut être mortel en cas d'ingestion et de pénétration dans les voies respiratoires.
H315 : Provoque une irritation cutanée.
H319 : Provoque une sévère irritation des yeux.
H336 : Peut provoquer somnolence et vertiges.
H350 : Peut provoquer le cancer.
H373 : Risque présumé d'effets graves pour les organes.
H410 : Très toxique pour les organismes aquatiques, entraîne des effets néfastes à long terme.

EUH014 : Réagit violemment au contact de l'eau.
EUH031 : Au contact d'un acide, dégage un gaz toxique.
EUH059 : Dangereux pour la couche d'ozone.

<u>Exemples de conseils de prudence :</u>

P 102 : Tenir hors de portée des enfants.
P 210 : Tenir à l'écart de la chaleur / des étincelles / des flammes nues / des surfaces chaudes. Ne pas fumer.
P 262 : Éviter tout contact avec les yeux, la peau ou les vêtements.
P 273 : Éviter le rejet dans l'environnement.
P 280 : Porter des gants de protection / des vêtements de protection / un équipement de protection des yeux/ du visage.
P 310 : Appeler immédiatement un CENTRE ANTIPOISON ou un médecin.
P 351 : Rincer avec précaution à l'eau pendant plusieurs minutes.
P 403 : Stocker dans un endroit bien ventilé.

@ Liste complète sur le site de l'UNECE ***annexe 3*** *:*
http://www.unece.org/trans/danger/publi/ghs/ghs_rev02/02files_f.html